U0128027

《楞伽經》

Laṅkāvatāra-sūtra

三種譯本比對研究

（全彩版）

下　冊

果濱　編撰

1 吾有《楞伽經》四卷，亦用付汝，即是如來心地要門，令諸眾生開示悟入。我觀漢地，唯有此經，仁者依行，自得度世。(達摩祖師對慧可開示)

2《楞伽》義趣幽眇(幽深淵眇)，文字簡古(簡樸古雅)，讀者或不能(斷)句，而況(能從佛之四卷)遺文(中)以得(其)義，(甚至能)忘義(本義指不認識、相遺忘於「義」，此喻不執著於語言文字義)以了(其)心者乎？此(四卷經文)其所以寂寥(寂絕寥落；冷落蕭條)於是，幾(乎被人)廢(棄)而(碩果)僅存也。(北宋‧蘇東坡撰書《楞伽經》後)

3 嗟嗟！《梵網》、《佛頂》、《唯識》、《法華》、《占察》、《毘尼》諸述，何其順且易；《楞伽》一疏，何其逆(乖逆；違逆)且難也！(明‧蕅益大師撰《楞伽經玄義》序文)

4 此經為發最上乘者說，所謂是法甚深奧，少有能信者。以文險義幽，老師、宿學，讀之不能(斷)句，(何)況(能從佛之四卷)遺言(中獲)得(其)義，以入「自心現量」乎？……而知之者希，望崖者眾矣！

(明‧憨山大師撰《觀楞伽寶經閣筆記》序文)

5 不知《法華》，則不知如來救世之苦心。
不知《楞嚴》，則不知修心迷悟之關鍵。
不知《楞伽》，則不辨知見邪正之是非。
此三經者，居士宜深心究之。(明‧憨山《憨山老人夢遊集‧卷十八》)

6《心經、金剛、楞伽》三經，實治心法門。

(明洪武十一年，朱元璋皇帝聖諭)

目 錄

《楞伽經》三種譯本比對暨研究（下冊）

第肆門　入無所有地門

第十三章　行無相道章

第３２節　境空心寂

32－1 種種不實的「妄想諸相」從何而生？因何而生？誰之所生？

劉宋・求那跋陀羅譯《楞伽阿跋多羅寶經》	元魏・菩提流支譯《入楞伽經》	唐・實叉難陀與復禮等譯《大乘入楞伽經》
㊀爾時大慧菩薩白佛言：世尊！唯願為說「不實妄想相」。	㊀爾時聖者大慧菩薩復請佛言：世尊！唯願如來應正遍知，為諸菩薩說「不實妄想」。	㊀爾時大慧菩薩摩訶薩復白佛言：世尊！願為我說「虛妄分別相」。
㊁「不實妄想」，云何而生？說何等法名「不實妄想」？於何等法中「不實妄想」？	㊁何等法中「不實妄想」？	㊁此「虛妄分別」云何而生？是何而生？因何而生？誰之所生？何故名為「虛妄分別」？
㊂佛告大慧：善哉！善哉！能問如來如是之義，多所饒益，多所安樂，哀愍世間一切天人。	㊂佛告大慧菩薩言：善哉！善哉！善哉！大慧！汝為安隱一切眾生，饒益一切眾生，安樂一切眾生，哀愍一切世間「天、人」，請我此事。	㊂佛言：大慧！善哉！善哉！汝為哀愍世間「天、人」而問此義，多所利益，多所安樂。
諦聽！諦聽！善思念之，當為汝說。 大慧白佛言：善哉！世尊！唯然受教。	大慧！諦聽！諦聽！當為汝說。 大慧言：善哉！世尊！唯然受教。	諦聽！諦聽！善思念之，當為汝說。 大慧言：唯！

32－2 種種不實妄想皆由「遍計執著」而生起

劉宋・求那跋陀羅譯	元魏・菩提流支譯	唐・實叉難陀與復禮等譯

《楞伽阿跋多羅寶經》	《入楞伽經》	《大乘入楞伽經》
佛告大慧：(於)種種(戲論)義，(及有)種種「不實妄想」，(於中有)計著(計量執著)「妄想」生(起)。	佛告大慧：一切眾生(會)執著(於)「不實虛妄想」者，(此皆)從見種種「虛妄法」(而)生。	佛言：大慧！一切眾生，於種種境，
❶大慧！(於能)攝(取)、所攝(取中生)計著(計量執著)，不知(皆)「自心現量」。	❶以(執)著(於)虛妄(的)「能取、可取」諸境界故，(若)入「自心」見(之)，(則皆是由自心所)生(之)虛妄想故。	❶不能了達(皆)「自心所現」，計(執於)「能、所」取，(與)虛妄(之)執著。
❷及墮「有、無」見。	❷墮於「有、無」二見，「朋黨」(以「惡」相濟而結成的集團，兩邊均是「邪惡」的對立)非法聚中。	❷(生)起諸「分別」，墮(於)「有、無」見。
❸增長「外道見、妄想習氣」(的薰習)。	❸增長成就「外道、虛妄異見」(的)薰習故。	❸增長「外道、妄見習氣」(的薰習)。
❹計著(計量執著於心)外種種(戲論)義，(於)「心、心數」(而生諸)妄想。	❹大慧！以取(執於心)外諸「戲論義」故，(生)起於虛妄(的)「心、心數法」。	❹(於)「心、心所法」相應(生)起時，執(著)有(心)外義(的)種種(戲論)可得。
❺計著(於)「我、我所」生(起)。	❺(妄心)猶如草束，分別(於)「我、我所法」。	❺計著於「我」及以「我所」。
	大慧！以是義故，生「不實妄想」。	是故名為「虛妄分別」。

註：「朋黨」指同類的人以「惡」相濟而結成的集團，兩方均是「邪惡」的對立。

32-3 種種不實妄想皆由「遍計執著」而生起

劉宋・求那跋陀羅譯《楞伽阿跋多羅寶經》	元魏・菩提流支譯《入楞伽經》	唐・實叉難陀與復禮等譯《大乘入楞伽經》
大慧白佛言：世尊！若(於)種種(戲論)義，(及)種種(的)「不實妄想」，(於中有)計著(計量執著)「妄想」生(起)。	大慧白佛言：世尊！若諸眾生(會)執著(於)「不實虛妄想」者，(此皆)從見種種「虛妄法」(而)生。	
①(於能)攝(取)、所攝(取中)計	①(以)執著(於)虛妄(的)「能	

著(計量執著)，不知「自心現量」。	取、可取」一切境界，(若)入「自心」見(之)，(則皆是由自心所)生(之)虛妄想。	
②及墮「有、無」見。	②墮於「有、無」二見，朋黨」(以「惡」相濟而結成的集團，兩邊均是「邪惡」的對立)分別聚中。	
③增長「外道見、妄想習氣」。	③增長成就「外道、虛妄異見」薰習。	
④計著(計量執著於心)外種種(戲論)義，(於)「心、心數」(而生諸)妄想。	④以取(執於心)外諸「戲論之義」不實妄想，(生)起於虛妄(的)「心、心數」法。	
⑤(於)「我、我所」(中)計著(計量執著)生(起)。	⑤(妄心)猶如草束，取(執於)「我、我所」者。	

註：「朋黨」指同類的人以「惡」相濟而結成的集團，兩方均是「邪惡」的對立。

32－4 「對於種種外境，須離其「有、無」之種種分別。佛之「第一義諦」亦須離其「根量、宗、因、喻」。為何遠離外境的「有、無」仍名為是一種「妄想分別」；而佛之離其「根量、宗、因、喻」，就不名為是一種「妄想分別」呢？

劉宋・求那跋陀羅譯《楞伽阿跋多羅寶經》	元魏・菩提流支譯《入楞伽經》	唐・實叉難陀與復禮等譯《大乘入楞伽經》
壹世尊！若(於)如是外(境)種種(戲論)義相(中)，(邪人皆易)墮(於)「有、無」相。(所以應)離(這些外境的)「性(有)、非性(無)」，(及)離「有」與「無」(之)見相。	壹世尊！如彼依(於心)外種種境界、(與)種種(戲論)相，(邪人易)墮(於)「有」(及墮(於)「無」(的)朋黨(以「惡」相濟而結成的集團，兩邊均是「邪惡」的對立)相中。(所以應)離(這些外境的)「有、無」見相。	壹大慧白言：若(有)如是者，(邪人易墮於)外(境)種種(的戲論)義性。(所以應)離(這些外境的)「有、無」，(及離其所生)起(的有無)「諸見」相。(外境的種種「有無」狀況，皆是一種戲論義，所以應離之)
貳世尊！(於)「第一義」(中)亦(具)如是(之理)，(第一義	貳世尊！「第一義諦」亦應(具)如是(之理)，(第一義諦乃	貳世尊！「第一義諦」亦復(具)如是(之理)，(第一義諦乃

諦乃)離「量根、分、譬(喻)、因相」。 (量根→諸根所思量的境界)	遠離「阿含」(āgama 教理)聖所說法,(亦)遠離諸「根」,(及)遠離建立三種之法(的)「譬喻、因相」。	離諸「根量、宗、因、譬喻」。 (根量→諸根所思量的境界。「宗、因、喻」稱爲「三支論」法)
(參)世尊!何故(於)一處(說如果遠離了外境「有無」的種種)妄想不實義,(這還算是屬於在)種種性(法中生)計著(計量執著)妄想(的一種)生(起)?	(參)世尊!云何(於)一處(宣說如果遠離了)種種(外境「有無」的)「分別執著」,(然後又說這還算是有)種種(的)「虛妄想」(而)生(起)?	(參)世尊!何故於(一處宣說如果遠離了)種種(外境「有無」的戲論)義,(然後又)言(這還算是有生)起(妄想的一種)分別?
(肆)(在第一義諦中是)非「計著」(不去計量執著於「根量、宗、因、喻」),(所謂)「第一義處」(是離「根量、宗、因、喻」的),(難道不算是屬於從妄)相、妄想(中)生(出的另一種分別嗎)? (非計著第一義處相妄想生 =第一義處,非計著,相妄想生 =於第一義處,非計著於根量宗因喻,難道不算是一種妄相妄想生嗎?)	(肆)何故(在「第一義諦」中)不(執)著(「根量、宗、因、喻」)?(所謂)「第一義諦」(是離「根量、宗、因、喻」的),(難道不算是屬於從)「虛妄分別」而生(出另一種的)「分別」(嗎)? (何故不著第一義諦虛妄分別而生分別? =何故第一義諦,不著,虛妄分別而生分別? =何故於第一義諦的不著於根量宗因喻,難道不算是一種從虛妄分別而生分別嗎?)	(肆)(佛所說的)「第一義」中(是離「根量、宗、因、喻」),(但佛這種「遠離」)不(說)言(是有生)起(妄想分別)耶?
(伍)將無(莫非)世尊(所)說(爲)「邪因論」耶? 說(於)一(處而言有)生(起妄想分別), (說於另)一(處而言)不生(起妄想分別)? (外境的種種「有無」狀況,皆是一種戲論義,所以應離之。	(伍)世尊!世尊如是(之)說法非(爲)「平等」說,(乃)「無因」而說。何以故? (世尊於)一處(說有)生(起妄想分別), (於另)一處(又說)不生(起妄想分別)故?	(伍)將無(莫非)世尊所言(前後互相)「乖理」(乖違義理)? (世尊於)一處言(有生)起(妄想分別), (於另)一(處)不(說有生起妄想分別之)言故?

<table>
<tr><td>

但佛竟然說這種「遠離外境法」仍然還是一種有「生起」的「妄想分別」。爲何?因爲心中有「外境」,則需遠離。

如果心無「外境」的話,那還需要「遠離」二個字嗎?

佛的「第一義諦」,心中已無任何「外境」,更不提「有」與「無」的存在,「第一義諦」是遠離了「根量、宗、因、喻」。所以佛的這種「遠離」法,已完全「不生」起任何的「妄想分別」了)

</td><td></td><td></td></tr>
</table>

32－5 「離有離無」之論,亦墮世間外道邪見之論

請參閱 43－15

劉宋・求那跋陀羅譯《楞伽阿跋多羅寶經》	元魏・菩提流支譯《入楞伽經》	唐・實叉難陀與復禮等譯《大乘入楞伽經》
	壹若世尊(亦作)如是 (第一義諦乃離「根量、宗、因、喻」) 說者,(則將)墮(於)二(個對立的)「朋黨」(以「惡」相濟而結成的集團,兩邊均是「邪惡」的對立),以(世尊的理論亦)見(於)執著(於)「虛妄分別」而生「分別」。	壹世尊又說(若依著)「虛妄分別」,(則將)墮(於)「有、無」見。
	貳以世尊(常)說如世(之)「幻師」,依種種因緣(而)生種種「色像」。(所)以世尊(以)「自心」(的)虛妄分別(而說「離有離無」之句),以世尊(這樣的)言(說亦屬於是具)種種虛妄(分別的啊)!	貳譬如幻事,種種(皆)非實,(所有的)「分別」(心)亦爾。

	(參)(凡是有關)「若有、若無」(之句)，(亦)不可(將此)言說(作)為(是)「離分別」(之句)。	(參)(有關)「有、無」相離(之句亦是一種「分別」)，云何而(可)說(之呢)？ (既是「離有離無」，則此句「離有離無」亦是歸於妄想分別的「文字相」，故「離有離無」句亦不可「言說」)
	(肆)(世尊所提倡的「離有離無」之理)如是如來(是否也)墮(於)「世間論」？(然後)入「邪見」(的)心(的)「朋黨」聚中？	(肆)(世尊提倡的「離有離無」之說是否也)墮「二見」耶？此說(指佛之「離有離無」說)豈不(也是)墮於「世見」(之中)？

註：世尊爲令世人遠離對「有無」的邪執，故亦方便說「離有離無」的道理，然則「離有離無」此言對世尊來說也算是具「種種虛妄」的分別說，亦爲世尊的「自心虛妄分別」，故「離有離無」句亦墮入「世論外道見」。那究竟之眞實義應如何？《中論》云：
「諸法不可得，滅一切戲論，無人亦無處，佛亦無所說。一切法空故，世間常等見，何處於何時，誰起是諸見。諸法實相者，心行言語斷，如是性空中，思惟亦不可」。

32－6 外道之「離有離無」乃心中仍見「有、無」之分別。佛之「離有離無」乃心中無有「有、無」之分別。一切法皆非眞實，皆唯心自現。佛雖倡「離有離無」之分別見，然此分別仍無從所生，亦無所滅。但隨眾生心，而現方便說

請參閱 **43－15**

劉宋・求那跋陀羅譯 《楞伽阿跋多羅寶經》	元魏・菩提流支譯 《入楞伽經》	唐・實叉難陀與復禮等譯 《大乘入楞伽經》
(壹)佛告大慧：(我的「不生不滅」義並)非(是屬於)「妄想」(式的)一「生」、一「不生」。所以者何？謂(我於)「有、無」妄想(皆)不生故，(所有的)外現性(法)，(皆)非性(非眞實)。	(壹)佛告大慧：(看似)我(也)有)分別(的)虛妄，(其實我仍是屬於)「不生不滅」。何以故？(我已)不生「有、無」(之)分別相故，(已)不見一切外(法)「有、無」故。	(壹)佛言：大慧！(看似我也有)分別，(其實我仍是屬於)「不生不滅」，何以故？(我已)不(生)起「有、無」分別相故，(我於)所見(的)「外法」皆「無有」(非眞實有)故。
(貳)(我已)覺(悟)「自心現量」，(故於一切)妄想(已)不生。	(貳)大慧！(我)以見「自心」(之)「如實」見故，(所以看似我	(貳)(我已)了(達一切皆)唯「自心」之所現故。

	也有)虛妄分別,(其實我仍是屬於)「不生不滅」(的)。	
⑧大慧!我說(其)餘(諸)愚夫,(皆從)「自心」(而生)種種妄想相,故(生出種種)事業(隨)在(心生之)前,(從)種種妄想性相(的)「計著」(計量執著)生。	⑧大慧!我(雖教導「離有離無」之)此所說(的法義),(乃)唯為「愚癡凡夫」而說(的)「自心分別」,(因)分別種種(而)隨先(於)心(之)生,(再)分別(於)種種(的)有相執著。何以故?	⑧但以愚夫(的)「分別」,(乃是從)自心(的)種種諸法,(而去執)著(於)種種相,(故我)而作是(「離有離無」之)說,(乃欲)令(愚夫)知所見皆是「自心」。
❶(若我不說有關「離有離無」之法義者)云何愚夫(能)得離「我、我所」(之)計著(計量執著)見?	❶若(我)不說(有關「離有離無」之法義)者,(則)愚癡凡夫(永)不離(其)「自心」(之)虛妄覺知,不離(所)執著(的)「我、我所」見。	❶(我說「離有離無」之法義,能令凡愚)斷「我、我所」一切見著。
❷(如何)離(能)作、所作?(與離種種)因緣(的)過(過失罪惡)?	❷(若我不說者,愚癡凡夫永)不離「因果」(等)諸「因緣」過(過失罪惡)。	❷(能令凡愚)離「(能)作、所作」諸惡「因緣」。
❸(能令凡愚)覺自妄想(之)「心量」,(令其)身心「轉變」。	❸(所以我教導「離有離無」之說,能令凡愚)如實覺知「二種心」故。	❸(能令凡愚)覺「唯心」故,轉其「意樂」。
❹(能)究竟明解一切(諸)「地」(相)。	❹(能)善知一切諸「地」(之)行相。	❹(能)善明諸「地」(相)。
❺(能入)如來「自覺」境界(自內身聖智證法之境界)。	❺(能)善知諸佛自身所行「內證」(之)境界(自內身聖智證法之境界)。	❺(能)入佛境界(自內身聖智證法之境界)。
❻(能)離「五法(名、相、妄想、正智、如如)、(三)自性」事見妄想(的執著)。	❻(能)轉「五法(名、相、妄想、正智、如如)、(三)體見」分別相,(及證)入「如來地」。	❻(能轉)捨「五法(名、相、妄想、正智、如如)、(三)自性」(等)諸分別見。
❹以是因緣故,我說「妄想」(皆)從種種不實義(中的)「計著」(計量執著中)生(起)。	❹大慧!因是事故,我說一切諸眾生等,執著(於)「不實虛妄」(所)生(之)心,(及	❹是故我說,(眾生)虛妄分別,執著(於)種種(由)「自心」所現(之)諸境界生。

	執著於「自心分別」(的)種種諸義。	
㈤(若能)知「如實義」,(即能)得「解脫」自心種種妄想。	㈤以是義故,一切眾生(若能獲)知「如實義」而(便能)得「解脫」。	㈤(若能)「如實了知」,則得「解脫」。

32-7 偈頌內容

劉宋・求那跋陀羅譯《楞伽阿跋多羅寶經》	元魏・菩提流支譯《入楞伽經》	唐・實叉難陀與復禮等譯《大乘入楞伽經》
爾時世尊欲重宣此義而說偈言:	爾時世尊重說偈言:	爾時世尊重說頌言:
諸因及與緣。	諸因及與緣。	諸因及與緣。
從此生世間。	從此生世間。	從此生世間。
妄想著四句。	妄想著四句。	與四句相應。
不知我所通。	彼不知我說。	不知於我法。
世間非有生。	世有無不生。	世非有無生。
亦復非無生。	離有無不生。	亦非俱不俱。
不從有無生。	云何愚分別。	云何諸愚夫。
亦非非有無。	依因緣生法。	分別因緣起。
諸因及與緣。	若能見世間。	非有亦非無。
云何愚妄想。	有無非有無。	亦復非有無。
非有亦非無。	轉於虛妄心。	如是觀世間。
亦復非有無。	得真無我法。	心轉證無我。
如是觀世間。	諸法本不生。	一切法不生。
心轉得無我。	故依因緣生。	以從緣生故。
一切性不生。	諸緣即是果。	諸緣之所作。
以從緣生故。	從果不生有。	所作法非生。
一切緣所作。	從果不生果。	果不自生果。
所作非自有。	若爾有二果。	有二果失故。
事不自生事。	若有二果者。	無有二果故。

有二事過故。 無二事過故。 非有性可得。	果中果難得。	非有性可得。

32－8 偈頌內容

劉宋・求那跋陀羅譯 《楞伽阿跋多羅寶經》	元魏・菩提流支譯 《入楞伽經》	唐・實叉難陀與復禮等譯 《大乘入楞伽經》
觀諸有為法。 離攀緣所緣。 無心之心量。 我說為心量。 量者自性處。 緣性二俱離。 性究竟妙淨。 我說名心量。	離念及所念。 觀諸有為法。 見諸唯心法。 故我說唯心。 量體及形相。 離緣及諸法。 究竟有真淨。 我說如是量。	觀諸有為法。 離能緣所緣。 決定唯是心。 故我說心量。 量之自性處。 緣法二俱離。 究竟妙淨事。 我說名心量。

32－9 偈頌內容

劉宋・求那跋陀羅譯 《楞伽阿跋多羅寶經》	元魏・菩提流支譯 《入楞伽經》	唐・實叉難陀與復禮等譯 《大乘入楞伽經》
施設世諦我。 彼則無實事。 諸陰陰施設。 無事亦復然。 有四種平等。 相及因性生。 第三無我等。 第四修修者。	假名世諦我。 彼則無實事。 諸陰陰假名。 假名非實法。 有四種平等。 相因生無我。 如是四平等。 是修行者法。	施設假名我。 而實不可得。 諸蘊蘊假名。 亦皆無實事。 有四種平等。 相因及所生。 無我為第四。 修行者觀察。

32- 10 偈頌內容

劉宋・求那跋陀羅譯《楞伽阿跋多羅寶經》	元魏・菩提流支譯《入楞伽經》	唐・實叉難陀與復禮等譯《大乘入楞伽經》
妄想習氣轉。有種種心生。境界於外現。是世俗心量。外現而非有。心見彼種種。建立於身財。我說為心量。		

32- 11 偈頌內容

劉宋・求那跋陀羅譯《楞伽阿跋多羅寶經》	元魏・菩提流支譯《入楞伽經》	唐・實叉難陀與復禮等譯《大乘入楞伽經》
離一切諸見。及離想所想。無得亦無生。我說為心量。非性、非非性。性、非性悉離。謂彼心解脫。我說為心量。如如與空際。涅槃及法界。種種意生身。我說為心量。	轉一切諸見。離分別分別。不見及不生。故我說唯心。非有非無法。離有無諸法。如是離心法。故我說唯心。真如空實際。涅槃及法界。意身身心等。故我說唯心。	離一切諸見。及能所分別。無得亦無生。我說是心量。非有亦非無。有無二俱離。如是心亦離。我說是心量。真如空實際。涅槃及法界。種種意成身。我說是心量。

32- 12 偈頌內容

劉宋・求那跋陀羅譯《楞伽阿跋多羅寶經》	元魏・菩提流支譯《入楞伽經》	唐・實叉難陀與復禮等譯《大乘入楞伽經》
妄想習氣轉。 有種種心生。 境界於外現。 是世俗心量。 外現而非有。 心見彼種種。 建立於身財。 我說為心量。 (注意：本段文字乃出現在上文「第三無我等。第四修修者」後面的 **32-10**，今複製一份至此處，乃方便與其它經文相對照用)	分別依薰縛。 心依諸境生。 眾生見外境。 故我說唯心。 可見外法無。 心盡見如是。 身資生住處。 故我說唯心。	妄想習氣縛。 種種從心生。 眾生見為外。 我說是心量。 外所見非有。 而心種種現。 身資及所住。 我說是心量。

第３３節　因語入義

33-1 菩薩不應依「語」而取其「義」

請參閱 **15-14** **43-5**

劉宋・求那跋陀羅譯《楞伽阿跋多羅寶經》	元魏・菩提流支譯《入楞伽經》	唐・實叉難陀與復禮等譯《大乘入楞伽經》
⑤爾時大慧菩薩白佛言：世尊！如世尊所說：菩薩摩訶薩當善(於分辨)「語、義」。 ⑥云何為菩薩(應)善(於分辨)「語、義」？	⑤爾時聖者大慧菩薩復白佛言：世尊！如來說言：如我所說，汝及諸菩薩莫(執)著(由)「音聲言語」(所起)之「義」。 ⑥世尊！云何菩薩不(應執)著「言語」(所生)之義？	⑤爾時大慧菩薩摩訶薩復白佛言：世尊！如來說言：如我所說，汝及諸菩薩不應依「語」而取(著)其「義」。 ⑥世尊！何故不應依「語」(而)取(著於)「義」？

㊂云何為「語」(言)？	㊂世尊！何者為「言語」？	㊂云何為「語」(言)？
㊃云何為「義」？	㊃何者為「義」？	㊃云何為「義」？
㊄佛告大慧：諦聽！諦聽！善思念之，當為汝說。大慧白佛言：善哉！世尊！唯然受教。	㊄佛告聖者大慧菩薩言：善哉！善哉！善哉！大慧！當為汝說。大慧言：善哉！世尊！唯然受教。	㊄佛言：諦聽！當為汝說。大慧言：唯！

33-2 何謂「語」？

請參閱 *15-13*

劉宋・求那跋陀羅譯《楞伽阿跋多羅寶經》	元魏・菩提流支譯《入楞伽經》	唐・實叉難陀與復禮等譯《大乘入楞伽經》
佛告大慧：云何為「語」(言)？謂：	佛告大慧：何者為(語言)「聲」？謂：	佛言：大慧！「語」(言)者，所謂：
❶(由)「言字、妄想」和合(而成)。	❶依無始薰習(之)「言語、名字」和合(而生)分別。	❶(以)「分別、習氣」而為其因。
❷依「咽喉、脣、舌、齒、齗ㄎㄣˊ(牙齗)、頰輔(臉頰)」(之眾緣和合)，因(而生出)彼(與)我(之談話)言說，(皆從)「妄想習氣」計著(而)生。	❷因於「喉、鼻、齒、頰(臉頰)、脣、舌」(之眾緣)和合動轉，(而)出彼(之)「言語」(而能)分別諸法。	❷依於「喉、舌、脣、齶ㄜˋ(齶骨➜牙齗，可發揮咀嚼功能)、齒、輔(臉頰)」(之眾緣和合)而出種種「音聲文字」，(然後可)相對(而)談說。
(此)是名為「語」(言)。	(此)是名為(語言)「聲」。	(此)是名為「語」(言)。

33-3 何謂「義」？

劉宋·求那跋陀羅譯 《楞伽阿跋多羅寶經》	元魏·菩提流支譯 《入楞伽經》	唐·實叉難陀與復禮等譯 《大乘入楞伽經》
大慧！云何為「義」？謂： ①(若能)離一切「妄想相、言說相」，是名為「義」。大慧！菩薩摩訶薩於如是「義」，(能)獨(住於)一靜處，(專心修學)「聞、思、修」(三)慧。 ②緣(於)「自覺」(之明)了(觀)，(進趣而)向「涅槃城」。 ③(應令)「習氣身」轉變已，(觀察)「自覺」(之)境界。 ④(能)觀「地地」(一地一地修行)中間(的所有)「勝進義相」。 (此)是名菩薩摩訶薩善「義」。	大慧！何者為「義」？ ①菩薩摩訶薩依「聞、思、修」(之)聖「智慧」力，(能)於「空閑處」(而)獨坐思惟。 ②云何「涅槃」？(應)趣(向)「涅槃道」？ ③(應)觀察「內身」修行(之)境界。 ④(能於)「地地」(一地一地)；(而)處處「修行勝相」，(能)轉彼無始「薰習之因」。 大慧！(此)是名菩薩善解「義」相。	云何為「義」？ ①菩薩摩訶薩(應)住獨(於)一「靜處」，以「聞、思、修」(三)慧(而修)。 ②(修)思惟觀察，(進趣而)向「涅槃道」。 ③(由)「自智」(自我智慧之)境界，(能)轉諸「習氣」。 ④(以修)行於諸「地」(之)種種「行相」。 (此)是名為「義」。

33－4 菩薩善觀察「言語」和「義」乃「不一不異」，能依「言語」而入「離言語」之「自內身證智境界」

請參閱 15－14　43－5

劉宋·求那跋陀羅譯 《楞伽阿跋多羅寶經》	元魏·菩提流支譯 《入楞伽經》	唐·實叉難陀與復禮等譯 《大乘入楞伽經》
壹復次大慧！善「語、義」。 貳菩薩摩訶薩觀「語」與「義」(乃)非「異」、非「不異」。	壹復次大慧！云何菩薩摩訶薩善解「言語、義」。 貳大慧！菩薩見「言語」、「聲義」(乃)不「一」、不「異」。	壹復次大慧！菩薩摩訶薩善於「語、義」。 貳知「語」與「義」(乃)不「一」、不「異」。

㊤觀「義」與「語」，亦復如是。	㊤見「義、言語聲」不「一」、不「異」。	㊤「義」之與「語」，亦復如是。
㊃若「語」異⒧於⒥「義」者，則不因「語」⒧而⒥辯「義」。	㊃大慧！若言「言語」離於「義」者，⒧則⒥不應因彼「言語聲」故，而有於「義」。	㊃若「義」異⒧於⒥「語」，則不應因「語」而顯於「義」。
而⒧必須⒥以「語」⒧才能⒥入「義」，⒧就⒥如「燈」⒧才能⒥照色。	而「義」⒧必須⒥依彼「言語」⒧才能⒥了別。大慧！⒧就⒥如依於「燈」，⒧才能⒥了別眾色。	而⒧必須⒥因「語」⒧而⒥見「義」，⒧就⒥如「燈」⒧才能⒥照色⒧一般⒥。
	㊄大慧！譬如有人然⒧燃⒥「燈」觀察種種珍寶。『此處如是如是，彼處如是如是』。	㊄大慧！譬如有人持「燈」照物，『知此物如是在如是處』。菩薩摩訶薩亦復如是。
	㊅大慧！菩薩依「言語聲」⒧的方便力爲⒥燈，⒧進而修到能⒥「離言語」⒧而⒥入「自內身」⒧自內身聖智證法的⒥修行義故。	㊅因⒧藉由⒥「言語」⒧之⒥燈⒧的方便力⒥，⒧能⒥入「離言說」⒧之⒥「自證境界」⒧自內身聖智證法的境界⒥。

33-5 若依「言」而取著「義」，則墮「增益⒧有⒥、減損⒧無⒥」二軌

劉宋・求那跋陀羅譯《楞伽阿跋多羅寶經》	元魏・菩提流支譯《入楞伽經》	唐・實叉難陀與復禮等譯《大乘入楞伽經》
㊀復次大慧！ ⒧諸法皆⒥ ❶不生不滅。 ❷自性涅槃。 ❸三乘、一乘。 ❹「心」、⒧三⒥自性」等；	㊀復次大慧！一切諸法⒧皆⒥； ❶不生不滅。 ❷自性本來入於涅槃。 ❸三乘、一乘。 ❹「五法⒧名、相、妄想、正智、如如⒥、心、⒧三⒥諸法體」等；	㊀復次大慧！若有於； ❶不生不滅。 ❷自性涅槃。 ❸三乘、一乘。 ❹「五法⒧名、相、妄想、正智、如如⒥、諸心、⒧三⒥自性」等中；

(貳)如緣(於)「言說」(而對)「義」(生)計著，(則將)墮「建立」(samāropa 增益)及「誹謗」(apavāda 損減)見。	(貳)同「言語、聲義」(之義)，(若)依「眾緣」(而)取相，(則將)墮「有(增益)、無(減損)」見諦於諸法。	(貳)如(依)「言」(而)取(著於)「義」，則(將)墮「建立」(增益)及「誹謗」(減損)見。
(參)(由於看見有種種差)異(的外境)建立(相)，(於是生起種種差)異(的)妄想。	(參)(以)見諸法體(皆)各住(於種種差)異(的外境)相，(於是生起種種)分別(的差)異(妄)相(執著)。	(參)(由)以(看見有)異於彼(的種種差異外境相)，(於是生)起(種種)分別(的妄想)故。
(所有的)「如幻」種種(萬象)，(皆由)「妄想」(分別所顯)現。	如是「分別」已，(故)見種種法相(皆)「如幻」，(即)見種種「分別」(生起)。	
(肆)譬如種種「幻」，(皆由)凡愚眾生(而將之)作(為是差)異(的)妄想(分別)，(此)非聖賢(之所見)也。	(肆)大慧！譬如「幻」種種(有差)異(之相)，(與差)異(的)分別(妄想)，(但此)非謂聖人(所見)，是(謂)凡夫(之所)見。	(肆)如見「幻事」(時)，(凡人便)計以為「實」，(此)是愚夫(之)見，非賢聖(之所見)也。

33–6 偈頌內容

劉宋・求那跋陀羅譯《楞伽阿跋多羅寶經》	元魏・菩提流支譯《入楞伽經》	唐・實叉難陀與復禮等譯《大乘入楞伽經》
爾時世尊欲重宣此義而說偈言：	爾時世尊重說偈言：	爾時世尊重說頌言：
彼言說妄想。 建立於諸法。 以彼建立故。 死墮泥犁中。 陰中無有我。 陰非即是我。 不如彼妄想。 亦復非無我。	分別言語聲。 建立於諸法。 以彼建立故。 故墮於惡道。 五陰中無我。 我中無五陰。 不如彼妄想。 亦復非是無。	若隨言取義。 建立於諸法。 以彼建立故。 死墮地獄中。 蘊中無有我。 非蘊即是我。 不如彼分別。 亦復非無有。

一切悉有性。 如凡愚妄想。 若如彼所見。 一切應見諦。 一切法無性。 淨穢悉無有。 不實如彼見。 亦非無所有。	凡夫妄分別。 見諸法實有。 若如彼所見。 一切應見真。 一切法若無。 染淨亦應無。 彼見無如是。 亦非無所有。	如愚所分別。 一切皆有性。 若如彼所見。 皆應見真實。 一切染淨法。 悉皆無體性。 不如彼所見。 亦非無所有。

第３４節　捨識依智

34－1 佛說三種「世間、出世間、出世間上上智」的智相
請參閱 43-49　49-11

劉宋・求那跋陀羅譯 《楞伽阿跋多羅寶經》	元魏・菩提流支譯 《入楞伽經》	唐・實叉難陀與復禮等譯 《大乘入楞伽經》
❶復次大慧！(有關)「智、識」(之)相 (jñāna-vijñāna-lakṣaṇa)，(我)今當說。	❶復次大慧！我今為汝(宣)說(有關)「智、識」(之)相。	❶復次大慧！我當為汝(宣)說「智、識」(之)相。
❷若善分別(於)「智、識」(之)相者，汝及諸菩薩則能通達「智、識」之相(所謂的修行即指能轉「識」成「智」的修法)，(即能)疾得「阿耨多羅三藐三菩提」。	❷汝及諸菩薩摩訶薩，應善知彼「智、識」之相，(若能)如實修行「智、識」相故(所謂的修行即指能轉「識」成「智」的修法)，(即能)疾得「阿耨多羅三藐三菩提」。	❷汝及諸菩薩摩訶薩，若(能)善了知「智、識」之相，則能疾得「阿耨多羅三藐三菩提」。
❸大慧！彼「智」有三種，謂：	❸大慧！有三種「智」，何等為三？	❸大慧！「智」有三種。謂：
❶「世間」(世間凡夫之智)。 ❷「出世間」(二乘之智)。	一者「世間智」。 二者「出世間智」。	❶「世間智」(laukika-jñāna)。 ❷「出世間智」(lokattara-

		jñāna)。
❸「出世間上上智」(佛菩薩乘者之智)。	三者「出世間上上智」。	❸「出世間上上智」(lokottaratama-jñāna)。

34-2 何謂屬於「世間凡夫」的「世間智」？

劉宋·求那跋陀羅譯《楞伽阿跋多羅寶經》	元魏·菩提流支譯《入楞伽經》	唐·實叉難陀與復禮等譯《大乘入楞伽經》
壹云何「世間智」(laukika-jñāna)？謂： 貳一切外道凡夫計著(於)「有、無」(二見)。	壹大慧！何者「世間智」？謂： 貳外道凡夫人等，執著一切諸法「有、無」。 是名「世間智相」。 (注意：本段文字乃出現在下文 34-6 「三者觀察不生不滅」的後面，今複製一份至此處，乃方便與其它經文相對照用)	壹云何「世間智」？謂： 貳一切外道凡愚計(著於)「有、無」(二)法。

34-3 何謂屬於「二乘者」的「出世間智」？

劉宋·求那跋陀羅譯《楞伽阿跋多羅寶經》	元魏·菩提流支譯《入楞伽經》	唐·實叉難陀與復禮等譯《大乘入楞伽經》
壹云何「出世間智」(lokattara-jñāna)？謂： 貳一切「聲聞、緣覺」，墮(於)「自、共」相，(而生)希望(與)計著。	壹大慧！何者「出世間智」？謂： 貳諸一切聲聞緣覺，虛妄分別「自相、同相」。 是名「出世間智」。	壹云何「出世間智」？謂： 貳一切二乘(執)著(於)「自、共」相。

	(注意：本段文字乃出現在下文 `34-6` 「執著一切諸法有、無，是名世間智相」的後面，今複製一份至此處，乃方便與其它經文相對照用)	

`34-4` 何謂屬於「佛菩薩」的「出世間上上智」？

劉宋・求那跋陀羅譯《楞伽阿跋多羅寶經》	元魏・菩提流支譯《入楞伽經》	唐・實叉難陀與復禮等譯《大乘入楞伽經》
云何「出世間上上智」(lokottaratama-jñāna)？謂： ❶諸佛菩薩觀「無所有法」。 ❷見不生不滅。 ❸離「有、無」品。 ❹入「如來地」。 ❺(證)「人、法」無我。 ❻緣「自得」(自內身聖智證法)生。	大慧！何者「出世間上上智」？謂： ❶佛如來菩薩摩訶薩觀察一切諸法「寂靜」。 ❷不生不滅。 ❹得如來地。 ❺「無我」證法。 ❸離彼「有、無」朋黨二見。 (注意：本段文字乃出現在下文 `34-6` 虛妄分別自相同相，是名出世間智」的後面，今複製一份至此處，乃方便與其它經文相對照用)	云何「出世間上上智」？謂： ❶諸佛菩薩觀一切法皆「無有相」。 ❷不生不滅。 ❸非有、非無。 ❺證「法無我」。 ❹入「如來地」。 大慧！復有三種「智」，謂： ①知「自相、共相」智。 ②知「生滅」智。 ③知「不生不滅」智。

`34-5` 「識相」與「智相」的辨別。若是「不生不滅、離有無相、離有無之種種相因、無所積集」是「智」，反之，則為「識」

劉宋・求那跋陀羅譯《楞伽阿跋多羅寶經》	元魏・菩提流支譯《入楞伽經》	唐・實叉難陀與復禮等譯《大乘入楞伽經》
⑤大慧！彼「生滅」者是	⑤大慧！「識」者「生滅	⑤復次大慧！「生滅」是

劉宋	元魏	唐
「識」。不生不滅者是「智」。	相」。「智」者「不生滅相」。	「識」。「不生滅」是「智」。
(貳)復次(若)墮(於)「(有)相、無相」，及墮(於)「有、無」種種(之)「相因」(則)是「識」。	(貳)復次大慧！「識」者，(即)墮於「有相、無相」，(及)墮彼(於)「有、無」種種(之)「相因」。	(貳)(若)墮(於)「(有)相、無相」，及以(墮)「有、無」種種(之)「相因」(則)是「識」。
(參)(若能)超「有、無」相(則)是「智」。	(參)大慧！「智」相者，(是)遠離「有相、無相」，(及遠離)「有、無」因相，名為「智」相。	(參)(若能)離「(有)相、無相」，及(遠離)「有、無」因(則)是「智」。
(肆)復次(有)「長養相」(則)是「識」。「非長養相」(則)是「智」。	(肆)復次大慧！(若)「集諸法」者，(則)名為「識」相。(若)「不集諸法」(者)，(則)名為「智」相。	(肆)「有積集相」(則)是「識」。「無積集相」(則)是「智」。

34-6 三種「知自相智、共相智」、「知生滅智」、「知不生不滅智」的介紹

劉宋・求那跋陀羅譯《楞伽阿跋多羅寶經》	元魏・菩提流支譯《入楞伽經》	唐・實叉難陀與復禮等譯《大乘入楞伽經》
復次有三種「智」，謂：	大慧！「智」有三種，何等為三？	大慧！復有三種「智」，謂：
❷「知生滅」。 ❶「知自、共相」。 ❸「知不生不滅」。	一者「觀察自相同相」。 二者「觀察生相滅相」。 三者「觀察不生不滅相」。	❶「知自相、共相智」。 ❷「知生滅智」。 ❸「知不生不滅智」。
	大慧！何者「世間智」？謂： 外道凡夫人等，執著一切諸法(之)「有、無」，(此)是	(注意：本段文字乃出現在上文 34-4 「非有、非無，證法無我，入如來地」的後面，今複製一份至此處，乃方便與其它經文相對照用)

	名「世間智相」。	
	大慧！何者「出世間智」？謂： 諸一切「聲聞、緣覺」，虛妄分別(於)「自相、同相」，(此)是名「出世間智」。	
	大慧！何者「出世間上上智」？謂： ❶佛如來菩薩摩訶薩，觀察一切諸法「寂靜」。 ❷不生不滅。 ❹得「如來地」。 ❺「無我」證法。 ❸離彼「有、無」朋黨(以「惡」相濟而結成的集團，兩邊均是「邪惡」的對立)二見。	

34-7 再辯「識相」與「智相」。若是「不著境界、無礙相、無得相、為自得聖智、不出不入」是「智」，反之，則為「識」

劉宋・求那跋陀羅譯 《楞伽阿跋多羅寶經》	元魏・菩提流支譯 《入楞伽經》	唐・實叉難陀與復禮等譯 《大乘入楞伽經》
(壹)復次，「無礙相」是「智」。(於)「境界種種礙相」是「識」。	(壹)復次大慧！所言「智」者，(即)「無障礙相」。「識」者，(能)識彼諸境界相(而生執著)。	(壹)(若)「著境界相」是「識」。(若)「不著境界相」是「智」。
(貳)復次，(若依根境識)「三事和合生方便相」是「識」。(若)「無事方便自性相」是「智」。	(貳)復次大慧！「識」者，(由根境識)「和合」(生)起「(能)作、所作」，名為「識」相。「無礙法相」應名為「智」相。	(貳)(若依根境識)「三和合相應生」是「識」。(若)「無礙相應自性相」是「智」。

| ㊂復次，(若)「得相」是「識」。(若)「不得相」是「智」。

㊃(以)「自得聖智」(自內身聖智證法的)境界，(乃)「不出、不入」，故如「水中月」。
(能隨時有千變萬化，就像千江有水千江月，具有不可思議的妙用) | ㊂復次大慧！「無所得相」名之為「智」。

㊃以「自內身證得聖智」(自內身聖智證法的)修行故，(所有)「出、入」(於)諸法，(皆)如「水中月」，(此)是名「智」相。 | ㊂(若)「有得相」是「識」。(若)「無得相」是「智」。

㊃(以)證「自聖智」(自內身聖智證法)所得(的)境界，如「水中月」，(而)「不入、不出」故。 |

34-8 偈頌內容

劉宋・求那跋陀羅譯 《楞伽阿跋多羅寶經》	元魏・菩提流支譯 《入楞伽經》	唐・實叉難陀與復禮等譯 《大乘入楞伽經》
爾時世尊欲重宣此義而說偈言： 採集業為識。 不採集為智。 觀察一切法。 通達無所有。 逮得自在力。 是則名為慧。 縛境界為心。 覺想生為智。 無所有及勝。 慧則從是生。	爾時世尊重說偈言： 識能集諸業。 智能了分別。 慧能得無相。 及妙莊嚴境。 識為境界縛。 智能了諸境。 無相及勝境。 是慧所住處。	爾時世尊重說頌言： 採集業為心。 觀察法為智。 慧能證無相。 逮自在威光。 境界縛為心。 覺相生為智。 無相及增勝。 智慧於中起。

34-9 偈頌內容

劉宋・求那跋陀羅譯 《楞伽阿跋多羅寶經》	元魏・菩提流支譯 《入楞伽經》	唐・實叉難陀與復禮等譯 《大乘入楞伽經》

心意及與識。	心意及意識。	心意及與識。
遠離思惟想。	遠離於諸相。	離諸分別相。
得無思想法。	聲聞分別法。	得無分別法。
佛子非聲聞。	非是諸弟子。	佛子非聲聞。
寂靜勝進忍。	寂靜勝進忍。	寂滅殊勝忍。
如來清淨智。	如來清淨智。	如來清淨智。
生於善勝義。	生於善勝智。	生於善勝義。
所行悉遠離。	遠離諸所行。	遠離諸所行。

34－10 偈頌內容

劉宋・求那跋陀羅譯 《楞伽阿跋多羅寶經》	元魏・菩提流支譯 《入楞伽經》	唐・實叉難陀與復禮等譯 《大乘入楞伽經》
我有三種智。	我有三種慧。	我有三種智。
聖開發真實。	依彼得聖名。	聖者能明照。
於彼想思惟。	於彼相分別。	分別於諸相。
悉攝受諸性。	能聞於有無。	開示一切法。
二乘不相應。	離於二乘行。	我智離諸相。
智離諸所有。	慧離於境界。	超過於二乘。
計著於自性。	取於有無相。	以諸聲聞等。
從諸聲聞生。	從諸聲聞生。	執著諸法有。
超度諸心量。	能入唯是心。	如來智無垢。
如來智清淨。	智慧無垢相。	了達唯心故。

第十四章 身心轉依章

第３５節 轉生死身

35－1 外道有九種「轉變見」

劉宋・求那跋陀羅譯《楞伽阿跋多羅寶經》	元魏・菩提流支譯《入楞伽經》	唐・實叉難陀與復禮等譯《大乘入楞伽經》
復次大慧！外道有九種「轉變論」，外道轉變見生，所謂：	復次大慧！諸外道有九種「轉變見」，何等為九？	復次大慧！諸外道有九種「轉變見」，所謂：
(一)「形處轉變」(saṃsthāna)。	一者「形相轉變」。	(一)「形轉變」。
(二)「相轉變」(lakṣaṇa)。	二者「相轉變」。	(二)「相轉變」。
(三)「因轉變」(hetu)。	三者「因轉變」。	(三)「因轉變」。
(四)「成轉變」(yukti 相應；理；成)。	四者「相應轉變」。	(四)「相應轉變」。
(五)「見轉變」(dṛṣṭi)。	五者「見轉變」。	(五)「見轉變」。
		(九)「生轉變」(utpāda)。
(九)「性轉變」(svabhāva)。	六者「物轉變」(bhāva)。	(六)「物轉變」(bhāva)。
(七)「緣分明 轉變」。(pratyaya-abhivyakti)	七者「緣了別 轉變」。(pratyaya-abhivyakti)	(七)「緣明了 轉變」。(pratyaya-abhivyakti)
(八)「所作分明 轉變」。(kriyā-abhivyakti)	八者「作法了別 轉變」。(kriyā-abhivyakti)	(八)「所作明了 轉變」。(kriyā-abhivyakti)
(六)「事轉變」(bhāva 物；事)。	九者「生轉變」(utpāda)。	
大慧！(此)是名九種「轉變見」，一切外道(皆)因是(而生)起「有、無」(法)，(然後再)生(種種的)「轉變論」。	大慧！(此)是名九種「轉變見」，依九種「轉變見」故，一切外道(之)說，(皆)於「轉變」(中而)從「有、無」生(起)。(外道的理論皆離不開「有」與「無」的「相對待」法)	(此)是為九，一切外道因是見故，(生)起「有、無」(的種種)「轉變論」。

35－2 ㈠何謂「形處轉變」？

劉宋·求那跋陀羅譯《楞伽阿跋多羅寶經》	元魏·菩提流支譯《入楞伽經》	唐·實叉難陀與復禮等譯《大乘入楞伽經》
⑱云何(第一)「形處轉變」(saṃsthāna)？謂：	⑱大慧！何者外道(第一)「形相轉變」？	⑱此中(第一)「形轉變」者。謂：
⑲(於)「形處」(有不同差)異(之)見(者)，譬如「金」，(能)變作諸器物，則有種種「形處」(之)顯現，(此)非「金」(之)性(有改)變。 (外道在「形相」的轉變當中「迷失」，不知這都是自己的「分別心」所生起的幻像)	⑲大慧！譬如以「金」作(種種)莊嚴具，(所作的)鐶釧釵、瓔珞種種各異，(其)形相雖殊，(但其)「金」體(仍)不變。 (外道迷失在從「金」體所「轉變」出的種種「外相」中)	⑲(於)「形別」(形狀各別有差)異(之)見(者)，譬如以「金」作(種種)莊嚴具，(所作的)鐶釧釵、瓔珞種種不同，(其)形狀有殊，(但其)「金」體(並)無易(動)。
㊂(所有外道)一切性(法)變(化)，亦復如是。	㊂一切外道分別諸法(的)「形相轉變」，亦復如是。	㊂(所有外道)一切法(的)變(化)，亦復如是。
㊃或有外道作如是(種種)妄想，乃至(從種種的)事(中轉)變(生出)妄想。	㊃大慧！復有外道分別(於)諸法，(皆)依(種種的)因(而)轉變(生起)。	㊃(但)諸餘外道，(皆有)種種(的)計著。
㊄(其實)彼(諸法並)非「如」(是)、(亦)非「異」(不如是)，(這一切都是從)妄想(所生起)故。	㊄大慧！而彼諸法(其實)亦非「如是」、(亦)非「不如是」，(但皆)以依分別(心所生)故。	㊄(其實這些諸法)皆非「如是」、亦非「別異」(不如是)，但(都是從)分別(心生之)故。

35－3 外道「九種轉變見」的種種諸異相，皆由自心分別而來，其實「彼等諸法」並無「真實」之轉變

劉宋·求那跋陀羅譯	元魏·菩提流支譯	唐·實叉難陀與復禮等譯

《楞伽阿跋多羅寶經》	《入楞伽經》	《大乘入楞伽經》
壹如是一切性(法)「轉變」。	壹大慧！如是一切(法的)「轉變」亦爾，應知。	壹一切(法的)「轉變」，如是應知。
貳當知如「乳酪、酒果」等(成)熟(的過程中)，外道「轉變」妄想。 (外道認為種種的分別妄想，都是一種真實的「轉變」)	貳譬如(就像)「乳酪、酒果」等(成)熟(的過程中)，(皆有)一一(的)「轉變」，一切外道(的)「分別轉變」，亦復如是。	貳譬如(就像)「乳酪、酒果」等(成)熟(的過程中)，外道言此皆有(真實的)「轉變」。 (外道迷失在「外相」上的轉變，所以生出種種的分別妄想，然後執著於這些看似「真實」的「轉變」)
參彼(諸法)亦(實)無有「轉變」，(所有)「若有、若無」(現象皆是由)自心(所)現，(所有的)外性(法)「非性」(非真實有)。	參(其實)而無「實法」可以「轉變」，以(皆是由)「自心」(所現，故)見「有、無」(之)可取，(然後)分別(於)「有、無」故。	參而(諸法)實無有(任何的轉變)，(所有的)「若有、若無」(現象皆是由)「自心」所見，無(真實)外物(的存在)故。
肆大慧！如是凡愚眾生，(皆由)自(心)妄想修習(而)生。	肆大慧！一切凡夫亦復如是，以依「自心」(之)分別，而生一切諸法。	肆如此皆是愚迷凡夫，(皆)從自(心)分別(之)習氣而(生)起。
伍大慧！(實)無有法(是)「若生、若滅」(的)。	伍大慧！(實)無有法「生」，(亦)無有法「轉」(起)。	伍實無(有)一法(是)「若生、若滅」(的)。
陸(諸法皆)如見(於)「夢」(中種種的)「幻」色(所)生。	陸如(於)「幻夢」中(而)見諸色事。大慧！譬如(於)夢中(而)見一切事。	陸(諸法皆)如因(於)「幻夢」(中)所見(的)諸色。
	柒(亦如)石女兒(vandhyā 新譯作「盧女」。《四分律行事鈔資持記・卷中二之一》云：「石女者，根不通淫者」故無子也。亦喻如龜毛兔角之理)生死。 (既是石女兒，也會「有生有死」的現象嗎？)	柒(亦)如「石女兒」(子宮或性器皆受損，永不能受孕者)，(然後竟)說(這是)有生(有)死(的現象)。

35-4 偈頌內容

劉宋·求那跋陀羅譯《楞伽阿跋多羅寶經》	元魏·菩提流支譯《入楞伽經》	唐·實叉難陀與復禮等譯《大乘入楞伽經》
爾時世尊欲重宣此義而說偈言：	爾時世尊重說偈言：	爾時世尊重說頌言：
形處時轉變。	轉變時形相。	形處時轉變。
四大種諸根。	四大種諸根。	大種及諸根。
中陰漸次生。	中陰及諸取。	中有漸次生。
妄想非明智。	如是取非智。	妄想非明智。
最勝於緣起。	因緣生世間。	諸佛不分別。
非如彼妄想。	佛不如是說。	緣起及世間。
然世間緣起。	因緣即世間。	但諸緣世間。
如犍闥婆城。	如乾闥婆城。	如乾闥婆城。

第３６節　解相續識

36-1 若能善解「相續繫縛」與「不相續解脫」，即能得種種的「殊勝」境

劉宋·求那跋陀羅譯《楞伽阿跋多羅寶經》	元魏·菩提流支譯《入楞伽經》	唐·實叉難陀與復禮等譯《大乘入楞伽經》
爾時大慧菩薩復白佛言：世尊！唯願為說(有關)一切法(的)	爾時大慧菩薩摩訶薩復白佛言：世尊！唯願如來應正遍知，善說(有關)一切諸法(的)	爾時大慧菩薩復白佛言：世尊！唯願如來為我解說(有關)於一切法(的)
相續義、(saṃdhya-asaṃdhi 深密計著。此梵字有「連結」與「明暗之間」的意思，也	相續(繫縛)、	「深密」(繫縛)義，及(深密=密執=深密執著=被繫結)

就是雖然對「語言義」有了解[明]，卻又對「語言義」深生「計著心」[暗]，故古人皆譯此 saṃdhya-asaṃdhi 字為「相續」或「深密」義)		
解脫義。 (parimocana-artha 指「解離之義」，指從原本的「計著」中而獲得「脫離」，但此 parimocana 字並等同於 vimukti 的「解脫」義。 從梵文的角度來說，這兩個字正確應該翻譯為：**深密**與**解離**。但譯經諸師每人的考量不同，所以也不必要「精準」到什麼程度，文字只是表達「法義」的工具而已，所以直接用「繫縛」與「解脫」能讓人更容易清楚理解)	**不相續**(解脫)相。 唯願「善逝」說一切法(的)「相續(繫縛)、不相續(解脫)」相。	**解**(脫)義相。
❶若(能)善分別一切法(的)「相續(繫縛)、不相續(解脫)」相。我及諸菩薩，善解一切「相續」(繫縛)巧方便(後)，(就)不(再)墮(入)如(其)所「說」(而對)義(生)計著「相續」。	❶我及一切諸菩薩眾，善解諸法「相續(繫縛)、不相續(解脫)」相。(待)善巧方便知已，(就)不(再)墮(入)執著(於)諸法(的)「相續(繫縛)、不相續(解脫)」相。	❶令我及諸菩薩摩訶薩善知此法，(即)不(再)墮(入)如(其所)「言」(而執)取(其)義，(與)深密(繫縛的)執著。
❷善(能通達)於一切諸法(的)「相續(繫縛)、不相續(解脫)」相，及離「言說文字」(之)妄想覺。	❷(能)離一切法(有關其)「相續(繫縛)、不相續(解脫)」(之)言說「文字」妄想已。	❷(能)離「文字語言」虛妄(之)分別。
❸(能)遊行(於)一切諸佛「剎土」，(具有)無量大眾(之)「(十)力、自在、(神)通」。	❸(能)得「(十)力、自在、神通」，遊化(於)十方一切「諸佛國土」大眾之中。	❸(能)普入一切「諸佛國土」，(得)「(十)力、(神)通、自在」。
❹(得)「總持」之(善)印。	❹(於)「陀羅尼」門，善印(證其)所印。	❹(得)「總持」(之)所(善)印。
❺(具有)種種變化，(能以)光	❺(於)「十盡句」(之願中，能)善	❺(以)「覺慧」善住(於)「十無

明照耀(一切)。	縛(其)所縛。	盡願」。
❺(以)「覺慧」善入(於)「十無盡句」(之願),(以)「無方便行」(無功用行來修行)。 (①眾生界無盡。②世界無盡。③虛空界無盡。④法界無盡。⑤涅槃界無盡。⑥佛出現界無盡。⑦如來智界無盡。⑧心所緣界無盡。⑨佛智所入境界無盡。⑩世間轉、法轉、智轉無盡)	❻(具有)種種(的)變化,(能以)光明照曜(一切)。	❻以「無功用」(無功用行來修行),(而具有)種種(的)變現。
❼猶如「日、月、摩尼、四大」(能自然以光明照耀)。	❼譬如「四大、日、月、摩尼」,(能)自然而行。	❼(能以)光明照耀,如「日、月摩尼、地水火風」。
❽(能住)於一切「地」,(能)離「自妄想相」(之)見。	❽(令)眾生(皆得)受用,(能)遠離(於)諸「地」(所生的分別妄想),(一切皆)唯自心(所)見(的)分別之相。	❽(能)住於諸「地」,(遠)離「分別見」。
❾(能)見一切法(皆)「如幻夢」等。	❾(能)示一切法(皆)「如幻如夢」。	❾(能)知一切法(皆)「如幻如夢」。
❿(能)入「佛地身」。	❿(能)示入依止(於)「諸佛之地」。	❿(能)入「如來位」。
⓫(能)於一切眾生界,隨其所應而為說法,而引導之。	⓫(能)於眾生界,隨其所應而為說法。	⓫(能)普化眾生。
⓬悉令(能)安住(於)一切諸法(皆)「如幻夢」等。	⓬(能)攝取,令住(於)一切諸法(皆)「如幻如夢」(之像)。	⓬(能)令知諸法(皆)「虛妄不實」。
⓭(能)離「有、無」品及	⓭(能)離於「有、無」一切朋黨(以「惡」相濟而結成的集團,兩邊均是「邪惡」的對立)。	⓭(能)離「有、無」品。
⓮(能斷)「生、滅」妄想,(並)異(離其所)「言說」(之)義。 (異=離)	⓮(能斷)「生、滅」妄想,(並能)異(離其所)「言說」(之)義。 (異=離)	⓮(能)斷「生、滅」執,(並能)不著(於其)「言說」(之義)。
⓯其身(能)轉(其所依而得最)勝(處之生)。	⓯(能獲)「轉身」自在,(即能)往(最)勝處(之)生。	⓯(能)令「轉所依」(而住於「最勝處」之生)。

saṃ-DHāv, → DHāv 1.2.

saṃ-dhi 男 [°Dhā から] 中：(眞)との結合または連合 (U. も)；(眞) との関連または交際；(政策の, 一) 全範囲；協約, 契約(まれ)；(眞 ±saha と 處 との 間の講和・同盟 または 連盟；(一つの単語 または 文 章における) 音の結合：連声 (文法)；工夫, 処理 (まれ)；因, 處：接合, 境界, 間隔；関節；(昼と夜 との合間), 薄明；地平線 (Br., S.)；處：縫い目(ま れ)；(衣服の) 襞；壁；(壁の) 穴, 破れ口, (盗人の 作った) 穴；部分, 片 (Br. も；まれ)；(戯曲の) 区分, これに五ある：mukha, vimukha, garbha, vima- rśa, nirvahaṇa)；Br. [ある Stotra の名]；漢訳 結 Abh-k.；節 Abh-vy., Śikṣ,. Sūtr.；続 Suvik-pr.； 肢節 Abh-vy.；指, 骨節 Mvyut.；相続 Laṅk., Sam-r.；想応 Sam-r.；密意 Bodh-bh., Laṅk.；旨 趣 Sūtr.；祭畔 Gaṇḍ-vy.；密執, 深密, 密意説 Laṅk.：uṣṇīṣavivaramūrdhnaḥ ～praveśaḥ 頂髻 中入 Mvyut. 244. ～m avāpnoti 随和合 Mvyut. 109. ～ṃ CHid または BHid, (壁に) 穴または破れ目 を作る.

saṃdhika 形 → ° 合同の.

saṃdhi-kuśala 形 同盟 (を作る) に巧みな.

saṃdhi-kriyā 女 漢訳 和好, 往返和好 Bodh-bh.

saṃdhi-citta 中 漢訳 託心, 続生心 Abh-vy.

saṃdhi-cchedaka 男 押込み強盗, 夜盗；漢訳 立家 事, 穿窬房室 Mvyut.

saṃdhi-ja 形 接合から生じた；連声によって生じた.

saṃ-dhukṣaṇa 形 燃える (怒り). 中 (火が) 燃える こと；興奮させること, 刺激すること；漢訳 火焔, 燃；増長 Mvyut., Śikṣ.

saṃ-dhukṣita 過受分 燃えた, 火をつけた；漢訳 熱, 熾盛, 熾然 Daś-bh.

saṃdhūkṣaṇa 漢訳 擾乱 Lal-v.

saṃ-dhūnaka 形 振動を伴う；漢訳 振 Mvyut., Vin. → hasta ～.

saṃ-Dhṛ, → Dhṛ.

saṃ-dheya 未受分 連合されるべきまたは結合される～ き (＋āśu-)；償われるべき (罪, a- として Br.)；・ と和合されるべき；(āśu- として) 和解されるべき. 中 非人 (眞)と講和すべきである；(処)と和解され るべきである.

saṃdhya 形 連声 (saṃdhi) に基づいた；漢訳 相続, 輪廻, 不能離於 Laṅk.

saṃdhy-akṣara 中 連声 (saṃdhi) によって生じた母 音, 二重母音. 相續不相續

saṃdhy-asaṃdhi 男 漢訳 深密義,相続不相続 Laṅk.

saṃdhyā 女 (昼夜の) 接続点, 朝夕の薄明 (普通の意味)；薄明の勤行, 朝夕の祈祷；(Yuga すなわち宇宙の年 紀の) 朝 (および夕) の薄明；一日の三部分 (朝・正午・ 夕方)の接続点(まれ)；Brahmā 神および 太陽の妃の示 現として擬人化された薄明 (とくに夕方)；漢訳 晴時 Sukh-vy. I.；隠覆, 秘密 Laṅk. ～m Ās, anu-Ā または upa-Ās, 朝夕の折りを行う. 傍晩

saṃdhyāṃśa (°yā-aṃ°) 男 (薄明の部分), Yuga す

---

pari-Mṛ　　　　　755

pari-mokṣaṇa 中 解放；(處) からの解放.

parimokṣaya 名動 他 parimokṣayati. → mokṣaya.

pari-mocana 中 漢訳 解, 解脱 度 離 Laṅk., Saddh- p., Śikṣ.

parimocana-hetu 男 漢訳 為度 Saddh-p.

pari-mocanā 女 漢訳 度脱 Guhy-s.

pari-mocayita 使役 過受分 漢訳 得除差, 悉得剗除 Suv-pr. nānā-rogebhyaḥ ～āni 種種所患部得除 差, 所有病苦悉得剗除 Suv-pr. 166.

pari-mocayitavya 未受分 漢訳 所脱, 最脱, 最解

36－2 諸法「相續繫縛」與「不相續解脫」的例舉

劉宋·求那跋陀羅譯《楞伽阿跋多羅寶經》	元魏·菩提流支譯《入楞伽經》	唐·實叉難陀與復禮等譯《大乘入楞伽經》
佛告大慧：善哉！善哉！諦聽！諦聽！善思念之，當為汝說。	佛告聖者大慧菩薩言：善哉！善哉！善哉！大慧！諦聽！諦聽！當為汝說。	佛言：諦聽！當為汝說。
大慧白佛言：唯然受教。	大慧白佛言：善哉！世尊！唯然受教。	
佛告大慧：(若對)無量一切諸法，如(於其)所「說」(而對)義(生)計著「相續」(繫縛)，所謂：	佛告大慧：一切諸法(之)「相續(繫縛)、不相續(解脫)」相者，謂如：	大慧！(若對)於一切法，如(其所)「言」(而執)取(其)義，(與)執著(其)「深密」(繫縛)，其數(有)無量，所謂：
	⑪(對於)「聲聞」(所生起的)執著義相續。	
①(對於諸)相(所生的)計著相續。	①(對於諸)相(生)執著相續。	①(對於諸)相(所生的)執著。
②(對於)緣(起法所生的)計著相續。	②(對於)緣(起法所生的)執著相續。	②(對於)緣(起法所生的)執著。
③(對於)「性(有)、非性(無)」(所生的)計著相續。	③(分別於)「有、無」，(然後生起)執著相續。	③(對於)「有、非有」(所生的)執著。
④(對於)「生、不生」(所生的)妄想(的)計著相續。	④分別(於)「生、不生」，(然後生起)執著相續。	④(對於)「生、非生」(所生的)執著。
⑤(對於)「滅、不滅」(所生的)妄想計著相續。	⑤分別(於)「滅、不滅」，(然後生起)執著相續。	⑤(對於)「滅、非滅」(所生的)執著。
⑥(對於)「乘、非乘」(所生的)妄想計著相續。	⑥分別(於)「乘、非乘」，(然後生起)執著相續。	⑥(對於)「乘、非乘」(所生的)執著。
⑦(對於)「有為、無為」(所生的)妄想計著相續。	⑦分別(於)「有為、無為」，(然後生起)執著相續。	⑦(對於)「(有)為、無為」(所生的)執著。
⑧(對於)「地地自相」(所生的)妄想計著相續。	⑧分別(於)「地地相」，(然後生起)執著相續。	⑧(對於)「地地自相」(所生的)執著。
⑨(對於)「自妄想無間」(所生	⑨分別(於)「自分別」，(然後	⑨(對於)「自分別現證」(所生

劉宋・求那跋陀羅譯《楞伽阿跋多羅寶經》	元魏・菩提流支譯《入楞伽經》	唐・實叉難陀與復禮等譯《大乘入楞伽經》
⑩「有、無」品（為）外道（之所）依（止），（然後生起）妄想計著相續。	⑩分別（於）「有、無」，（而）入（於）外道（之）「朋黨」（邪見），（然後生起）執著相續。	⑩外道宗（於）「有、無」品（所生的）執著。
⑪（對於）三乘（與）一乘（由次第）無間（所生的）妄想計著相續。		⑪（對於）三乘（與）一乘（所生的）執著。

36-3 凡愚妄想分別，如蠶作繭自縛，「自纏」與「纏他」，著於「有、無」相，而更生計量執著

劉宋・求那跋陀羅譯《楞伽阿跋多羅寶經》	元魏・菩提流支譯《入楞伽經》	唐・實叉難陀與復禮等譯《大乘入楞伽經》
壹復次大慧！此及餘凡愚眾生（之）自（心）妄想（之）相續（繫縛），以此（執著於）「相續」（繫縛）故。	壹大慧！如是愚癡凡夫，（有）無量（的）「異心」，分別（於）「相續」（繫縛），（及）依此（而）「相續」（繫縛）。	壹大慧！（關於）此等「密執」（繫縛）有無量種（類），皆是凡愚（之）自（心）分別執（著），而（生深）密（的）執著。
貳凡愚妄想，如「蠶作繭」，以妄想（之）絲（而）「自纏」（與）「纏他」，（於）「有、無有」（的）相續（繫縛）相（生）計著。	貳愚癡分別，如「蠶作繭」，（皆）依「自心」（所）見（之）分別綖（古同「線」）「相續」，樂於「和合」，「自纏」（與）「纏他」，執著（於）「有、無」（的）「和合」相續（繫縛）。	貳（凡愚者於）此諸分別，如「蠶作繭」，以妄想（之）絲（而）「自纏」（與）「纏他」，執著（於）「有、無」，欲樂（能達到更）「堅密」（堅密的繫縛）。

36-4 諸法無「相續繫縛」、無「不相續解脫」，「無縛無解、非有非無」，皆自心現相，實不可得

劉宋・求那跋陀羅譯《楞伽阿跋多羅寶經》	元魏・菩提流支譯《入楞伽經》	唐・實叉難陀與復禮等譯《大乘入楞伽經》

①復次大慧！彼中亦無(真實可得之)「相續」(繫縛)及「不相續」(解脫)相。	①大慧！然無(真實可得之)「相續」(繫縛)、無相續(解脫)相。	①大慧！此中實無(真實可得之)「密」(繫縛)、非密(解脫)」相。
②(菩薩若)見一切法(皆住於)「寂靜」，(則)「妄想」不生。故菩薩摩訶薩(應)見一切法(皆住於)「寂靜」(之法門)。	②(菩薩)以見諸法(皆住於)「寂靜」故。大慧！以諸菩薩見一切法(皆)「無分別相」，是故名見一切菩薩(之)「寂靜」法門。	②以菩薩摩訶薩見一切法(皆)住(於)「寂靜」故，無「分別」故。
③復次大慧！(若能)覺(悟)外性(法;境)「非性」(非真實存有)，(即由)「自心」(所)現(之)相，(皆)無所有。 (能)隨順觀察「自心」現量，(則)「有、無」一切性(法)，(悉入於)「無相」。	③復次大慧！(若)「如實」能知(心)外一切法，(皆)離於「有、無」。 (能)「如實」覺知「自心」(所)見(之)相，以(能)入「無相」(之)自心相故。	③若(能)了(悟)諸法(皆)「唯心」所見，無有外物， (所見之外物)皆同「無相」。
④(若由觀察而)見(其)相續(繫縛相)、(或見其)「寂靜」(相)故。 (但最究竟的佛法則應)於一切法無「相續」(繫縛)、不相續(解脫)相。	④大慧！以見分別(於)「有、無」法故，(此)名為「相續」(繫縛)。以見諸法(之)「寂靜」(相)故，(此又)名(為)「無相續」(解脫)。 (但最究竟的佛法則為)無「相續」(繫縛)、無相續(解脫)諸法相。	④(若能)隨順觀察，於「若有、若無」(的一切法中)，(由)分別(心所生的)「密執」(繫縛)。(或又見一切法皆)悉見(其)「寂靜」(相)。 是故(最究竟的佛法則)無有(真實可得之)「密」(繫縛)、非密(解脫)」相。
⑤復次大慧！彼中(實)無有「若(繫)縛、若解(脫)」(的二見相)，(但其)餘墮(於「二見」之愚者)，(即)不(能)「如實」覺知(此理)，(所以造成所見的諸法皆)有縛、有解。所以者何？	⑤大慧！(諸法)無(繫)縛、(亦)無(解)脫，(若有)墮於(繫縛與解脫之)「二見」(者)，(此乃由)自心分別(而造成所見的諸法皆)「有縛、有脫」。何以故？	⑤大慧！此中無(真實可得之)「縛」(深密)，亦無有(真實可得之)「解」(非深密)，(若有)不了(諸法)實(相)者，(就會造成)見「(繫)縛、解(脫)」耳。何以故？

(所)謂於一切法，(無論其)「有、無有」，(皆)無(凡愚)「眾生」(所認爲的有真實)可得(之)故。	以不能(如實而)知諸法(之)「有、無」故。	一切諸法「若有、若無」，(欲)求其「體性」(皆)不可得故。

36-5 愚夫有三種「相續密縛」，故輪轉五道。若不取「三和合緣」，即成「三解脫」

劉宋・求那跋陀羅譯《楞伽阿跋多羅寶經》	元魏・菩提流支譯《入楞伽經》	唐・實叉難陀與復禮等譯《大乘入楞伽經》
㊀復次大慧！愚夫有三「相續」(繫縛)。謂： ❶「貪、恚、癡」及 ❷愛未來(貪愛來世果報) ❸有「喜愛」俱。 ㊁以此(而)「相續」(繫縛)，故有(五)趣相續(之輪轉)，彼(所)相續者，(即相)續(輪轉於)「五趣」。 ㊂大慧！(若能將)「相續」斷者，(則)無有「相續(繫縛)、不相續(解脫)」相。 ㊃復次大慧！(若執著於)「三和合」(指「貪恚癡、愛來生、貪喜」)緣，(及)作方便計著，(則)識(將)「相續」(而)無(有)間(斷的轉)生(下去)，(因有)方便計	㊀復次大慧！愚癡凡夫有三種「相續」(繫縛)。何等為三？謂： ❶「貪、瞋、癡」及 ❷❸愛(愛來生)、樂(貪喜)生。 ㊁以此「相續」(繫縛)，故有「後生」(之輪迴)。大慧！(所謂)「相續」者，(即指)眾生相續生於「五道」。 ㊂大慧！(若能)斷「相續」者，(則)無「相續(繫縛)、無相續(解脫)」相。 ㊃復次大慧！(若)執著(於三種「貪恚癡、愛來生、貪喜」)「因緣」相續故，(必)生於「三有」(三界)，以「諸識」(將)展轉相續不斷。	㊀復次大慧！愚癡凡夫有三種「密縛」(繫縛)。謂： ❶「貪、恚、癡」及 ❷「愛來生」與 ❸「貪喜」俱。 ㊁以此「密縛」(繫縛)，令諸眾生(相)續(轉)生(於)「五趣」。(五趣指「地獄、鬼、畜牲、人、天」，「修羅」在六道中皆有，故不再「別立」一個「修羅道」) ㊂(於)「密縛」(繫縛)若(能)斷(者)，是則無有「密(繫縛)、非密(解脫)」相。 ㊃復次大慧！若有執著(於)「三和合」(指「貪恚癡、愛來生、貪喜」)緣，諸識(因)「密縛」(繫縛)次第而(生)起，(因)有「執著」故，則(必)有「密縛」

著，則(必)有「相續」(繫縛)。		(繫縛)。
(伍)(若能將)「三和合緣」(之)識(而)斷(離轉滅)，(則能得)見「三解脫」(空、無相、無願)，(從此)一切(的)「相續」(繫縛)不生。	(伍)(若有)見「三解脫門」(者)，(則得)轉滅(所)執著(的)「三有」因(之)「識」，(此)名「斷相續」。	(伍)若(得)見「三解脫」，(則能)離「三和合」(所生之)識，一切「諸密」(含「密」與「非密」，即指繫縛與解脫)皆悉「不生」。

36-6 偈頌內容

劉宋・求那跋陀羅譯《楞伽阿跋多羅寶經》	元魏・菩提流支譯《入楞伽經》	唐・實叉難陀與復禮等譯《大乘入楞伽經》
爾時世尊欲重宣此義而說偈言： 不真實妄想。 是說相續相。 若知彼真實。 相續網則斷。 於諸性無知。 隨言說攝受。 譬如彼蠶蟲。 結網而自纏。 愚夫妄想縛。 相續不觀察。	爾時世尊重說偈言： 不實妄分別。 名為相續相。 能如實知彼。 相續網則斷。 若取聲為實。 如蠶繭自縛。 自心妄想縛。 凡夫不能知。	爾時世尊重說頌言： 不實妄分別。 是名為密相。 若能如實知。 諸密網皆斷。 凡愚不能了。 隨言而取義。 譬如蠶處繭。 妄想自纏縛。

第十五章　自覺法性章

第３７節　非有無

37－1 諸法本無「染、淨」，沒有真實可得之「自體性」，非屬於「虛無斷滅」與「真實可得」的相待法，一切皆自心分別妄想而成

劉宋・求那跋陀羅譯《楞伽阿跋多羅寶經》	元魏・菩提流支譯《入楞伽經》	唐・實叉難陀與復禮等譯《大乘入楞伽經》
㊀大慧復白佛言：如世尊所說：以「彼彼」(種種的)妄想，妄想(而生)「彼彼」(種種之)性，(並)非有彼(真實的)「自性」(並非彼法有實自性)，(此諸法)但(皆是)「妄想自性」(遍計所執)耳。	㊀大慧菩薩復白佛言：如世尊說：以何等、何等分別心？分別何等、何等法？而「彼彼」(種種)法，無彼如是、如是(之)「體相」，唯(由)「自心分別」(所生起)。	㊀爾時大慧菩薩摩訶薩復白佛言：世尊！如世尊說：由種種心，(而)分別諸法，非諸法有(真實的)「自性」，此(諸法)但(皆是)「妄計」(遍計所執)耳。
㊁世尊！若但(又)「妄想自性」(遍計所執而成爲另一種的斷滅)非性(者)。(並認爲諸法)自性(必是屬於)「相待」(法)者。(亦即諸法自性不是屬於「虛無斷滅」，就是屬於「真實可得」，這就是相待法)	㊁世尊！若唯(只有)「自心分別」，(並)非彼法(有真實可得之)相者。	㊁世尊！若但(又)「妄計」(成另一種虛)無(斷滅的)「諸法」者，
(如此)非為(豈非)世尊如是說：「煩惱、清淨」(皆成爲空無斷滅)「無性」(的一種)過(失)耶？	如世尊說：一切諸法應無(真實可得之)「染、淨」。何以故？	(則)「染、淨」諸法將(成了斷滅的虛)無，悉(都)壞(滅)！
(正確的佛說是指)一切法(皆是由)「妄想自性」(遍計所執)，非	如來說言：一切諸法(皆是虛)妄分別，見「無實體」故。	

性」(並非有真實且獨立的自體性)故。 (諸法沒有「真實獨立」的「自體性」,需依「眾緣」而得以生起,此名「無自性、無自體、無體性、無性」。 但諸法自性並不是歸屬於「相待法」,即落於「虛無斷滅」與「真實可得」的相待法)		

37-2 一切凡愚分別於諸法,而諸法並非「真實存有」。此但「妄執」,無有「如實正見」去決定諸法之「性相」

劉宋・求那跋陀羅譯 《楞伽阿跋多羅寶經》	元魏・菩提流支譯 《入楞伽經》	唐・實叉難陀與復禮等譯 《大乘入楞伽經》
⑤佛告大慧:如是!如是!如汝所說。 ⑥大慧!(諸法並)非如愚夫(而將)「性自性」(諸法自性)妄想(以為是)「真實」(可得)。 ⑦此(皆是凡愚的)「妄想自性」(遍計所執),非有(「如實正見」去決定)「性自性相」(諸法自性相)然。 (性自性相=法自性相=諸法之自性相)	⑤佛告大慧:如是!如是!如汝所說。 ⑥大慧!而諸一切愚癡凡夫「分別」(於)諸法,而彼諸法(並)無如是(之)相,(愚夫以)「虛妄分別」(而將諸法)以為(是)「實有」(可得)。 ⑦大慧!彼是凡夫「虛妄分別」(於)諸法(之)「體相」,(如此)虛妄(的)「覺知」,(並)非(是)「如實」(之正)見。	⑤佛言:大慧!如是!如是!如汝所說。 ⑥一切(的)「凡愚」分別(於)諸法,而諸法(自)性,(並)非如是(的真實存)「有」。 ⑦此但(屬於凡夫之)「妄執」,無有(「如實正見」去決定諸法之)「性相」然。

37-3 智者可以「聖智、聖見、聖慧眼」而去「如實」覺知「諸法

「自性」，而凡愚卻不悟聖人能「如實覺知」諸法自性一事

劉宋・求那跋陀羅譯《楞伽阿跋多羅寶經》	元魏・菩提流支譯《入楞伽經》	唐・實叉難陀與復禮等譯《大乘入楞伽經》
⑤大慧！如「聖智」(能覺知)有「性自性」(諸法自性)。	⑤大慧！如聖人(能覺)知一切「諸法自體性相」(諸法自性相)。	⑤(佛言)諸聖者；
⑥(依)「聖知、聖見、聖慧眼」，(能於)如是(之)「性自性」(諸法自性，能如實而)知。	⑥依「聖人智」，依「聖人見」，依「聖慧眼」，是(故能)「如實」(而)知(其)「諸法自體相」(諸法自性相)。	⑥以「聖慧眼」(所以能)如實(而)「知、見」(其)有「諸法自性」。
⑦大慧白佛言：若使如聖(人)，(能)以「聖知、聖見、聖慧眼」(去如實見諸法自性)，	⑦大慧菩薩言：世尊！世尊！如諸聖人等，(皆)依「聖智」、依「聖見」、依「聖慧眼」(去如實知見諸法自性)，	⑦大慧白言：若諸聖人，(能)以「聖慧眼」(去)見有「諸法(自)性」，
(聖人乃)非(用)「天眼」、非(以)「肉眼」(去對)「性自性」(諸法自性作)如是(正確的覺)知，(聖人)非如「愚夫」(以)妄想(去見諸法自性)。	(聖人乃)非(用)「肉眼、天眼」(去)覺知「一切諸法體相」(諸法自性相)，(聖人皆)無如是(用肉眼、天眼去覺知諸法體)相。(聖人)非如「凡夫」(以)虛妄分別(去見諸法自性)。	(聖人乃)非(用)「天眼、肉眼」(去覺知諸法自性相)，(所以聖人乃)不同(於)「凡愚」之所「分別」(去見諸法自性)。
⑧世尊！云何愚夫(要怎能才能)離是「妄想」？	⑧世尊！云何愚癡凡夫(要如何才能)轉「虛妄相」？	⑧云何凡愚(要怎樣才能)得離「分別」？
(愚夫始終)不(能)覺(悟)「聖性」(ārya-bhāva-vastu 聖真實義)事故。 (聖性＝聖法＝能如實覺知諸法真實義一事)	佛告大慧：(需)能「如實覺知」聖人境界(ārya-bhāva-vastu 聖真實義)，(才能)轉(滅)「虛妄識」。	(凡愚始終)不能(如實)覺了「諸聖法」(ārya-bhāva-vastu 聖真實義)故。

⑤世尊！彼(愚夫)亦(可說是屬於)非「顛倒」、(與)非「不顛倒」。所以者何？	⑤世尊！彼癡凡夫(也可說是屬於)非「顛倒見」、(與)非「不顛倒見」。何以故？	⑤世尊！彼(愚夫也可說是屬於)非「顛倒」、(與)非「不顛倒」。何以故？
⑥謂：(愚夫)不(能)覺(悟)「聖事性自性」(聖人能「如實覺知」諸法自性一事)故，(愚夫)不(能)見離「有、無」(之)相故。	⑥(愚夫)以不能見「聖人境界如實法體」故，(愚夫)以見(諸法在)轉變(中皆有真實的)「有、無」相故。	⑥(愚夫始終)不見「聖人所見法」(聖人能「如實覺見」諸法自性一法)故，(因為)聖(人之)見(早已)遠離「有、無」相故。

37-4 「有因」及「無因」皆屬「有為法相」，諸法性相不因「分別」而有所生起

劉宋·求那跋陀羅譯《楞伽阿跋多羅寶經》	元魏·菩提流支譯《入楞伽經》	唐·實叉難陀與復禮等譯《大乘入楞伽經》
①世尊！「聖」(者)亦不如(凡夫而作)是(所)見如事(之)「妄想」，	①大慧白佛言：世尊！一切「聖人」亦有分別(於一切)(外境)種種諸事，(但)無如(凡夫如)是(的分別外)相，	①「聖」(者)亦不如凡(夫)所分別如是(之所)得故，
(聖者也)不以「自相境界」為「境界」(而去執著)故。	(聖人亦不)以「自心」(所)見(之)「境界相」(而去執著)故。	(聖者亦)非(會執著於)自(心)所行(之)「境界相」故。
②世尊！彼(聖者)亦(見有)「性自性相」(諸法自性相)，(亦類似凡夫而有)「妄想自性」(遍計所執)，(於)如是(而顯)現。	②世尊！彼諸聖人(雖然亦)見(諸法)有「法體分別法相」，	②彼(聖者雖)亦見有「諸法性相」(諸法自性相)，(亦)如(凡夫般類似有)「妄執性」而顯現故。
(但聖者)不說「(有)因、無因」故，謂(二邊皆)墮「性相」見故。	(但聖者)以世尊(之說為主)，不說有因(生)、(亦)不說無因(生)。何以故？以(二邊皆)墮(於)「有法相」故。	(但聖者)不說有因(生)及無因(生)故，(因二邊皆)墮於諸法「性相」見故。
③(若說)「異境界」非如彼	③(若說其)餘(的凡)人(其所)	③世尊！(若說)其餘(的凡

等（其餘的凡夫所見的境界與聖者所見的境界，**必定**是完全不同的話）。	見（之）境，**必定會**不如（於聖者如）是（之）見（的話）。	人所見之）境界，既**必定**不同（於）此（聖者之所見的）。
如是（則將形成）「無窮過」！	世尊！（若作）如是（之）說者，（則將會）有「無窮過」！何以故？	如是則（將）成（爲）「無窮之失」！
世尊！（那表示連聖者都）不（能）覺（悟）「**性**自性相」（諸法自性相）故。 （其實凡、聖所見的「境界」是相同的。差別在於，聖者於見「境」時，在起心動念的「分別心」後，立刻「覺醒」而不生執著。 甚至聖者在見「境」後，無論境界是善或惡，都不會有「好惡、憎愛」之執著「分別心」；而不是說聖人一定像石頭一樣，面對境界時不會發生任何的「心念」作用。 但凡人在起心動念後，就會生起「好惡、憎愛」之「分別心」，而且立刻生「執著」而無法覺悟）	（那表示連聖者）以不覺知所有法相（都是）「**無自體相**」故。 （聖者見「諸法自體相」亦類似凡夫般會生起「分別心」，但如果說聖者與凡夫所見的「境界」**必定會**是完全的不同，那就有無窮的過失。爲何？ 一方面說聖人與凡夫見「境」後，都有「分別心」。其實聖人是能了悟這個「**分別心**」而不執著的，不怕念起，只怕覺**遲**；而凡人是完全無法覺悟，且對境生執著心。 一方面又說兩者所見之「境」是完全不一樣的。 這就是所謂的無窮過失啊）	（如此的話，將造成無論聖或愚）**孰能**於法（而如實）了知（其）「性相」（呢）？
㊤世尊！ （從正確的知見來說） 亦非「**妄想自性**」（遍計所執之）因，（是造成）「**性**自性相」（諸法自性相的原因）。 （亦非妄想自性因，性自性相 ＝性自性相，亦非妄想自性因 ＝諸法自性相，不是以妄想自性爲因的）	㊤世尊！ （從正確的知見來說） 非因（於）「**分別**」（而）有（諸）法（自）體相、而有諸法（的生起）。	㊤世尊！ （從正確的知見來說） 諸法（之自）性相（乃）不因（從）「**分別**」（而生起）。
㊄彼（聖者）云何（了知）「妄	㊄世尊！彼（聖者）云何（所	㊄云何而（又）言：（凡夫是）

想」(乃)非(真實可得之)「妄想」？	生的)「分別」不如彼(凡夫所生的)「分別」？(因爲聖者已了知妄想「非真實可得」了啊!)	以「分別」(心)故,而(造成)有諸法(之生起)？
(聖者是如何)如實(了)知「妄想」(的)？	(凡夫)應如彼(聖者能「如實」了知其)「分別」(才對)。	

37－5 爲令諸眾生離「有、無」見,復又教眾生執取另一個「聖智境界」,此亦墮於「有見」。其實「法」與「非法」皆應捨

劉宋·求那跋陀羅譯 《楞伽阿跋多羅寶經》	元魏·菩提流支譯 《入楞伽經》	唐·實叉難陀與復禮等譯 《大乘入楞伽經》
㊀世尊!(按照聖教之言),「妄想」異(由妄想分別所生起的種種異相),(與諸法)「自性相」(是互相別)異(的)。	㊀世尊!(按照聖教之言),「分別相」異相(由妄想分別所生起的種種異相),(與諸法)「自體相」(是互爲別)異相(的)。	㊀世尊!(按照聖教之言),「分別相」異(由妄想分別所生起的種種異相),(與)諸法(自性)相(是互相別)異(的)。
㊁世尊!不相似(之)「因」,「妄想自性」相。 (指「妄想分別的自性相」與「諸法自性相」,其所生起之「因」是不相似,不相同的)	㊁世尊!而彼二種(指「妄想分別的自性相」與「諸法自性相」),(其生起之)「因」(皆)不相似。	㊁(「妄想分別的自性相」與「諸法自性相」所生起之)「因」(皆)不相似, (既然如此的話)云何(又說)諸法而由分別(心而生起)？
㊂(於)彼(聖者)云何各各(皆)不(生)妄想(之心呢)？	㊂(凡愚與聖者)彼彼(雖皆有)分別(心生),(然而「妄想分別的自性相」與「諸法自性相」的)法體(是互爲)相異(的)。	㊂復以何故?「凡愚」(的)分別(心),不(能)如(聖人具有如)是(的「真實」之)有(呢)？
而(唯有)「愚夫」不(能像聖者一樣能)「如實」(而)知(其「真實之相」呢)？	(那)云何(只有)「凡夫」(會生起)如此(之)分別(心與執著心)？ (因爲凡夫)此「因」(並)不(能)成(就)如彼(聖者之)所見(啊)!	

㊵然(而世尊)為(了)眾生(遠)離「妄想」，故(方便)說如(此的)「妄想相」，(其實並)不「如實」(而)有(這種法義的)。	㊵世尊說言：我為斷(除)諸一切眾生(的)「虛妄分別心」，故作如是(方便之)說，如彼凡夫(之)「虛妄分別」，(其實並)無如是(之)法(義的)。	㊵(世尊)而作是言：為令眾生(能)捨「分別」(心)，故(方便)說如「分別」所見(的)法相，(其實並)無如是(之)法(義的)。
㊄世尊！何故(為了要)遮(斷)眾生(執著於)「有、無有」見事(上的)自性計著，	㊄世尊！何故(為了要)遮(斷)諸眾生(所執著的)「有、無」見事，	㊄世尊！何故(為了要)令諸眾生(能遠)離(於)「有、無」見所執著(的)法，
(而復教令眾生轉而去執著不是究竟圓滿的)「聖智所行境界」(之)計著，	而(復教令眾生去)執著(另一個不是究竟圓滿的)「實法聖智境界」？	而復(又教令眾生去)執著(另一個不是究竟圓滿的)「聖智境界」？
(然後又令)墮(入另一個「聖智境界」的)「有」見(呢)？	世尊！(如此)復令一切眾生(又會)墮(入另一個)「無見」處(此指「無所有見」境界)？	(然後又令)墮(入)於(另一個「聖智境界」的)「有」見(呢)？
㊅(一方面對眾生)說「空法非性」。(空性之法並非有自性➡此見易令眾生墮「空無」)	㊅何以故？(一方面對眾生)以言諸法(為)「寂靜無相」。(➡此見易令眾生墮「空無」)	㊅何以故？不(應先對眾生)說「寂靜空無」之法。(➡此見易令眾生墮「空無」)
而(另一方面又)說(有一個)「聖智自性事」？(➡此見又易令眾生墮「實有」)	(另一方面又說有一個)「聖智法體」(具)如是(之)「無相」(無所有見之相)故。(➡此見又易令眾生墮於「無所有見」境界)	而(只先)說(有一個)「聖智自性事」故？(➡此見又易令眾生墮於「實有」)(意即先以「利益、功德」引誘你進來誦經、持咒，最終要導引你「放下」這些功利，達到「寂靜無相」的「無我人眾生相」最高境界)

37－6 眾生無始來即執著於「實有」，為除彼執著，故先令執取「聖智自性事」為「實有」，再進一步開示「寂靜無相之空法」，此乃佛不得已之「方便」

劉宋·求那跋陀羅譯 《楞伽阿跋多羅寶經》	元魏·菩提流支譯 《入楞伽經》	唐·實叉難陀與復禮等譯 《大乘入楞伽經》
壹佛告大慧：(並)非我(不對眾生先)說「空法非性」。 (並非我說的「諸法性空」，非有真實體性法」就一定會讓眾生墮入於「空無見」。我之所以不先說的原因就是怕眾生根機未熟，而易墮入「空無見」)	壹佛告大慧：我不(先為眾生)說言：一切諸法「寂靜無相」(諸法寂靜之性空無法)。	壹佛言大慧：我非不(先對眾生)說：「寂靜空法」(諸法寂靜之性空無相法)。
貳亦不(令眾生)墮(於實)「有」見，(當我)說「聖智自性事」(法之時)。 (也並非我說「聖智自性事」就容易令眾生墮入「實有見」)	貳(我)亦不說言諸法悉(為虛)無(斷滅)，亦不令其墮於「無」見，亦令不(執)著(於)一切「聖人境界」(之)如是。何以故？	貳(有關「聖智自性事」真的會令眾生易)墮於(實)「有」見？何以故？(我)已(先)說(了)「聖智自性事」故。 (我雖已先說「聖智自性事」的境界，但並非欲令眾生真的墮入「實有見」)
參然(我)為令眾生離「恐怖句」故(此指眾生在聞佛說「空法」之句易生起恐怖)，眾生(於)無始以來，計著(於實有的)「性自性相」(諸法自性相)。	參我為眾生(能)離「驚怖處」故(此指眾生在聞佛說「空法」之句易生起恐怖)，以諸眾生無始世來，執著(於)實有(的)「諸法體相」。	參肆我為眾生，(自)無始時來，(皆)計著於「有」，於(究竟的)「寂靜法」(中)，(先)以「聖事」(聖智自性事之)說(而為開導)。令其聞已，不生恐怖。
肆(故我先讓眾生對)「聖智事」自性(生出)「計著」相見，(再為彼)說(究竟的)「空法」(性空之法)。	肆是故我(對凡愚先)說：聖人(所證)知(的)「法體相」(其實是)「實有」(的)，(再進一步)復說諸法(其實是)「寂靜無相」。	
伍大慧！我不說「性自性相」(諸法有實自性相)。	伍大慧！(其實)我(是)不說言法體(是)「(實)有、(實)無」(這二邊的邪見)。	

37－7 如實證「寂靜無相之空法」者的境界

劉宋‧求那跋陀羅譯《楞伽阿跋多羅寶經》	元魏‧菩提流支譯《入楞伽經》	唐‧實叉難陀與復禮等譯《大乘入楞伽經》
大慧！但我住(於)「自得如實空法」。	我說「自身如實證法」，以聞我法(而)修行，(能證)「寂靜諸法無相」。	(若)能如實證「寂靜空法」。
❶(能)離「惑亂相」見。	❶(能)得見「真如無相」境界，(而)入「自心」見法。	❶(能)離「惑亂相」，(而)入「唯識」理。
❷(能)離自心(所)現(的)「性(有)、非性(無)」見。	❷(能)遠離(所)見(心)外諸法(之)「有、無」。	❷(能)知其所見，無有(心)外(之)法。
❸(能)得「三解脫」，(獲)「如實印」(之)所印。	❸得「三解脫門」，得已，(能)以「如實印」(去)善印(證)諸法。	❸(能)悟「三(解)脫門」，獲「如實印」。
❹於「性自性」(諸法自性)，得緣(於)「自覺觀察」(而)住。	❹「自身內證智慧」觀察。	❹(能)見「法自性」(諸法自性)，了(達)「聖境界」。
❺(能遠)離「有、無」事見相。	❺(能遠)離「有、無」見。	❺(能)遠離「有、無」(的)一切諸著。

37－8 不應建立「一切法不生宗」，若有建、有立，即墮「有、無」相待之過失，更成「一切法生宗」

劉宋‧求那跋陀羅譯《楞伽阿跋多羅寶經》	元魏‧菩提流支譯《入楞伽經》	唐‧實叉難陀與復禮等譯《大乘入楞伽經》
⑤復次大慧！「一切法不生」者，菩薩摩訶薩不應(建)立是「宗」，所以者何？	⑤復次大慧！菩薩不應建立「諸法不生」(的宗旨、宗派)，何以故？	⑤復次大慧！菩薩摩訶薩不應成立「一切諸法皆悉不生」(的宗旨、宗派)？
⑥謂(若特意建立是)「宗」：一切性(法)非性(不生)。	⑥(若)以「建立」(了一個「諸法不生宗」)法，(則將)同(於)諸	⑥何以故？(若特意建立了)「一切法本無有」。

故及彼(宗必定為一種)「因」生(之)相故。	法(之)「有」； 若不爾(不建立)者，(則)同諸法(之)「無」。	故及彼「宗」(必定為是一種)「因」生(之)相故。
(❶「一切法即是不生」，則為無所「宗」之法體，既已無所宗，又何有「法」所立呢？ ❷既立了一個「宗」義，則必有「成宗」之「因」，則「一切法不生宗」就有了一個「生」相了。)	(諸法皆相「待」生，若建立此，則彼亦立；若壞滅此，則彼亦壞)	(此指若建立了「一切法本不生宗」，則必有其成「宗」的「因」相，只要有了「因」相，那就有了一個「生」起之相了)
叁說(特別建立了)「一切法不生」宗，(則)彼「宗」則(自)「壞」。	叁復次大慧！因建立(了)諸法(之)「有」，故說一切法於「建立法」中(皆是相)同(的邏輯)。	叁復次大慧！(若特別建立了)「一切法不生」(宗)，此言(則)「自壞」。何以故？
(❸「一切法不生」是「相待」而生的，並不是一種超越「相待」的「不生」理論。 ❹既是由「相待」而生的「諸法不生宗」，那就會落於世間「生滅」的一切法中了，也不得名為「不生」理論了。)	何以故(而說)以彼(別人的)「建立」(是)不同(於)「一切法不生」(宗的建立呢)？ 是故(只要有所)「建立」(而)說「一切法」(的)，(如)是(這種)言(論將)「自破」(自我破壞)。何以故？	
肆彼宗(建立了)「一切法不生」，彼宗(則自)「壞」者，以(只要是有建立的)「宗」(皆是從)「有待」而生故。 又，	肆以(別人所)「建立」(的宗旨)中，(也應該)無彼(「諸法不生宗」的)「建立」。 若不爾者(若不是這樣的話)，(那麼)彼(別人的)「建立」亦(應該也有諸法)「不生」(的這個「宗」出現)，以同諸法(皆是)「無差別相」故。	肆彼「宗」(的建立乃是從)「有待」而生(之)故。 又，

（若建立了）彼宗（是）「不生」，（而能）入（於）一切法故。

（若是成立）不壞相、（即可回推為）「不生」（相），故（若建）立（了）「一切法不生宗」者，彼說則（自）「壞」。

（❺既是「不生」，就是「不壞」相，既然從本已來就是「不生」，故不可再另立一個「不生相」。若另立一個「不生」宗，那就等於成立了一個「生」宗，有了「生」，就會有「滅」與「壞」，那就會造成「自己破壞」了自己的「宗派」了）

㈤大慧！（若又另立一個）「有無不生宗」，彼「宗」（亦能）入（於）一切性（法），（則）「有、無」相（將變成都）不可得。

（既然連「有無相」都不可得了，又何能立出一個「有無不生宗」來呢？）

㈥大慧！若使彼宗（建立了）「不生」（宗），（於）「一切性（法）不生」而立（了一個）「宗」。如是彼宗（則自）「壞」。

以（如果於）「有、無」性相（皆完

是故，（如果）建立（了）「諸法不生」（宗），（此）名為「自破」。

（如果你建立了「諸法不生宗」，那應該就是屬於「獨一無二」的宗派，所以別人一定不能再建立出相同的「諸法不生宗」的。但真相如何呢？諸法皆具有「相同的邏輯」學，當你建立了「不生宗」，別人當然也可以建立「不生宗」的啊！別人不會因為你建立了「不生宗」，別人就只能選擇「生宗」來建立的啊！）

㈤以彼建立（了）「三法（三分論）、五法（五分論）」和合（說）有故，（所以也應遠）離於建立（另一種的）「有無不生」（宗）。

大慧！彼（若）建立（了「有無不生宗」），（然後此宗能）入（於）諸法中，（則將）不見（任何的）「有、無」法故。

㈥大慧！若彼建立（了）「諸法不生」（宗），而作是言：「一切法不生」。

大慧！（若作）如是說者，（則其所）「建立」（之宗）則（將自）「破」。何以故？

（若斷）離於（所）建立（的任何

（若建立了）彼「宗」即（能）入（於）「一切法」中。

（所謂的）「不生」相，亦不（能有任何的）「生」故，又彼「宗」諸分（卻）而成（就了另一種的「生」）故。

（建立了「一切法不生宗」即=建立了「一切法生宗」。因為「不生」與「生」是「相對待」的。

所以強調「不生」=強調「生」。

執著於「不生」=執著於「生」）

㈤又（若另立）彼宗（名為）「有無法皆不生」（宗），此「宗」（亦）即（能）入（於）一切法中，（則）「有、無」相亦（將成為完全）不生故。

（既然連「有無相」都不可得了，又何能立出一個「有無不生宗」來呢？）

㈥是故（若建立了）「一切法不生」（宗），（則）此宗（將）「自壞」（自我破壞）。

(全)不生(的斷滅的話)，故不應立(此諸法不生)「宗」。 (例如立了一個「諸法不生宗」，結果這宗裡面「什麼」都沒有，完全的「斷滅」，連最基本的「有、無」法都沒有。 佛説的「諸法不生」是指所有的「生相」都是虛假的，所以不要執著，而不是指諸法永沒有「生起」的現象，諸法永遠屬於「斷滅」的現象)	「有、無」相，(皆)不可得故。	
㈦「五分論」(宗、因、喻、合、結)多過(計有三十三種過失)故，展轉因異相故(三分論、五分論均以種種異相造作相互爲因)，及「爲作」(有爲造作)故，(所以)不應(建)立(一個)「宗」分(來)。	㈦大慧！是故不應建立「諸法不生」(宗)。 大慧！以彼建立(則)同彼(所建立的)「一切不生法體」。是故不應建立「諸法不生」(宗)，以有多過(失)故。 大慧！復有不應建立「諸法不生」(宗)。何以故？以「三法、五法」彼彼因(皆互相)不同故。 大慧！復有不應建立「諸法不生」(宗)。何以故？以彼「三法、五法」(三分論、五分論)，(皆是造)作(的)「有爲」(法與)「無常」故。	㈦不應如是立「諸分」(指三分論、五分論)，多(有)過(失)故，展轉因異相故(三分論、五分論均以種種異相造作相互爲因)。
㈧謂：「一切法不生」(宗)，如是(之)「一切法空」，如是(之)「一切法無自性」，(皆)不應立「宗」。	㈧是故不應建立一切「諸法不生」(宗)。 大慧！如是不應建立「一	㈧如「不生一切」(此指「一切法不生」之意)，(與)「法空、無自性」亦如是。 (所謂「一切法不生、一切法空、一切法

（所謂「一切法不生、一切法空、一切法無自性」均不應立「宗」）	切法空」（之宗），一切諸法（本）無「實體相」（而「法爾如是」，故不必特別去建立之）。	無自性」均不應立「宗」）

37-9 諸法如幻，有關「不生、法空、無自性」之法義，亦如幻夢。不應為凡愚說「諸法如夢幻」之句義，其心易生恐怖而遠離「大乘法」。《大品般若經》云：我說「佛道」如幻如夢，我說「涅槃」亦如幻如夢。若當有法勝於「涅槃」者，我說亦復如幻如夢。何以故？諸天子，是「幻夢、涅槃」不二不別

劉宋・求那跋陀羅譯《楞伽阿跋多羅寶經》	元魏・菩提流支譯《入楞伽經》	唐・實叉難陀與復禮等譯《大乘入楞伽經》
①**大慧**！然菩薩摩訶薩（為眾生宣）說一切法「如幻夢」。	①**大慧**！而諸菩薩為眾生（宣）說一切諸法「如幻如夢」。	①**大慧**！菩薩摩訶薩應（為眾生宣）說一切法「如幻如夢」。
②（諸法依「智」或「凡愚」根器，故有）「現、不現」相故。	②（諸法依「智」或「凡愚」根器，故有）以「見、不見」相故。	②（諸法依「智」或「凡愚」根器，故有）「見、不見」故。
③及「見覺」（見聞覺知）過（過失罪惡）故。	③以諸法相（皆是）「迷惑」見（之所）智（知）故。	③一切皆是「惑亂相」故。
④當（為）說一切法「如幻夢」性。	④是故應（為）說「如幻如夢」。	
⑤（唯）除為（令）愚夫（遠）離（於「諸法如幻」之）「恐怖」句故。（故不應為凡愚說「諸法如夢幻」之句義，因凡愚若聞「諸法如幻」，或聞佛道、涅槃皆「如幻」，會心生恐怖而遠離「大乘法」）	⑤（唯）除（為）遮（斷）一切愚癡凡夫，（令）離「驚怖」（於「諸法如幻」句）處。（故不為凡愚說「諸法如夢幻」之理）	⑤（唯）除為（令）「愚夫」（對「諸法如幻」句）而生「恐怖」。（故不為凡愚說「諸法如夢幻」之理）
⑥**大慧**！愚夫墮（於）「有、無」見。	⑥**大慧**！以諸凡夫墮在「有、無」（之）邪見中故。	⑥**大慧**！凡夫愚癡墮（於）「有、無」見。
⑦莫令彼（凡愚而）恐怖（於「諸法如夢幻」之句義），（因而）遠離「摩訶衍」（大乘）。	⑦以凡夫聞「如幻如夢」（之理），（易）生驚怖故，諸凡夫聞（而）生驚怖，（因而）已遠離（了）「大乘」。	⑦莫令於彼（凡愚對「諸法如夢幻」之句義）而生驚恐，（因而）遠離（了）「大乘」。

37-10 偈頌內容

劉宋·求那跋陀羅譯 《楞伽阿跋多羅寶經》	元魏·菩提流支譯 《入楞伽經》	唐·實叉難陀與復禮等譯 《大乘入楞伽經》
爾時世尊欲重宣此義而說偈言：	爾時世尊重說偈言：	爾時世尊重說頌言：
無自性無說。	無自體無識。	無自性無說。
無事無相續。	無阿黎耶識。	無事無依處。
彼愚夫妄想。	愚癡妄分別。	凡愚妄分別。
如死屍惡覺。	邪見如死屍。	惡覺如死屍。
一切法不生。	一切法不生。	一切法不生。
非彼外道宗。	餘見說不成。	外道所成立。
至竟無所生。	諸法畢不生。	以彼所有生。
性緣所成就。	因緣不能成。	非緣所成故。
一切法不生。	一切法不生。	一切法不生。
慧者不作想。	莫建如是法。	智者不分別。
彼宗因生故。	因、不同，不成。	彼宗因生故。
覺者悉除滅。	是故建立壞。	此覺則便壞。

37-11 偈頌內容

劉宋·求那跋陀羅譯 《楞伽阿跋多羅寶經》	元魏·菩提流支譯 《入楞伽經》	唐·實叉難陀與復禮等譯 《大乘入楞伽經》
譬如翳目視。	譬如目有翳。	譬如目有翳。
妄見垂髮相。	虛妄見毛輪。	妄想見毛輪。
計著性亦然。	分別於有無。	諸法亦如是。
愚夫邪妄想。	凡夫虛妄見。	凡愚妄分別。
施設於三有。	三有唯假名。	三有唯假名。
無有事自性。	無有實法體。	無有實法體。
施設事自性。	執假名為實。	由此假施設。

思惟起妄想。	凡夫起分別。	分別妄計度。
相事設言教。	相事及假名。	假名諸事相。
意亂極震掉。	心意所受用。	動亂於心識。
佛子能超出。	佛子能遠離。	佛子悉超過。
遠離諸妄想。	住寂境界行。	遊行無分別。

37-12 偈頌內容

劉宋・求那跋陀羅譯 《楞伽阿跋多羅寶經》	元魏・菩提流支譯 《入楞伽經》	唐・實叉難陀與復禮等譯 《大乘入楞伽經》
非水水想受。	無水取水相。	無水取水相。
斯從渴愛生。	諸獸癡妄心。	斯由渴愛起。
愚夫如是惑。	凡夫見法爾。	凡愚見法爾。
聖見則不然。	聖人則不然。	諸聖則不然。
聖人見清淨。	聖人見清淨。	聖人見清淨。
三脫三昧生。	三脫三昧生。	生於三解脫。
遠離於生滅。	遠離於生滅。	遠離於生滅。
遊行無所有。	得無障寂靜。	常行無相境。
修行無所有。	修行無所有。	修行無相境。
亦無性非性。	亦復不見無。	亦復無有無。
性非性平等。	有無法平等。	有無悉平等。
從是生聖果。	是故生聖果。	是故生聖果。

37-13 偈頌內容

劉宋・求那跋陀羅譯 《楞伽阿跋多羅寶經》	元魏・菩提流支譯 《入楞伽經》	唐・實叉難陀與復禮等譯 《大乘入楞伽經》
云何性非性。	有無法云何。	云何法有無。
云何為平等。	云何成平等。	云何成平等。
謂彼心不知。	以心不能見。	若心不了法。
內外極漂動。	內外法無常。	內外斯動亂。
若能壞彼者。	若能滅彼法。	了已則平等。

心則平等見。	見心成平等。	亂相爾時滅。

第３８節　離能所

38－1 以「般若智慧」去觀察「現前境界」之諸攀緣境，皆無「可取、所取」，皆是「假施設」之假名耳

劉宋・求那跋陀羅譯 《楞伽阿跋多羅寶經》	元魏・菩提流支譯 《入楞伽經》	唐・實叉難陀與復禮等譯 《大乘入楞伽經》
⑤爾時大慧菩薩復白佛言：世尊！如世尊(之)說：	⑤爾時聖者大慧菩薩白佛言：世尊！如世尊(之)說：	⑤爾時大慧菩薩摩訶薩復白佛言：世尊！
⑥如「攀緣」(現前境界諸)事，(若以)「智慧」(去觀察則皆)不(可)得，(因為所攀緣的境界皆)是(假)施設(的一種計)量，(皆)建立(在假)施設(上)。	⑥(若以)「智慧」(去)觀察，(則)不能見(現)前(所生起的)境界諸法。爾時善知(諸法)唯是「內心」(所現)，(皆由)「心、意、意識」(所生)，(應)如實覺知(此理)。	⑥如佛所說：若知境界但(皆)是「假名」，都不可得。
⑦所「攝受」(的諸攀緣境皆)非性(無真實可得)，(能)「攝受」(的諸攀緣境)亦非性(無真實可得)。 以無(能與所)攝故，(以)「智」(慧觀察)則「不生」(能攝與所攝的分別)，唯「施設」(之假)名耳。	⑦(諸攀緣境皆)無法「可取」，亦無「能取」，是故(以)「智」(去觀察)，亦不能(去做)分別(心)而(執)取。	⑦則(諸攀緣境皆)無「所取」，無「所取」故，亦無「能取」。「能取、所取」二俱(皆)無，故不起(於)分別(心)，(此即)說名為「智」。

38－2 大慧誤解「不能了知外境，即屬無智」。「般若智慧」應能「如實了知」諸法之「自相、共相」與「一、異」諸義。「般若智慧」是不會被諸法的「種種相」所隱蔽的，不會因於「極遠

處、極近處、老小、盲冥、諸根不具」而造成「般若智慧」不能有「知見」的功能

劉宋·求那跋陀羅譯《楞伽阿跋多羅寶經》	元魏·菩提流支譯《入楞伽經》	唐·實叉難陀與復禮等譯《大乘入楞伽經》
壹云何？世尊！(那智慧)為不(能)覺(悟)性(法的)「自相、共相」(為)「異、不異」(之義)故？(而)「智」不得(取諸境)耶？	壹世尊！若言(以)「智慧」(是)不能(去攀)取(諸境)者，(那若)為見諸法(之)「自相、同相」(時)、(有關諸法的)「異異」(變異與差異)法相，(及所具的)種種異法體不同故，(而以)智(慧真的)不能(如實而)知(這些道理嗎)？	壹世尊！何故彼「智」(乃)不得(取)於(諸)境？(那智慧)為(是)不能了(解)一切諸法(之)「自相、共相」(為)「一、異」義(嗎)？故言(智慧是)不得(取諸境的)耶？
為(有關諸法之)「自相、共相」，(皆有)種種性自性相」(諸法自性相互)隱蔽(隱覆遮蔽)故，(而造成)智(慧是)不得(取諸境)耶？	為見諸法(之)種種(自)體相，(其有關)「不可異」(異即離)義，不可異指：不見有「可相離異」之相，即指彼此是「互相牽制」隱蔽而不可「相離異」)故，(而以)智(慧真的)不能知(道這些道理嗎)？	為以(因)諸法(的)「自相、共相」(有)種種不同，(所以造成彼此)更相「隱蔽」(隱覆遮蔽)，而(令智慧是)不得(取諸境)耶？
貳(還是因)為(被)「山巖、石壁、地、水、火、風」(所)障(礙)故，(而造成)智(慧是)不得(取諸境)耶？	貳(還是因)為是(被)「山巖、石壁、牆幕、樹林、草木、地、水、火、風」之所障(礙)故，(而造成)智(慧是)不能知？	貳(還是因)為(被)「山巖、石壁、簾幔、帷障」之所覆隔，而(造成智慧是)不得(取諸境)耶？
參(還是因)為「極遠、極近」故，(而造成)智(慧是)不得(取諸境)耶？	參(還是因)為是「極遠、極近」處故，(而造成)智(慧是)不能知？	參肆(還是因)為「極遠、極近、老小、盲冥、諸根不具」，而(造成智慧是)不得(取諸境)耶？
肆(還是因)為「老小、盲冥、諸根不具」故，(而造成)智(慧是)不得(取諸境)耶？	肆(還是因)為是「老小」，(因)為是「盲冥、諸根不具」，(而造成)智(慧是)不能知？	

㈤世尊！若(智慧是)不(能)覺(悟諸法)「自、共」相(爲)「異、不異」(之義)，智(慧是)不得(取諸境)者？	㈤世尊！若一切法(有)「異異」(變異與差異的性質)，法相(亦有)「異異」(變異與差異的性質)。法體(之)「自相、同相」(皆有)種種不同故，(而竟造成)智(慧是)不能知者？	㈤若不了諸法「自相、共相」(爲)「一、異」義故，言(智慧是)不得(取諸境)者？
㈥(如此的話，那就)不應說(是)智(慧了)，應說(是屬於)「無智」(ajñāna)，以(現前)有事(有境界諸事而竟)不(能)得(知)故！	㈥世尊！若爾(若是如此的話)，彼智(應名爲)「非智」。何以故？(智慧竟然)不能(了)知(現)前(之)「實境界」故。	㈥(若是如此的話)此(即)不名智(慧了)，應(説)是(屬於)「無智」，以(現前)有境界而(竟)不(能)知故。
㈦若復種種「自、共」相，(及)性自性相(諸法自性相是互相)隱蔽(隱覆遮蔽)故，(而造成)智(慧)不得(取諸境)者。彼亦(是屬於)「無智」，非是「智」。	㈦世尊！若一切法(是具有)種種「體相」，(於)「自相、同相」(中)不見(其)異(不見有離異相，即指「互相牽制」而隱蔽)故，(而造成)智(慧是)不能知者。若爾(若是如此的話)，彼「智」(即)不得言(是)「智」。何以故？「實有境界」(而智慧竟然)不能(了)知(其境)故。	㈦若以諸法(之)「自相、共相」，(具)種種不同，更相隱蔽(隱覆遮蔽)，而(造成智慧)不得(取諸境)者，此亦(屬於)「非智」。
㈧世尊！(我個人認爲只要是)有「爾燄」(jñeya 識境；所知；境界；智境)，故(即能令)「智」生(起)，(並)非(智慧是)「無性」(完全不起作用的)，(是)會(能與)「爾焰」(而生起作用的)，故名爲「智」(者)。	㈧世尊！(我個人認爲只要是)有(現)前(之)「境界」，(而亦)如實能見(之者)，(即能)名之爲「智」(者)。 (本段經文是綁在「境界、諸相」上在探討。認爲有智慧者，一定能了知諸法「自相、共相」中的「一」與「義」的關係，不可能「不知道」的。看起來，這似乎也是有一番道理的。 佛的意思則更爲高級，佛認定「境界」完全是「心」之所現，所以「不是真實存	㈧(我個人認爲只要是)以(能了)知於「境」(者)，(即)說名爲「智」(者)，(並)非(指完全的)「不知」故。

	在」的，既是非眞實之「境」，那又何必去研究在「境界」這個「不存在」的主題上呢！而且眞正的「大智」是屬於「無智亦無得」者）	
㈨若(是被)「山巖、石壁、地、水、火、風、極遠、極近、老小、盲冥、諸根不具」(之所隱覆遮蔽)，(而造成)「智」不得(取諸境)者。	㈨若為(被)「山巖、石壁、牆幕、樹林、草木、地、水、火、風、極遠、極近、老小、盲冥、諸根不具」(之所隱覆遮蔽)，(而造成)不能「知見」者。	㈨若(是被)「山巖、石壁、簾幔、帷障」之所覆隔。(或會被)「極遠、極近、老小、盲冥」而(造成智慧是完全)不(能)知(見)者。
㈩此亦(爲)「非智」，應是(屬於)「無智」，以(現前)有事(有境界諸事而竟)不可得(而知)故。	㈩彼智(亦屬於)「無智」，(因爲於現前)有「實境界」，而(竟然)不(能)知故。	㈩彼亦(屬於)「非智」，以(現前)「有境界」，(而)智(慧)不具足，而(竟然)不(能)知故。

38－3　「境界」本即是無，唯是假名耳，若能覺悟「自心現量」，即能證「三解脫門」，則智亦「無所得」，是「智」爲無「能知、所知」，方爲更究竟的「般若」正見

劉宋·求那跋陀羅譯《楞伽阿跋多羅寶經》	元魏·菩提流支譯《入楞伽經》	唐·實叉難陀與復禮等譯《大乘入楞伽經》
①佛告大慧：(所謂面對境界而不能得知其境者一事，汝稱爲「無智」，但)不如是(眞的是屬於)「無智」，(亦)應(可說)是(另一種)「智」(的定義啊)！(所以並)非(是眞的)「非智」！ (此指上文大慧曾說：面對境界而不能得知其境者，即爲「無智者」，佛則認爲：有時候「無智者」反而才是更大的一種「智慧」。何故？《心經》上不是說嗎？無智亦無得。也就是眞正更大的究竟智慧是「無能知、無所知」的「般若」空性	①佛告大慧：如汝所說言(有關)「無智」者(的定義)，是義不然！何以故？(所謂「無智」的定義仍)有(另一種的)「實智」故。	①佛言：大慧！(所謂面對境界而不能得知其境者一事，汝稱爲「無智」，但)此實是(屬於另一種)「智」(的定義啊)！(並)非如汝(之)說(眞的是完全「無智」的定義)。

智慧)		
㉒我不如是(有)「隱覆」(密意)說。(所謂)攀緣(現前境界諸)事,(對於一位)「智慧不得」(智無所得者),(皆知境界都)是(假)施設」(計)量(的一種)建立。	㉒大慧!我不依汝如是之說(大慧還停留在研究「境界」的話題,佛已超越「境界」外相),(我說)境界是「無」,唯「自心」見。	㉒我之所說,非(有)「隱覆」(密意)說,我言(這些心外的)「境界」,唯是「假名」,(皆)不可得者。
㉔(應)覺「自心」(之)現量,(由自心現出)「有、無有」外性(法),(皆)非性(而應)知。 (有無有外性=外性有無有=外物的有與無。 非性知=知非性=知道皆非真實之法)	㉔我說(若)不(能)覺(了外境)唯是「自心」,(則)見諸外物,以為「有、無」。	㉔以(明)了但是(由)「自心」所見(於)外法,(而生出)「有、無」(的分別)。
㉕(智慧)而(於諸)事(外境亦)不得。(既)不得故,(其)「智」於「爾焰」(jñeya 識境即)不生(起)。	㉕是故(以)「智慧」(則)不見(有真實的)境界。(於)智(既)不見者,(外境則亦)不行於「心」。	㉕「智慧」於(外境)中(皆觀作)「畢竟無得」。以「無得」,故「爾焰」(jñeya 識境即)不(生)起。
㉖(如此即能)順(入)「三解脫」,(其)「智」亦不得。 (此指「能知之智」與「所知之境」皆無真實可得,心境俱泯,無智亦無得也)	㉖是故我說,(於)入「三解脫門」(時),(其)「智」亦不見(其能與所)。 (此指「能知之智」與「所知之境」皆無真實可得,心境俱泯,無智亦無得也)	㉖(如此即能證)入「三脫門」,「智體」(於能所)亦忘。 (此指「能知之智」與「所知之境」皆無真實可得,心境俱泯,無智亦無得也)
㉗(此「無智亦無得」之境並)非(為)「妄想者」(所得之境),(凡夫自)無始(以來皆受)「性(有)、非性(無)」(之)虛偽(薰)習(其)智,(而)作如是(之)知,是知彼(凡夫乃)不(能)知(此「無智亦無得」之境)。	㉗而諸「凡夫」(從)無始世來(之)「虛妄分別」,(皆)依「戲論」薰習(與)薰彼心故,(而)作如是分別。 (故凡夫不能知此「無智亦無得」之境)	㉗(此「無智亦無得」之境並)非如一切(之妄)覺(亂)想,(但)「凡夫」(自)無始以來(皆於)「戲論」(中而被)薰習。

38－4 凡夫著「我、我所、能知、所知、有、無」者，於「智」與「境」中起妄想分別，不能覺悟自心現量

劉宋・求那跋陀羅譯《楞伽阿跋多羅寶經》	元魏・菩提流支譯《入楞伽經》	唐・實叉難陀與復禮等譯《大乘入楞伽經》
⑤故(凡夫)於外(境諸)事處所、(形)相，(皆執著於)性(有)、無性(無)，(因此)妄想不斷。	⑤(凡夫)見外境界形相(而執著於)「有、無」。	⑤(凡夫)計著(於)外法(之)「若有、若無」(的)種種形相。
②(凡夫不知一切皆是由)「自心現量」(所)建立，	②為離如是「虛妄心」故，說一切法(皆)唯「自心」見。	②(凡夫)如是而知，(即)名為「不知」，不了諸法(乃)唯心所見」。
③(凡夫)說「我、我所」相，(然後生)攝受(與)計著，不(能)覺(悟)「自心現量」。	③(凡夫)執著(於)「我、我所」，故不能覺知(這些外物)但是(由)「自心」虛妄分別。	③(凡夫)著「我、我所」(之)分別境智，不知外法是「有」是「無」。
④(凡夫)於「智、爾焰(jñeya 識境;所知;境界;智境)」而(生)起妄想，(因為有)妄想故，(所以分別執著於)外(境之)性(有)、非性(無)。	④(凡夫執著如)是(之)「智」，(與如)是(所見的)「境界」，分別(於如)是(之)「智」，(與如)是(所見的)「境界」故。	
⑤(凡夫對於「智」與「境」的)觀察不得(其究竟之理)，(於是終將)依於斷(滅之)見。	⑤(凡夫)觀察外法(後)，不見「有、無」(的究竟之理)，(於是終將)墮於斷(滅)見。	⑤其(凡夫之)心(乃)住於「斷(滅)見」中故。
		為令捨離(凡夫所作的)如是分別，(即為)說一切法(皆)「唯心」建立。

38-5 偈頌內容

劉宋・求那跋陀羅譯《楞伽阿跋多羅寶經》	元魏・菩提流支譯《入楞伽經》	唐・實叉難陀與復禮等譯《大乘入楞伽經》
爾時世尊欲重宣此義而說偈言：	爾時世尊重說偈言：	爾時世尊重說頌言：
有諸攀緣事。	有諸境界事。	若有於所緣。
智慧不觀察。	智慧不能見。	智慧不觀見。
此無智非智。	彼無智非智。	彼無智非智。
是妄想者說。	虛妄見者說。	是名妄計著。
於不異相性。	言諸法無量。	無邊相互隱。
智慧不觀察。	是智不能知。	障礙及遠近。
障礙及遠近。	障礙及遠近。	智慧不能見。
是名為邪智。	是妄智非智。	是名為邪智。
老小諸根冥。	老小諸根冥。	老小諸根冥。
而智慧不生。	不能生智慧。	而實有境界。
而實有爾焰。	而實有境界。	不能生智慧。
是亦說邪智。	彼智非實智。	是名為邪智。

第十六章　善通理教章

第３９節　善入自通

39-1 愚夫不善了知「如實」的「宗通」與「說通」，故不能修習「清淨真實」的「離四句法」

請參閱 **31-1** ～ **31-4**

劉宋・求那跋陀羅譯《楞伽阿跋多羅寶經》	元魏・菩提流支譯《入楞伽經》	唐・實叉難陀與復禮等譯《大乘入楞伽經》
⑤復次大慧！愚癡凡夫，(為)無始「虛偽」，(及)「惡邪」妄想之所迴轉(循迴輾轉的薰習)，(因不斷的)迴轉時，(故於)「自宗通」及「說通」，不(能)善了知。	⑤復次大慧！愚癡凡夫依無始身(之)「戲論煩惱」(與)「分別」煩惱，(於)「幻化之身」(而)建立「自法」。	⑤復次大慧！愚癡凡夫無始「虛偽」，(為)「惡邪」分別之所「幻惑」，(故)不了「如實」(自宗通)及「言說法」。
⑥(執)著(於)「自心」(所)現(的)外「性相」故，(貪)著(於)「方便說」。	⑥執著(於)「自心」(所)見(之)外境界，執著(於)「名字、章句、言說」。	⑥計(執著於自)心(之)「外相」，(貪)著(於)「方便說」。
⑦於自宗(的)「四句清淨通相」，不善(於)分別。	⑦而不能知建立「正法」，不(能)修正行(之)「離四種句」(的)清淨之法。	⑦不能修習「清淨真實」(的)「離四句法」。

39-2 善於「說通」及「自宗通」者，可得遠離「外道」及「二乘」諸「不正見」之論

請參閱 **39-5**

劉宋・求那跋陀羅譯《楞伽阿跋多羅寶經》	元魏・菩提流支譯《入楞伽經》	唐・實叉難陀與復禮等譯《大乘入楞伽經》
⑤大慧白佛言：誠如(世)尊(之)教，唯願世尊為我分	⑤大慧菩薩言：如是！如是！世尊！如世	⑤大慧白言：如是！如是！誠如(世)尊(之)教，(請世

別(說)：	尊(之)說，(請)世尊為我說：	(尊)願為我說：
❶「說通」及 ❷「宗通」。 (siddhānta-naya-lakṣana 宗趣法相)	❶❷「所說法、建立」法相。 (上面是指「所說法建立法相」➜說通。 與「建立正法相」➜宗通。 兩者的縮寫)	❷「如實之法」(自宗通)及 (deśanā-naya-lakṣana 所說；言說； 巧說；能說；說法；說通) ❶「言說法」。
(貳)(能令)我及餘菩薩摩訶薩善於(此)「二通」(之法)。	(貳)(令)我及一切諸菩薩等，(能)於未來世，善知(此)「建立、說法」之相。 (上面是指「建立正法相」➜宗通。 與「說法建立法相」➜說通。 兩者的縮寫)	(貳)(能)令我及諸菩薩摩訶薩於此「二法」，而(獲)得「善巧」(方便的修法)。
(參)(於未)來世(能以此「二通」之法教導)「凡夫、聲聞、緣覺」，(令彼等皆)不(再)得其「短」(短缺；偏廢；不正見；邪見)。	(參)不(再)迷(惑於)「外道」邪見，(及迷惑於)「聲聞、辟支佛」(之)「不正見」法。	(參)(此「二法」並)非「外道、二乘」之所能(證)入。

39－3 「說通」與「自宗通」為三世如來的兩種「教法義」

劉宋·求那跋陀羅譯 《楞伽阿跋多羅寶經》	元魏·菩提流支譯 《入楞伽經》	唐·實叉難陀與復禮等譯 《大乘入楞伽經》
佛告大慧：善哉！善哉！諦聽！諦聽！善思念之，當為汝說。	佛告大慧菩薩言：善哉！善哉！善哉！大慧！諦聽！諦聽！我為汝說。	佛言：諦聽！當為汝說。大慧！三世如來有二種法，謂：
大慧白佛言：唯然受教！	大慧言：善哉！世尊！唯然受教。	
佛告大慧：三世如來有二種「法通」。謂：	佛告大慧：有二種·過去、未來、現在」如來應正遍知	

	所說法，何等為二？	
❶「說通」及	一者「建立說法相」。 (deśanā-naya-lakṣana 所說;言說; 巧說;能說;說法;說通)	❶「言說法」及 (deśanā-naya-lakṣana 所說;言說; 巧說;能說;說法;說通)
❷「自宗通」。 (siddhānta-naya-lakṣana 宗趣法相)	二者「建立如實法相」 (siddhānta-naya-lakṣana 宗通)	❷「如實法」(自宗通)。

39-4 何謂「說通」？

劉宋·求那跋陀羅譯 《楞伽阿跋多羅寶經》	元魏·菩提流支譯 《入楞伽經》	唐·實叉難陀與復禮等譯 《大乘入楞伽經》
㊀「說通」(deśanā-naya-lakṣana 所說;言說;巧說;能說;說法;說通)者，謂： ㊁(能)隨「眾生心」之所(相)應(法)，(而)為說種種(功德)眾具(之)「契經」(sūtra)。 ㊂(此)是名「說通」。	㊀大慧！何者「建立說法相」(說通)？謂： ㊁(以)種種功德，(以)修多羅(sūtra)、優波提舍(upadeśa 論議)，(能)隨「眾生信心」而為說法。 ㊂大慧！(此)是名「建立說法相」(說通)。	㊀「言說法」(說通)者，謂： ㊁(能)隨眾生心，為說種種諸「方便」(之法)教。

39-5 何謂「自宗通」？

劉宋·求那跋陀羅譯 《楞伽阿跋多羅寶經》	元魏·菩提流支譯 《入楞伽經》	唐·實叉難陀與復禮等譯 《大乘入楞伽經》
㊀「自宗通」(siddhānta-naya-lakṣana 宗趣法相)者，謂：	㊀大慧！何者「建立如實法相」(siddhānta-naya-lakṣana 宗通)？謂：	㊀「如實法」(自宗通)者，謂：

❶修行者離「自心」(所)現(之)種種妄想。	❶依何等法而修正行？遠離「自心」虛妄分別諸法相故。	❶修行者於「心所現」，離諸分別。
❷謂不墮(於)「一、異；俱、不俱」品。	❷不墮「一、異；俱、不俱」朋黨(以「惡」相濟而結成的集團，兩邊均是「邪惡」的對立聚中。	❷不墮「一、異；俱、不俱」品。
❸(能)超度一切「心、意、意識」。	❸離「心、意、意識」。	❸超度一切「心、意、意識」。
❹(於)「自覺聖」(自內身聖智證法的)境界(中)，(能遠)離(由諸虛妄)因(緣所)成(之一切)見相。	❹(於)「內證聖智」(自內身聖智證法)所行(的)境界(中)，(能遠)離(由)諸(虛妄)「因緣」(所)相應(之一切)見相。	❹於「自覺聖智」(自內身聖智證法)所行(的)境界(中)，(能遠)離(由)諸(虛妄)「因緣」(所)相應(之一切)見相。
❺(此是)一切「外道、聲聞、緣覺」(及)墮「二邊」者，(其)所不能知(之境界)。	❺(能遠)離一切「外道邪見」，(遠)離諸一切「聲聞、辟支佛見」，(遠)離於「有、無」(對立的)二「朋黨」(以「惡」相濟而結成的集團，兩邊均是「邪惡」的對立)見。	❺(此是)一切「外道、聲聞、緣覺」(及)墮「二邊」者，(其)所不能知(之境)。
㈡我說(此)是名「自宗通」法。	㈡大慧！(此)是名「建立如實法相」(自宗通)。	㈡(此)是名「如實法」(自宗通)。
㈢大慧！(此)是名「自宗通」及「說通相」，汝及餘菩薩摩訶薩應當修學。	㈢大慧！汝及諸菩薩摩訶薩應當修學。	㈢此二種法，汝及諸菩薩摩訶薩當善修學。

39-6 偈頌內容

劉宋・求那跋陀羅譯《楞伽阿跋多羅寶經》	元魏・菩提流支譯《入楞伽經》	唐・實叉難陀與復禮等譯《大乘入楞伽經》
爾時世尊欲重宣此義而說偈言：	爾時世尊重說偈言：	爾時世尊重說頌言：

我謂二種通。	我建立二種。	我說二種法。
宗通及言說。	說法如實法。	言教及如實。
說者授童蒙。	依名字說法。	教法示凡夫。
宗為修行者。	為實修行者。	實為修行者。

第４０節　迴異世論

40-1　「順世外道」之世間言論，其有關種種的「咒術、辯術、句味、因緣、譬喻、採集」莊嚴等，皆不應親近承事供養

劉宋・求那跋陀羅譯 《楞伽阿跋多羅寶經》	元魏・菩提流支譯 《入楞伽經》 【卷六・盧迦耶陀品第五】	唐・實叉難陀與復禮等譯 《大乘入楞伽經》
ⓐ爾時大慧菩薩白佛言:世尊！如世尊(於)「一時說」言:(於)「世間諸論」(lokāyatika 順世外道)種種(之)「辯說」，慎勿習近(學習親近)。若(有)習近者，(乃為)攝受(於)「貪欲」，(並)不(能)攝受(於)「法」。 (人一生病，就可能改變信仰，往外道跑。有些佛教徒始終把佛咒、經、法會、超度、放生，當作求「健康、消災」的一種工具而已，這樣的心態與「世論外道」是完全一樣的) ⓑ世尊！何故作如是說？	ⓐ爾時聖者大慧菩薩復白佛言:世尊！如來應正遍知，(於)「一時說」言:(於)「盧迦耶陀」(lokāyatika)種種(之)「辯說」，若有親近(而)供養彼(順世外道)人，(此人乃)攝受(於貪)欲(之)食，(並)不(能)攝(於)「法」食。 ⓑ世尊！何故說言(於)「盧迦耶陀」(的)種種「辯說」，(而去)親近供養？(乃是為了)攝受(於貪)欲(之)食，(並	ⓐ爾時大慧菩薩摩訶薩復白佛言:世尊！如來(於)「一時」說:(於)「盧迦耶陀」(lokāyatika 順世外道)咒術、詞論，但能攝取世間(之)「財利」，不得(佛法之)「法利」，(所以)不應親近承事供養(順世外道)。 ⓑ世尊何故作如是說？

	不(能)攝(受於)「法」食。	
㊌佛告大慧：「世間言論」(之)種種「句味、因緣、譬喻、採集(採取招集)」莊嚴(華麗裝飾)，(乃為)誘引誑惑(之)愚癡凡夫。 (外道善用「包裝」式的「法義」，偽成「華麗裝飾」的方式來引誘眾生，類似我們說「灌水」的佛法、打折的佛法，都是「不純」的法義)	㊌佛告大慧：「盧迦耶陀」(之)種種「辯才、巧妙辭句」，(乃)迷惑世間，(此)不依「如法」(之)說，(亦)不依「如義」(之)說。但隨世間愚癡凡夫情(之)所樂故，(而)說「世俗事」，(順世外道)但有「巧辭、言章」美妙，失於(佛法之)「正義」。 ㊍大慧！(此)是名「盧迦耶陀」種種「辯才」樂說之過(失)。 大慧！「盧迦耶陀」如是(之)「辯才」，但攝(受)世間愚癡(之)凡夫。	㊌佛言：大慧！「盧迦耶陀」(之)所有「詞論」，但飾「文句」，(且)誑惑(於)凡愚，隨順世間(之)「虛妄言說」，(此順世外道乃)不(能)「如於義」，(亦)不(能)「稱於理」。

順世外道 (盧迦耶陀、世間言論、順世派)

(1)梵名 lokāyata 或 lokāyatika。音譯為「路伽耶派、盧迦耶陀派、路歌夜多派、路迦也底迦派」。為古印度「婆羅門教」之支派。

(2)主張「隨順世俗」，倡導「唯物論」之快樂主義。主張「地、水、火、風」等四元素合成吾人身心，人若命終，四大亦隨之離散，五官之能力亦還歸虛空，故吾人死後「一切歸無」，「靈魂」亦不存在。。

(3)此派否認「輪迴、業」，復否認「祭祀、供儀、布施」之意義。

(4)於認識論上主張「感覺論」，於實踐生活上主張「快樂論」，傾向於「詭辯」之思想。於佛教中屬於「常見」式的外道。

40-2 「順世外道」之世間言論，其種種的「名字、章句、譬喻、咒術、辯術、辯說」，皆不能解脫「生老病死、憂悲苦惱」

劉宋・求那跋陀羅譯	元魏・菩提流支譯	唐・實叉難陀與復禮等譯

《楞伽阿跋多羅寶經》	《入楞伽經》	《大乘入楞伽經》
①（「順世外道」之世間言論皆）不入「真實自通」（自證聖通）。	①（「順世外道」之世間言論皆）非入「如實法相」說法。	①（「順世外道」之世間言論皆）不能證入「真實境界」。
②不（能）「覺」一切法。	②自不「覺知」一切法故。	②不能「覺了」一切諸法。
③（因）妄想顛倒，墮於「二邊」，凡愚癡惑（於中）而自破壞。（將導致）諸（六）趣相續，不得解脫。	③墮於「二邊」，「邪見」聚中，自失「正道」，亦令他（人）失（正道）。是故不能離於諸（六）趣。	③恒墮（於）「二邊」，自失（於）「正道」，亦令他（人）失（正道）。（將）輪迴（於）諸（六）趣，（而）永不出離。何以故？
④（彼順世外道皆）不能覺知「自心現量」。	④（彼順世外道皆）以不能見唯是「自心」分別。	④（彼順世外道皆）不了諸法（乃）「唯心所見」。
⑤不離外性（法），（於）自性（中生）妄想計著。	⑤執著（於）「外法有相」，是故不離「虛妄分別」。	⑤執著（於）「外境」，增（長）「分別」故。
⑥是故「世間言論」種種（之）「辯說」，	⑥大慧！是故我說「盧迦耶陀」雖有種種「巧妙辯才」，樂說諸法，（但皆）失「正理」故，	⑥是故我說（順世外道的）世論「文句、因、（譬）喻」莊嚴（華麗裝飾等），但（乃）誑愚夫，
⑦不（能令眾生）脫（離於）「生、老、病、死、憂、悲、苦、惱」，（且）誑惑迷亂（於凡愚）。	⑦不得（令眾生）出離（於）「生、老、病、死、憂、悲、苦、惱」一切苦聚。以依種種「名字、章句、譬喻、巧說」，（且）迷誑（於）人故。	⑦不能（令眾生）解脫（於）「生、老、病、死、憂、悲」等患。

40-3 某「世論外道弟子」現「龍形」而登天，以「世論」辯法而勝於「帝釋」。佛說這些「世論外道」能令生苦聚，絕對不能親近承事

劉宋・求那跋陀羅譯《楞伽阿跋多羅寶經》	元魏・菩提流支譯《入楞伽經》	唐・實叉難陀與復禮等譯《大乘入楞伽經》
壹大慧！釋提桓因（帝釋天、indra 因陀羅、kauśika 憍尸迦）廣解「眾論」，（也能）自造「聲論」。	壹大慧！釋提桓因廣解「諸論」，（也能）自造「聲論」。	壹大慧！釋提桓因廣解「眾論」，（也能）自造「諸論」。

彼「世論者」(lokāyatika)有一弟子,持「龍形像」(而昇天去)詣「釋天宮」。	彼「盧迦耶陀」(lokāyatika)有一弟子證(了)「世間通」,(昇天而)詣「帝釋天宮」,(並)建立「論法」,而作是言:	彼「世論者」(lokāyatika)有一弟子,現作「龍身」(昇天後)詣(於)「釋天宮」而立「論宗」,(並)作是要言:
⑻(此世論之弟子)建立「論宗」,要(破)壞帝釋「千輻之輪」,隨我(若)不如(你),(我就)「斷一一頭」,以謝(罪於)所屈(伏)。	⑻憍尸迦(kauśika 帝釋天、因陀羅、釋提桓因)!我共汝說,(我將)與汝「論義」,若(我)不如(你)者,(我就)要(接)受「屈伏」,(且)令諸一切天人(皆)知見,即共立(下)要(約盟定)。我若(能)勝(於)汝,要當打汝(之)「千輻輪」(車令)碎。我若不如(你),(我就)「從頭至足」(以)節節分解,以(此)謝(罪)於汝。	⑻憍尸迦!我共汝論,汝若不如,我當破汝(帝釋)「千輻之輪」。我若不如(你),(我就)「斷一一頭」以謝所屈(伏)。
	(世論之弟子)作是要已,「盧迦耶陀」弟子(即)現作「龍身」,(登天)共釋提桓因「論義」。	
(世論之弟子)作是要已,即以「釋法」摧伏(了)帝釋,(帝)釋(即)墮(於)負處(負敗之處),(世論之弟子)即(破)壞其(帝釋之千輻輪)車,(世論之弟子即又)還來人間。	(後來此世論之弟子)以其「論法」即能(戰)勝彼釋提桓因,令其屈伏,(世論之弟子)即於天中打(帝釋之)「千輻輪」車,(粉)碎如微塵,(世論之弟子即又)還下(於)人間。	(世論之弟子)說是語已,即以「論法」(而成功)摧伏(了)帝釋,(破)壞(了帝釋的)「千輻輪」(車後),(此世論之弟子即又)還來人間。
⑶如是大慧!(彼順世外道之)「世間言論」者,(能造種種)因、(造種種的)譬(喻而)莊嚴(華麗裝飾),乃至(亦能現)「畜生」。	⑶大慧!「盧迦耶陀」婆羅門,(能具有)如是種種「譬喻」(之)相應,乃至(亦能)現「畜生身」。	⑶大慧!(彼順世外道之)「世間言論」者,(能造種種)因、(造種種的譬)喻(而)莊嚴(華麗裝飾),乃至能現「畜生」之形。
(彼順世外道能)亦能以種種「句	(彼順世外道能)依種種名字,	(彼順世外道能)以「妙文詞」迷

| 味」，(去)惑彼諸「天」及「阿修羅」，(令其)著「生、滅」(的邪)見，而(更何)況於人(呢)？

　㊃是故大慧！(於)「世間言論」(者)，應當(要)遠離，以(彼)能招致「苦」生(之)因，故慎勿習近(於彼順世外道)。 | 迷惑(於)世間「天人、阿修羅」，(為何呢)？以諸世間一切(天人、阿修羅)眾生(皆)執著「生、滅」(邪)法故，(而更)何況於人(呢)？

　㊃大慧！以是義故，應當遠離「盧迦耶陀」婆羅門。以因彼說能生(種種的)「苦聚」故。是故不應親近供養、恭敬、諮請(於)「盧迦耶陀」婆羅門。 | 惑(於)諸天(人)及阿修羅，令其(天人阿修羅皆)執著(於)「生、滅」等(邪)見，而(便何)況於人(呢)？

　㊃是故大慧！不應親近承事供養(彼順世外道)，以彼能作生(成種種的)「苦因」故。 |

聲論(聲常住論、聲論師)

(1)指計執「聲為常住」之主張，為印度哲學之一派系，主張觀念之「恆常性」，而計執「聲之常住」。

(2)謂「聲音」為宇宙「實在」(reality)之存在，而吾人之「語言」，係由宇宙「實在之聲音」而發顯者，並非「人為性」之符號。

(3)此說本起源於「梵書」時代之祈禱，即祈禱有力量左右(支配)神之作用，因而構成「祈禱之語言」，有無限絕對之「神祕力量」。

(4)該派最後變化出「彌曼蹉派」(Mīmāṃsā)、「吠檀多派」(Vedānta)等諸學派興起，立「聲常住論」，而衍生出「聲顯論、聲生論」兩派，主張一切「聲」皆為「常住不變」。

(5)「聲生論」(Janma-vāda，即聲之生起論)主張並無「本來實有之聲性」，待「音響」(nāda)等緣而發生，生起之聲稱為「聲音」；既發生之後，即成為「常住」。

(6)「聲顯論」(Abhivyakti-vāda，即聲之顯論)則認為聲之性本來「實有常住」，待「音響」等緣而顯現；即謂「聲」為常住」，「聲音」則為「無常」。

40-4 「世論外道」唯說「身」與「身所知境界」，後世更分「眾多部」。彼無「自通」，亦不知自己是為「愚癡世論」

| 劉宋・求那跋陀羅譯
《楞伽阿跋多羅寶經》 | 元魏・菩提流支譯
《入楞伽經》 | 唐・實叉難陀與復禮等譯
《大乘入楞伽經》 |

壹大慧！「世論者」(lokāyatika)唯說(其)身、(與身所)覺(之)境界而已。	壹大慧！「盧迦耶陀」(lokāyatika)婆羅門所說之(邪)法，但見現前(之)身、(與身所)智(知之)境界，(順世外道皆)依「世名字」說諸「邪法」。	壹大慧！「世論」(lokāyatika)唯說(其)身、(與身所)覺(之)境界。
貳大慧！彼「世論者」(lokāyatika)乃有百千(言論辭句)，但於後時、後五百年(時)，當(被)破壞(掉這些)結集(者)，(他們以)「惡覺」(為)因、(邪)見盛(行)，故(其邪)惡弟子(皆)受(其影響而導致分裂成多個部派)。 (破壞結集=結集破壞=結集遭破壞)	貳大慧！「盧迦耶陀」(lokāyatika)婆羅門所造之論(雖)有「百千偈」，(但於)後世、末世(時將)分為「多部」，(且)各各異名，(各各皆)依(其)自心(所)見(之)因、所造(之因)故。	貳大慧！彼「世論」(lokāyatika)有「百千字句」(所造之論)，(但將於)後末世中，(因)「惡見」(而)乖離，邪眾(將)崩散，分成多部，(且)各執(於)「自(作)因」(sva-kāraṇa自在因)。
	參大慧！「盧迦耶陀」(lokāyatika)婆羅門(的後世)，無有「弟子」能(再)受其(邪)論，是故後世(即)分為「多部」種種(之)異名。	
肆如是大慧！(這些外道)「世論」(者)，(將來都會被)破壞(掉這些)結集(者)，(彼皆以)種種(的)「句味、因、譬(喻)」莊嚴(華麗裝飾)，(皆)說(世論)外道(諸)事，(皆執)著(於)「自因緣」(sva-kāraṇa自在因;自作因)，(因此)無有(能得)「自通」(自證聖通法)。	肆大慧！諸外道等(之)「內心」無有「如實解」故，(皆)依種種「因」，種種「異解」，隨「自心」造(作)而為人說，執著(於)「自在因」(sva-kāraṇa自作因)等故。	
伍大慧！彼諸外道無(能證)「自通論」(自證聖通法)，(順世外道)於餘「世論」(中創造與	伍大慧！(於)一切外道所造(的)論中，(皆)無如是「(自證聖通法)法」，唯是(創造	伍大慧！(並)非(是其)餘(的)外道(皆)能立(佛法的)「教法」(自證聖通法)，唯(外道之)「盧

廣說「無量百千事門」，(但皆)無有「自通」(自證聖通)。 (世論外道)亦不自知(自己是屬於)愚癡(的)「世論」。	一切「盧迦耶陀」種種(之)因門，(與)說「百千萬法」。 而彼(仍)不知(自己就)是(屬於外道的)「盧迦耶陀」。	迦耶」，(能)以「百千句」廣說無量差別(之)因相，(但皆)非「如實理」。 (順世外道盧迦耶)亦不自知(自己就)是(屬於愚癡的)「惑世法」。

40-5 佛亦曾假「世論言說」而為眾生說法，但此乃佛「自證聖智」之「方便」流佈，諸法實不來不去、不生不滅也

劉宋・求那跋陀羅譯 《楞伽阿跋多羅寶經》	元魏・菩提流支譯 《入楞伽經》	唐・實叉難陀與復禮等譯 《大乘入楞伽經》
⑤爾時大慧白佛言：世尊！若「外道世論」(lokāyatika)種種「句味、因、譬(喻)」莊嚴(華麗裝飾)，無有(能得)「自通」(自證聖通法)，(於)「自事」(而生)計著者(此指執著於自作因、自在因，梵文作 sva-kāraṇa)。	⑤大慧菩薩白佛言：世尊！若一切外道唯說「盧迦耶陀」(lokāyatika)，依於世間種種(之)「名字、章句、譬喻」，執著(於)「諸因者」(此指執著於自作因、自在因，梵文作 sva-kāraṇa)。	⑤爾時大慧白言：世尊！若「盧迦耶」(lokāyatika)所造之「論」，(與)種種「文字、因、(譬)喻」莊嚴(華麗裝飾)，執著(於)「自宗」(此指執著於自作因、自在因，梵文作 sva-kāraṇa)，(此皆)非「如實法」，(皆)名(為)「外道」者。
⑥世尊亦(為眾生宣)說「世論」，(世尊曾)為種種(從)異方諸來會(的)眾天人、阿修羅(等)，廣說無量種種(的)「句味」。 (世尊所說的世論法)亦非(是屬於)「自通」(自內身聖證法之通)耶？ (難道世尊)亦入(於)一切「外道」(之)智慧言說數耶？	⑥世尊！(從)十方一切國土眾生天人、阿修羅，(皆聚)集(至)如來所，如來亦以「世間」(的)種種「名字、章句、譬喻」(而為彼)說法。 (世尊亦)不說(屬於自己的)「自身內智證法」(自內身聖智證法)； 若爾，(難道世尊)亦同一切「外道」所說(的)「不異」(完全一樣)？	⑥(但)世尊亦(有)說「世間之事」(的)法，謂(世尊也)以種種「文句言詞」(而)廣(為)說(於從)十方一切國土天人等眾而來集會(者)。 (世尊所說的「世論法」)亦非是(屬於)「自智所證」(自內身聖智證法)之法？ (難道)世尊亦同(於)「外道」(之)說耶？

㊂佛告大慧：	㊂佛告大慧：	㊂佛言：大慧：
我不說(此)「世論」(法的)！(諸法)亦無「來、去」。 (所以我)唯說(諸法乃)「不來、不去」。	我(乃)不說於「盧迦耶陀」(者)，亦不說(此世論之)言(的)！ 諸法(皆)「不來、不去」。 大慧！我說諸法(皆)「不來、不去」。	我非(屬於)「世說」(世論之說者)！ (我之所說)亦無「來、去」，我說諸法(皆)「不來、不去」。

佛陀原則上是反對習學「世論」的

《大方廣佛華嚴經·卷第四十二》

佛子！菩薩摩訶薩有十種魔業，何等為十？所謂：

❶忘失菩提心，修諸善根，是為魔業。

❷惡心布施，瞋心持戒。棄捨惡性懈怠眾生，輕慢厭惡亂心無智眾生，是為魔業。

❸慳惜正法，訶責法器眾生，貪求利養，為人說法，為非器人說深妙法，是為魔業。

❹不聞波羅蜜，雖聞不修行，生懈怠心，不求深妙無上菩提，是為魔業。

❺遠離善知識，親近惡知識，樂求二乘，於受生處，起離欲、寂靜、除滅之心，是為魔業。

❻於菩薩所起瞋恚心，說其過惡，斷彼利養，常求罪釁，惡眼視之，是為魔業。

❼誹謗正法，不聞契經，聞不讚歎，若有法師說法，不能恭敬、下意、自謙，我說是義，彼說非義，是為魔業。

❽學「世間論」，巧於文字，善於句味，手筆文誦，樂說二乘，隱覆深法，開演雜語，於非器所說甚深法，遠離菩提，安住邪道，是為魔業。

❾已度已安者，親近恭敬而供養之，未度未安者，永不親近恭敬供養，亦不教化，是為魔業。

❿墮增上慢，增長諸慢，輕蔑眾生，不求正法真實智慧，諸根散亂，難可化度，是為魔業。

佛子！是為菩薩摩訶薩十種魔業；菩薩摩訶薩應速遠離，正求佛業。

《大方廣佛華嚴經·卷第七十一》

(1)其最初佛，名法海雷音光明王。彼佛出時，有「轉輪王」名清淨日光明面。於其佛所，受持一切法海旋「修多羅」。佛涅槃後，其王出家，護持正法。

(2)法欲滅時，有千部異、千種説法。近於末劫，業惑障重，諸「惡比丘」，多有鬭諍。樂著「境界」，不求「功德」。樂説「王論、賊論、女論、國論、海論」，及以一切「世間之論」。

但佛亦會隨眾生「根器」而方便説「世論」

《大方便佛報恩經‧卷第三》

(1)爾時如來四眾圍遶，為諸天龍、鬼神、大眾廣説「世論」及「出世間之法」。

(2)時婆羅門白佛言：世尊！垂老之年生育此兒，世尊大慈普覆一切，今以此兒為佛弟子。

(3)佛言：善來比丘！鬚髮自落，袈裟著身。」佛為説法，示教利喜，即得道果，三明六通，具八解脱。

《大般涅槃經‧卷第三》

如來善説「世法」及「出世法」，為眾生故，令諸菩薩隨而演説。

《大方廣佛華嚴經‧卷第三十六》

(1)佛子！菩薩摩訶薩住此「第五難勝地」……常樂教化一切眾生故……

(2)佛子！此菩薩摩訶薩為利益眾生故，世間技藝靡不該習。所謂：文字、算數、圖書、印璽；地、水、火、風，種種諸論，咸所通達。

(3)又善「方藥」，療治諸病，顛狂、乾消、鬼魅、蠱毒，悉能除斷；文筆、讚詠、歌舞、技樂、戲笑、談説，悉善其事……

(4)持戒入禪，神通無量，四無色等及餘一切世間之事，但於眾生不為損惱，為利益故咸悉開示，漸令安住無上佛法。

《憨山老人夢遊集‧卷第四十五》

(1)而華嚴「五地」聖人，善能通達世間之學。至於陰陽術數、圖書、印璽、醫方、辭賦。靡不該練，然後可以涉俗利生。

(2)故「等覺」大士，現十界形，應以何身何法得度，即現何身何法而度脱之。

(3)由是觀之，佛法豈絕無「世諦」？而「世諦」豈盡非「佛法」哉？

《妙法蓮華經‧卷第六》

(1)若説俗間經書、治世語言、資生業等，皆順正法。三千大千世界六趣眾生，心之所行、心所動作、心所戲論，皆悉知之。

(2)雖未得無漏智慧，而其意根、清淨如此。

(3)是人有所思惟、籌量、言說,皆是佛法,無不「真實」,亦是先佛經中所説。

其實佛陀是通達「世論」者,但終不「取執」於「世論」也

《大般若波羅蜜多經·卷第五百六十九》

爾時,佛告<u>最勝天</u>言:⋯⋯天王!菩薩善能通達「世俗諦法」,

❶雖説諸色而非實有,推求此色終不取著,受、想、行、識亦復如是;

❷雖説地界而非實有,推求地界終不取著,水、火、風、空、識界亦復如是;

❸雖説眼處而非實有,推求眼處終不取著,耳、鼻、舌、身、意處亦復如是;

❹雖説色處而非實有,推求色處終不取著,聲、香、味、觸、法處亦復如是;

❺雖復説我而非實有,推求此我終不取著,有情乃至知者見者亦復如是;

❻雖説世間而非實有,推求世間終不取著;

❼雖説世法而非實有,推求世法終不取著;

❽雖説佛法而非實有,推求佛法終不取著;

❾雖説菩提而非實有,推求菩提終不取著。

天王當知!凡有「言説」,名「世俗諦」,此非「真實」;若無「世俗」,即不可説有「勝義諦」。

是諸菩薩通達「世俗諦」,不違「勝義諦」。

由通達故,知一切法「無生無滅、無成無壞、無此無彼」,遠離語言文字戲論。

其實菩薩皆能善解「世諦」之論。若真離「世諦」,則「第一義諦」亦不可借「世諦」而作方便説也

《大乘寶雲經·卷第六》

爾時世尊復告<u>降伏一切障礙</u>菩薩摩訶薩言:

善男子!菩薩摩訶薩具足「十法」,善解「世諦」。何等為十?

❶所謂假説有色,非第一義故。得於色法,而不執著。

❷假説受想行識,非第一義故。雖得於識,而不執著。

❸假説地界,非第一義故。雖得地界,而不執著。

❹假説水火風虛空識界,非第一義故。雖得是界,而不執著。

❺假説眼入,非第一義故。雖得眼入,而不執著。

❻假説耳鼻舌身意入,非第一義故。乃得意入,而不執著。

❼假説有我,非第一義故。雖得是我,而不執著。

❽假説眾生,非第一義故。雖得眾生,而不執著。

❾假説壽命、士夫、養育、眾數人等,非第一義故。雖得是等,而不執著。

❿假説世間,非第一義故。雖得世間,而不執著。

❶假說世法，非第一義故。雖得世法，而不執著。

❷假說佛法，非第一義故。雖得佛法，而不執著。

❸假說菩提，非第一義故。雖得菩提，而不執著得菩提者。

善男子！假名「言說、名字、論、量」名為「世諦」，於「世法」中無第一義。雖然，若離「世法」，「第一義諦」不可得說。

善男子！菩薩摩訶薩於是法處「善解世諦」，而不名解「第一義諦」。

善男子！菩薩摩訶薩具是十法，善解「世諦」。

善男子！菩薩摩訶薩具足十法，善解「第一義諦」。何等為十？所謂：

①具無生法。

②具無滅法。

③具不壞法。

④具不增不減不出不入法。

⑤具離境界法。

⑥具無言說法。

⑦具無戲論法。

⑧具無假名法。

⑨具寂靜法。

⑩具聖人法。

所以者何。

善男子！夫第一義，不生不滅、不敗不壞、不增不減，文字章句所不能說，不可詮辯，絕於「戲論」。

善男子！第一義者，無言無說，本性清淨，一切聖人內自證得。若佛出世、若不出世，法性常爾，不減不增。

《持世經・卷第四》

(1)持世！諸菩薩觀「世間、出世間法」時，不見「世間法」與「出世間」合(即兩者「不即」也)，不見「出世間」離「世間」(即兩者「不離」也)。

(2)是人不離「世間」見「出世間」，亦不離「出世間」見「世間」。是人不復緣於「二行」，所謂是「世間」、是「出世間」。何以故？

(3)持世！「世間如實相」即是「出世間」，「世間」中「世間相」不可得，「世間法」中「世間法」不可得。以無所有故，通達是法即是「出世間」。

(4)持世！若「世間」與「出世間」異者，諸佛不出於世……「如實知見」一切「世間」。

(5)持世！若不得「世間」，不取「世間」，即是「出世間」。

(6)是故當知，「如實知見」世間，通達「世間」不可得故，即說「出世間」。

(7)是故諸佛出於世間，一切諸法若「世間」、若「出世間」，以「不二、不分別」證「如實知見」故，即是說「出世間法」。

(8)**持世**！如是「世間」甚深難可得底……菩薩摩訶薩如是善知「世間、出世間法」，亦得「世間、出世間法」方便。

40-6 何謂「來」？何謂「去」？

劉宋·求那跋陀羅譯《楞伽阿跋多羅寶經》	元魏·菩提流支譯《入楞伽經》	唐·實叉難陀與復禮等譯《大乘入楞伽經》
(壹)<u>大慧</u>！「來」者，(指)趣(向於)「聚會」(的一種)生。	(壹)<u>大慧</u>！何者名「來」？<u>大慧</u>！所言「來」者，(即)名為「生聚」(之義)，以「和合生」故。	(壹)<u>大慧</u>！「來」者，(指聚)「集生」(之義)。
(貳)「去」者，(指)「散壞」(之義)。	(貳)<u>大慧</u>！何者名「去」？<u>大慧</u>！所言「去」者，(即)名之為「滅」(之義)。	(貳)「去」者，(指)「壞滅」(之義)。

40-7 佛用種種方便的「世論言說」，皆不墮於「自心分別」妄見，不著於「有、無」，且能入於「空、無相、無願」三解脫門

劉宋·求那跋陀羅譯《楞伽阿跋多羅寶經》	元魏·菩提流支譯《入楞伽經》	唐·實叉難陀與復禮等譯《大乘入楞伽經》
(壹)(如來所說的)「不來、不去」者，(即)是「不生、不滅」。	(壹)<u>大慧</u>！我說(之)「不去、不來」，(即)名為「不生、不滅」。	(壹)(如來所說的)「不來、不去」，此則名為「不生、不滅」。
(貳)我所說義，(皆)不墮(於)「世論妄想」數中，所以者何？	(貳)<u>大慧</u>！我(之所)說(乃)不同(於)彼「外道」法，何以故？	(貳)<u>大慧</u>！我之所說(乃)不同(於)外道(所)墮(的)「分別」中，何以故？
(參)謂(如來已)不計著(於)外	(參)(如來)以不執著(於)外	(參)(如來已於)外法(之)「有、

(法之)「性(有)、非性(無)」。	物(之)「有、無」。	無」，(皆)無所著故。
㊉(已證)「自心」(所)現(之)處。	㊉唯建立說於「自心」(之)見故。	㊉(已)了唯「自心」。
㊄(於能所)「二邊」(之)妄想，所不能轉(動)。	㊄不住(於能所)「二處」。	㊄不見(於能所)「二取」。
㊅(所有的諸)相境(界，皆)非性(非真實)。	㊅不行分別(於)「諸相境界」故。	㊅不行(於諸)相境(境)，(亦)不生(於)分別。
㊆(能)覺(悟)「自心」現，則(由)「自心」(所)現妄想(已)「不生」，(已證)妄想「不生」者，	㊆以「如實」(能)知「自心」見故，不生「自心分別」(之)見故，以(能證)不分別(於)「一切相」者，	㊆不行(於諸)相境(境)，(亦)不生(於)分別。
㊇(能入)「空、無相、無作」，入(此)「三脫門」，(即)名為「解脫」。	㊇而能入「空、無相、無願」三解脫門，(此即)名為「解脫」。	㊇(能)入「空、無相、無願」之門，而(能得)解脫故。

40-8 有關「順世外道」的「三十種世論」辨別的內容問答

劉宋・求那跋陀羅譯《楞伽阿跋多羅寶經》	元魏・菩提流支譯《入楞伽經》	唐・實叉難陀與復禮等譯《大乘入楞伽經》
大慧！我念一時、於一處住，有（一位）「世論」(lokāyatika)婆羅門來詣我所，不請「空閑」(不請示我有無空閑，直接突然的意思)，便問我言：	大慧！我念過去，於一處住，爾時有一(位)「盧迦耶陀」(lokāyatika)大婆羅門，來詣我所，而請我言：	大慧！我憶有時於一處住，有(位)「世論」(lokāyatika)婆羅門來至我所，遽問我言：
瞿曇(gautama)！	瞿曇(gautama)！	瞿曇(gautama)！
▤一切「所作」耶？	▤一切「作」耶？	▤一切是「所作」耶？
➔我時答言：婆羅門！「一	➔大慧！我時答言：婆羅	➔我時報言：婆羅門！「一

切所作」(即)是「初世論」。 彼(婆羅門)復(又)問言： **2**(那是)一切「非所作」耶？ → 我復報言：「一切非所作」(即)是「第二世論」。 彼(婆羅門)復問言： **3**一切「常」耶？ **4**一切「無常」耶？ **5**一切「生」耶？ **6**一切「不生」耶？ 我時報言：(此即)是「六世論」。 大慧！彼(婆羅門)復問我言： **7**一切「一」耶？ **8**一切「異」耶？ **9**一切「俱」耶？ **10**一切「不俱」耶？ **11**一切(依於)因(而有)種種「受生」現耶？ 我時報言：(此即)是「十一世論」。 大慧！彼(婆羅門)復問言：	門！「一切作者」，此(即)是「第一盧迦耶陀」。 婆羅門(又問)言：瞿曇！ **2**(那是)一切「不作」耶？ → 我時答言：婆羅門！「一切不作者」(即)是「第二盧迦耶陀」。 如是(婆羅門又問)： **3**一切「常」？ **4**一切「無常」？ **5**一切「生」？ **6**一切「不生」？ 我時答言：婆羅門！(此即)是第「六盧迦耶陀」。 大慧！「盧迦耶陀」復問我言：瞿曇！ **7**一切「一」耶？ **8**一切「異」耶？ **9**一切「俱」耶？ **10**一切「不俱」耶？ **11**一切諸法依於「因生」，(而)見(有)種種「因生」故？ 大慧！我時答言：婆羅門！(此即)是「第十一盧迦耶陀」。 大慧！彼(婆羅門)復問我：瞿曇！	切所作」(即)是「初世論」。 (婆羅門)又問我言： **2**(那是)一切「非所作」耶？ → 我時報言：「一切非所作」(即)是「第二世論」。 彼(婆羅門)復問言： **3**一切「常」耶？ **4**一切「無常」耶？ **5**一切「生」耶？ **6**一切「不生」耶？ 我時報言：(此即)是「第六世論」。 彼(婆羅門)復問言： **7**一切「一」耶？ **8**一切「異」耶？ **9**一切「俱」耶？ **10**一切「不俱」耶？ **11**一切皆由種種「因緣」而「受生」耶？ 我時報言：(此即)是「第十一世論」。 彼(婆羅門)復問言：

⑫一切「無記」耶？	⑫一切「無記」耶？	⑬一切「有記」耶？
⑬一切「記」耶？	⑬一切「有記」耶？	⑫一切「無記」耶？
⑭「有我」耶？	⑭「有我」耶？	⑭「有我」耶？
⑮「無我」耶？	⑮「無我」耶？	⑮「無我」耶？
⑯「有此世」耶？	⑯「有此世」耶？	⑯「有此世」耶？
⑰「無此世」耶？	⑰「無此世」耶？	⑰「無此世」耶？
⑱「有他世」耶？	⑱「有後世」耶？	⑱「有他世」耶？
⑲「無他世」耶？	⑲「無後世」耶？	⑲「無他世」耶？
⑳「有解脫」耶？	⑳「有解脫」耶？	⑳「有解脫」耶？
㉑「無解脫」耶？	㉑「無解脫」耶？	㉑「無解脫」耶？
㉒一切「剎那」耶？	㉒一切「空」耶？	㉒是「剎那」耶？
㉓一切「不剎那」耶？	㉓一切「不空」耶？	㉓「非剎那」耶？
㉔「虛空」耶？	㉔一切「虛空」耶？	㉔「虛空」？
㉕「非數滅」耶？	㉕「非緣滅」耶？	㉖「涅槃」及？
㉖「涅槃」耶？	㉖「涅槃」耶？	㉕「非擇滅」？
(婆羅門又問)瞿曇！	(婆羅門又問)瞿曇！	
㉗「作」耶？	㉗「作」耶？	㉗是「所作」耶？
㉘「非作」耶？	㉘「非作」耶？	㉘「非所作」耶？
㉙「有中陰」耶？	㉙「有中陰」耶？	㉙「有中有(中陰)」耶？
㉚「無中陰」耶？	㉚「無中陰」耶？	㉚「無中有(中陰)」耶？
大慧！我時報言： 婆羅門！如是說者，(皆)悉是(屬於)「世論」(lokāyatika)，(皆)非我(我佛之)所說，(此皆)是汝(之)「世論」。	大慧！我時答言： 婆羅門！如是(之)說者，一切皆是「盧迦耶陀」(lokāyatika)，(皆)非我(佛之)所說，(皆)是汝(之世論)說法。	我時報言： 婆羅門！如是皆是汝之「世論」(lokāyatika)，(皆)非我(佛之)所說。

40-9 外道云「我、諸根、境」和合生「智」。佛不說「真實之有因生」，亦不說「無因生」。「虛空、涅槃、擇滅」亦是「假名

有」，故「本無體性」，亦無「作」與「非作」

劉宋・求那跋陀羅譯《楞伽阿跋多羅寶經》	元魏・菩提流支譯《入楞伽經》	唐・實叉難陀與復禮等譯《大乘入楞伽經》
㊀我唯說無始(之)「虛偽」妄想「習氣」，(造作)種種諸惡，(為輪迴)「三有」之因。不能覺知「自心現量」，而生妄想，(進而)攀緣外性(法)。	㊀婆羅門！我說因無始「戲論」，虛妄分別「煩惱薰習」故，說彼「三有」(之輪迴)。以不覺知唯是「自心」(而)分別見(於)「有」。(其實)非見(於)外(法是實)有(的)。	㊀婆羅門！我說因於無始「戲論」，諸惡「習氣」而生「三有」(之輪迴)。不了唯是「自心所見」而取「外法」，實無可得。
㊁如外道法(說由真實的)「我、諸根、義(境)」三合(而)知生。我(佛之教)不如是(之說)，婆羅門！	㊁(例)如外道法。大慧！外道說言：(有真實的)「我、(六)根、意義(境)」三種和合，(而有)能生於「智」。婆羅門！我(佛之教)不如是(之說)。	㊁如外道說：(由真實之)「我」及(真實之)「根、境」三和合生。我(佛之教)不如是(之說)。
㊂我不說(真實有)「因」，(亦)不說(完全)「無因」。	㊂我不說(真實有)「因」，亦不說(完全)「無因」。	㊂我不說(真實有)「因」，(亦)不說(完全)「無因」。
唯說「妄想」，(而有能)攝(取)、所攝(取之)性，(及種種假)施設(之)「緣起」。	唯說(由)「自心分別」見，(而)有「可取、能取」境界之相，我說(此皆是由)假名「因緣」(之所)集(成)故，而生諸法。	唯依「妄心」，(而)以「能、所取」而說「緣起」。
(此)非汝及餘(外道)；墮(入)受(著於)「我」(見者與)「相續」者；(其)所能覺知。	(此)非汝婆羅門；及(其)餘(外道)境界(者)，以墮(於)「我見」故(所能測度理解的)。	(此)非汝及餘(外道)；取著(於)「我者」之所能測(度理解的)。
㊃大慧！「涅槃、虛空、滅(nirodhānāṃ 擇滅)」，非有(真實可得之)三種，但(為假名相上之)數(而)有三耳。	㊃大慧！「涅槃、虛空、緣滅(擇滅)」，(皆)不成(真實可得之)三數。何況言「作」有(分)：作？不作？	㊃大慧！「虛空、涅槃」及「非擇滅」，但有三數，本「無體性」。何況而說(有能)「作」與「非作」？

註：擇滅➜梵語pratisaṃkhyā-nirodha，又作「數滅、智緣滅」，爲「無爲法」之一種，「涅槃」之異
　　名。即以「智慧」之簡擇力(正確之判斷力)而得之「滅諦涅槃」。

註：非擇滅➜梵語 apratisaṃkhya-nirodhāsaṃskṛta，舊譯作「非數滅無爲」，略稱「非數滅、非智緣滅」，
　　此爲「說一切有部」所立之「三無爲」，或「法相宗」所立之「六無爲」之一。
　　要言之，「擇滅」者，乃聖道所得。「非擇滅」者，緣缺所得。《成唯識論・卷二》云：不由
　　「擇力」，本性清淨；或「緣闕」所顯，故名「非擇滅」。內容指無須依待於人之智慧，而擁有
　　「自性清淨」之眞如，故稱爲「非擇滅無爲」。

三無爲

(1) 「虛空無爲」(ākāśāsaṃskṛta)，「虛空」即「無礙」，謂眞空之理不爲「惑染」之所障礙；
　　即以「無礙」爲性，容受萬物而遍滿一切處。

(2) 「擇滅無爲」(pratisaṃkhyā-nirodhāsaṃskṛta)，謂「聲聞」之人用智慧「揀擇」，遠離「見、思」
　　繫縛，證「寂滅眞空」之理。如「涅槃、解脫」等。

(3) 「非擇滅無爲」(apratisaṃkhyā-nirodhāsaṃskṛta)，謂「聲聞」之人「證果」之後，諸惑不復續
　　起，自然契悟「寂滅眞空」之理，不假「揀擇」。

40－10 以「無明、愛、業」爲緣，故爲「三界」形成之眞實因，
或非爲「三界」形成之因。此二邊皆墮於「世論」，凡有一點
「心識」之流動，與妄計於外塵諸相者，皆是「世論」。➜「無
明、愛、業」與「三界」應「非一非異、不即不離」

劉宋・求那跋陀羅譯 《楞伽阿跋多羅寶經》	元魏・菩提流支譯 《入楞伽經》	唐・實叉難陀與復禮等譯 《大乘入楞伽經》
⑤復次大慧！爾時「世論」(lokāyatika)婆羅門復問我言：	⑤大慧！復有「盧迦耶陀」(lokāyatika)婆羅門來問我言：	⑤大慧！爾時「世論」(lokāyatika)婆羅門復問我言：
(由)「癡、愛、業」(爲)因，故(生)有「三有」耶？ (亦)為(是)「無因」耶？	瞿曇！此諸世間(是由)「無明、愛、業」(爲)因，故生「三有」耶？ (亦爲是)「無因」耶？	(由)「無明、愛、業」為因緣，故(生)有「三有」耶？ (亦)為(是)「無因」耶？
⑥我時報言：此「二」(邊之見解)者，亦是「世論」耳。	⑥我時答言：婆羅門！此二法(亦是)「盧迦耶陀」，(當然)非我(佛之)法耶！	⑥我言：此「二」(邊之見解)，亦是「世論」。

㊂彼(婆羅門)復問言：一切性(法)皆入「自、共」相耶？	㊂婆羅門復問我言：瞿曇！一切法墮「自相」耶？「同相」耶？	㊂(婆羅門)又問我言：一切諸法皆入「自相」及「共相」耶？
㊃我復報言：此亦「世論」。 婆羅門！乃至(任何一點點的)意(識)流(動)，(與)妄計(於)外塵(者)，皆是「世論」。	㊃我時答言：婆羅門！此(亦)是「盧迦耶陀」，(當然)非我(佛之)法耶！ 婆羅門！但有「心、意、意識」執著(於)外物(者)，皆是「盧迦耶陀」，(當然皆)非我(佛之)法耶！	㊃我時報言：此亦(為)「世論」(見解)。 婆羅門！乃至(甚至)少有(一點點)「心識」(之)流動，(有)分別(於)外境，皆是「世論」。 (凡是起心動念者，皆算是「世論」)

40－11 佛亦有「非世論」之法，此法乃「非為、非宗、非說」，但亦「非非為、非非宗、非非說」。若能不生妄想分別，不取外境，則妄想永息，即能住於「自住處」之「不生不滅」寂靜境界

劉宋·求那跋陀羅譯 《楞伽阿跋多羅寶經》	元魏·菩提流支譯 《入楞伽經》	唐·實叉難陀與復禮等譯 《大乘入楞伽經》
㊀復次大慧！爾時「世論」婆羅門復問我(佛)言： (如來)頗有「非世論者」不？ 我(佛之「世論」亦為)是一切外道之宗，(包括外道)說(的)種種「句味、因緣、譬喻」莊嚴(華麗裝飾)。	㊀大慧！「盧迦耶陀婆羅門」復問我(佛)言： 瞿曇！頗有法「非盧迦耶陀」耶？ 瞿曇！一切外道(所)建立(之)種種「名字、章句、因、譬喻、說者」，(其實亦)皆是(屬於)我(之世論)法(所流出)。	㊀大慧！爾時彼婆羅門復問我(佛)言： (如來)頗有「非是世論者」不？ 一切外道所有詞論，種種「文句、因、(譬)喻」莊嚴(華麗裝飾)，(其實)莫不皆從我(佛之世論)法中(流)出。
㊁我(佛)復報言：婆羅門！ (我亦)有(「非世論」之法)！(但此)	㊁我(佛)時答言：婆羅門！ (我亦)有(「非世論」之)法！(但)	㊁我(佛)報言： (我亦)有(「非世論」之法)！(但此)

非(屬於)汝(之「世論」法所能攝)有者。	非(屬於)汝(之「世論」)法。	非(為)汝(之「世論」)所(允)許。
(參)(此屬於佛的「非世論法」乃)「非為、非宗、非說」，(亦)非不說種種「句味」，(亦)非(說種種)「因、譬(喻)」莊嚴(華麗裝飾)。	(參)(此屬於佛的「非世論法」乃)非不「建立」，亦非不說種種「名字、章句」。亦非不依義、(亦非不)依義(而)說，而(此)非(汝)「盧迦耶陀」(所能)建立(之)法。	(參)(此屬於佛的「非世論法」乃)非「世」不許，(亦)非不說種種「文句義理」相應，(亦)非「不相應」。
(肆)婆羅門言： 何等為「非世論」？ 非「非宗」？ 非「非說」？	(肆)婆羅門(問言)： 有法(是屬於)「非盧迦耶陀」？	(肆)彼(婆羅門)復問言： 豈有世(法所允)許(的)「非世論」耶？
(伍)我(佛)時報言： 婆羅門！ (我佛)有「非世論」，(此是)汝諸外道所不能知(之境)。	(伍)(佛答：) 以彼諸法一切外道，乃至於汝(「世論」婆羅門)，(皆)不能了知。	(伍)我(佛)答： 言(我)有(「非世論」之法)！但非於汝(之「世論」婆羅門)，及以一切外道(所)能知，何以故？
(陸)(「世論」婆羅門)以於外性(法之)「不實妄想」(中)，(生)虛偽(之)計著故。	(陸)(「世論」婆羅門)以(虛)妄(而)執著(於)外「不實法」，(並)分別戲論故。	(陸)(「世論」婆羅門)以於「外法虛妄」(上)分別，(且心)生執著故。
(柒)謂：(若欲)「妄想」不生，(應)覺了「有、無」，(一切皆由)「自心」現量。	(柒)何者是謂「遠離分別」？(以)心觀察(外法之)「有、無」，(一切皆)「自心」見相，(應)「如實」(而)覺知。	(柒)若能了達「有、無」等法，一切皆是「自心」(之)所見。
(捌)(若能)「妄想」不生，不受「外塵」，「妄想」永息，(此)是名「非世論」(法)。此(「非世論」法即)是我(佛之)法，非汝(外道所能攝)有也。	(捌)是故(若能)不生一切「分別」，不取(著於)外諸「境界法」故，「分別心」息(止)，(即能)住(於)「自住處」(之)寂靜境界，(此即)是名「非盧迦	(捌)(若能)不生「分別」，不取「外境」，(即能)於「自處住」(而安住)。

	耶陀」。(此即)是我(佛之)論法，(當然皆)非汝(之世)論耶！	
	(玖)婆羅門！(所謂能)住(於)「自住處」者，(即是)「不生不滅」故。「不生不滅」者，(即是)不生(妄想)「分別心」故。婆羅門！(此即)是名「非盧迦耶陀」。	(玖)(所謂能於)「自處住」者，(即)是「不起」義。「不起」於何？不起(妄想)「分別」，此(「非世論」法)是我(佛之)法，非汝(所能擁)有也。

40－12 「心識」有「來、去、死、生、樂、苦、溺、見、觸」種種相，皆為「世論」。諸法乃「無生、無相、無因、無緣」

劉宋・求那跋陀羅譯《楞伽阿跋多羅寶經》	元魏・菩提流支譯《入楞伽經》	唐・實叉難陀與復禮等譯《大乘入楞伽經》
(壹)婆羅門！略說彼「識」，(「心識」有)若來、若去、若死、若生、若樂、若苦、若溺、若見、若觸(等)。	(壹)婆羅門！略說言之，以何等(為)處(於「自住處」)？(心)識(若能)不行、不取、不退、不生、不求、不執著、不樂、不見、不覩、不住、不觸(等)。(此)是名為(能)「住」(於「自住處」)，名(雖有眾)異(之多，而其)義(皆)一。(反之，若「識」有行、取、退、生、求、執著、樂、見、覩、住、觸，則名為「不住」，此皆屬「世論」者)。	(壹)婆羅門！略而言之，隨(於任)何處中，「心識」(皆隨之而住於)「往、來、死、生、求、戀、若受、若見、若觸、若住」(等)。
(心識)若(執)著(於)種種相，若(因)「和合」(而)相續，若(於)「愛」、若(於)「因」(而生)計著。	婆羅門！(心識若)執著(於)種種相，(以)「自我」和合，「愛」著(於)諸「因」。	(心識)取(著於)種種相，(因)「和合」(而)相續，於「愛」於「因」而生「計著」。
婆羅門！如是比者(比類等者)，(皆)是(屬於)汝等(之)「世	(此皆)是(屬於)「婆羅門盧迦耶陀」法，(當然)非我(佛)法	(此)皆(是屬於)汝(之)「世論」，非是我(佛之)法。

論」，非是我(佛法之)有。 ㈁大慧！「世論」婆羅門作如是問(後)，我(即作)如是(之)答。 彼(「世論」婆羅門聽我說後)即「默然」，不(告)辭而(自)退(去)，(竟)思自(己已獲實)通處，(並)作是念言：	耶！ ㈁大慧！「盧迦耶陀婆羅門」來詣我所，問(我)如是法，我時答彼婆羅門，如向(剛剛前文)所說。 時(世論)婆羅門(聽我說後)，(即)「默然」而(離)去，而(亦)不問我(應要怎麼去)建立「真法」。 時「盧迦耶陀婆羅門」心作是念：	㈁大慧！「世論」婆羅門作如是問，我(即作)如是(之)答。 (彼「世論」婆羅門)不問於我(有關)「自宗實法」，(即)默然而(離)去。 (並)作是念言： (底下內容乃錄自於談錫永譯著《梵本新譯入楞伽經》) ㈂ 爾時，黑月(kṛṣṇapakṣika)龍王現「婆羅門」身來世尊處，說言： 喬達摩！此無「他世間」耶？ (佛云)今者，少年，汝從何處來？ (婆羅門云)喬達摩！我從白島來。 (佛云)婆羅門！(從白島來，這個白島)此即是「他世間」。 少年受駁，默然隱形，不更問我與彼敵對之任何教法。彼(婆羅門)作是念言： (底下內容回復到實叉難陀與復禮等譯《大乘入楞伽經》) ㈃(婆羅門竟謂：)沙門瞿曇(應)無可尊重(者)，說一切法(都是)「無生、無相、無因、
㈃(婆羅門竟謂：)沙門釋子(乃)出於「通外」(通達義理之「外」的人)，(竟)說(諸法都是)「無生、	㈃(婆羅門竟謂：)此沙門釋子(乃)「外」於我(宗之)法，(沙門釋子)是可憐愍(者)，(竟)說	

無相、無因」。	一切法(都是)「無因、無緣、無有生相」。	無緣」。
㈤(沙門釋子唯說:若能)覺(諸法皆由)「自妄想」(所)現相，(則)「妄想」不生。	㈤(沙門釋子)唯說「自心分別」見法，若能覺知(由)「自心」(所)見相，則「分別心」(即)滅。	㈤(沙門釋子)唯是「自心分別」所見，若能了此，「分別」(即)不生。

40– 13 若修習親近於「世論」，只為了攝受於「世間貪欲」，則不得攝受於「法味」

劉宋·求那跋陀羅譯《楞伽阿跋多羅寶經》	元魏·菩提流支譯《入楞伽經》	唐·實叉難陀與復禮等譯《大乘入楞伽經》
㈠大慧！此即是汝向(之前)所問我：何故說(為何要)習近(修習親近於)「世論」(之)種種辯說？	㈠大慧！汝今問我：何故(作)「盧迦耶陀」(之)種種辯說，(汝有意想要)親近？供養？恭敬？彼人但；	㈠大慧！汝今亦復問我是義：何故親近(於)「諸世論者」？唯；
❶(乃是為了)攝受(於)「貪欲」？	❶(只為)攝(取)「欲味」？	❶(為了獲)得「財利」？
❷不(欲)攝受(於)「法」(味)？	❷不(欲)攝(受於)「法味」？	❷不得(為了獲得)「法利」？
㈡大慧白佛言：世尊！攝受(於)「貪欲」，及(攝受於)「法」(者)，(各)有何句義？	㈡大慧白佛言：世尊！何者名(攝受於)「食」句義？何者名(攝受於)「法」句義？	㈡大慧白言：所言(攝受於)「財、法」，是何等義？
㈢佛告大慧：善哉！善哉！	㈢佛告大慧：善哉！善哉！善哉！	㈢佛言：善哉！
汝乃能為「未來」眾生，思惟諮問如是句義。	大慧！汝能為於「未來」眾生，諮問如來如是二義。	汝乃能為「未來」眾生思惟是義。
諦聽！諦聽！善思念之，	善哉！大慧！諦聽！諦	諦聽！諦聽！當為汝說。

當為汝說。	聽！我為汝說。	

40-14 何謂攝受於「世間貪欲」？

劉宋・求那跋陀羅譯《楞伽阿跋多羅寶經》	元魏・菩提流支譯《入楞伽經》	唐・實叉難陀與復禮等譯《大乘入楞伽經》
大慧白佛言：唯然受教。	大慧白佛言：善哉！世尊！唯然受故。	
佛告大慧：所謂(攝受於)「貪」者，	佛告大慧：何者為(攝受於)「食」？謂：	大慧！所言(攝受於)「財」者：
①(貪於)「若取、若捨、若觸、若味」。(住色聲香味觸法而生心)	①(貪於)「食、味、觸、味」。(住色聲香味觸法而生心)	①(貪於)「可觸、可受、可取、可味」。
②繫著(於)「外塵」，墮(於常斷)「二邊見」。	②樂求(於)方便，巧諂(貪巧諛諂)著味，執著(於)「外境」，如是等法，(皆為)名「異」(而)義「一」。以(皆)不能入「無二境界法門」義故。	②令(執)著(於)「外境」，墮在(常斷)「二邊」。
③復生「苦」陰，(及生)「生、老、病、死、憂、悲、苦、惱」。	③復次大慧！(此)名為(攝受於)「食」者，依於「邪見」(而)生「陰」(而)「有」支，不離「生、老、病、死、憂、悲、苦、惱」。	③增長「貪愛」，(及增長)「生、老、病、死、憂、悲、苦、惱」。
④如是諸(禍)患，皆從「愛」(生)起，斯由習近(學習親近於)「世論」及「世論者」。	④(由)「愛」生於「有」(十二因緣之「有支」，指能牽引當來果報之業)，如是等法名之為(攝受於)「食」。	

我及諸佛說(此即)名為(攝受於)「貪」，(此)是名攝受(於)「貪欲」，不攝受(於佛之)「法」(義)。	是故我及一切諸佛，說彼親近供養「盧迦耶陀婆羅門」者，(此即)名(為)「得食味」，不得(佛法之)「法味」。	我及諸佛說(此即)名(為攝受於)「財利」，親近(於)「世論」之所獲得。

40-15 何謂攝受於「法味」？

劉宋・求那跋陀羅譯《楞伽阿跋多羅寶經》	元魏・菩提流支譯《入楞伽經》	唐・實叉難陀與復禮等譯《大乘入楞伽經》
大慧！云何攝受(於)「法」？謂：	大慧！何者為(攝受於)「法味」？謂：	云何(攝受於)「法利」？謂：
❶(能)善覺知「自心現量」。	❶如實能知二種「無我」。	❶(能)了法是「心」。
❷(能)見「人無我」及「法無我」相。	❷以見「人無我、法無我」相。	❷(能)見「二無我」。
❸(於)妄想不生。	❸是故不生「分別」之(妄)相。	❸(能)不取於相，無有分別。
❹(能)善知「上上地」。	❹如實能知「諸地上上智」故。	❹(能)善知「諸地」。
❺(能)離「心、意、意識」。	❺爾時能離「心、意、意識」。	❺(能)離「心、意、識」。
❻(得)一切諸佛智慧「灌頂」。	❻(得)入諸佛智「受位之地」(即指「灌頂」)。	❻(得)一切諸佛所共「灌頂」。
❼(能)具足攝受「十無盡句」(之願)。(①眾生界無盡。②世界無盡。③虛空界無盡。④法界無盡。⑤涅槃界無盡。⑥佛出現界無盡。⑦如來智界無盡。⑧心所緣無盡。⑨佛智所入境界無盡。⑩世間轉、法轉、智轉無盡)	❼攝取一切「諸句盡處」(即指「十無盡句」)。	❼具足受行「十無盡願」(即指「十無盡句」)。
❽(能)於一切法(獲)「無開發(無功用之)自在」，(此)是名為(攝受於)「法」。	❽如實能知一切諸佛(無功用)「自在」之處，(此是)名為(攝受於)「法味」。	❽於一切法悉得(無功用)「自在」(之境)，(此)是名(攝受於)「法利」。

所謂不墮(於)： 一切「見」、 一切「虛偽」、 一切「妄想」、 一切「性」、 一切(常斷)「二邊」。	不墮(於)： 一切「邪見、戲論」， 分別(妄想)、 (常斷)二邊。	以是不墮(於)： 一切「諸見戲論」， 分別(妄想)、 「常、斷」二邊。

40－16 認為「無因論」者，墮於「常」邊。認為「因緣」皆壞滅者，又墮於「斷」邊。若不住著於「生住滅」者，即名為能攝受於「法味」

劉宋‧求那跋陀羅譯 《楞伽阿跋多羅寶經》	元魏‧菩提流支譯 《入楞伽經》	唐‧實叉難陀與復禮等譯 《大乘入楞伽經》
❶大慧！多有外道癡人，(皆)墮於(常斷)「二邊」。	❶大慧！外道說法，多令眾生墮於(常斷)「二邊」，(應)不令智者墮於「二邊」。何以故？	❶大慧！外道「世論」，(皆)令諸「癡人」墮在(常斷)「二邊」。
❷若「常」、若「斷」，非黠慧者，受「無因論」，則(生)起「常」見。	❷大慧！諸外道等多說「斷、常」，以「無因」(論)，故墮於「常」見。	❷謂「常」及「斷」，受「無因論」，則(生)起「常」見。
❸外「因」(有)壞(滅)，(所有的)「因緣」(皆)非性(虛無斷滅)，則(又生)起「斷」見。	❸見「因」(有壞)滅，故墮於「斷」見。	❸以「因」(有)壞滅，則生(於)「斷」見。
❹大慧！我不見(於)「生、住、滅」，故說名為「法」。	❹大慧！我說「如實」見(者)，(乃)不著(於)「生、滅」，是故我說名為「法味」。	❹我說不見(於)「生、住、滅」者，名「得法利」。
❺大慧！(此)是名(攝受於)「貪欲」及「法」。	❺大慧！(此)是名我說(攝受於)「食味」(與)「法味」。	❺(此)是名(攝受於)「財」(與)「法」二差別相。

㊣汝及餘菩薩摩訶薩應當修學。	㊣大慧！汝及諸菩薩摩訶薩當學此法。	㊣汝及諸菩薩摩訶薩應勤觀察。

40-17 偈頌內容

劉宋・求那跋陀羅譯《楞伽阿跋多羅寶經》	元魏・菩提流支譯《入楞伽經》	唐・實叉難陀與復禮等譯《大乘入楞伽經》
爾時世尊欲重宣此義而說偈言：	爾時世尊重說偈言：	爾時世尊重說頌言：
一切世間論。	我攝取眾生。	調伏攝眾生。
外道虛妄說。	依戒降諸惡。	以戒降諸惡。
妄見作所作。	智慧滅邪見。	智慧滅諸見。
彼則無自宗。	三解脫增長。	解脫得增長。
唯我一自宗。	外道虛妄說。	外道虛妄說。
離於作所作。	皆是世俗論。	皆是世俗論。
為諸弟子說。	以邪見因果。	橫計作所作。
遠離諸世論。	無正見立論。	不能自成立。
心量不可見。	我立建立法。	唯我一自宗。
不觀察二心。	離虛妄因見。	不著於能所。
攝所攝非性。	為諸弟子說。	為諸弟子說。
斷常二俱離。	離於世俗法。	令離於世論。
乃至心流轉。	唯心無外法。	能取所取法。
是則為世論。	以無二邊心。	唯心無所有。
妄想不轉者。	能取可取法。	二種皆心現。
是人見自心。	離於斷常見。	斷常不可得。
來者謂事生。	但心所行處。	乃至心流動。
去者事不現。	皆是世俗論。	是則為世論。
明了知去來。	若能觀自心。	分別不起者。
妄想不復生。	不見諸虛妄。	是人見自心。
有常及無常。	來者見因生。	來者見事生。
所作無所作。	去者見果滅。	去者事不現。

此世他世等。 斯皆世論通。	如實知去來。 不分別虛妄。 常無常及作。 不作彼此物。 如是等諸法。 皆是世俗論。	明了知來去。 不起於分別。 有常及無常。 所作無所作。 此世他世等。 皆是世論法。

第伍門　入最勝地門

第十七章　圓示二果章

第４１節　大涅槃果

41－1 佛的「究竟涅槃」義為何？如何是「外道的涅槃論」見解？

劉宋・求那跋陀羅譯 《楞伽阿跋多羅寶經》	元魏・菩提流支譯 《入楞伽經》	唐・實叉難陀與復禮等譯 《大乘入楞伽經》
	【卷六・涅槃品第六】	
㊀爾時大慧菩薩復白佛言：世尊！所言「涅槃」者，說何等法名為「涅槃」？而諸外道各起「妄想」(以為涅槃之相)？	㊀爾時聖者大慧菩薩白佛言：世尊！如來所言「涅槃」，「涅槃」者，以何等法名為「涅槃」？而諸外道各各虛妄分別「涅槃」(之相)？	㊀爾時大慧菩薩摩訶薩復白佛言：世尊！佛說「涅槃」，說何等法以為「涅槃」？而諸外道種種「分別」(以為涅槃之相)？
㊁佛告大慧：諦聽！諦聽！善思念之，當為汝說。如諸外道妄想「涅槃」，非彼妄想(所)隨順(的一種)「涅槃」。	㊁佛告大慧菩薩言：善哉！善哉！善哉！大慧！諦聽！諦聽！當為汝說。諸外道等虛妄分別(於)「涅槃之相」，如彼外道所分別者，無是(如實之)「涅槃」。	㊁佛言：大慧！如諸外道分別(於)「涅槃」，皆不隨順(如實之)「涅槃之相」。
㊂大慧白佛言：唯然受教。	㊂大慧白佛言：善哉！世尊！唯然受教。	㊂諦聽！諦聽！當為汝說。

41－2 外道的「二十二種」涅槃論分析(第一種)。➡《楞嚴經》云：「不作聖心，名善境界，若作聖解，即受群邪」。➡《楞嚴經》云：未得「謂得」，未證「言證」……佛記是人永殞善根，無復「知見」，沉三苦海

劉宋・求那跋陀羅譯	元魏・菩提流支譯	唐・實叉難陀與復禮等譯

《楞伽阿跋多羅寶經》	《入楞伽經》	《大乘入楞伽經》
佛告大慧！ **1**或有外道： ❶「陰、界、入」滅(壞滅)， ❷境界離欲， ❸見法「無常」， ❹「心、心法品」不生， ❺不念「(過)去、(未)來、現在」境界， ❻諸「受陰」盡。 ❼如「燈、火」滅(滅盡)，如「種子」壞(壞滅)， ❾妄想不生， 斯等於此(即)作「涅槃想」。 大慧！非以見(有)「壞」(壞滅)，(即)名為「涅槃」。	佛告大慧！ **1**有諸外道： ❷厭諸境界， ❶見「陰、界、入」滅(壞滅)， ❸諸法「無常」， ❹「心、心數法」不生現前， ❺以不憶念「過去、未來、現在」境界， ❻諸「陰」盡處。 ❼如「燈、火」滅(滅盡)，「種」(子被)壞(壞古通「攘」→攘棄)， ❽「風」止。 ❾「不取」諸相「妄想分別」，(即)名為「涅槃」。 大慧！而彼外道見如是法，生「涅槃心」。(其實)非見(有)「滅」(壞滅)，故(即)名為「涅槃」。	大慧！ **1**或有外道言： ❸見法「無常」， ❷不貪境界。 ❶「蘊、界、處」滅(壞滅)， ❹「心、心所法」不現在前， ❺不念「過(去)、現(在)、未來」境界。 ❼如「燈」盡(滅盡)，如「種」(子)敗(壞)，如「火」滅(壞滅)， ❽諸取「不起」， ❾分別「不生」， (即生)起(是)「涅槃想」。 大慧！非以見(有)「壞」(壞滅)，(即)名為「涅槃」。

41-3 外道的「二十二種」涅槃論分析(第二種～第五種)

劉宋・求那跋陀羅譯 《楞伽阿跋多羅寶經》	元魏・菩提流支譯 《入楞伽經》	唐・實叉難陀與復禮等譯 《大乘入楞伽經》
2大慧！或以從「(此)方」至「(彼)方」，名為「解脫」。「境界想」滅，猶如「風」止。	**2**大慧！或有外道從「(此)方」至「(彼)方」，名為「涅槃」。大慧！復有外道分別諸境如「風」，是故分別，(即)名為「涅槃」。	**2**或謂：至「(彼)方」，名得「涅槃」。「境界想」離，猶如(境界)「風」止。

3 或：復以「(能)覺、所覺」見，「(破)壞」名為「解脫」。 (真解脫者，對二取乃不即不離，不捨不取也)	**3** <u>大慧</u>！復有外道作如是說：不見「能見、所見」境界，「生滅」(即)名為「涅槃」。	**3** 或謂：不見「能覺、所覺」，(即)名為「涅槃」。(真涅槃者，對二取乃不即不離，不捨不取也)
4 或：(於)見「常、無常」(中)，(即)作(為)「解脫想」。	**4** 復次<u>大慧</u>！復有外道作如是說：不見分別(於)見「常、無常」(中)，(即)名為「涅槃」。	**4** 或謂：不起分別(於)「常、無常」見，(即)名(為)「得涅槃」。
5 或見種種「相想」，招致「苦」生因，思惟是已，不善覺知「自心現量」。(彼外道)怖畏於「相」，而(樂)見「無相」(nimitta 指涅槃相)，(故對「無相」)深生「愛樂」，(即)作「涅槃想」。	**5** 復次<u>大慧</u>！復有外道作如是言：分別見諸種種「異相」，(而)能生諸「苦」，(諸相皆)以「自心」見，(故)虛妄分別一切諸相。(彼外道)怖畏諸「相」(所生起之苦)，(故樂)見於「無相」(nimitta 指涅槃相)，(故對「無相」)深心「愛樂」，(即)生「涅槃想」。	**5** 或有說言：分別(所見之)「諸相」(而)發生於「苦」，而不能知(諸相乃)「自心所現」。以不知故，怖畏於「相」，(改)以求「無相」(nimitta 指涅槃相)，(故對「無相」)深生「愛樂」，(故即)執為「涅槃」。

41-4 外道的「二十二種」涅槃論分析(第六種~第十一種)

劉宋·求那跋陀羅譯 《楞伽阿跋多羅寶經》	元魏·菩提流支譯 《入楞伽經》	唐·實叉難陀與復禮等譯 《大乘入楞伽經》
6 或有：覺知內外諸法「自相、共相」，(過)去、(未)來、現在「(實)有」性不壞(永不滅壞)，(即)作「涅槃想」。	**6** 復次<u>大慧</u>！復有外道見一切法「自相、同相」，「不生滅」(永不滅壞)想。分別「過去、未來、現在」諸法是「(實)有」，(即)名為「涅槃」。	**6** 或謂：覺知「內、外」諸法「自相、共相」，(過)去、(未)來、現在「(實)有性」不壞(永不滅壞)，(即)作「涅槃想」。
7 或謂：「我、人、眾生、壽	**7** 復次<u>大慧</u>！復有外道見	**7** 或計：「我、人、眾生、壽

命」一切法「壞」(滅壞虛無)，(即)作「涅槃想」。	「我、人、眾生、壽命、壽者」，諸法(皆真實的)「不滅」，(便將此)虛妄分別，(即)名為「涅槃」。	命」及一切法，無有壞滅(永不滅壞)，(即)作「涅槃想」。
8 或以外道「惡燒智慧」，(妄計)見「自性」及「士夫」(人;男子)，彼二(指「自性及士夫」)有間(有差別)，「士夫」所出，名為「自性」，如「冥初」(prakṛti)比(類)。「求那」(guṇa 功德)轉變，「求那」是作者(以為諸物皆由真實的作者及功德而成)，(即)作「涅槃想」。	**8** 復次大慧！有餘外道，「無智慧」故，分別(於)所見「自性」。(於)「人命」轉變，「分別」(也跟著)轉變，(即)名為「涅槃」。	**8** 復有外道「無有智慧」，計有(真實的)「自性」及以「士夫」(真實的人相)。「求那」(guṇa 功德)轉變(當人在所做的功德轉變中)，作一切物(以為諸物皆由真實的作者及功德而成即)以為(是)「涅槃」。
9 或謂：「福、非福(罪)」盡(滅盡虛無)。	**9** 復次大慧！有餘外道說如是言：「罪」盡(滅盡虛無)故，「福德」亦盡，(即)名為「涅槃」。(福、罪，兩者皆滅盡虛無也)	**9** 或有外道計：「福、非福(罪)」盡(滅盡虛無)。
10 或謂：(只要)諸「煩惱」盡(滅盡虛無)，或謂：「智慧」。(只要把煩惱滅盡，就會有智慧了)。精準的法義應作：唯有「轉」煩惱的當下，即是智慧，方是「正見」。不是把煩惱「滅盡」，也不是只要有「智慧」即可，也不是完全不需要「智慧」。)	**10** 復次大慧！有餘外道言：(只要)「煩惱」盡(滅盡虛無)，(只需)依「智」故，(即)名為「涅槃」。(只需依著「智慧」，煩惱就可以完全滅盡了)	**10** 或計：不由(完全不需要)「智慧」，諸「煩惱」(即可)盡(滅盡虛無)。(完全不需要「智慧」，煩惱就可滅盡)
11 或：見「自在」(大自在天)是真實(造)作(眾生之)「生死」者，(即)作「涅槃想」。	**11** 復次大慧！有餘外道說如是言：見「自在天」(是真實)造作眾生(者)，(便將此)虛妄分別，(即)名為	**11** 或計：「自在」(大自在天)是(真)實(造)作(眾生)者，(即)以為「涅槃」。

	「涅槃」。	

註：「冥初」(prakṛti)。印度古代數論哲學所立二十五諦之第一。又譯為「自性諦、冥性、冥諦、冥態」。認為「自性」為神我所受用，能生「大諦、我慢諦」等其餘二十四諦，為諸變異之根本原因；亦即以「自性」為一切現象之生因。又「根本自性」(prakṛti)與「冥初」意同。

41－5 外道的「二十二種」涅槃論分析(第十二種～第十五種)

劉宋・求那跋陀羅譯《楞伽阿跋多羅寶經》	元魏・菩提流支譯《入楞伽經》	唐・實叉難陀與復禮等譯《大乘入楞伽經》
12或謂：(眾生)「展轉相生」，生死更無餘「因」，如是即是計著(展轉相生之)「因」。而彼「愚癡」不能「覺知」，以「不知」故，(即)作「涅槃想」。	12復次大慧！有餘外道言：諸眾生「迭共 共因生」，非餘「因」作。如彼外道執著於(迭共生)因，不知(亦)不覺(悟)，(因)「愚癡」闇鈍(故)，(便將此)虛妄分別，(即)名為「涅槃」。	12或謂：眾生「展轉相生」，以此為「因」，更無「異」(其餘不同之)「因」。彼「無智」故，不能「覺了」，以「不了」故，(即)執為「涅槃」。
13或有外道言：(於)得「真諦道」(時)，(即)作「涅槃想」。	13復次大慧！有餘外道說：(於)證「諦道」(時)，(便將此)虛妄分別，(即)名為「涅槃」。	13或計：證於「諦道」(時)，(便將此)虛妄分別，(即)以為「涅槃」。
14或：見「(能)功德、功德所」(生)起和合，(故成)「一、異」俱、不俱」(等情形)，(即)作「涅槃想」。	14復次大慧！有餘外道作如是言：有「(能)作、所作」而共和合，(故)見「一、異；俱、不俱」(等情形)，(便將此)虛妄分別，名為「涅槃」。	14或計：(所作的)「求那」(guṇa功德)與「(作)求那者」而共和合，(故成)「一性、異性、俱、及「不俱」(等情形)，(即)執為「涅槃」。
15或：見(諸法皆從)「自性」(生)起，(例如)「孔雀」(所具的)文彩，(或有)種種「雜寶」及「利刺」等性，見已，(即)作「涅槃想」。(吾人所見的「大自然」＝「大涅槃」)	15復次大慧！有餘外道言：一切法(皆從)「自然而生」。猶如幻師(變)出種種形像，見(有)種種「寶、棘 刺」等物，(皆從)「自然而生」，(便將此)虛妄分別，(即)名為「涅槃」。	15或計：諸物(皆)從「自然生」。(例如)「孔雀」(所具的)文彩、(或)「棘 針」錯利，(或於)「生寶」之處(能)出種種「寶」。如此等事，是誰能作？即執(一切皆為)「自然」(而生)，以為(即

		是)「涅槃」。

41－6 外道的「二十二種」涅槃論分析 (第十六種～第二十二種)

劉宋・求那跋陀羅譯《楞伽阿跋多羅寶經》	元魏・菩提流支譯《入楞伽經》	唐・實叉難陀與復禮等譯《大乘入楞伽經》
16 大慧！或有覺「二十五真實」(者，即作得涅槃想)。		16 或謂：(若)能解「二十五諦」(者)，即得「涅槃」。
17 或：(若有)王守護國，受「六德論」(實、德、業、同、異、和合)，(即)作「涅槃想」。		17 或有說言：能受「六分」(實、德、業、同、異、和合)，守護眾生，斯(即)得「涅槃」。
18 或：見「時」是(萬物之)作者，(由)「時節」(而生出)世間，如是(對「時」之)覺者，(而)作(為)「涅槃想」。	18 復次大慧！有餘外道言：諸萬物皆是(由)「時」作(者)，(所有)覺知(亦)唯(由)「時」(而作)，(便將此)虛妄分別，(並)名(此)為「涅槃」。	18 或有說言：(由)「時」生(出萬物)世間，「時」即(是)「涅槃」。
19 或謂：「性」(有物)。	19 復次大慧！有餘外道言：見「有物」。	19 或執：「有物」，(即)以為「涅槃」。
20 或謂：「非性」(無物)。	20 見「無物」。	20 或計：「無物」，(即)以為「涅槃」。
21 或謂：知「性(有物)、非性(無物)」。	21 見「有、無」物，如是分別，(即)名為「涅槃」。	21 或有：計著「有物、無物」，(即作)為「涅槃」者。
22 或：見「有覺」與「涅槃」(是有)差別(的)，(即)作「涅槃想」。(涅槃必定要與「有覺性」有差別，那不		22 或計：「諸物」(無覺性)與「涅槃」(是)無別(的)，(即)作「涅槃想」。(涅槃＝無覺性的「石頭」)

就是涅槃=無覺性,才對? 涅槃=有覺性 無覺性=諸事物)		

註:「二十五真實」➜即指二十五諦,乃印度數論派之哲學。此派將宇宙萬有分爲「神我」(puruṣa,即精神原理)與「自性」(prakṛti,即物質原理)二元,而將世界轉變之過程分爲二十五種,以其爲眞實之理,故稱二十五諦。此即從「自性」生「覺」(又稱「大」,乃存在體內覺知之機關,即決智);從「自覺」復生「自我意識」(我執)之「我慢」;復於「我慢」生出「地、水、火、風、空」等五大。以上八者爲萬物衍生之根本,故稱「根本自性」。

又自「五大」生「色、聲、香、味、觸」等五唯,「眼、耳、鼻、舌、身」(皮)等五知根,「語、手、足、生殖器、排泄器」等五作根,以及「心根」(以上十六者乃從他物所生,故稱十六變異)。

再加上「神我」,共爲「二十五諦」。以上係古說,於此另有異說。

註:「六德教法」(ṣaḍguṇa-upadeśa)➜指「實、德、業、同、異、和合」六句,傳係古代印度「勝論學派」之祖優樓佉(Ulūka)所立,又名「六句義」。

41-7 佛「究竟涅槃」的境界真義

劉宋・求那跋陀羅譯《楞伽阿跋多羅寶經》	元魏・菩提流支譯《入楞伽經》	唐・實叉難陀與復禮等譯《大乘入楞伽經》
		大慧!復有異彼外道所說,以「一切智大師子吼」說, ①能了達「唯心所現」。 ②不取「外境」。 ③遠離「四句」,住「如實」見。 ④不墮「二邊」,離「能、所取」。 ⑤不入「諸量」。 ⑥不著「真實」。 ⑦住於「聖智所現證法」。 ⑧悟「二無我」,離「二煩惱」,淨「二種障」。 ⑨轉修諸「地」,入於「佛地」。 ⑩得「如幻等諸大三昧」。 ⑪永超「心、意」及以「意

		識」，名得「涅槃」。

41－8 外道以「邪見覺觀」妄計為「涅槃」義，依「自宗」而生妄覺，故墮二邊，不得佛究竟涅槃義。

劉宋・求那跋陀羅譯《楞伽阿跋多羅寶經》	元魏・菩提流支譯《入楞伽經》	唐・實叉難陀與復禮等譯《大乘入楞伽經》
㊀有如是比(類二十二)種種妄想，外道所說，不成(就)所成(其所欲成就之涅槃)，(亦為)「智者」所棄。	㊀大慧！復有諸外道等，「邪見覺觀」而說諸論，不與「如實正法」相應，而諸「智者」遠離訶責。	㊀大慧！彼諸外道虛妄計度，不「如於理」，(亦為)「智者」所棄。
㊁大慧！如是一切悉墮「二邊」，作「涅槃想」。如是等外道「涅槃」妄想，彼中都「無」(真實)，「若生、若滅」。	㊁大慧！如是等外道，皆墮「二邊」虛妄分別，無實「涅槃」。	㊁皆墮「二邊」，作「涅槃想」，於此「無有」若住(指無有人能得住於「究竟的涅槃」)。
	㊂大慧！一切外道如是虛妄分別涅槃，無人「住世間」，無人「入涅槃」。何以故？	
㊃大慧！彼一一「外道涅槃」，彼等(皆)「自論」(自宗之論)，(若以)智慧觀察，都無所「立」(成立)。如彼(外道)妄想「心意」來、去，漂馳流動，一切無有「得涅槃」者。	㊃一切外道依「自心論」虛妄分別，無「如實智」。如彼外道「自心分別」，無如是法，去來、搖動，無有如是「外道涅槃」。 (注意：本段文字乃出現在下文 **41－9** 「遠離心、意、意識分別，如是等見名為涅槃」的後面，今複製一份至此處，乃方便與其它經文相對照	㊃彼諸外道皆依「自宗」(自宗之論)而生「妄覺」，違背於「理」，無所成就。(彼外道)唯令「心意」馳散(於)「往、來」，一切無有「得涅槃」者。

用)		

41-9 佛「究竟涅槃」的境界真義

劉宋・求那跋陀羅譯 《楞伽阿跋多羅寶經》	元魏・菩提流支譯 《入楞伽經》	唐・實叉難陀與復禮等譯 《大乘入楞伽經》
大慧！如我所說「涅槃」者，謂： ①善覺知「自心現量」。 ②不著外性(法)。 ③離於「四句」。 ④見「如實」處。 ⑤不墮「自心」現妄想「二邊」。「(能)攝、所攝(取)」不可得。 ⑥一切「度量」(皆)不見所成。 ⑦愚於「真實」，不應「攝受」。 ⑧棄捨彼已，得「自覺聖法」(自內身聖智證法)。 ⑨知「二無我」，離「二煩惱」，淨除「二障」，永離「二死」。 ⑩上上地「如來地」。 ⑪「如影幻等諸深三昧」。 ⑫離「心、意、意識」，說名「涅槃」。	復次大慧！餘建立法「智者」說言： ①如實見者唯是「自心」。 ②而不取著「外諸境」。 ③離「四種法」。 ④見一切法「如彼法」(而)住。 ⑤不見「自心」分別之相，不墮「二邊」。不見「能取、可取」境界。 ⑥見世間建立一切(皆)不實，迷(於)「如實法」。 ⑦以「不取」諸法，名之為「實」。 ⑧以「自內身證聖智法」。 ⑨如實而知「二種無我」，離於「二種諸煩惱垢」，清淨「二障」。 ⑩如實能知「上上地」相，入「如來地」。 ⑪得「如幻三昧」。 ⑫遠離「心、意、意識」分別，如是等見名為「涅槃」。 大慧！復有諸外道等，「邪	大慧！復有異彼外道所說，以「一切智大師子吼」說： ①能了達「唯心所現」。 ②不取「外境」。 ③遠離「四句」。 ④住「如實」見。 ⑤不墮「二邊」。離「能、所取」。 ⑥不入「諸量」。 ⑦不著「真實」。 ⑧住於「聖智所現證法」(自內身聖智證法)。 ⑨悟「二無我」，離「二煩惱」，淨「二種障」。 ⑩轉修諸「地」，入於「佛地」。 ⑪得「如幻等諸大三昧」。 ⑫永超「心、意」及以「意識」，名得「涅槃」。 (注意：本段文字乃出現在上

	見「覺觀」而說諸論，不與「如實正法」相應，而諸「智者」遠離訶責。 大慧！如是等外道，皆墮「二邊」虛妄分別，無實「涅槃」。 大慧！一切外道如是「虛妄」分別涅槃，無人「住世間」，無人「入涅槃」。何以故？ 一切外道依「自心論」，虛妄分別，無「如實智」。如彼外道「自心分別」，無如是法，去來、搖動，無有如是「外道涅槃」。	文「或計：諸物與涅槃無別，作涅槃想」後面的 **41－7**，今複製一份至此處，乃方便與其它經文相對照用)

41－10 偈頌內容

劉宋・求那跋陀羅譯 《楞伽阿跋多羅寶經》	元魏・菩提流支譯 《入楞伽經》	唐・實叉難陀與復禮等譯 《大乘入楞伽經》
大慧！汝等及餘菩薩摩訶薩應當修學，當疾「遠離」一切「外道諸涅槃見」。	大慧！汝及一切諸菩薩等，應當「遠離」一切「外道虛妄涅槃」。	汝及諸菩薩宜應「遠離」。

41－11 偈頌內容

劉宋・求那跋陀羅譯 《楞伽阿跋多羅寶經》	元魏・菩提流支譯 《入楞伽經》	唐・實叉難陀與復禮等譯 《大乘入楞伽經》
爾時世尊欲重宣此義而說	爾時世尊重說偈言：	爾時世尊重說頌言：

偈言：		
外道涅槃見。	外道涅槃見。	外道涅槃見。
各各起妄想。	各各起分別。	各各異分別。
斯從心想生。	皆從心相生。	彼唯是妄想。
無解脫方便。	無解脫方便。	無解脫方便。
愚於縛縛者。	不離縛所縛。	遠離諸方便。
遠離善方便。	遠離諸方便。	不至無縛處。
外道解脫想。	自生解脫想。	妄生解脫想。
解脫終不生。	而實無解脫。	而實無解脫。
眾智各異趣。	外道建立法。	外道所成立。
外道所見通。	眾智各異取。	眾智各異取。
彼悉無解脫。	彼悉無解脫。	彼悉無解脫。
愚癡妄想故。	愚癡妄分別。	愚癡妄分別。

41-12 偈頌內容

劉宋·求那跋陀羅譯《楞伽阿跋多羅寶經》	元魏·菩提流支譯《入楞伽經》	唐·實叉難陀與復禮等譯《大乘入楞伽經》
一切癡外道。	一切癡外道。	一切癡外道。
妄見作所作。	妄見作所作。	妄見作所作。
有無有品論。	是故無解脫。	悉著有無論。
彼悉無解脫。	以說有無法。	是故無解脫。
凡愚樂妄想。	凡夫樂戲論。	凡愚樂分別。
不聞真實慧。	不聞真實慧。	不生真實慧。
言語三苦本。	言語三界本。	言說三界本。
真實滅苦因。	如實智滅苦。	真實滅苦因。
譬如鏡中像。	譬如鏡中像。	譬如鏡中像。
雖現而非有。	雖見而非有。	雖現而非實。
於妄想心鏡。	薰習鏡心見。	習氣心鏡中。
愚夫見有二。	凡夫言有二。	凡愚見有二。
不識心及緣。	不知唯心見。	不了唯心現。
則起二妄想。	是故分別二。	故起二分別。

了心及境界。	如實知但心。	若知但是心。
妄想則不生。	分別則不生。	分別則不生。
心者即種種。	心名為種種。	心即是種種。
遠離相所相。	離能見可見。	遠離相所相。
事現而無現。	見相無可見。	如愚所分別。
如彼愚妄想。	凡夫妄分別。	雖見而無見。

41－13 偈頌內容

劉宋・求那跋陀羅譯《楞伽阿跋多羅寶經》	元魏・菩提流支譯《入楞伽經》	唐・實叉難陀與復禮等譯《大乘入楞伽經》
三有唯妄想。	三有唯妄想。	三有唯分別。
外義悉無有。	外境界實無。	外境悉無有。
妄想種種現。	妄想見種種。	妄想種種現。
凡愚不能了。	凡大不能知。	凡愚不能覺。
經經說妄想。	經經說分別。	經經說分別。
終不出於名。	種種異名字。	但是異名字。
若離於言說。	離於言語法。	若離於語言。
亦無有所說。	不說、不可得。	其義不可得。

第42節　等正覺果

42－1 何謂如來「自覺之性」？如何得成就「自覺」與「覺他」之行？

劉宋・求那跋陀羅譯《楞伽阿跋多羅寶經》	元魏・菩提流支譯《入楞伽經》	唐・實叉難陀與復禮等譯《大乘入楞伽經》
【卷四・一切佛語心品之四】	【卷六・法身品第七】	【卷五・無常品第三之二】
㊀爾時大慧菩薩白佛言：世尊！唯願為說「三藐三佛陀」（samyak-	㊀爾時聖者大慧菩薩白佛言：世尊！如來應正遍知，唯願演說自身所證(的)	㊀爾時大慧菩薩摩訶薩復白佛言：世尊！願為我說如來應正等覺(之)「自覺

sambuddha),我及餘菩薩摩訶薩,善於(能知)如來(所證之)「自(覺)性」,(以及如何成就)「自覺」(與)「覺他」。	「內覺知法」(自內身聖智證法),以何等法名為「法身」? 我及一切諸菩薩等,(能)善知「如來法身」之相,(與如何令)「自身」及「他」,(皆)俱(悟)入(而)無疑。	性」(自內身聖智證法),令我及諸菩薩摩訶薩而(能)得善巧(成就)「自悟」(與)「悟他」。
㊢佛告大慧:(聽吶(汝之)所欲問,我當為汝隨所問(而)說。	㊢佛告大慧菩薩言:善哉!善哉!善哉! 大慧!汝(若)有所疑,(皆)隨意所問,(吾將)為汝分別。	㊢佛言:大慧!如汝(之)所問,當為汝說。

42－2 如來法身乃「非作、非不作;非因、非果;非相、非所相;非說、非所說;非覺、非所覺;非異、非不異」等共「六句」相對義

劉宋·求那跋陀羅譯《楞伽阿跋多羅寶經》	元魏·菩提流支譯《入楞伽經》	唐·實叉難陀與復禮等譯《大乘入楞伽經》
大慧白佛言:世尊!如來應供等正覺(之「法身」者),	大慧白佛言:善哉!世尊!唯然受教,即白佛言:世尊!如來應正遍知(之)「法身」者,	大慧言:唯!世尊!如來應正等覺(之「法身」者),
①為「作」耶? 為「不作」耶? ②為「事」耶? 為「因」耶? ③為「(能)相」耶? 為「所相」耶? ④為「(能)說」耶? 為「所說」耶? ⑤為「(能)覺」耶? 為「所覺」耶?	①為「作法」耶? 「非作法」耶? ②為是「因」耶? 為是「果」耶? ③為「能見」耶? 為「所見」耶? ④為是「(能)說」耶? 為「可說」耶? ⑤為是「(能)智」耶? 智「所覺」耶?	①為「作」? 「非作」? ②為「果」? 為「因」? ③為「(能)相」? 「所相」? ④為「(能)說」? 「所說」? ⑤為「(能)覺」? 「所覺」?

如是等「辭句」，(有關如來之「法身」) ⑥為「異」？ 　為「不異」？	如是等「辭句」，如來(之)「法身」， ⑥為「異」耶？ 　為「不異」耶？	如是等(辭句，有關如來之「法身」)， ⑥為「異」？ 　「不異」？

bhāla 956

bhāva 男 生成すること，生起すること，起ること；
（一゜）に変わること，（函）に変形すること；在ること，存在；永続，存続；[一゜ -tā ならびに -tva のように 囲 を形成する]…である状態；あること また は 成ること [動 の抽象的基礎概念，抽象名詞の表わす意味，非人 受 (例 pacyate) に見られる意味]；振舞，行状；状態，状況；階級，地位；(占星術における) (遊星の) 視座；真の状態，真実 [°一 副 実際に]；あり方，性質；心境，性向，気質；考え方，思想，意見，心情，感情；情緒 [修辞 において八種 または 九種の根本的の bhāva を数える，これは rasa すなわち 情趣の数と一致する]；想定；意義，趣旨 [iti ~ḥ は常に ity arthaḥ または ity abhiprāyaḥ のように註釈者によって説明の最後に用いられる]；愛情，愛；情緒の所在，心臓，精神；物，事物；実在，生類；思慮ある人 [戯曲：呼 旦那様 (とくに劇場の支配人を呼ぶのに用いる)]；占星術上の宿 または 宮 (天を十二次するものの一つ)；逻 有, 有性, 有法 有分, 有果；本, 性, 法, 体, 自体 有体, 物体, 法体；身, 事, 物, 事物, 事用；資生 具 Abh-vy., Bodh-bh., Bodh-c., Cat-ś., Laṅk., Madhy-bh., Madhy-v., Madhy-vibh., Mvyut., Nyāy-pr., Saddh-p., Sāṃkhy-k., Sapt-pr., Sūtr.；意, 心 Bodh-bh., Divy., Sūtr.: ~ena praviśati 能正悟入，此理得入 Madhy-bh. 63.；一 作, 性, 為, 成, 得 Abh-vy.；複 諸法, 万物, 諸体 Madhy-v. ➜ a~, ātma~, āmukhī, āvir~, bhikṣu~. ~o ~ṃ nigacchati 類をもって集まる. ~ṃ dṛḍhaṃ Kṛ 固い決心をする. ~ṃ Kṛ または Bandh (函) に対して愛情を抱く. ~ṃ amaṅgalam Kṛ (函) に対して悪意を抱く. ~ṃ pāpakam Kṛ [同上]. anyaṃ ~m āpadyate 死ぬ. 囲 ~ena まことに.

42－3 如來「法身」乃「非作、非非作；非果、非因；非無果、非無因；非相、非所相；非説、非所説；非覺、非所覺」等共「六句」落於「二邊」的相對義，亦不墮「有、無」等「四句」之「世間

言說

劉宋・求那跋陀羅譯《楞伽阿跋多羅寶經》	元魏・菩提流支譯《入楞伽經》	唐・實叉難陀與復禮等譯《大乘入楞伽經》
㊀佛告大慧：如來應供等正覺(之「法身」)，於如是等(上文說的六句)「辭句」，(例如)「非事(果)、非因」。 所以者何？ 俱有「過」(失)故。	㊀佛告大慧：如來應正遍知「法身之相」，(於)如是(上文說的六句)「辭句」等，(例如)「非作法、非不作法、非因、非果」。 何以故？ 以(偏於)「二邊」，(俱)有「過」(失)故。	㊀佛言：大慧！如來應正等覺(之「法身」)，(乃)「非作、非非作、非果、非因、非相、非所相、非說、非所說、非覺、非所覺」(等共「十二句」相對義)。何以故？ (皆偏於二邊)俱有「過」(失)故。
㊁大慧！若如來是「事」(指「能作與所作」法者)者，或(是)「作」(指「能作」與「所作」)，(如來)或(是屬於一種)「無常」。 (若彼都是屬於)「無常」故，(則)一切「事」(指「作法」)應是(屬於)「如來」。 (大慧)我及諸佛皆所「不欲」(不欲願；不允許)。	㊁大慧！若言如來是「作法者」(即會有「能作與所作」法)，(如來)是則(屬於一種)「無常」。 若(都屬於)「無常」者，(則)一切「作法」應是(屬於)「如來」。 而佛如來應正遍知「不許」此法。 (指不允這有「能作」與「所作」的二元對立邊見)	㊁大慧！若如來是(為)「作」(即會有「能作與所作」法)，(如來)則是(屬於一種)「無常」。 若是(都屬於)「無常」(者)，(則)一切(的)「作法」(指有「能作與所作」)應是(屬於)「如來」。 (此為大慧)我及諸佛皆「不忍可」(不允許)。
㊂若(如來成為)「非所作」(完全不能造作、不能生起「妙用」)者，(則又落於)「無所得」(斷滅虛無)故， (那麼所修行的種種功德)「方便」則(將落於虛無之)「空」。	㊂大慧！若如來法身(成為)「非作法」(指完全不能造作、不能生起「妙用」)者，則是(又落於)「無身」(此指斷滅虛無之身)。 (若)言有修行(就必有)無量「功德」(的話)，(如此)一切(修)行者(之所行)則是(成為)「虛	㊂若(如來成為)「非作法」(指完全不能造作、不能生起「妙用」)，則(又落於)「無體性」(斷滅虛無之體性)。 (則修行者其)所修(的種種功德)「方便」，悉(將落於)空(而)無益。

	妄」。	
㊜（這種斷滅就會）同於「兔角、槃大之子（vandhyā 石女兒，新譯作「虛女」。《四分律行事鈔資持記·卷中二之一》云：「石女者，根不通淫者」故無子也。亦喻如龜毛兔角之理），以（皆歸於）「無所有」（的斷滅虛無）故。	㊜大慧！若（如來法身是）「不作者」（完全不能造作、不能生起「妙用」），（則）應同「兔角、石女兒（子宮或性器皆受損，永不能受孕者）」等，以無（能有任何的）「作因」（此指不能生起「妙用」），亦「無身」（的斷滅虛無）故。	㊜（這種斷滅就會）同於「兔角、石女之子」，（因為）非（能有任何的）「作因」（此指不能生起「妙用」）成故。
㊄大慧！若（法是屬於）「無事（果）、無因」者，則（亦成為是）「非有、非無」；若（成為）「非有、非無」（等之「四句法」），則（彼「真實法體」應需）出（出離；超越）於「四句」（法）。	㊄大慧！若法（是屬於）「非因、非果」，（則亦為是）「非有、非無」（等之「四句法」），而彼法（之實）體（乃）離（出離；超越）「四種相」（指四種句法）。	㊄若（法是屬於）「非因、非果」，則（亦為是）「非有、非無」；若（成為）「非有、非無」（等之「四句法」），則（彼真實法體乃）超過（此）「四句」（法）。
㊅（所謂）「四句」者（指「有、無、亦有亦無、非有非無」），是（為）「世間言說」。	㊅大慧！彼「四種法」（指「有、無、亦有亦無、非有非無」），名（為一種）「世間言說」。	㊅（所）言「四句者」（指「有、無、亦有亦無、非有非無」），但隨「世間」而有「言說」（之法）。
㊆若（能）出（出離；超越）「四句」者，則（將）不墮（於）「四句」（法）。	㊆大慧！若法（能出）「離」於「四種法」者，彼（世間）法但（只）有「名字」（而已），如（言）「石女兒」（這個名辭，其實根本不會有「真子」生出來）。	㊆若（能）超過「四句」（者），（則其餘世間法）唯（只）有「言說」（而已），（此）則如（同）「石女兒」（這個名辭，其實根本不會有「真子」生出來）。
	㊇大慧！「石女兒」等，唯是「名字、章句」之法，說同「四法」（般的虛無斷滅）。	㊇大慧！「石女兒」者，（但）唯有「言說」（名相而已，其實是虛無斷滅的）。
㊈（如來法身乃）不墮「四句」，故（為）「智者」所取。一切（所問的）如來（相關）「句	㊈（如來法身）若墮「四法」者，則（此為）智者（所）「不取」。如是一切（所）問（的）如來（相	㊈（如來法身乃）不墮「四句」，以不墮故，（如來乃）不可「度量」（者）。

| 義」，亦(應)如是(都是不墮四句法)，

(所有的)「慧者」當知(此義)。 | 關)句(義皆不墮四句法)，

(所有的)「智者」應知(此義)。 | 諸有「智者」，應如是知如來所有一切「句義」(皆不墮四句法)。 |

42-4 諸法「無我、空、無生、無自性」，並非指「斷滅虛無」的不存在，亦非完全沒有自己的「相貌特徵、持性」

請參閱 **43-1**

劉宋・求那跋陀羅譯 《楞伽阿跋多羅寶經》	元魏・菩提流支譯 《入楞伽經》	唐・實叉難陀與復禮等譯 《大乘入楞伽經》
㊀如我所說，一切「法無我」，當知此義，「無我性」(即)是「無我」(無有真實之我，但並非成爲「完全斷滅虛無之我」)。	㊀佛復告大慧：我說一切「諸法無我」，汝當諦聽「無我」之義。夫「無我」者，(即是指)內身「無我」(無有真實之我)，是故「無我」。	㊀大慧！如我所說：「諸法無我」，以諸法中無有(真實之)「我性」，故說「無我」。(此並)非是(指完全)「無有」(了)諸法(的)「自性」。(有關)「如來」(等諸)句義，應知亦然。
㊁一切法： 「有自性」？ (或完全)無「他性」？ 如「牛、馬」(之性的道理一樣)。	㊁大慧！一切諸法(之)「自身」： 為有「他身」(之性)？ 為無(他身之性)？ 如(相)似(於)「牛、馬」(之性的道理一樣)。	㊁
大慧！譬如： 非牛(會有)「馬」(之)性； (或)非馬(會有)「牛」(之)性。	大慧！譬如： 「牛」身，非是「馬身」； 「馬」亦非「牛」，	大慧！譬如： 牛，(當然是)無「馬」(之)性(性質;特性)； 馬，(當然是)無「牛」(之)性，
其實(牛或馬皆具有)「非有、非無」(的性質)， (牛非是真實存有，但也非是屬於虛無的斷滅，馬亦如是) (而)彼(牛或馬並)非「無」(完全沒	是故不得(對牛或馬)言「有」(或)言「無」。 (牛非是真實存有，但也非是屬於虛無的斷滅，馬亦如是) 而彼「自體」非是「無」(虛無	(但牛或馬並)非「無」(完全沒有了)自性。

有了)自性。	斷滅)耶？	
㊂如是**大慧**！一切諸法，(並)非「無」(完全沒有了)自相，「有」(指仍會有「假名有」之)自相。	㊂**大慧**！一切諸法亦復如是，非「無」(虛無斷滅)體相，「有」(指仍然有假名「有」之)自體相。	㊂一切諸法，亦復如是，無有「自相」而「非有」(並非是完全沒有「自相」的一種斷滅式的「非有」)，即「有」(指仍然有「假名」之「有」)。
㊃但(此)非(未證)「無我」(真實義的)愚夫之所能知，以(愚夫具有)妄想(分別心)故。	㊃愚癡凡夫不知諸法「無我體相」(的真實義)，(愚夫)以「分別心」，「非不」(有)分別心。 (只要是屬於愚夫者，沒有「不生起」分別心的)	㊃(此種法義並)非諸「凡愚」之所能(了)知，何以故(愚夫)不知？ (因為愚夫)以(有)「分別」故。
㊄ ❶如是一切法「空」、 ❷「無生」、 ❸「無自性」， 當如是知。	㊄**大慧**！ ❶如是一切法「空」、 ❷一切法「不生」、 ❸一切法「無體相」， 亦爾。	㊄ ❶一切法「空」、 ❷一切法「無生」、 ❸一切法「無自性」， 悉亦如是。

涅槃不是指「完全沒有我」的「無我」，而是證得「離諸相之大我」。
有八種「大自在」的法義，故名為「大我」即為「大涅槃」

北涼・曇無讖 譯
北本《大般涅槃經》

㊀善男子！「大」名「不可思議」。
若「不可思議」，(則)一切眾生所不能信，是則名為「大般涅槃」。(此)唯「佛菩薩」之所見，故名「大涅」槃。

㊁以何因緣，復名為「大」？
以無量因緣，然後乃得故名為「大」。善男子！如世間人，(需)以「多因緣」之所「得」者，則名為「大」。「涅槃」亦爾，(必須)以「多因緣」(眾因緣；眾多的善法門)之所「得」故，故名為「大」。

參云何復名為「大涅槃」？
有「大我」，故名「大涅槃」。涅槃(不是屬於)「無我」(完全沒有我)，(因已獲得)「大自在」，故名為「大我」。

肆云何名為「大自在」耶？
有「八自在」則名為(大)「我」，何等為八？
一者：
能示「一身」以為「多身」(一多；大小而無礙)，身數(之)大小，猶如「微塵」(般)，(能)充滿(於)十方無量世界(中)。
如來之身實非(由)「微塵」(所組成生成)，(但因)以(獲大)「自在」故，(如來能示)現(出)「微塵身」，如是(之大)「自在」，則(名)為「大我」。

二者：
(亦能)示(現出僅僅)「一塵」(之)身，(而即能遍)滿於三千大千世界，如來之身，(亦能示現)實不(遍)滿於三千大千世界(的)。
何以故？以(如來已獲)「無礙」故，直以(獲大)「自在」故，(能遍)滿於三千大千世界，如是(之大)「自在」，(則)名為「大我」。

三者：
能以(遍)滿此三千大千世界之身，(全部將之)輕舉(而)飛(升至)空(中)，(飛)過於二十「恒河沙」等諸佛世界而無(任何的)「障礙」。
如來之身，(已證法身)實無「輕、重」，以(獲大)「自在」故，(亦)能(示現)為「輕、重」(之別)，如是(之大)「自在」，(則)名為「大我」。

四者：
以「自在」故，而得(大)「自在」。
云何「自在」？如來(能於)一心安住(而)「不動」，所可示(現變)化(的)無量「形類」(眾生)，各令(皆仍)有「心」(識)。
如來有時或(僅作)「一事」(而已)，而(竟能)令(所有)眾生(亦)各各(都能)成辦(諸事圓滿)。
如來之身，(看似雖)常住(於)「一土」(一國土中)，而(亦能)令他(方國)土(之)一切(眾生)悉(得)見(如來身)。
如是(之大)「自在」，(則)名為「大我」。

五者：
「根自在」故。
云何名為「根自在」耶？(指六根已獲自在，如《楞嚴經》中說的可「六根互用」，一根能作其餘五根之事，能互

相轉換、代替)

如來(能以)一根，亦能(具足)「見色、聞聲、嗅香、別味、覺觸、知法」(的妙用)。

如來(能令)「六根」，亦(皆可)不「見色、聞聲、嗅香、別味、覺觸、知法」。

以(獲大)「自在」故，(如來能)令(六)「根」(大)自在，如是(之)「自在」，(則)名為「大我」。

　　六者：

以(獲大)「自在」故，得一切法。

如來之心，亦(已達)「無得」(之)想。何以故？「無所得」故，若是「有」者，可名為「得」，(如來已)實「無所有」。

云何名「得」？若使如來計「有得」(之)想，是則諸佛(便)不得「涅槃」。

(如來)以「無得」故，名得「涅槃」，以(獲大)「自在」故，(亦能)得一切法，(亦能)得諸法故，(則)名為「大我」。

　　七者：

「說自在」故。

如來(能)演說「一偈」之義，(雖)經無量劫，(其)義亦不盡，

所謂(演說)「若戒、若定、若施、若慧」(等法門)。

如來爾時都不生念：「我(在)說(法給)彼(眾)聽，亦復不生「一偈之想」。

世間之人，以「四句」為偈，(如來乃)隨「世俗」故，說名為「偈」，(其實)一切「法性」亦無有說。

以(獲大)「自在」故，如來(仍有方便的言語)演說，以(能)「演說」故，名為「大我」。

　　八者：

如來(能)遍滿(於)一切諸處，猶如「虛空」，「虛空」之性(乃)不可得見。

如來亦爾，實不可見，(但)以(獲大)「自在」故，(能)令一切(眾生皆)見(如來)。

如是(之大)「自在」，名為「大我」，如是「大我」，(即)名(為)「大涅槃」，以是義故名「大涅槃」。

　　復次，善男子！譬如「寶藏」，多諸珍異，(有)百種具足，故名「大藏」。

諸佛如來甚深「奧藏」，亦復如是，多諸「奇異」，具足無缺，(故)名「大涅槃」。

復次，善男子！「無邊」之物，乃名為「大」，(大)「涅槃」(為)無邊，是故名「大」。

如來所證「涅槃四德」的「常樂我淨」法義解說：二乘人修習「四顛倒見」的「法軌」。凡夫人執著「四種顛倒」的「邪見」

類別	涅槃四德(如來之法身功德)			
	常	樂	我	淨

	法身義	涅槃義	佛性義	諸法義
一佛乘 如來	「不生不滅」的「常住」不變境界	涅槃寂滅之「大樂」安穩境界	自在無礙，無能所、無我人眾生壽者相之「大我」境界	無任何「煩惱染污」、無「相待」的「白淨」涅槃境界
	不生不滅之常住	涅槃寂靜之大樂	離諸相之大我	無相待之白淨
二乘	執其「非常」義而棄佛之「常住」義，墮「顛倒」見	執其「非樂」(苦)義而棄佛之「大樂」義，墮「顛倒」見	執其「非我」義而棄佛之「大我」義，墮「顛倒」見	執其「非淨」義而棄佛之「白淨」義，墮「顛倒」見
凡夫	誤認人生與世間是「永恆真實」的常在。	誤認人生與世間是「永恆快樂」的存在。	誤認人生與世間都是「真實的我」的存在。	誤認人生與世間都是一種「永恆清淨」的存在。
	墮於「不知無常」的「邪見」謬誤	墮於「不知諸苦」的「邪見」謬誤	墮於「不知無我」的「邪見」謬誤	墮於「不知非淨」的「邪見」謬誤

42－5 「如來」與「蘊、界、入」乃「非一非異」。如牛之二角，有相似，故「不異」；有長短，故「異」

劉宋・求那跋陀羅譯 《楞伽阿跋多羅寶經》	元魏・菩提流支譯 《入楞伽經》	唐・實叉難陀與復禮等譯 《大乘入楞伽經》
❶如是「如來」與「陰」(乃)非「異」、非「不異」(一)。	❶大慧！「如來法身」亦復如是，於「五陰」中(乃)非「一」、非「異」。	❶大慧！「如來」與「蘊」(乃)非「異」、非「不異」(一)。
❷若(如來)「不異」(完全相同)「陰」者，(如來)應是(屬於)「無常」。 (因「五陰」是「無常」，則如來亦將同於「無常」)	❷大慧！如來「法身」(與)五陰(若是完全的)「一」者，(如來)則是(屬於)「無常」，以「五陰」是所(造)作(之)法故(那如來亦將同於「無常」)。	❷若(如來與五陰)「不異」(完全相同)者，(如來亦)應是(屬於)「無常」，(以)「五蘊」諸法是所(造)作故(那如來亦將同於「無常」)。
❸若(如來是完全相)「異」(於	❸大慧！如來「法身」(與	❸若(如來是完全相)「異」(於

「五陰」者，(則如來所修行的種種功德)方便則(將落於虛無之)空。若(如來與五陰)二者(是完全不同的法)，(則必定)應(只能具)有(差)「異」(的體相)。	「五陰」(若是完全相)「異」者，則(會)有二(種)法，(將成爲完全)不同(的)體相。	「五陰」)者，
如牛(之二)角相似，故(也可說是)「不異」。 (二個角又)長短(有)差別，故(仍)有「異」。 一切法亦如是。 (此指一切法皆是「非一非異」的關係與狀態)	如牛(之)二角，(因)相似(所以也可說是)「不異」。 (二個角之)見(仍)有別體，長短似(乎仍有差)「異」。 大慧！若如是(者)，(則)一切諸法(皆)應「無異相」而「有異相」。 (白話的意思是說：一切諸法皆「無異相」的「非異」也，但又皆是「有異相」的「非一」也)	如牛(之)二角，有「異、不異」(的特質)， (二個角)互(爲)相似，故(也可說是)「不異」。 (二個角又)長短(有)別，故(仍)有「異」。
㊤大慧！如牛(之)「右角」(相)異(於)「左角」，「左角」(相)異(於)「右角」。如是(之)長短，種種(之)色(相)，各各(亦有差)異。	㊤如牛(之)「左角」異(於)「右角」，「右角」異(於)「左角」，如是(之)長短「相待」各(有差)別，如色(相之)種種，彼此(亦有)差別。	㊤如牛(之)「右角」異(於)「左」，「左角」異(於)「右」，長短不同，色相各(有差)別，然(而同是屬於牛角)亦「不異」。
㊄「如來」於「陰、界、入」(乃)非「異」、非「不異」。	㊄大慧！如是如來「法身之相」於「五陰」中不可說「一」，(亦)不可說「異」。	㊄如(來)於(五)蘊、於「界、處」等，一切法亦如是。

42-6 「如來」與「解脫」乃「非一非異」也

劉宋・求那跋陀羅譯 《楞伽阿跋多羅寶經》	元魏・菩提流支譯 《入楞伽經》	唐・實叉難陀與復禮等譯 《大乘入楞伽經》
㊀如是「如來」(與)「解脫」(乃)非「異」、非「不異」。如	㊀(如來)於「解脫」中，不可說「一」，(亦)不可說「異」。	㊀大慧！「如來」者，依「解脫」(之)說。「如來」(與)

是「如來」(乃)以「解脫」(之)名(而)說。	(如來)於「涅槃」中，不可說「一」，(亦)不可說「異」。如是(皆)依「解脫」(之)故，說名(為)「如來法身」之相。	「解脫」(兩者乃)非「異」、非「不異」。
(貳)若如來(是完全)「異」(於)「解脫」者，(則如來便相)應(於)「色相」(中)成(立)，(若如來於)「色相」(中)成(立的話)，故(如來)應(是屬於)「無常」。	(貳)大慧！若「如來法身」(是完全)「異」(於)「解脫」者，則(如來乃)同(於)「色相」，(如來)則是(屬於)「無常」。	(貳)若(如來是完全)「異」(於「解脫」者，如來便與「色相」相應，(如來若與)「色相」相應(者)，(那如來)即是(屬於)「無常」。
(參)若(如來是完全)「不異」(於)「解脫」者，(那)修行者(所證)得(之)相，應(成為)「無分別」(的狀態了)。 而修行者(所證得之相仍是)見(有)分別(的)，是故(如來與解脫應是屬於)非「異」、非「不異」(的關係與狀態)。	(參)若「如來法身」(是完全)「不異」(於)「解脫」者，則(修行者便成為)無(有)「能證、所證」(之)差別(了)。 大慧！而修行者，則(仍有)見(於)「能證」及(見)於「所證」(的差別)，是故(如來與解脫應是屬於)「非一」(與「非異」的關係與狀態)。	(參)若(如來是完全)「不異」(於「解脫」)者，(那)修行者(之所)見(證)，(則)應(皆)無(所)差別(了)。 然(這二者仍)「有」差別(的)，故(如來與解脫是屬於)非「不異」(的關係與狀態)。

42–7「智」與「可知境界」(識覺；識境)乃「非一非異」，故皆離「一切思量執著」也

劉宋・求那跋陀羅譯 《楞伽阿跋多羅寶經》	元魏・菩提流支譯 《入楞伽經》	唐・實叉難陀與復禮等譯 《大乘入楞伽經》
如是「智」及「爾焰」(jñeya 識境；所知；境界；智境)非「異」、非「不異」(的關係與狀態)。	大慧！如是知(智)於「可知境界」(皆處在)非「一」、非「異」(的關係與狀態)。	如是「智」與「所知」(皆處在)非「異」、非「不異」(的關係與狀態)。
大慧！「智」及「爾焰」(jñeya 識境)非「異」、非「不異」者， ①非「常」、非「無常」。	大慧！若(「智」與「識境」此二)法； ①非「常」、非「無常」。	若(「智」與「識境」是)非「異」、非「不異」。則； ①非「常」、非「無常」。

劉宋・求那跋陀羅譯《楞伽阿跋多羅寶經》	元魏・菩提流支譯《入楞伽經》	唐・實叉難陀與復禮等譯《大乘入楞伽經》
②非「作」、非「所作」。 ③非「有為」、非「無為」。 ④非「覺」、非「所覺」。 ⑤非「相」、非「所相」。 ⑥非「陰」、非「異陰」。 ⑦非「說」、非「所說」。 ⑧非「一」、非「異」。 ⑨非「俱」、非「不俱」。 ⑩非「一」、非「異」。 ⑪非「俱」、非「不俱」故。 (「智」與「識境」此二法)悉離一切(思)量。	②非「因」、非「果」。 ③非「有為」、非「無為」。 ④非「覺」、非「不覺」。 ⑤非「能見」、非「可見」。 ⑥非「離陰界入」、非「即陰界入」。 ⑦非「名」、非「境界」。 ⑧非「一」、非「異」。 ⑨非「俱」、非「不俱」。 ⑩非「相續」、非「不相續」。 (「智」與「識境」此二法皆越)過「一切諸法」。	②非「作」、非「所作」。 ③非「為」、非「無為」。 ④非「覺」、非「所覺」。 ⑤非「相」、非「所相」。 ⑥非「蘊」、非「異蘊」。 ⑦非「說」、非「所說」。 ⑧非「一」、非「異」。 ⑨非「俱」、非「不俱」。 以是義故，(「智」與「識境」此二法乃)超(越)一切(思)量。

42－8 離「一切思量執著」則「無言說、無生、無滅、寂滅、自性涅槃」，永離一切「諸根」所思量執著的境界」

劉宋・求那跋陀羅譯《楞伽阿跋多羅寶經》	元魏・菩提流支譯《入楞伽經》	唐・實叉難陀與復禮等譯《大乘入楞伽經》
(1)(若遠)離一切(思)量(者)，則「無言說」。	(1)若(越)過諸法，但有其「名」。	(1)(若)超(越)「一切量」故，唯有「言說」。
(2)(若)「無言說」(者)，則(為)「無生」。	(2)若但有「名」，彼法(則)不生」。	(2)唯有「言說」故，則「無有生」。
(3)(若)「無生」(者)，則「無滅」。	(3)以「不生」故，彼法(則)「不滅」。	(3)(若)「無有生」故，則「無有滅」。
(4)(若)「無滅」(者)，則「寂滅」。	(4)以「不滅」故，彼法則如「虛空平等」。	(4)(若)「無有滅」故，則如「虛空」。
(5)(若)「寂滅」(者)，則「自性涅槃」。	(5)大慧！虛空(為)「非因、非果」。	(5)大慧！虛空(為)「非作、非所作」。
(6)(若是)「自性涅槃」(者)，則「無事(果)、無因」。	(6)(7)若法(是)「非因、非果」者，彼法則(是)為「不可	(6)(7)(若是)「非作、非所作」故，(則已)遠離「攀緣」。

劉宋‧求那跋陀羅譯《楞伽阿跋多羅寶經》	元魏‧菩提流支譯《入楞伽經》	唐‧實叉難陀與復禮等譯《大乘入楞伽經》
(7)（若）「無事（果）、無因」（者），則（已）「無攀緣」。	觀察」（者）。	
(8)（若）「無攀緣」（者），則（已）出過（出離越過）一切「虛偽」。	(8)（若是）「不可觀察」者，彼法（則已越）過諸一切「戲論」。	(8)（若）遠離「攀緣」，故（已）出過（出離越過）一切諸「戲論法」。
(9)（若已）「出過（出離越過）一切虛偽」（者），則是（名爲）「如來」，如來則是「三藐三佛陀」（samyak-saṃbuddha）。	(9)若「（已越）過一切諸戲論」者，（則是）名（爲）「如來法身」。	(9)（若已）「出過（出離越過）一切諸戲論法」，即是（名爲）「如來」。
⑩大慧！（此）是名（爲）「三藐三佛陀」（samyak-saṃbuddha）。	⑩大慧！（此）是名（爲）「如來應正遍知」。	⑩如來即是（名爲）「正等覺（之）體」。
⑪（若是爲）「佛陀」者，（乃出）離一切「根量」（諸根思量境界）。	⑪（若是爲如來）「法身」之相（者），以（越）過一切諸根（所思量的）境界故。	⑪（若是爲）「正等覺」者，（則）永離一切諸根（所思量的）境界。

42-9 偈頌內容

劉宋‧求那跋陀羅譯《楞伽阿跋多羅寶經》	元魏‧菩提流支譯《入楞伽經》	唐‧實叉難陀與復禮等譯《大乘入楞伽經》
爾時世尊欲重宣此義而說偈言：	爾時世尊重說偈言：	爾時世尊重說頌言：
悉離諸根量。 無事亦無因。 已離覺所覺。 亦離相所相。 陰緣等正覺。 一異莫能見。 若無有見者。 云何而分別。 非作非不作。	離諸法及根。 非果亦非因。 已離覺所覺。 離能見可見。 諸緣及五陰。 佛不見一法。 若無有見法。 云何而分別。 非作非不作。	出過（出離越過）諸根量。 非果亦非因。 相及所相等。 如是悉皆離。 蘊緣與正覺。 一異莫能見。 既無有見者。 云何起分別。 非作非非作。

非事亦非因。	非因亦非果。	非因非非因。
非陰非在陰。	非陰非離陰。	非蘊非不蘊。
亦非有餘雜。	亦不在餘處。	亦不離餘物。
亦非有諸性。	何等心分別。	非有一法體。
如彼妄想見。	分別不能見。	如彼分別見。
當知亦非無。	彼法非是無。	亦復非是無。
此法法亦爾。	諸法法自爾。	諸法性如是。

42-10 偈頌內容

劉宋・求那跋陀羅譯 《楞伽阿跋多羅寶經》	元魏・菩提流支譯 《入楞伽經》	唐・實叉難陀與復禮等譯 《大乘入楞伽經》
以有故有無。	先有故言無。	待「有」故成「無」。
以無故有有。	先無故言有。	待「無」故成「有」。
若無不應受。	是故不說無。	「無」既不可取。
若有不應想。	亦不得說有。	「有」亦不應說。
或於我、非我。	迷於我、無我。	不了「我、無我」。
言說量留連。	但著於音聲。	但著於語言。
沉溺於二邊。	彼墮於二邊。	彼溺於二邊。
自壞壞世間。	妄說壞世間。	自壞、壞世間。
解脫一切過。	離諸一切過。	若能見此法。
正觀察我通。	則能見我法。	則離一切過。
是名為正觀。	是名為正見。	是名為正觀。
不毀大導師。	不謗於諸佛。	不毀大導師。

第十八章　別論三德章

第４３節　法身

43-1 「不生不滅」雖為「如來」異名，但如來「法身」非是「無物」的一種「斷滅」義。如來亦非一定為「不生不滅」的名相所「攝受、執取」，亦非是依「真實可得的因緣」相待而有，亦非完全沒有「義理」可說

請參閱 **43-15**

劉宋・求那跋陀羅譯《楞伽阿跋多羅寶經》	元魏・菩提流支譯《入楞伽經》	唐・實叉難陀與復禮等譯《大乘入楞伽經》
㊀爾時大慧菩薩復白佛言：世尊！如世尊(所)說(的)「修多羅」(經典)，(大多皆)攝受(其義為)「不生不滅」。	㊀爾時聖者大慧菩薩復白佛言：世尊！唯願「世尊」為我解說，唯願「善逝」為我解說，如來(於)處處說言：諸法(大多皆攝受其義為)「不生不滅」。	㊀爾時大慧菩薩摩訶薩復白佛言：世尊！如(於)佛經中，(諸經義大多皆)分別攝取(為)「不生不滅」(之義)。
㊁又世尊說(此)「不生不滅」(即)是「如來」(之)異名。	㊁世尊！復言「不生不滅」者，(即)名(為)「如來」(之)「法身」，故言「不生不滅」。	㊁(世尊亦)言此(「不生不滅」之義)即是「如來」(之)異名。
㊂云何？世尊！(「不生不滅」就是)為「無性」(斷滅虛無)，故說(為)「不生不滅」？為是(「不生不滅」就是)「如來」(之)異名？	㊂世尊！如來(所)言(之)「不生不滅」者，為是「無法」(斷滅虛無之義)，故名(為)「不生不滅」？為是「如來」(之)異名(就是指)「不生不滅」(義)？	㊂世尊！願為我說「不生不滅」此則(是為)「無法」(斷滅虛無之義嗎)？云何(又)說(「不生不滅」就)是「如來」(之)異名？
㊃佛告大慧：我說一切法(皆為是)「不生不滅」(義)，(以此法義能於)「有、無」(的相待)	㊃而佛如來常說諸法(皆為是)「不生不滅」(義)，以(此法義能令)離(所)建立(的)「有、	㊃如世尊說：一切諸法(皆為是)「不生不滅」(義)，當知此(法義)，(否)則(將易)墮

品(中而令)不現。	無」法故。	(於)「有、無」(之相待邪)見。
(五)大慧白佛言:世尊!若一切法(是屬於)「不生」(完全不會生起)者,則(如此之)「攝受法」(即變成斷滅式的)不可得,(因為會造成)一切法(將永)不生(起)故。 (既然諸法皆「永不生起」,則「如來」亦「永不生起」,於此如來即落於「斷滅」也)	(五)世尊!若一切法(是屬於)「不生」(完全不會生起)者,此(即)不得(再)言(所謂的)「一切法」,(因為)以「一切法」(將永)不生(起)故。	(五)世尊!若法(是屬於)「不生」(完全不會生起),則(亦)「不可取」,(因為會造成)無有(任何的)「少法」(可生起作用)。
(六)若(依於其它)「名字」中,(能)有法者(假若依「其餘的教法」中也可得「真正」的如來義), (那請世尊)唯願為(我)說(說吧)? (既然「不生不滅」已落入「永不生起」之斷滅義,那就要用「其餘的教法」來說明真正的「如來」義,則當如何說明呢?)	(六)(既然諸法將「永不生起」作用的話) (是否)若依(其)餘(的教)法(能)有此名(為「真正」的如來義)者, (那)世尊應為我說(說吧)?	(六)(既然諸法將「永不生起」妙用的話) (那)誰是如來? (是否可依「別的教法」來說明「真正」的如來義) 唯願世尊(請)為我宣說(吧)?
(七)佛告大慧:善哉!善哉!諦聽!諦聽!善思念之,吾當為汝分別解說。 大慧白佛言:唯然受教。	(七)佛告大慧菩薩言:善哉!善哉!善哉!大慧!諦聽!諦聽!當為汝說。 大慧菩薩白佛言:善哉!世尊!唯然受教。	(七)佛言:諦聽!當為汝說。
(八)佛告大慧: ❶我說如來(法身並)非(是)	(八)佛告大慧: ❶如來「法身」(並)非是「無	(八)大慧! ❶我說如來(法身並)非是「無

「無性」(斷滅虛無)，❷亦非(只用)「不生不滅」(這句法義去)攝(受所有的)一切法。(如來並非一定爲「不生不滅」的名相所攝受與執取，「不生不滅」只是如來無量名號其中之一「異名」而已)❸(如來法身)亦不待(真實可得的)「緣」(而存有)。❹故(如來的)「不生不滅」亦非(是)「無義」(完全沒有義理可說)。	物」(斷滅虛無)，❷亦非(同於)一切法(而只被)「不生不滅」(這句法義所攝取)。❸(如來法身)亦不得言(是)依(真實可得的)「因緣」(而存)有。❹(如來)亦非(是)虛妄(的在)說「不生不滅」(之義)。	法」(斷滅虛無)，❷亦非(同於諸法，而都被)攝取(爲)「不生不滅」(義)。(如來並非一定爲「不生不滅」的名相所攝受執取，「不生不滅」只是如來無量名號其中之一「異名」而已)❸(如來法身)亦不待(真實可得的)「緣」(而存有)。❹(如來的「不生不滅」義)亦非「無義」(完全有義理可說)。

43-2

「如來意生法身」即是「無生」之異名，更有種種名號，其實「名」異而「義」一。並非是完全「無體」斷滅的不存在，也並非會變成「多性、多體」。但一切「外道、聲聞、獨覺」，甚至「七地菩薩」均不了其甚深之義

劉宋・求那跋陀羅譯《楞伽阿跋多羅寶經》	元魏・菩提流支譯《入楞伽經》	唐・實叉難陀與復禮等譯《大乘入楞伽經》
㊀大慧！我說「意生法身如來」名號，(即同)彼(所名的)「不生」(義)者。	㊀大慧！我常說言「不生不滅」者，(即)名(爲)「意生身如來法身」。	㊀我說「無生」即是「如來意生法身」(的)別異之名。
㊁一切「外道、聲聞、緣覺、七住菩薩」(等)，(皆)非(能理解)其境界。	㊁(此並)非諸「外道、聲聞、辟支佛」(之)境界故，(甚至)住「七地菩薩」(圓教之「十住位」相當於「別教」之「十地位」)亦非(能了解其)境界。	㊁(所有)一切「外道、聲聞、獨覺、七地菩薩」(等)，(皆)不了其義。
㊂大慧！彼「不生」即(是)「如來」(之)異名。	㊂大慧！我言「不生不滅」者，(此)即(是)「如來」(之)	

異名。

㊇大慧！譬如因陀羅釋迦(即名為)不蘭陀羅(puraṃ-dara)。

如是等(還有其餘)諸物(的名稱)。

(「忉利天主」有多種「異名」，中國民間習俗稱他為「玉皇大帝」為「玉帝」，據《大般涅槃經・卷33・迦葉菩薩品》內說有11種異名。如云：

①帝釋(Śakra Devānām-indra 釋迦提桓因陀羅;釋提桓因;釋迦提婆)。②憍尸迦(kauśika。忉利第三十三天之主)。③婆蹉婆(vatsava)。④富蘭陀羅(puraṃ-dara)。⑤摩佉婆(magava)。⑥因陀羅(indra)。⑦千眼(daśa-śata-nayana)。⑧舍支夫(śacī-pati 夫;主)。⑨金剛。⑩寶頂。⑪寶幢)

㊈(如是等諸物)一一各有「多名」，(但)亦非(有了)「多名」(後)，而(就會變成)有(了)「多性」。
(但)亦非(完全)「無自性」。
(也不是說「完全沒有」了自己的體性，如果說完全沒有，那就會落入「斷滅虛無」論)

㊇大慧！譬如釋提桓因帝釋王(即名為)不蘭陀羅(puraṃ-dara)。

❶(例如)手爪。
(手的梵文有 hasta、kara、paṇi)
❷身體。
(身體的梵文有 tanu、deha、śarīra)
❸地、浮彌(bhūmi)。
(地的梵文有 pṛthivī、bhūmi、vasuṃdhara)
❹虛空、無礙。
(天的梵文有 kha、ākāśa、gagana)

㊈如是等(上面所說的「手爪、身體、地、浮彌、虛空、無礙」的)種種名號，「名」(雖)異(而)「義」(是)一，不(會說)依(了)「多名」(之)言，(而就會變成)有「多體」(的)帝釋等耶！

㊇大慧！譬如帝釋(Śakra Devānām-indra 釋迦提桓因陀羅;釋提桓因;釋迦提婆)，

❸(例如)「地」及

❹「虛空」

❶乃至「手足」。

㊈(如是等上面所說的「地、虛空、手足」皆)隨一一物(而)各有(不同的)「多名」，(但並)非以「名多」而(就會造成)有「多體」，亦 "非" 「無體」。
(也不是完全沒有自己的體性，如果說完全沒有，那就會落入「斷滅虛無」論)

註：「帝釋」一義，又稱「憍尸迦、婆蹉婆、富蘭陀羅、不蘭陀羅、摩佉婆、因陀羅、千眼、舍脂夫、金剛、寶頂、寶幢」等。又如「真俗」二諦之一義，分別有「世諦、俗諦、有諦、凡諦；真諦、第一義諦、空諦、聖諦」等多數之名稱。

註：因陀羅➜梵名 Indra，又作「因陀邏、因達羅、因提梨、因提、因抵」。意譯作「天主、帝」，為「最勝、無上」之義，即指「帝釋天」，為佛教之護法神，為「十二天」之一，亦為「忉利天」(三十

三天)之主。「因陀羅」居於須彌山頂「忉利天」之「善見城」，率領四天王等眾，故又稱為「天主、帝（帝釋）、釋迦天王、釋迦因陀羅」。

據《雜阿含經・卷四十》、《別譯雜阿含經・卷二》舉出「因陀羅」有八名，即：「釋提桓因、富蘭陀羅、摩伽婆、婆娑婆、憍尸迦、舍脂鉢低、千眼、因提利」。此外，自古所傳「因陀羅」之別名，或有 108 種，或有上千種之多。

43－3 有如三阿僧祇百千「如來」的「名號」異名，但皆不離「不增不減、不多不少」之理，如「水中月」般之「不出、不入」。多達「五十種」的「如來」異名介紹

請參閱 **13－2**

劉宋・求那跋陀羅譯《楞伽阿跋多羅寶經》	元魏・菩提流支譯《入楞伽經》	唐・實叉難陀與復禮等譯《大乘入楞伽經》
如是大慧！「我」於此娑呵(saha)世界（中）有（多達）三（大）阿僧祇百千（之）「名號」。愚夫悉（能）聞（之），（亦）各說（如來）「我」（具有諸多法相之）名（稱），而（愚夫竟）不解我「如來」（有如此諸多的）「異名」。大慧！	大慧！「我」亦如是，（我）於娑婆(saha)世界中（有）三（大）阿僧祇百千（之）「名號」。凡夫雖（聞）說（有諸多法相的「名稱」），而（竟）不知（此皆）是「如來」（之）異名。大慧！	大慧！「我」亦如是，（我）於此娑婆(saha)世界，有三（大）阿僧祇百千（之）「名號」。諸凡愚人雖聞、（亦）雖說（諸多法相的「名稱」），而（竟）不知（此皆）是「如來」（之）異名。其中：
①或有眾生知我「如來」者。	①或有眾生知「如來」者。	①或有知「如來」者。
②有知「一切智」者。	②有知「自在」者。	②知「無師」(svayaṃbhū)者。
③有知「佛」者。	③有知「一切智」者。	③知「導師」(nāyaka)者。
④有知「救世」者。	④有知「救世間」者。	④知「勝導」(vināyaka)者。
⑤有知「自覺」者。	⑤有知為「導」者。	⑤知「普導」(pariṇāyaka)者。
⑥有知「導師」者。	⑥有知為「將」者。	⑥知是「佛」者。
⑦有知「廣導」者。	⑦有知為「勝」者。	⑦知「牛王」(vṛṣabha)者。
⑧有知「一切導」者。	⑧有知為「妙」者。	⑧知「梵王」者。
⑨有知「仙人」者。	⑨有知「世尊」者。	⑨知「毘紐」(viṣṇu)者。
⑩有知「梵」者。	⑩有知「佛」者。	⑩知「自在」(Īśvara)者。
⑪有知「毘紐」者。	⑪有知「牛王」者。	⑪知是「勝」(pradhānā)者。
⑫有知「自在」者。	⑫有知「師子」者。	⑫知「迦毘羅」(kapila)者。

⑬有知「勝」者。	⑬有知「仙人」者。	⑬知「真實邊」者。
⑭有知「迦毘羅」者。	⑭有知「梵」者。	⑭知「無盡」者。
⑮有知「真實邊」者。	⑮有知「那羅延」者。	⑮知「瑞相」者。
⑯有知「月」者。	⑯有知「勝」者。	⑯知「如風」者。
⑰有知「日」者。	⑰有知「迦毘羅」者。	⑰知「如火」者。
⑱有知「王」者。	⑱有知「究竟」者。	⑱知「俱毘羅」者。
⑲有知「無生」者。	⑲有知	⑲知「如月」者。
⑳有知「無滅」者。	「阿利吒(ariṣṭa 知無盡者)、	⑳知「如日」者。
㉑有知「空」者。	尼彌(nemin→utsarpiṇī[上昇週	㉑知「如王」者。
㉒有知「如如」者。	期]的第二十二 arhat[羅漢]之名)	㉒知「如仙」者。
㉓有知「諦」者。	者。	㉓知「戌迦」(śuka)者。
㉔有知「實際」者。	⑳有知「月」者。	㉔知「因陀羅」(Indra)者。
㉕有知「法性」者。	㉑有知「日」者。	㉕知「明星」者。
㉖有知「涅槃」者。	㉒有知「娑樓那」者。	㉖知「大力」者。
㉗有知「常」者。	㉓有知「毘耶娑」(vyāsa 廣博	㉗知「如水」者。
㉘有知「平等」者。	仙人)者。	㉘知「無滅」者。
㉙有知「不二」者。	㉔有知「帝釋」者。	㉙知「無生」者。
㉚有知「無相」者。	㉕有知「力」者。	㉚知「性空」者。
㉛有知「解脫」者。	㉖有知「海」者。	㉛知「真如」者。
㉜有知「道」者。	㉗有知「不生」者。	㉜知是「諦」(satyatā)者。
㉝有知「意生」者。	㉘有知「不滅」者。	㉝知「實性」者。
	㉙有知「空」者。	㉞知「實際」者。
	㉚有知「真如」者。	㉟知「法界」者。
	㉛有知「實際」者。	㊱知「涅槃」者。
	㉜有知「涅槃」者。	㊲知「常住」者。
	㉝有知「法界」者。	㊳知「平等」者。
	㉞有知「法性」者。	㊴知「無二」者。
	㉟有知「常」者。	㊵知「無相」者。
	㊱有知「平等」者。	㊶知「寂滅」者。
	㊲有知「不二」者。	㊷知「具相」者。
	㊳有知「無相」者。	㊸知「因緣」者。
	㊴有知「緣」者。	㊹知「佛性」者。
	㊵有知「佛體」者。	㊺知「教導」者。
	㊶有知「因」者。	㊻知「解脫」者。

	㊷有知「解脫」者。 ㊸有知「道」者。 ㊹有知「實諦」者。 ㊺有知「一切智」者。 ㊻有知「意生身」者。	㊼知「道路」者。 ㊽知「一切智」者。 ㊾知「最勝」者。 ㊿知「意成身」者。
大慧！如是等(「如來」具有)三(大)阿僧祇百千(之)「名號」，(皆)「不增、不減」。	大慧！如是等(具有)種種名號(之)「如來」應正遍知。於(此)娑婆世界及餘世界中，(更有)三(大)阿僧祇百千(之)名號，(皆)「不增、不減」。	如是等(「如來」具有)滿足三(大)阿僧祇百千(之)「名號」，(皆)「不增、不減」。
(於)此及(於其)餘(的)世界(的眾生)，皆悉知「我」(之名號)，(此即)如水中月(之)「不出、不入」(千江有水千江月)。	眾生皆知(我之名號)，(此即)如水中月(之)「不入、不出」(之理)。 (佛陀的真實名號乃「離言絕相」的不可得，此喻「心中月」之理。 但佛陀仍然可顯現為「天上月」的一尊「如來」名號者。 既有了「天上月」，就能再顯現出三大阿僧祇劫無數的「水中月」名號來。 此猶如天上唯有一月，但水中卻能影現變化出「千江之月」來。 「水中月」乃隨眾生心而「變現」，並沒有真實的「出」與「入」。 「天上月」也只是暫時的「假名有」。 唯有「心中月」才是「不落文字、諸法實相」的最高境界)	於此及(於其)餘諸世界中，(眾生皆)有能知「我」(之名號)，(此即)如水中月(之)「不入、不出」(之理)。

43－4 愚夫墮「二邊」，不解如來「名字句義」，遂執「不生不滅」為不存在的「無法」，依「言」而取「義」也

劉宋·求那跋陀羅譯《楞伽阿跋多羅寶經》	元魏·菩提流支譯《入楞伽經》	唐·實叉難陀與復禮等譯《大乘入楞伽經》
(1)彼諸愚夫，不能知我，墮(於)「二邊」故。 (此指墮於「我」與「無我」二邊之義。如來有三大阿僧祇劫無數的「名號」，但皆如「水中月」般的虛幻，並非真實的「有我」。 如來即是「不生不滅」之異名，所以如來也非「虛無斷滅」的一種「無我」)	(1)而諸凡夫不覺不知，以墮(於)「二邊」相續法中。	(1)但諸凡愚，心沒(溺沒於)「二邊」(而)不能解了。
(2)然悉(亦)恭敬供養於我。	(2)然悉(亦)恭敬供養於我。	(2)然亦尊重承事供養。
(3)而不善解知(諸)「辭句義趣」。	(3)而不善解(諸)「名字句義」。	(3)而不善解(諸)「名字句義」。
(4)不分別(諸)名(字義)。	(4)取(執於)差別相(中)。	(4)執著(於)「言教」(中)。
(5)不解(如來)「自通」(自證聖通的真實義)。	(5)不能「自知」(如來自證聖通的真實義)。	(5)昧於(如來自證聖通的)「真實」(義)。
(6)計著(計量執著於)種種「言說章句」。	(6)執著(於)「名字」，故虛妄(而作)分別。	
(7)(彼愚夫)於「不生不滅」(竟)作「無性」(虛無斷滅)想。	(7)(彼愚夫將)「不生不滅」(竟)名為「無法」(虛無斷滅)。	(7)(彼愚夫竟)謂「無生無滅」是「無體性」(虛無斷滅)。
(8)(彼愚夫)不知「如來」名號(之)差別，(有)如因陀羅(Indra)，(即是同於)釋迦(Śakra)、不蘭陀羅(puraṃ-dara)。	(8)而不知是「如來」名號差別之相，(有)如因陀羅(Indra)，(即是同於)帝釋王(Śakra)、不蘭陀羅(puraṃ-dara)等(諸多不同的異名)。	(8)(彼愚夫)不知是「佛」(之)差別名號，(有)如因陀羅(Indra)，(即是同於)釋揭羅(Śakra)等(諸多不同的異名)。
(9)(彼愚夫)不解(如來之)「自通」(自證聖通)，(與)會歸(於)終極(的真實義)，(彼愚夫)於一切法(皆)「隨說」(而生)計著(計量執著)。	(9)(彼愚夫)以不能決定(如來之)「名」與「真實」(義)，(彼愚夫)隨順(於)「名字、音聲」(中而)取(執於諸)法，亦復如是。	(9)(彼愚夫)以(雖)信(佛之)「言教」(但卻)昧於「真實」(義)，(故)於一切法(中)，如(其)「言」(而)取(其)「義」。

43-5 「言說」屬「生滅」，「義」為「不生不滅」，不墮「有無」，乃「無生無體」。「言說」與「義」亦「不一不異」也。如來說法

隨眾生心，依「自性之聲」方便流佈說法，因不見文字之「有、無」，故不墮文字名相

請參閱　**15-14**　**33-1~33-4**

劉宋・求那跋陀羅譯《楞伽阿跋多羅寶經》	元魏・菩提流支譯《入楞伽經》	唐・實叉難陀與復禮等譯《大乘入楞伽經》
㊀大慧！彼諸「癡人」作如是言：「義」(即)如「言說」(而相等)，「義、言說」(皆)無異。所以者何？ (愚夫)謂：「義」(乃)無身(此指無有體相、無有自身相的虛無斷滅)故。 (愚者認爲「義」是種「無有體相」的一種「虛無」，所以只需「言說」存在即可，「言說」就可取代「義」，「言說」就是「義」)	㊀大慧！於未來世(之)「愚癡凡夫」說如是言：如「名(言說)、義」亦如是(而相等)，而不能知異(於)「名」(言說)有「義」。何以故？ (愚夫認爲)以「義」(乃)無體相(此指無有體相的虛無)故。	㊀彼諸「凡愚」作如是言：「義」(即)如「言說」，「義、(言)說」(兩者乃)無異。何以故？ (愚夫認爲)「義」(乃)無體(無有體相的虛無)故。 (愚者認爲「義」是種「無有體相」的一種「虛無」，所以只需「言說」存在即可，「言說」就可取代「義」，「言說」就是「義」)
㊁(愚夫竟謂)「言說」之外，更無餘「義」，唯(依)止(於)「言說」(即可)。	㊁(愚夫)復作是言：「不異」(不離於)「名字音聲」(而)有「義」，(竟謂)「名字音聲」即是「義」。何以故？(無智者)不知(其)「名字體相」故。	㊁是人(愚夫)不了「言音」(之)自性，(竟)謂：「言(說)」即(同於)「義」，無(有再分)別(於「義」之)體(了)。
㊂大慧！彼「惡燒智」，不知「言說自性」，不知「言說」(乃)「生滅」，「義」(則是)「不生滅」。	㊂大慧！彼愚癡人不知「音聲」(乃)「即生即滅」，「義」(則是)不生滅故。	㊂大慧！彼人愚癡，不知「言說」是「生」是「滅」，「義」(則是)不生滅。
㊃大慧！一切「言說」(皆)墮於「文字」。「義」則不墮。 (「義」乃)離「性」(有)、非性(無)	㊃大慧！「音聲」之性(皆)墮於「名字」。而「義」不同墮於「名字」。 (「義」)以離「有、無」故，	㊃大慧！一切「言說」(皆)墮於「文字」。「義」則不墮。 (「義」乃)「離有、離無」故，

<table>
<tr><td>

故，

(「義」為)「無受生」亦「無身」(此指無眞實的自體性、無有自身相，並非指「斷滅」義)。

㊄大慧！如來不說「墮文字法」，文字(之)「有、無」，(皆)不可得故，除(唯除如來乃能)「不墮文字」。

</td><td>

(「義」為)「無生、無體(此指無眞實的自體性，並非指「斷滅」義)」故。

㊄大慧！如來說法(皆)依「自聲」(自性之聲而)說，不見諸字是「有、無」，故(如來乃乃能)「不著名字」。

(如《楞嚴經》云：反聞聞自性，性成無上道)

</td><td>

(「義」為)「無生、無體(此指無眞實的自體性，並非指「斷滅」義)」故。

㊄大慧！如來不說「墮文字法」，文字(之)「有、無」，(皆)不可得故，唯除(如來乃能)「不墮於文字者」。

</td></tr>
</table>

43-6 「諸法「離文字相」，故如來「不說一字、不答一字、不示一名」。如來雖"不即"「言說」，亦"不離"「言說」，但隨眾生心而作種種方便說法

劉宋・求那跋陀羅譯《楞伽阿跋多羅寶經》	元魏・菩提流支譯《入楞伽經》	唐・實叉難陀與復禮等譯《大乘入楞伽經》
㊀大慧！若有說言：如來(所)說(諸法皆)「墮文字法者」，此則(為虛)妄(之)說！ (眞實之)法(乃)「離文字」故。	㊀大慧！若人(是)執著(於)「名字」之(說)法者，彼人(則)不名(為眞實的)「善說法者」！何以故？ (眞實之)法(乃)「無名字」故。	㊀大慧！若人說法(是)「墮文字者」，(此人則)是(屬於)虛誑(的)說(法者)！何以故？ (眞實之)諸法自性(乃)「離文字」故。
㊁是故大慧！我等諸佛及諸菩薩(皆)「不說一字」、(亦)「不答一字」。所以者何？ 法(之本體雖)「離文字」故，(但也)非不饒益「義」說(但佛也並非「不饒益」眾生而說「法義」)。	㊁大慧！是故我(於)經中說：諸佛如來乃至「不說一字」、「不示一名」。何以故？ 諸法(之本體雖)「無字」，依「義」(亦)無說，(但亦)依「分別」(而仍為眾生)說故。	㊁是故大慧！我(於)經中說：我與諸佛及諸菩薩(皆)「不說一字」、(亦)「不答一字」。所以者何？ 一切諸法(之本體雖)「離文字」故，(但也)非不隨「義」而分別(為眾生宣)說。

(佛若作是方便)「言說」者，(此乃爲對治)眾生(之)妄想故。 (佛之「言說」，乃爲對治眾生種種妄想而有「方便言說」也)	(佛之「言說」，乃爲對治眾生種種妄想而有「方便言說」也)	(但佛也並非「不饒益」眾生而說「法義」)
㊂大慧！(佛)若(絕對)不說一切法者，(則如來)「教法」則(斷)壞；「教法」(斷)壞者，則無「諸佛、菩薩、緣覺、聲聞」；	㊂大慧！(佛)若(絕對)不說法者，諸佛如來(之)「法輪」(則)斷滅；「法輪」滅者，(則)亦無「聲聞、緣覺、菩薩」；	㊂大慧！(佛)若(絕對)不說(法)者，(如來之)「教法」則斷(壞)；「教法」斷(壞)者，則無「聲聞、緣覺、菩薩、諸佛」；
若(一切都歸虛)無者， (那)誰(來)說(法)？ (要)為誰(而說)？	(若絕對)無「聲聞、緣覺、菩薩」者， (那佛要)為何等人(而說)？ (要爲)何等法(而說)？ (要爲)何事(而)說？	若總(一切皆歸虛)無者， (那)誰(來)說(法)？ (要)為誰(而說)？

43－7 如來亦 "不離"「言說教法」，故隨眾生種種不同的「希望」與「煩惱」而說，以轉彼「心、意、識」之妄

劉宋・求那跋陀羅譯 《楞伽阿跋多羅寶經》	元魏・菩提流支譯 《入楞伽經》	唐・實叉難陀與復禮等譯 《大乘入楞伽經》
㊀是故大慧！菩薩摩訶薩莫(執)著(於)「言說」，(但亦能)隨宜「方便」，(而)廣說經法。	㊀大慧！是故菩薩摩訶薩不應(執)著於「言說名字」。	㊀是故大慧！菩薩摩訶薩應不(執)著(於)「文字」，(但亦能)隨宜(方便而廣)「說法」。
㊁以眾生(之)「希望、煩惱」(皆)不一(致)故，我及諸佛，為彼種種(具有)「異解」(不同見解的)眾生，而說諸法。	㊁大慧！(所有的)「名字、章句」(皆)非「定法」故，(皆)依「眾生心」(而)說，諸佛如來(能)隨「眾生」(之)信(念)而說諸法。	㊁我及諸佛皆(能)隨眾生(之)「煩惱、(見)解、(希)欲」，(及眾生具有)種種不同(異解)，而(廣)為開演(佛法)。

❶令(眾生能遠)**離**(對)「心、意、意識」(的執著)故。	❶為令(眾生能)**遠離**(對)「心、意、意識」(的執著)故。	
❷(亦)**不**(執著以)**為**(自己己)**得**「自覺聖智處」(自內身聖智證法之境界)。	❷(亦)**不**(執著)**說**「自身」(的)「內證聖智」(自內身聖智證法所)**建立**(的)諸法。	❹(為)**令**(眾生)**知**諸法(皆由)「自心」所見。
❸**大慧**！於一切法「無所有」。	❸如實能知一切諸法「寂靜相」故。	❸**無**(心)**外**(之)境界。
❹(令眾生能)**覺**「自心現量」。	❹但見「自心」，(令能)**覺**(悟其)所知法。	
❺(令遠)**離二**(取分別的)**妄想**。 (能取與所取)	❺(令遠)**離**(「能」與「所」)「二種心」分別之相，不(作)**如是**(的「能」與「所」之)**說**。	❺**捨**(能與所)**二**(種)分別。 ❶(能)**轉**「心、意、識」。 ❷(亦)**非**(執著自己以)**為成立**(了)「聖自證處」(自內身聖智證法之境界)。

43－8 菩薩依「義」不依「語」，能善知一切諸「法、地、相」，能自享「無相樂」，亦能令他人安住於「大乘」中

劉宋·求那跋陀羅譯《楞伽阿跋多羅寶經》	元魏·菩提流支譯《入楞伽經》	唐·實叉難陀與復禮等譯《大乘入楞伽經》
諸菩薩摩訶薩(應)依於「義」(而)不依(於)「文字」。	大慧！菩薩摩訶薩(應)依於「義」(而)不依「語」。	大慧！菩薩摩訶薩應隨於「義」，莫依(於)「文字」。
(1)若善男子、善女人，(若)依(於)「文字」者，(將)自壞(於諸法之)「第一義」(中)。	(1)若善男子、善女人，隨「文字說」者，(將)墮在「邪見」，自身(將)失壞(於諸法之)「第一義諦」(中)。	(1)依(於)文字者，(將)墮於「惡見」，執著(於)「自宗」而(生)起「言說」，(則)不能善了「一切法相文辭章句」。
(2)(執依於文字者)亦不能「覺他」，(將令眾人)墮「惡見」，(外道將此惡見)相續而(仍)為眾(人演)說(此指傳播惡見、散播惡見)。	(2)(執依於文字者)亦(將破)壞(於)他人，令(他人)不(能)「覺知」。大慧！諸外道等，(皆)各依「自論異見」(而仍為眾人作)言說。	(2)(執依於文字者)既自(遭)損壞，亦(能破)壞於他(人)，不能令(他)人「心得悟解」。

③(執依於文字者)不善了知一切「法」、一切「地」、一切「相」。	③大慧！汝應善知一切「地、相」。	
④(執依於文字者)亦不知「章句」， 若(此當「汝」義)善(於了知)一切「法」、一切「地」、一切「相」。	④(汝應)善知「樂說辯才」，文辭章句。 (汝應)善知一切諸「地、相」已。	
⑤(應善)通達「章句」，(及)具足「性義」(指「法義」)。	⑤(應)進取「名句」，樂說「辯才」，善知「諸法義」(的)相應相系。	⑤若能善知一切「法相」，(於)「文辭句義」悉(應)皆通達。
⑥彼則能以「正無相樂」，而自娛樂。	⑥爾時自身於「無相法樂」(中)而受樂受。	⑥則能令自身(獲)受(得)「無相樂」。
⑦(自身能得證)平等「大乘」，(亦能)建立眾生(令得安住於大乘中)。	⑦(自身能得)「住大乘」中，(亦能)令眾生知(要安住於大乘中)。	⑦亦能令他(人)安住(於)大乘。

43-9 若己與他人皆能攝受「大乘」者，即皆能得「諸佛、菩薩、二乘」攝受，亦能攝受住「一切眾生、一切正法」，則得「不斷佛種、勝妙生處、安住大乘、十力增上」等不思議境界

劉宋・求那跋陀羅譯 《楞伽阿跋多羅寶經》	元魏・菩提流支譯 《入楞伽經》	唐・實叉難陀與復禮等譯 《大乘入楞伽經》
大慧！ ①(若能令己與他人皆)攝受「大乘」者，則(己與他人皆能得)攝受(於)「諸佛、菩薩、緣覺、聲聞」。 ②(若能得)攝受(於)「諸佛、菩薩、緣覺、聲聞」者，則(便能)攝受(住)「一切眾生」。 ③(若能)攝受(住)「一切眾生」	大慧！ ①(若能令己與他人皆)取「大乘」者，即是(己與他人皆能得)攝受(於)「諸佛、聲聞、緣覺、菩薩」。 ②(若能得)攝受(於)「諸佛、聲聞、緣覺、菩薩」者，即(便)是(能)攝受(住)「一切眾生」。 ③(若能)攝受(住)「一切眾生」	①若能令他(人)安住(於)「大乘」(者)，則(己與他人皆能)得一切「諸佛、聲聞、緣覺」及「諸菩薩」之所攝受。 ②若(能)得「諸佛、聲聞、緣覺」及「諸菩薩」之所攝受(者)，則(便)能攝受(住)「一切眾生」。 ③若能攝受(住)「一切眾生」

者,則(便能)攝受「正法」。	者,即是(能)攝受「勝妙法藏」。	(者),則能攝受(住)「一切正法」。
④(若能)攝受「正法」者,則(能於)「佛種不斷」。	④(若能)攝受「法藏」者,即(能)「不斷佛種」。	④若能攝受「一切正法」(者),則(能)「不斷佛種」。
⑤(若能於)「佛種不斷」者,則能了知得「殊勝入處」。	⑤(若能)「不斷佛種」者,(即能)不斷一切「勝妙生處」。	⑤若(能)「不斷佛種」(者),則(可)得「勝妙處」。
⑥(若能)知得「殊勝入處」,菩薩摩訶薩(則)常(發願生彼而)得(應)化(出)生,(並為眾生)建立「大乘」(法)。	⑥以彼「勝處」(勝妙生處),諸菩薩等(皆)願生彼故,(因為欲)置諸眾生(於)「大乘法」中。	⑥大慧!菩薩摩訶薩(皆願)生「勝妙處」,(亦)欲令眾生(皆)安住(於)「大乘」(法中)。
⑦(並以)「十自在力」(之神力),(顯)現象(多)色像,通達眾生(諸多)形類,(隨其種種)「希望、煩惱」諸相,(而為眾生作)「如實」說法。	⑦(並以)「十自在力」(之神力),隨諸眾生(種種)「形色、諸使(煩惱)」,而能隨(時顯)現,(為眾生)說「如實法」。	⑦(並)以「十自在力」(之神力),(顯)現象(多)色像,隨其所宜,(而為眾生)演(說)「真實法」。

<h2>43-10 「如實法」者,即「無異、無別、不來不去、不取不捨」,不著「文字音聲」諸相</h2>

劉宋・求那跋陀羅譯《楞伽阿跋多羅寶經》	元魏・菩提流支譯《入楞伽經》	唐・實叉難陀與復禮等譯《大乘入楞伽經》
壹「如實」者:「不異」。「如實」者:「不來、不去」相,一切「虛偽」息,是名「如實」。	壹大慧!何者(是)「如實法」?「如實法」者,「不異、不差、不取、不捨」,離諸「戲論」,(即)名「如實法」。	壹「真實法」者:「無異、無別、不來、不去」,一切「戲論」悉皆息滅。
貳大慧!善男子、善女人,不應攝受(於)「隨說」(而生)計著(計量執著)。	貳大慧!善男子、善女人,不得執著(其)「文字音聲」。	貳是故大慧!善男子、善女人,不應如「言」(而)執著於「義」,何以故?
參「真實」者,(乃)「離文	參以一切法(皆)「無文字」	參「真實」之法,(乃)「離

字」故。	故。	文字」故。

43－11 以手指物，指非物。但若無「指」，何來「物」之所在？故「指」與「物」亦需「不即不離」也。不修「巧智方便」，不得具足「莊嚴法身」。需善「觀修」乃得其「義」，莫著「言說」

劉宋・求那跋陀羅譯 《楞伽阿跋多羅寶經》	元魏・菩提流支譯 《入楞伽經》	唐・實叉難陀與復禮等譯 《大乘入楞伽經》
壹大慧！如為愚夫以「指」(去)指物，愚夫(竟然只)觀「指」，(便)不得「實義」。	壹大慧！譬如有人，為(指)示(出)人物，(便)以「指」(去)指示，而彼愚人即執著(於)「指」，不(去)取因「指」所示之「物」。	壹大慧！譬如有人，以「指」(去)指物，小兒(只)觀「指」，不(去)觀於(所指之)「物」。
貳如是愚夫，隨「言說指」，攝受(而生)計著(計量執著)，至(命終之)「竟」(亦)不捨(言說的文字相)，終不能得(遠)離「言說指」，(故不得)「第一實義」。	貳大慧！愚癡凡大，亦復如是，「聞聲」執著(於)「名字指」故，乃至(盡於)「沒命」，終不能捨「文字之指」，(故不得)取「第一義」。	貳愚癡凡夫，亦復如是，隨(其)言說(之手)「指」，而生執著，乃至盡(於)「命終」，不能「捨文字之指」，(故不得)取「第一義」。
參大慧！譬如嬰兒，應食「熟食」，不應食「生」(米)。 若(有)食「生」(米)者，則(將)令「發狂」，(此乃)不知「次第」、(與)「方便」(令)熟(之)故。	參大慧！譬如「穀粟」，名(為)「凡夫食」，(若)不春1不炊，(則)不可得食。 若其有人(尚)未「作食」者，名為「顛狂」，要須「次第」，乃至「炊熟」，方得成食。	參大慧！譬如嬰兒，(理)應食「熟食」。 有人不解(如何作)「成熟」方便，而(竟)食「生」(米)者，則(將令)發「狂亂」。
肆大慧！如是(佛說的)「不生不滅」(之理)，(若)不(用巧智)「方便」(去)修(者)，則(將成)為「不善」(之法)。 (正確的佛法義是：	肆大慧！(如佛說的)「不生不滅」(之理)亦復如是，(若)不(去)修「巧智方便」(之)行者，(則將)不得具足(真正的)「莊嚴法身」。	肆(如佛說的)「不生不滅」(之理)亦復如是，(若)不(用巧智)「方便」(去)修(者)，則(將成)為「不善」(之法)。

佛說不生不滅，即非不生不滅，是名不生不滅。 外道邪見的修行是： 佛說不生不滅，即是不生不滅，是名不生不滅）		
⑤是故應當善修（巧智）「方便」，莫隨（於）「言說」，如（只）視（其）「指端」（手指之端）。 是故大慧！於「真實義」，當（以巧智）「方便」（去）修。	⑤大慧！（若有人）執著「名字言」（而欲）得（其）「義」者，（即）如彼癡人，不知（需要經過）「舂炊」（的巧智方便），（而竟直接）噉（食）「文字穀」，（便）不得「義食」（法義之食）。 以是義故，當學於「義」，莫著（於）「文字」。	⑤是故宜應善修（巧智）「方便」，莫隨（於）「言說」，如（只）觀（其）「指端」（手指之端）。

43－12 具有「多聞」智者大德（義多聞者）的定義是：善於「純善法義」，而非善於「言說」。於自及他皆不追隨「外道經論邪法」

劉宋·求那跋陀羅譯《楞伽阿跋多羅寶經》	元魏·菩提流支譯《入楞伽經》	唐·實叉難陀與復禮等譯《大乘入楞伽經》
壹（所謂）「真實義」者： （具）微妙（之）「寂靜」（vivikta），（即）是「涅槃」因。	壹大慧！所言「義」者：（即）名為「涅槃」。	壹大慧！（所謂）「實義」者： （具）微妙「寂靜」（vivikta），（即）是「涅槃」因。
貳（所謂）「言說」者：（乃與）「妄想」（而）合。 （所謂）妄想者：（乃將）集（起於）「生死」（輪迴）。	貳（所）言「名字」者：（乃與）「分別」相（繫）縛，（故）生（起）「世間」（生死輪轉之）解。	貳（所謂）「言說」者：（乃）與「妄想」（相結）合，（故生起）「流轉生死」。
參大慧！（所謂）「真實義」者：（乃）從「多聞」（具智慧者而）得。	參大慧！（所謂）「義」者：（乃）從於「多聞」人（具智慧者而）得。	參大慧！（所謂）「實義」者：（乃）從「多聞」（具智慧者而）得。

㊤大慧！(所謂)「多聞」者(的定義)： (乃)謂善於「義」，(而)非善(依於)「言說」。 ㊄(所謂)「善義」者： 不隨一切「外道經論」。 (除了)「身自」不隨(之外)，亦不令「他」(人追)隨(外道經論)。 (此)是則名曰(真正的)「大德多聞」。 ㊅是故(若人)欲求「義」者，(應)當親近(於)「多聞」(者)，所謂(具有)「善義」(純善法義的大德智者)。 ㊆(若)與此相違，(有)「計著」(計量執著於)言說(者)，應當遠離(此人)。	㊤大慧！(所)言「多聞」者(的定義)： (乃)謂(於)「義」(獲得)巧(智)方便，非(只依於)「聲巧」方便。 ㊄大慧！(所謂)「義方便」者： 離於一切「外道邪說」，亦不(與彼)「和雜」(和合雜亂)。 (若作)如是說者，(除了)「自身」不墮「外道邪法」(之外)，亦不令「他」(人)墮外道(邪)法。 大慧！(此)是名「多聞」(具有(的)「義方便」(的大德)。 ㊅大慧！(若人)欲得「義」者，應當親近(具有)「多聞」(的)智者，(並對彼)供養恭敬。 ㊆(若有執)「著名字」者，應當遠離(此人)，不應親近。	㊤(所謂)「多聞」者(的定義)： (乃)謂善於「義」，非善(依於)「言說」。 ㊄(所謂)「善義」者： 不隨一切「外道惡見」。 (除了)「身自」不隨(之外)，亦令「他」(人)不隨(外道經論之見)。 (此)是則名曰於「義多聞」(者的大德)。 ㊅(若人)欲求「義」者，應當親近(具有「多聞」的智者)。 ㊆(若)與此相違(者)，(有執)「著文字」者，宜速捨離(此人)。

43-13 外道以「能作諸因」為「不生不滅」之理，亦云「依眾因緣而生世間眾生」。此理與佛說有何不同？➡ 解答：「十二因緣」並非「決定真實能生」世間，亦非「完全不能生」世間。「十二因緣」與「世間」乃「不即不離、不一不異」也。佛說因緣，即非因緣，是名因緣

請參閱 **18-1**

(正確的佛法義是：

佛説十二因緣，即非十二因緣，是名十二因緣。
外道邪見的修行是：
佛説十二因緣，即是十二因緣，是名十二因緣)

劉宋·求那跋陀羅譯《楞伽阿跋多羅寶經》	元魏·菩提流支譯《入楞伽經》	唐·實叉難陀與復禮等譯《大乘入楞伽經》
㊀爾時大慧菩薩復承佛威神，而白佛言： 世尊！世尊(常)顯示「不生不滅」(之理)。 (此種「法義」並)無有「奇特」。所以者何？ 一切外道(也説諸作)「因」(kāraṇa)亦「不生不滅」(的啊)！ ㊁世尊亦(曾)説：「虛空、非數緣滅(非擇滅)」及「涅槃界，(皆爲)「不生不滅」(之理)。 (apratisaṃkhyā-nirodhāsaṃskṛta。非數滅無爲；非擇滅；非智緣滅；非數滅；非數緣滅： 「聲聞」之人於證果之後，「諸惑」不復再續生起，自然契悟「寂滅真空」之理，不需再假任何的「揀擇」，稱爲「非智緣滅」) ㊂世尊！外道(亦)説(依諸)「因」(而)生諸(眾生)「世間」。 ㊃世尊亦説(依諸)「無明、愛、業、妄想」爲「緣」(而)生諸(眾生)世間。	㊀爾時大慧菩薩承諸佛力，(而)白佛言： 世尊！如來世尊說一切法(皆是)「不生不滅」。 (此種「法義」並)非爲「奇特」。何以故？ 一切外道亦說「諸因」(kāraṇa)「不生不滅」(的啊)！ ㊁如來亦(曾)説：「虛空、非數緣滅(非擇滅)」及「涅槃界，(皆爲)「不生不滅」(之理)。 ㊂世尊！諸外道亦説依(著)諸「因緣」(而)生諸「眾生」(世間)。 ㊃如來亦説(依諸)「無明、愛、業、分別」(爲)「因緣」(而)生諸(眾生)世間。	㊀爾時大慧菩薩摩訶薩承佛威力，復白佛言： 世尊！如來(常)演說(諸法是)「不生不滅」。 (此種「法義」並)非爲「奇特」。何以故？ 一切外道亦說「作者」(是)「不生不滅」(的啊)！ ㊁世尊亦(曾)説：「虛空、涅槃」及「非數滅」(非擇滅)，(皆爲)「不生不滅」(之理)。 ㊂外道亦説(依諸)作者(之)「因緣」(而)生於(眾生)「世間」。 ㊃世尊亦説(依諸)「無明、愛、業」(而)生諸世間。

彼因(彼外道所説爲「因」)、此緣(佛於此之所説爲「緣」)，(只是)名(相上有點)「差別」耳。	若爾，如來亦說「因緣」(此二字)，(只是)名字(有點)「相異」。 (外道好說「因」字，佛則常說「緣」之義)	(這些)俱是(指)「因緣」(的相同意思)，但名(相上有一點差)別耳。 (外道好說「因」字，佛則常說「緣」之義)
㈤(世尊與外道皆說)「外物」(所生起的)「因緣」亦如是。 (我個人認爲)世尊與外道論，(乃)無有差別！	㈤(世尊說)依(著)「外因緣」能生諸法，外道亦說依(著)「外因緣」而生諸法。 是故(我個人認爲)如來與外道(之)說，(乃)無有差別！	㈤(世尊與外道皆說)「外物」(所生起的)「因緣」，亦復如是。 是故(我個人認爲)佛說與外道(之)說，(乃)無有差別！

43-14 外道以「九句」譬喻來說「不生不滅」之理，亦說「四大種」永不滅壞，自性相乃「不生不滅」也。佛亦說「不生不滅」理、「有無不可得」。則佛之法義無有奇持之處，一切無非「外道」已說盡？➡解答：一切法皆是佛法，皆不可得。佛說「四大」，即非「四大」，是名「四大」也

(正確的佛法義是：
佛說四大，即非四大，是名四大。
外道邪見的修行是：
佛說四大，即是四大，是名四大)

劉宋・求那跋陀羅譯 《楞伽阿跋多羅寶經》	元魏・菩提流支譯 《入楞伽經》	唐・實叉難陀與復禮等譯 《大乘入楞伽經》
	世尊！外道(認為所有的生起之)「因」(總共有九物，例如：)	外道說言：
❶「微塵」(aṇu)、 ❷「勝妙」(pradhāna)、 ❸「自在」(īśvara)、 ❹「眾生主」(prajāpati)等。	❶「微塵」(aṇu)、 ❷「勝」(pradhāna)、 ❸「自在天」(īśvara)、 ❹「梵天」(prajāpati)等。	❶「微塵」(aṇu)、 ❷「勝妙」(pradhāna)、 ❸「自在」(īśvara)、 ❹「眾生主」(prajāpati)等，
如是九物，(外道皆說是)「不生不滅」。	共(於)外(有)九種「因緣」，(外道皆)說言「諸法」(是)「不生不滅」。	如是九物，(外道皆說是)「不生不滅」。
⑧世尊亦說一切性(法)「不生不滅」， 「有、無」不可得。	⑧如來亦說一切諸法(為)「不生不滅」， 「有、無」(皆)不可得。	⑧世尊亦說一切諸法(為)「不生不滅」(義)， (或說諸法是)「若有、若無」(的)皆不可得。
⑳外道亦說「四大」(為)不壞(永不滅壞)，(其)「自性」(乃)「不生不滅」。	⑳(外道云)以諸「四大」(為)不滅(永不滅壞)，(其)「自相」(乃)「不生不滅」。 (任)隨佛如來(對「四大」雖有)種種(的)異說，而(仍)不離於外道(之)所說(的啊)！	⑳世尊！(外道云)「(四)大種」(為)不壞(永不滅壞)，以其「自相」(乃)「不生不滅」。
「四大」(恆)常是「四大」，乃至周流(周遍流轉於)諸(六)趣，(皆)不捨「自性」。	而諸外道亦說「諸大」不離「大體」。世尊！諸外道分別「諸大」，如來亦爾，(亦)分別(於)「諸大」。	(「四大」乃)周流(周遍流轉於)諸(六)趣，(皆)不捨「自性」。 世尊(所說的)「分別」，雖稍(為有一點的)變異，(但這)一切無非「外道」已(經都)說(此理了啊)！
⑧世尊所說，亦復如是。是故我(個人所)言：	⑧世尊！以是義故，(我個人認為)「如來所說」(似乎)不	⑧是故(我個人認為)「佛法」(似乎相)同於「外道」？

（如來所說法乃）「無有奇特」！

唯願世尊（廣）為（吾）說（佛法與外道的）差別？

⓸所以（佛如來有何）奇特（而能）「勝」諸外道？若（佛與外道皆）「無差別」者：
（那於）一切外道（中）皆亦是「佛」（存在了吧）？
（因外道亦說）以「不生不滅」（之理）故。

⓹而世尊說：
一世界中，（若有）「多佛」（同時）出世者，（此乃）無有是處！

⓺如向（剛才）所說（佛與外道皆說相同的「不生不滅」理），（那於）一世界中應有「多佛」（出世才對啊）！

（因「一佛出世」與「多佛出世」乃）無差別故。
（外道認為佛既然曾說過「有、無」是沒有差別的，所以一世界中只有「一佛出世」與「同時會有多佛出世」應該也都是一樣的「無有差別」）

異（於）「外道」（的法義）？

若（真有）不同者，如來應說（清楚）所有（的）「異相」。
若有「異相」，當知（如來乃）不同（於）外道（之）所說。

⓸世尊！若佛如來於「自法」中（皆）不說（具有更）「勝相」（殊勝的法相）者：
（那於）諸外道中亦應有「佛」（了吧）？
（因外道亦）以說諸法（是）「不生不滅」（之理的啊）！

⓹如來常說：
（於）一世界中，而有「多佛」俱（同時）「出世」者，（此乃）無有是處！

⓺如向（剛才）所說（佛與外道皆說相同的「不生不滅」理），（那於）一世界中應有「多佛」（出世才對啊）！
何以故？
（如佛之）所說：「有、無」（之）因，（乃）無差別故。
（外道認為佛既然曾說過「有、無」是沒有差別的，所以一世界中只有「一佛出世」與「同時會有多佛出世」應該也都是一樣的「無有差別」）

⓻如佛（之）所說，（佛之）「言」（應絕）無「虛謬」（虛妄謬

若（真）有不同，願佛為（吾開）演（法義）。

⓸（佛如來究）有何（奇特）？所以佛說（才）為「勝」？若（佛與外道皆）無「別異」：
（那）外道即（等同於）「佛」（了吧）？
以其（外道）亦說「不生不滅」（之理）故。

⓹世尊（亦）常說：
（於）一切世界中，無有「多佛」（同時出世）。

⓺如向（剛才）所說（佛與外道皆說相同的「不生不滅」理），（以此推論）是則「應有」（多佛同時出世的）。

	誤)，云何世尊於「自法」中不說(與外道不同，且更具)「勝相」(之理呢)？	

43－15 外道依「能作諸因」、有「真實體性」，從「有、無」二見中而言「不生不滅」之理。外道從「生」中挑選出「不生」之理，從「常」中挑選出「無常」之理，從「生滅」中挑選出「不生不滅」之理。佛乃「無自性」，離「生、滅」，離有離無，但隨眾生心而言「不生不滅」的「假名言」理。若能覺悟諸法皆「自心現量」，則「妄想」不生，即能獲安隱快樂，一切諸法本來「無生無滅」也

請參閱 **32－5** **32－6** **43－1**

劉宋·求那跋陀羅譯《楞伽阿跋多羅寶經》	元魏·菩提流支譯《入楞伽經》	唐·實叉難陀與復禮等譯《大乘入楞伽經》
㊀佛告大慧：我說(之)「不生不滅」，(乃)不同(於)外道(所說的)「不生不滅」，所以者何？	㊀佛告大慧言：大慧！我所說法(有關)「不生不滅」者，(此乃)不同(於)外道(所說的)「不生不滅」(之理)，亦不同彼「不生、無常」(之)法。何以故？	㊀佛言：大慧！我之所說「不生不滅」，(乃)不同(於)外道(所說的)「不生不滅、不生、無常」(之)論。何以故？
㊁彼諸外道(認為宇宙萬象皆)有「性自性」(有真實之諸法自性)，(因此推論)得(出)「不生不變相」(之法規、法條)。我(佛與外道不同，所以)不如是(而)墮(於)「有、無」品。	㊁大慧！諸外道說(宇宙萬象皆)有「實有體性」(真實之法自體性)，(因此推論得出)「不生不變相」(之法規、法條)。我(佛與外道不同，所以)不如是(而)墮於「有、無」(之對立)朋黨(以「惡」相濟而結成的集團，兩邊均是「邪惡」的對立)聚中。	㊁外道所說(的宇宙萬象)，(皆)有「實性相」(真實之法體性相)，(因此推論得出)「不生不變」(之法規、法條)。我(佛與外道不同，所以)不如是(而)墮(於)「有、無」品。
㊂大慧！我(所說的法義)	㊂大慧！我(曾)說：	㊂我所說法：

者： （說）離「有、無」品， （亦說）離「生、滅」（之法）， （與說）非性（有）、 非「無性」（無）。	離「有、無」法， （亦說）離「生、住、滅」相， （與說）非「有」、 非「無」。	非「有」、非「無」（之法）， （及）離「生」、離「滅」（之法）。
㊵如（外境之）種種，（雖皆如）「幻夢」（之）現， （但凡夫仍能得見之）， 故（外境乃）「非無性」（非虛無斷滅）。	㊵（凡夫仍能得）見諸一切（外境）種種色像（於）「如幻、如夢」（中）， 是故不得言其（外境之）「有」（為一種斷滅的虛）無。	㊵云何「非無」（非虛無斷滅）？ （雖然外境是）如「幻夢」（之諸）色，（但凡夫仍能得）種種（之）見故。
㊄云何「無性」（非真實存在）？ 謂：色（相本為）「無自性相」（之所）攝受。 （但諸法色相對凡夫來說，仍有）「現、不現」（的分別）故，「攝、不攝」（的分別）故。	㊄大慧！云何不得言其是（虛）無（斷滅的呢）？ 謂：（諸）色體相（對凡夫來說，仍）有「見、不見；取、不取」（的分別）故。	㊄云何「非有」（非真實存在）？ 色相（之）「自性」，非是（真實存）有故。 （但諸法色相對凡夫來說，仍有）「見、不見」（的分別）故，「取、不取」（的分別）故。
㊅以是故， （我說）一切性（法）： 無性（有）、 非「無性」（無）。 （一切性＝一切法 無性＝無有＝非有 非無性＝非無法＝非無有＝非無）	㊅大慧！是故， 我說：一切諸法（乃） 非「有」、 非「無」。	㊅是故 我說：一切諸法（乃） 非「有」、 非「無」。
㊆但（若能）覺（悟）「自心現量」，（則）「妄想」不生，（即能得）安隱快樂，世事（皆獲）「永息」（永息諸煩惱與戲論）。	㊆大慧！以不（能）覺知唯是「自心」（所）分別（而）生，（若能覺知諸法皆是「自心現量」，即可）見一切世間諸法，本來（即安住於）「不生不滅」（之「法爾如是」當中）。	㊆若（能）覺（悟此）唯是「自心」所見，（即能）住於「自性」，（則）「分別」不生，世間（之能作與）所作，悉皆（獲得）「永息」（永息諸煩惱與戲論）。

43－16 「犍闥婆城」及「幻化人」皆「無出無入、無生無滅」。凡愚外道見「有生有滅」，此為智者所不為也

劉宋·求那跋陀羅譯《楞伽阿跋多羅寶經》	元魏·菩提流支譯《入楞伽經》	唐·實叉難陀與復禮等譯《大乘入楞伽經》
⑤愚癡凡夫(生)「妄想」(而)作事，(此)非諸「賢聖」(之所行)！	⑤而諸凡夫生於「分別」，(此乃)非「聖人」(之所行)耶！	⑤(所謂)「分別」者：(唯)是(屬於)凡愚(之)事，(此)非(為)「賢聖」(之所行)耳！
⑥(所謂)不實「妄想」(者)：(譬)如「犍闥婆城」(gandharva-nagara)及「幻化人」。大慧！如(凡夫見到)「犍闥婆城」，及「幻化人」，(見到)種種眾生，(及見到)商賈(有)「出、入」(的狀態)。(於是)愚夫(因)妄想(則必)謂：(有)真(實的)「出、入」(狀態)。	⑥大慧！(所謂由)「迷心」分別(於)「不實義」者：譬如凡夫見「乾闥婆城」(gandharva-nagara)，(及見)「幻師」所作種種「幻人」，(見到)種種「象馬」，(及)見(到商人)其(有)「入、出」(的狀態)。(於是愚夫)虛妄分別，作如是言：此(乃)如是如是(有真實的)「入」，(此乃)如是如是(真實的)「出」。	⑥大慧！(所謂由)「妄心」分別(於)「不實」境界(者)：如「乾闥婆城」(gandharva-nagara)，(由)「幻」所作(之)「人」。大慧！譬如「小兒」，見(到)「乾闥婆城」，及(見)以「幻人」，(及見)商賈(有)「入、出」(的狀態)。(於是愚夫因)迷心(而)「分別」言：(此出與入的狀態皆)有「實事」(可得的)。
⑦而(彼)實無有(真實的)「出者、入者」，但(為)彼(凡夫所生的)妄想(造成)故。如是大慧！愚癡凡夫(生)起「不生」(與)「不滅」(之迷)惑，彼(凡夫所見)亦無有(真實存在的)「有為、無為」(法)。	⑦大慧！而彼(凡夫所見的)實處，(並)無人(有真實的)「出、入」(狀態)。(此)唯(是)「自心」(所)見「迷惑」(之)分別(造成)。(所有的)「生、不生」法，亦復如是。大慧！而彼(凡夫所見之)「實	⑦凡愚所見(之)「生」與「不生」(狀態)，(及所見的)「有為、無為」(情形)，悉亦如是。

	處」，(並)無此(眞實存在的)「有為、無為」諸法。	
㊟(一切皆)如(彼)「幻人」(之所)「生」，其實(並)無有(眞實的)「若生、若滅」。	㊟(一切皆)如彼「幻師」所作(之)「幻事」。	㊟(一切皆)如(彼)幻人(之所)「生」，(皆)如(彼)幻人(之所)「滅」。
(幻人於)「性(有)、無性(無)」，(皆)無所有故。 (幻人於「有、無」中，皆無所有、無所得。 此即同於：幻人乃「不生不滅」之意)	而彼「幻師」(實乃)「不生不滅」。	「幻人」其實(乃)「不生不滅」。
㊄一切法亦如是，(皆)離於「生、滅」。	㊄大慧！諸法(之)「有、無」，亦無所為，以離「生、滅」故。	㊄諸法亦爾，離於「生、滅」。
㊅愚癡凡夫(則)墮(於)「不如實」(的顚倒心)，(生)起「生、滅」妄想。 (此皆)非諸「聖賢」(之所為)。	㊅唯諸凡夫墮(於)「顚倒心」，分別(於)「生、滅」。 (此皆)非謂「聖人」(之所為)。	㊅大慧！凡夫虛妄(生)起「生、滅」見。 (此皆)非諸「聖人」(之所為)。

43-17 「寂靜無相」更勝於「見諸相」。若能遠離諸分別心，妄想不起，進而達到「無生無滅」之境，此即為是一種「涅槃」

劉宋・求那跋陀羅譯 《楞伽阿跋多羅寶經》	元魏・菩提流支譯 《入楞伽經》	唐・實叉難陀與復禮等譯 《大乘入楞伽經》
㊀(所謂)「不如實」者(指具有顚倒見者)： 不爾如(實於)「性自性」， (於「諸法自性」中不能作如實觀察) (此與)「妄想」亦「不異」。 (具有顚倒見者，其實與「妄想」相同而	㊀大慧！(所謂)「顚倒」者： 如(以)心(去)「分別」此法(而作)「如是如是」(之顚倒見者)， 而彼法(並)不(是屬於)「如是如是」(之見)，	㊀(所)言「虛妄」者： 不(能)如(實觀察)「法性」，(於「法性」中不能作如實觀) (於是生)起「顚倒見」。

沒有差異)	(彼法)亦非(屬於這種的)「顛倒分別」(的)。	
⑻若(生起)「異妄想」者(指對「諸法自性的如實觀」生起種種不同妄想者):計著(於)一切「性自性」(諸法自性),(故)不見(其)「寂靜」(相)。	⑻(所謂眞正的)「顛倒」者:執著(於)諸法是「有」、(或)是「無」,(如此則)非(能)見(其)「寂靜」(相)故。	⑻(所謂眞正的)「顛倒見」者:執(著於)法(是)「有性」(眞實有自體性),(故)不見(其)「寂滅」(相)。
⑼(顛倒見者)不見「寂靜」(相)者,(故)終不(能)離「妄想」。	⑼(顛倒見者)不見「寂靜」(相)者,(故終)不能遠離「虛妄分別」。	⑼(顛倒見者)不見「寂滅」(相)故,(終)不能遠離「虛妄分別」。
㈣是故大慧!「無相」見「勝」,(能見「寂靜無相」者乃最爲殊勝)非「相」見。(並非於「諸相」之見爲殊勝)	㈣是故大慧!見「寂靜」(寂靜無相)者,名爲「勝相」,(並)非(是)「見諸相」(才)名爲(最殊)勝相。	㈣是故大慧!「無相」見「勝」,(能見「寂靜無相」者乃最爲殊勝)非是「相」見。(並非執於「諸相」之見爲殊勝)
(若於諸)相(而生執著)見者:(因爲「諸相」能作爲接)受(「他法」的一種)生因(生起之因),故「不勝」(不是最殊勝的)。	(若有執著於「諸相」見者:則爲)以不能斷(除爲「他法」的)生因(生起之因)相故。	(因爲諸)相是(能作爲「他法」的一種)生因(生起之因)。
㈤大慧!(所謂)「無相」者:「妄想」不生,(進而達到)「不起、不滅」(的境界),我說(此即是一種)「涅槃」(之理)。	㈤大慧!(所)言「無相」者:(此指)遠離一切諸「分別心」,(進而達到)「無生、無相」(境界)者,(此亦)是我所說名爲「涅槃」(之理)。	㈤若「無有相」(者):則無「分別」,(進而達到)「不生、不滅」(之境),(此)則(就)是(一種)「涅槃」(之理)。

43－18 涅槃的定義：能住「如實」處，能遠離「心、心所法」，能得如來之「自覺聖智」

劉宋・求那跋陀羅譯《楞伽阿跋多羅寶經》	元魏・菩提流支譯《入楞伽經》	唐・實叉難陀與復禮等譯《大乘入楞伽經》
大慧！(所謂)「涅槃」者：	大慧！(所)言「涅槃」者，謂：	大慧！(所)言「涅槃」者：
❶(能)如「真實義」(而)見。	❶(能)見諸法(之)「如實」住處。	❶(能)見「如實」(之)處。
❷(能)離先(生)妄想(的)「心、心數法」。	❷(能)遠離分別「心、心數法」。	❷(能)捨離分別「心、心所法」。
	❸依於「次第」(而)「如實」修行。	
❹(能)逮得如來(之)「自覺聖智」。	❹(能)於自內身(獲)「聖智所證」。	❹(能)獲於如來(之)「內證聖智」。
我說(此即)是「涅槃」。	我說如是名為「涅槃」。	我說此(即)是(名為)「寂滅涅槃」。

43－19 偈頌內容

劉宋・求那跋陀羅譯《楞伽阿跋多羅寶經》	元魏・菩提流支譯《入楞伽經》	唐・實叉難陀與復禮等譯《大乘入楞伽經》
爾時世尊欲重宣此義而說偈言：	爾時世尊重說偈言：	爾時世尊重說頌言：
滅除彼生論。 建立不生義。 我說如是法。 愚夫不能知。 一切法不生。 無性無所有。 犍闥婆幻夢。	為遮生諸法。 建立無生法。 我說法無因。 而凡夫不知。 一切法不生。 亦不得言無。 乾闥婆幻夢。	為除有生執。 成立無生義。 我說無因論。 非愚所能了。 一切法無生。 亦非是無法。 如乾城幻夢。

有性者無因。	諸法無因有。	雖有而無因。
不生無自性。	諸法空無相。	空無生無性。
何因空當說。	云何為我說。	云何為我說。
以離於和合。	離諸和合緣。	離諸和合緣。
覺知性不現。	智慧不能見。	智慧不能見。
是故空不生。	以空本不生。	以是故我說。
我說無自性。	是故說無體。	空無生無性。
謂一一和合。	一一緣和合。	一一緣和合。
性現而非有。	見物不可得。	雖現而非有。
分析無和合。	非外道所見。	分析無和合。
非如外道見。	和合不可得。	非如外道見。

43-20 偈頌內容

劉宋・求那跋陀羅譯 《楞伽阿跋多羅寶經》	元魏・菩提流支譯 《入楞伽經》	唐・實叉難陀與復禮等譯 《大乘入楞伽經》
夢幻及垂髮。	夢幻及毛輪。	幻夢及垂髮。
野馬犍闥婆。	乾闥婆陽焰。	野馬與乾城。
世間種種事。	無因而妄見。	無因而妄現。
無因而相現。	世間事亦爾。	世事皆如是。
折伏有因論。	降伏無因論。	折伏有因論。
申暢無生義。	能成無生義。	申述無生旨。
申暢無生者。	能成無生者。	無生義若存。
法流永不斷。	我法不滅壞。	法眼恒不滅。
熾然無因論。	說無因諸論。	我說無因論。
恐怖諸外道。	外道生驚怖。	外道咸驚怖。

43-21 偈頌內容

劉宋・求那跋陀羅譯 《楞伽阿跋多羅寶經》	元魏・菩提流支譯 《入楞伽經》	唐・實叉難陀與復禮等譯 《大乘入楞伽經》
爾時大慧以偈問曰：		

云何何所因。 彼以何故生。 於何處和合。 而作無因論。 爾時世尊復以偈答： 觀察有為法。 非無因有因。 彼生滅論者。 所見從是滅。	云何何等人。 何因於何處。 生諸法無因。 非因非無因。 智者若能見。 能離生滅見。 無法生不生。 為無因緣相。	云何何所因。 復以何故生。 於何處和合。 而作無因論。 觀察有為法。 非因非無因。 彼生滅論者。 所見從是滅。

43-22 偈頌內容

劉宋・求那跋陀羅譯 《楞伽阿跋多羅寶經》	元魏・菩提流支譯 《入楞伽經》	唐・實叉難陀與復禮等譯 《大乘入楞伽經》
爾時大慧說偈問曰： 云何為無生。 為是無性耶。 為顧視諸緣。 有法名無生。 名不應無義。 惟為分別說。	若為法名字。 無義為我說。	為無故不生。 為待於眾緣。 為有名無義。 願為我宣說。

43-23 偈頌內容

劉宋・求那跋陀羅譯 《楞伽阿跋多羅寶經》	元魏・菩提流支譯 《入楞伽經》	唐・實叉難陀與復禮等譯 《大乘入楞伽經》
爾時世尊復以偈答： 非無性無生。	非法有無生。	非無法不生。

亦非顧諸緣。	亦非待因緣。	亦非以待緣。
非有**性**而名。	非前法有名。	非有物而名。
名亦非無義。	亦名不空說。	亦非名無義。
一切諸外道。	聲聞辟支佛。	一切諸外道。
聲聞及緣覺。	外道非境界。	聲聞及緣覺。
七住非境界。	住在於七地。	七住非所行。
是名無生相。	彼處無生相。	此是無生相。

43－24 偈頌內容

劉宋・求那跋陀羅譯《楞伽阿跋多羅寶經》	元魏・菩提流支譯《入楞伽經》	唐・實叉難陀與復禮等譯《大乘入楞伽經》
遠離諸因緣。	離諸因緣法。	遠離諸因緣。
亦離一切事。	為遮諸因緣。	無有能作者。
唯有微心住。	說建立唯心。	唯心所建立。
想所想俱離。	我說名無生。	我說是無生。
其身隨轉變。	諸法無因緣。	諸法非因生。
我說是無生。	離分別分別。	非無亦非有。
	離有無朋黨。	能所分別離。
	我說名無生。	我說是無生。
	心離於見法。	唯心無所見。
	及離二法體。	亦離於二性。
	轉身依正相。	如是轉所依。
	我說名無生。	我說是無生。

43－25 偈頌內容

劉宋・求那跋陀羅譯《楞伽阿跋多羅寶經》	元魏・菩提流支譯《入楞伽經》	唐・實叉難陀與復禮等譯《大乘入楞伽經》
無外性非性。	外非實無實。	外物有非有。
亦無心攝受。	亦非心所取。	其心無所取。
斷除一切見。	幻夢及毛輪。	一切見咸斷。

我說是無生。	乾闥婆陽焰。	此是無生相。
如是無自性。	遠離於諸見。	空無性等句。
空等應分別。	是名無生相。	其義皆如是。
非空故說空。	如是空等法。	非以空故空。
無生故說空。	諸文句應知。	無生故說空。
	非生及空空。	
	而無於生空。	

43-26 偈頌內容

劉宋・求那跋陀羅譯 《楞伽阿跋多羅寶經》	元魏・菩提流支譯 《入楞伽經》	唐・實叉難陀與復禮等譯 《大乘入楞伽經》
因緣數和合。	諸因緣和合。	因緣共集會。
則有生有滅。	有生及有滅。	是故有生滅。
離諸因緣數。	離於諸因緣。	分散於因緣。
無別有生滅。	不生亦不滅。	生滅則無有。
捨離因緣數。	離因緣無法。	若離諸因緣。
更無有異性。	離和合無得。	則更無有法。
若言一異者。	外道妄分別。	一性及異性。
是外道妄想。	而見有一異。	凡愚所分別。
有無性不生。	有無不生法。	有無不生法。
非有亦非無。	有無不可得。	俱非亦復然。
除其數轉變。	唯和合諸法。	唯除眾緣會。
是悉不可得。	而見有生滅。	於中見起滅。

43-27 偈頌內容

劉宋・求那跋陀羅譯 《楞伽阿跋多羅寶經》	元魏・菩提流支譯 《入楞伽經》	唐・實叉難陀與復禮等譯 《大乘入楞伽經》
但有諸俗數。	但有於名字。	隨俗假言說。
展轉為鉤鎖。	展轉為鉤鎖。	因緣遞鉤鎖。
離彼因緣鎖。	離彼因緣鎖。	若離因緣鎖。

生義不可得。	生法不可得。	生義不可得。
生無性不起。	生法不見生。	我說唯鉤鎖。
離諸外道過。	離諸外道過。	生無故不生。
但說緣鉤鎖。	我說緣鉤鎖。	離諸外道過。
凡愚不能了。	諸凡夫不知。	非凡愚所了。
若離緣鉤鎖。	若離緣鉤鎖。	若離緣鉤鎖。
別有生性者。	更無有別法。	別有生法者。
是則無因論。	是則無因說。	是則無因論。
破壞鉤鎖義。	破壞緣鎖義。	破壞鉤鎖義。
如燈顯衆像。	如燈顯衆像。	如燈能照物。
鉤鎖現若然。	鉤鎖生亦然。	鉤鎖現若然。
是則離鉤鎖。	是則離鉤鎖。	此則離鉤鎖。
別更有諸性。	別更有法生。	別有於諸法。

43－28 偈頌內容

劉宋・求那跋陀羅譯《楞伽阿跋多羅寶經》	元魏・菩提流支譯《入楞伽經》	唐・實叉難陀與復禮等譯《大乘入楞伽經》
無性無有生。	生法本無體。	無生則無性。
如虛空自性。	自性如虛空。	體相如虛空。
若離於鉤鎖。	離鉤鎖求法。	離鉤鎖求法。
慧無所分別。	愚人無所知。	愚夫所分別。
復有餘無生。	復有餘無生。	復有餘無生。
賢聖所得法。	聖人所得法。	衆聖所得法。
彼生無生者。	彼生無生者。	彼生無生者。
是則無生忍。	是則無生忍。	是則無生忍。

43－29 偈頌內容

劉宋・求那跋陀羅譯《楞伽阿跋多羅寶經》	元魏・菩提流支譯《入楞伽經》	唐・實叉難陀與復禮等譯《大乘入楞伽經》
若使諸世間。	若見諸世間。	一切諸世間。

觀察鉤鎖者。	則是見鉤鎖。	無非是鉤鎖。
一切離鉤鎖。	一切皆鉤鎖。	若能如是解。
從是得三昧。	是則心得定。	此人心得定。
癡愛諸業等。	無明愛業等。	無明與愛業。
是則內鉤鎖。	是則內鉤鎖。	是則內鉤鎖。
鑽燧泥團輪。	攢軸泥團輪。	種子泥輪等。
種子等名外。	種子大鉤鎖。	如為名為外。
若使有他性。	若更有他法。	若言有他法。
而從因緣生。	而從因緣生。	而從因緣生。
彼非鉤鎖義。	離於鉤鎖義。	離於鉤鎖義。
是則不成就。	彼不住聖教。	此則非教理。
若生無自性。	若生法是無。	生法若非有。
彼為誰鉤鎖。	彼為誰鉤鎖。	彼為誰因緣。
展轉相生故。	展轉相生故。	展轉而相生。
當知因緣義。	是名因緣義。	此是因緣義。

43-30 偈頌內容

劉宋・求那跋陀羅譯《楞伽阿跋多羅寶經》	元魏・菩提流支譯《入楞伽經》	唐・實叉難陀與復禮等譯《大乘入楞伽經》
堅濕煖動法。	堅濕熱動法。	堅濕煖動等。
凡愚生妄想。	凡夫生分別。	凡愚所分別。
離數無異法。	離鎖更無法。	但緣無有法。
是則說無性。	是故說無體。	故說無自性。

43-31 偈頌內容

劉宋・求那跋陀羅譯《楞伽阿跋多羅寶經》	元魏・菩提流支譯《入楞伽經》	唐・實叉難陀與復禮等譯《大乘入楞伽經》
如醫療眾病。	如醫療眾病。	如醫療眾病。
無有若干論。	依病出對治。	其論無差別。
以病差別故。	而論無差別。	以病不同故。

為設種種治。	病殊故方異。	方藥種種殊。
我為彼眾生。	我念諸眾生。	我為諸眾生。
破壞諸煩惱。	為煩惱過染。	滅除煩惱病。
知其根優劣。	知根力差別。	知其根勝劣。
為彼說度門。	隨堪受為說。	演說諸法門。
非煩惱根異。	我法無差別。	非煩惱根異。
而有種種法。	隨根病異說。	而有種種法。
唯說一乘法。	我唯一乘法。	唯有一大乘。
是則為大乘。	八聖道清淨。	清涼八支道。

43－32 佛云「諸行無常，是生滅法」，外道亦說「無常」的妄想理論。兩者有何不同？「無常」有幾種？➡解答：外道乃從「常」的「相對待」中挑選出「無常」的理論。佛說「無常」，即非「無常」，是名「無常」。佛已超越「常」與「無常」，為度眾生，故方便假名云「非常非無常」。其實「諸法無常」或「非常非無常」之理亦「性空」不可得也

請參閱 **43－49** **45－1~45－4**

劉宋・求那跋陀羅譯 《楞伽阿跋多羅寶經》	元魏・菩提流支譯 《入楞伽經》	唐・實叉難陀與復禮等譯 《大乘入楞伽經》
	【卷七・無常品第八】	
㊀爾時大慧菩薩摩訶薩復白佛言：世尊！一切外道(亦)皆(生)起「無常」妄想(之理的啊)！	㊀爾時聖者大慧菩薩復白佛言：世尊！世尊說「無常」(理)，(此)「無常」者，(於)一切外道亦說「無常」(之理的啊)！	㊀爾時大慧菩薩摩訶薩復白佛言：世尊！一切外道(亦)妄說「無常」(之理的啊)！
㊁世尊亦說：	㊁世尊！如來(亦)依於「名字、章句」(而)說如是言：	㊁世尊亦言：
「一切行」(是)「無常」，(皆)是「生滅法」。	諸行「無常」，(皆)是「生滅法」。	諸行「無常」，(皆)是「生滅法」。

| ⊛(請問如來)此(外道說的「無常」)義云何？
為「邪」？
為「正」？
(外道)為有幾種「無常」(義)？ | ⊛世尊！此(外道說的「無常」)法，
為是「真實」？
為是「虛妄」？
世尊！復有幾種(外道所說的)「無常」(義)？ | ⊛(請問如來)未知此(外道說的「無常」)說，
是「邪」？
是「正」？
(外道)所言(的)「無常」，復有幾種(義)？ |

43－33 ㈠～㈤。外道有八種「無常」的名相介紹，此非佛之教也 (底下是第一種到第五種的介紹)

請參閱　**43－43**(第一種)　**43－44**(第二種)　**43－45**(第三種)
　　　　43－46(第四種)　**43－39**(第五種)

劉宋‧求那跋陀羅譯 《楞伽阿跋多羅寶經》	元魏‧菩提流支譯 《入楞伽經》	唐‧實叉難陀與復禮等譯 《大乘入楞伽經》
佛告大慧：一切外道(說)有「七種無常」(理)，(皆)非我(佛門之)法也，何等為七？	佛告聖者大慧菩薩言：善哉！善哉！善哉！大慧！一切外道虛妄分別說(有)「八種無常」(之理)，何等為八？	佛言：大慧！外道說有「七種無常」(理)，(皆)非是我(佛門之)法，何等為七？
㈠彼有說言：(原有發起之)「作」已，而(後便)「捨」，(此)是名「無常」。 (第一種名為「始造無常」或「發起無常」)	一者：(原有)發起所作而(後來便)「不作」(停息；棄捨)，(此)是名「無常」。 何者名為「發起」？謂： (所有屬於相對式的)「生法、不生法」。「常法、無常法」，(即)名為「發起無常」。	㈠謂有說：(原有)「始起」(後來)即(便)「捨」，(此)是名「無常」。 生(起)已(而後便)不(再)生(起)，(此是名)「無常」性故。
㈡有說：(能造的「四大種」及所造的「諸色」與「微塵」皆永不壞滅，	二者：(只是在)「形相」(上有某些的)休息(休止停息；壞	㈡有說：(只是在)「形處」(上有發生某些的)變壞(情形)，(此

只是在外相上的某些「形處」(有發生)壞(滅的情形),(此即)是名(爲)「無常」。 (第二種名爲「形處壞無常」或「形相休息無常」)	滅),(此即)名為「無常」。	即)是名(爲)「無常」。
㈢有說:(只)即(有在外相上的某些形)色(等發生壞滅轉變),(即名爲)是(一種)「無常」。 (第三種名爲「色即無常」或「形相無常」)	**三者**:(只是外相上的某些形)「色」等(發生壞滅轉變),即是(名爲一種)「無常」。	**㈢有說**:(只是外相上的某些形)色(等發生壞滅轉變),即(名爲一種)「無常」。
㈣有說:(在諸)「色」(的)「轉變」中間,(即)是名「無常」。 (外道又改認爲「四大」所造的「色法」,在發生轉變時,前後會發生了一些差異變化,這就叫第四種名爲「轉變無常」;但唯有能造的「四大」是絕無變異。如「金」性無變異,但金變出的「莊嚴飾具」則有變異)	**四者**:(由於諸)「色」(會發生)轉變故,(造成前與後皆有變)異(與差)異,(即是名爲)「無常」。	**㈣有說**:(在諸)「色」之「變異」(中),(即)是名「無常」。
(諸法看上去原本是屬於)無間(相續的),(但由於在「無常」的規則下,卻發生了)自(然)之(於)散壞(的現象)。 **svarasa-bhanga-bheda** 爲 證取 自之散壞,自然而滅,自然歸滅 *Lank.* 如乳(與)酪等(之間的)轉變,(在轉變的過程)中間,(肉眼雖)不可(詳)見(其發生的化學變化), (但這)「無常」(之軌則仍然會)毀壞(這)一切性(法)轉(轉起;生起)。	諸法(看上去原本是屬於)相續(不斷的),(但由於在「無常」的規則下,卻發生了)「自然而滅」(的現象)。 如乳(與)酪(之間的)轉變,於一切法(中),(肉眼雖)不(詳)見其(有)轉(變的現象),亦不見(其有)滅(的現象), (但此即)名為「無常」(之軌則。亦即「無常」的力量仍將	一切諸法(看上去原本是屬於)相續不斷(的),(但由於在「無常」的規則下,卻)能令(諸法發生)變異(的一種)「自然歸滅」(svarasa-bhanga-bhedam)。 猶如乳(轉變成)酪,前(與)後(有)變異,雖不可(以肉眼而得詳)見(其發生的化學變化), 然(而)在(無常)法(的軌則)中,(「無常」仍然會破)壞(這)一切法(的)。

(意指:「無常」之軌則,仍然會令諸法轉起、生起的意思。「無常」的力量將會毀壞這一切東西,一定會將牛乳的性質完全破壞掉,讓它變成了「酪」。這就是外道所認爲的「第四種」無常論)	會毀壞這一切東西的)。	(也就是說在牛乳變成「酪」的「過程」中,我們的肉眼無法詳見其中的「化學變化」,但據「無常」的軌則,一定會將牛乳的性質完全破壞掉,讓它變成了「酪」)
囯有說:「性(物)無常」。 (外道以「無常法」是一個「有物者」,是一個永不滅壞的「有法者」,它能發揮「破壞」掉一切諸法的「力量」,成爲「滅掉」諸法的一種「作因」,且此「無常法」將永不滅壞) (第五種名爲「物無常」或「有一個無常物」)	五者:復有餘外道等,以「無物」(無有任何之物不被「無常」給破壞掉)故,(所以)名為「無常」。	囯有說:「物無常」。

43-34　(六)→外道第六種「性(法;物)、無性(無法;無物)」的「無常」名相介紹

請參閱 43-37

劉宋・求那跋陀羅譯《楞伽阿跋多羅寶經》	元魏・菩提流支譯《入楞伽經》	唐・實叉難陀與復禮等譯《大乘入楞伽經》
(六)有說: 性(有法)、 無性(無法), (皆是屬於)「無常」。 (性=物;果;事;法;有) (第六種外道的「無常」論是屬於:全部毀滅論;全部同歸於盡;全部是虛無斷滅,而且永不生起作用)	六者: 有法、 無法, 而悉(皆是屬於)「無常」。 以一切法「本不生」(此指「永不會生起」的意思)故,名為「無常」。 以「無常法」(於)彼中(生起)「和合」(現象),是故(名爲)「無常」。	(六)有說: (有)物、 無物, (皆是屬於)「無常」。

43－35 **㈦→外道第七種「本無後有，名為無常」的理論探討**

劉宋・求那跋陀羅譯 《楞伽阿跋多羅寶經》	元魏・菩提流支譯 《入楞伽經》	唐・實叉難陀與復禮等譯 《大乘入楞伽經》
㈦(缺)	七者：復有餘外道等，(認為)本「無」(而)後「有」，(即)名為「無常」(理)。謂(原本)依(著)「諸大」所生(的)相(發生壞)滅(時)，(即永)不(再)見其「生」(相)， (此即類似第六種「全部同歸於盡；虛無斷滅；永不生起」的理論) (既然已遠)離(還有可能發生)「相續」(之)體，(此即)名為「無常」。	⑦(缺)

43－36 **㈧→外道第八種「一切法永遠不會再生起，名為無常」的介紹→彼認為「不生無常」乃遍住於一切法中**

請參閱 43－38

劉宋・求那跋陀羅譯 《楞伽阿跋多羅寶經》	元魏・菩提流支譯 《入楞伽經》	唐・實叉難陀與復禮等譯 《大乘入楞伽經》
㈧有說：一切法「不生」(此指「永不會生起」的意思)，(即是屬於一種)無常，(此種「不生無常」乃是遍)入(於)一切法(的)。	八者：「不生」(此指「永不會生起」的意思)，(即是屬於一種)無常，謂為「非常」(非為恒常狀態)，是故(名為)「無常」。	㈧有說：「不生」(此指「永不會生起」的意思)，(即是屬於一種)無常，(此種「不生無常」乃是)遍住(於)一切諸法之中。

43－37 外道第六種「性(有法;有物)、無性(無法;無物)」的「無常」理論探討

請參閱 **43－34**

劉宋・求那跋陀羅譯《楞伽阿跋多羅寶經》	元魏・菩提流支譯《入楞伽經》	唐・實叉難陀與復禮等譯《大乘入楞伽經》
㊀大慧！(第六種外道謂：) 性(有法)、 無性(無法)， (皆是屬於)「無常」者，謂：(能造的)「四大」及「所造」(的諸色，皆是屬於)自相(斷)壞(的一種虛無)。 ㊁(外道認為)「四大」(之)自性(終究)不可得(而斷滅)，(而且)不生(永不會生起作用)。 (外道的理論就是這樣前後矛盾的，一下子認為「能造的四大」與「所造的諸色」永不壞滅。 一下子又認為「能造的四大」永不會壞，只有「所造的諸物」會壞而已。 現在又認為「能造的四大」與「所造的諸色」都是一種「斷滅虛無」論，而且永不會生起「作用」)		㊀其中(第六種外道謂：) (有)物、 無物， (皆是屬於)「無常」者，謂：「能造、所造」其相(皆是)滅壞(的一種虛無)。 (第六種外道的「無常」論是屬於：全部毀滅論；全部同歸於盡；全部是虛無斷滅，而且永不生起作用) ㊁(外道認為四)大種(之)自性，本來(即是)「無起」(永不會生起作用)。

43－38 外道第八種「一切法永遠不會再生起，名為無常」的探討
➡ 由於「無常」，故誤以為這就是屬於「永不生起」的一種「無生」，然後又謂此為「非常、非無常」之理。甚至於一切法中，認為永不會生起「有」與「無」的現象。若不覺此謬論者，乃

墮於一切外道

請參閱 **43-36**

劉宋・求那跋陀羅譯《楞伽阿跋多羅寶經》	元魏・菩提流支譯《入楞伽經》	唐・實叉難陀與復禮等譯《大乘入楞伽經》
壹彼(第八種外道謂:)「不生」(此指「永不會生起」的意思),(即是屬於一種)無常者,(此應就是指)非「常、無常」(之理吧)? 一切法(於)「有、無」(應該都是)不生(永不生起的啊)! (佛講的「非常、非無常」,不是指諸法「永不生起」的意思。 外道講的「非常、非無常」,就是指諸法「永不生起」的意思)	壹(第八種外道謂:)見諸法(具)「有、無、生、不生」(的現象時)。 (佛講的「不生」,是指諸法沒有「真實」的生起,而不是「永不生起」的意思,永不生起=斷滅了。 外道講的「不生」,是指「永不生起」的意思)	壹(第八種外道謂:)「不生」(此指「永不會生起」的意思),(即是屬於一種)無常者,(此應就是所)謂(的)「常」與「無常」(之理吧)? (一切的)「有、無」等法,如是一切皆(應都是屬於)「無有起」(永不生起的啊)!
貳(照這樣)分析(下去),乃至「微塵」,(皆屬)不可見。 是(外道所說的)「不生」(永不生起)義,(即是指)「非生」(永不會生起)。	貳(照這樣分析)乃至(於)「微塵」(的)觀察(下),不見(有)法「生」(起)。 故(外道所)言(的)「不生」(永不會生起),(即是指)諸法「非生」(永不會生起)。	貳乃至分析至於「微塵」,亦無所見。 (外道)以(諸法都是屬於)「不起」(永不生起)故,(即)說名(為)「無生」(永無生起)。 (注意:這不是指佛法上說的「無自性」的一種「無生」,而是指「永無生起」的一種「無生」)
參(此)是名(為第八種)「不生無常相」。	參大慧!(此)是名(為第八種)「無生無常相」。	參此是(名為第八種)「不生無常相」。
肆若(有人)不(能)覺此者(指這第八種的外道無常論),(則將)墮(於)一切外道,生(起「非正見」的)「無常」義。	肆而諸外道不知彼法,所以(認為諸法)「不生」(永不生起),是故分別諸法(是)「不生」(永不生起),故言(此就是一種)「無常」(理)。	肆若不了此(這第八種的外道無常論),則(將)墮(於)外道,生(起「非正見」的)「無常」義。

43-39 外道第五種「物無常」或「有一個無常物」的理論探討➡

外道以「無常法」是一個「有物者」(永不滅壞的有法者)，它能發揮「破壞」掉一切諸法的「力量」，成為「滅掉」諸法的一種「作因」，且此「無常法」將永不滅壞

劉宋・求那跋陀羅譯《楞伽阿跋多羅寶經》	元魏・菩提流支譯《入楞伽經》	唐・實叉難陀與復禮等譯《大乘入楞伽經》
㊀大慧！(第五種外道謂:)「性(物)無常」者： (性=物;果;事;法;有) (外道)是(以)自心「妄想」(去分別)非「常、無常」性(外道乃以「虛妄」的分別心去分別「非常、非無常」等道理)。 所以者何？ ㊁謂(外道認為)「無常」(之)自性(是)「不壞」(永不滅壞)。(外道認為「無常」這個自性、自體是「永不滅壞」的，但卻可以發揮「滅壞」掉一切諸法的「力量」，能成為「滅壞」掉諸法之「作因」。佛法講「眾因緣」生法，外道講「無常」能生出一切法來。外道把「無常」當作「真實存有」&永不敗壞。佛法把「無常」當作「假名有」而不執著)	㊀復次大慧！(第五種)外道分別「無常」之法言:「有」於物(指有一個「物無常」之理)。 彼諸外道(是以)「自心」(的)虛妄(心去)分別「無常、常、非無常」。 以「有」物故(指有一個「物無常」之理)。 何以故？ ㊁(外道認為「無常」之)自體(乃)「不滅」(永不滅壞)故，自體(即)「不滅」(永不滅壞)者，(所以)「無常」之體(即是恒)常(的)「不滅」(永不滅壞)故。 大慧！若「無常法」是(真的屬於)「有物者」(指有一個「物無常」之理)，(那)應(能)生(出一切)諸法(來的啊)！ 以彼「無常」(的力量)能作(為一切諸法的生)「因」故(因為這個無常法，已經是永不滅壞的，既然如此，那必定能作為「他法」生起的真實之因啊)。	㊀(第五種外道謂:)有「物無常」者，謂： (外道)於「非常、非無常」(之)處，(而)自生「分別」(外道乃以「虛妄」的分別心去分別「非常、非無常」等道理)， 其義云何？ ㊁彼(外道)立(了)「無常」(論)，(並認為「無常」的)自(性是永)不滅壞。 (但這個「無常」自性卻)能壞(滅掉一切)諸法。

㊟大慧！此是一切(第五種外道)「性無性」(的)無常事(理)。 (外道認爲)除(了)「無常」(的力量之外)，無有能令一切「法、性」(成爲)無性者， (沒有其它的法能令一切的「法」、一切的「物」，被破壞掉而成爲「無性、虛無」者)	㊟大慧！若一切法(皆)不離(這個「永不滅壞」的)「無常」(力量)者； (那麼)諸法(原本爲)「有」，(將被破壞成爲)無一切應(可得)見(的)。 何以故？	㊟(外道認爲)若無「無常」(假如沒有這個「永不滅壞」的「無常」法)，(去破)壞一切法(的話)，(那麼一切)「法」終不(會被壞)滅(而)成於(虛)無(之)有。
如(用)杖、(用)瓦、(用)石，(能)破壞諸物。 (但是「杖、瓦、石」自身是永不會滅壞的，此「無常」法之理亦如是) (佛法講「能造、所造」二者皆不可得、都會被破壞掉。 外道講「能造」者，必定不壞，只有「所造者」會敗壞而已。 我們用諸法是「無常」的義理去解釋一切現象；然而「無常」自身、本身，也是屬於「無常」不可得的啊！ 我們用諸法是「空性」的義理去解釋一切現象；然而「空性」自身、本身，也是屬於「空性」不可得的啊！因爲「空亦復空」的啊！)	如(用)杖、(用)木、(用)瓦、(用)石，(都能發揮)「能破、可破」之物(的力量)，(諸物)悉皆(能被)破壞。	如(用)杖槌乎、(用)瓦、(用)石，(都)能(破)壞於(諸)物，而(杖、瓦、石)自(身是)不壞(永不滅壞的)，此(「無常」法之理)亦如是。

43－40 「無常」與「諸法」非「差異」(異)，亦非「相同」(一)。「無常」亦非真實 "有物者"，「無常」亦有壞滅之因也。佛之「無常」理論並非從「相對」法的比較中得來。「因」與「果」不會完全「相異」(異)，亦不會完全「相同」(一)

「諸法無常」四個字。
那麼「諸法」與「無常」之間是什麼道理呢？
正確答案是：「諸法」與「無常」是「非一、非異」的狀態與關係。
以佛法來說，「無常」只是一個「假名有」而已！

劉宋・求那跋陀羅譯《楞伽阿跋多羅寶經》	元魏・菩提流支譯《入楞伽經》	唐・實叉難陀與復禮等譯《大乘入楞伽經》
㊀(我等眼前)現見(無常與諸法似乎是)各各「不異」(指沒有差別)，是「性(法)、無常」事(「諸法」與「無常」等事)，非「(能)作、所作」(之)有差別。 (所以諸法與無常➡非異也) 即相同也)	㊀(我等眼前)見彼(無常與諸法有)種種「異異」(變異與差異)相故，是故(我認為諸法若皆以)「無常」(為)因(的話)，(那麼)一切法(亦將成為)「無法」(虛無之法)。 (所以「諸法」與「無常」應該是)亦「非因」(非有能作之因)亦「非果」(非有所生之果)。 (所以諸法與無常➡非異也)	㊀大慧！(我等眼前)現見「無常」與「一切法」，(似乎)無有「能作、所作」(之)差別，(那)云(何言)此是(為)「無常」(之理呢)？ (所以諸法與無常➡非異也) 即相同也)
㊁(若不能分別)此是「無常」、此是事(指「諸法」)，(那麼)「(能)作、所作」(皆成為)無異者， (這樣會造成)一切性(法)「常」，(此句完全意思是指「能作」與「所無」都屬於「恒常」了) (便又落入)無「因」性。 (既然「能作與所」無差別，則因與果相同，可謂兩者皆是「無常」，或謂兩者皆是「常」，那就會造成誰作「因」？誰作「果」？如此便落入「無因生」也) (所以諸法與無常➡非一也) 即不相同也)	㊁大慧！復有(更多的)諸過(失)，以彼「因果」(皆成為一種)無差別故，而(便)不得言：此是(一種)「無常」(之因)，而彼是(另一種諸法之)「果」。以「因果」(仍是有)差別故，故不得言一切法(皆屬恒)「常」， 以一切法無「因」故。 (如果說諸法都是「常」，或說能作與所作都是「常」，因與果沒差別，因與果完全相同的話，那就會成就「無因生」的理論了) (所以諸法與無常➡非一也)	㊁此是「所作」無差別故(指「能作與所作」既無差別)， (那麼)「能作、所作」應俱是(屬於恒)「常」， (則應)不見(會)有(任何的)「因」能令諸法成於「無」故。 (既然「能作與所作」無差別，則因與果相同，可謂兩者皆是「無常」，或謂兩者皆是「常」，那就會造成誰作「因」？誰作「果」？如此便落入「無因生」也) (所以諸法與無常➡非一也)

㊂大慧！ 一切性(法)無性， (一切「法」會發生「無性」的壞滅情形。 性=物;果;事;法;有) (諸法仍皆)有(其)「因」(的啊)！ (此)非凡愚所(能)知。	㊂大慧！ 諸法(仍皆)有(其)「因」(的啊)！ 而諸凡夫(於此理而)不覺不知。	㊂大慧！ 諸法(會發生)「壞滅」，實亦有(其)「因」(的啊)！ 但(此)非凡愚之所能(明)了。
㊃「非因」(非相似因→異因)「不相似事」(「不相似事」即同於「異果」之義)生， (上面即指「異因」不能生「異果」的意思。性=物;果;事;法;有)	㊃「異因」(是)不能生(出)「異果」故。 大慧！	㊃大慧！「異因」不應生於「異果」。
若(「異因」真的能)生(出「異果」)者，(那麼)一切性(法)悉皆(成為沒有「定論」的一種)「無常」，(因為都)是(能成為一種)「不相似事」(「不相似事」即指「異果」的意思)！	若「異因」(真的)能生(出)「異果」者，(那麼這個)「異因」應(能)生(出)一切諸法(來的啊)！ (例如：水、泥土、石頭[異因]，真的能生出「手機」來的話，那表示任何的東西，也都能生出「手機」來的啊)	若(「異因」真的)能生(出「異果」)者，(那麼)一切「異法」應並(皆能)相生(出來的啊)！ (例如：石頭[異因]，真的能生出「手機」來的話，那表示這個石頭也能生出任何「東西」來的)
(這樣遂造成)「(能)作、所作」(皆)無有別異(了啊)！ 而(今)悉見(能作與所作的「因果」確定是)有異(的)。	若爾，復更有過(失)！應(於)「因果」(中必有)差別(的才對啊)！ 而(今果)見(能作與所作的「因果」確定是有)差別(的)。	(這樣遂造成)「彼法、此法、能生、所生」應(都)無有(分)別(了啊)！ (今)現見(能作與所作的「因果」確定是有)有別(的)。 (所以)云何「異因」(怎能)生於「異果」(來呢)？

43－41 若以諸法必具有「無常」此 "物" 之特性，且「無常」是真實能生出諸法，則此「無常」即又墮回「常」法之謬見。如以「空性」一詞作為諸法必備之特性，則又落入另一相對待

的「實法」也。「無常法」並非有一個「無常」的"體性"，非有一個"實體無常法"，亦非有一個"無常實物性"

《中論》云：若有「不空」法，則應有「空」法。實無「不空」法，何得有「空法」？《中論》云：大聖說「空法」，為離諸見故，若復「見有空」，諸佛所不化，故應「空亦復空」也

劉宋・求那跋陀羅譯《楞伽阿跋多羅寶經》	元魏・菩提流支譯《入楞伽經》	唐・實叉難陀與復禮等譯《大乘入楞伽經》
⓵若性(法)「無常」者，(則又)墮「(能)作因」性相。 (外道以爲「無常」爲一種「眞實之有物」，此則又墮入「無常」成爲「能作諸法之因」，「無常」成爲諸法的一個眞實的「自性相」了。這樣會造成「無常」可以創造生出萬物的「萬能神」啊！)	⓵大慧！若其「無常」是(屬於)「有物」(有眞實之物)者，(則)應(等)同(立了一個由「無常」爲)「因」體所作之(的任何)事，復更有過(失)。	⓵大慧！若「無常」性是(屬於)「有法」(有眞實之法)者，(則一切諸事)應(等)同(皆是由「無常」)所(創)作(出來)，自(我的性相都)是(具有一種眞實的)「無常」(性質)。
⓶若(「無常」法)墮(入「眞實的能作因」)者，(則)一切性(法)不究竟， 一切性「(能)作因相」墮者。 (此指諸法將墮入「眞實的能作因」，這個「無常」成爲眞實的一種「能作之因」，如此就永遠無法通達諸法「遠離兩邊」的「究竟」義)	⓶(如此則)於(無常)「一法」中，即應具足(了)「一切諸法」(因爲一切諸法皆從「眞實的無常因」而生出來的)，以同「一切」(皆是由無常)所作(所造作出來)，(遂造成)「因果」業(力)相(將)無差別故，(這樣的理論)復更有(諸多的)過(失)。	
⓷(若謂)自(我的性相都是屬於)「無常」(的話)，(則)應(具有一個眞實的)「無常」(體)， 無常「無常」故(「無常」若具有一個眞實的「無常」之體)， (這樣遂造成)一切性(法)不(再歸	⓷(若謂「無常」，本)自(就)有「無常」(的一種性相)，「無常」(是具)有(一個眞實的)「無常體」故，復更有(諸多)過(失)。	⓷(若謂)自(我的性相都是屬於)「無常」故， 所(以這樣遂造成)「無常法」皆
(這樣遂造成)一切諸法(本來應該		

屬於)「**無常**」(之理了), (結果)應(又)是(墮入了另一種恒)「常」(的謬見)。	歸屬於)「**無常**」(的「不可得」之理的), (結果)應(又是墮入了另一種恒)「常」(的謬見)故,(這樣的理論)復更有(諸多的)過(失)。	應是「常」。 (若以諸法必具有「無常」此"物"之特性,且「無常」是真實能生出諸法,則此「無常」即又墮回「常」法之謬見)

43-42 若「無常」是"有物者",能生成諸法者,且能「周遍一切法、入一切性」者,則將同於諸法一起「墮於三世」法。「四大」與「四大所造諸色」,凡有「能造、所造」,則必有「生住滅」現象。外道所說的「四大」為「不生不滅」理論,乃立足於「有物者、有體相者、有能生者、永不滅壞者」

劉宋·求那跋陀羅譯 《楞伽阿跋多羅寶經》	元魏·菩提流支譯 《入楞伽經》	唐·實叉難陀與復禮等譯 《大乘入楞伽經》
㊀若「無常」(是遍)入(於)一切性(法)者,(則)應墮(於)「三世」(法中)。	㊀若其「無常」(乃)「同諸法」者,(則應)墮(於)「三世法」(中)。	㊀大慧!若「無常」性(是周遍的)住(於一切)「諸法」中,(則「無常」)應同「諸法」(一樣),(皆)墮於「三世」(法)。
㊁ ①彼過去, (「無常」若是入或住於「過去色」) 「色」與「壞」俱。 (過去色已經過去了,已經敗壞了,所以「無常」亦跟著壞滅)	㊁大慧! ①過去, 「色」同(於)「無常」,故已(經)滅(了)。	㊁ ①與「過去」, 「色」同(於無常),(而過去)時「已滅」。
②未來,(還)不生, (「無常」若是入或住於「未來色」) 「色」不生故。 (未來色還沒發生,尚未生出來,所以「無常」亦跟著「不生」)	②未來法,(還)未生, 以同「色」(之)「無常」,故(還)「不生」。	②未來,(還)不生,
③現在,	③現在(雖然)有法,	③現在,(則)俱「壞」。

（「無常」若是入或住於「現在色」）「色」與「壞」相俱。 （現在色也是刹那的敗壞不可得，所以「無常」亦跟著壞滅）	（但仍）不離於「色」。 （現在色也是刹那的敗壞不可得，所以「無常」亦跟著壞滅）	
㊂（外道謂）「色」者，（即是由）「四大」積集（所造的種種）差別（相）。 （外道謂）「四大」及（四大所）造色，（其）自性（皆永恒而）「不壞」， （其實「四大」及「四大所造色」這兩者是）離「異、不異」故。	㊂（外道認爲）以「色」與彼「諸大相」，（皆）依（著）「五大」，（或）依（著）「塵」（而成立），是故（永恒而）「不滅」， （其實）以彼彼（指「四大」與其所造之諸色）皆「不相離」故。 （「四大」及「四大所造色」兩者「不相離」，故兩者是屬於「非異與非一」的關係）	㊂一切外道計（執）「四大種」（的）體性（是永恒而）不壞，「色」者，即是（四）大種（所造的種種）差別（相）， （其實四）大種（與四大所）造色，離「異、不異」故。 （離「異、不異」＝非「異、一」）
㊃一切外道，（計執）一切「四大」（皆是永恒常住而）不壞。	㊃大慧！一切外道（計執）不滅「諸大」（指將諸大計執爲永恒的常住不滅）。	㊃（外道計執）其（四大之）「自性」亦（爲永恒的常住而）「不壞滅」。
㊄（在）一切（的）「三有」（三界中），（其有關）「四大」及（四大所）造色，在（衆人所見）所知（的情形下皆具）有「生、滅」（的現象）。 （只要是有「生滅」的「無常」現象，那就不會是「永恒不滅」的存在）	㊄（一切的）三界（皆）依（四）大、依「微塵」等（而形成），是故依彼法說（皆有）「生、住、滅」（的現象）。	㊄大慧！（在一切的）「三有」（三界）之中，（其有關）「能造、所造」，莫不皆是（具有）「生、住、滅」相（的現象）。 （只要是有「生住滅」的「無常」現象，那就不會是「永恒不滅」的存在）
㊅（若遠）離「四大」（及四大所）造色，（則）一切外道，（將）於何所（去）思惟（有關）「性」（法）無常」（的道理呢）？ （外道認爲：既然「遠離」了「四大」與	㊅大慧！（若）離於此（四大之）法，（亦）更無四大（所造的）「諸塵」等法。 以彼外道（之）虛妄分別（思惟來看），（若眞的遠）離（了一切法	㊅（既然都有「生住滅」的「無常」現象，那）豈更別有（另一種的）「無常」之性；能（更）生於（諸）「物」？而（認爲「四大」是）「不滅」耶（永不滅壞的）？

「四大所造色」，那就都不存在、都斷滅了，那就沒有任何「東西」可讓我們再去「思考」所謂「諸法無常」的道理）	(指「四大」及「四大所造色」)，（則於何處)更有「無常」(的道理呢)？	
(所以外道便說：) 「四大」(是永)不生(起)，(四大之)「自性相」(是永)不壞(滅)故。	是故外道(便)說言： 諸(四)大(是)「不生不滅」(永不生起與永不滅壞)，以(四大之)「自體相」常「不滅」(永不滅壞)故。	

43－43 外道第一種「始造無常」或「發起無常」的理論探討 ➔ 正確知見是：「無常」法非是「始造諸法」之因，「四大種」不"自造"「四大種」，亦不"他造"「四大種」，亦不"共造"「四大種」

劉宋・求那跋陀羅譯 《楞伽阿跋多羅寶經》	元魏・菩提流支譯 《入楞伽經》	唐・實叉難陀與復禮等譯 《大乘入楞伽經》
(壹)(第一種外道謂：) (原有發起之作已)，(而後便)離(原有的)「始造」，(此即名爲)「無常」者。 (第一種名爲「始造無常」或「發起無常」)	(壹)是故彼(第一種外道)說： (原有)發起(而有)「作事」，(後來於)中間(便)不作(指停息；棄捨)，(此即)名為「無常」。	(壹)(第一種外道謂：) (原有)「始造」，(後來)即(便)「捨」，(此即名爲)「無常」者。 (第一種名爲「始造無常」或「發起無常」)
(貳) ①非「四大」復有異(於)「四大」， (並非「四大種」透過「互相創造」的方式，便能生出異於「四大種」的物質。 意即：四大種並不能去「互相創造」出四大種來)	(貳) 諸(四)大(種)更(能)有發起(創造出其餘)「諸大」(的能力嗎)？ (當然沒有！因爲四大「不自造、不他造」，亦「不共造」，所以不可能創造出其餘的「諸大」來)	(貳) ①(並)非(四)大種(能)「互造」(出四)大種(來)， (四大種非屬於「互相創造」的一種「他造」➔他生，就是「別人」可以創造你，你也可以創造出「別人」來。四大種也不是屬於「自我創造」的一種「自造」➔自生)
(因四大種乃)各各(都是屬於)	(其實)無彼彼(之)「異相」(與)	以(四大種乃)各(各有差)別

異相(不同的)。	「同相」(的創造)。	故。
②(若是)「自相」故， (若說「四大種」是一種「自我創造、自相自造」的話) 非差別可得， (既然「自相」能創造出「自相」，那就非有「能造」與「所造」的差別啊) 彼無差別。 (「能造」與「所造」成為一種「無差別」的狀態了)	(沒有「四大種」能具有「異相」[他生]，或具有「同相」→[自生]的創造能力。 意即:「四大種」並沒有「自造」或「他造」的能力) (四大種皆為)不生滅法。 (四大種都是屬於不能「由自生出」別人，或「由自滅掉」別人的性質)	②非「自相」造， (「四大種」亦非是屬於「自我創造、自相自造」) 以(會成為)「無異」故。 (四大種如果是屬於「自相」能創造出「自相」來的話，這樣「能造」與「所造」就會成為一種「無異」的狀態了)
③斯等不「更造」， (若說「四大種」彼此是屬於「更相共造」的話，那也不能成立) 「二方便」不作。 (因為「互造」與「自造」這二種「方便」都已不能創作，也不能成立，又如何能成立出一個「共造」來呢?)	以見(四大種)諸法(是處於)「不生滅」故，	③非復「共造」， (「四大種」亦非是屬於「更相共造」的狀態) 以乖離故。 (因為「互造」與「自造」這二種都已「乖離」而不能成立，又如何能成立出一個「共造」來呢?)
㊤當知(此即)是(外道所計執的第一種「始造」)無常。 (這種「始造無常」的理論是錯誤的)	㊤而(外道竟)於彼處生(出)「無常」(的一種)智(解)。	㊤當知非是(外道所計執的第一種)「始造」無常。(這種「始造無常」的理論是錯誤的)

43-44 外道第二種「形處壞無常」或「形相休息無常」的理論探討 → 彼外道認為「能造的四大」及「所造的諸色」與「微塵」皆永不壞滅，唯有在外相上某些「形處、形相、形狀、長短」會發生無常壞滅而已。此為外道「數論學派」之說也

劉宋・求那跋陀羅譯 《楞伽阿跋多羅寶經》	元魏・菩提流支譯 《入楞伽經》	唐・實叉難陀與復禮等譯 《大乘入楞伽經》
㊀(第二種外道謂:)	㊀大慧！何者名為(第二	㊀(第二種外道謂:)

彼「形處壞無常」者(只是「形處」上有壞滅,即名為一種無常),(外道)謂: 「四大」及「造色」(皆永)不壞,(乃)至(究)竟(皆永)不壞(滅)。	種外道謂:) 「形相休息無常」? (只是「形相」有休止停息、或壞滅時,即名為一種無常)	「形狀壞無常」者(只是「形狀」上有壞滅,即名為一種無常): (外道認為)此非「能造」及「所造」(會發生無常與敗)壞,但(只有在某些)「形狀」(上發生了)壞(損的情形而已)。其義云何?
㊁大慧! (所謂乃至究)竟(永不壞)者: (外道)分析(諸色)乃至「微塵」,(在)觀察(其)壞(滅的情形之後), (但只見)「四大」及「造色」(的)「形處」(有發生一些損壞的差)異(之)見(而已), (例如形狀上的)「長短」(即是)不可得(此「不可得」指「長短」形狀是不可獲得「圓滿無缺」的,「長短」形狀是會壞滅的), (但並)非(是整個)「四大」(也會跟著發生無常而壞滅→外道認為「四大種」是永不敗壞的)。	㊁(外道)謂: 能造(的四大種)、所造(的諸色)形相,(只)見(其有在)「形相」(上發生一些損壞差)異(之見而已),(例)如「長短」(的形狀)。	㊁(外道)謂: 分析「色」乃至「微塵」,但(只見有壞)滅(掉外在)「形狀」(上的)「長短」等見(而已)。
㊂(外道謂)「四大」不壞(永不敗壞), (只是外相上的某些)「形處」(發生)壞(滅的)現(象而已)。 (此種邪見將)墮在「數論」(sāṃkhyavāda)。	㊂(外道謂)非「諸大」滅(並非「四大」會壞滅), 而(只是)見(其)「諸大」(在)形相(上發生一些)轉變(壞滅而已)。 彼(邪見之)人(將)墮在「僧佉法」(sāṃkhyavāda)中。	㊂(外道謂)不滅「能造」(與)「所造」(的)色體(指能造的「四大」與所造的「諸色」是永不敗壞、永不滅的)。 此(邪)見(外道將)墮在「數論」(sāṃkhyavāda)之中。

43－45 外道第三種「色即是無常」或「形相無常」的理論探討→
彼外道認為只有在某些「形相、形處、形狀」會發生無常變
壞而已，並非是整個「四大」也會跟著發生無常而壞滅。外
道認為「四大種」是永不敗壞的，復見諸法唯有「言說」與「自
體相」。此即「順世外道見」

劉宋・求那跋陀羅譯《楞伽阿跋多羅寶經》	元魏・菩提流支譯《入楞伽經》	唐・實叉難陀與復禮等譯《大乘入楞伽經》
壹(第三種外道謂)「色即無常」者，謂：	壹大慧！復(有第三種外道謂)「形相無常」(只要是屬於「諸色」或「形相」的，都是一種無常)者，謂：	壹(第三種外道謂)「色即是無常」者，謂：
(外道所認為的)「色」即是(屬於)「無常」(者)，彼則(認為只是在某些)「形處」(上發生了)「無常」(的現象而已)，	何等人即(是屬於)「色」名「無常」？彼(外道)人(只)見於(在某些)「形相」(上發生了)「無常」(的現象而已)，	此即是(指某些)「形狀」(上發生了)「無常」(的現象而已)，
(但並)非(是整個)「四大」(也會跟著發生無常而壞滅→外道認為「四大種」是永不敗壞的)。	而非(認定整個)「諸大」(都)是(屬於)「無常法」。(外道認為「四大種」是永不敗壞的)	(但並)非(是整個四)大種性(也會跟著發生無常而壞滅→外道認為「四大種」是永不敗壞的)。
(外道認為：)若(連能造的)「四大」(亦是屬於一種)「無常」者(的話)，(則便)非(再有)「俗數」(之)言說(了)。	(外道認為：)若(連能造的)「諸大」(亦是屬於一種)「無常」(的話)，則(於)諸世間(上)，一切(皆)不得(再)論說「世事」(的存在之理了)。	(外道認為：)若(連能造的四)大種性亦(會是屬於一種)「無常」者(的話)，則(便)無(一切)「世事」(的存在之理了)。
貳(外道所認為的)「世俗言說」(者)，(此並)非(為)性者(此指「世俗言說」並非是「佛教諸法」之正見)，(當知彼外道)則墮「世論」(lokāyatika)，	貳若(外道)論「世事」(指外道若將「四大種」認定為「永不敗壞」的這種「世事」的話)，(當知彼外道即)墮「盧迦耶陀(lokāyatika)邪見」朋黨(以「惡」	貳(所以，既然外道已都認為)無「世事」(的存在之理)者，當知(彼外道)則墮「盧迦耶(lokāyatika)見」。

	相濟而結成的集團，兩邊均是「邪惡」的對立)。	
(這種外道皆)見一切性(法)，但(唯)有「言說」(的存在)，不見「自相」生(此指外道不能得見「諸法的眞實自相」生)。	以(這種外道皆)說一切諸法「唯名」(唯有「名稱言說」的存在而已)，復見諸法(皆有)「自體相」生(起)。	以(這種外道)見一切法(皆有)「自相」生(起)，(且認爲諸法)唯有「言說」(的存在而已)故。

43-46 外道第四種「轉變無常」的理論探討➔彼外道又改認爲「四大」所造的「色法」均有種種變異，唯能造的「四大」無變異。如「金」性無變異，金變出的「莊嚴飾具」則有變異

劉宋・求那跋陀羅譯《楞伽阿跋多羅寶經》	元魏・菩提流支譯《入楞伽經》	唐・實叉難陀與復禮等譯《大乘入楞伽經》
(壹)(第四種外道謂：)「轉變無常」者，(全名爲「色轉變中間，是名無常」➔諸色在轉變當中，前後發生了一些差異變化，此即名爲無常)謂：「色」(於)異性(中變)現，(「四大」所造的「色法」會有種種的變異性)非「(諸)四大」。(並非是能造的「四大」有變異性)	(壹)大慧！(第四種外道謂：)「轉變無常」者，謂：見諸「色」(有)種種異相，(「四大」所造的「色法」會有種種的變異性)非「諸(四)大」轉變。(並非是能造的「四大」有變異性)	(壹)(第四種外道謂：)「轉變無常」者，謂：「色體」(有發生)變(異)，(「四大」所造的「色法」會有種種的變異性)非「諸(四)大種」變。(並非是能造的「四大」有變異性)
(貳)如「金」(之本性)，(能)作(種種的)莊嚴(飾)具，(只有這些「莊嚴飾具」發生)「轉變」(的顯)現，(並)非「金」(之本)性(有被破)壞，但(唯有被莊嚴(的飾)具處所(有發生)壞(敗的情形而已)。	(貳)譬如見「金」(之本性)，(能)作(種種的)莊嚴(飾)具，(只有這些「莊嚴飾具」之)形相(發生)「轉變」，「金體」(仍然而)不異。	(貳)譬如以「金」(之本性)，(能)作(種種的)莊嚴(飾)具，(只有這些)嚴具(莊嚴飾具)有(發生轉)變，而「金」(之本性)無(任何的)改(變)。

如是（有關其）餘（諸）性（的）「轉變」（義理）等，亦如是（與這個譬喻是相同的）。	（有關其）餘（諸）法（之）「轉變」（義理），亦復如是（與這個譬喻是相同的）。 （佛法的理論是：能造的黃金、所造的金飾，都不是真實的，也都會被破壞掉的！） （外道的理論是：能造的黃金是永不壞的，只有所造的金飾會發生轉變壞敗而已）	此（「轉變無常」之理）亦如是（與這個譬喻是相同的）。

43-47 彼外道論言➡火不能燒「火之自體相」，但火卻能燒「其餘大種」。解答➡據《中論》邏輯：「火不自燒，則不能他燒；不能他燒，則亦不能自燒」。所以若火真能燒「其餘大種」者，則「能造的四大」及「所造的諸色」亦可燒可壞，連「火大」自身亦可燒可壞也

劉宋・求那跋陀羅譯《楞伽阿跋多羅寶經》	元魏・菩提流支譯《入楞伽經》	唐・實叉難陀與復禮等譯《大乘入楞伽經》
⑧如是等種種「外道」（以）「無常」見（而生）妄想。 （外道竟謂：） 火（在）燒（其餘）「四大」（之）時，（其火之）自（體）相（是）不（會被）燒（掉的）。 （外道認為火不會燒掉「火自身」的「自體相」，但火卻能燒掉其餘的「四大」）	⑧大慧！如是「外道」（以）「虛妄分別」（去）見法（的）「無常」。 （正確來說：其實）火（是）不（能）燒（掉其餘）「諸大」（的），（而且火的）自體（相也是）不（會被）燒（掉的），以彼「諸大」（之）自體（相仍有不同的）差別故。（所以地水火風四大的「自體相」仍然是有差別的）	⑧大慧！如是等種種「外道」（以）「虛妄分別」（去）見「無常」性，彼（外道竟）作是說： 火（雖然）不能燒（掉自身）「諸火」（的）自（體）相，但（火可）各（令其餘大種）分散（指火可以燒其餘的「大種」，令「四大」各自分開離散）。
⑨（若）各各「自相」相壞者， （外道認為「火的自相」是真的能燒掉其	⑨大慧！諸外道說：若火（是真的）能燒（掉其餘）「諸大」者（的話），	⑨若（火真的）能燒（掉其餘的）「諸大」者，

餘大種」而令互相壞滅的) (那能造的)四大、(與四大所)造(的諸)色，應(全部被燒到)斷(滅)。 (外道始終認為：火一定能「燒他」，但卻不會「自燒」自己。 佛法認為：火只要是能「燒他」，就一定能「自燒」。 只要是能燒他=能自燒， 「能、所」都可以「燒」的)	(如此)則(其餘)「諸大」(將全部被燒到)斷滅， 是故(火是)不(能)燒(掉其餘「諸大」的)。 (外道認為火能燒其餘「諸大」，而「火之自體相」是不會被燒的。這是錯誤的邏輯！ 因為火能「他燒」，就一定能「自燒」，所以如果承認火能「他燒」，那就等同承認火能「自燒」，這樣就會造成「能燒的火」與「所燒的四大」通通歸於「灰盡斷滅」也)	(那)能造(的四大)、(與四大)所造(的諸色)，則皆(全部)斷滅。 (火看似能燒掉其餘「諸物」，以《中論》的邏輯來說，火能燒掉「諸物」是屬於「已經在燒」？ 還是「正在燒」？ 還是「還沒燒到」？ 所以火並沒有真實的燒掉「諸物」，過去燒不可得、現在燒不可得、未來燒亦不可得。 火看似能燒掉「諸物」，但這一切都只是「眾緣生起」變現下的一種幻象而已。 若火真能燒掉「其餘大種」者，則「能造的四大」及「所造的諸色」亦可燒可壞，連「火大」自身亦可燒可壞也。)

43－48 諸法、諸四大、諸塵等，皆非「常」、非「無常」。無真實之「能造、所造」之「四大種」。但了唯心，離有無見

劉宋・求那跋陀羅譯 《楞伽阿跋多羅寶經》	元魏・菩提流支譯 《入楞伽經》	唐・實叉難陀與復禮等譯 《大乘入楞伽經》
㊀大慧！我(說諸)「法起」(法之生起乃)非「常」、非「無常」，所以者何？ ㊁(我)謂：外性(法)不決定故，(我)唯說三有(三界)「微心」(微妙真心)。 (我)不說種種相(是具)「有生、有滅」(的狀態)。	㊀大慧！我說(諸)「大」及「諸塵」(皆)非「常」、非「無常」，何以故？ ㊁我不說「外境界」(為)有故，我說三界但是「自心」。 (我)不說種種諸相是「有」，是故(方便)說言(諸相是)「不生不滅」(的)。	㊀大慧！我說諸法(的生起乃)非「常、無常」，何以故？ ㊁不(應)取(著於)「外法」故，三界(皆)「唯心」故。 (我)不說諸相(是存有)故，「(四)大種」(之)性處，(雖)種種差別，(實乃)「不生不滅」故。

㊣「四大」(之聚)合(相)會(有)差別，(所以能造之)「四大」及(四大所)「造色」故，(皆來自)「妄想」二種事(而分別出能)「攝、所攝(取)」。	㊣(此)唯是「四大」因緣(之)和合，非(能造之四)「大」及(四大所造之色)「塵」是「實有法」，以(凡人的)「虛妄心」(而去)分別二種「可取、能取」法。	㊣非能造(的四大)、(與四大)所造(之諸色)故，(凡人以)「能取、所取」二種體性，一切皆從「分別」(心生)起故。
㊣(應如實了)知二種(能攝與所攝的)妄想， (遠)離外(境的)「性(有)、無性(無)」二種見， (應)覺(悟)「自心現量」。 (性=物；果；事；法；有)	㊣(應)「如實」能知二種(可取與能取的)分別， 是故(遠)離外(境的)「有、無」見相。	㊣(應)「如實」而知「二取」性故， (應)了達唯是「自心現」故， (遠)離外(境之)「有、無」二種見故。
㊄(所謂)妄想者，(乃由)思想(所)作(的諸業)行(而)生(起)，非不作行(並非是永不生起任何的作業諸行)。 (若能如實了知現前的「諸業作行」，才能遠)離心「性(有)、無性(無)」妄想。	㊄(此)唯是「自心分別」(所生起的)作業(諸業作行)，而名為生(起)，而業不生(作業諸行並非是永不生起)。 (若能如實了知現前的「諸業作行」，才能)以離「有、無」分別心故。	㊄(若能遠)離「有、無」見，則(便)不(再)分別「能、所」造故。

43－49 「世間、出世間、出世間上上諸法」三種法，皆是「自心」現量，非「常」、非「無常」也

請參閱 **34－1** **49－11**

劉宋・求那跋陀羅譯《楞伽阿跋多羅寶經》	元魏・菩提流支譯《入楞伽經》	唐・實叉難陀與復禮等譯《大乘入楞伽經》
㊀「世間、出世間、出世間上上一切法」，	㊀大慧！何故(這三種法是屬於)非「常」、非「不常」？以	㊀大慧！「世間、出世間」及「出世間上上諸法」。

(此三種法皆)非「常」、非「無常」。	(仍)有「世間」及「出世間」、「上上諸法」(這三種法的分類),是故不得說言(這三種法)是「常」。 何故(亦言這三種法亦)非「無常」?以(若)能覺知唯是「自心分別」(之)見故,是故(這三種法又)非「無常」。	(此三種法)唯是「自心」,(皆)非「常」、非「無常」。
(若)不(能)覺(其皆是)「自心現量」,(則易)墮「二邊」惡見(之)相續(繫縛)。	而諸外道墮在「邪見」,執著「二邊」(二邊是指「常」與「無常」之見)。	(若)不能了達(此義),(則易)墮於外道「二邊」惡見。
(貳)一切外道,不(能)覺(悟由)自(心所生起的)妄想,此凡夫無有(諸法生起)「根本」(的一種覺悟)。 (凡夫不知諸法皆從「妄想」根本生起) (大慧!諸法有三種,)謂:	(貳)(外道)不知(這二邊邪見皆是由)自心「虛妄」(之)分別,(外道)非(依著)諸「聖人」(之理),(所以)分別(執著於)「無常」(性之理中)。 大慧!一切諸法總有三種,何等為三?	(貳)大慧!一切外道不能解了此(「世間、出世間、出世間上上諸法」這)三種法,(皆)依自(心)「分別」而(生)起「言說」,(於是執)著(於)「無常性」(之理中)。
❶「世間」(世間凡夫者)。 ❷「出世間」(二乘者)。 ❸「出世間上上」(佛菩薩乘者)。	一者「世間法相」。 二者「出世間法相」。 三者「出世間上上勝法相」。	
(參)(此三種法皆)從(世間言)說(的)「妄想」(分別而)生(起),(此三種法)非「凡、愚」所(能)覺(知)。	(參)(此三種法皆)以依(世間)「言語」(而作)種種說法,而諸凡夫不覺(亦)不知(此理)。	(參)大慧!此(「世間、出世間、出世間上上諸法」這)三種法(的)所有「語言」分別境界(乃依著「世間言語」而建立的),(此)非諸「凡、愚」之所能(覺)知。

43－50 偈頌內容

劉宋・求那跋陀羅譯《楞伽阿跋多羅寶經》	元魏・菩提流支譯《入楞伽經》	唐・實叉難陀與復禮等譯《大乘入楞伽經》
爾時世尊欲重宣此義而說偈言：	爾時世尊重說偈言：	爾時世尊重說頌言：
遠離於始造。	遠離於始造。	始造即便捨。
及與形處異。	及與形相異。	形狀有轉變。
性與色無常。	無常名有物。	色物等無常。
外道愚妄想。	外道妄分別。	外道妄分別。
諸性無有壞。	諸法無有滅。	諸法無壞滅。
大大自性住。	諸大自性住。	諸大自性住。
外道無常想。	墮於種種見。	外道種種見。
沒在種種見。	外道說無常。	如是說無常。
彼諸外道等。	彼諸外道說。	彼諸外道眾。
無若生若滅。	諸法不生滅。	皆說不生滅。
大大性自常。	諸大體自常。	諸大性自常。
何謂無常想。	何等法無常。	誰是無常法。
一切唯心量。	一切世唯心。	能取及所取。
二種心流轉。	而心見二境。	一切唯是心。
攝受及所攝。	可取能取法。	二種從心現。
無有我我所。	我我所法無。	無有我我所。
梵天為樹根。	三界上下法。	梵天等諸法。
枝條普周遍。	我說皆是心。	我說唯是心。
如是我所說。	離於諸心法。	若離於心者。
唯是彼心量。	更無有可得。	一切不可得。

第４４節　解脫

44－1 佛為一切「菩薩、聲聞、緣覺」講入「滅盡定」的「次第」及所到之「相續之相」，令不墮「二乘」與「外道」的愚癡迷惑法

中
請參閱 44-10

劉宋·求那跋陀羅譯《楞伽阿跋多羅寶經》	元魏·菩提流支譯《入楞伽經》	唐·實叉難陀與復禮等譯《大乘入楞伽經》
	【卷七·入道品第九】	【卷五·現證品第四】
⑤爾時大慧菩薩復白佛言：世尊！唯願為說一切「菩薩、聲聞、緣覺」(入)「滅正受」(滅盡定。samāpatti 等至)次第(及其)相續(相)。	⑤爾時聖者大慧菩薩摩訶薩復白佛言：世尊！唯願世尊為我說諸一切「菩薩、聲聞、辟支佛」入「滅盡定」(的)次第相。	⑤爾時大慧菩薩摩訶薩復白佛言：世尊！(請)願為我說一切「聲聞、緣覺」入「滅」(滅盡定)次第(及其)相續相。
⑥若(能)善於(了知)「滅正受」(滅盡定)次第、(及其)相續相」者。	⑥我及一切「諸菩薩」等，若(能)得善知入「滅盡定」(的)次第之相、(及)巧方便者。	⑥令我及「諸菩薩」摩訶薩(能)善知此已。
⑦我及餘菩薩(其心)終不(虛)妄，(應)捨(二乘的)「滅正受(滅盡定)樂門」。	⑦(則必)不墮「聲聞、辟支佛」(的)「三昧三摩跋提(samāpatti 等至、正定現前)滅盡定樂」。	⑦(則)於「滅盡三昧樂」，(必定)心無所惑。
⑧(終)不墮(入)一切「聲聞、緣覺、外道」(的)愚癡。	⑧(終)不墮(入一切)「聲聞、辟支佛、外道」迷惑之法。	⑧(終)不墮「二乘」及諸「外道」錯亂之中。

44-2 菩薩從「初地」至「六地」及「二乘」皆可入「滅盡定」的，但「二乘」仍落「能取、所取」性相，故不能「念念」恒入「滅盡定」，只能入「空定」。「初地」至「六地」則可入「人法二空定」。至「七地」菩薩則能達到「念念」恒入「滅盡定」。至「八地」菩薩才能完全轉滅如同「二乘」所具的「心、意、意識」

妄想分別心

劉宋・求那跋陀羅譯《楞伽阿跋多羅寶經》	元魏・菩提流支譯《入楞伽經》	唐・實叉難陀與復禮等譯《大乘入楞伽經》
㊀佛告大慧：諦聽！諦聽！善思念之，當為汝說。 大慧白佛言：世尊！唯願為說。	㊀佛告聖者大慧菩薩言：善哉！善哉！善哉！大慧！諦聽！諦聽！當為汝說。 大慧菩薩白佛言：善哉！世尊！唯然受教。	㊀佛言：諦聽！當為汝說。
㊁佛告大慧：(從初地到)「六地」菩薩摩訶薩，及「聲聞、緣覺」(皆能)入「滅正受」(滅盡定)。	㊁佛告大慧：菩薩從「初地」乃至「六地」，(能)入「滅盡定」，「聲聞、辟支佛」亦(能)入「滅盡定」。	㊁大慧！菩薩摩訶薩(從初地)至於「六地」，及「聲聞、緣覺」(皆能)入於「滅定」。
㊂(唯有)第「七地」菩薩摩訶薩(才能)「念念」(而恒入)「正受」(滅盡定)，(因七地菩薩已能)離一切性自性相(諸法自性相)，(故能念念恒入)「正受」(滅盡定)。	㊂大慧！諸菩薩摩訶薩於(第)「七地」中，(才能)「念念」(皆恒)入「滅盡定」，以諸(七地)菩薩悉(已)能遠離一切諸法(之)「有、無」相故。	㊂(唯有到第)「七地」菩薩(才能)「念念」恒入(滅盡定)，(因七地菩薩已能)離一切法「自性相」。
㊃非「聲聞、緣覺」(能念念恒入「滅盡定」)。 諸「聲聞、緣覺」墮(在)有(為諸)行(的)覺(觀)，(墮入)「(能)攝、所攝(取)」相；滅正受(滅盡定)。 (二乘仍墮在有「能取與所取」的「滅盡定」中)。	㊃大慧！「聲聞・辟支佛」不能「念念」(恒)入「滅盡定」。 以「聲聞、辟支佛」(仍攀)緣(於)「有為」(諸)行，(雖然二乘亦能)入「滅盡定」，(但仍)墮在「可取、能取」(的)境界(中)。	㊃故非諸「二乘」(能念念恒入「滅盡定」)。 二乘(仍)「有作」，(所以仍)墮(在)「能、所」取(的性相中)。
㊄是故「七地」(菩薩)，非	㊄是故「聲聞、辟支佛」，	

「念」(非如二乘有「能取與所取」念，故七地菩薩能念念恒入)「正受」(滅盡定)。	不能入「七地」(菩薩)中(所達到的)「念念」(恒入)「滅盡定」(的狀態)。	
㈥(七地菩薩已)得一切法「無差別相」非分(並非有任何的分別心)。 (此段也可配合另外二個譯本，解爲：二乘者，於得「一切法無差別相」的境界上，是不能分別、不能分辨的)	㈥以「聲聞、辟支佛」(乃有)生「驚怖」想，恐墮(於)諸法「(本)無異相」(的境界)故。	㈥(二乘仍)不得諸法「無差別相」(的境界)。
㈦(七地菩薩已)得(諸法)種種「相性」，(已)覺(悟)一切法(的)「善、不善」(種種)性相，(而念念能恒入)正受(滅盡定)。	㈦(七地菩薩)以(已)覺(悟)諸法(之)種種「異相」，(例如「有法、無法、善、不善法、同相、異相」，故)而(念念能恒)入「滅盡定」。	㈦(七地菩薩已)了「善、不善、自相、共相」(而念念恒能)入於「滅定」。
㈧是故(唯有)「七地」(菩薩能念念恒入滅盡定)。 (二乘者仍)無(具)「善念」(善巧方便智的)「正受」(滅盡定)。	㈧是故「聲聞、辟支」不能入「七地」(菩薩)中(所達到的)「念念」(恒入)「滅盡定」。 以(二乘)無「善巧方便智」故。	㈧是故(二乘)不能「念念」恆入(「滅盡定」)。
㈨大慧！(菩薩要修到)「八地」菩薩，及(始能令如同)「聲聞、緣覺」(所具的)「心、意、意識」妄想相(完全轉)滅(成功)。	㈨大慧！「七地」菩薩摩訶薩(已開始)轉滅(如同)「聲聞、辟支佛」(所具的)「心、意、意識」。 (「七地」菩薩已開始轉滅與「二乘」一樣的「心、意、識」妄想分別心，但需到「第八地」才能將「心、意、識」妄想分別完全轉滅成功)。 參 **44-5**	㈨大慧！(菩薩要修到)「八地」菩薩，(才能令如同)「聲聞、緣覺」(所具的)「心、意、意識」分別想(完全轉)滅(成功)。

《大方廣佛華嚴經》卷26〈十地品 22〉

(1)金剛藏菩薩言：佛子！菩薩摩訶薩已習「七地」微妙行慧，方便道淨，善集助道法，具大願力；諸佛神力所護……(於)一切「心、意、識」憶想分別，無所貪著；一切法如虛空性，是名菩薩(已)得「無生法忍」，(進)入「第八地」。

(2)入(第八)「不動地」，名為「深行」菩薩，(於)一切世間所不能測，離一切相，離一切想、一切貪著，一切「聲聞、辟支佛」所不能(破)壞，(具)深大「遠離」而現在前……

(3)(八地)菩薩亦如是，從(最)初已來，發「大精進」，廣修道行，至「不動地」，(於)一切皆「捨」，不行「二心」，(令)諸所「憶想」，(皆)不復現前。

(4)譬如(已)生「梵世」者，(所有)「欲界」煩惱(已)不現在前。菩薩亦如是，(若得)住(八地)「不動地」，(則)一切「心、意、識」，(已)不現在前，(甚)乃至「佛心、菩提心、涅槃心」尚不(再)現前，何況當(能再)生諸「世間心」？

(5)佛子！是(八地)菩薩(乃)隨順是地，以(其)「本願力」故，又諸佛(皆)為(八地菩薩而)現其身，(八地菩薩已)住在「諸地」(之)法流水中，與「如來智慧」為作因緣。諸佛皆作是言：善哉！善哉！善男子！汝(已)得是「第一忍」，順一切佛法……

(6)諸佛子！若諸佛不與(八地)菩薩(生)起「智慧門」者，是(八地)菩薩(則可能將)畢竟「取於涅槃」，(因而)棄捨利益一切眾生，以諸佛與此(八地菩薩)無量無邊(令生)起「智慧門」故，於「一念」中(其)所生(的)智慧，比從「初地」已來，乃至「七地」，百分不及一，(乃至於)無量無邊阿僧祇分，(皆)不(能)及一，乃至算數譬諭所不能及……

(7)佛子！譬(如有)人「乘船」，欲「渡」大海，未至「大海」(時)，(因)多(具)用功力，(於是)入海(雖有)以風，無復(造成)艱礙，(其)一日之行，(起)過先功力，於百千歲所不能及；菩薩亦如是，多集善根，乘大乘船，入菩薩所行大智慧海，不施功力，能近一切諸佛智慧，比本所行，若一劫、若百千萬劫所不能及。

(8)佛子！菩薩摩訶薩至「第八地」，從「大方便」(智)慧生，無功用心，在菩薩道，思惟「諸佛智慧」勢力，知世界生、世界滅、世界成、世界壞，知以何業因緣集故世界成，何業因緣滅故世界壞。

(9)是(八地)菩薩知「地、水、火、風」性，小相、中相、無量相、差別相……是(八地)菩薩入如是分別「微塵智」，知欲、色、無色界壞，知欲、色、無色界成……是(八地)菩薩成就如是智慧，於一世界，身不動搖，乃至不可說諸佛世界，隨眾生身，隨所信樂，於佛大會而現身像……是(八地)菩薩知「眾生身、知國土身、知業報身、知聲聞身、知辟支佛身、知菩薩身、知如來身、知智身、知法身、知虛空身……

(10)舉要言之：(八地)菩薩住「無動地」，身、口、意所作，皆能集一切佛法。是菩薩住此地，離一切煩惱故，善住淨心力……是(八地)菩薩得如是「智力」，(能)示一切所作(而)無有過咎。

44－3 「初地」至「六地」菩薩，皆能觀察三界一切唯是由「心、意、意識」自心分別生起，故須離「我、我所」

劉宋·求那跋陀羅譯《楞伽阿跋多羅寶經》	元魏·菩提流支譯《入楞伽經》	唐·實叉難陀與復禮等譯《大乘入楞伽經》
⑤(從)「初地」乃至「七地」菩薩摩訶薩，(皆能)觀(察)三界(但唯由自心的)「心、意、意識」量(所生起)。	⑤大慧！(從)「初地」乃至「六地」菩薩摩訶薩，(皆能)見於三界(中)但是(唯由)「自心」(之)「心、意、意識」(所生起)。	⑤始從「初地」乃至「六地」，(皆能)觀察三界一切唯是(由)「心、意、意識」(的)自分別起(自心分別心所生起)。
②(已)離「我、我所」、(離由)自(心)妄想(之)修、(離)墮外性(法)種種相。(經文前的一個「離」字是包含後面所有的「我我所、自妄想修、墮外性種種相」的全部內容)	②(已)離「我、我所法」，唯是(由)「自心分別」，(所以)不墮「外法」種種諸相。	②(已)離「我、我所」，不見「外法」種種諸相。
③愚夫(墮在)二種自心「(能)攝、所攝(取)」，(凡愚一)向「無知」，不(能)覺(知自)無始(以來的)「過惡」(過失罪惡)，(被)虛偽(的)「習氣」所薰(習)。	③唯是凡夫內心愚癡，墮於「二邊」(能取與所取)，見於「可取、能取」之法。(凡愚)以「無知」故，而不覺知(自)無始世來，(由)「身口」及「意」妄想煩惱，(從)「戲論薰習」(中)而生諸法。	③凡愚不知，由無始來(的)「過惡」(過失罪惡)薰習，於「自心」內(轉)變作「能取、所取」之相，(進而)而生執著。

44－4 「八地」菩薩所證之「三昧」與「二乘」所證之「涅槃」只是類似而已。諸佛為說不可思議諸大功德，能加持而令「八地」菩薩究竟「不入涅槃」，而「二乘」因執著於「三昧樂」，故將之誤以為是真實的「涅槃」而「入涅槃」

請參閱 **44－7** **44－8** **50－2**

劉宋·求那跋陀羅譯	元魏·菩提流支譯	唐·實叉難陀與復禮等譯

《楞伽阿跋多羅寶經》	《入楞伽經》	《大乘入楞伽經》
壹大慧！「八地」菩薩摩訶薩，(與)「聲聞、緣覺」(皆能入)「涅槃」。	壹大慧！於「八地」中，一切「菩薩、聲聞、辟支佛」，(皆能)入「涅槃想」。	壹大慧！「八地」菩薩所(證)得(的)「三昧」，(是類似而雷)同(於)諸「聲聞、緣覺」(所得之)「涅槃」。
貳(八地)菩薩者，(由佛之)「三昧」覺所(加)持，是故(於)「三昧門樂」(中而)不般「涅槃」。	貳大慧！諸(八地)菩薩摩訶薩，承己自心(之)「三昧」(力及)佛力，(故可)不入(於)「三昧樂門」。	貳(八地菩薩)以諸佛力(之)所「加持」故，於「三昧門」(中而)不入「涅槃」。
若(諸佛)不(加)持(八地菩薩)者，(則於)「如來地」(便)不(能)滿足(菩薩於「如來果地」的功德便不能圓滿)，(若菩薩)棄捨一切「有為」(度化)眾生(之)事故，(那菩薩之)「佛種」則應斷(絕)。	(八地菩薩若)墮(於)「涅槃」而住(的話)，(則便)以不(能)滿足(於)「如來地」(菩薩於「如來果地」的功德便不能圓滿)。若彼(八地)菩薩(真)住(於)「三昧分」者，(則便會)「休息」(休停止息於)度脫一切(的)眾生，(如此則將)斷(絕)「如來種」，滅「如來家」。	若(諸佛)不(加)持者，(八地菩薩)便不(能)化度一切眾生，(則便)不能滿足(於)「如來之地」(菩薩於「如來果地」的功德便不能圓滿)，亦則斷絕(了)「如來種性」。
參「諸佛世尊」為示「如來」(具有)不可思議無量功德(故能令八地菩薩「不入涅槃」)。(因)「聲聞、緣覺」(執著於)「三昧門得樂」，(為)所牽(絆之)故，(竟於「三昧門得樂」境界而)作(真實的)「涅槃想」。	參(諸佛)為示「如來」(具有)不可思議諸境界故，是故(能令八地菩薩)「不入涅槃」。大慧！「聲聞、辟支佛」(因)墮(於)「三昧樂門法」，是故「聲聞、辟支佛」(於「三昧樂門」中)生(出真實的)「涅槃想」。	參是故「諸佛」為說「如來」(具有)不可思議諸大功德，(能)令其(八地菩薩)究竟「不入涅槃」。(而)聲聞、緣覺(因執)著(於)「三昧樂」，是故於(「三昧樂」門)中(竟)生(出真實的)「涅槃想」。

《大方廣佛華嚴經》卷26〈十地品 22〉

諸佛子！若諸佛不與(八地)菩薩(生)起「智慧門」者，是(八地)菩薩(則可能將)畢竟「取於涅槃」，(因而)棄捨利益一切眾生，以諸佛與此(八地菩薩)無量無邊(令生)起「智慧門」故，於「一念」

中(其)所生(的)智慧，比從「初地」已來，乃至「七地」，百分不及一，(乃至於)無量無邊阿僧祇分，(皆)不(能)及一，乃至算數譬論所不能及……

44－5 「七地」菩薩善觀「心、意、意識、我、我所、我空、法空、同相、異相、四無礙」，具「菩提分法」

劉宋·求那跋陀羅譯《楞伽阿跋多羅寶經》	元魏·菩提流支譯《入楞伽經》	唐·實叉難陀與復禮等譯《大乘入楞伽經》
大慧！我分部(劃分菩薩部類的第)「七地」(菩薩)，	大慧！諸菩薩摩訶薩從「初地」來，乃至「七地」(菩薩)，	大慧！「七地」菩薩，
❶(能)善修「心、意、意識」相。	❶具巧方便，(善能)觀察「心、意、意識」之想。	❶善能觀察「心、意、意識」;
❷善修(遠離)「我、我所」。	❷遠離「我、我所」取相之法。	❷(遠離)「我、我所」執，
❸攝受(於)「人、法無我」。	❸(能)觀察「我空、法空」。	❸(善)生「法無我」(之觀察與攝受)。
❹(能觀察)「生、滅、自、共相」。	❹(能)觀察「同相、異相」。	❹(能觀察)若「生」、若「滅」(與)「自相、共相」。
❺善(解)「四無礙」(的巧方便智)。	❺善解「四無礙」(的)巧方便義。	❺(於)「四無礙辯」，(已能獲)善巧決定。
❻(已獲)決定力(於)「三昧門」。	❻(於三昧門已獲)「自在」(決定之樂)。	❻於「三昧門」而得「自在」(決定之樂)。
❼(於菩薩諸)地(已能)次第相續(而)入，(與得)「道品法」。	❼(已能)次第入於(菩薩)「諸地」，(與得)「菩提分法」。	❼(已能)漸入(菩薩)「諸地」，(與)具「菩提分法」。

44－6 諸佛如來皆為凡愚宣說「諸地」的「次第」相續相，及三界中種種「行相」，其實這一切皆是由「自心所現」

劉宋·求那跋陀羅譯《楞伽阿跋多羅寶經》	元魏·菩提流支譯《入楞伽經》	唐·實叉難陀與復禮等譯《大乘入楞伽經》
⑤(我)不令菩薩摩訶薩不覺(悟諸法的)「自、共」相，不善(於了知)「七地」(之相)，	⑤大慧！我若不說諸菩薩摩訶薩(之)「同相、異相」法者，一切菩薩(皆)不(能)	⑤大慧！我恐諸菩薩不善了知「自相、共相」，不知「諸地相續次第」，

（恐菩薩會）墮（於）外道邪徑，故（我應建）立（諸）地（的）「次第」（相）。	「如實」（了）知「諸地次第」，恐（菩薩會）墮（在）「外道邪見」等法（中），故我（應以）次第（而）說「諸地相」。	（恐菩薩會）墮於「外道諸惡見」中，故（我作）如是（之）說。
（貳）大慧！彼實「無有」（真實的存在），（諸法皆）「若生若滅」。	（貳）大慧！若人（真能依）「次第」（而）入「諸地」者，（則將）不墮餘（外）道（中）。	（貳）大慧！彼實「無有」（真實存在），（諸法皆）「若生若滅」。
（唯）除（皆由）「自心」（所）現量，所謂（有關諸）地（的）「次第」相續，及三界（之）種種「行」（皆由自心分別所見）。	我說「諸地」（的）「次第相」者，（亦）唯（由）「自心」（所）見。（有關）「諸地」（的）次第（相），及三界中種種「行相」（皆由自心分別所見）。	（有關）「諸地」（的）次第（相），（與）三界（之）「往來」，一切皆是（由）「自心」（之）所見。
（參）（而）愚夫（於此理）所不（能）覺，（以）愚夫所不（能）覺者，（所以我）謂：我及諸佛（即為）說（有關諸）地（的）「次第」相續（相），及（宣）說三界（的）種種「行」（相）。	（參）而諸凡夫（於此理）不覺（亦）不知，以諸凡夫不（能）覺知故，是故我及一切諸佛（即為）說於（有關）「諸地」（的）次第之相，及建立「三界」（的）種種「行相」。	（參）而諸凡愚不能了知（此理），以不知故，我及諸佛（便）為如是（而宣）說。

44－7 二乘若達「第八地」菩薩的「相似、類似」境界中，則便樂著於「寂滅三昧樂門」。二乘不能善知「自心現量」，故墮「自相、同相、二無我」，妄生「涅槃覺」，此並非是真正的「寂滅智慧覺」

劉宋・求那跋陀羅譯《楞伽阿跋多羅寶經》	元魏・菩提流支譯《入楞伽經》	唐・實叉難陀與復禮等譯《大乘入楞伽經》
復次大慧！「聲聞、緣覺」（其修行境界於類似）「第八菩薩	復次大慧！「聲聞、辟支佛」（其修行境界）於（類似）「第八菩	大慧！「聲聞、緣覺」（其修行）至於（類似）「菩薩第八地」（的

地」(中時)，	薩地」中(時)，	境界)中(時)，
①(二乘常樂著於)「滅三昧門樂」(滅盡定)，醉(於其)所醉(陶醉於由「滅盡定」而起之樂醉)。	①(二乘常)樂著(於)「寂滅三昧樂門」；(為之所昏)醉故。	①(二乘常)為「三昧樂」(滅盡定)之所「昏醉」。
②(二乘)不善(於)「自心現量」(之理)。	②(二乘)不能善知「唯自心見」(之理)。	②(二乘)未能善了「唯心所見」(之理)。
③(二乘墮於)「自、共」相(中)，(被)習氣所障。	③(二乘)墮(在)「自相、同相」(中)，(被)薰習(所)障礙故。	③(二乘墮於)「自、共」相(中)，(被薰)習纏(縛迤)覆其心。
④(二乘)墮(於)「人、法無我」法(中)，(而被)攝受(於邪)見。	④(二乘)墮(於)「人無我、法無我」(的)見過(邪見罪過)故。	④(二乘)著「二無我」。
⑤(二乘易生)妄想(將之錯認為)「涅槃想」。	⑤(二乘)以「分別心」(而)名(此)為「涅槃」。	⑤(二乘易妄)生(此為)「涅槃」(之)覺。
(二乘)非(具有)「寂滅智慧覺」(vivikta-dharma-mati-buddhi 寂靜法之智覺)。	而(二乘)不能知諸法(的)「寂靜」。	(二乘)非(具有)「寂滅慧」。

44－8 「八地菩薩」於見證「寂滅三昧樂門」時，即能憶念起「本願」所具有的「大悲心」，能修「十無盡句」等行，故「不入涅槃」；然彼實已入「真實」的涅槃，已無有分別妄想生起，故終將證得「如來自覺地」

劉宋·求那跋陀羅譯《楞伽阿跋多羅寶經》	元魏·菩提流支譯《入楞伽經》	唐·實叉難陀與復禮等譯《大乘入楞伽經》
大慧！(八地)菩薩者，見(證於)「滅三昧門樂」(之時)，(即能憶念起)「本願」(所具有的)哀愍(心)，(以)大悲成就(眾生)，(能了)知分別「十無盡句」。(①眾生界無盡。②世界無盡。③虛空界無盡。④法界無盡。⑤涅槃界無盡。	大慧！諸(八地)菩薩摩訶薩以見(證於)「寂靜三昧樂門」(之時)，(即能)憶念(起)「本願」(所具有的)大慈悲心，度諸眾生，(能)知「十無盡」(的)如實行智。	大慧！諸(八地)菩薩摩訶薩見(證)於「寂滅三昧樂門」(之時)，即便(能)憶念(起)「本願」(所具有的)大悲(心)，具足修行「十無盡句」。

⑥佛出現界無盡。⑦如來智界無盡。⑧心所緣無盡。⑨佛智所入境界無盡。⑩世間轉、法轉、智轉無盡)		
(八地菩薩)不(生)妄想(而作)「涅槃想」,彼已(入眞實之)「涅槃」,(八地菩薩之)「妄想」(已)不生故。	是故(八地菩薩)「不即」入於「涅槃」。	是故(八地菩薩)「不即」入於「涅槃」,以「入涅槃」(即)不(能)生(如來)「果」故。
①(已)離「(能)攝、所攝(取)」妄想。	①大慧!諸(八地)菩薩摩訶薩(若能)遠離「虛妄分別」之心,(能)遠離「能取、可取」境界,(即可)名(爲眞實的)「入涅槃」。	①(已)離「能、所取」故。
②(已能)覺了「自心現量」。	②以「如實智」(而)知一切諸法唯是「自心」。	②(已)了達「唯心」故。
③(於)一切諸法「妄想」(已)不生。	③是故(已)不生「分別之心」。	③於一切法(已)「無分別」故。
④不墮(於)「心、意、意識」,(不再於)外性(法)、自性相(中生)計著妄想。	④是故菩薩不取(執於)「心、意、意識」,(亦)不(執)著外法(的)「實有之相」。	④不墮「心、意」及以「意識」,(不再於)「外法、性相」(生起)執著(於)中故。
⑤非「佛法因」不生(並非不生起佛法修行之正因),(八地菩薩已能)隨「智慧」(而)生(起種種修行)。	⑤而(並)非不(再繼續作)爲「佛法修行」,(八地菩薩已能)依「根本智」(而)展轉修行。(此指「無功用道」或「無功用智」)	⑤然(並)非(是)不(再繼續生)起「佛法(修行)正因」,(八地菩薩已能)隨「智慧」(修)行(而)如是(生)起故。(此指「無功用道」或「無功用智」)
⑥(最終將證)得「如來自覺地」。	⑥爲於自身(而)求「佛如來」,(最終將)證(得)「地智」(如來自覺地智)故。	⑥(最終將證)得於「如來自證地」故。

44-9 「第七地」菩薩喻如「方便度水」,「第八地」菩薩喻爲「未度而覺」。向之所見皆「非實、非妄」,體悟無始來皆墮「有、

「無」想，諸法皆為「心、意、意識」之夢現也

劉宋・求那跋陀羅譯《楞伽阿跋多羅寶經》	元魏・菩提流支譯《入楞伽經》	唐・實叉難陀與復禮等譯《大乘入楞伽經》
⓵如人(於)夢中，(以種種)方便(而越)度(河)水，(於)「未度」而(即便)「覺」。 (此人)覺已，(即)思惟(夢中事)為「正」？為「邪」？(彼復自念言：此夢中事乃)非「正」、非「邪」。	⓵大慧！如人(於)睡夢(中)，(越)度大海水，(生)起大方便，欲度自身，(於)「未度」(的)中間，忽然便寤。(此人即)作是思惟：此(夢中事)為是「實」？為是「虛妄」？彼復思惟：如是之(夢中)相(乃)「非實、非虛」。	⓵大慧！如人(於)夢中，(以種種)方便(而越)度(大)河，(於尚)未(越)度(大河即)便覺(醒)。(此人)覺已，(即)思惟(於)向(之前)之所見，為是「真實」？為是「虛妄」？復自念言：(此夢中事乃)「非實、非妄」。
⓶(這些都是從)餘無始(以來)以「見、聞、覺、識」(為)因(的一種妄)想，(皆以)種種(的)習氣(薰習)，(故造成)種種(的)「形處」。	⓶(這些)唯是我(從)本(以來經常)「虛妄分別」(於)不實境界(所造成)，(皆以)薰習(為其)因故，(故)見(有)種種色，(種種)形相(之)顛倒。	⓶如是但是(從我無始以來)以「見、聞、覺、知」(為妄想所造成)，(及)曾所更＂事(曾經所經歷的諸事)，(皆由薰習所造成的種種)分別習氣。
⓷(「諸顛倒相」皆)墮(於)「有、無」(之)想，(彼皆由)「心、意、意識」(之所薰習)，(故於)夢(中顯)現。	⓷(「諸顛倒相」皆)不離(於)「有、無」(之念)，(彼皆由)「意、識」(所)薰習，(故)於夢中(而顯)見。	⓷吾人於「諸顛倒相」(中應)離「有、無」(之)念，(因彼皆為)「意、識」夢中之所(顯)現耳。

《大方廣佛華嚴經》卷26〈十地品 22〉

(1)金剛藏菩薩言：佛子！菩薩摩訶薩已習「七地」微妙行慧，方便道淨，善集助道法，具大願力；諸佛神力所護……(於)一切「心、意、識」憶想分別，無所貪著；一切法如虛空性，是名菩薩(已)得「無生法忍」，(進)入「第八地」……

(2)譬如(一位修行的)比丘，得於「神通」，心得「自在」，(於)次第乃入「滅盡定」，(有關)一切「動心」，憶想分別，皆悉「盡滅」。(八地)菩薩亦如是，菩薩住是(八)「地」，諸勤方便，身口意行，皆悉息滅，住「大遠離」。

(3)如人「夢」中，欲渡「深水」，發大精進、施大方便(此即喻七地菩薩)，(於)未渡之間，忽

然便「覺」(此即喻八地菩薩)，(於)諸「方便事」，皆悉放捨。

44-10 「八地」菩薩能見證一切法「如幻」，已離「能、所取」而達「無功用道」。若有仍未證者能令得證，已離「心、意、意識」，獲「無生忍」

劉宋・求那跋陀羅譯《楞伽阿跋多羅寶經》	元魏・菩提流支譯《入楞伽經》	唐・實叉難陀與復禮等譯《大乘入楞伽經》
⑴大慧！如是菩薩摩訶薩，	⑴大慧！菩薩摩訶薩亦復如是。	⑴大慧！菩薩摩訶薩亦復如是。
⑵於「第八菩薩地」，(能如實而得)見「妄想」(之所)生。從「初地」轉進至「第七地」(然後證第八地菩薩)，(便能)見一切法「如幻」等方便。	⑵於「八地」(菩薩)中(能如實而得)見「分別心」，(從)「初地」(到)「七地」(然後證第八地菩薩)，(便能得見)諸法同相，(諸法皆同於)如夢、如幻，平等(而)無差(別)。	⑵始從「初地」(菩薩)而至「七地」，乃至(逐漸)增進，(再)入(證)於「第八」(菩薩)，(使)得「無分別」(智)，(能)見一切法皆「如幻」等。
⑶(八地菩薩已越)度「(能)攝、所攝(取)」心妄想行已。	⑶(八地菩薩已)離諸功用(道)，(已離)「可取、能取」分別之心。(八地菩薩已得「無功用道、無功用智」)	⑶(八地菩薩已)離「能、所」取。
⑷(八地菩薩能)作(廣大)佛法方便(力用)，(於仍)未得(證)者(而)令(證)得。	⑷(八地菩薩已)見「心、心數法」，(已能)為於(仍)未得「上上佛法修行者」，(而)令得(之)故。	⑷(八地菩薩已得)見「心、心所」，(具)廣大(之)力用，(能)勤修佛法，(於仍)未證(者而)令(得)證。
⑸大慧！此是(八地)菩薩(所證的真實)「涅槃」，(能)方便(度化眾生而)「不壞」(此指「涅槃」並非爲是一種「斷滅」)。	⑸(八地)菩薩摩訶薩(已)修行「勝法」，(故此)名為(眞實的)「涅槃」，(但此)非(爲壞)「滅」諸法(才)名為「涅槃」。	⑸(八地菩薩已)離「心、意、意識」妄分別想，(已)獲「無生忍」。此是(八地)菩薩所(證)得(的眞實)涅槃，(此種「涅槃」並)非(是

		一種)「滅壞」(的境界)也。
(八地菩薩已)離「心、意、意識」，得(證)「無生法忍」。	(八地)菩薩摩訶薩(已)遠離「心、意、意識」分別相故，(已證)得「無生法忍」。	
㊅大慧！於第一義(中)，無「次第、相續」。	㊅大慧！(於)「第一義」中，亦「無次第」、(與)「無次第行」(無相續行)。	㊅大慧！(於)「第一義」中，(亦)「無有次第」，亦「無相續」。
㊆(於第一義諦中)說無所有「妄想」(的一種)「寂滅法」。	㊆(於第一義諦中說)諸法「寂靜」，亦(喻)如「虛空」(般)。	㊆(若能)遠離一切「境界分別」，此則名為「寂滅之法」。

44-11 若「聲聞人」有能入「八地寂滅樂門」者，此人必是曾經先修習過「菩薩行」者，後來又退心墮回「聲聞」地；此聲聞人還依其「本心」而修「菩薩行」，最終再回到「八地寂滅樂門」境界，此聲聞人即屬於「非增上慢寂滅聲聞」者。若有聲聞不能入「菩薩行」者：原因是未曾覺知「三界唯心」、未曾修行「菩薩」諸法、及諸波羅蜜「十地」之行，故屬於「決定寂滅聲聞」者

劉宋・求那跋陀羅譯《楞伽阿跋多羅寶經》	元魏・菩提流支譯《入楞伽經》	唐・實叉難陀與復禮等譯《大乘入楞伽經》
	㊀大慧菩薩白佛言：世尊！世尊(曾)說「聲聞、辟支佛」，(亦有人能)入「第八菩薩地寂滅樂門」。	
	㊁如來復說「聲聞、辟支佛」，不知但是「自心分別」，復說諸聲聞(雖已)得「人無我」，而(仍)不得(證到)「法無我空」(的境界)。	

（參）（照如來）如是（之）說（的話），（那）「聲聞、辟支佛」（亦）尚未能證（到）「初地」之法，（更）何況（能證到）「八地寂滅樂門」（嗎）？

（肆）佛告大慧：我今為汝分別宣說。
大慧！聲聞，有（分成）三種。
(1「有學位」聲聞能得「自性涅槃」與「有餘涅槃」。
2「無學位」中的「定性」聲聞能得「自性涅槃、有餘涅槃、無餘涅槃」。
3「無學位」中的「不定性」聲聞能得「自性涅槃、有餘涅槃」，及「迴小向大」後所得的「無住涅槃」）

（伍）（謂）言：
（若聲聞有能）入「八地寂滅樂門」者，此（種聲聞）是（曾經）先修（習過）「菩薩行」者，（後來又退心再）墮（回）「聲聞」地，（此種聲聞）還依（共）「本心」（而）修「菩薩行」，（最終再）同入（回到）「八地寂滅樂門」（的境界）。（此種聲聞屬於）非「增上慢寂滅聲聞」。

（陸）以彼（聲聞若仍）不能入「菩薩行」（者）：
❶未曾覺知「三界唯心」。
❷未曾修行「菩薩」諸法。
❸未曾修行諸波羅蜜「十

	地」之行。 ㈦是故(如果是屬於)「決定寂滅聲聞」,(則這些聲聞便)不能證彼菩薩所行(的)「寂滅樂門」。	

凡聖與「四種涅槃」的關係圖

(1)「凡位」與「聖位」的所有眾生皆有「自性涅槃」。

(2)「初果➔有學位」是斷盡三界之見惑,最長僅於「人界」與「天界」中各往返七度;亦即於十四生間必證得「四果阿羅漢」,後始能證入「有餘」或「無餘」的涅槃。

(3)「二果➔有學位」尚未斷除後三品之「修惑」,故仍需一度生於「天界」再來「人間」,方能證入「有餘」或「無餘」的涅槃。

(4)「三果➔有學位」已斷盡「欲界」九品「修惑」中之後三品,而不再返至「欲界」受生之階位故稱「不還果」,有五種「不還果」。
　❶「中般」:於「色界」之「中有」位而入「般涅槃」者。
　❷「生般」:生於「色界」,未久即能起道聖,斷除「無色界」之惑而入「般涅槃」者。
　❸「有行般」:生於「色界」,經過長時之加行勤修而入「般涅槃」者。
　❹「無行般」:生於「色界」,但未加行勤修,任運經久,方才斷除「無色界」之惑而入「般涅槃」者。
　❺「上流般」:先生於「色界」之初禪,漸次上生於「色界」餘天之中,最後至「色究竟天」或「有頂天」而入「般涅槃」者。

(註:「有學位」畫了一條 "彎曲的虛線" 到「有餘涅槃」的地方。表示「有學位」者,需經七返,或一返,或直接入五不還天後,方能取證「涅槃」)

(5)「四果阿羅漢➔無學位」已斷盡「色界、無色界」之一切「見惑、修惑」,而永入「涅槃」,不再有生死流轉之階位。

(6)二乘「無學」中的「定性無學」,死後已無「殘餘」所依的身體,除了可證得「自性涅槃」和「有餘涅槃」外,還可以直接證入「無餘涅槃」。但是他們永無成佛之期,除非迴心向「菩薩」階位才可。

(7)二乘「無學」中的「不定性無學」者,由於他們不樂度生,不求佛道,故不成佛,也不入「無餘涅槃」,僅得「自性涅槃」及「有餘涅槃」。這類「無學」皆屬「不定性」,故也有可能馬上「迴小向大」,則即如「不定性菩薩」一樣,可得「自性涅槃、有餘涅

槃」及菩薩果位的「無住涅槃」。

(8)菩薩位中的「無學迴心」者，是指「二乘無學」位中有人發心「迴心轉向大乘」，即屬菩薩的「漸悟」修行者(「不定種性」菩薩者須經「聲聞、緣覺」過程方得入菩薩道，是爲「漸悟」菩薩)，這些「不定種性」的菩薩皆能證入「無餘涅槃」，但他們發願「不入」於「無餘涅槃」，或「不住」於「無餘涅槃」，所以這類的修行者共證得「自性涅槃」、「有餘涅槃」及「無住涅槃」三種。

(9)菩薩位中的「直往定性者」者，屬菩薩的「頓悟」修行者(「菩薩定性」者，不須經「聲聞、緣覺」之過程，而直登菩薩階位者，稱爲「頓悟」菩薩)，因為沒有經過「二乘」的過程，自然無「有餘、無餘」涅槃可證，「頓悟」菩薩是直接證入「無住涅槃」的。由於他們未達「究竟位」，所以不能如「究竟位」的如來全部圓滿證得「四種涅槃」。

(10)唯入「究竟位」的佛陀如來，方能證得「轉依佛果」，且「四種涅槃」全部圓滿具足(如來能入「無餘涅槃」，也能證「無餘涅槃」，但「不住」於「無餘涅槃」中)。如是具足「四種涅槃」，名為證得「二轉依果」中的「大涅槃」。

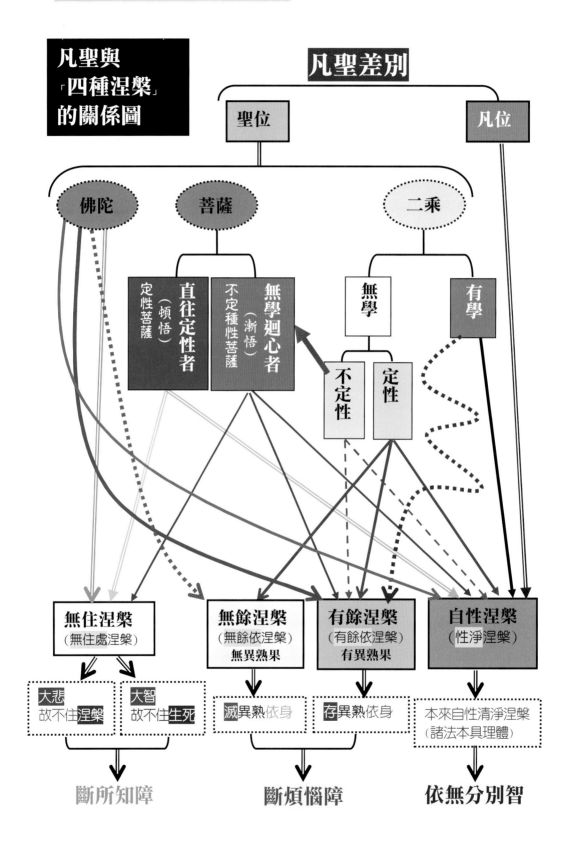

44－12 偈頌內容

劉宋・求那跋陀羅譯《楞伽阿跋多羅寶經》	元魏・菩提流支譯《入楞伽經》	唐・實叉難陀與復禮等譯《大乘入楞伽經》
爾時世尊欲重宣此義而說偈言：	爾時世尊重說偈言：	爾時世尊重說頌言：
心量無所有。	唯心無所有。	諸住及佛地。
此住及佛地。	諸行及佛地。	唯心無影像。
去來及現在。	去來現在佛。	此是去來今。
三世諸佛說。	三世說如是。	諸佛之所說。
心量地第七。	七地為「心地」。	七地是「有心」。
無所有第八。	「無所有」八地。	八地「無影像」。
二地名為住。	二地名為行。	此二地名住。
佛地名最勝。	餘地名我地。	餘則我所得。
自覺智及淨。	內身證及淨。	自證及清淨。
此則是我地。	此名為我地。	此則是我地。
自在最勝處。	自在最勝處。	摩醯最勝處。
清淨妙莊嚴。	阿迦尼吒天。	色究竟莊嚴。
照曜如盛火。	照曜如火焰。	譬如大火聚。
光明悉遍至。	出妙諸光明。	光焰熾然發。
熾焰不壞目。	種種美可樂。	化現於三有。
周輪化三有。	化作於三界。	悅意而清涼。
化現在三有。	化現三界色。	或有現變化。
或有先時化。	或有在先化。	或有先時化。
於彼演說乘。	彼處說諸乘。	於彼說諸乘。
皆是如來地。	是我自在地。	皆是如來地。
十地則為初。	十地為初地。	十地則為初。
初則為八地。	初地為八地。	初則為八地。
第九則為七。	九地為七地。	第九則為七。
七亦復為八。	七地為八地。	第七復為八。
第二為第三。	二地為三地。	第二為第三。
第四為第五。	四地為五地。	第四為第五。

第三為第六。	三地為六地。	第三為第六。
無所有何次。	寂滅有何次。	無相有何次。
	決定諸聲聞。	
	不行菩薩行。	
	同入八地者。	
	是本菩薩行。	

第45節　般若

45-1 如來應正等覺，乃非「常」、非「無常」也。

劉宋·求那跋陀羅譯《楞伽阿跋多羅寶經》	元魏·菩提流支譯《入楞伽經》	唐·實叉難陀與復禮等譯《大乘入楞伽經》
	【卷七·問如來常無常品第十】	【卷五·如來常無常品第五】
㊀爾時大慧菩薩復白佛言：世尊！如來應供等正覺， 為「常」？ 為「無常」？	㊀爾時聖者大慧菩薩摩訶薩白佛言：世尊！如來應正遍知， 為是「常」耶？ 為「無常」耶？	㊀爾時大慧菩薩摩訶薩復白佛言：世尊！如來應正等覺， 為「常」？ 為「無常」？
㊁佛告大慧：如來應供等正覺，非「常」非「無常」，謂二(「常」與「無常」)俱有過(失)。	㊁佛告聖者大慧菩薩言：大慧！如來應正遍知，非「常」、非「無常」，何以故？ 「二邊」(「常」與「無常」)有過(失)故。 大慧！「有、無」二邊，應有「過失」。	㊁佛言：大慧！如來應正等覺，非「常」、非「無常」，何以故？ (「常」與「無常」)俱有過(失)故， 云何有「過」？
㊂若(如來是恒)「常」者，(便)	㊂大慧！若言如來是	㊂大慧！若(言)如來(是)

有(能)作主(類似「神我」的一種)過(失)。	(恒)「常」法者,則(便)同(於外道之)「常因」。	「常」者,(便)有「能作」(之)過(失),
(所謂恒)「常」者,一切外道(皆)說(有真實的能)「作者」,(若謂如來是爲恒「常」,則同於外道有永恒的「作者、神我」,如此便有「恒常能作」的一種過失)(其實如來是)無「所作」(之法)。	大慧!以諸外道說言:「微塵」諸因(皆是恒)常故。(其實如來並)非是(能)作(之)法。	一切外道(皆)說:「能作」(即是爲一種恒)常(之因)。
㊝是故如來(之)「常」非「常」(如來之「常」並非如外道所說之「永恒能作之常」,此說詳下文分析),(如來)非作「常」(非如外道認爲有一個「恒常能作」的自我),(皆)有過(失)故。	㊝大慧!是故不得言如來(爲一種恒)「常」,以(如來並)非(爲能)「作法」;而(將如來)言(爲一種恒)「常」(之)故。(如來並非如外道認爲有真實「能作法」的一種「恒常」)	
㊞	㊞大慧!(但)亦不得言如來(是屬於世間法的一種生滅)「無常」。(若)言(如來是生滅)「無常」者,即是同於「有爲作法」(的一種過失)。	㊞
若(言)如來(是生滅)「無常」者,(則成爲)有作(有爲造作)「無常」(之)過(失)。		若(言如來是生滅)「無常」者,(則)有「所作」(的)過(失)。
(五)陰(之)「所相、(能)相」(乃)無(自)性(與非真實存有)。	五陰(之)「可見、能見」法(乃)無(自性與非真實存有),(故)五陰(終將壞)滅故。	(則如來將)同於諸蘊(成)為「(能)相、所相」(二相)。
(若五)陰(爲斷)壞(的話),則(如來亦)應(成爲)斷(壞者)。(若謂如來是生滅「無常」,則同於外道「有所作」的過失。)「五陰」有「能作相」與「所作相」,故「五	(若)五陰(爲斷)滅者,(則)諸佛如來亦應同(爲斷)滅(者)。	(五蘊如果)畢竟「斷滅」(的話),而(如來亦將)成(爲)「無有」(虛無之有)。

陰」本「無自性」與非真實存在。 若如來亦同於「五陰」的生滅「無常」, 那當「五陰」壞時,如來亦應跟著「斷滅」 而壞了。 ⑥(然)而(諸佛)如來,不斷 (不是屬於斷滅法)。	⑥(然)而(諸)佛如來,(實) 非(為)「斷絕」法。	⑥然(而諸)佛如來,實非 (屬於)「斷滅」(法)。

如來非是「永恒之常」,也非「生滅變異」的「無常」。

如來是「非常、非無常」的。

如來是證「不生不滅」之常住,但「不生不滅」之「常住」與「永恒之常」是
不同的定義。

《大般涅槃經》卷3〈金剛身品 2〉

(1)如來之身「非身」,是身不生不滅、不習、不修、無量無邊、無有足跡、無知無形、
   畢竟清淨,無有動搖、無受無行、不住不作、無味無雜,非是有為、非業、非果、
   非行、非滅、非心、非數,不可思議、常不可思議。

(2)無識、離心;亦不離心。其心平等,無有亦有,無有「去來」而亦去來,不破、不
   壞、不斷、不絕、不出、不滅、非主亦主,非有非無、非覺非觀、非字非不字、非
   定非不定,不可見了了見,無處亦處,無宅亦宅,無闇無明,無有寂靜而亦寂靜。

(3)是無所有,不受不施、清淨無垢、無諍斷諍、住無住處、不取不墮。非法、非非
   法。非福田、非不福田、無盡不盡,離一切盡,是空離空,雖不常住,非念念滅,
   無有垢濁、無字離字、非聲非說、亦非修習、非稱非量、非一非異、非像非相、諸
   相莊嚴,非勇非畏、無寂不寂、無熱不熱、不可覩見、無有相貌。

(4)如來度脫一切眾生,無「度脫」故,能解眾生。無有解故,覺了眾生。無覺了故,
   如實說法。無有二故,不可量、無等等。

(5)平如虛空,無有形貌,同無生性,不斷不常。常行一乘,眾生見三。不退不轉,
   斷一切結。不戰不觸,非性住性、非合非散、非長非短、非圓非方、非陰入界亦
   陰入界、非增非損、非勝非負。

(6)如來之身,成就如是無量功德,無有知者,無不知者;無有見者,無不見者;非
   有為非無為、非世非不世、非作非不作、非依非不依、非四大非不四大、非因非

不因、非眾生非不眾生、非沙門非婆羅門，是師子大師子，非身非不身，不可宣
說。除一法相，不可算數，般涅槃時不般涅槃。

(7)如來「法身」皆悉成就如是無量微妙功德。

《大般涅槃經》卷 22〈光明遍照高貴德王菩薩品 10〉
復有二種：一者常，二者無常。
佛性(乃)「非常、非無常」，是故不(會被)斷(滅)。

《大般涅槃經》卷 22〈光明遍照高貴德王菩薩品 10〉
如來非(永恒之)「常」、亦非(生滅變異的)「非常」。

(注意：如來非是「永恒之常」，也非「生滅變異」的「無常」，亦即如來是「非常、非無常」的，也可改爲「佛性、涅槃」是「非
常、非無常」的，道理通通是一樣的。如來是證「不生不滅」之常住，所以「不生不滅」之「常住」與「永恒之常」是不同的定義)

《大般涅槃經》卷 28〈師子吼菩薩品 11〉
何故為得「大般涅槃」？為得「常樂我淨」法故。
何故為得「常樂我淨」？為得「不生不滅」故。
何故為得「不生不滅」？為見「佛性」故⋯⋯
解脫涅槃、常樂我淨、不生不滅，見於「佛性」而自然得。何以故？法性爾故。

《大般涅槃經》卷 29〈師子吼菩薩品 11〉
師子吼言：世尊！如佛所說，若「不生不滅」名「大涅槃」者。

《大般涅槃經》卷 32〈師子吼菩薩品 11〉
(1)善男子！如來(乃不生不滅之)「常住」，則名為「我」。如來「法身」(是)「無邊、無礙、不
生不滅」，得「八自在」，是(假)名為「我」。
(2)眾生(雖暫時)真實無如是「我」及以「我所」，但以「必定」當得畢竟(之)「第一義空」，故
名「佛性」。

《度一切諸佛境界智嚴經》
(1)如來「常住」，不生不滅，非心非色，非有非無。
(2)如琉璃地，見宮殿影，此影「非有」，亦復「非無」。
(3)眾生心淨，見如來身「非有非無」，亦復如是⋯⋯

《大乘本生心地觀經・卷第三》

(1)「佛寶」之恩最為上……「法身」體遍諸眾生，萬德凝然性「常住」。不生不滅、無來去，不一不異，非「常、斷」。

(2)法界遍滿如虛空，一切如來共修證，有為無為諸功德，依止法身常清淨。

《大乘本生心地觀經・卷第八》

(1)如是「空性」，不生不滅、無來無去、不一不異、非斷非常。本無生處，亦無滅處，亦非「遠離」，非「不遠離」……

(2)此無垢性「非實非虛」，此無垢性是「第一義」……此無垢性「常住不變」，最勝涅槃。

《佛說仁王般若波羅蜜經・卷上》

(1)佛與菩薩同用此忍，入「金剛三昧」……為第十一地「薩婆若」。

(2)覺「非有非無」，湛然清淨，「常住不變」，同「真際」，等「法性」，無緣大悲，教化一切眾生，乘「薩婆若」乘，來化三界。

《大乘密嚴經・卷下》

諸佛出於世，或不出於世，法性本「常住」，不常亦不斷。

《大佛頂如來密因修證了義諸菩薩萬行首楞嚴經》卷2

圓滿(圓融完滿)菩提，不生滅性，清淨「本心」(本元真心)，「本覺」常住。

45－2 如來者，非「無常」也。若一切皆歸屬於「無常」，則智者所修功德便成「無常」，悉「空虛」而「無益」

劉宋・求那跋陀羅譯《楞伽阿跋多羅寶經》	元魏・菩提流支譯《入楞伽經》	唐・實叉難陀與復禮等譯《大乘入楞伽經》
①大慧！(凡)一切(有)「所作」(能作與所作)皆(屬於)「無常」，如瓶(子)、衣(服)等，(凡)一切(有所作法)皆(有)「無常」(的)過(失)。	①大慧！凡(一切)(有)「作法」(能作與所作)者，皆是(歸屬)「無常」，如「瓶、衣、車、屋」及「席疊」等，皆是「作法」，是故(皆屬於一種)「無常」。	①大慧！(凡)一切(有)「所作」(能作與所作)，如(陶)瓶、衣(服)等，皆是(歸屬)「無常」，是則如來(便)有「無常」(之)過(失)。
②(若一切皆為滅無常者，則)一切智，(及)眾(多所)具(的)方便(功德)，應(都虛)無(斷滅	②大慧！若言一切皆(為生滅)「無常」者，(則)一切智、一切智人、(所修的)一切功	②(若一切皆為生滅無常者，則)所修「福智」悉(皆為)空(虛而)無益。

之)義，以(有)「所作」(能作與所作)故。	德，亦應(歸屬)「無常」。以同一切(皆屬於)「作法」(能作與所作)相故，又復有過(失)。	
參)(若「如來」是屬於「無常」者，則)一切(有)「所作」(能作與所作)，皆應是(等同於)「如來」，(以「如來」與「無常」兩者是)無「差別因」(之)性故。	參)若言一切皆(為生滅)「無常」者，(則)諸佛如來(亦)應(屬於)是(有)「作法」(能作與所作)，而(諸)佛如來(並)非是「作法」，以無，(所以)更說(如來是具)有(功德智慧等)勝因(殊勝之因)故。	參)又(若「如來」是屬於「無常」者，則)諸(有)「作法」(能作與所作)，(皆)應是(等同於)「如來」，(以「如來」與「無常」兩者是)無「異因」(之)故。
肆)是故大慧！「如來」(乃)非「常」、非「無常」。	肆)是故我言「如來」(乃)非「常」、亦非「無常」。	肆)是故「如來」(乃)非「常」、非「無常」。

45-3 如來者，非「常」也。若一切皆「常」，則如虛空之「恒常」，所修功德亦成「無益」也。若如來的「無生」是"常"性者，則同「兔、馬」之無角，亦為「不生」之"常"性者。但亦可「方便」得言如來是「常」，以如來能顯現「自內身聖智證法」而證「常法」，此「自內身聖智證法」即為一種「不生不滅」之「常」；故如來亦可方便「假名」為「常」。如來出世、若不出世，「法性」常住，非是「空無斷滅」也，此為一切「二乘、外道」所不能覺知

劉宋‧求那跋陀羅譯《楞伽阿跋多羅寶經》	元魏‧菩提流支譯《入楞伽經》	唐‧實叉難陀與復禮等譯《大乘入楞伽經》
壹)復次大慧！如來非如「虛空」(般的恒)「常」，(若)如虛空(般的一種恒)「常」者，(則)「自覺聖智」(自內身聖智證法)眾，(即)具(有虛)無(之)義(的)過(失)。	壹)復次大慧！如來非(永恒之)「常」，何以故？(若如來即與)「虛空」之性(完全相同)，(則)亦(空)無(所)修行(的)諸功德故。	壹)復次大慧！如來非(永恒之)「常」，若是(屬於永恒之)「常」者，(則)應如「虛空」，不待「因」成(不待任何「因」即能成就功德)。

㊼大慧！譬如虛空，(亦可將之喻為)非「常」、非「無常」。 (虛空乃)離「常、無常；一、異；俱、不俱；常、無常」(等諸多)過(失)，故不可說， 是故如來(乃)「非常」。	㊼大慧！譬如虛空，(亦可將之喻為)非「常」、非「無常」。 何以故？ 以(虛空乃)離「常、無常」故。 以(虛空乃)不墮「一、異；俱、不俱；有、無；非有、非無；常、無常；非常、非無常」。 是故(虛空乃)離於一切諸(多)過(失)，(亦)不可得(言)說。	㊼大慧！譬如虛空，(亦可將之喻為)非「常」、非「無常」。 何以故？ (虛空乃)離「常、無常；若一、若異；俱、不俱」等諸(多)過失故。
㊽復次大慧！若如來(的)「無生」(永無生起)，(是屬於永恒的)「常」者，(則將)如(同)「兔、馬」等角(皆)以「無生」(永無生起)；(而作為永恒之)常，(如此便有)過(失)故，(則所修行的種種功德)方便(將落於虛)「無」(之)義， (此乃)以「無生」(永無生起)；(作為一種永恒之)「常」(的)過(失)故。 (所以)如來(乃)非(永恒之)「常」。	㊽復次大慧！亦不得言如來是(永恒之)「常」，何以故？ 若言(如來是永恒之)「常」者，(則)同於「兔、馬、駝、驢、龜、蛇、蠅、魚」等角(上述諸動物屬於永不生「角」的一種「不生」狀態)。 是故不得言如來(為永恒之)「常」。	㊽復次大慧！如來(乃)非「常」。 若(如來)是(屬於永恒之)「常」者，則(如來即)是(為)「不生」(永不生起)，(如此便)同於「兔、馬、魚、蛇」等角(上述諸動物屬於永不生「角」的一種「不生」狀態)。
	㊾復次大慧！亦不得言如來是(永恒之)「常」，恐墮(於)「不生」(永不生起的一種永恒之)「常」故。 是故不得言如來(為永恒之)「常」。	
㊿復次大慧！更有(從)「餘事」(其餘別的餘事角度中而得)	㊿復次大慧！更有(從其)餘(別)法(的角度來說)，依彼法	㊿復次大慧！以(從)「別義」(其餘別的義理的角度來說)，

知， 如來(亦可方便稱為是一種)「常」。 所以者何？ 謂(如來是以)無間(此指「無間解脫道」)所(證)得(的一種)智(自內身聖智證法)；(是為一種不生不滅之)「常」(法)，故如來(亦可得方便假名為)「常」。	(之)故， (亦可)得(方便而)言如來世尊是(一種)「常」。何以故？ (如來乃)依「內證智」(自內身聖智證法而)證(不生不滅之)「常法」故，是故(亦可)得(方便而)言如來是(為一種)「常」。 大慧！諸佛如來(之)「內證智法」(自內身聖智證法)，(即為不生不滅之)「常」恒清涼、不變。	故亦(可)得(方便而)言(如來是一種)「常」。何以故？ 謂(如來乃)以「現智」(而)證(不生不滅的)「常法」，故(如來的)「證智」(自內身聖智證法)是(為不生不滅之)「常」，(故)如來亦(可方便名為)「常」。
⑥大慧！若如來出世、若不出世，(此)法(性乃)畢定(而不生不滅的常)住。	⑥大慧！諸佛如來應正遍知，若出於世、不出於世， (其)「法性」常如是(此即指「法性」乃「法爾如是」、為「不生不滅之常」耳)， 「法體」常如是， 「法軌」則常如是。	⑥大慧！諸佛如來所證「法性、法住、法位」，如來出世、若不出世，(皆是不生不滅的)「常住」(而)不(變)易。
(此「法性」之理，也都存在於一切的)「聲聞、緣覺、諸佛如來」(中)無間(而)住， (這是指「法性」之理，本來就周遍「存在」於一切的「二乘、如來」中，差別是「二乘」仍未見證此理，諸佛如來則已見證此理)	以彼「法性」(境界)，(在)一切「聲聞、辟支佛」等(眾中)，亦不曾(得)聞，亦不曾見(證)。	(如是「法性、法住、法位」的境界)在於一切「二乘、外道」所得(的)法中(仍未見證此理)，
(此「法性」乃)不住(於)「虛空」(中而斷滅)，	如是(之)「法體」(指「法性、法體、法軌」)，(並)非(住於)「虛空」中(而斷滅)，	(雖仍未見證，但此「法性、法住、法位」境界)非是(一種斷滅的)「空無」，

(此境界)亦非「愚夫」之所(能)覺知。	(此唯有)毛道凡夫不覺(亦)不知(此理)。	然(此境界乃)非「凡愚」之所能(覺)知。

《大般涅槃經・卷三十五・迦葉菩薩品第十二之三》

(1)(眾生之)「佛性」雖「有」，(但此)非(能完全)如「虛空」(的一種譬喻)，何以故？

(2)世間(之)「虛空」，雖以無量「善巧方便」(之功用)，(仍)不可得見(虛空的真實貌相)。

(3)「佛性」(依眾生「根器」不同而仍是屬於)可見(到的)，是故(佛性)雖「有」，(但亦)非(能完全)如「虛空」(的一種譬喻)。

(4)(眾生之)「佛性」(暫時)雖「無」，(但此)不同(於)「兔角」(的一種「虛無」譬喻)，何以故？龜毛、兔角，雖以無量「善巧方便」(之功用)，(仍)不可得(令生)生(毛與角來)。

(5)「佛性」(依眾生根器不同而)可生(起、或可「顯現」出來)，是故(佛性暫時)雖「無」，(但亦)不同(於)「兔角」(的一種「虛無」譬喻)。

(6)是故「佛性」(之本體乃)「非有、非無」，

(但於「眾緣和合」之下)亦(不離)有、亦(不離)無。

(非真實存有，非虛無斷滅，非有非無。但亦不離「有」、亦不離「無」)

45-4 如來之「自內身聖智證法」乃依「般若」之薰習所得，非從「心、意、意識、無明、五陰」中而得。如來「無二」，遠離落在二邊的分別對立邪見，故非「常」、非「無常」

請參閱 **1-26**

劉宋・求那跋陀羅譯《楞伽阿跋多羅寶經》	元魏・菩提流支譯《入楞伽經》	唐・實叉難陀與復禮等譯《大乘入楞伽經》
⑤大慧！如來所得(之)智(自內身聖智證法)，是(由)「般若」所薰(習而證得)。	⑤大慧！諸佛如來(之)「內證智」(自內身聖智證法)者，(乃)依彼(指「般若」)得名。大慧！以依「如實智慧」修行，(即可)得名為佛。	⑤大慧！夫如來者，(乃)以「清淨慧」(之)「內證法性」(自內身聖智證法性)而得其名。
⑥(如來的「自內身聖智證法」)非(由)「心、意、意識」(所薰習來)，(亦非)彼諸「陰、界、入、處」(之)所薰(習而得)。	⑥(如來的「自內身聖智證法」)非(從)「心、意、意識、無明、五陰」薰習(中而)得名。	⑥(如來的「自內身聖智證法」)非以「心、意、意識、蘊、界、處」法；(由)「妄習」(虛妄薰習而)得名。

㊢大慧！一切「三有」皆是(從)「不實妄想」(中)所生(起)，如來不從「不實虛妄想」(處中)生。	㊢大慧！一切「三界」(皆是從)「不實妄想」(中生起)，(由)「分別戲論」(中而)得名。	㊢一切「三界」皆(是)從「虛妄分別」(中)而生(起)，如來不從「妄分別」(中)生。
㊣大慧！以(有)「二法」(落於二邊的邪見)，故有「常、無常」(的執著分別)，(此並)非(是屬於)「不二」(法的境界)。	㊣大慧！(由)「不實」(而)分別二種(落在二邊邪見)法者，而得名為「常」與「無常」。	㊣大慧！若有(落)於「二」(邊的邪見)，(則便)有「常、無常」(的執著分別)。
㊎(所謂)「不二」(法的境界)者(即是一種)「寂靜」(相)，一切法(皆)「無二生相」故。 (無二生相=不二生相=於二法中不生=不生出二法相)	㊎而佛如來不墮(於)「二法」，(亦)不墮「能取、可取」二邊。如來(爲一種)「寂靜」(相的境界)，(於分別對立的種種)「二法」(中皆)「不生」故。	㊎如來「無二」(無二種分別的對立)，(如來已)證一切法(皆)「無生相」故。
㊌是故如來應供等正覺，(乃爲)非「常」非「無常」。 (佛學上很常說：諸法「無常」四個字，這是比較「方便、容易懂」的說法。 若按照「第一義諦」來說，諸法應該是「非常、非無常」的，但這樣子又不好「理解」了。 再例如：佛性是「常」，這是比較「方便、容易懂」的說法。 若按照「第一義諦」來說，佛性應該是「非常、非無常」的，但這樣又不好「理解」了)	㊌是故大慧！諸佛如來應正遍知，(故)不得言(如來)是「常」與「無常」(的二邊邪見)。	㊌是故(如來乃)非「常」，亦非「無常」。

45-5 凡有「言說分別」者，即有墮於「常、無常」二邊的過失。

若能除滅「分別覺」(分別心識)者，即能離「常、無常」諸邪見

劉宋・求那跋陀羅譯《楞伽阿跋多羅寶經》	元魏・菩提流支譯《入楞伽經》	唐・實叉難陀與復禮等譯《大乘入楞伽經》
❶大慧！乃至(有任何的)「言說分別」生(起者)，則有(墮於)「常、無常」(的二邊)過(失)。 ❷(若能將落在二邊的)「分別」覺(識)滅(盡)者，則(便能)離愚夫(所執的)「常、無常」見；(有常與無常見者，則)不(得真實)「寂靜」(法)。 (真實智)慧者，(乃)永離「常、無常」，非(為)「常、無常」(所)薰(習)。	❶大慧！凡所(有由)「言語」(之生起者)，而得說言(有)「常」與「無常」(的二邊過失)。 ❷(若能)遠離一切(的)「分別」(而滅)盡者，(便)不得言取(執於)「常、無常」法。 是故我遮(止)一切凡夫，不得(去)分別「常」與「無常」。以(已)得「真實寂靜法」者，得(以滅)盡「分別」，不生(於)「分別」。	❶大慧！乃至少有(任何一點)「言說分別」(之)生(起者)，即有(墮於)「常、無常」(的二邊)過(失)。 ❷是故，應除(滅落在)二(邊的)「分別」覺(識)， 勿令少在(勿令有任何一點點的「常」與「非常」的分別心識存在)。

45-6 偈頌內容

劉宋・求那跋陀羅譯《楞伽阿跋多羅寶經》	元魏・菩提流支譯《入楞伽經》	唐・實叉難陀與復禮等譯《大乘入楞伽經》
爾時世尊欲重宣此義而說偈言： 眾具無義者。 生常無常過。 若無分別覺。 永離常無常。 從其所立宗。 則有眾雜義。	爾時世尊重說偈言： 離於常無常。 非常非無常。 若見如是佛。 彼不墮惡道。 若說常無常。 諸功德虛妄。	爾時世尊重說頌言： 遠離常無常。 而現常無常。 恒如是觀佛。 不生於惡見。 若常無常者。 所集皆無益。

等觀自心量。 言說不可得。	無智者分別。 遮說常無常。 所有立法者。 皆有諸過失。 若能見唯心。 彼不墮諸過。	為除分別覺。 不說常無常。 乃至有所立。 一切皆錯亂。 若見唯自心。 是則無違諍。

第十九章　通攝四淨章

第４６節　自性清淨

46-1 請佛為說有關「蘊、界、處」的生滅之相。若真的是「無有我」的話，那誰「生」？誰「滅」？凡夫依著「生、滅」，所以永不證究竟的「涅槃」

劉宋・求那跋陀羅譯《楞伽阿跋多羅寶經》	元魏・菩提流支譯《入楞伽經》	唐・實叉難陀與復禮等譯《大乘入楞伽經》
	【卷七・佛性品第十一】	【卷五・刹那品第六】
㊀爾時大慧菩薩復白佛言：世尊！唯願世尊更為我說(有關)「陰、界、入」(的)生滅(之相)。	㊀爾時聖者大慧菩薩摩訶薩復請佛言：世尊！唯願如來應正遍知為我說，(唯願)「善逝」為我說(有關)「陰、界、入」(的)生滅之相。	㊀爾時大慧菩薩摩訶薩復白佛言：世尊！唯願為我說(有關)「蘊、界、處」(的)生滅之相。
彼(若真的是)「無有我」(的話)，	世尊！若(真的是)「無我者」(的話)，	若(真的是)「無有我」(的話)，
(那)誰「生」？誰「滅」？	(那)誰「生」？誰「滅」？	(那)誰「生」？誰「滅」？
愚夫者，(乃)依於「生、滅」(而住)，不(能)覺(悟於)「苦」(的滅)盡，(是故永遠)不識(究竟的)「涅槃」。	世尊！一切凡夫(皆)依(著)「生、滅」(而)住，(所以)不見「苦」(的減)盡，是故(永遠)不知(究竟的)「涅槃之相」。	而諸凡夫(皆)依於「生、滅」(而住)，不求(滅)盡(於)「苦」，(故凡夫永)不證(究竟的)「涅槃」。
㊁佛言：善哉！諦聽！當為汝說。	㊁佛告聖者大慧菩薩言：善哉！善哉！善哉！大慧！汝今諦聽，當為汝說。	㊁佛言：大慧！諦聽！諦聽！當為汝說。

大慧白佛言：唯然受教。	大慧白佛言：善哉！世尊！唯然受教。	

46-2 具「染分」的「如來藏」是「善」與「不善」因，能遍興造起一切六道生趣，然「凡夫」與「外道」皆不能覺悟此「如來藏」。「如來藏」又經常為「惡習」所薰，故又名為「識藏」。「藏識」(阿賴耶識)乃與生起「無明住地」(根本無明)的「七轉識」(前七識)共俱，只有佛能斷「無明住地」

請參閱 **13-3** **46-8** **49-8**

劉宋·求那跋陀羅譯《楞伽阿跋多羅寶經》	元魏·菩提流支譯《入楞伽經》	唐·實叉難陀與復禮等譯《大乘入楞伽經》
㊀佛告大慧：「如來之藏」是「善、不善」(之)因，能遍興造(起)一切「趣生」(六趣生處)。 (「如來藏」具有二種性質： 一是本具「自性清淨心」之如來藏； 一是會被「煩惱所染」的如來藏。 若是具「自性清淨心」之如來藏者，則經常被稱作淨分的「阿賴耶識」，為「解脫」與證「涅槃」之主因。 若是會被「煩惱所染」的如來藏者，則經常被稱作染分的「阿賴耶識」，常遭「不善、善」之薰習，亦為「六道生死」之主因) ㊁(如來藏)譬如「伎兒」，(能)變現(出)諸(六)趣。	㊀佛告大慧：「如來之藏」是「善、不善」(之)因故，能與六道作「生死」(流轉之)因緣。 (據唐·澄觀《大方廣佛華嚴經疏·卷四十二》云： 「阿賴耶識」真如法中故……住真如者，以「本識」有二分： 一、妄「染分」，凡夫所住； 二、真「淨分」，此「地」所住，由住「真如」故，捨「黎耶」之名。又「佛地」單住「真如」，不云「黎耶」真如) ㊁(如來藏)譬如「技兒」，(能變現)出種種技(藝)。 眾生(皆)依(止)於「如來藏」，故(於)五道生死(輪轉)。	㊀大慧！「如來藏」是「善、不善」(之)因，能遍興造(起)一切「趣生」(六趣生處)。 ㊁(如來藏)譬如「伎兒」，(能)變現(於)諸(六)趣。

(如來藏本無實體，故)離「我、我所」。	大慧！而(具「自性清淨心」的)「如來藏」(本無實體，故)離「我、我所」。	(如來藏本無實體，故)離「我、我所」。
(眾生與外道)不(能)覺(悟)彼(如來藏)故， (於是在「根境識」的)「三緣和合」(下)，方便而生(輪迴之果)。	諸「外道」等(於此「如來藏」而)不知不覺， 是故(於)「三界」生死(的虛妄和合)因緣(中而)不斷(輪迴)。	(眾生與外道)以不覺(如來藏)故， (於是在「根境識」的)「三緣和合」(下)，而有(輪迴之)「果」生。 (其實「根境識」三者亦為「如來藏」之所變現，故非「真實有和合」而生「諸果」也)
㊜(彼諸)「外道」不(能)覺(悟究竟的「如來藏」)，(於是便)計著(有真實的一個)「作者」。	㊜大慧！諸外道等，(將究竟的「如來藏」)妄計(為有一個真實的)「我」，故(外道)不能「如實」(得)見(究竟的「如來藏」義)。	㊜「外道」不知(究竟的「如來藏」義)，(便)執(著)為(有一個真實的)「作者」。
(因為凡夫與外道皆)為無始虛偽(的)「惡習」所薰，(所以原本清淨的「如來藏」即轉稱)名為「識藏」(阿賴耶識)。 (其實外道也能證得「相似」的如來藏。但不得佛法中「究竟」的「如來藏」，因為「究竟」的「如來藏」唯有佛能得)	以諸(凡夫與)「外道」，(從)無始世來，虛妄執著(於)「種種戲論」，(因)諸薰習故(因為種種「戲論」之薰習，故原本清淨的「如來藏」便另有了一個「阿黎耶識」的名稱)。 大慧！ (所謂)「阿黎耶識」者，(原本亦即是)名(為)「如來藏」(的)！	(因為凡夫與外道皆為)無始虛偽(的)「惡習」所薰，(所以原本清淨的「如來藏」即轉稱)名為「藏識」(阿賴耶識)。
㊝(「識藏」會)生(起)無明住地，(而「無明住地」則是又)與(前)七識(共)俱。 →即指「阿賴耶識」乃會與生起「無明住地」的「前七識」共俱。	㊝而(阿黎耶識會)與(生起)「無明」(住地的前)七識共俱。 →即指「阿賴耶識」乃會與生起「無明住地」的「前七識」共俱。	㊝(「藏識」會和)生於(前)七識(之)「無明住地」(同指「根本無明」之意)。 →即指「阿賴耶識」乃會與生起「無明住地」的「前七識」共俱。

㊄如「海浪」(喻阿賴耶識)身，(看似恒)常(而)生(亦)不斷(絕)。 →阿賴耶識正確的理解是：非斷、非常)	㊄如「大海波」(此喻阿賴耶識)，(看似恒)常(而)不斷絕，「身」(此指「前七識」)俱生故。 →即指「阿賴耶識」乃會與生起「無明住地」的「前七識」共俱。	㊄譬如「大海」(此喻阿賴耶識)，而(雖)有「波浪」(此喻「前七識」)， (但「阿賴耶識」這個大海)其「體」(仍然)相續，(看似)恒住(而)不斷(絕)。
(如來藏之自性「清淨」，所以遠)離「無常」(之)過(失)，	(「如來藏」遠)離「無常」(之)過(失)，	(如來藏之)本性(原本即是)「清淨」，
(遠)離於(真實的一個)「我論」，	(遠)離於(有一個真實的)「我」(的)過(失)，	(遠)離「無常」(的)過(失)，
(「如來藏」乃)自性無垢，畢竟清淨。	(「如來藏」乃)自性清淨。	(遠)離於(真實的一個)「我論」。

註：《大乘密嚴經·卷中》云：「藏識」亦如是，與「七識」俱轉，熏習以相應，體性而無染。

「阿賴耶識」亦為是「非常非斷」之理

《成唯識論》卷3

(1)此「識」(指第八識)亦爾，從無始來「生滅相續、非常非斷」，漂溺有情，令不出離。又如「瀑流」，雖(遇)風(此指色聲香味觸法六個「境界風」)等(打)擊，(於是生)起諸「波浪」(七轉識如波浪般)而(恒)流不斷。此識(指第八識)亦爾，雖遇眾緣，(生)起(如「眼識」等(全部講即指眼耳鼻舌身意，共六識)，而恒「相續」。

(2)又如「瀑流」，漂水下上，魚、草等物，隨流不捨。此「識」(指第八識)亦爾，與「內習氣、外觸(指「觸、作意、受、想、思」等五個遍行心所)」等法「恒相隨轉」。

(3)如是法喻意，顯此「識」(指第八識)無始因果，非「斷、常」(非斷非常)義。謂此識性，無始時來，剎那剎那「果生因滅」。(來生之業)果(會)生(起)，故「非斷」，(此生「色身」之)因(會消)滅，故「非常」。(第八識乃)「非斷非常」，(即)是「緣起」理，故說此識(指第八識)「恒轉如流」。

唐·不空譯《大乘密嚴經·卷下》

如是諸法性，可以一觀察。法性非是「有」(真實可得)，亦復非是「空」(完全虛無)。「藏識」(第八阿賴耶識)之所變(隨眾緣而變現出一切萬物萬法)，「藏」(第八阿賴耶識)以「空」為相(仍是以「性空」為本，

因眾緣而變現法界諸相）。

唐・不空譯《大乘密嚴經・卷下》

心因「習氣」生，境令心惑亂，依止「賴耶識」一切諸種子。心如境界現，是説為世間。
七識(指前七識)、阿賴耶，展轉力相生(指前七識與第八識乃互爲因果,展轉相生相薰習)，如是「八種識」
(全部所有八個識)，不常亦不斷。

唐・般若譯《大乘理趣六波羅蜜多經・卷第十》

(1)爾時，薄伽梵而説偈言：一切有為法，如乾闥婆城。

(2)眾生「妄心」取，雖現，非「實有」。諸法非「因」生(非從「真實的因緣」而生)，亦非「無因生」(也不是完全「沒有因生」)。

(3)虛妄分別有(一切都是眾生虛妄的分別執著心而有的)，是故説「唯心」(萬法唯心所緣現也)……「藏識」(第八阿賴耶識)為所依，「隨緣」現眾像。如人目有「瞖一」，妄見「空中花」，「習氣」擾濁心，從是「三有」(三界有情眾生)現。

(4)「眼識」依「賴耶」(第八阿賴耶識)，能見種種色。譬如鏡中像，分別不在「外」，所見皆「自心」(自己心識變現)，非常亦非斷。「賴耶識」(第八阿賴耶識)所變，能現於世間。

(5)法性皆「平等」，一切法所依。「藏識」(第八識)恒不斷(指非常非斷也)，「末那」(第七識)計為我。「集起」説為心(第八識)，「思量」性名「意」(第七識)……睡眠與昏醉，行住及坐臥，作業及士用，皆依「藏識」(第八識)起。

天親菩薩造《佛性論・卷第三》

(1)阿難！於「無生無滅」法中，「心(第八)、意(第七)」及「識」(第六)，決定「不生」故。

(2)釋曰：「心」者即「六識心」(大乘唯識宗則將「心」配「第八識」)。意者「阿陀那識」。識者「阿梨耶識」(大乘唯識宗則將「識」配「前六識」)，於此三中，不得「生」故。

姚秦・鳩摩羅什譯《持世經・卷第二》

持世！何謂菩薩摩訶薩正觀察選擇「識陰」？……

(1)是識陰從「顛倒」起，「虛妄緣」所繫，從「先業」(前世業緣也)有，「現在緣」所繫，屬「眾因緣」。虛妄無所有，憶想分別起，從「識」而生，有所識故名之為「識」……

(2)攝「思惟」故，數名「識陰」。或名為「心」(第八識)，或名為「意」(第七識)，或名為「識」(第六識)。皆是「意業分別」故，「識陰」所攝……

(3)是「識陰」從「眾因緣」生，無自性。次第相續生，念念生滅……是識陰「生相」不可得，「決定相」亦不可得……根本無所有故，「自相」無故……

(4)「假借」強名是「心」(第八識)、是「意」(第七識)、是「識」(第六識)。如是知種種「心相」

生……

(5)「幻陰」是「識陰」。譬如「幻」所化「人識」。不在內,亦不在外,亦不在中間。「識性」亦如是,如幻性,虛妄緣生。從「憶想分別」起,無有實事,如「機關木人」。識亦如是,從「顛倒」起,虛妄「因緣和合」故有……

(6)菩薩爾時亦「不生」識陰,亦「不滅」識陰。是識陰從本已來「無生」。如是觀時,不分別識滅相,通達識陰「無生相」……

(7)是識陰相從「眾因緣」生……知是識陰「無生」者、無「作者」、無「起者」。無「受者」、無「所受者」。但以「眾緣」生,「眾緣」合故有……

具「見惑、思惑」的「四住地煩惱」為一切「隨煩惱、遍起煩惱」所依所住。「第五住地」的「無明住地煩惱」力量最大,能超越「四住地煩惱」,且讓「四住煩惱」永住

劉宋·求那跋陀羅譯《勝鬘師子吼一乘大方便方廣經》	唐.菩提流志譯《大寶積經·卷第一百一十九·勝鬘夫人會第四十八》
壹何以故?有「煩惱」(此指「無明住地」煩惱)是「(四果)阿羅漢、辟支佛」,所不能斷(盡)。	壹何以故?是「(四果)阿羅漢」及「辟支佛」,(其)有餘煩惱(此指「無明住地」煩惱)「不斷盡」故,(仍)不能了知一切「受生」。
「煩惱」有二種,何等為二?謂:①「住地」煩惱(有「四住地」與「五住地」二種)。②及「起」煩惱(即指「遍起」煩惱或「上」煩惱)。	煩惱有二,謂:①「住地」煩惱(有「四住地」與「五住地」二種)。②及「起」煩惱(即指「遍起」煩惱或「上」煩惱)。
貳「住地」有四種(此四種皆不離「我見、身見、我愛」,可歸類於「我執」的煩惱),何等為四?謂:❶見一處住地。(「見一切住地」指三界之一切「見惑」)❷欲愛住地。(指「欲界」之一切「思惑」;思惑中以「貪愛」為重)❸色愛住地。(指「色界」之一切「思惑」)❹有愛住地。(指「無色界」之一切「思惑」)	貳「住地」有四(此四種皆不離「我見、身見」,可歸類於「我執」的煩惱),何等為四?謂:❶見一處住地。(「見一切住地」指三界之一切「見惑」)❷欲愛住地。(指「欲界」之一切「思惑」;思惑中以「貪愛」為重)❸色愛住地。(指「色界」之一切「思惑」)❹有愛住地。(指「無色界」之一切「思惑」)
參此四種「住地」(若再加上「無明住地」則稱為「五住地」),(能)生一切「起煩惱」。「起」者,剎那心、剎那(與煩惱)相應。	參世尊!此「四住地」(若再加上「無明住地」則稱為「五住地」),能生一切「遍起煩惱」。「起」煩惱者,剎那剎那,與心相應。

肆世尊！心不相應（於）無始（之）「無明住地」。（眾生所生起「諸煩惱」，皆依「無明住地」爲因緣，「諸煩惱」剎那剎那與「眾生心」相應。但「無明住地」從無始來，又與「眞實心」不相應，因爲「諸法無常、無實」，沒有眞實可得與永恒不變的「無明住地」）

伍世尊！此「四住地」（之）力，（爲）一切「上煩惱」（簡略說即指現前所生起之煩惱）依（止之）種（子），（此「四住地煩惱」若）比「無明住地」，（則於）算數譬喻，（皆）所不能及。

（「四住地煩惱」皆不離「我見、身見、我愛」，進而產生「我癡、我慢」，所謂「我癡」就是由「無明」煩惱所生起，而「無明住地」就是「法執」的根本，所以「無明」與「無明住地」這二個名詞在「細分」之下還是有區別的，無明）

陸世尊！如是「無明住地」（之）力，於「有愛」（等爲）數（共）四住地，「無明住地」其力最大。

（「無明住地」對於「有愛」住地等共「四住地」；其「無明住地」的力量是最大的。經文只單舉「有愛住地」，因爲「有愛住地」即可造成「三界」的輪迴，只需「有愛住地」就可包含前面三種「住地」煩惱了）

柒譬如「惡魔波旬」（喻「無明住地」），（若比較）於「他化自在天」，（則其）「色、力、壽命」，眷屬眾具，（皆比他化）自在（天還要）殊勝。

（「波旬」通常指欲界第六天魔，稱爲「他化自在天魔」。欲界第六天除了有「天人」在此住外，還有另一個魔宮是處在「欲界、色界初禪天」之間，專由「他化自在天魔」所住。如《瑜伽師地論・卷四》云：「他化自在天」復有「摩羅」天宮，即「他化自在天」攝。又如《長阿含經・閻浮提州品》云：於「他化自在天」、「梵加夷天」（指初禪天）中間，有「摩天宮」）

肆世尊！無明住地（avidyāvāsabhūmi　一切「無知」之根源，爲「五住地惑」之第五。「無明住地」屬於「根本、枝末」煩惱中之「根本無明」；「無明住地」爲我法二執中之「法執」，爲一切煩惱所依，爲「變易生死」之因），無始時來，（與）心不相應。

伍世尊！「四住地」（之）力，能作（爲）「遍起煩惱」（之）所依（止），（此「四住地」煩惱若）比「無明地」，（則於）算數譬喻，（皆）所不能及。

陸世尊！如是「無明住地」（之力），於「有愛」住地（等四種），其力最大。

柒譬如「魔王」（此喻「無明住地」），（其）「色、力、威德」，及眾「眷屬」，（能遮）蔽於「他化自在」（此喻「四住地煩惱」）諸天。

㊳如是「無明住地」(之)**力**：

①於「有愛」(等為)數(共)「四住地」，其**力**最勝。

②(為)恒沙等數「上煩惱」依(指由「根本無明」所衍生之「枝末惑、隨煩惱」。隋·吉藏《勝鬘寶窟》云：「四住」所起煩惱，麤強名「上」，故云一切「上煩惱」；「四住」與「上煩惱」作依、作種，已起煩惱，依之得立，故名依也)。

③亦令「四種煩惱」(指四住地煩惱)久住。

(此「無明住地」力以)「阿羅漢、辟支佛」智，所不能斷，唯「如來菩提智」之所能斷(此「無明住地」力)。

㊴如是世尊！「無明住地」(於「有愛」等「四住地」煩惱中)最為大**力**。

㊳如是「無明住地」(之力)：

①(能遮)蔽「四住地」。

②(為)過恒沙數(眾多)煩惱所依。

③亦令「四種煩惱」(指四住地煩惱)久住。

(此「無明住地」力以)「聲聞、獨覺」智(皆)不能斷，唯有「如來智」所能斷(此「無明住地」力)。

㊴世尊！如是，如是，「無明住地」(於「有愛」等「四住地」煩惱中)其**力**最大。

「無明住地」之「根本無明」與「四住地」煩惱的關係

「無明」
住地

（根本無明
根本煩惱）

1 能遮蔽「四住地」煩惱
2 力量大於「四住地」煩惱
3 能讓「四住地」煩惱永住
4 可總歸類於「法執」的煩惱
5 為「變易生死」之主因
6 與眾生「真實心」亦不曾相應過，但眾生「如來藏」亦會被「無明住地」與「四住地」所迷覆
7 「阿賴耶識」乃與生起「無明住地」的「前七識」共俱
8 只有佛能斷「無明住地」

「四」住地煩惱
（「枝末」煩惱
「枝末」無明）

「見一切」住地
（「見一處」住地）

「欲愛」住地

「色愛」住地

「有愛」住地

1 能生一切「遍起」煩惱或「起」煩惱或「隨」煩惱
2 不離「我見、身見、我愛」，可總歸類於「我執」的煩惱
3 剎那剎那會與「眾生心」相應，眾生之「如來藏」亦會被「無明住地」與「四住地」迷覆
4 「四果阿羅漢、辟支佛、大力菩薩」能斷「四住地」煩惱

有了具有最大力量的「無明住地」煩惱＝有了清淨的「如來藏」。
有了具有最大力量的「無明」煩惱＝有了清淨的「菩提」。
只要能「轉」煩惱＝清淨的「菩提」。
「煩惱」不離「菩提」。「菩提」不離「煩惱」。
「無明住地」煩惱不離「如來藏」。「如來藏」不離「無明住地」煩惱。

46－3 若能轉 or 捨 or 離「如来藏」中的「藏識」名，即無「藏識」名，則「七轉識」亦「滅」也。亦即若有了「藏識」名，則「七轉識」隨之而生。「藏識」與「七轉識」乃不一不異、不即不離也

劉宋・求那跋陀羅譯《楞伽阿跋多羅寶經》	元魏・菩提流支譯《入楞伽經》	唐・實叉難陀與復禮等譯《大乘入楞伽經》
⑤其餘諸識，(皆是)有生、有滅， (第七)意、 (第六)意識等， 念念(生滅，共)有七(個識)。 (前七識)因不實(的)「妄想」，(所以)取(執)諸(於外)「境界」，(於)種種「形處」，計著(於)「名相」。	⑤(其)餘七識者： 心意(此應指第七)、 (第六)意識等， (皆屬)念念不住，(皆)是「生滅法」， (前)「七識」(皆)由彼「虛妄」(的執著外境)因(而)生。	⑤其餘七識： (第七)意、 (第六)意識等， (皆屬)念念「生滅」。 (前七識以不實的)「妄想」為因，(取執於外)「境相」為緣，「和合」而生。
⑥(前七識)不(能)覺(悟由)「自心」所現(的)「色相」。	⑥(前七識)不能「如實分別」，(於)諸法，觀於「高、下、長、短」形相故。	⑥(前七識)不(能明)了「色」等(皆由)「自心」所現。
⑦(前七識因)不覺「苦、樂」，(所以)不至(於獲得)「解脫」。	⑦(前七識)執著「名相」故，能令自心見「色相」故，能得「苦、樂」故，能(遠)離「解脫因」故。	⑦(前七識)計著「名相」，(生)起「苦、樂」受。
⑧(因於)「名相」(而生)諸纏，(既從)「貪」生(起)，(復又再)生「貪」。	⑧因「名相」(而)生「隨煩惱貪」故。	⑧(因於)「名相」(而生)纏縛，既從「貪」生，復(又)生於「貪」。
⑨若(以六根爲)「因」、若(以六根爲)「攀緣」，	⑨依彼(六根爲)念(之)因，(若)諸(六)根「滅盡」(之)故，	⑨若(六根之所)因，及所緣(之)諸「取根」(六取根)滅(盡的

(若)彼諸「受(六)根」滅(盡的話)， (則)「次第」不生(指其餘之「六塵、六識」將不再「次第」而生起)。 (若是屬於其)餘(的)「自心」妄想(此喻二乘者)，(即獲)不(認)知「苦、樂」(的一種境界)。 ⑥(或因此而得)入「滅受想正受(滅盡定。samāpatti 等至)」。 ⑦(或入)「第四禪」。 ⑧(或得)善「真諦解脫」。 ⑨(若有二乘的)修行者，(即將此)作(眞實的)「解脫想」(如此就會落入外道)。 ⑩(如果仍然)不離、不轉名(爲)「如來藏」(中的)識藏(阿賴耶識)。 (「藏識」既然未轉染成淨，則餘)「七識」(亦將)流轉(而)「不滅」(不轉滅)。 所以者何？	(則)不「次第」生(指其餘之「六塵、六識」將不再「次第」而生起)故。 (若是屬於其)餘(之)「自意」分別(此喻二乘者)，(即獲)不生「苦、樂」(的感)受故。 ⑥是故(或因此而得)入「少想定、滅盡定」。 ⑦(或)入「三摩跋提(samāpatti 等至、正定現前)、四禪」。 ⑧(或得)「實諦解脫」。 ⑨若(是屬於二乘的)修行者，(便妄)生(作眞實的)「解脫相」(如此就會落入外道)。 ⑩(其實仍)以不知(要)「轉滅」虛妄相(之)故， 大慧！「如來藏識」不在「阿黎耶識」中。 是故「七種識」(乃)「有生有滅」， 「如來藏識」(乃是)「不生不滅」。 何以故？	(則其餘之六塵、六識便)不「相續」生。 (若是屬於其餘的)「自慧」分別(此喻二乘者)，(即無)「苦、樂」(之)受者。 ⑥或(因此而)得(入)「滅定」。 ⑦或得「四禪」。 ⑧或復善入「諸諦解脫」。 ⑨(若有二乘的修行者)便(於此)妄生於(已)得(眞的)「解脫想」(如此就會落入外道)。 ⑩而(其)實(仍)未捨、未轉「如來藏」中(的)「藏識」(阿賴耶識)之名。 若無「藏識」(阿賴耶識)，「七識」則(亦跟著)「滅」(盡)。 何以故？

魏譯本白話解釋

➡ 因爲不知「轉滅」掉虛妄的「阿黎耶識」，所以「如來藏」就 "不在" 「阿黎耶識」中，也就是「阿黎耶識」未「轉淨」之前，它與「如來藏」還是有區別的。

如果知道要轉「阿黎耶識」的話，則轉「識」成「智」後，「阿黎耶識」即轉爲「大圓鏡智」，既是「大圓鏡智」則與「如來藏」而同爲「不生不滅」，「如來藏」就 "在" 已轉成「大圓鏡智」的「阿黎耶識」中！

且《魏譯本》前經文 **46-2** 已詳説：「大慧！『阿黎耶識』者名『如來藏』，而與『無明七識』共俱」。「七種識」是有生有滅的，但透過轉「識」成「智」後，亦成爲「不生不滅」的「成所作智」(前五)、「妙觀察智」(第六)、「平等性智」(第七)」。

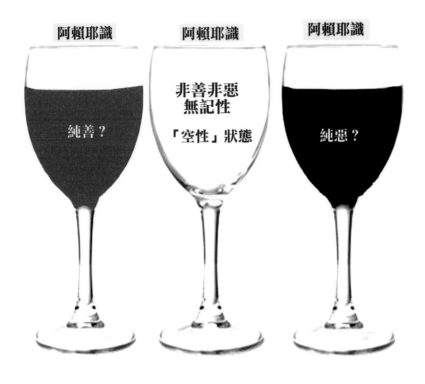

阿賴耶識（不生不滅與生滅和合➡非一非異）

如來藏（妙覺圓明真性，與阿賴耶識➡非一非異）

《密嚴經》云：
佛說如來藏，以為阿賴耶；惡慧不能知，藏即賴耶識。如來清淨藏，世間阿賴耶；如金與指環，展轉無差別」
《楞伽阿跋多羅寶經・卷第四》：「如來藏」是「善、不善」因，能遍興造一切趣生。「外道」不覺，「惡習」所薰，故名為「識藏」。
《大乘入楞伽經・卷第五》：「如來藏、藏識」本性清淨。然二乘及諸外道，憶度起見，不能現證，故視為客塵所染而不淨。

46-4「七轉識」以「藏識」為因,攀緣外境,然後諸識得以生起。此非「二乘、外道」修行境界能知

請參閱 **3-13** **49-7**

劉宋・求那跋陀羅譯《楞伽阿跋多羅寶經》	元魏・菩提流支譯《入楞伽經》	唐・實叉難陀與復禮等譯《大乘入楞伽經》
㊀彼(七轉識以藏識為)因(而)「攀緣」(外境),諸(七轉)識(便而得)生(起)故。	㊀彼「七種識」依諸「境界」念觀而生。	㊀(七轉識)因彼(藏識)及(以藏識為)「所緣」(的對象)而得生故。
㊁(此)非「聲聞、緣覺」(所能覺知的)修行境界。	㊁此「七識」(之)境界,一切(的)「聲聞、辟支佛、外道」修行者,(皆)不能(如實的)覺知。	㊁然(此)非一切「外道、二乘」諸修行者所(能覺)知(的)境界。
㊂(二乘者)不(能)覺(悟究竟的)「無我」(義)。	㊂(二乘者)不(能)「如實」(了)知(究竟的)「人無我」故。	㊂以彼(二乘者)唯(只能明)了「人無我」性。(二乘人只能在表面上「明了」人無我;但仍無法「如實」覺知與「證悟」究竟的「人無我」境)
㊃(二乘於)「自、共」相(中生取)攝受,(而)生「陰、界、入」(之邪執)。	㊃(二乘)以取「同相、別相」法,故以見(執取於)「陰、界、入」法等故。	㊃(二乘)於「蘊、界、處」(中),取(執)於「自相」及「共相」故。

46-5 若能親見親證「如來藏」,則於「五法、三自性、諸法無我」等種種分別皆能獲轉滅。然後於諸「地」再次第轉修更進,最終便得住第八菩薩「不動地」境界

劉宋・求那跋陀羅譯《楞伽阿跋多羅寶經》	元魏・菩提流支譯《入楞伽經》	唐・實叉難陀與復禮等譯《大乘入楞伽經》
㊀(若能親證親)見「如來藏」,(則有關)「五法(名、相、妄	㊀大慧!(若能親見親證)「如來藏」,(則便能)「如實」(的觀)	㊀若(能親證親)見「如來藏」,(則於)「五法(名、相、妄想、

想、正智、如如)、(三)自性、人法無我」(等種種分別境界)則(得以轉)滅。	見「五法(名、相、妄想、正智、如如)、(三)體相、法無我」故,(即)不生(不再生種種妄想分別)。	正智、如如)、(三)自性、諸法無我」(中便不再分別)。
(貳)(如此便能於諸)地(之)「次第」(上再)相續轉(修更)進。	(貳)(如此便能)「如實」知諸「地」(的)次第,(然後再)展轉(修行增進)和合故。	(貳)(如此便能)隨(諸)地(的)次第而漸(轉修更進),(最終便能)轉滅(五法、三自性、法無我的分別境界)。
(參)(從此其)餘外道(的邪)「見」,(便)不能(再)傾動(到你)。	(參)(從此其)餘外道(的)「不正見」(即)不能(再生種種的邪思)觀察。	(參)(如此便)不(再)為外道(之)「惡見」所(轉)動。
(肆)(此)是名(為)住菩薩(第八)不動地(的境界)。	(肆)大慧!(此已是)菩薩住(第八)不動地」(的境界)。	(肆)(此已經是)住(第八)不動地(的菩薩)。

46-6 介紹證「第八不動地菩薩」位時的境界。菩薩欲求「勝法義者」,應 "淨除" 「如來藏」中的「藏識」名。或更進一步解為➡應 "淨除" 「如來藏」與「藏識」這二個「假名」也

劉宋·求那跋陀羅譯《楞伽阿跋多羅寶經》	元魏·菩提流支譯《入楞伽經》	唐·實叉難陀與復禮等譯《大乘入楞伽經》
(得證第八地菩薩後的境界是:)	(得證第八地菩薩後的境界是:)	(得證第八地菩薩後的境界是:)
❶得「十三昧道門樂」(十定、十大三昧、十三昧)。	❶爾時得「十種三昧門」等為上首。	❶得於「十種三昧樂門」。
❷(八地菩薩所得的)「三昧」(力),(乃由如來正)覺「所持」(此指由如來正覺的「三昧神力」所加持)。	❷(八地菩薩所)得(的)無量無邊「三昧」,(其所)依(的)「三昧」(皆由)佛(之所)「住持」(神力加持)。	❷(八地菩薩所)為(的)「三昧力」,(皆為)諸佛所「持」(神力加持)。
❸(能)觀察不思議(之)「佛法」、(及觀察)自願(自本往昔之願力)。	❸(能)觀察不可思議諸「佛法」,及自本(往昔之)願力故。	❸(能)觀察不思議「佛法」,及(自己往昔之)「本願力」。
❹(即能)不受(二乘所樂的)「三	❹(即能)遮護(而不住於二乘所樂	❹(即能)不住(於)「實際」(此指

昧門樂」， 及(不受)「實際」(此指八地菩薩已「不住、不受」於涅槃境界)。 ❺(己)向(於)「自覺聖趣」(自內身聖智證法所趣之境)， (己)不共(與)一切「聲聞、緣覺」及諸「外道」所修(之)行道。 ❻(己)得「十賢聖種性道」， ❼及(得)「身智意生(意生身)」， (己)離(有爲功用的)「三昧行」。 是故<u>大慧</u>！菩薩摩訶薩欲求「勝進者」，當(同時)淨(除)「如來藏」及「識藏」(阿賴耶識)名。	的)「三昧門」， (及遮護)「實際境界」(此指八地菩薩已「不住、遮護」於涅槃境界)。 ❺(既已)遮已，(即可證)入「自內身聖智證法」(的)真實境界， (己)不同(於)「聲聞、辟支佛、外道」(所)修行、所觀(的)境界。 ❻爾時(超越)過彼(後，即可獲得)「十種聖道」， ❼(己能)入於如來「意生身智身」， (己能)離「諸功用三昧心」故。 是故<u>大慧</u>！諸菩薩摩訶薩欲證「勝法」(之)如來藏(及)「阿黎耶識」者，應當修行，令(兩者皆)「清淨」故。	八地菩薩已「不住」於涅槃境界)， 及(不住於二乘所樂的)「三昧樂」。 ❺(己)獲「自證智」(自內身聖智證法)， (己)不與「二乘」諸外道(之所)共。 ❻(己)得「十聖種性道」， ❼及(得)「意生(身)智身」， (己)離於(有爲)「諸行」(有功用之三摩地行)。 是故<u>大慧</u>！菩薩摩訶薩欲得「勝法」，應「淨」如來藏(之)「藏識」(阿賴耶識)之名。 (根據談錫永重譯的《入楞伽經梵本新譯》則譯作： **大慧！菩薩摩訶薩若求「殊勝義」**(viśeṣa-artha)**者，當求名為「藏識」之「如來藏」清淨**(tathāgata-garbha-ālaya-vijñāna-saṃśabdito-viśodhayitavaḥ)
本段詳細比對討論說明： **如來藏與藏識乃「非一」** ➡藏識易爲惡習所薰，故「染」也	本段詳細比對討論說明： **如來藏與藏識乃「非一」** ➡藏識易爲惡習所薰，故「染」也	本段詳細比對討論說明： **如來藏與藏識乃「非一」** ➡藏識易爲惡習所薰，故「染」也

1 劉宋本**前**經文 *46-2* 云：

（凡夫與外道皆）為無始虛偽（的）「惡習」所薰，（所以原本清淨的「如來藏」即轉稱）名為「識藏」（阿賴耶識）。

2 劉宋本**後**經文 *46-7* 云：

若無「識藏」（阿賴耶識）名（為）「如來藏」者，

（如來藏）則（處於）「無生滅」（的境界）。

3 劉宋本**後**經文 *50-2* 云：

「識藏」（阿賴耶識之）習滅（習氣若能轉滅），

（即可證得如來藏）究竟清淨。

如來藏與藏識乃「非異」

➡藏識本同如來藏，故「淨」也

1 劉宋本**後**經文 *46-7* 云：

大慧！此「如來藏、識藏（阿賴耶識）」，（由於）一切「聲聞、緣覺」（皆以妄）心（邪）想所見，雖（如來藏與藏識乃）「自性清淨」，（但二乘與外道為）客塵所覆故，猶見（如來藏與藏識皆為）

---

1 魏本**前**經文 *46-3* 云：

「如來藏識」不在「阿黎耶識」中，是故「七種識」（乃）有生有滅，「如來藏識」（乃是）不生不滅。

2 魏本**後**經文 *46-7* 云：

若「如來藏」（中之）「阿黎耶識」名為「無」者，

（若能轉）離（染分的）「阿黎耶識」（的話），

（則如來藏乃處於）「無生無滅」（的境界）。

3 魏本**後**經文 *50-2* 云：

以（若能）轉（滅）「意」（第七識）、（以及轉滅受）「阿梨耶識」（所）薰習（的習氣）故，

（即可證得如來藏）究竟清淨。

如來藏與藏識乃「非異」

➡藏識本同如來藏，故「淨」也

1 魏本**前**經文 *46-2* 云：

大慧！（所謂）「阿黎耶識」者，（原本即是）名（為）「如來藏」（的）！

---

1 唐本**前**經文 *46-3* 云：

而（其）實（仍）未捨、未轉「如來藏」中（的）「藏識」（阿賴耶識）之名。

2 唐本**後**經文 *46-7* 云：

若無「如來藏」名（為）「藏識」（阿賴耶識）者，

（如來藏）則（便是屬於）「無生滅」（的境界）。

3 唐本**後**經文 *50-2* 云：

「藏識」（阿賴耶識之）習滅（習氣若能轉滅的話），（則）「法障」（法執才能獲得）解脫，方得（如來藏之）永淨。

如來藏與藏識乃「非異」

➡藏識本同如來藏，故「淨」也

1 唐本**後**經文 *46-7* 云：

大慧！此「如來藏、藏識（阿賴耶識）」本性清淨，（但二乘與外道為）客塵所染，而（視如來藏與藏識皆）為「不淨」。一切「二乘」及「諸外道」，（由於）憶度（生）起（邪）見，（故）

「不淨」。 **2**劉宋本<u>後</u>經文 **49-5**云： 「如來藏」(亦)名(為)「識藏」。		不能現證(如來藏與藏識)。 **2**唐本<u>後</u>經文 **49-5**云： 「如來藏」(亦)名(為)「藏識」。 **3**唐本<u>後</u>經偈品 **53-100**云： 「藏識」(阿賴耶識)淨亦然， (為)眾生(之)所依止。

註：「十三摩地」，又名「十定、十大三昧、十三昧」。據《華嚴經・卷四十》，如來令普賢菩薩為普眼及會中諸菩薩眾說十種三昧，令得善入，成滿普賢所有行願。

十定(十大三昧、十三昧)

(1)「十」，乃表示數之圓極；「大三昧」，表示行願滿稱法界之定。即說普賢之深定妙用無盡。

(2)據《新華嚴經・卷四十》，如來令「普賢菩薩」為「普眼」及會中諸菩薩眾說十種「三昧」，令得善入，成滿「普賢」所有行願。十定即：

(一) 普光大三昧	(二) 妙光大三昧	(三) 次第遍往諸佛國土神通大三昧	(四) 清淨深心行大三昧	(五) 知過去莊嚴藏大三昧
①身心之業用周遍全包，稱為「普」。 ②智照自在，稱為「光」。	①勝用交映，稱為「妙」。 ②身智遍照，稱為「光」。	①十方無餘之剎皆至入定，稱為「遍往」。 ②往無雜亂，不礙時節，歷然分明，稱為「次第」。 ③即能起用，稱為「神通」。以智用如理，本自遍故。	①明達諸法本自清淨，離於想念，契理深心。 ②依此起用，遍供諸佛，請法起說，稱之為「行」。	①又作「過去清淨藏」。 ②佛出劫剎等事，稱為「莊嚴」。 ③於過去門中，含藏此無盡莊嚴之事，稱為「藏」。 ④入定能入劫，一念無緣；起定能受法，三輪 (佛之身、口、意

				^業無著，皆稱清淨。 ⑤即了知過去諸佛之「出現、劫剎、度生、壽命」之次第。
(六) 智光明藏大三昧	(七) 了知一切世界佛莊嚴大三昧	(八) 眾生差別身三昧	(九) 法界自在大三昧	(十) 無礙輪大三昧
①於未來藏中，包含諸佛及佛法等，稱之為「藏」。 ②智慧徹照，稱為「光明」。即能了知未來劫中諸佛已說法與未說法。	①於現在諸佛作用，眾會身相益物，皆稱「莊嚴」。 ②橫遍十方，故稱「一切」。 ③現可目睹，故不稱「藏」。即能遍入十方世界，見一切佛之教化莊嚴。	①於差別眾生身內外，「入定、出定」皆自在故。 ②雖通三種世間，從多但稱眾生，前後諸定皆從多說。	①於十八界(六根、六境、六識)自在出入。 ②又知「事法界」邊際與「理法界」，無礙自在故。	①「三輪」攝化皆自在故。 ②又得「十無礙滿」佛果。故無盡大用一一無礙，皆悉圓滿能摧伏，故尋初後際不得邊。 ③即住無礙三業之佛土，成就眾生之教化，轉淨法輪，續諸佛之種。

46－7 若 "無" 此名為「藏識」之「如來藏」者，則「如來藏」乃處於「不生不滅」的境界。凡聖皆「有生滅」，唯佛是「不生不滅」之境。其實「如來藏」與「藏識」兩者，亦可說其本性皆是「清淨」之體，然二乘及諸外道，因憶度生起邪見，為「客塵」所染，故不能「現證」此理，竟將此視為「不淨」。如來能分明現見、現證「如來藏、藏識」這兩者的境界，猶如觀掌中「菴摩勒果」般的容易

請參閱 **4－5**

劉宋・求那跋陀羅譯	元魏・菩提流支譯	唐・實叉難陀與復禮等譯
《楞伽阿跋多羅寶經》	《入楞伽經》	《大乘入楞伽經》

⑤大慧！若無「識藏」(阿賴耶識)名(為)「如來藏」者，(如來藏)則(處於)「無生滅」(的境界)。	⑤大慧！若「如來藏」(中之)「阿黎耶識」名為「無」者，(若能轉)離(染分的)「阿黎耶識」(的話)，(則如來藏乃處於)「無生無滅」(的境界)。	⑤大慧！若無「如來藏」名(為)「藏識」(阿賴耶識)者，(如來藏)則(便是屬於)「無生滅」(的境界)。
⑥大慧！然諸「凡、聖」(皆依著彼「阿賴耶識」，故)悉(皆)有「生、滅」。	⑥一切「凡夫」及諸「聖人」，(皆)依彼「阿黎耶識」，故(為)「有生、有滅」(的狀態)，(皆)以依(於)「阿黎耶識」(之)故。	⑥然諸「凡夫」及以「聖人」(皆依著彼「阿賴耶識」，故)悉有「生、滅」(的狀態)。
⑦(諸)修行者，(能入於)「自覺聖智」(自內身聖智法之境界)，(雖能得)「現法樂住」，(但亦)不捨方便(此指不捨「精進」及「度化眾生」之方便門)。	⑦諸修行者，(能)入自「內身聖行」(自內身聖智證法之所證)，(雖能得)「現法樂行」，而(仍)不休息(此指不捨「精進」及「度化眾生」之方便門)。	⑦是故一切「諸修行者」，雖(能入)「見內」(自內身聖智證法之)境，(亦能得)「住現法樂」(中)，而(仍)不捨於「勇猛精進」。
⑧大慧！此「如來藏、識藏」(阿賴耶識)，(由於)一切「聲聞、緣覺」(皆以妄)心(邪)想所見，雖(如來藏與藏識乃)「自性清淨」，(但二乘與外道為)客塵所覆故，猶見(如來藏與藏識皆為)「不淨」。	⑧大慧！此「如來心」(的)阿梨耶識、如來藏」(之)諸境界，(所有)一切「聲聞、辟支佛、諸外道」等(皆)不能(究竟的去)分別。何以故？以「如來藏」是「清淨相」，(二乘與外道為)客塵煩惱，(故視如來藏與藏識皆)垢染「不淨」。	⑧大慧！此「如來藏、藏識」(阿賴耶識)本性清淨，(但二乘與外道為)客塵所染，而(視如來藏與藏識皆)為「不淨」。一切「二乘」及「諸外道」，(由於)憶度(生)起(邪)見，(故)不能現證(如來藏與藏識)。
⑨非諸「如來」(如來則不如是見)。大慧！「如來」者，(能現證)		⑨如來於此(如來藏與藏識)，(能)分明(究竟而)現見，如觀掌中「菴摩勒果」(般的

現前境界，(能觀如來藏與藏識) 猶如掌中視「阿摩勒果」(般 的容易且清楚)。		容易且清楚)。

46－8 佛以「神力」加持勝鬘，及其餘具有「深妙淨智」的菩薩宣說：名為「藏識」之「如來藏」，「如來藏」與「餘七識」俱起的道理。「如來藏、藏識」乃佛境界，唯佛及其餘具有「利智」、與依「義」菩薩智慧境界者，方能了達。此非外道二乘境界

請參閱　**4－5**　**46－2**

劉宋·求那跋陀羅譯 《楞伽阿跋多羅寶經》	元魏·菩提流支譯 《入楞伽經》	唐·實叉難陀與復禮等譯 《大乘入楞伽經》
⑤大慧！(釋迦)我於此義，以「神力」(加持)建立，(所以能)令勝鬘ㄇ　夫人(Śrīmālā)及(其餘具有)「利智滿足」(之)諸菩薩等，(而為大眾)宣揚演說： (從《勝鬘經》中可獲知，此是勝鬘夫人「承佛神力」而由勝鬘夫人宣講出來的法義) 「如來藏」及「識藏」(阿賴耶識之)名， (「如來識」乃與)「七識」(共)俱生(起)。 (請參 **46－9** 偈頌)	⑤大慧！(釋迦)我依(於)此義，(又)依(著)勝鬘ㄇ　夫人，(又)依於菩薩摩訶薩(具有)「深智慧」者(而為宣)說： 「如來藏」(亦名為)「阿黎耶識」， (「如來識」乃)共「七種識」(而)生，名「轉滅相」。 (請參 **46－9** 偈頌)	⑤大慧！(釋迦)我為勝鬘ㄇ　夫人(Śrīmālā)及(其)餘(具有)「深妙淨智」菩薩(者而為宣)說： 「如來藏」(亦)名(為)「藏識」(阿賴耶識)， (「如來識」乃)與「七識」(而)俱起。 (請參 **46－9** 偈頌)
⑥(因)「聲聞」(人有)計著，(故如來欲令彼能得)見「人、法無我」。	⑥(如來)為諸「聲聞、辟支佛」等，(開)示「法無我」(義)。	⑥(如來欲)令諸「聲聞」(能得)見「法無我」。
⑦故勝鬘夫人(乃)承佛「威神」，(亦能開演宣)說「如來	⑦(如來)對勝鬘說言：「如來藏」(即)是「如來境界」。	⑦大慧！(如來)為勝鬘夫人說「佛境界」，(此)非是「外

境界」，(此)非「聲聞、緣覺」及「外道」(所能得悟之)境界。 →從《勝鬘經》中可獲知，此是勝鬘夫人「承佛神力」而由勝鬘夫人宣講出來的法義。		道、二乘」(所能得悟的)境界。
㉔「如來藏、識藏(阿賴耶識)」，(這兩者法的境界)唯「佛」及(其)餘(具有)「利智」(菩薩才能得知)。 (如來藏與阿賴耶識乃是具有)依「義」菩薩(的)智慧(才能獲得的)境界。	㉔大慧！「如來藏識、阿黎耶識」(的)境界。 我今與(大慧)汝，及諸菩薩(具有)「甚深智」者，(才)能(明)了分別此(如來藏與阿賴耶識)二種法。	㉔大慧！此「如來藏、藏識(阿賴耶識)」是「佛境界」， (我今)與(大慧)汝等，(及具有)比(相比；等比)「淨智」(的)菩薩，(及具有)隨順「義」(的菩薩)者；(其)所(能)行之處。
	㉕諸餘「聲聞、辟支佛」及「外道」等，(與)執著(於)「名字」者，(皆)不能(究竟)了知如此(如來藏與藏識)「二法」。	㉕(此)非是一切執著(於)「文字」(的)「外道、二乘」之所(能)行處。
㉖是故(大慧)汝，及餘菩薩摩訶薩，於「如來藏、識藏(阿賴耶識)」，(在這兩者法當中)當勤修學(與觀察)。 莫但(於)「聞覺」(聽聞覺知之後)，(便)作「知足想」。	㉖大慧！是故(大慧)汝，及諸菩薩摩訶薩當學此(「如來藏」與「阿賴耶識」這兩種)法。	㉖是故(大慧)汝，及諸菩薩摩訶薩，於「如來藏、藏識(阿賴耶識)」，(在這兩者法當中)當勤「觀察」(與修學)。 莫但(聽)聞已，(即)便生(知)「足想」。

註：《勝鬘師子吼一乘大方便方廣經》云：

勝鬘白佛：我當承佛「神力」，更復演說攝受正法廣大之義。佛言：便說……

聖諦者說甚深義，微細難知，非「思量」境界，是智者所知，一切世間所不能信。何以故？此說甚深「如來之藏」。

「如來藏」者，是「如來」境界，非一切「聲聞、緣覺」所知……

世尊！「如來藏」智，是如來「空智」。世尊！「如來藏」者，一切「阿羅漢、辟支佛、大力菩薩」，本所不見，本所不得……

世尊！「如來藏」者，是「法界藏、法身藏、出世間上上藏、自性清淨藏」……

勝鬘夫人說是「難解之法」，問於佛時，佛即隨喜，如是！如是！「自性清淨心」而有染污，難可了知。

註：《大寶積經‧卷第一百一十九》云：

時勝鬘夫人復白佛言……世尊！我今「承佛威神」辯才之力，復說大義……

「如來藏」者，是佛境界，非諸「聲聞、獨覺」所行。於「如來藏」說聖諦義，此「如來藏」甚深微妙，所說聖諦亦復深妙，難見難了，不可分別，非「思量」境，一切世間所不能信，唯有如來應正等覺之所能知……

46-9 偈頌內容

劉宋‧求那跋陀羅譯《楞伽阿跋多羅寶經》	元魏‧菩提流支譯《入楞伽經》	唐‧實叉難陀與復禮等譯《大乘入楞伽經》
爾時世尊欲重宣此義而說偈言：	爾時世尊重說偈言：	爾時世尊重說頌言：
甚深如來藏。	甚深如來藏。	甚深如來藏。
而與七識俱。	與七識俱生。	而與七識俱。
二種攝受生。	取二法則生。	執著二種生。
智者則遠離。	如實知不生。	了知則遠離。
如鏡像現心。	如鏡像現心。	無始習所薰。
無始習所薰。	無始習所薰。	如像現於心。
如實觀察者。	如實觀察者。	若能如實觀。
諸事悉無事。	諸境悉空無。	境相悉無有。
如愚見指月。	如癡見指月。	如愚見指月。
觀指不觀月。	觀指不觀月。	觀指不觀月。
計著名字者。	計著名字者。	計著文字者。
不見我真實。	不見我真實。	不見我真實。
「心」為工伎兒。	「心」（第八）如巧伎兒。	「心」（第八）如工伎兒。
「意」如和伎者。	「意」（第七）如狡猾者。	「意」（第七）如和伎者。
「五識」為伴侶。	「意識」（第六）及五識。	「五識」為伴侶。
妄想觀伎眾。	虛妄取境界。	妄想觀伎眾。
	如伎兒和合。	
	誑惑於凡夫。	

如來究竟圓滿真實之「聖諦」甚深微妙，難見難了，非所「思量」之境，一切世間所不能信，唯有如來所能知

劉宋‧求那跋陀羅譯《勝鬘師子吼一乘大方便方廣經》	唐‧菩提流志譯《大寶積經‧卷第一百一十九‧勝鬘夫人會第四十八》
《如來藏章‧第七》	
(壹)(勝鬘夫人言:如來真實的)聖諦(此即指「如來藏」)者,說甚深義,微細難知,(此)非「思量」境界,是「智者」所(能)知,(此爲)一切世間所不能信。	(壹)世尊!此(如來真實的)聖諦(此即指「如來藏」)者,甚深微妙,難見難了,不可分別,(此)非「思量」境,(亦爲)一切世間所不能信,(故)唯有「如來」應正等覺之所能知。
(貳)何以故?此說甚深「如來之藏」,「如來藏」者,是「如來境界」,(此)非一切「聲聞、緣覺」所知。	(貳)何以故?此說甚深「如來之藏」,「如來藏」者,是「佛境界」,(此)非諸「聲聞、獨覺」所行。
(參)(如來能於)「如來藏」處,說(真實的)聖諦義。(此)「如來藏」處甚深,故說(真實究竟圓滿的)「聖諦」亦甚深。(以上指「如來藏」是「聖諦」所依止之境界及所依之處)	(參)(如來能於)於「如來藏」,說(真實的)聖諦義。此「如來藏」甚深微妙,(故)所說(真實究竟圓滿的)「聖諦」,亦復深妙。(以上指「如來藏」是「聖諦」所依止之境界及所依之處)
(肆)(此「如來藏」)微細難知,(並)非「思量」境界,是智者所(能)知,(此爲)一切世間所不能信。	(肆)(此「如來藏」)難見難了,不可分別,(並)非「思量」境,(亦爲)一切世間所不能信,(故)唯有「如來」應正等覺之所能知。

若能於「無量煩惱」所纏的「如來藏」完全不疑惑者,則於「出一切煩惱藏」的「如來法身」亦無疑惑

劉宋‧求那跋陀羅譯《勝鬘師子吼一乘大方便方廣經》	唐‧菩提流志譯《大寶積經‧卷第一百一十九‧勝鬘夫人會第四十八》
(壹)(勝鬘夫人言)若於「無量煩惱藏」所纏「如來藏」;不疑惑者,(則)於「出無量煩惱藏」(之如來)法身,亦無疑惑。	(壹)(勝鬘夫人言)若於「無量煩惱」所纏「如來之藏」;不疑惑者,(則)於「出一切煩惱之藏」(之)如來法身,亦無疑惑。
(貳)於說「如來藏」,(即是)「如來法身」,(即是)不思議「佛境界」,(以)及(一種)「方便	(貳)世尊!若有於此「如來之藏」,(以)及(「如來藏」即是)「佛法身」,(即皆是)不可思議「佛

說」。(「如來藏」是「如來法身」所依之境。故「如來藏」就是「如來法身」的一種方便說，因爲「法身」所依止之境就是「如來藏」)	祕密境」。 (證如來藏＝證如來法身＝證不可思議佛祕密之境)
(若有人於)心(已)得「決定」者，此則(能)信解(所)說(之)「二聖諦義」)，如是難知、難解者，謂說「二聖諦義」。(「如來藏」是「聖諦」所依止之境界及所依之處)	(若有人於)心(已)得「究竟」(者)，(則)於彼所說(之)「二聖諦義」(指「有作聖諦義」與「無作聖諦義」)，(便)能信、能了，能生勝解。(「如來藏」是「聖諦」所依止之境界及所依之處)

「如來法身」與「煩惱」乃「不即不離」，故名「如來藏」

劉宋・求那跋陀羅譯 《勝鬘師子吼一乘大方便方廣經》	唐．菩提流志譯 《大寶積經・卷第一百一十九・勝鬘夫人會第四十八》
(壹)(勝鬘夫人言)世尊！(超)過於恒沙(數)，(如來具)「不離、不脫、不異、不思議」(的)佛法成就，(故)說(爲)「如來法身」。 (貳)世尊！如是如來「法身」，不離「煩惱藏」，名「如來藏」。 (「如來法身」與「煩惱」乃「不即不離」，故名「如來藏」。 「如來法身」與「無明住地」煩惱亦是「不即不離」，故名「如來藏」)	(壹)(勝鬘夫人言)世尊！「如來」(之)成就，(乃超)過於恒沙(數)，(如來)具「解脫智」不思議法，說名(如來)「法身」。 (貳)世尊！如是「法身」，不離「煩惱」，名「如來藏」。

「如來藏」者，即是如來「空性之智」。有「空如來藏」與「不空如來藏」

劉宋・求那跋陀羅譯 《勝鬘師子吼一乘大方便方廣經》	唐．菩提流志譯 《大寶積經・卷第一百一十九・勝鬘夫人會第四十八》
《空義隱覆真實章・第九》 (壹)(勝鬘夫人言)世尊！「如來藏智」是如來「空智」(空性之智)。 (貳)世尊！「如來藏」者，(爲)一切「阿羅	(壹)(勝鬘夫人言)世尊！「如來藏」者，即是如來「空性之智」。 (貳)「如來藏」者，(爲)一切「聲聞、獨覺」

漢、辟支佛、大力菩薩」（亦可大略說就是指這「三乘」），本所不見，本所不得。

㊂世尊！有二種「如來藏空智」，世尊！

❶「空如來藏」，「若（遠）離、若（解）脫、若（相）異」一切煩惱藏。

（即指「空如來藏」乃「離一切相、清淨本然」。「藏譯本」大意則指：「如來藏」[例鏡子]與「煩惱障」[例灰塵]是「各別而住」的，所以「如來藏」能遠離一切的「煩惱障」。但「如來藏」卻又經常會受到諸煩惱所「覆蓋」，故眾生便無法解脫。但「煩惱障」亦可由「智慧」而令彼轉成「空性」，也就是「煩惱障」與「如來藏」雖是「短暫共存」的，但卻沒有「永遠共住而糾纏」的意思。此即稱爲「空如來藏智」）

❷世尊！「不空如來藏」，（具）過於恒沙「不（遠）離、不（解）脫、不（相）異」不思議佛法。

（即指「不空如來藏」具「即一切法、周遍法界」。「藏譯本」大意則指：「如來藏」與「不思議佛法」並非是「各別而住」的，所以「如來藏」並沒有遠離「不思議佛法」，此「不思議佛法」即指「如來法身」與「法身功德」，故眾生可依此「解脫智」而證「不空」，此即稱爲「不空如來藏智」）

㊃世尊！此「二空智」（指「空如來藏」與「不空如來藏」），（對於）諸大聲聞（來說），（唯）能信（而入）。

㊄如來！一切「阿羅漢、辟支佛」，（對於如來所說的）「空智」（空性之智），（對）於「四不顛倒」（指「涅槃法身」之「常、樂、我、淨」）境界轉（被轉動）。

所未曾見，亦未曾得，唯「佛」了知，及（唯佛）能作證。

㊂世尊！此「如來藏」（之）「空性之智」，復有二種。何等為二？

❶謂「空如來藏」，所謂離於「不解脫智」（等）一切煩惱。

（即指「空如來藏」乃「離一切相、清淨本然」。亦可解釋成「如來藏」[例鏡子]與「煩惱障」[例灰塵]並沒有眞實且永恒的「共住糾纏」在一起，只要具有「如來藏智」即可令「煩惱障」轉爲「空性」與「菩提」）

❷世尊！「不空如來藏」，具過恒沙「佛解脫智不思議法」。

（即指「不空如來藏」具「即一切法、周遍法界」。亦可解釋成「如來藏」能與「如來法身、法身功德」眞實且永恒的「共住糾纏」在一起，只要具有「如來藏智」終究可證入「菩提」與「大般涅槃」）

㊃世尊！此「二空智」（指「空如來藏」與「不空如來藏」），（對於）諸大聲聞（來說），（唯）由「信」能入。

㊄世尊！如是一切「聲聞、獨覺」，（對於如來所說的）「空性之智」，於「四（顛）倒」境（二乘人對於「涅槃四德」所生起的四種顛倒見，即於涅槃之「常、樂、我、淨」妄執爲「無常、無樂、無我、不淨」，此名「四顛倒境」），（常被）攀緣而轉。

陸是故一切「阿羅漢、辟支佛」，（對於「如來藏」之「空性之智」）本所不見，本所不得。	陸是故一切「聲聞、獨覺」，（對於「如來藏」之「空性之智」）所未曾見，亦未曾證。
柒（能將）一切「苦滅」，唯佛（能）得證，（唯佛能）壞一切「煩惱藏」，（唯佛能）修一切（究竟圓滿之）「滅苦」道。	柒（能將）一切「苦滅」，唯佛（能）現證，（唯佛能）壞諸煩惱，（唯佛能）修（究竟圓滿之）「苦滅」道。

第４７節　生此道清淨

47-1 若能善知「五法、三自性、八識、二無我」之諸差別相者。則於一切諸「地」，即可「次第」相續的修行，具諸佛法，最終證得「如來自覺地」

劉宋・求那跋陀羅譯《楞伽阿跋多羅寶經》	元魏・菩提流支譯《入楞伽經》	唐・實叉難陀與復禮等譯《大乘入楞伽經》
	【卷七・五法門品第十二】	
壹爾時大慧菩薩白佛言：世尊！唯願為說：五法（名、相、妄想、正智、如如）、（三）自性、（八）識、二種無我（等的）究竟分別相（義）。	壹爾時聖者大慧菩薩摩訶薩復請佛言：世尊！唯願如來應正遍知為我說，善逝！（請）為我說：五法（名、相、妄想、正智、如如）、（三）體相，及「二無我」（等的）差別行相（義）。	壹爾時大慧菩薩摩訶薩復白佛言：世尊！（請）願為我說：五法（名、相、妄想、正智、如如）、（三）自性、諸識、（二）無我（等的）差別之相。
貳我及餘菩薩摩訶薩（若能善知此「五法、三自性、八識、二無我」），（則）於一切「地」，（即可）「次第」相續（的修行）。	貳我及一切諸菩薩等，若得「善知」（此）「五法、（三）體相、二種無我」差別相者，修行是法，（即可）「次第」	貳我及諸菩薩摩訶薩（若能）「善知」此（五法、三自性、八識、二無我）已，（即可）漸修「諸地」，

	入於一切「諸地」。	
(若)分別(修行)此法，(即能)入一切「佛法」(中)。 (能)入一切「佛法」者，乃至(能證入)「如來自覺地」(如來自內身聖智證法之地)。	修行是法，(即)能入一切諸「佛法」中。 (能)入諸「佛法」者，乃至能(證)入「如來自身內證智地」(如來自內身聖智證法之地)。	具諸「佛法」， 至於(能證入)「如來自證之位」(如來自內身聖智證法之地)。
㊣佛告大慧：諦聽！諦聽！善思念之。	㊣佛告聖者大慧菩薩言：善哉！善哉！善哉！大慧！汝今諦聽，當為汝說。	㊣佛言：諦聽！當為汝說。
大慧白佛言：唯然受教。	大慧菩薩言：善哉！世尊！唯然受教。	

「五法」與「三自性」的關係圖

一、據《楞伽經》的論點

1 何為「名」？凡愚不知「名」為假立，心隨流動，墮「我、我所」而著色，「貪瞋癡」業積集。

2 何為「相」？「眼識」所照；名為「色」。「耳、鼻、舌、身、意識」所照；名為「聲、香、味、觸、法」。

3 何為「妄想」？依於所說之「名」而取其「相」，如「象馬、車步、男女」等名皆是「分別妄想」。

4 何為「正智」？觀「名、相」不可得，諸識「不生、不斷、不常」，不復墮入「二乘、外道」之地時。

5 何謂「如如」？觀察「名、相」乃「非有、非無」。離「損、益」，知「名、相、識」本來不起，乃不生也。

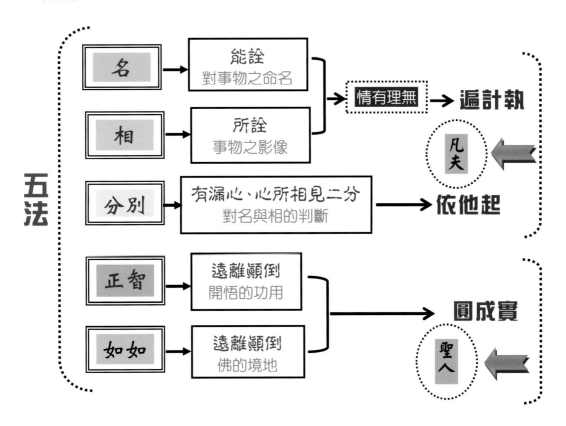

二、據彌勒講述《瑜伽師地論》的論點

「五法」皆與「遍計所執」無關。餘四者為「依他起性」。

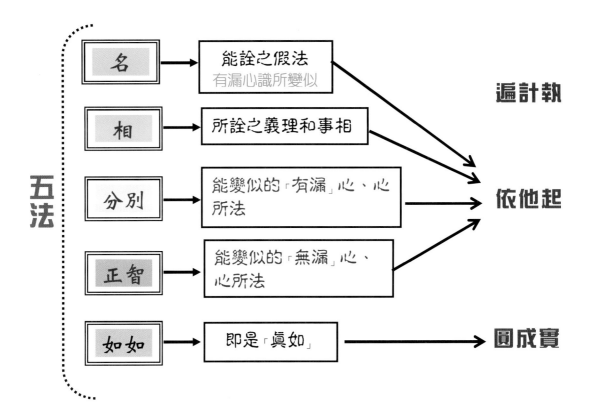

三、據世親菩薩造《辨中邊論》的論點（《大乘密嚴經・卷下》之「五法説」同此圖）

「遍計所執」是無實體性的，但有「假名」，故「**名**」屬於「遍計所執」。「**相**」即「相分」依「心識」而變。「**分別**」為「見分」，屬「心、心所法」，這兩者皆是「依他起性」。「**正智**」與「**如如**」皆無顛倒，為「圓成實性」。

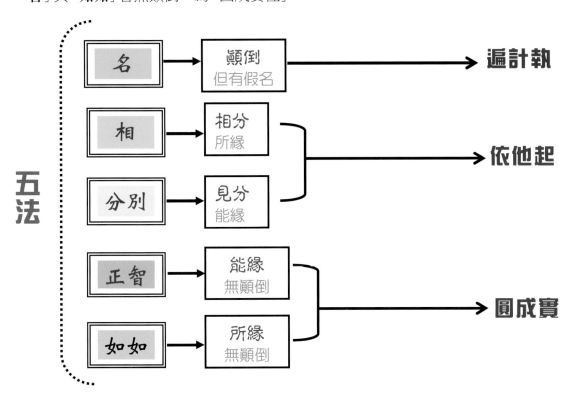

「五法」與「生活禪」的關係圖

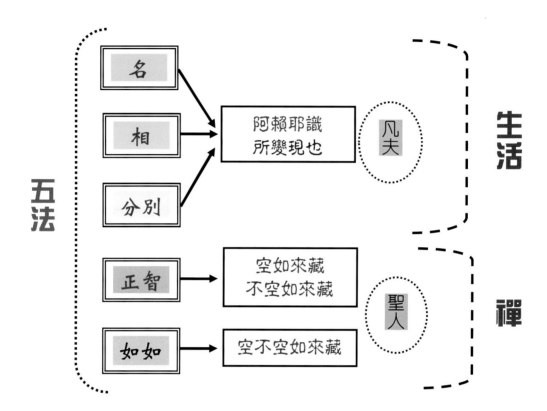

「三性」說（三自性、三性相、三種自相、三相）

此三者即：「**遍計所執性、依他起性、圓成實性**」。三者略稱「**遍、依、圓**」。

依他起性(緣起)	投射出來的現象，它是真實的，但不是終極的。	要遠離、要無著。非棄捨之。	知	假
遍計所執性(染分依他)	只是「想像」，虛妄不真實的。	要捨棄。	斷	虛
圓成實性(淨分依他)	絕對的、不染污、不分化、不二的。	證得**即**「依他」而**離**「依他」。證得「緣起」即是「性空」。	證	實

1 遍計所執(遍計所執相、分別相、分別性、妄分別性、妄相自性、妄計自性、虛妄分別相、虛妄分別名字相、計所執、所執性)：

(1)遍計所執性，梵語 Parikalpita-svabhāva。「**遍計**」是「**周遍計度、無所不執著**」之意，指在意識上作種種「推求」的心理活動，或指對「**緣起性空**」之理不了解，迷於緣起法，都叫「**遍計所執**」。

(2)諸法是「緣生緣滅」的，乃眾緣和合而成，故非有實體，僅為假有之法，但凡夫卻由虛妄分別心去妄執實我實法之相，其所執之實我實法之自性與差別，總名為「**遍計所執性**」。

(3)如《解深密經・卷二》之【一切法相品】云：**云何諸法「遍計所執相」，謂一切法名假安立「自性」差別，乃至唯令隨起言說……**接著又說：**若諸菩薩能於諸法「依他起相」上，如實了知「遍計所執相」，即能如實了知一切「無相」之法。**

(4)《成唯識論・卷八》釋：「**由彼彼遍計，遍計種種物，此遍計所執，自性無所有**」指遍計心的品類非常多，故言「**彼彼**」，所執著的境界名「**種種物**」，即妄執「五蘊、十二處、十八界」等，這些被「**遍計所執**」的種種萬法的自性是本無自體的，故言「**自性無所有**」。例如我們為電視中的情節流淚、生氣、傷心等，這些都是一種「**遍計所執**」的作用。

2 依他起性(依起相、緣起自性、因緣法體自相相、依他起、依他)：

(1)依他起性，梵語 paratantra-svabhāva。在《攝大乘論》中作 vijñapti。「他」即是「**因緣**」也。

(2)此「**依他起性**」(或名「非有似有」之法)中又分「**染分依他**」與「**淨分依他**」兩種。「**染分依他**」是指依「虛妄分別」之緣而生起的「有漏雜染法」；「**淨分依他**」是指依「聖智之緣」而

生起的「無漏純淨法」，且「淨分依他」攝於「圓成實性」內。

(3)在《攝大乘論講記》中舉了「幻等」八「喻」來說明「依他起自性」，八喻是「幻喻」、「陽燄喻」、「所夢喻」、「影像喻」、「光影喻」、「谷響喻」、「水月喻」及「變化喻」等。從這八種譬喻來說，顯然一切都是無實的，但「心境、業果、言說、度生」等事，都是顯見可得的。「依他起性」和「遍計所執」一樣都是虛妄分別性的，這兩者不同在於：「依他起」是能現起虛妄的分別，所以分別的本身也還是虛妄的。「遍計執」是分別所生起的「虛妄相」，這「虛妄相」雖離心而有，其實還是以「分別」為性的，所以也是「虛妄分別」的一種。

3 圓成實性(圓成實相、第一義諦體性、圓成實)：

(1)圓成實性，梵語 parimiṣpanna-svabhāva。基本上指諸法的「真如」。因為「真如」是遍滿一切法，無不具足故叫做「圓」；其體性不滅，永遠成就故叫做「成」；又為諸法的真實體性，非虛妄，故名為「實」，所以具有「圓滿、成就、真實」等三種義。

(2)《瑜伽師地論·卷七十三》解釋「圓成實性」云：**云何「圓成實性」？謂諸法「真如」，聖智所行，聖智境界，聖智所緣，乃至能令證得清淨，能令解脫一切相縛及麤重縛，亦令引發一切功德……是一切煩惱眾苦所不雜染故」。**

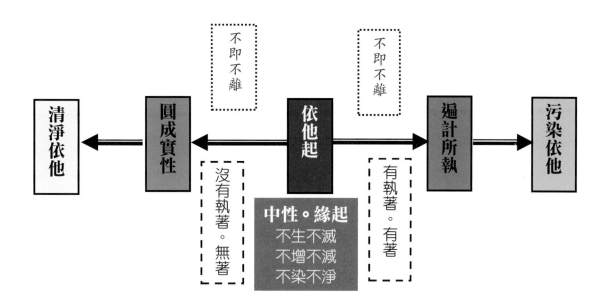

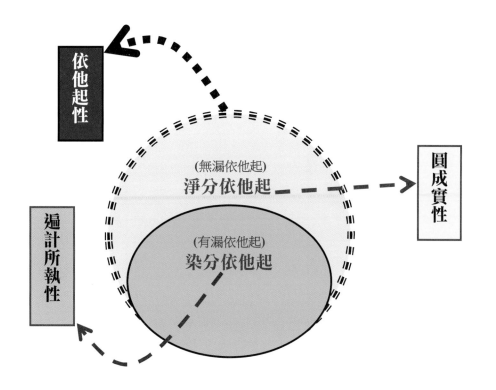

47－2 何謂「五法」？若不能覺悟「五法、三自性、八識、二無我」乃由「自心」所現，此為凡夫妄想，非諸「聖智」之所為

劉宋・求那跋陀羅譯《楞伽阿跋多羅寶經》	元魏・菩提流支譯《入楞伽經》	唐・實叉難陀與復禮等譯《大乘入楞伽經》
壹佛告大慧：「五法(名、相、妄想、正智、如如)、(三)自性、(八)識、二種無我」(等之)分別趣相者，謂：	壹佛告大慧：我為汝說「五法(名、相、妄想、正智、如如)、(三)體相、二種無我」(等之)差別行相。 大慧！何等五法？	壹大慧！「五法(名、相、妄想、正智、如如)、(三)自性、諸識、(二)無我」，所謂：
❶「名」(nāman)。 ❷「相」(nimitta)。 ❸「妄想」(vikalpa)。 ❹「正智」(samyag-jñāna)。 ❺「如如」(tathatā)。	一者「名」。 二者「相」。 三者「分別」。 四者「正智」。 五者「真如」。	❶「名」。 ❷「相」。 ❸「分別」。 ❹「正智」。 ❺「如如」。
貳若修行者，(欲)修行(證)入「如來自覺聖趣」(如來自內身聖智證法所趣之境)，(即能遠)離於「斷、常、有、無」等(之)見，	貳(若有)內身修行(者)，(欲)證「聖人智」(如來自內身聖智證法所趣之境)，(即能遠)離(於)「斷、常」(之)見，	貳若修行者，(能善於)觀察此(五)法，(即可證)入於「如來自證境界」(如來自內身聖智證法所趣之境)，(即能)遠離(於)「常、斷、有、無」等(之)見，
(即可得)<mark>現法樂正受住</mark>」(samāpatti-sukha-vihāra)、「現在前」(現見有「法」現前)。	(即可得)現「如實修行」者(而)入「三昧樂、<mark>三摩跋提</mark>(samāpatti 等至、正定現前)」行門故。	(即能)得<mark>現法樂</mark>、甚深三昧。
參大慧！(凡愚)不覺彼「五法(名、相、妄想、正智、如如)、(三)自性、(八)識、二無我」。	參大慧！一切凡夫不覺不知「五法(名、相、妄想、正智、如如)、(三)體相、二種無我」。	參大慧！凡愚不了「五法(名、相、妄想、正智、如如)、(三)自性、諸識、(二)無我」。
(以上諸法皆是由)「自心」(所)現(之)外性(法)，	(以上諸法皆)唯以「自心」(而)見於外物，	(以上諸法皆)於「心」所現(起)，

凡夫(生出)「妄想」(分別之心)，(此)非諸「聖賢」(之所爲)。	是故(凡愚)生於「分別之心」，(此)非謂(是)「聖人」(之所爲)。	(凡愚)見有(眞實的)外物，而(生)起「分別」，(此)非諸「聖人」(之所爲)。

47-3 何謂「名」？凡愚不知「名」爲「假立」的字辭，於是「妄心；分別心」隨著流動，墮於「我、我所」而執著外色，由「貪瞋癡」所生的罪業便開始積集

劉宋・求那跋陀羅譯《楞伽阿跋多羅寶經》	元魏・菩提流支譯《入楞伽經》	唐・實叉難陀與復禮等譯《大乘入楞伽經》
(壹)大慧白佛言：世尊！云何(爲)愚夫(之)「妄想」生(起)，(而)非諸「聖賢」(之所爲)？	(壹)大慧白佛言：世尊！云何(是)凡夫(所)生(的)「分別心」，非「聖人」(之所爲)也？	(壹)大慧白言：云何(是凡愚之所)不了，而(生)起「分別」(心)？
(貳)佛告大慧：愚夫計著(於)俗數(之)「名、相」，隨(著分別)心(而)「流散」。	(貳)佛告大慧：一切凡夫執著(於)「名、相」，(然後「分別心」即)「隨順」(而)生法。	(貳)佛言：大慧！凡愚不知「名」是假立，(然後分別)心(即)隨(著)「流動」。
(參)(當「妄想分別心」隨著)「流散」已，(則有)種種「相像」(之)貌，(即)墮(入)「我、我所」見，希望計著(於)「妙色」。	(參)(當「妄想分別心」)「隨順」(而)生法已，(則)見(有)種種相，(即)墮「我、我所」(的)邪見心中，執著(有存在)具足一切「法相」(的妙色)。	(參)(於是)見(有)種種「相」，計(著於)「我、我所」，染著於「色」(中)。
(肆)(凡愚生)「計著」已，(則爲)「無知」(所)覆障，故生「染著」。	(肆)(凡愚生)「執著」已，(則)入於「無明黑闇」(之)障處。	(肆)(於是)覆障(了自己的心性)「聖智」，
(伍)(凡愚被)「染著」已，(則)由「貪、恚、癡」所生(之罪)業(便開始)「積集」。	(伍)(一)入「障處」已，(即生)起於「貪心」，(於生)起「貪心」已，而能造作「貪、瞋、癡」	(伍)(便生)起「貪、瞋、癡」。

	業。	
⑥(從三毒所生的罪業)「積集」已,(由自己的)妄想(而)自纏,如「蠶」(之)作繭(自縛),(於是)墮「生死海」,(輪轉於)諸(六)趣(的)曠野(中)。	⑥(從三毒而)造(作諸)「業行」已,不能自止,如「蠶」(之)作繭(自縛),以(自己的)「分別心」而自纏身,(於是)墮於「六道大海」險難。	⑥(從三毒而)造作「諸業」,如「蠶」(之)作繭(自縛),(由自己的)妄想(而)自纏,(於是)墮於諸(六)趣(的)生死大海(中)。
(生死輪迴就)如 汲井輪(般的循環而不絕)。 ➔ghaṭīyantra,又作汲水輪,以汲井輪之輪轉不絕,比喻生死輪迴之相續無窮。	(生死現象就)如「轆^{カメ}轤^{カメ}」(汲水工具)迴輪(迴旋輪轉),(而)不自覺知。	(生死輪迴就)如 汲水輪(之)循環(而)不絕。
⑦(凡夫)以「愚癡」故,不能知如「幻」、野馬(marīcikā 陽焰;野馬;飄浮的塵埃)、水(中)月」(之)自性,(不知要遠)離「我、我所」。 (《一切經音義》云:野馬,猶陽炎也。案莊子所謂塵埃也。陽焰指飄浮的灰塵在太陽照射下,遠遠望去就會產生似水若霧、如雲似水的一種自然景象)	⑦(凡愚)以「無智」,故不知一切諸法(皆)如「幻」,不知無「我、我所」(之理),(不知)諸法(乃)「非實」。	⑦(凡愚)不知諸法如「幻」、如「焰」、如「水中月」。
⑧(凡愚生)起於一切「不實妄想」,(不知)離「相、所相」及「生、住、滅」。	⑧(凡愚)從於「妄想分別」而生,而不知離「可見、能見」,而(亦)不知離「生、住、滅」相。	⑧(凡愚從)「自心」所見(的虛)妄分別(心而生)起,(不知)離「能、所取」及「生、住、滅」。
⑨(凡愚不知諸法皆)從自心(的)「妄想」(而)生,(並)非(從)「自在(īśvara 自在天)、時節(kāla)、微塵(aṇu)、	⑨(凡夫)不知自心(皆從)「虛妄」而生,(竟)謂(諸法皆)隨順(而從):「自在天(īśvara)、時(kāla)、	⑨(凡夫竟)謂(諸法皆)從:「自在(īśvara 自在天)、時節(kāla)、微塵(aṇu)、勝性(pradhāna)」而生,

勝妙(pradhāna)」(而)生。 (而)愚癡凡夫(皆)隨「名、相」(而)流(轉)。	微塵(aṇu)、 (神)我」(而)生。	隨(著)「名、相」(而)流(轉)。

marīca 男 ...（以下略）...

marīci (男) 女 (大気中に浮遊する)輝く微塵 陜 ；光線；光，炎，焔，燄，陽焔，陽燄，陽炎，除暗，除暗得光 *Aṣṭ-pr.*, *Cat-ś.*, *Lal-v.*, *Laṅk.*, *Madhy-bh.*, *Madhy-v.*, *Mvyut.*, *Saddh-p.*, *Śikṣ.*, *Sūtr.*, *Suvik-pr.*, *Suv-pr.*, 梵雜. ；野馬，鹿渴 *Madhy-bh.*, *Madhy-v.*, *Madhy-vibh.* 男 [*Prajāpati* の名，七 Rṣi の一]；[大熊星座中の星の名]；[ある Daitya の名].

marīci-svapnodaka-candrādi (°na-ud°, °ra-ādi) 男 複 陽焔夢境水月等，野馬夢幻水月等 *Madhy-bh.*

maricikā 男 音写 [世界の名] 摩利支 *Divy.*

maricikā 女 蜃気楼 ；陽焔 *Aṣṭ-pr.*, *Laṅk.* ；野馬 *Aṣṭ-pr.*

47-4 何謂「相」？由「眼識」所照見，名為「色」。由「耳、鼻、舌、身、意識」所照見，名為「聲、香、味、觸、法」

劉宋・求那跋陀羅譯 《楞伽阿跋多羅寶經》	元魏・菩提流支譯 《入楞伽經》	唐・實叉難陀與復禮等譯 《大乘入楞伽經》
⑤大慧！彼「相」者： ⑥(由)「眼識」所照(見到的)，(即)名(之)為「色」。 (由)「耳、鼻、舌、身、意識」所照(見到的)，(則)名(之)為	⑤大慧！何者為「名」？謂： ⑥(由)「眼識」見(到)前(面的)「色」等法相。如(外在的)「聲相、耳相、鼻相、舌相、身相」。	⑤大慧！此中「相」者，謂： ⑥(由)「眼識」所見(到的)，名之為「色」。 (由)「耳、鼻、舌、身、意識」(所)得者，(則)名之為「聲、

「聲、香、味、觸、法」。 (所以「外六塵」就是一種「相」) 參(此)是名為「相」。	 參**大慧**！如是等「相」，我說名為「名相」。	香、味、觸、法」。 參如是等我說為「相」。

47-5 何謂「妄想分別」？依於所說之「名」而取其「相」，如「象馬、車步、男女」等名皆是一種「分別妄想」下的「假名」稱呼

劉宋・求那跋陀羅譯 《楞伽阿跋多羅寶經》	元魏・菩提流支譯 《入楞伽經》	唐・實叉難陀與復禮等譯 《大乘入楞伽經》
壹**大慧**！彼「妄想」者：	壹**大慧**！何者「分別」(妄想)？	壹「分別」(妄想)者：
貳(先)施設(於)眾「名」(後)，(然後即能)顯示(其)諸「相」。 (「名」與「相」這兩事)如此(而)「不異」。 (以「假名」配合眾相後，就決定不再改異，如「狗」名配狗動物，一旦決定後，就不可再將「狗」名配爲貓動物) (又例如)「象馬、車步、男女」等名。	貳以依何等法說(依著)「名」(而)取「相」，(然後即能)「了別」(於)此法。 (「名」與「相」這兩事)如是、如是畢竟(而)「不異」。 (又例)謂(如)「象馬、車步、人民」等「分別」種種相。	貳(先)施設(於)眾「名」(後)，(然後即能)顯示(其)諸「相」， 謂(如)以「象馬、車步、男女」等名(稱)而顯(示)其「相」。 (「名」與「相」)此(兩)事如是決定(而)「不異」。 (以「假名」配合眾相後，就決定不再改異，如「狗」名配狗動物，一旦決定後，就不可再將「狗」名配爲貓動物)
參(此)是名(爲)「妄想」(分別心)。	參(此)是名(爲妄想)「分別」(心)。	參(此)是名(爲妄想)「分別」(心)。

47-6 何謂「正智」？觀「名、相」皆不可得，以此「正智」的觀修，即可令諸識達到「不生、不斷、不常」之境界，便不復墮入

「二乘、外道」之地

劉宋・求那跋陀羅譯《楞伽阿跋多羅寶經》	元魏・菩提流支譯《入楞伽經》	唐・實叉難陀與復禮等譯《大乘入楞伽經》
大慧！(所謂)「正智」者：	大慧！何者「正智」？	「正智」者，謂：
❶(應觀察)彼「名、相」(乃)不可得，猶如 過客 (可喻爲「刹那不住」之過客)。 (也可解爲：「名」與「相」乃互爲「主、客」之間的相因相生，有「名」就有其「相」；有「相」則必有其「名」的意思)	❶以(如實)觀察「名、相」，觀察已，不見(有)「實法」(的存在)，以彼(「名」與「相」乃) 迭共因生 (指互爲因緣而相生)故，(應)見(其)「迭共生」者(而不可得)。	❶(應如實)觀(察)其「相」(與「名」)，(乃)互爲其「客」(與「主」的「相對待」關係)。
❷(若具有如此「正智」的觀修後，則可令)諸識(達到)「不生、不斷、不常」(之境界)。 (若有「名、相、分別」的執著，則諸識將會被「薰習」成爲「生滅」的一種刹那現象。 若能通達「名、相、分別」而無執著、不可得，則諸識將成爲「不生不滅」的一種境界)	❷(若具有如此「正智」的觀修後，則)諸識(將)不(再復)(生)起「分別」，(即可達)識相「不斷、不常」(的境界)。	❷(若具有如此「正智」的觀修後，則)識心(將可達到)「不起、不斷、不常」(之境界)。
❸(如此便)不(再)墮(入)一切外道「聲聞、緣覺」之地。	❸是故(便)不(再)墮一切「外道、聲聞、辟支佛」地。 大慧！(此)是名「正智」。	❸(如此便)不(再)墮(入)「外道、二乘」之地， (此)是名「正智」。

47-7 何謂「如如」？應觀察「名、相」乃「非有、非無」，遠離「損、益」，應知「名、相、分別之識(分別心)」本來即「不起、不生」也

劉宋·求那跋陀羅譯 《楞伽阿跋多羅寶經》	元魏·菩提流支譯 《入楞伽經》	唐·實叉難陀與復禮等譯 《大乘入楞伽經》
復次大慧!菩薩摩訶薩,以此「正智」,	復次大慧!菩薩摩訶薩依「正智」。	大慧!菩薩摩訶薩以其「正智」。
❶不立「名、相」(以為是「實有」),(亦)非不立「名、相」(而成為一種「虛無」)。	❶不取「名、相」法以為(實)「有」,(亦)不取不「名、相」以為(虛)「無」。何以故?	❶觀察「名、相」(乃)「非有、非無」。
❷(應)捨離(有與無)二見,(捨離)「建立」(samāropa 增益;建立)及「誹謗」(apavāda 損減;誹謗),(應)知「名、相」(乃)「不生」。(此)是名「如如」(之境界)。	❷以離「有、無」(之)邪見故,以不見(有真實之)「名、相」,是(為)「正智」(之)義。是故我說(此即)名為「真如」(之境界)。	❷遠離「損、益」二邊惡見,「名、相」及(分別之)識(心),本來(就)不(生)起。我說此法名為「如如」(之境界)。

47－8 菩薩若能住「如如」境界,乃至能證得「佛地」,具有十三種無量的「境界」與「功德」

劉宋·求那跋陀羅譯 《楞伽阿跋多羅寶經》	元魏·菩提流支譯 《入楞伽經》	唐·實叉難陀與復禮等譯 《大乘入楞伽經》
大慧!菩薩摩訶薩住「如如」者,	大慧!菩薩住「真如法」者,	大慧!菩薩摩訶薩住「如如」已,
❶得「無所有境界」故。	❶得入「無相寂靜」境界。	❶得「無照現境」。
❷得菩薩(初地)「歡喜地」。	❷入已,(即)得入菩薩摩訶薩(之)「初歡喜地」。	❷(即可)昇(入初地之)「歡喜地」。
❸得菩薩「歡喜地」已,(即可)永離一切「外道」(與諸)惡趣。	❸菩薩得「初歡喜地」時,(即可)證「百金剛三昧明門」,(便能)捨離(三界)「二十五有」(之)一切果業。	❸(能遠)離「外道」(與諸)惡趣。
❹(能)正住(於)「出世間趣」,	❹(超越)過諸「聲聞、辟支佛	❹(能)入「出世法」,(通達)「法

(通達)「法相」成熟(之境界)。	地」，(得)住(於)「如來家」(之)真如境界，(能)如實修行。	相」淳熟(的境界)。
❺(能)分別「幻」等一切法。	❺(能)知「五法」(名、相、分別、正智、如如)相(皆)如幻、如夢，(能)「如實」(的)觀察一切諸法。	❺(能)知一切法猶如「幻」等。
❻(能證)「自覺法趣」(自內身聖智證法所趣之境)相。	❻(能生)起「自內身證聖智」(自內身聖智證法所趣之)修行。	❻(能)證「自聖智所行之法」(自內身聖智所行之境)。
❼(遠)離(由)諸「妄想」(所)見(的諸)性(法)異相。	❼如是展轉，遠離「虛妄」世間覺觀(其)「所樂」之地。	❼(遠)離「憶度」(之邪)見。
❽(能)「次第」(昇進)乃至(第十)「法雲地」。	❽(然後)「次第」(昇進)乃至(第十)「法雲地」。	❽如是(能)「次第」(昇進)，乃至(第十)「法雲」。
❾於其(法雲地)中間，(獲)「三昧、(十)力、自在、神通」，(皆如蓮華般的)開敷(而圓滿具足)，(最終證)得「如來地」已。	❾(至)入「法雲地」已，次入「三昧、(十)力、自在、神通」，(皆)諸華(開敷般的)莊嚴(圓滿具足)，(最終證得)「如來之地」。	❾至(入)「法雲」已，(獲)「三昧、諸(十)力、自在、神通」，(皆如蓮華般的)開敷(而)滿足(圓滿具足)，(最終證得)成(就)於「如來」(果地)。
❿(證「如來地」後，即具)種種變化(神通)，(於)圓照(圓明照耀中)示現(一切)，(能)成熟(度化)眾生，如「水中月」(般的影現出無量無邊的變化身)。	❿入「如來地」已，(即)為教化眾生(而)現種種(之)光明，應(現變化的)莊嚴身，(就)如「水中月」(般的影現出無量無邊的變化身)。	❿成(就)「如來」已，為(教化)眾生故，(應現變化出)如「水中月」(般的)普現其身(具無量無邊之變化身)。
⓫(已)善(能)究竟滿足(於)「十無盡句」。 (①眾生界無盡。②世界無盡。③虛空界無盡。④法界無盡。⑤涅槃界無盡。⑥佛出現界無盡。⑦如來智無盡。⑧心所緣無盡。⑨佛智所入境界無盡。⑩世間轉、法轉、智轉無盡)	⓫(能)依(著十種)「無盡句」，善(教導眾生於)「縛、所縛」(的業力中)。	
⓬(能)為種種(不同)「意解」(意欲知解)眾生，(而)分別(為	⓬(能)隨眾生(之)「信」者，而為說法。	⓬(能)隨其(眾生之)「欲樂」，而為(之)說法。

之)說法。 ❸(如來)「法身」(已)離「意」(此應包含「心、意、意識」義)所作。	❸(如來法身已)離「心、意、意識」身故。	❸(如來法身)其「身」清淨，(已)離「心、意、識」。 ❶(能)被ㄆ 弘誓甲(誓願鎧甲)，具足成滿(成就圓滿)「十無盡願」。
(此)是名菩薩(證)入「如如」所得(之境界)。	大慧！菩薩(證)入「真如」已，(能)得「佛地」中「如是如是」(之)無量無邊法。	(此)是名菩薩摩訶薩(證)入於「如如」之所獲得(的境界)。

47-9 「三性、八識、二無我」皆悉攝入「五法」中。「正智」與「如如」皆不可壞，名「第一義諦相」or「圓成實性」

劉宋・求那跋陀羅譯 《楞伽阿跋多羅寶經》	元魏・菩提流支譯 《入楞伽經》	唐・實叉難陀與復禮等譯 《大乘入楞伽經》
㊀爾時大慧菩薩白佛言：世尊！云何世尊，	㊀大慧復白佛言：世尊！世尊！(如何是)為「五法」(而可攝)入「三法」(遍計所執、依他起性、圓成實性)？	㊀爾時大慧菩薩摩訶薩復白佛言：世尊！
㊁為「三種自性」(如何能攝)入於「五法」(名、相、妄想、正智、如如)？	㊁為「三法」(怎麼攝)入「五法」(名、相、妄想、正智、如如)中？	㊁為「三法」(如何攝)入「五法」(名、相、妄想、正智、如如)中？
㊂還是)為(三自性)各有(其)「自相宗」？	㊂(還是)為(「三自性」之)「自體相」，各各(都有)差別？	㊂(還是)為(三自性)各有(其)「自相」？
㊃佛告大慧： 「三種自性」(遍計所執、依他起性、圓成實性)及「八識、二種無我」，悉(都能攝)入(此)「五法」	㊃佛告大慧：「三法」(是能攝)入(此)「五法」中(的)。大慧！非但「三法」(能攝)入「五法」(名、相、妄想、正智、如	㊃佛言：大慧！「三性、八識」及「二無我」，悉(都能攝)入(此)「五法」(名、相、妄想、正智、如如)。

(名、相、妄想、正智、如如)。	如)中， (連)「八種識、二種無我」亦(能攝)入(於此)「五法」(中的)。 大慧！云何「三法」(能攝)入(此)「五法」中(呢)？	
㊄大慧！彼「名」及「相」(皆)是(屬於一種)「妄想自性」(遍計所執)。	㊄大慧！「名、相」(皆是屬於)為「分別法相」(遍計所執)。	㊄其中「名」及「相」(皆)是(屬於一種)「妄計性」(遍計所執)。
㊅大慧！ (所謂「依他起性」的意思是：) 若依彼(「名、相」之)妄想，(而)生心(王)、心法， (此即)名(爲)「俱時生」(此指「心王、心所」法與「遍計所執妄想」乃同時生起)， (此喻)如「日、光」(一起)俱(生)， (具)「種種相」(而)各別，(這些名相也都)分別(而互相依)持(著)， (此即)是名(爲)「緣起自性」(依他起性)。	㊅大慧！ (所謂「依他起性」的意思是：) 依彼二法(「名、相」之)「分別」，(而)生心(王)、心數法。 (此即於)「一時」(「心王、心所」法與「遍計所執妄想」乃同時生起)，非前、後， (喻)如「日」共「光明」一時，而有分別「種種相」。 大慧！(此)是名(在「三相」(三自性相中)，(名爲)「依因緣」力(依他起性)生故。	㊅(所謂「依他起性」的意思是：) 以依彼(「名、相」之)分別，(而生)心(王)、心所法， (此即於)「俱時」而(生)起(「心王、心所」法與「遍計所執妄想」乃同時生起)， (此喻)如「日」與「光」， (此即)是(屬於)「緣起性」(依他起性)。
㊆大慧！ (所謂「圓成實性」的意思是：) 「正智、如如」者，(乃)「不可壞」，故(即)名(爲)「成自性」(圓成實性)。	㊆大慧！ (所謂「圓成實性」的意思是：) 「正智、真如」名(爲)「第一義諦相」(圓成實性)，以「不滅法」故。	㊆(所謂「圓成實性」的意思是：) 「正智、如如」(乃)「不可壞」故，是(名爲)「圓成性」(圓成實性)。

47－20 若能遠離「我、我所」，即能生「二無我」之智。所有「二乘、菩薩、如來自內身聖智證法、諸地位次、一切的佛法」皆能攝入於此「五法」中的

劉宋·求那跋陀羅譯《楞伽阿跋多羅寶經》	元魏·菩提流支譯《入楞伽經》	唐·實叉難陀與復禮等譯《大乘入楞伽經》
㊀復次大慧！ (由)「自心」(所)現(的)妄想(有)八種分別，謂： 「識藏(阿賴耶識)、(第七)意、(第六)意識」及「五識身」相者， (八個識都是由)「不實相」(的)妄想(所生)故。	㊀復次大慧！ (執)著於「自心」(所)見(而生)分別法，差別(共)有八種(心、意、識八種)， (八個識都是)以「分別」諸相(而)以為(是真)「實」故。	㊀大慧！ 於「自心」所現(而)生「執著」時，(會)有八種分別(心生)起， 此(八個識的)差別相皆是「不實」(的)，唯(由)「妄計」性(而生起)。
㊁(若能於)「我、我所」二攝受「滅」(盡與捨離的話)，(那麼)「二無我」(之智慧即能)生(起)。	㊁(若能遠)離「我、我所、生滅」之法，爾時(即可)得證「二無我法」。	㊁若能捨離「二種我執」，(那麼)「二無我智」即(可獲)得生長。
㊂是故大慧！ 此「五法」者，(所有)「聲聞、緣覺、菩薩、如來自覺聖智(自內身聖智證法)、諸地」(等的)相續次第，(所有)一切(的)佛法，悉(能攝)入(此五法)其中(的)。	㊂大慧！ (此)「五法門」(能攝)入諸「佛地」。(其餘)諸「地」法相，亦(能攝)入(此)「五法門」中。 一切「聲聞、辟支佛」法亦(攝)入「五法門」中。 如來(之)「內身證聖智法」(自內身聖智證法)，亦(能攝)入(此)「五法門」中。	㊂大慧！ 「聲聞、緣覺、菩薩、如來自證聖智(自內身聖智證法)、諸地」(等的)位次，(所有)一切(的)佛法，悉皆(能)攝入(於)此「五法」中(的)。

47－11 「相、名、妄想」的前後次第相連關係

劉宋・求那跋陀羅譯 《楞伽阿跋多羅寶經》	元魏・菩提流支譯 《入楞伽經》	唐・實叉難陀與復禮等譯 《大乘入楞伽經》
㊀復次大慧！五法者，「相、名、妄想、如如、正智」。	㊀復次大慧！五法「相、名、分別、真如、正智」。	㊀復次大慧！五法者，所謂「相、名、分別、如如、正智」。
㊁大慧！(所謂)「相」者，若(有)「處所、形相、色像」等(之顯)現，(此)是名為「相」。	㊁大慧！何者名為「相」？(所謂)「相」者，(即)見(有)「色、形相、狀貌」(之)勝(況而)不如(此指「不能如同」的意思)，(此)是名為「相」。	㊁此中「相」者，謂所見(的)「色」等形狀各(個有)別，(此)是名為「相」。
㊂若彼有如是「相」，(例如)名為「瓶」等，即(計著於)此(名)，非餘(非其餘「名稱」能「指稱」此色像)， (此)是說為「名」。	㊂大慧！依彼「法相」(而生)起「分別相」，(例如)此是「瓶」，此是「牛、羊、馬」等，此法如是、如是(而)「不異」(決定不可再更改變異)。 大慧！(此)是名為「名」。	㊂依彼諸「相」(而建)立「瓶」等名，(例如)此(外相是)如是，(而)此不異(決定不可改異)， 是名為「名」。
㊃(於)施設眾「名」(後)，(即可)顯示諸「相」(如)瓶等(例如「瓶」之名稱乃顯示「瓶」之相)，(所有)「心」(王)、心法」(皆由「妄想分別」產生)， (此)是名「妄想」。	㊃大慧！依於彼法立「名」，了別示現彼「相」，是故立彼種種「名字」，(例如「牛、羊、馬」等(「牛」之名只顯示「牛」之相，不能再顯示「羊」之相)。 (此)是名「分別」(之)「心」(心王)、心數法」。	㊃(於)施設眾「名」(後)，(即可)顯示諸「相」， (所有的)「心」(王)、心所法」(皆由「妄想分別」產生)， (此)是名「分別」。

47-12 觀察「名、相」無有而不可得，滅盡「妄覺」與「展轉的生滅相」，即名為「如如」。「如如」之性相，可說具有「真實、決定、究竟、根本、自性不可得」等五種名稱

劉宋・求那跋陀羅譯	元魏・菩提流支譯	唐・實叉難陀與復禮等譯

《楞伽阿跋多羅寶經》	《入楞伽經》	《大乘入楞伽經》
壹(應觀察)彼「名」彼「相」，畢竟(而)不可得，(如此於)始(於)終(都)無「覺」(無妄覺；無生起妄覺；不會再生起妄覺→「覺」字爲舊譯，新譯作「尋」：對事理之粗略思考作用虛妄)，於諸法(亦)無(生起)「展轉」(生滅之相)，(遠)離不實(的)「妄想」，(此)是名「如如」。	壹大慧！(應)觀察「名、相」，乃至「微塵」，常不見(有眞實的)「一法相」， 諸法(皆)「不實」，以「虛妄心」(而)生「分別」故。	壹(應觀察)彼「名」、彼「相」，畢竟「無有」， 但是(由)「妄心」(而)「展轉」分別(產生)。 如是「觀察」，乃至(令)「覺滅」(妄覺滅盡→「覺」字爲舊譯，新譯作「尋」：對事理之粗略思考作用)，(此)是名「如如」。
貳(若具有)「真實、決定、究竟、自性不可得」(的特質)，彼(即)是「如相」(的定義)。	貳大慧！(所)言「真如」者，(即)名為(具有)「不虛、決定、畢竟、(滅)盡自性自體」(的特質)，(此即是)正見(之)「真如相」。	貳大慧！(若具有)「真實、決定、究竟、根本、自性(不)可得」(此處譯作「自性可得」，應該是少漏一個「不」字)，(此即)是「如如相」。

47－13 在證得「如如」之境後，即可再隨順進入「正智」境，悟解「不斷、不常」之理。於「妄想」不生時，即能再隨順證入如來的「自內身聖智證法」之境。此非「二乘、外道」所能證得之境界，此即是為「正智」

劉宋・求那跋陀羅譯《楞伽阿跋多羅寶經》	元魏・菩提流支譯《入楞伽經》	唐・實叉難陀與復禮等譯《大乘入楞伽經》
壹我及諸佛(皆)「隨順」(證)入(「如如」境界之)處，(然後)普為眾生「如實」(而)演說，(並作種種「名相」上的)施設(與)顯示(法義)。(此指上文「真實、決定、究竟、自性不可得」即與「如如」是爲「異名」而同義)	壹我及諸菩薩，及諸佛如來「應正遍知」，(皆)說「名」異(而)「義」一(的道理)。(此指上文「不虛、決定、畢竟、滅盡自性自體」即與「如如」是爲「異名」而同義)	壹我及諸佛(皆)「隨順」證入(「如如」境界)，如其「實相」(而爲眾生)開示演說。

㊧於彼（「如如」境即可再）隨（順進）入「正覺」（正覺之智），（悟解）「不斷、不常」（之理）。 （若於）妄想不（生）起，（則能）隨順（入）「自覺聖趣」（自內身聖智證法所趣之境）。 ㊨（「自內身聖智證法」之境爲）一切「外道、聲聞、緣覺」（之）所不得「相」，（此）是名「正智」。 （「自內身聖智證法」是外道與二乘無法證得的「正智」之境）	㊧大慧！如是等（即可再）隨順（進入）「正智」（正覺之智），（悟解）「不斷、不常」（而）無分別（之理）。 （若於）「分別」不行處（不生起之處），（即可）隨順（入）「自身內證聖智」（自內身聖智證法之境界）。 ㊨（即可遠）離諸一切「外道、聲聞、辟支佛」等「惡見」朋黨（以「惡」相濟而結成的集團，兩邊均是「邪惡」的對立）不「正智」中。 （「自內身聖智證法」是遠離外道與二乘會墮於「二邊邪見」的「不正智」中➜外道與二乘不能證得佛的「正智」境）	㊧若能於此隨順（而）「悟解」離「斷」離「常」（之理）， （若）不生「分別」，（即可）入「自證處」（自內身聖智證法所趣之處）。 ㊨（「自內身聖智證」之境即能超）出於「外道、二乘」境界，（此）是名「正智」。 （「自內身聖智證法」是「超出」外道與二乘境界的一種「正智」之境）

47－14 「三性、八識、二無我」，甚至一切佛法都能攝盡於此「五法」中。當可自學此五法，亦教他人學習此五法，心則獲決定而「不隨他轉」

劉宋‧求那跋陀羅譯《楞伽阿跋多羅寶經》	元魏‧菩提流支譯《入楞伽經》	唐‧實叉難陀與復禮等譯《大乘入楞伽經》
㊀大慧！（此）是名「五法」（皆能攝盡於）「三種自性、八識、二種無我」（法中），（甚至所有）一切佛法悉（能）入（五法）其中。	㊀大慧！於（此）「五法」（能攝盡於）「三法相、八種識、二種無我」（法中），（甚至所有）一切佛法皆（能攝）入（此）「五法門」中。	㊀大慧！此「五種法」（能攝盡於）「三性、八識」及「二無我」（法中），（甚至所有）一切佛法普皆（能）攝盡（於此五法中）。
㊁是故大慧！當自方便學（此五法），亦教他人（學習）。	㊁大慧！汝及諸菩薩摩訶薩，為求「勝智」（者），應	㊁大慧！於此（五）法中，汝應以「自智」（而）善巧通

	當修學(此五法)。	達,亦(應)勸「他人」令其通達(此五法)。
(參)(於通達「五法」後,心獲決定)勿(再)隨於他(他法或他教而轉動)。	(參)**大慧**!汝(能)知「五法」(後),(心則獲決定)不(再)隨他(人所)教(而轉動)故。	(參)(於)通達此(五法)已,心則(獲)決定(而)不(再)隨他(人所教而)轉(動)。

47-15 偈頌內容

劉宋·求那跋陀羅譯《楞伽阿跋多羅寶經》	元魏·菩提流支譯《入楞伽經》	唐·實叉難陀與復禮等譯《大乘入楞伽經》
爾時世尊欲重宣此義而說偈言:	爾時世尊重說偈言:	爾時世尊重說頌言:
五法三自性。	五法自體相。	五法三自性。
及與八種識。	及與八種識。	及與八種識。
二種無有我。	二種無我法。	二種無我法。
悉攝摩訶衍。	攝取諸大乘。	普攝於大乘。
名相虛妄想。	名相及分別。	名相及分別。
自性二種相。	三法自體相。	二種自性攝。
正智及如如。	正智及真如。	正智與如如。
是則為成相。	是第一義相。	是則圓成相。

第48節　離垢清淨

48-1 三世諸佛皆如「恒河沙」的一種「譬喻」的兩面探討

劉宋·求那跋陀羅譯《楞伽阿跋多羅寶經》	元魏·菩提流支譯《入楞伽經》	唐·實叉難陀與復禮等譯《大乘入楞伽經》
	【卷七·恒河沙品第十三】	

| ㊀爾時大慧菩薩復白佛言：世尊！如世尊所說句，「過去」諸佛如恒河沙，「未來、現在」亦復如是(皆如「恒河沙」的一種「譬喻」)。

㊁云何世尊？

(吾等弟子應)為「如說」而受」(就如佛所說而完全信受)？

為更有「餘義」(還是別有另外的含義呢)？
唯願如來哀愍(眾等而為)解說。 | ㊀爾時聖者大慧菩薩摩訶薩白佛言：世尊！如世尊依「名字」(而)說，「過去、未來、現在」諸佛(皆)如恒河沙(之一種「譬喻」)。

㊁世尊！佛說如是，

(吾等弟子應)為依如來「口」中所說(後)，我(即)「隨順取」(就如佛所說而完全順受聽受)？

為「更有義」(還是別有另外的含義呢)？
願為我說。 | ㊀爾時大慧菩薩摩訶薩復白佛言：世尊！如經中說，「過去、未來、現在」諸佛(皆)如恒河沙(之一種「譬喻」)。

㊁此當云何？

(吾等弟子應)為「如言」(而)而受(就如佛所說而完全信受)？

為「別有義」(還是別有另外的含義呢)？ |

48－2 三世諸佛亦非如「恒河沙」的一種「譬喻」，因如來是最勝者，超越諸「世間」，故非任何之「譬喻」所及，謹能唯以「少分」為其「喻」耳

劉宋・求那跋陀羅譯《楞伽阿跋多羅寶經》	元魏・菩提流支譯《入楞伽經》	唐・實叉難陀與復禮等譯《大乘入楞伽經》
㊀佛告大慧：莫如(其)「說」(而完全信)「受」(其「文字」相)。 ㊁三世諸佛(其聖)量(並)非如「恒河沙」(的一種「譬喻」)，所以者何？ (如來已超)過「世間」(之)望(比擬觀望)，非譬(沒有任何的譬喻)所譬(所能去譬喻「諸佛」之聖境)。	㊀佛告聖者大慧菩薩言：大慧！如我所說(之)「名字、章句」，莫如是(而完全)「取」(著其「文字」相)。 ㊁大慧！三世諸佛(亦)非(如)「恒河河沙」等(的一種「譬喻」)，何以故？ 所說「譬喻」，(如來為殊勝者，已超)過「世間」者，非如(任何的)「譬喻」(所能喻)。	㊀佛告大慧：勿如(其)言(而完全信)「受」(其「文字」相)。 ㊁大慧！三世諸佛(亦)非如「恒沙」(的一種「譬喻」)，何以故？ 如來(是)最勝(者)，超(越)諸「世間」，(是)無與等者，非(任何之)「喻」所(能)及。

本段另一解 ↓ 非「譬、所譬」。 (如來已超越「相待」，故無「能譬」，亦無「所譬」)	何以故？以有「相似、不相似」故。 (若以「恒河沙」來譬喻三世諸佛的話，則有「相似」譬喻，與「不相似」譬喻二種「生滅相待法」產生) (參)大慧！諸佛如來應正遍知，(為)不定(不決定)說，(如來之殊勝已越)過世間(的)「相似、不相似」(之)譬喻。何以故？ (肆)大慧！我(所)說(的)「譬喻」，但(只)是「少分」(例如「恒河沙」只是「少分」的一種譬喻)故。 大慧！我及諸佛如來應正遍知，所說(之)「譬喻」，但(也只)說「少義」(少少之義理而已)。何以故？	(肆)唯(只能)以「少分」(的言辭作)為其「喻」耳。

註：望→比量；比擬。
①《論語·公冶長》：子謂子貢曰：「女與回也孰愈？」對曰：「賜也何敢望回？回也聞一以知十，賜也聞一以知二。」《何晏集解》：「望，謂比視。」
②《禮記·表記》：「以人望人，則賢者可知已矣。」《孔穎達疏》：「望，比也。」

48-3 若依其易退怯、不勤精進，欲令其快速厭離生死的「鈍根」者，故云：諸佛非如「憂鉢曇華」，故佛易見、易成。若依其具「利根」之「可教化」眾生，恐其慶懈於「荒怠」者，故方便云：諸佛如「憂鉢曇華」，故佛難見、難成。如來「自內身聖智證法」境界，超越「心、意、意識」，故無「譬喻」可說。三世諸佛如恒河沙，乃是「少分」之譬喻。諸佛如來「平等」，非「不平等」。非「譬喻」，亦非「不可譬喻」

| 劉宋·求那跋陀羅譯 | 元魏·菩提流支譯 | 唐·實叉難陀與復禮等譯 |

《楞伽阿跋多羅寶經》	《入楞伽經》	《大乘入楞伽經》
壹以凡愚計（著於）「常」（見），（與）外道（計著於）「妄想」，（皆是）長養「惡見」，（將令）生死無窮。 （吾）欲令（凡愚與外道）厭離生死趣輪，（而能）精勤（更加）「勝進」，故（乃）為彼（凡愚及外道的鈍根者）說言： 諸佛（乃）「易見」（如恒河沙之多）。	壹愚癡凡夫（與）諸外道等，（執）著（於）諸法（之）「常」，增長「邪見」，隨順（於）世間（的）輪迴生死。 （吾）為（令）彼（凡愚與外道的鈍根者）生厭（離生死），（恐其）聞（佛道難成而）生驚怖。 （故）又（令彼得）聞諸佛（有）如恒河沙（之多），便（令彼）於如來「無上聖道」，生（出）「易得」想，（與）求「出世法」。	壹我以（為）「凡愚」（與）諸外道等，（其）心恒執著「常」與「無常」，（因）「惡見」增長（而）生死輪迴。 （吾欲）令其厭離（生死），（能）發（起殊）勝（的）「希望」。 （故我對凡愚及外道的鈍根者常）言： 佛（乃）「易成」，（亦）易可「逢值」（的）。
貳（我對凡愚及外道的鈍根者皆方便說：諸佛並）非如「優曇鉢華」（般的）難得見，故息方便求（故可方便息止於此，勤求佛道。或說可息止「求佛道的困難心」而方便求佛也）。	貳大慧！是故我說諸佛如來（皆）如「恒河河沙」（之多）。何以故？我（於）餘經中（曾）說：「佛出世」如「優曇華」（之難遇），眾生聞已（便）言： 佛道（決定是如此的）難得（難以獲得），（故吾等）不（再）修精進。 是故我（對凡愚及外道的鈍根者皆方便）說： 諸佛如來如「恒河河沙」（之多而易見易成）。	貳若言（諸佛為）難遇如「優曇華」（之難遇），彼便（生）退怯，不勤精進，是故我（對凡愚及外道的鈍根者皆方便）說： （諸佛如來有）如「恒河沙」（之多而易見易成）。
參（我）有時復觀諸（可）受（教）化（的利根）者，（而改）作是說言： （諸）佛（乃）「難值遇」如「優曇鉢華」（般的難遇困難）。	參大慧！我（有時亦）說諸佛出世如「優曇華」（般的難遇）者，（此乃）依可（受教）化（的利根）眾生（者）義故，我說諸佛如「優曇華」（般的難遇困難）。	參我復有時觀（可）受（教）化（的利根眾生）者，（即又改成）說（諸）佛「難值」如「優曇華」（難遇般的困難）。
肆（其實）「優曇鉢華」（並）無	肆大慧！而「優曇華」於	肆大慧！（其實）「優曇鉢

「已見、今見、當見」(的存在)。	世間中，(實)無(有)人曾(能得)見，(於)當(來)亦不(能得)見。	華」(並)無有「曾見、現見、當見」(的存在)。
㈤(然而)如來者，(若能「示現」於)世間，(則眾生)悉(有能得)見(之理)。	㈤大慧！諸佛如來(若能「示現」於)世間，(則便存在)「曾見、現見、當見」(之理)。(如來曾爲「可受教化」的利根器者説，諸佛如「優鉢曇華」，故佛難見亦難成。但如果如來眞的「示現」於人間時，則當然就成爲「可見」之理。所以佛如「優曇鉢華」不可見之理，也是一種「方便」之説，甚至並非是依著「自證聖通」之法而説的)	㈤(然而)如來(若能「示現」於世間)則有「已見、當見」(之理)。
㈥(佛如「優曇鉢華」而不可見之理，其實此種説法乃)不以「建立」(在)「自通」(自證聖通)故，(我曾方便)說言：如來(之)出世(乃)如「優曇華」(般的困難)。	㈥大慧！我說如是(將佛喻如「優曇鉢華」而不可見之理)，(其實這種説法並)非(是)依(著)「自身所得法」(而)說(的)。是故(我曾方便)說言：(諸佛)如「優曇華」(之難見)，諸佛如來亦復如是。	㈥大慧！如是「譬喻」(將佛喻如「優曇鉢華」而不可見之理)，(並)非說「自法」(自證聖通法)。(並非是依著「自證聖通」之法而説的)
㈦大慧！(所謂如來的)「自建立自通」(自內身聖智證法所建立的自通)者，(必定是越)過世間(之)「望」(比擬觀望)。(然後)彼諸「凡愚」(皆)所不能信(受)。	㈦大慧！我(乃)依「內身證法」(自內身聖智證法)說法，是故(這種)說(法皆是超)過「世間譬喻」(的)。(但)以諸凡夫(及)「無信」(的)衆生，不能信我所說(的一種方便)「譬喻」。何以故？	㈦(所謂如來)「自法」者，(爲)「內證聖智」(自內身聖智證法)所行(的)境界，(爲)世間(之)無(與能)等，(必定超)過諸「譬喻」。(然而)一切「凡愚」(皆)不能信受。
㈧(如來之)「自覺聖智」境界(自內身聖智證法之境界)，無以	㈧(如來所)說(的)「自內身聖智」境界(自內身聖智證法之境	㈧大慧！(具有)「真實」(之)如來(乃)超(越)「心、意、意識」

(任何的文字)為「譬」。 (具)「真實」(之)如來(乃超)過「心、意、意識」所見之相,不可(以任何的文字)為「譬」。	界),(是)無(任何文字上的)「譬喻」可說,遠離「心、意、意識」,(超)過諸「見」地(所見之相)。 諸佛如來(的)「真如」之法(乃)不可說故,是故我(方便假名)說(而作)種種「譬喻」。	所見之相,(故)不可於中而立(任何的文字)「譬喻」。
(玖)大慧！然我(有時以種種方便假名)說,(例如)譬(喻諸)佛(有)如「恒河沙」(之多), (此乃)無有過咎(之處)。	(玖)大慧！我說諸佛如「恒河河沙」者,(只)是「少分」(的一種)「譬喻」。 大慧！諸佛如來(乃證)「平等」(無緣大慈、同體大悲),非「不平等」。 (諸佛如來能)以「非分別」(去)分別故(指不以「分別心」去作分別)。 (凡、聖於見「境界」後,都會生有「分別、分辨、好惡」的心。 差別在於,聖者見「境」後,無論境界是善或惡,都不會有「好惡、憎愛」之執著「分別心」;而不是說聖人一定像石頭一樣,而對境界時不會發生任何的「心念」作用。 但凡人在見「境界」後,就會生起「好惡、憎愛」之「分別心」,而且立刻生「執著」而無法覺悟)	(玖)然亦「有時」(方便以種種假名)而為「建立」(而作譬喻),(例如)言(諸佛如來有如)「恒沙」等(的假名譬喻),(此乃)無有相違(之處)。

關於「心行處滅,言語道過」的經論引證

《大智度論》卷 15〈序品 1〉

以諸法不可破故,佛法中一切「言語道過」(所有的「言語說道」都有過失錯誤,皆無法描敘「諸法實相」),

心行處滅(一切眾生的「心識、思慮、妄心」所行之處，都是刹那的生滅幻境，皆無法描敘「諸法實相」)，常「不生、不滅」，如「涅槃相」。

《方廣大莊嚴經》卷 11〈轉法輪品 26〉
法界平等，超過「數量」，言語路斷(所有的「言語思路」都遭阻斷遮斷，皆無法描敘「諸法實相」)，心行處滅。

《大乘理趣六波羅蜜多經》卷 10〈般若波羅蜜多品 10〉
「勝義諦」者，謂「心行處滅」(一切眾生的「心識、思慮、妄心」所行之處，都是刹那的生滅幻境，皆無法描敘「諸法實相」)，無復「文字」，離於一切「見、聞、覺、知」。

《文殊師利問菩提經》
「菩提相」者，出(離)於「三界」，(超)過「世俗法」，語言道斷。

《大般若波羅蜜多經(第 401 卷-第 600 卷)》卷 478〈實說品 84〉
「勝義諦」中，既無「分別」，亦無「戲論」，一切名字，言語道斷。

《仁王護國般若波羅蜜多經》卷 1〈觀如來品 2〉
心行處滅，言語道斷；同「真際」、等「法性」。

《大方廣佛華嚴經》卷 5〈如來光明覺品 5〉
言語道斷，行處滅。等觀身心無「異相」，一切「內、外」悉解脫。

《佛說華手經》卷 6〈求法品 20〉
「出世間法」則無「言說」，言語道斷，心行處滅。是故如來，雖復「言說」，而「無所著」。

《大乘寶雲經》卷 4〈陀羅尼品 4〉
是法一切「言語道斷」，(所有的)「文字、章句」所不能詮(釋)，(超)過「音聲」界、離「諸口業」、絕諸「戲論」，不增、不減，不出、不入，不合、不散，非可「籌度」、不可「思量」，(超)過「算數」境，非心行處(非眾生的「心識、思慮、妄心」所行之處)。

《寶雲經》卷 3
言語道斷，出過一切「心所行處」，離諸「戲論」，無造、無作，亦無「彼、此」，非「籌

量、計校」之所能及、亦非「相貌」，（超）過於一切「凡愚」（之）所見。

48-4 佛之「大力、神通、自在」亦可「假名」而「喻」如有「恒河沙」之多，但諸佛如來自己本身仍是「無分別、平等、清淨、無垢、無愛憎」，故永不受外道邪論所擾

劉宋·求那跋陀羅譯《楞伽阿跋多羅寶經》	元魏·菩提流支譯《入楞伽經》	唐·實叉難陀與復禮等譯《大乘入楞伽經》
㊀大慧！譬如「恒沙」，（為）一切「魚、鱉、輸收摩羅（śiśumāra 鱷魚）、獅子、象、馬、人獸」（之所）踐踏。	㊀大慧！譬如恒河河中所有之「沙」，（為）「魚、鱉、龜、龍、牛、羊、象、馬、諸獸」（之所）踐蹈。	㊀大慧！譬如恒沙，（為）「龜、魚、象、馬」之所踐踏，
（但）沙（並）不（生）念言：	而彼「河沙」（並）不生（出任何的）分別（心），不瞋！不恚！亦不生心：	
彼（等眾生是在）惱亂我！而生（出這種的）妄想。	彼（等眾生是在）惱亂我！	
śiśu-māra 囤 いるか（Delphinus Gangeticus）；［ある星座の名（擬人化されて：Doṣa と Śarvarī の息子または Bhrami の父）］；匝到 鱷魚，捉水獸鳥Mvyut.；鱷魚 囡应；匝到 輸收魔羅 Lank.；失收摩羅，失守摩羅 囡应；匝到 失守，煞子魚 囡应。		
（因為沙子之）自性（乃具「平等」）清淨，（而）無諸垢汙。	（因為沙子之自性乃具「平等」而）「無分別」故，淨（而）離諸垢。	（但沙子之自性乃具「平等」而）不生「分別」，恒淨（而）無垢。
（諸佛如來的可見、或成就、或功德、或數量、或大力、或神通、或自在……等，就算以「恒河沙數」來當譬喻或讚歎的話，但諸佛如來自己本身仍是「無分別、平等、清淨、無垢」的）		
㊁如來應供等正覺（所證的）「自覺聖智」（自內身聖智證法可喻如）恒河（之多），	㊁大慧！諸佛如來應正遍知，亦復如是，內身（已）證得「聖智」（自內身聖智證法），	㊁如來（所證的）「聖智」（自內身聖智證法可喻）如彼「恒河」（之多），
（諸佛如來所具的）「大力、神通、	（諸佛如來能）滿足「諸（十）力、神	（諸佛如來所具的）「（十）力、（神）通、

自在」等(功德亦可喻爲如)「沙」(之多)。	通、自在」,(其)功德(亦可喻)如「恒河沙」(之多)。	自在」,(亦可)以為其(有如)「沙」(之多的譬喻)。
(參)(如果有)一切「外道、諸人、獸」等,(來對如來作)一切(的)惱亂(的話), 如來(皆)不(起一)念而生「妄想」, 如來(乃永遠處於)「寂然」(而)無有「念想」。	(參)(如果有)一切「外道、邪論諸師、愚癡(者)、魚、鱉」(等),(皆)以「瞋恚心」(來)毀罵如來(的話), 如來(皆)「不動」,(亦)不生「分別」。	(參)(如果有一切的)「外道、龜、魚」競來(對如來 作)擾亂(如來的話), 而佛(仍)不起「一念」(之)分別,何以故?
(肆)如來(皆以其)「本願」(力),以「三昧樂」(去)安(樂諸)衆生故,(如來永)無有(被)惱亂(的)。	(肆)(如來皆以其)「本願力」故,為(施)與衆生「三昧、三摩跋提(samāpatti 等至、正定現前)」一切「諸樂」, 令(衆生獲)滿足故,不(以)分別(心去做)分別。	(肆)如來(皆以其)「本願」(力),以「三昧樂」(去)普安(樂於諸)衆生。
(伍)(諸佛如來功德亦可喻)猶如「恒沙」等(之多,具平等而)無有異,又(已)斷「貪、恚」故。	(伍)大慧!是故我說諸佛如來(功德亦喻)如「恒河河沙」(之)等等者(無與能等、無上等等),(具)「平等」(而)無有異相,以(已)離「愛身」故。	(伍)(諸佛如來功德亦可喻)如「恒河沙」(之多),(具「平等」而)無有「愛、憎」,(已)無分別故。

48-5 如來之「法身」就喻如「地大之自性」,不會被燒盡,亦不壞、不失。「地大」(此喻如來)與「火大」(此喻衆生)亦能俱時而生,凡愚則謂「地會被燒盡」(此喻如來會永遠滅度)

劉宋·求那跋陀羅譯 《楞伽阿跋多羅寶經》	元魏·菩提流支譯 《入楞伽經》	唐·實叉難陀與復禮等譯 《大乘入楞伽經》
(壹)譬如「恒沙」,是(不離)「地自性」(的)。	(壹)大慧!譬如「恒河河沙」,(其實皆)不離「地相」(地	(壹)大慧!譬如「恒沙」,(皆)是(屬於)「地自性」(而不

	大之自性相)。	離)。
	大慧！「大地」(看似會被)火燒，(但)「火」(仍)不異(不離)「地」，(以上指地與火兩者是「非異、不離」的狀態)	
(當末世的)**劫**(火)**盡燒時**，(看似火會)**燒**(盡)**一切**(大)**地**，		(當末世的)**劫**(火)**盡燒時**，(看似火會)**燒**(盡)**一切**(大)**地**，
而彼「地大」(仍)**不**(棄)**捨**(其)**「自性」**，(此指「地大之自性」是不會被燒滅棄捨的)	故「火」(是)不(能)燒(盡)「地」(大之自性相的)，(以上指地與火兩者是「非一、不即」的狀態)	**而彼「地大」**(仍)**不**(棄)**捨**(其)**「本性」**，(此指「地大之自性」是不會被燒滅棄捨的)
(地大自性仍然)**與「火大」**(能)**俱**(時而)**生故**。	(所以)「地大」(之自性相)，(乃)有(與)「火」相續體故。	(地大自性仍然)**恒與「火大」**(能)**俱時**(而)**生故**。
(如來法身就喻如「地大之自性」，不被燒，亦不壞、不失，「地大」與「火大」[此喻眾生]亦同時俱生。凡愚則謂「地會被燒盡」[此喻如來會永遠滅度])	(此指「地大之自性」與「火大」乃相續俱生的「非異、不離」的狀態)	(「地大」與「火大」之間兩者是「不即不離」的。「火大」是不能離開「地大」而獨立存在的，所以兩者是處在「不離、非異」的狀態。表面上看「火大」好像能燒滅「地大」，一個是被燒的「地」，一是能燒的「火」。但實際上，「火」是不可能燒滅掉「地大之自性相」的，因為沒有「已經燒、正在燒、還沒燒」，所以通通俱屬於「無自性」。「地大」與「火大」又是處在「不即、非一」的狀態)
㉒**其餘愚夫**(竟)**作**：(大)**地**(將會被)**燒**(盡之妄)**想**！**而**(大)**地**(實是)**不**(會被)**燒**(盡的)，	㉒**大慧！愚癡凡夫墮**(於)**「顛倒智」**，(而生)**自心分別**，(竟)**言**：(大)**地**(將)**被燒**(盡)！**而**(大)**地**(實是)**不**(會被)**燒**(盡的)，	㉒**諸凡愚人**(竟)**謂**：(大)**地**(將)**被燒**(盡)！**而**(大地)**實**(是)**不**(會被)**燒**(盡的)，

(大地仍作為)以「火」(為)因故。(此指「地大」實為「火大」所生起、所依止之因,故只要有「火大」即會有「地大」之存在,兩者相依相因,是「不即不離」的狀態)	以(火仍然是)不離「地」(而獨立存在的),(大地)而得更有「四大」(之中的)「火」身(可作為依止)故。	(大地仍作為)「火」(之)所因故。(此指「地大」實為「火大」所生起、所依止之因)
(參)如是大慧!如來(之)「法身」(可喻)如「恒沙」(而究竟)「不壞」(滅的)。	(參)大慧!諸佛如來亦復如是,諸佛如來(的)「法身」之「體」,(可喻)如「恒河河沙」等(而)「不滅、不失」故。	(參)如來(之)「法身」,亦復如是,(可喻)如「恒河沙」(之多),(故)終「不壞滅」!

48－6 所謂的「恒河沙」已住於「沙之自性」境界中,故永不會被改變而作「餘物」。如來亦爾,亦喻如「恒河沙」,故已住於「不生、不滅、無生、無死」的境界中

劉宋·求那跋陀羅譯《楞伽阿跋多羅寶經》	元魏·菩提流支譯《入楞伽經》	唐·實叉難陀與復禮等譯《大乘入楞伽經》
(壹)大慧!譬如「恒沙」,(喻如)無有限量!	(壹)大慧!譬如「恒河河沙」,(喻如)無量無邊!	(壹)大慧!譬如「恒沙」,(喻如)無有限量!
(貳)如來(之)光明,亦復如是,無有限量。	(貳)大慧!諸佛如來,亦復如是,出(現)於世間,放無量光。	(貳)如來(之)光明,亦復如是。
(參)(如來)為「成熟」眾生故,普照(於)一切諸佛(所聚會的)大眾(中)。	(參)遍於一切諸佛(所聚之)大會(眾生中),為(度)化眾生,(如來悉)令「覺知」故。	(參)(如來)為欲成就無量眾生,普照(於)一切諸佛(所聚之)大會(眾生中)。
(肆)大慧!譬如「恒沙」(已住於「沙之自性」境界中),(若欲再另)別求「異沙」,(此乃)永不可得。	(肆)大慧!如「恒河河沙」(已住於「沙之自性」境界中),(所以)更不「生相」(生出其餘不同之變異相),(例)如(再生出)彼	(肆)大慧!譬如「恒沙」,(乃)住(於)「沙自性」(的境界中),不(會再)更改變(異)而作(為)

「恒河沙」已住於「沙之自性」境界中，所以不可能再生出「其餘的沙」來，也不會再有不同的變異相了）	「微塵、微塵體相」，(恒沙之「自性」乃)如是而住。	「餘物」(其餘之諸物)。
(伍)如是大慧！如來應供等正覺，(已住於)無「生、死、生、滅」(之境界中)。	(伍)大慧！諸佛如來亦復如是，於世間中(已住於)「不生、不滅」(之境界中)。	(伍)如來亦爾，於世間中(已住於)「不生、不滅」(之境界中)。
(陸)(有關)「有因緣」(三界諸有的生死因緣)，(如來已)斷故。	(陸)諸佛如來(已)斷(除)「有因」(三界諸有的生死因緣)故。	(陸)(有關)「諸有生因」(三界諸有的生死因緣)，(如來)悉已斷故。

48－7 諸佛以「智慧」方便去成熟眾生，但如來自己仍然是「無減、無增」。如來法身乃無「有為色身」，故永無「滅壞」也

劉宋・求那跋陀羅譯《楞伽阿跋多羅寶經》	元魏・菩提流支譯《入楞伽經》	唐・實叉難陀與復禮等譯《大乘入楞伽經》
(壹)大慧！譬如「恒沙」，(有關恒河)「增、減」(的現象)，(皆)不可得知。 (諸佛如來的「法身」就喻如「恒河沙」一樣， 當沙子[眾生]進入「恒河」時，不可得見恒河因此有「增加」的現象。 當沙子[眾生]離開「恒河」時，不可得見恒河因此有「減少」的現象。 如來之「法身」就如「恒河」一樣的處在「不增、不減」的境界中）	(壹)大慧！如「恒河河沙」。 若(沙)「出」於河，亦不可見。 (此指當沙子離開恒河時，不可得見恒河因此有「減少」的現象) (若沙)「入」於河中，亦不可見。 (此指當沙子進入恒河時，不可得見恒河因此有「增加」的現象) (沙子)亦不(生)起心： (沙子)我(有)「出、入」河(之心)。	(壹)大慧！譬如「恒沙」，取(沙於恒河中，亦)不知(恒河有)「減」(的現象)， 投(沙於恒河中，亦)不見(恒河有)「增」(的現象)。
(貳)如是大慧！如來(以)「智慧」(去)成熟眾生，(而如	(貳)大慧！諸佛如來(的)「智慧之力」亦復如是，(能)	(貳)諸佛亦爾，以「方便智」(去)成熟眾生，(而如來自

來自己仍然是)「不增、不減」， (因爲如來乃)非(有爲)「身法」(色身之法)故。 （參)(如來如果是屬於)「身法」(「有爲色身」之法)者，(則必)有壞。 如來(之)「**法身**」，非是(色)身法」。	度(盡)諸眾生，(而自己仍然)亦不「盡滅」，亦不「增長」。何以故？諸法(諸佛如來之法身乃)「無身」(無「有爲色身」)故。 （參)大慧！一切「有身」(有爲色身)皆是「無常磨滅」之法；(有爲色身並)非(是)「無身」法。 諸佛如來唯(是)「**法身**」故。	己仍然是)「無減、無增」。何以故？ 如來(之)「法身」，(乃)無「有身」(有爲色身)故。 （參)大慧！以「有身」(有爲色身)故，而(必)有滅壞。 (如來之)「**法身**」，(乃)「無(色)身」，故(必)無滅壞。

48-8 如來不捨其「自法界相、自三昧相、本願力、與眾生樂」之境界，仍常發願：若一眾生「未入涅槃」，我身亦「不入涅槃」

劉宋·求那跋陀羅譯 《楞伽阿跋多羅寶經》	元魏·菩提流支譯 《入楞伽經》	唐·實叉難陀與復禮等譯 《大乘入楞伽經》
⾹如(去)「壓」恒沙，「油」(絕)不可得。	⾹大慧！譬如有人欲得「酥油」，(結果去)「壓」恒河沙，終不可得(出油)，(因爲沙子絕)無「酥油」故。	⾹大慧！譬如(有人於)恒沙(中)，雖苦「壓治」，欲(從沙中)求(出)「酥油」，終不可得。
貳如是一切(具)「極苦」(之)眾生，(用以)「逼迫」如來(如來終不起瞋心，但亦永不棄捨眾生)。	貳大慧！諸佛如來(雖)為諸眾生(之)「苦惱」所壓，(但如來之)「瞋」(心是永)不可得(的)。	貳如來亦爾，雖為眾生(之)「眾苦」所壓。
參乃至(有一)眾生，未得「涅槃」， (如來終)不捨：	參 (如來)	參乃至(所有)蠢蠢動(蠢類蠕動的現象名爲「蠢」。經典常將此喻爲含有「微細靈識、微動緩行」的細小生物眾生)，(都仍然)未盡「涅槃」(時)；

| ①「法界」(自法界相)、
②自三昧(自三昧相)、
③(本)願，
④樂、以(眾生樂)。

(因如來已具足)大悲故。 | ①不捨「自法界相」，
②不捨「自法味相」，
③不捨「本願」，
④(如來樂)與「眾生樂」，

(因如來)以(已)得具足「大慈大悲」(之故)。

(如來)我若不令一切眾生「入涅槃者」，我身亦(終)「不入於涅槃」。 | 欲令(如來)捨離於「法界」中(所具的)深心、(本)願、樂(與眾生樂)，
亦不可得。何以故？

(如來已)具足成就「大悲心」故。

唐本的譯文，可另標示「醒目」關鍵字，如下

→欲令(如來)捨離於
　法界(自法界相)中
　深心(自三昧相)
　(本)願
　樂(以眾生樂)， |

48-9 如來所說一切諸法，皆令眾生能隨「涅槃之流」而登彼岸。眾生於「生死本際」乃不可得知，故如來乃「非來非去、非斷非常」也

劉宋‧求那跋陀羅譯 《楞伽阿跋多羅寶經》	元魏‧菩提流支譯 《入楞伽經》	唐‧實叉難陀與復禮等譯 《大乘入楞伽經》
壹大慧！譬如「恒沙」，(沙子乃)隨水而流(動)，非「無水」(不會跟著流而流動)也。 貳如是大慧！如來所說一切諸法，(莫不令眾生能)隨(順於)「涅槃流」。	壹大慧！如恒河(之)「河沙」，(沙子乃)隨水而流(動)，(沙子)終不「逆流」。 貳大慧！諸佛如來為諸眾生說法亦爾，(欲令眾生能)「隨順涅槃」(流)，而非「逆流」(變成「生死輪迴流」去了)。	壹大慧！譬如「恒沙」，(沙子乃)隨水而流(動)，非「無水」(不會跟著流而流動)也。 貳如來亦爾，所有說法，莫不(令眾生能)隨順(於)「涅槃之流」。

㊂是故(我)說言：(諸佛如來可喻)如「恒河沙」。 (正確應該說：諸佛如來喻如「恒河」，眾生則喻如「沙子」，如來願令沙子都能隨順「恒河」的流動而跟著移動，最終都能流向「涅槃」的彼岸去)	㊂大慧！是故我說：諸佛如來(即可喻)如「恒河河沙」。	㊂以是說言：諸佛如來(即可喻)如「恒河沙」。
㊃如來(乃)不隨諸(生死輪迴而)「去」流轉， (如果有)「去」(者)，(則)是(為有生有滅的斷)「壞」義故。	㊃大慧！言(諸佛如來喻如)「恒河河沙」，(能)「隨順」(於涅槃之)流者，(此)非是(解釋為)「去」(諸趣生死流轉)義。 若佛如來(若)有「去」義者，諸佛如來(則)應(為虛)無(而不存在)，(因為具有)常(生)「滅」(之故)。	㊃大慧！如來說法，(乃)不隨於(生死流轉諸)「趣」， (諸)「趣」(的生死流轉)是(生滅的斷)「壞」義。
㊄大慧！(眾生對)「生死本際」(乃)不可(得)知； (既)不知故，云何說(言如來有生死之)「去」(呢)？	㊄大慧！(眾生對)「世間本際」尚不可(得)知； (既)不可知者，(如來)我云何依而說(有生死之)「去」義？ 是故如來非為「去」義。	㊄(世間眾生對)「生死本際」(乃)不可得知； 既不可(得)知，云何說(如來有生死諸)「趣」(呢)？
㊅大慧！(所謂有生死之)「去」者，(即是為有生有滅之)「斷」(壞)義， 而愚夫(於此而)不知。	㊅大慧！(所謂有生死之)「去」義者，名為「斷」(壞)義， 愚癡凡夫(於此而)不覺、不知。	㊅大慧！(所謂有生死諸)「趣」義，是(名為)「斷」(壞)， 凡愚(於此而)莫知。

48－10 眾生仍未知「生死本際」？焉能得知「解脫涅槃」？生死之「本際」乃不可得＝生死是「無邊際」的＝生死是由「妄想、分別心」而造成的。「生死無邊際」並非指「一無所有」的「斷滅」。「無邊際」者，只是「妄想、分別」之異名也。若了諸法皆是「自心所現」，將「妄想分別」作「轉依；轉滅」，當下

即為是一種「解脫」。「能知智」與「所知境」，悉皆歸於寂滅

請參閱 **50-6**

劉宋・求那跋陀羅譯《楞伽阿跋多羅寶經》	元魏・菩提流支譯《入楞伽經》	唐・實叉難陀與復禮等譯《大乘入楞伽經》
⓵大慧白佛言：世尊！若眾生(於)「生死本際」(仍)不可(得)知者， (那)云何(以)「解脫」(法)可(令眾生得)知？ (此指眾生仍未知「生死本際」？焉能得知「解脫涅槃」？ 類似《論語》中的「未知生，焉知死」義)	⓵大慧白佛言：世尊！世尊！若眾生(處)在於「世間」輪迴(中)，(所以於生死)「去、來」(之)本際(乃)不可(得)知者，(那)云何如來而(能)得解脫？ 復(又能)令眾生(亦)得於「解脫」？	⓵大慧菩薩復白佛言：若(眾生於)「生死本際」(乃)不可(得)知者， (那)云何眾生(處)在「生死」中，而(能令)得解脫？
⓶佛告大慧： (眾生)無始(遭)虛偽「過惡」(過失罪惡漏習)，(若能將)妄想習氣因(給除)滅(的話)， (能了一切皆是由)「自心」(所)現，(如實了)知「外義」(外境之義)， (將)「妄想」身(而)轉(轉滅；轉依)， (即能獲得)解脫(而)「不滅」。	⓶佛告大慧言：大慧！(所)言「解脫」者，(乃)離於一切「戲論煩惱」，(及)無始「薰習分別心」故。 (若)「如實」能知，唯(有)「自心」(所)見(之)外(境)， (將)所(有的)分別心(都)「迴轉」故， 是故我說(此即)名為「解脫」。 (《楞嚴經》云：狂心若歇，歇即菩提。只要「狂心」一歇，當下就是「菩提」，「轉」煩惱，即是菩提)	⓶佛言：大慧！ (眾生若能將)無始(所遭的)虛偽「過習」(過失罪惡漏習)因(給除)滅(的話)， (能)了知外境(皆由)「自心」所現， (將)「分別」(心)「轉依」(即可獲得解脫)， (此即)名為「解脫」。

(肆)是故「無邊」， (「生死無邊際」這句話是指眾生的「生死現象」是由「妄想、分別心」而造成的，所以會造成一種「永無邊際」的輪迴現象)	(參)大慧！(所)言「解脫」者，非是(為一種斷)「滅」法。	(參)(所言解脫者)非(是為一種)「滅壞」也。
(參)(無邊際)非都(指為)「無所有」(一無所有的「斷滅」)。	(肆)是故汝今問我：若不知(生死之)「本際」？云何(能得)「解脫」者？ 此問(乃)不(能)成(立的)！ (如果你問：未知「生死本際」？焉能得知「解脫涅槃」？ 這個「問題」是不能成立的！因為「生死本際」就是指「妄想分別」，只要能「轉」就能得「解脫涅槃」了)	(肆)是故不得言「無邊際」。 (不得將「生死無邊際」這句話解釋成「虛無斷滅」義)
(伍)(所謂「無邊際」即)為彼(愚夫的一種)「妄想」，(故)作「無邊」等異名。 (生死之「本際」乃不可得。 =生死是「無邊際」的。 =生死的現象是由「妄想、分別心」所造成的。 →於是造成「本際」與「無邊際」這二句話都會解釋成「妄想、分別心」的意思了)	(伍)大慧！(所)言(生死之)「本際」者，(即)是(指)「分別」心」，(此乃屬於)一體(之)異名。 (此指「本際」與「分別心」乃異名同義也)	(伍)大慧！(所謂)「無邊際」者，但(只)是「分別」(的一種)異名。 (此指「無邊際」與「分別心」乃異名同義也)
(陸)(若能)觀察「內、外」，離於「妄想」， (則)無「異」眾生(無種種別異的眾生相可得，指「無真實的眾生」可得)。	(陸)大慧！ (若能)離「分別」心， (則)更無「眾生」(無真實眾生可得)， 即此(具有)「分別」(心者，即是)名為「眾生」。	(陸)大慧！ (若能)離「分別」心， (則)無「別」眾生(無種種別異的眾生相可得，指「無真實的眾生」可得)，

㈦(能)「智」及(所)「爾焰」(jñeya 識境;所知;境界;智境)，一切諸法，悉皆(歸於)「寂靜」。	大慧！(應以)真實智慧(去)觀(察)「內、外」法。 ㈦無(有)法(是)「可知、能知」故。大慧！以一切法本來(皆歸於)「寂靜」。	(應)以「智」觀察「內、外」諸法。 ㈦(能)「知」與「所知」，(諸法)悉皆(歸於)「寂滅」。
㈧(愚夫)不(能)識(知由)「自心」(所)現(的)妄想，故「妄想」生。	㈧大慧！不(能)「如實」知唯(有)「自心」(所)見(之)虛妄分別，是故(愚夫)生於「分別之心」。	㈧大慧！一切諸法唯是(由)「自心」分別(之)所見，(眾生)不(能如實)了知，故「分別心」(生)起。
若(能如實)識(知)，則(妄想息)滅。	(若能)「如實」(了)知者，(則)不生分別。	(若能如實)了心(了知諸法唯心)，則(妄想息)滅。

48－11 偈頌內容

劉宋・求那跋陀羅譯 《楞伽阿跋多羅寶經》	元魏・菩提流支譯 《入楞伽經》	唐・實叉難陀與復禮等譯 《大乘入楞伽經》
爾時世尊欲重宣此義而說偈言： 觀察諸導師。 猶如恒河沙。 不壞亦不去。 亦復不究竟。 是則為平等。 觀察諸如來。 猶如恒沙等。 悉離一切過。 隨流而性常。 是則佛正覺。	爾時世尊重說偈言： 觀察於諸佛。 譬如恒河沙。 不滅亦不生。 彼人能見佛。 遠離諸塵垢。 如恒河河沙。 隨順流不變。 法身亦如是。	爾時世尊重說頌言： 觀察諸導師。 譬如恒河沙。 非壞亦非趣。 是人能見佛。 譬如恒河沙。 悉離一切過。 而恒隨順流。 佛體亦如是。

第４９節　得此道清淨

49-1 何謂諸法有生滅的「剎那壞相」？何謂「剎那念念不住」？何謂諸法「差別相」？

劉宋・求那跋陀羅譯《楞伽阿跋多羅寶經》	元魏・菩提流支譯《入楞伽經》	唐・實叉難陀與復禮等譯《大乘入楞伽經》
	【卷八・剎那品第十四】	
㊀爾時大慧菩薩復白佛言：世尊！	㊀爾時聖者大慧菩薩摩訶薩復白佛言：世尊！唯願「如來」應正遍知為我說。	㊀爾時大慧菩薩摩訶薩復白佛言：世尊！
唯願為說一切諸法(有生滅的)「剎那壞相」。世尊！云何一切法(有生滅)「剎那」(相)？	(請)「善逝」為我說一切法(有剎那的)「生滅」之相，云何如來說一切法(皆是生滅而)「念念不住」？	願為我說一切諸法(有生滅的)「剎那壞相」？何等諸法名(為)有(生滅的)「剎那」(相)？
㊁佛告大慧：諦聽！諦聽！善思念之，當為汝說。	㊁佛告大慧菩薩言：善哉！善哉！善哉！大慧！汝今諦聽，當為汝說。大慧言：善哉！世尊！唯然受教。	㊁佛言：諦聽！當為汝說。

49-2 諸法有十三種「善、不善、無記、有為、無為、世間、出世間、有罪、無罪、有漏、無漏、受、不受」等「剎那生滅」的差別相

劉宋・求那跋陀羅譯《楞伽阿跋多羅寶經》	元魏・菩提流支譯《入楞伽經》	唐・實叉難陀與復禮等譯《大乘入楞伽經》

佛告大慧：一切法者，謂：	佛告大慧：一切法、一切法者，所謂：	大慧！一切法者，所謂：
❶善。	❶善法。	❶善法。
❷不善。	❷不善法。	❷不善法。
❸無記。		
❹有為。	❸有為法。	❸有為法。
❺無為。	❹無為法。	❹無為法。
❻世間。	❺世間法。	❺世間法。
❼出世間。	❻出世間法。	❻出世間法。
❽有罪。		
❾無罪。		
❿有漏。	❼有漏法。	❼有漏法。
⓫無漏。	❽無漏法。	❽無漏法。
⓬受。	❾內法。	❾有受法。
⓭不受。	❿外法。	❿無受法。

49－3 「五取蘊」（五陰）法，受「心、意、意識」的習氣薰習為因，而得以增長。凡愚於此而生分別，謂「善」與「不善」

劉宋・求那跋陀羅譯《楞伽阿跋多羅寶經》	元魏・菩提流支譯《入楞伽經》	唐・實叉難陀與復禮等譯《大乘入楞伽經》
㊀大慧！略說「心、意、意識」，（以）及（誰會受這八個識的）「習氣」（薰習呢）？ （答案）是：「五受陰」（乃受「八個識」所薰習為）因（的）。 是（五陰乃受）「心、意、意識」習氣（的薰習而得以）長養。 ㊁凡愚（於此而生）「善、不善」（的）妄想。	㊀大慧！略說「五陰法」， （乃）因（受）「心、意、意識」（之）薰習（而得以）增長。 ㊁諸凡夫人依「心、意、意識」（之所）薰習故，（而）分	㊀大慧！舉要言之，「五取蘊」法， （乃）以（受）「心、意、意識」（之）習氣為因，而得（以）增長。 ㊁凡愚於此而生「分別」，謂（計著於）「善、不善」。

	別「善、不善」法。	

49－4 何謂「無漏善法」？謂「智者」修「三昧樂」及「三昧正受、現法樂住」者

劉宋・求那跋陀羅譯《楞伽阿跋多羅寶經》	元魏・菩提流支譯《入楞伽經》	唐・實叉難陀與復禮等譯《大乘入楞伽經》
㊀大慧！修「三昧樂、三昧正受(samāpatti 等至)、現法樂住」。 ㊁名為「賢聖善無漏」。	㊀大慧！聖人現證「三昧、三摩跋提(samāpatti 等至、正定現前)、無漏善法樂行」。 ㊁大慧！(此)是名「善法」。	㊀聖人現證「三昧、樂住(現法樂住)」。 ㊁是則名為「善無漏法」。

49－5「八個識」中均會與「善、不善、無記」三種法相應，此非「外道」所能知、所能説也

劉宋・求那跋陀羅譯《楞伽阿跋多羅寶經》	元魏・菩提流支譯《入楞伽經》	唐・實叉難陀與復禮等譯《大乘入楞伽經》
大慧！「善、不善」者，謂「八識」，何等為八(個識)？謂： 「如來藏」(亦)名(為)「識藏」(阿賴耶識)。 「心」(阿賴耶識)。 (第七)意。 (第六)意識，及 「五識身」。	復次大慧！言「善、不善法」者，所謂「八識」，何等為八(個識)？ 一者「阿黎耶識」。 二者(第七)意。 三者(第六)意識。 四者「眼識」。 五者「耳識」。 六者「鼻識」。 七者「舌識」。 八者「身識」。	復次大慧！「善、不善」者，所謂「八識」，何等為八(個識)？謂： 「如來藏」(亦)名(為)「藏識」(阿賴耶識)。 (第七)意，及 (第六)意識并 「五識身」。 (「五識身」指「前五識」，在「識」後面附加上一個「身」字，以表示「複數」，故稱為「五識身」)

與「前五識」相應心所	與「第六識」相應心所	與「第七識」相應心所	與「第八識」相應心所
（此）非「外道」所（能）說。			
註：			
遍行 5（通三性）	遍行 5（通三性）	遍行 5（通三性）	遍行 5（通三性）
別境 5（通三性）	別境 5（通三性）	大隨煩惱 8（純惡）	
善 11（純善）	善 11（純善）	別境「慧」1（通三性）	
貪瞋癡 3（純惡）	六根本煩惱 6（純惡）	癡見慢愛 4（純惡）	
大隨煩惱 8（純惡）	大隨煩惱 8（純惡）		
中隨煩惱 2（純惡）	中隨煩惱 2（純惡）		
	小隨煩惱 10（純惡）		
	不定心所 4（不定性）		

49－6　「前五識」之生起必與「第八、七、六」識俱起，展轉相續不斷，即生即滅，一識滅，餘別識又生。「第七、第六」識亦會與「前五識」相應而生，「前七識」將取執於外在的種種差別「形相」，念念而不住，此名為生滅的「剎那法」

請參閱　**4－4**　**22－12**

劉宋・求那跋陀羅譯《楞伽阿跋多羅寶經》	元魏・菩提流支譯《入楞伽經》	唐・實叉難陀與復禮等譯《大乘入楞伽經》
豪大慧！「五識身」者，（必與）心（第八）、（第七）意、（第六）意識俱（共生起）， （諸識會與）善、不善（法）相（應），（諸識）展轉（生起而有「生、住、滅」的）變壞（與差別），（接著就）相續（的）流注（而不斷）。 （此指八個識皆有「生、住、滅」的流注性。諸識剎那而前滅後生，相續不斷，如水之流注般）。 （雖然看似）不壞「身生」（八識身之生），（但又是具有）亦生亦滅（的現象）。	豪大慧！「五識身」（必）共（與）（第七）意、（第六）識身（而生起）， （諸識會與）「善、不善」法（相應），（然後）展轉（生起種種）差別（而）相續（不斷）。 （此指由前五識取著外境後，展轉由第六識起分別，第七識執著，第八識再執藏其善惡習氣種子） （雖然看似）體「無差別」身（這八個識體的展轉運作，表面上看似並無差異）。	豪大慧！彼「五識身」（必共）與（第七）意、（第六）識（共）俱（生起）， （諸識會與）「善、不善」（法）相（應），（然後）展轉（生起種種）差別，（接著就）相續不斷， （雖然看似）無「異體」生（這八個識體的展轉運作，表面上看似並無差異）

	(但這八個識又)**隨順生法**，「生」已還「滅」。 (這八個識體隨境而生識，境起識生，境滅識泯，如大海浪波，前浪沒，後浪起，所以又是具有亦生亦滅的現象)	(但)「**生**」已即「**滅**」。 (這八個識體隨境而生識，境起識生，境滅識泯，如大海浪波，前浪沒，後浪起，所以又是具有亦生亦滅的現象)
⑳(凡愚者)**不覺**(這一切都是由)「**自心**」(之所)**現**(的虛妄境界)。 (當一個能取境之「識」於)**次第**(而)**滅**(時)，「**餘識**」(另一個能取境之「識」又立刻)**生**(起)，(對外在)**形相**(的)**差別**(生起)「**攝受**」(與分別的作用力)。	⑳(凡愚者)**不知**(這一切都是由)「**自心**」(所顯)**見虛妄境界**。 (此能取境之「識」)即「**滅**」時，(另一個)**能取境界**(之「識」又立刻生起)，(對外在)**形相、大小、勝妙之狀**(生起分別的作用力)。	⑳(凡愚者)**不了於**「**境**」(皆由)「**自心**」**所現**(的虛妄境界)。 (當一個能取境之「識」於)**次第**(而)**滅時**，「**別識**」(另一個能取境之「識」又立刻)**生起**。
㊂ (第七)**意**、 (第六)**識**， (共前)「**五識**」**俱相應**(而)**生**(起作用)， (前七識於)「**剎那**」(生滅)時(而)**不住**，(前七轉識即)**名為**「**剎那**」(生滅法)。 (請參閱 **50-4**)	㊂**大慧！** (第七)**意**、 (第六)**識**， **共**(前)「**五識身**」**相應**(而)**生**(起作用)， (前七識於)「**一念**」(之剎那)時(皆)**不住，是故我說彼法**(前七轉識)，(乃)**念**(念生滅而)**時**(時)**不**(停)**住**。 (請參閱 **50-4**)	㊂ (第七)**意**、 (第六)**識**， **與彼**(前)「**五識**」**共俱**(而生起作用)， (前七識會)**取**(執)**於種種**(外在的)**差別**「**形相**」， (前七識具)「**剎那**」(生滅)**不住**(的性質)，(是故)**我說此**(前七轉識)**等**(皆)**名**(為)「**剎那法**」。 (請參閱 **50-4**)

諸識生起所需的緣

識體	諸識生起所需的緣									等無間緣 開導依緣
	增上緣	增上緣	增上緣	所緣緣	增上緣	增上緣	增上緣	增上緣	親因緣	
眼識 (九種緣)	空 空間距離	明 光明亮度	(眼)根 此指「扶根;浮塵根;扶塵根;浮根;扶根塵」	(色)境	作意 起心動念	第六識 分別依	第七識 染淨依	第八識 根本依	種子	✔
耳識 (八種緣)	空 需要一定的空間或距離	✗ 不需明亮或度	(耳)根	(聲塵)境	作意	第六識	第七識	第八識	種子	✔
鼻識 (七種緣)	✗ 需要極近的距離	✗	(鼻)根	(香塵)境	作意	第六識	第七識	第八識	種子	✔
舌識 (七種緣)	✗ 需要零距離	✗	(舌)根	(味塵)境	作意	第六識	第七識	第八識	種子	✔
身識 (七種緣)	✗ 需要零距離	✗	(身)根	(觸塵)境	作意	第六識	第七識	第八識	種子	✔
第六意識 (五種緣)	✗ 完全不需	✗	✗	(法塵)境 (一切法)	作意	✗	第七識	第八識	種子	✔
第七末那識 (三種緣) 或說四種緣	✗ 完全不需	✗	✗	境 (此處指第八識的「見分」)	作意	✗	✗	第八識	種子	✔
阿賴耶識 (四種緣)	✗ 完全不需	✗	✗	境 (此處指種子、根身、器界)	作意	✗	第七識	✗	種子	✔

49-7「如來藏」中名為「藏識」者,「藏識」若與「七轉識」的「有漏習氣」結合,「藏識」即成為有「生滅」的「剎那法」;「藏識」若與「無漏習氣」結合,「藏識」即成為「不生不滅」的「非剎那法」。凡愚計著「剎那論」,不覺一切法有「剎那的生滅」與「非剎那的不生不滅」之別,故凡愚執著於「斷滅」見,破壞無為、無漏法

請參閱 3-13 46-4

劉宋・求那跋陀羅譯 《楞伽阿跋多羅寶經》	元魏・菩提流支譯 《入楞伽經》	唐・實叉難陀與復禮等譯 《大乘入楞伽經》

㊀**大慧**！ （所謂具有生滅）「剎那」者， （即）名（爲）「識藏」（阿賴耶識），（識藏亦名爲）「如來藏」， （識藏若與第七）**意俱生識**（的有漏）習氣（相結合則名爲生滅的）「剎那」（法）。	㊀**大慧**！言： （所謂）「剎尼迦」（kṣaṇika）者，名之為「空」（此處指生滅的一種「虛無斷滅」意思）。 「阿梨耶識」（亦）名「如來藏」， （阿梨耶識若）無共「**意**（第七）**轉識**」熏習（的話），故（阿梨耶識即可）名之為「空」。 （「阿梨耶識」若永遠不會被「前七轉識」所薰習的話，那「阿梨耶識」就被變了「虛無」的「斷滅空」了）	㊀**大慧**！ 「如來藏」（亦）名「藏識」（阿賴耶識）， （但藏識若）所與（第七）**意**等諸（有漏）習氣俱，（藏識）是（爲一種具生滅的）「剎那」法。
（識藏若與**無漏習氣**（相結合，則名爲不生不滅的）「非剎那」。	（阿梨耶識因能）具足（與）「**無漏熏習法**」（的能力），故名為「不空」（此指「非虛無斷滅」，或也可指「不生不滅」之義）。	（藏識若能與**無漏習氣**（相結合，則名爲不生不滅的）「非剎那」法。
㊁（此）非「凡、愚」（之）所（能）覺（悟）， （彼凡愚）計著（於生滅的）「剎那論」故，不（能）覺（悟）一切法（其實仍有）「剎那、非剎那」（之別）。 （凡夫皆）以「斷」（滅）見，（甚至破）壞（所有的）「無為法」（指「無漏法」）。 （意指「凡愚」將「無漏、非剎那、不生不滅」的「如來藏」也執著爲「有漏、有生滅、有剎那」法）	㊁**大慧**！愚癡凡夫（於此理而）不覺（亦）不知， （凡愚）執著（於）諸法（一定都是屬於生滅）「剎那」不住，（於是）墮在「邪見」而（竟）作是言： （所謂的）「無漏」之法亦（屬於生滅）「剎那」不住（的）。 （凡愚乃）破（壞）彼「真如、如來藏」（之法）故。	㊁此非凡愚，（及）「剎那論者」之所能知。 彼（凡愚）不能知一切諸法（仍）有：是（生滅的）「剎那」、（與不生不滅的）「非剎那」（之分別）故。 彼（凡愚）計（著）「無為」（無漏法），（竟相）同（於）諸（有爲）法（而同被破）壞， （此諸凡愚者乃）墮於「斷」（滅）見。

49-8 「五識身」或「前七識」者，皆非六道流轉生死之主因，不受「苦、樂」，亦非「涅槃」之主因。「如來藏」者，能受「苦、樂」，為生死及涅槃之主「因」，亦能為「四種習氣」之所迷覆

前經文 46-2 云：具「染分」的「如來藏」是「善」與「不善」因，能遍興造起一切六道生趣，然「凡夫」與「外道」皆不能覺悟此「如來藏」。「如來藏」又經常為「惡習」所薰，故又名為「識藏」。「藏識」(阿賴耶識)乃與生起「無明住地」(根本無明)的「七轉識」(前七識)共俱，只有佛能斷「無明住地」

劉宋・求那跋陀羅譯《楞伽阿跋多羅寶經》	元魏・菩提流支譯《入楞伽經》	唐・實叉難陀與復禮等譯《大乘入楞伽經》
壹大慧！「七識」；(無論前七識或前五識，均非為「生死、涅槃」之因也)	壹大慧！「五識身」者；(無論前七識或前五識，均非為「生死、涅槃」之因也)	壹大慧！「五識身」；
①不(作為生死)流轉(之因)。②不(是作為)受「苦、樂」(之主因)。③非(作為)「涅槃因」。	①不生(為)六道(流轉之主因)。②不(是作為)受「苦、樂」(之主因)。③不作(為)「涅槃因」。	①非(作為生死)流轉(之因)。②不(是作為)受「苦、樂」(之主因)。③非(作為)「涅槃因」。
貳大慧！(會被「煩惱所染」的)「如來藏」者(此即同於染分阿賴耶識之義)，(是為)受「苦、樂」(之主因)，與(生死)「因」俱(而有)「若生若滅」(的現象)。	貳大慧！(若是具「自性清淨心」之)「如來藏」(此即同於淨分阿賴耶識之義)，(則)不受「苦、樂」(之薰習)，(亦)非(為)「生死因」。餘法者(這個「餘法」是指「會被煩惱所染」的如來藏)，(才會與「生死」發生)「共生共滅」(的現象)。	貳(會被「煩惱所染」的)「如來藏」(是為)受「苦、樂」(之主因)，與(生死)「因」俱(而)有「生滅」(的現象)。

(會被「煩惱所染」的如來藏，即能為)「四住地」(即「枝末無明」，含四種「住地」，如「見一處、欲愛、色愛、有愛」)、(與)「無明住地」(根本無明)所(迷)醉。	(會被「煩惱所染」的如來藏，即)依於「四種薰習」(指「見一處住地、欲愛住地、色愛住地、有愛住地」)，(而被迷)醉故。 (意即若是具有「自性清淨心」之如來藏，則是不受苦樂的、亦非為生死因、亦不會被「四種習氣」所薰習而迷醉。本段請參閱魏譯本 46-2 及 50-4)	(會被「煩惱所染」的如來藏，即能為)「四種習氣」之所「迷覆」。
㊣凡愚不覺，(故受)「剎那」(之諸邪)見(的)妄想(而)薰(習其)心。	㊣而諸凡夫不覺不知，(彼為)邪見(所)薰習，(故竟)言：一切法(都是屬於)「剎那不住」(的)。	㊣而諸凡愚(受)「分別」薰心，不能了知，起(生)「剎那」(之諸邪)見。

註：魏譯本 46-3 云：「如來藏識」不在「阿黎耶識」中。是故「七種識」有生有滅。「如來藏識」不生不滅。

　　魏譯本 46-7 云：此「如來心阿梨耶識、如來藏」諸境界，一切「聲聞、辟支佛、諸外道」等不能分別。何以故？

　　　　以「如來藏」是「清淨相」(此歸於「淨分的阿賴耶識」)，

　　　　客塵煩惱，垢染「不淨」(此歸於「染分的阿賴耶識」)。

➜「如來藏」既是「清淨相」又是「不生不滅」，故可說「如來藏」乃不受「苦、樂」，亦非「生死之因」也。

➜「如來藏」又會常被「煩惱所染」而感「生滅」之果，故亦可說「如來藏」能受「苦、樂」，亦為「生死之因」也。

《勝鬘師子吼一乘大方便方廣經》云：勝鬘夫人說是難解之法，問於佛時，佛即隨喜，如是！如是！「自性清淨心」而有染污，難可了知。有二法難可了知，謂：

　　「自性清淨心」，難可了知。(故不受生死流轉而染污也)

　　彼心為「煩惱所染」，亦難可了知。(故亦會受生死流轉而染污也)

　　如此二法，汝及成就大法菩薩摩訶薩乃能聽受，諸餘聲聞，唯信佛語。

《大乘密嚴經·卷上》云：金剛藏！如來常住恆不變易，是修念佛觀行之境，名「如來藏」，猶如虛空，不可壞滅，名「涅槃界」，亦名「法界」。過現未來諸佛世尊，皆隨順此而宣說故。如來出世、不出世間，此性「常在」，名「法住性」，亦名「法尼夜摩性」。

《大方等如來藏經》：善男子！一切眾生雖在諸趣煩惱身中，有「如來藏」，常無染污，德相備足，如我無異。

➔「如來藏」既是「常無染污」又是「不可壞滅」，故亦可說「如來藏」不受「苦、樂」，非「生死因」也。

49-9「金、金剛、佛之舍利」，乃為「不增不減」之境，非為「剎那生滅法」者。若是「剎那生滅法」，則便不成為「聖人」。凡愚不解佛「密義」之說，竟於一切「內、外」法中，皆作「剎那生滅想」

劉宋・求那跋陀羅譯《楞伽阿跋多羅寶經》	元魏・菩提流支譯《入楞伽經》	唐・實叉難陀與復禮等譯《大乘入楞伽經》
⑤復次大慧！如「金、金剛、佛舍利」，得「奇特性」，(故)終不(被)損壞。	⑤復次大慧！「金、剛、如來藏、如來(所)證法」，(皆)非(屬於生滅的)「剎那不住」。	⑤大慧！如「金、金剛、佛之舍利」，是(皆具有)「奇特性」，(故)終不(被)損壞。
⑥大慧！若(如來所)得(的)「無間」(此指「無間解脫道」)，(仍)有(生滅之)「剎那」者？ (那麼)聖(人皆)應非(能成為真正的)聖(人了)！ (然)而聖(人既然是被定義為聖人的話)，(就)未曾(是)「不聖」(的狀態啊)！	⑥大慧！如來(所)「證法」，若(亦屬於生滅的)「剎那不住」者？ (那麼)一切聖人(即)不(能)成(為真正的)「聖人」(了)！ 大慧！(並)非(有)「非聖人」，(是屬於)以(已被定義為)「聖人」(的狀態)故。	⑥若(如來所)得(的)「證法」，(仍會)有(生滅的)「剎那」者？ (那麼)聖(人皆)應非(能成為真正的)聖(人了)！ (然)而彼「聖人」(既然是被定義為聖人的話)，(就)未曾(是)「非聖」(的狀態啊)！
⑦如「金、金剛」，雖經(一)劫數(而住)，(其所有的)稱量(稱計估量，仍然是)「不減」(的)。	⑦大慧！(如)「金、金剛」(就算)住於一劫(之久)，(其所有的)稱量(稱計估量)等住，(仍然是)「不增、不減」(的)。	⑦如「金、金剛」雖經(一)劫(而)住(之久)，(其所有的)稱量(稱計估量，仍然是)「不減」(的)。
⑧云何凡愚不善於(如來)我(所說的)「隱覆」(密義)之說，	⑧大慧！云何愚癡凡夫「分別」(於)諸法，	⑧云何凡愚不解於(如來)我(說的)「祕密」之說，

(竟)於「內、外」一切法，(皆)作(生滅)「剎那」(之)想？	(竟)言(諸法皆必屬於生滅)「剎那」(而)不住。 而諸凡夫不得(如來之)「我意」(我之「隱覆密義」之說)，不覺(亦)不知， (故竟於)「內、外」諸法(皆作)念念(剎那生滅而)不住。	(竟)於一切法(皆)作(生滅)「剎那」(之)想？

49−10 何謂「六波羅蜜多」？若修行「六波羅蜜」至圓滿者，即可得成「正覺」也

劉宋・求那跋陀羅譯 《楞伽阿跋多羅寶經》	元魏・菩提流支譯 《入楞伽經》	唐・實叉難陀與復禮等譯 《大乘入楞伽經》
大慧菩薩復白佛言：世尊！如世尊(所)說(修行)「六波羅蜜」(至)滿足(圓滿具足者)，(即可)得成「正覺」。 何等為六？	大慧復白佛言：世尊！如來常說(若能修到)滿足(圓滿具足)「六波羅蜜法」，(即可)得「阿耨多羅三藐三菩提」。 世尊！何等為「六波羅蜜」？ 云何(能令六度獲得)「滿足」(圓滿具足)？	大慧菩薩復白佛言：世尊常說「六波羅蜜」，若(能修)得(至)滿足(圓滿具足者)，(即)便(可得)成「正覺」。 何等為六？ 云何(能令六度獲)「滿足」(圓滿具足)？

49−11 有「世間、出世間、出世間上上」三種「波羅蜜」

請參閱 **34−1** **43−49**

劉宋・求那跋陀羅譯 《楞伽阿跋多羅寶經》	元魏・菩提流支譯 《入楞伽經》	唐・實叉難陀與復禮等譯 《大乘入楞伽經》
佛告大慧：「波羅蜜」有三種分別，謂：	佛告大慧菩薩言：大慧！「波羅蜜」差別有三種，謂：	佛言：大慧！「波羅蜜」者，差別有三，所謂：

❶「世間」(世間凡夫者)。 ❷「出世間」(二乘者)。 ❸「出世間上上」(佛菩薩乘者)。	❶「世間波羅蜜」。 ❷「出世間波羅蜜」。 ❸「出世間上上波羅蜜」。	❶「世間」。 ❷「出世間」。 ❸「出世間上上」。

49－12 何謂屬於「世間凡夫」的「世間波羅蜜」？愚夫著於「我、我所」法，墮「二邊」，樂「色、聲、香、味、觸」等境。凡夫修行「六波羅蜜」，只為了成就「神通力」，與轉生至「梵天」

劉宋・求那跋陀羅譯 《楞伽阿跋多羅寶經》	元魏・菩提流支譯 《入楞伽經》	唐・實叉難陀與復禮等譯 《大乘入楞伽經》
大慧！(所謂)「世間波羅蜜」者：	大慧！(所)言「世間波羅蜜」者：	大慧！(所謂)「世間波羅蜜」者。謂：
①(於)「我、我所」(中)攝受計著(計量執著)。	①愚癡凡夫執著(於)「我、我所」法。	①諸凡愚(執)著(於)「我、我所」。
②攝受(於)「二邊」。	②墮於「二邊」。	②執取(於)「二邊」。
③(只)為(樂求三界)種種(的)「受生處」。	③(只)為(追求)於種種(的三界)「勝妙境界」，(而修)行(於布施)「波羅蜜」。	③(只為)求(三界)「諸有」身。
④樂(於)「色、聲、香、味、觸」故。	④(追)求於「色」等(六塵)境界(之)「果報」。	④貪(著於)「色」等境。
⑤(凡愚修行)滿足(的)「檀」(dāna 布施)波羅蜜，(及修)「戒、忍、精進、禪定、智慧」(等共六種波蜜)亦如是。	⑤大慧！愚癡凡夫(所修)行(的)「尸」(śīla 戒)波羅蜜、羼提(kṣānti 忍辱)波羅蜜、毘梨耶(vīrya 精進)波羅蜜、禪(dhyāna)波羅蜜、般若(prajñā)波羅蜜」(等共六種波羅蜜)。	⑤(凡愚)如是(之)修行「檀」(dāna 布施)波羅蜜，(及修)「持戒、忍辱、精進、禪定」(共五種波羅蜜)。
⑥凡夫(修波羅蜜乃為獲五)「神	⑥乃至(為求轉)生於「梵天」，	⑥(凡愚修波羅蜜乃為)成就(五)

通」，及(轉)生(至)「梵天」。	(或)求(得)「五神通」(的)世間之法。	神通，(為了追求轉)生(至)於「梵世」。
	大慧！(此)是名「世間諸波羅蜜」。	

49－13 何謂屬於「二乘者」的「出世間波羅蜜」？「二乘」執著於「涅槃」中，如凡愚之「求樂」而求彼「涅槃樂」的心態是一樣的，但此非真正的「究竟樂」

劉宋・求那跋陀羅譯《楞伽阿跋多羅寶經》	元魏・菩提流支譯《入楞伽經》	唐・實叉難陀與復禮等譯《大乘入楞伽經》
大慧！「出世間波羅蜜」者：	大慧！言「出世間波羅蜜」者，謂：	大慧！「出世間波羅蜜」者，謂：
❶「聲聞、緣覺」墮(於所)攝受(之)「涅槃」(中)故。	❶「聲聞、辟支佛」(為了)取「聲聞、辟支佛」(之)涅槃心，(而)修行(於)「波羅蜜」。	❶「聲聞、緣覺」執著(於)「涅槃」(中)，
❷(二乘所)行(之)「六波羅蜜」，	❷大慧！(二乘者就)如彼世間(之)愚癡凡夫，為於「自身」(所)求(的)「涅槃樂」，而(去)行「世間波羅蜜」行，(所謂)「聲聞、緣覺」，亦復如是。	❸(只)希求(於)「自樂」。
❸(二乘只為自)樂(於)自己(的)「涅槃樂」。	❸(二乘只)為「自身」故，(而)求「涅槃樂」，(為了)行「出世間波羅蜜行」，而乃求彼，(但此)非(真正的)「究竟樂」。	❷(二乘)如是修習諸「波羅蜜」(只為求自己的「涅槃」樂)。

49－14 何謂屬於「佛菩薩」的「出世間上上波羅蜜」？能覺「自心

現量」，不取內外「色相」，為安樂眾生故，而去樂修於六度波羅蜜

劉宋・求那跋陀羅譯《楞伽阿跋多羅寶經》	元魏・菩提流支譯《入楞伽經》	唐・實叉難陀與復禮等譯《大乘入楞伽經》
「出世間上上波羅蜜」者：	大慧！「出世間上上波羅蜜」者：	大慧！「出世間上上波羅蜜」者，謂：
①(能如實)覺(悟一切皆是由)「自心」(所)現(的)妄想(思)量，(然後再加以)攝受(之)。②及(如實了知由)「自心」(所生的內外)二(法)故，(應於此而)不生「妄想」。③於諸(所)趣(之妄想)、(與所)攝受(的妄想)，(應)非分(不起任何分別)，(此皆由)「自心」(所現之)色相，(故)不「計著」。④(菩薩)為「安樂」一切眾生故，生「檀」(dāna 布施)波羅蜜，(故)起「上上方便」。	①「如實」能(覺)知，但(皆)是自心(之)「虛妄分別」(所)見(的)外境界。②爾時「實知」唯是(由)「自心」(所)見(的)「內、外」(二)法，(應)不(生)分別(於這些的)「虛妄分別」(中)。③(應)不取「內、外」(二法)，(因彼皆為)「自心」(所現)色相故。④菩薩摩訶薩(應)「如實能知」一切法故，行「檀」(dāna 布施)波羅蜜，為令一切眾生得「無怖畏」(之)安樂故，(此)是名「檀」(布施)波羅蜜。	①②菩薩摩訶薩於「自心」(所生的內外)二法，了知唯是(由)「分別」所現，(應)不起「妄想」，(與)不生「執著」。③(應)不取(著於)「色相」。④(菩薩)為欲利樂一切眾生，而常修行「檀」(dāna 布施)波羅蜜。

49－15 於所緣境而「不生分別」，此即是修「尸(持戒)波羅蜜多」

劉宋・求那跋陀羅譯《楞伽阿跋多羅寶經》	元魏・菩提流支譯《入楞伽經》	唐・實叉難陀與復禮等譯《大乘入楞伽經》
電即於彼(所)緣(之外境令)妄想「不生」(之)戒，	電大慧！菩薩觀彼一切諸法(而)不生「分別」，隨順	電於諸境界不(生)起「分別」，

	清涼，	
㊅(此)是(為)「尸(sīla 戒)波羅蜜」。	㊅(此)是(名)「尸(持戒)波羅蜜」。	㊅(此)是則(名為)修行「尸(持戒)波羅蜜」。

49－16 於「妄想」不生起時，能如實而知「能取、可取」之境界非實，此名為「羼提（忍辱）波羅蜜」

劉宋・求那跋陀羅譯 《楞伽阿跋多羅寶經》	元魏・菩提流支譯 《入楞伽經》	唐・實叉難陀與復禮等譯 《大乘入楞伽經》
❶即(於)彼「妄想」不生(之時，即名為)「忍」。 ❷(如實)知「(能)攝、所攝(取)」。 (此)是(為)「羼提(kṣānti 忍辱)波羅蜜」。	❶大慧！菩薩(能)離「分別心」，(即是屬於)「忍」彼(的一種)修行。 ❷「如實」而知「能取、可取」境界(皆)非實。 (此)是名菩薩「羼提(辱忍)波羅蜜」。	❶即於不(生)起「分別」(心)之時(即名為)「忍」。 ❷(如實)知「能取、所取」(之)自性。 (此)是則名為「羼提(辱忍)波羅蜜」。

49－17 於「初、中、後」夜，能常勤修行，隨順「如實法」，斷諸「分別」，此名為「毘梨耶（精進）波羅蜜」

劉宋・求那跋陀羅譯 《楞伽阿跋多羅寶經》	元魏・菩提流支譯 《入楞伽經》	唐・實叉難陀與復禮等譯 《大乘入楞伽經》
①(於)「初、中、後」夜(時)，(皆常在)精勤方便。 ②(能)隨順修行方便，「妄想」不生。 (此)是(為)「毘黎耶(vīrya 精進)波羅蜜」。	①大慧！菩薩云何修精進行？(於)「初、中、後」夜，(皆)常(在精)勤修行。 ②(能)隨順「如實法」，斷諸「分別」。 (此)是名「毘梨耶(精進)波羅蜜」。	①(於)「初、中、後」夜，(皆常在)勤修匪懈。 ②(能)隨順「實解」，不生「分別」。 (此)是則名為「毘梨耶(精進)波羅蜜」。

49-18 不生「分別」，不墮外道之「能取、可取」等種種「涅槃」境界，此名為「禪波羅蜜」

劉宋‧求那跋陀羅譯《楞伽阿跋多羅寶經》	元魏‧菩提流支譯《入楞伽經》	唐‧實叉難陀與復禮等譯《大乘入楞伽經》
❶(於)「妄想」悉滅。 ❷不墮(於)「聲聞涅槃」(之)攝受。 (此)是(為)「禪(dhyāna)波羅蜜」。	❶大慧！菩薩離於「分別心」。 ❷不墮(於)外道(的)「能取、可取」境界之相。 (此)是名「禪波羅蜜」。	❶不生「分別」。 ❷不(生)起「外道涅槃」之(邪)見。 (此)是則名為「禪波羅蜜」。

49-19 能「如實觀察」自心妄相，不見「分別」，便不墮於「二邊」之邪見，可將「先業」感招之「色身」轉為「勝淨妙身」而不壞，終獲證如來「自內身聖智證法所趣之境」，此名為「般若波羅蜜」

劉宋‧求那跋陀羅譯《楞伽阿跋多羅寶經》	元魏‧菩提流支譯《入楞伽經》	唐‧實叉難陀與復禮等譯《大乘入楞伽經》
	大慧！何者菩薩「般若波羅蜜」？	
①(如實觀察)自心「妄想」(皆)非性(非真實有)，(以)「智慧觀察」，(便)不墮(於)「二邊」(的邪見)。 ②(將)「先身」(先業所得之色身)轉勝(轉為勝淨妙身)，(進)而(證)不可「壞」(滅之境)。	①菩薩(能)「如實觀察」自心(所)「分別」之相，不見(其)「分別」，(便)不墮(於)「二邊」(的邪見)。 ②依「如實」(之)修行，(便能)「轉身」(轉先業所得之色身)，(進而證)不見一法「生」，不見一法「滅」(之境)。	①以「智觀察」，心無「分別」，(便)不墮(於)「二邊」(的邪見)。 ②轉(先業所得之色身為)「淨所依」(勝淨妙身之所依)，(進)而(證)不「壞滅」(之境)。

③(獲)得「自覺聖趣」(自內身聖智證法所趣之境)。	③(獲得)「自身內證聖行」(的)修行(自內身聖智證法之修行境界)。	③獲於「聖智內證境界」(自內身聖智證法之境界)。
(此)是(為)「般若(prajñā)波羅蜜」。	(此)是名菩薩(所修的)「般若波羅蜜」。 大慧!(六度)「波羅蜜」義如是(能修至)滿足(圓滿具足)者,(即可)得「阿耨多羅三藐三菩提」。	(此)是則名為「般若波羅蜜」。

49-20 偈頌內容

劉宋·求那跋陀羅譯《楞伽阿跋多羅寶經》	元魏·菩提流支譯《入楞伽經》	唐·實叉難陀與復禮等譯《大乘入楞伽經》
爾時世尊欲重宣此義而說偈言: 空無常刹那。 愚夫妄想作。 如河燈種子。 而作刹那想。 刹那息煩亂。 寂靜離所作。 一切法不生。 我說刹那義。	爾時世尊重說偈言: 空無常刹那。 愚分別有為。 如河燈種子。 空無常刹那。 分別刹那義。 刹那亦如是。 刹尼迦不生。 寂靜離所作。 一切法不生。 我說刹那義。	爾時世尊重說頌言: 愚分別有為。 空無常刹那。 分別刹那義。 如河燈種子。 一切法不生。 寂靜無所作。 諸事性皆離。 是我刹那義。

49-21 偈頌內容

劉宋‧求那跋陀羅譯《楞伽阿跋多羅寶經》	元魏‧菩提流支譯《入楞伽經》	唐‧實叉難陀與復禮等譯《大乘入楞伽經》
物生則有滅。	物生即有滅。	生無間即滅。
不為愚者說。	不為凡夫說。	不為凡愚說。
無間相續性。	分別相續法。	無間相續法。
妄想之所薰。	妄想見六道。	諸趣分別起。
無明為其因。	若無明為因。	無明為其因。
心則從彼生。	能生諸心者。	心則從彼生。
乃至色未生。	乃至色未生。	未能了色來。
中間有何分。	中間依何住。	中間何所住。

49－22 偈頌內容

劉宋‧求那跋陀羅譯《楞伽阿跋多羅寶經》	元魏‧菩提流支譯《入楞伽經》	唐‧實叉難陀與復禮等譯《大乘入楞伽經》
相續次第滅。	即生即有滅。	無間相續滅。
餘心隨彼生。	餘心隨彼生。	而有別心起。
不住於色時。	色不一念住。	不住於色時。
何所緣而生。	觀於何法生。	何所緣而生。
以從彼生故。	依何因生法。	若緣彼心起。
不如實因生。	心無因而生。	其因則虛妄。
云何無所成。	是故生不成。	因妄體不成。
而知剎那壞。	云何知念壞。	云何剎那滅。

49－23 偈頌內容

劉宋‧求那跋陀羅譯《楞伽阿跋多羅寶經》	元魏‧菩提流支譯《入楞伽經》	唐‧實叉難陀與復禮等譯《大乘入楞伽經》
修行者正受。	修行者證定。	修行者正定。
金剛佛舍利。	金剛佛舍利。	金剛佛舍利。
光音天宮殿。	光音天宮殿。	及以光音宮。
世間不壞事。	世間不壞事。	世間不壞事。

住於正法得。	真如證法實。	如來圓滿智。
如來智具足。	如來智成就。	及比丘證得。
比丘得平等。	比丘證平等。	諸法性常住。
云何見剎那。	云何念不住。	云何見剎那。
犍闥婆幻等。	乾闥婆幻色。	乾城幻等色。
色無有剎那。	何故念不住。	何故非剎那。
於不實色等。	無四大見色。	大種無實性。
視之若真實。	四大何所為。	云何說能造。

第二十章　會歸一實章

第５０節　開跡顯本

50－1 大慧菩薩的八個問題：

（一）佛曾授記「聲聞羅漢」亦能得成正覺，此與授「菩薩」得成正覺，兩者有何差別？

（二）佛既說眾生本具「自性涅槃、畢竟寂滅」相；既如此，那就不必再「般涅槃」，那又有誰能去成就佛道？

（此題佛無作回答。可參閱《維摩詰經》、《華嚴經》、《圓覺經》、《大乘起信論》中有答案的）

（三）佛從初夜「證大菩提」至「入般涅槃」，為何於其中間都「不說一字」？

（此題佛無作回答。可參閱《金剛經》即有答案的）

（四）如來既常入「無覺觀、無分別」之「定」中，又如何能「應現變化諸身」而廣作佛事？甚至開口說法？

（五）前經文既說「五識身」或「前七識」皆非為流轉「生死」之因；既如此，那麼「前七識」應無具「剎那」的生滅變異性啊！那為何佛又改說「諸識」其實皆有「剎那展轉」的「生滅變異」相呢？

（六）前經文 **48－2** 既說如來之「法身」已「過世間望，非譬所譬」，何故如來還需金剛密迹的「常隨侍衛」？

（七）如來常說眾生之「世間本際」乃不可知，又言眾生皆可「入般涅槃」。眾生既能「入涅槃」，那就應該「有本際」可得的啊，佛何不詳說呢？

（八）如來既已得「一切種智」者，已無「怨敵」。為何如何還會遭到「魔、魔業、餘報、空鉢」等「十宿緣」（十難）之惡報呢？而仍不離諸過患呢？

劉宋‧求那跋陀羅譯《楞伽阿跋多羅寶經》	元魏‧菩提流支譯《入楞伽經》	唐‧實叉難陀與復禮等譯《大乘入楞伽經》
	【卷八‧化品第十五】	【卷六‧變化品第七】

壹爾時**大慧菩薩**復白佛言：世尊！世尊(曾授)記(聲聞)「阿羅漢」得成「阿耨多羅三藐三菩提」， (此)與(授記)諸「菩薩」(亦得成阿耨菩提)， (兩者皆相)等(而)無差別(嗎)？	壹爾時聖者**大慧菩薩摩訶薩**復白佛言：世尊！如佛世尊(何故曾)與諸(聲聞)「羅漢」授「阿耨多羅三藐三菩提」記？	壹爾時**大慧菩薩摩訶薩**復白佛言：世尊！如來何故(曾)授(聲聞)「阿羅漢」(得成)「阿耨多羅三藐三菩提」記？
貳(如來復說)一切**眾生**法(皆)「不涅槃」？ (諸眾生本具「自法涅槃」，既如此，那眾生也可「無般涅槃法」？) (那又有)誰(能得)至「佛道」(呢)？	貳如來復說：諸佛如來(為度眾生，乃)「不入涅槃」。 (魏本的譯文與其它版本完全不同，但這種「譯文」在《維摩詰經》的「同本譯文」中也曾出現過，詳見下面說明)	貳何故復說：(眾生本)「無般涅槃法」？ (又說)**眾生**(亦能)得成「佛道」？ (佛既說眾生本具「自性涅槃、畢竟寂滅」相，既如此，那就不必再「般涅槃」？那又有誰能去成就佛道？)
參(何故如來)從「初得佛」至「般涅槃」，於其中間(皆)「不說一字」？亦「無所答」？	參復說如來應正遍知，(於)何等夜(而)「證大菩提」？ (於)何等夜(而)「入般涅槃」？ 於其(證「大菩提」到入「般涅槃」)中間(皆)「不說一字」？	參又何故說(如來)從「初得佛」至「般涅槃」，於其中間(皆)「不說一字」？
肆如來(乃)常(在)「定」(中)，故亦無「慮」(攀緣思慮：尋思)、亦無「察」(伺察思惟)。	肆如來復說：諸佛如來常入無(妄)覺、無(妄)觀、無分別(之)「定」(中)。	肆又言：如來(乃)常在於「定」(中)，(故)無(妄)覺、無(妄)觀。 (「覺觀」新譯作「尋伺」。 覺➔尋求推度之意，即對事理之粗略思考。 觀➔即細心思惟諸法名義等之精神作用)
(云何)「化佛」(能變)化作(諸	復言：(如來能)作諸種種(的	又言：「佛事」皆是(由佛的

「佛事」？ （佛既常在「定」中，又如何能「應現變化諸身」而廣作佛事？甚至開口説法？）	「應化」（應現變化諸身），（然後）度諸眾生？	「化」（應現變化諸身之所）作？
㈤何故（世尊）說：（諸八個）識（皆具有）「刹那」展轉（而變）壞（之）相？ （本段請參閱 3-1～3-4 ）	㈤世尊復說：諸（八個）識，（皆於）「念念」（中具有）「差別」（變異而刹那）不住？	㈤（世尊於前經文既説「五識身」或「前七識」皆非爲流轉「生死」之因；既如此，那麼「前七識」應無具「刹那」的生滅變異性啊！那爲何佛又改説「諸識」其實皆有「刹那展轉」的「生滅變異」相呢？） （如來）又（復）言：諸（八個）識（皆有）「刹那變壞」（之相呢）？
㈥（世尊於前經文既説：如來法身已「過世間望，非譬所譬」）。 （云何）金剛力士（又）「常隨侍衛」（著如來呢）？	㈥ （云何又言）金剛密迹「常隨侍衛」（著如來呢）？	㈥ （云何）又言：金剛神（乃）「常隨衛護」（著如來呢）？
㈦（佛曾云眾生之「本際」難知不可得） （那如來）何不施設「本際」（而能令眾生皆知曉何謂「本際」）？	㈦（如來）復說： 「世間本際」難知，復（又）言： 眾生（皆可）「入般涅槃」，若（皆可）「入涅槃」，（那就）應（該）「有本際」（可得的啊）？	㈦（如來）又言： （眾生之）「前際」不可知，而（又）說（眾生仍）有「般涅槃」（之可得）？
㈧（云何如能仍會顯）現（出）「魔」？「魔業」？「惡業果報」（等「十難」）？ （例如）旃遮摩納（Ciñcā-mānavika）、 孫陀利女（sundarī）、	㈧復說：諸佛（已）無有「怨敵」，而（竟然仍）見（見當「被」意）諸魔（所擾）？ 復說如來（應已）斷一切障（了）， 而（竟然）見（被）旃遮摩那毘（Ciñcā-mānavika）、 孫陀梨（sundarī）等（毀）謗。	㈧（如來）又（示）現有「魔」？及以「魔業」（之擾亂）？ （難道）又有「餘報」（其餘的果報仍未了斷嗎）？（例如）謂： 旃遮（Ciñcā-mānavika）婆羅門女、 孫陀利（sundarī）外道女，

「空鉢」而出。	佛入娑梨那村(sāliya)，竟不得食，「空鉢」而出？	及「空鉢」而還等事。
㊩(世尊既有如是的)惡業障(之顯)現，云何如來(已證)得「一切種智」？ 而(仍)不離(這十種的)諸過(患呢)？	㊩世尊！若如是(之「十難」是真實)者，如來便有無量(的)罪業， 云何如來(仍然)不離一切(的)「諸罪過惡」？ 而(如來明明是已證)得「阿耨多羅三藐三菩提」，(及證到)「一切種智」(的佛陀啊)？	㊩世尊既有如是(十種的)業障，云何(已)得(證)成「一切種智」？既已(證)成於「一切種智」(者)， 云何(如來仍然)不離如是(十種的)諸過(患呢)？

《雜阿含經》卷39
佛住娑羅婆羅門(sāliya-brāhmanagāma)聚落……時魔波旬作是念：今沙門瞿曇，晨朝著衣持鉢，入「婆羅聚落」乞食，我今當往，先入其舍，語諸信心婆羅門長者，令沙門瞿曇「空鉢」而出。

《大寶積經》卷28
善男子！如來昔日入舍衛城，於奢犁耶(sāliya)婆羅門村，周遍乞食，「空鉢」而出。

《佛說大乘十法經》卷1
如來入舍梨耶(sāliya)婆羅門村，「空鉢」而出。

眾生本具「自性涅槃」與「畢竟寂滅相」的經論引證

三國吳·支謙譯	姚秦·鳩摩羅什譯	姚秦·鳩摩羅什譯 (《龍藏》某作者所整理編譯)	唐·玄奘譯
二卷十四品	三卷十四品	三卷十四品	六卷十四品
公元222~253年譯	公元406年譯畢	公元1735～1738年集	公元650譯畢
《維摩詰經》 (亦名《維摩詰所說不思議法門經》、《維摩詰所說不思議法門之稱》、《佛法普入道門三昧經》)	《維摩詰所說經》 亦名 《不可思議解脫經》	《維摩詰所說大乘經》 (底下經文錄自福峰彩色印刷公司印的《乾隆大藏經》第三十二冊)	《說無垢稱經》

①一切人皆「如」也。	①一切衆生皆「如」也。	①一切衆生皆「如」也。	①一切有情皆「如」也。
②一切法亦「如」也。	②一切法亦「如」也。	②一切法亦「如」也。	②一切法亦「如」也。
③衆聖賢亦「如」也。	③衆聖賢亦「如」也。	③衆聖賢亦「如」也。	③一切聖賢亦「如」也。
④至於彌勒亦「如」也。	④至於彌勒亦「如」也。	④至於彌勒亦「如」也。	④至於慈氏亦「如」也。
壹所記前（授記）「無上正真道」者，則一切人為得決矣！所以者何？	壹若彌勒得「受記」者，一切衆生亦應受記。所以者何？	壹若彌勒得「受記」者，一切衆生亦應受記。所以者何？	壹若尊者慈氏得「授記」者，一切有情亦應如是而得授記。所以者何？
貳「如」者，不稱為「己」，亦無「他」稱說。	貳夫「如」者，不二、不異。	貳夫「如」者，不二、不異。	貳夫「真如」者，非「二」所顯，亦非種種「異性」所顯。
參如彌勒成「最正覺」者，一切人民亦當從「覺」。所以者何？	參若彌勒得「阿耨多羅三藐三菩提」者，一切衆生皆亦應得。所以者何？	參若彌勒得「阿耨多羅三藐三菩提」者，一切衆生皆亦應得。所以者何？	參若尊者慈氏當證「無上正等菩提」，一切有情亦應如是，當有所證。所以者何？
肆一切人民當從「覺道」故，如彌勒「滅度」者，一切人民亦當「滅度」。所以者何？	肆一切衆生即「菩提相」。若彌勒得滅度者，一切衆生亦應滅度。所以者何？	肆一切衆生即「菩提相」。若彌勒得滅度者，一切衆生亦當滅度。所以者何？	肆夫「菩提」者，一切有情等所隨覺。若尊者慈氏當「般涅槃」，一切有情亦應如是當有「涅槃」。所以者何？
			伍非一切有情不「般涅槃」（若一切有情不般涅槃，則諸如來便不般

			涅槃)。佛說「真如」為「般涅槃」。
㊃如來者，不捨「眾人」(而自己)獨「滅度」也，(如來)必當「滅度」諸凡夫故。	㊃諸佛知一切眾生(即)「畢竟寂滅」，即(具)「涅槃相」，不復更(寂)滅。	**㊃諸佛本來「寂滅」，不復更(寂)滅。為度一切眾生故，(而乃示)現「涅槃相」。**	㊃以佛觀見一切有情(眾生)本性(即)「寂靜」，即(具)「涅槃相」，故說「真如」為「般涅槃」。

《維摩經疏卷第三·第六》卷3〈弟子品 3〉

「自性涅槃」，(於)「凡夫」亦有，(但)恐(混清而)同於彼(如來之「涅槃」)，是以不(明)說(凡夫亦有「自性涅槃」)。

「有餘、無餘」(涅槃)，「聲聞」(人)亦得，(但亦)恐(泛)濫(於)「二乘」，亦不(明)說(明)證。

《大方廣佛華嚴經》卷35〈寶王如來性起品 32〉

佛子！(於)如來身中，悉見一切眾生(皆已)發「菩提心」，(皆已)修「菩薩行」，(皆已)成「等正覺」，乃至見一切眾生(皆已具)「寂滅涅槃」，亦復如是，皆悉一性，以「無性」故。

《大方廣佛華嚴經》卷52〈如來出現品 37〉

佛子！如來「成正覺」時，於其身中普見一切眾生(皆已)「成正覺」，乃至普見一切眾生(皆已)「入涅槃」，皆同一性，所謂「無性」。

《大乘起信論》卷1

一切眾生，本來(即)常住(而)「入於涅槃」。

唐·曇曠撰《金剛般若經旨贊》卷1

若爾「自性」，即是「真如」，諸佛所師，眾聖所趣。何不令入「自性涅槃」？

答：「自性涅槃」，(乃)眾生「本有」，但(眾生仍)未「離障」，尚處淪迴，眾生「無明」，(所以)不能契悟「真樂」(之)「本有」。

唐·智儼《華嚴經內章門等雜孔目章》卷4

一、無住處涅槃。

二、自性涅槃。

三、方便淨涅槃。

四、有餘涅槃。

五、無餘涅槃。

無住(涅槃)者：「智、悲」相導，無「住著」故(此唯有「佛」一人得證)，**此義通因果。**

性淨(自性涅槃)者：(一切眾生皆)「本有」故，(皆有自性之)「寂滅」故。

方便淨(涅槃)者：藉「緣」修故，「涅槃」同前(之)釋。

有餘(涅槃)者：(仍存)「有餘」應化(身)，(仍)未「窮盡」故。

無餘(涅槃)者：(已證)「法身」無餘，(已)順「寂滅」故。

《大方廣圓覺修多羅了義經》卷1

(1)善男子！(眾生所具之)「圓覺」淨性，(顯)現於身心，隨類各(相)應……(故)始知眾生「本來成佛」(本來即具有「成就佛道的種性」)，「生死、涅槃」猶如「昨夢」(昨夜之夢)……世尊！

(2)若諸眾生「本來成佛」(本來即具有「成就佛道的種性」)，何故復(會生)有一切「無明」？(一念「無明、貪心、瞋心、癡心」所造成)

(3)若諸「無明」眾生本有(本來即具有)，(又)何因緣故，如來復說「本來成佛」(本來即具有「成就佛道的種性」)？

(4)十方異生(眾生)「本成佛道」(本來即具有「成就佛道的種性」)，(因一念之迷而)後起「無明」。

關於「佛陀所遭遇的"十宿緣、十難"」經論引證

參閱《菩薩從兜術天降神母胎說廣普經》卷7〈行品 34〉

佛陀之「十宿緣、十難」(底下出自《佛說興起行經》)
《佛說興起行經》
世尊今故現有「殘緣」？願佛自說此緣，使天人、眾生，聞者開解。

(1)以何因緣，孫陀利來誹謗？

(2)以何因緣，坐奢彌跋提被謗，及五百羅漢？

(3)以何因緣，世尊頭痛？

(4)以何因緣，世尊骨節疼痛？

(5)以何因緣，世尊脊背強ㄐㄧㄤ (古通「僵」→僵硬:不靈活)？

(6)以何因緣，剛木剌其腳？

(7)以何因緣，地婆達兜以崖石擲？

(8)以何因緣，多舌女人，帶盂大眾中，有漏、無漏，前來相誹謗曰：「何以不自說家事，乃為他說為？我今臨產，當須酥油。

(9)以何因緣，於毘蘭邑(毘羅然;隨蘭然;毘蘭若;鞞羅然;韋羅闍;毘蘭多)，與五百比丘食馬麥？

(10)以何因緣，在醫祕地(指摩揭陀國 Magadha 的伽耶 Gayā 南方之優樓頻羅村 Uruvilvā 的苦行林)，苦行經六年，謂呼當得佛？

十宿緣即：

一佛被孫陀利「毀謗」之緣：

往昔波羅奈城有一位在「賭博遊戲」的人，名叫淨眼，當時有一位婬女，名叫鹿相。而當時的淨眼誘引鹿相至樹園中，並共相娛樂，後來為了奪取鹿相美妙的「衣服」，竟然殺掉鹿相，然後把鹿相埋於一位「辟支佛」的廬中。後淨眼乃「自說其罪」，因此淨眼就被便國王殺掉。當時的淨眼即今生的釋迦佛，而往昔的鹿相即今日的孫陀利。以是罪緣，無數千歲，受無量苦，今日釋迦雖然得佛，由此「餘殃」，故今日仍受孫陀利女(sundarī酸陀難提)的「毀謗」。

二佛被奢彌跋提「毀謗」之緣：

過去遠劫有位婆羅門，名叫延如達，他常教導五百位童子。復有一「梵天」婆羅門之婦，名叫淨音，也常供養延如達。後一日，有位「辟支佛」入城乞食，淨音乃準備「美食」而要供養「辟支佛」。此時延如達便興起「嫉妒」心，就叫他底下的五百位童子去毀謗此「辟支佛」與淨音有「私通」之情。後來「辟支佛」即現「神變」而入滅，於是眾人乃知這一切都是延如達所搞的鬼。延如達雖然今日已成就為釋迦佛，而往昔的淨音即今日的奢彌跋提，五百童子即今日的五百羅漢。因過去延如達之「嫉妒心」，受諸苦報，今日雖得為釋迦佛，由此「餘殃」，故今日佛陀仍受奢彌跋提的「毀謗」。

三佛患「頭痛」之緣：

久遠過去世，在羅閱祇城東，有個吱越村莊，人民眾多，村的東有一個多魚池，以饑饉之故，彼村人各攜妻子詣止池邊，捕魚食之。當時「捕魚人」抓取魚兒，當魚跳落在地上時，有一個小兒便以「杖」打彼「魚頭」。當時池中有兩種魚，一為麰魚，一為多舌魚。吱越村人即今之釋迦種族，當時用杖去打魚頭的小兒即今日的釋迦佛。而麰魚即轉世為今的的流離王，多舌魚即今日的婆羅門的惡舌。日小兒曾打彼「魚頭」，因此世尊今日雖得佛，由此「殘緣」，當流離王攻伐釋迦種族時，即遭受「頭痛」果報。

四佛患「骨節」煩疼(煩困疼痛)之緣：

往昔羅閱祇城有長者子，得病甚困，即呼城中大醫子治之，並允與錢財。等長者子病癒之後，竟不報答醫子功。其後長者子復病，醫子又去治之，如此治癒總共有三次，長者子皆不報答醫子功，後長者子復得病，醫子即給與「非藥」，病遂增遽而死。而醫子即今日的釋迦佛，病人即今日的地婆達兜(提婆達多)。世尊以是因緣受諸苦報，

今雖得成佛，由此「殘緣」，故有時仍感「骨節」疼痛之病。

五 佛患「背痛」之緣：

往昔羅閱祇國有次節日聚會，有兩位力士，一為「剎帝利種」，一為「婆羅門種」，這兩位力士共「相撲」。時「婆羅門」語「剎帝利」言：卿莫撲打我，我當與卿之財。後來「婆羅門」竟然沒有實行諾言(沒有將錢給剎帝利)，到下次的節會，復聚會又相撲，「婆羅門」仍然對「剎帝利」要求跟前面的方式一樣，如此三次後，「婆羅門」都沒有實行他的諾言(沒有將錢給剎帝利)。後來這位「剎帝利」力士遂挫折「婆羅門」的「脊背」，令此「婆羅門」撲地而死亡，當時的國王就生大歡喜，於是賜金錢「十萬」給這位「剎帝利」。往昔的「剎帝利」即今日的釋迦佛，「婆羅門」即今日的地婆達兜(提婆達多)。「剎帝利」往昔因貪圖「財物」而生瞋恚心，撲殺了「婆羅門」力士，以是罪緣，佛今日雖得成佛，由此「殘緣」，故仍會遭受「背痛」之報。

六 佛被「木槍刺腳」之緣：

往昔有「兩部主」的「賈客」，入海取寶，後遇水漲，於是大家互相爭船，「第二部主」與「第一部主」互相格戰，「第二部主」便以「錢鋒」去刺「第一部主」之腳，而「第一部主」即便命終。「第二部主」即今日的釋迦佛，「第一部主」即今日的地婆達兜(提婆達多)。以是因緣，受諸苦報，今雖得佛，由此殘緣，故受「木槍」刺腳。

七 佛被「擲石出血」之緣：

往昔羅閱祇城有須檀長者，其子名為須摩提，父命終之後，有「異母」之弟，名為修耶舍。須摩提不欲與這位弟弟齊分「家財」，乃引誘弟弟共往耆闍崛山，至高崖上，便推置弟弟到崖底，然後用「落石」殺之，其弟遂即命終。須摩提即今釋迦佛，修耶舍即今日的地婆達兜(提婆達多)。以是因緣，世尊受諸苦報，今雖得成佛，由此「殘緣」，故於耆闍崛山「經行」之時，便為地婆達兜(提婆達多)舉「崖石」擲頭，「山神」雖以手接石，但石頭傍的「小石片」迸墮於地上，遂擊中佛的「腳趾」而出血。

八 佛被「旃沙繫盂」(舞杆謗佛)毀謗之緣：

往昔有位佛，名為盡勝如來，會中有兩比丘法師，一名無勝，一名常歡。當時波羅奈城有大愛長者之婦，名為善幻。兩比丘常往來其家。無勝比丘已斷煩惱，故受供較「無缺」；而常歡比丘因煩惱未盡，故受供較「微薄」。常歡比丘遂生出「妒嫉心」，便誹謗無勝比丘與善幻婦有「私通」之情。常歡比丘即今日的釋迦佛，而善幻婦者即今日的旃沙(Ciñcā-mānavika旃遮摩那)。世尊以是因緣，受諸苦報，今雖得成佛，由此餘殃，佛在為外道、王臣說法時，有位多舌童女(Ciñcā-mānavika旃遮摩那；旃沙)繫「盂」(古

代盛湯漿或飯食用的圓口器皿)。於腹上，便謂世尊使我有「懷孕」，今當「臨產」，事須「酥油」養於小兒，請佛陀盡當「給付」。爾時會中的「釋提桓因」乃變化作一「黃鼠」，鑽入多舌童女的衣群中，咬斷繫「盂」之繩索，「盂」遂落地。

(九)佛遭食「馬麥」之緣：
過去世時有位毘婆葉如來，當時城中有位「婆羅門」名叫因提耆利，底下有五百位童子皆受他教化。因提耆利便在槃頭摩跋城中供養毘婆葉如來。供養後，因為有一位生病的比丘名曰彌勒，不能前來受供，於是因提耆利婆羅門便準備為這位病比丘彌勒去請一些食物，當因提耆利路過梵志山時，見到很多沙門和尚飯食「香美」，於是更生起嫉妒心說：這些禿頭沙門，應該要吃馬麥類的食物，不應該享受這些「美食」的，後來因提耆利婆羅門還告訴他底下的五百位童子說著「同樣的話」。因提耆利婆羅門即今日的釋迦佛，而當年的五百童子即今日的五百羅漢。以是因緣，今雖得成佛，由此殘緣，世尊及五百羅漢今日便於毘蘭邑(即毘蘭多國;毘羅然;隨蘭然;毘蘭若;鞞羅然;韋羅闍)遭食「馬麥」長達九十日。

(十)佛經「六年苦行」之緣：
往昔在波羅奈城邊，有位婆羅門子，名為火鬘，復有一位「瓦師」(Bhārgava住於毘舍離國苦行林之仙人)之子，名為護喜。護喜欲同火鬘共去見迦葉如來，火鬘便謂：「護喜用見此髡頭(剃髮者;僧人)道人為？直是髡頭人耳，何有道哉？佛道是難可得的！」如此說了三次。後日護喜再次請求，火鬘仍謂：護喜用見此髡頭道人為？髡頭道人，何有佛道？佛道是難可得的！」經過幾番的折騰後，火鬘最終還是隨著護喜去禮拜迦葉如來，睹佛相好，心生歡喜乃出家學道。火鬘即今釋迦佛，護喜即太子欲出家之時，夜半來相告說「時到，可出家去為道」的作瓶天子。昔時火鬘曾惡言對迦葉佛，以是因緣，世尊遂受諸苦報，臨成佛時，由此餘殃，復受「六年苦行」，以償餘業。

50－2 (一)佛曾授記「聲聞羅漢」亦能得成正覺，此與授「菩薩」得成正覺，兩者有何差別？→佛為「聲聞行者」說可證得「無餘涅槃」，此乃依「密意」說，為「密勸」令彼「迴小向大」而能修習純正的「一佛乘」大乘法。此是「變化佛」對「化身聲聞」所作的「授記」，並非是「法性佛」為彼授記，此為「密意」說。二乘與菩薩之「斷煩惱障」乃「不異」也，因二乘與菩薩皆能斷煩惱障，因為「解脫」都是平等一味的。轉「第七識」，可得解脫於「法障」。轉「第八識」的習氣而令滅，即可證「如來藏」究竟清淨

請參閱 **44－4**

劉宋・求那跋陀羅譯《楞伽阿跋多羅寶經》	元魏・菩提流支譯《入楞伽經》	唐・實叉難陀與復禮等譯《大乘入楞伽經》
⑱佛告大慧：諦聽！諦聽！善思念之，當為汝說。	⑱佛告聖者大慧菩薩言：善哉！善哉！善哉！大慧！汝今諦聽當為汝說。	⑱佛言：諦聽！當為汝說。
大慧白佛言：善哉！世尊！唯然受教。	大慧白佛言：善哉！世尊！唯然受教。	
⑲佛告大慧：(我曾)為(彼聲聞者能證得)「無餘涅槃」故說，「誘」(彼迴小向大而)進行「菩薩行」者故。	⑲佛告大慧：我為曾(迴小向大)行「菩薩行」(之)諸「聲聞」等，依「無餘涅槃」而與授記。大慧！我與「聲聞」授記者，(乃)為(令)「怯弱」(根器的)眾生，(令)生勇猛心。	⑲大慧！我(曾)為(聲聞者能證得)「無餘涅槃」界，故「密勸」令彼(聲聞者迴小向大而)修「菩薩行」。
⑳(在)此(世界)及(處在其)餘世界(之)「修菩薩行者」(此是尊稱所有修行的人為「修菩薩行者」)，(彼菩薩若仍只)樂(於)「聲聞乘」(的有餘)涅槃，	⑳大慧！(在)此世界中，及(處在其)餘(的)佛國，(若)有諸眾生行「菩薩行」(此是尊稱所有修行的人為「修菩薩行者」)，而(彼菩薩)復(仍只)樂於「聲聞法」行，	⑳(在)此界、(或在)他(方國)土，有諸「菩薩」(此是尊稱所有修行的人為「修菩薩行者」)，(彼菩薩其)心(仍)樂求於「聲聞」(的有餘)涅槃，(欲)令(諸菩

為令(彼菩薩能)離「聲聞乘」(而)進向(純正的「一佛乘」)大乘(法)。	為「轉」彼(菩薩能)取(純正的「一佛乘」)大菩提(法)。	薩)捨是心,(勸)進修(行純正的「一佛乘」)大(乘)行,故作是說。
㊝(此種為「聲聞」授記能得成正覺,乃是)「化佛」授(予應化)「聲聞」(之)記,非是「法佛」(非是「法身佛」對彼之真實授記也)。	㊝(此種為「聲聞」授記能得成正覺,乃是)「應化佛」為「應化聲聞」(的一種)授記,(此)非「報佛、法身佛」而(對彼聲聞)授記別。	㊝(此種為「聲聞」授記能得成正覺之事)又「變化佛」與「化聲聞」而授(的)「記別」,(此)非「法性佛」(對聲聞的授記)。 大慧!授「聲聞」記(亦能得證佛道),(此)是「祕密」說。
㊄大慧!因是故,(佛曾)記: 諸「聲聞」與「菩薩」(之「斷煩惱障」修法乃)不異。	㊄大慧!(其實)「聲聞、辟支佛」(與菩薩道所證的)涅槃(法,其有關「斷煩惱障」的修法乃)無差別。	㊄大慧! (其實)「佛」與「二乘」(有關「斷煩惱障」的修法,兩者並)無差別者。
㊅大慧!(所謂)不異者,(甚至可以說)「聲聞、緣覺、諸佛如來」,(有關)「煩惱障」(的)斷(除,都是相同的),(因為)「解脫」(都是平等)一味(的)。 (差別在於:彼二乘者只能斷「煩惱障」)非(所)智障(也能)斷。	㊅何以故? (二乘、菩薩、諸佛如來,在)斷「煩惱」(上的修法乃)無差異故,(都同為)斷「煩惱障」, (差別在於:彼二乘者只能斷「煩惱障」)非斷(所)智障。	㊅ (甚至可以說「二乘、菩薩、諸佛如來」,在依)據斷(煩惱的)「惑障」(修法上來說是相同的),(因為)「解脫」(都是平等)一味(的), (差別在於:彼二乘者只能斷「煩惱障」)非謂(所)智障。
㊆大慧!(若要斷)「(所)智障」者,(需)見(到)「法無我」,(方得)殊勝清淨。	㊆復次大慧!(需要)見(證到)「法無我」,(方能)斷於「(所)智障」。	㊆「(所)智障」要見(證到)「法無我性」,乃(能獲得)清淨故。
㊇(若欲斷)「煩惱障」者,(則應)先(將舊)習(所)見(的)「人無我」(障礙除)斷。	㊇(若欲得)見「人無我」(之境),(則)斷「煩惱障」(即可獲得)。 大慧!	㊇(若欲斷)「煩惱障」者,(則只需)見(證到)「人無我」, (但要將第六)「意識」捨離(指「轉

（「轉識成智」的步驟是：在「因位」修行中先轉「第六識」爲「妙觀察智」，再轉「第七識」爲「平等性智」。 然後在「果位」中，才能轉「第八識」爲「大圓鏡智」，最後是轉「前五識」爲「成所作智」）	（若能）**轉**（滅第七）意、（第六意）**識**故，（即能）**斷法障**（與）**業障**。 （若能轉「第六識」則斷煩惱的「業障」，轉「第七識」方能斷「所智障」之「法執」。）	依」也），是時（始能）初**斷**（煩惱障）。
㈨（若能將第）「七識」（轉）**滅**（的話），則「**法障**」（法執即可獲得）解脫。	㈨以（若能）**轉**（滅第七）「意」（則「法障」的法執即可斷除）、	㈨（若能將）「藏識」（阿賴耶識之）**習**（氣轉）**滅**（的話），（則第七識的）**法障**（法執亦能獲得）解脫，
（若能將）「識藏」（阿賴耶識之）**習**（氣轉）**滅**（的話）， （原本是「染分」的阿賴耶識，經過轉滅後，就成爲「淨分」的阿賴耶識，即等同於「清淨」的如來藏）	（以及**轉**滅受）「**阿梨耶識**」（所）**薰習**（的習氣）故， （注意，上面一個「轉」字，是連接「意」與「阿梨耶識薰習」一起共同的字眼）	
（即可證得如來藏）**究竟清淨**。	（即可證得如來藏）**究竟清淨**。	方得（如來藏之）**永淨**。

註：《大寶積經・卷第二十八》云：

(1)善男子！云何菩薩摩訶薩善解「如來祕密」之教？善男子！菩薩摩訶薩於諸經中所有「隱覆」甚深密義。於彼說中「如實善知」。

(2)善男子！何等是爲「如來密教（隱密之法教）」？……爾時淨無垢寶月王光菩薩摩訶薩白佛言：世尊！此向（剛剛）所說，當云何取？世尊！何故記諸「聲聞」得阿耨多羅三藐三菩提？

(3)佛言：善男子！我記「聲聞」得阿耨多羅三藐三菩提者，以見「聲聞」有「佛性」故。

(4)時淨無垢寶月王光菩薩摩訶薩白佛言：世尊！此諸「聲聞」斷諸「有漏」，離於「三有」，「生分（三界眾生身分）」已斷而有性，故爲如來授「阿耨多羅三藐三菩提記」者，此事云何？

(5)佛言：善男子！我今爲汝說於譬喻。善男子！譬如灌頂「轉輪聖王」具足「千子」，隨最大者，授其「王位」。

(6)然彼輪王以子「根鈍」，應「初（最初之時）教」者，而「中（中時）教」之。應「中教」者，而「後（後時）教」之。一切工巧，呪術等事。然是王子以「根鈍」故，應「初（最初之時）學」者，而「中（中時）學」之。應「中學」者，而「後（後時）學」之。

(7)善男子！於意云何？彼輪王子如是學已，豈可非是王「正子」耶？時淨無垢寶月王光菩薩摩訶薩言：不也！世尊！不爾！善逝！是「真王子」。

(8)佛言：善男子！菩薩摩訶薩亦復如是。以「根鈍」故，應「初學」者，而「中學」之。應「中學」者，而「後學」之。

(9)如是依觀「眾生五陰」，滅諸煩惱。煩惱滅已，然後得成阿耨多羅三藐三菩提。善男子！於意云何？彼諸「聲聞」以此因緣得成「正覺」，豈可得言「聲聞」不得成「正覺」耶？

(二)佛既說眾生本具「自性涅槃、畢竟寂滅」相;既如此,那就不必再「般涅槃」,那又有誰能去成就佛道?

(此題佛無作回答。可參閱《維摩詰經》、《華嚴經》、《圓覺經》、《大乘起信論》中有答案的)

(三)佛從初夜「證大菩提」至「入般涅槃」,為何於其中間都「不說一字」?

(此題佛無作回答。可參閱《金剛經》即有答案的)

50-3 **(四)**如來既常入「無覺觀、無分別」之「定」中,又如何能「應現變化諸身」而廣作佛事?甚至開口說法?➜如來具「正知、無覺、無觀、無妄念」。以「正思惟」,故不待任何的「思、慮」,即能為眾生說法

劉宋・求那跋陀羅譯《楞伽阿跋多羅寶經》	元魏・菩提流支譯《入楞伽經》	唐・實叉難陀與復禮等譯《大乘入楞伽經》
㊀(諸佛之法體)因「**本住法**」(本來不生不滅之常住法)故,(諸法之)「前、後」(皆)非性(非真實有)。	㊀大慧!我常依「**本法體而住**」,更不生法(不生有「先、後」諸法),(諸法是非「先」非「後」、不增不減、不生不滅之「常住」、法界、法性、法爾如是)	㊀大慧!我依「**本住法**」(而)作是「密語」,非異(於佛)「前」、(或異於)佛「後」,(非)更有說「先」具如是(之)諸文字故。
㊁(如來具)無盡「本願」故,如來(己)「無慮(攀緣思慮;尋思)、無察(伺察思惟)」而演說法。(如來乃為)「**正智**」(之)所化(現)故,(具正)念(而)不妄故,(如來乃為)「無慮、無察」(者)。	㊁(如來皆)依本「名字、章句」,(以)「不覺、不思」(此指如來已無「覺觀、尋伺」之妄念)而說諸法。大慧!如來常「如意」(如其正意而正)**知**,常不失(其正)念,是故如來(乃)「無覺、無觀」(者)。(新譯作「尋伺」。覺➜尋求推度之意,即對事理之粗略思考。觀➜即細心思惟諸法名義等之精神作用)	㊁大慧!如來(具)「**正知**」,無有妄念,不待「思、慮」(此指如來已無「覺觀、尋伺」之妄念),然後說法。
㊂(如來已離)「四住地」(即「枝	㊂諸佛如來(已)離「四種	㊂如來久已斷「四種習

末無明」，含四種「住地」，如「見一處、欲愛、色愛、有愛」）、(與離)「無明住地」(根本無明)，(種種)習氣(皆已除)斷故。	地」(即「枝末無明」，含四種「住地」，如「見一處、欲愛、色愛、有愛」)已。	(氣)」。
肆 (如來已將)「二煩惱」(四住地與無明住地)斷(除)，	肆 (如來已)遠離	肆 (如來已)
(已)離「二種死」(分段與變異生死)，(如來已)覺「人、法無我」及	二種死(分段與變異生死)、二種障(煩惱障與所知障)、	離「二種死」(分段與變異生死)，(斷)除「二種障」(煩惱障與所知障)。
(已將)「二障」(煩惱障與所知障)斷(除)。	二種業(四住地與無明住地)故。	

50-4 **㈤**前經文既説「五識身」或「前七識」皆非為流轉「生死」之因；既如此，那麼「前七識」應無具「剎那」的生滅變異性啊！那為何佛又改説「諸識」其實皆有「剎那展轉」的「生滅變異」相呢？→「前七識」以「染污習氣」為因，故有生滅「剎那」而不住的性質，連「染分」的阿賴耶識亦有生滅變異性。唯有「如來藏」才可作為「生死流轉」及「涅槃、苦樂」之主因也

請參閱 49-8

劉宋・求那跋陀羅譯《楞伽阿跋多羅寶經》	元魏・菩提流支譯《入楞伽經》	唐・實叉難陀與復禮等譯《大乘入楞伽經》
壹大慧！	**壹**大慧！七種識(者)，	**壹**大慧！
(第七)心意、	(第七)意、	(第七)意及
(第六)意識，	(第六)意識，	(第六)意識、
(與)眼識等	(加上前五識)眼、耳、鼻、舌、身	(與)眼識等
(共)七(個識)，	(等共七種識)，	(共)七(個識)，

(具生滅之)「剎那」(性)，(皆以)「習氣」(薰習爲)因。 (前七識多以剎那之「染污習氣」爲因，故與「純善之無漏法」相離)	(具)念念不住(的生滅性)，因虛妄(而被)薰習。	(皆以)「習氣」(薰習)為因，是(具生滅之)「剎那」性。
(貳)(前七識乃與)「善無漏品」(遠)離，(故前七識)不復(作爲生死)「輪轉」(之法)。	(貳)(前七識乃遠)離於「無漏諸善法」故。	(貳)(前七識乃遠)離(於)「無漏善」，(故前七識)非(爲生死之)流轉法。
(參)大慧！「如來藏」者，(皆可作爲)「輪轉、涅槃、苦樂」(之)因。 (「如來藏」具有二種性質，一是本具「自性清淨心」之如來藏；一是會被「煩惱所染」的如來藏。 若是具「自性清淨心」之如來藏者，則經常被稱作「淨分」的「阿賴耶識」，爲「解脫」與證「涅槃」之主因。 若是會被「煩惱所染」的如來藏者，則經常被稱作「染分」的「阿賴耶識」，常遭「不善、善」之薰習，亦爲「六道生死」之主因)	(參)大慧！(若是具「自性清淨心」之)「如來藏」，(則於)世間(乃)「不生、不死、不來、不去」，常恒清涼、不變。 復次大慧！ 依(於)「如來藏」，故有「世間、涅槃、苦樂」之因。 (本段請參閱魏譯本 46-2 及 49-8)	(參)大慧！「如來藏」者，(皆可作爲)「生死流轉」(之因)，(以)及(亦)是「涅槃、苦樂」之因。 (據唐·澄觀《大方廣佛華嚴經疏·卷四十二》云： 「阿賴耶識」真如法中故……住真如者，以「本識」有二分： 一、妄「染分」，凡夫所住； 二、真「淨分」，此「地」所住，由住「真如」故，捨「黎耶」之名。又「佛」單住「真如」，不云「黎耶」真如)
(肆)(凡愚者墮於)「空」亂意慧(墮於「空虛斷滅」及「意亂邪慧」中)，愚癡凡夫(於此)所不能覺。	(肆)而諸凡夫「不覺、不知」(此理)，而墮於(斷滅)空，(生)虛妄顛倒(心)。	(肆)凡愚不知(此理)，妄著於(斷滅)空(而生顛倒)。

50-5 (六)前經文既說如來之「法身」已「過世間望」，非譬所譬，何故如來還需金剛密迹的「常隨侍衛」？→「金剛密迹」與「應化如來」前後圍繞，此非「真實如來」也。「真實如來」已離諸「根量」(諸根所思量的境界)，「二乘、外道」不能知。「真實如來」已住「現法樂」，成就「智忍」，故不假「金剛」所護。一切「化身佛」，皆不從「業報」生。化佛者，非「佛」、不離「佛」，

不即不離是也

劉宋‧求那跋陀羅譯《楞伽阿跋多羅寶經》	元魏‧菩提流支譯《入楞伽經》	唐‧實叉難陀與復禮等譯《大乘入楞伽經》
壹大慧！(所謂)「金剛力士」所隨護者，是(指衛護著)「化佛」耳，(並)非(是指法身的)「真如來」(還會受到金剛力士的衛護)。	壹大慧！(所謂)「金剛密迹」常隨侍衛(著如來者)，(其實「金剛力士」乃於)「應化如來」(之)前後圍遶(著)，(此並)非(是指)「法(身)佛、報(身)佛、根本如來」應、正遍知(受到金剛力士的衛護)。	壹大慧！(此為)「變化如來」(才受)「金剛力士」(之)常隨衛護，(並)非(是指法身)「真實佛」(還會受到金剛力士的衛護)。
貳大慧！「真如來」者，(乃)離一切「根量」(諸根思量境界)。	貳大慧！「根本如來」(乃)遠離「諸根」(諸根境界)、(與)大小「諸量」(任何大大小小的思量境界)。	貳「真實如來」(乃)離諸「根量」(諸根思量境界)。
(「真實如來」的境界，於)一切「凡夫、聲聞、緣覺」，及「外道」(之)「根量」(諸根思量境界)悉(皆)滅(盡)。	(「根本如來」乃)遠離一切「凡夫、聲聞、辟支佛」等(之所思)的境界)。	(於)「二乘、外道」(皆)所不能知(的境界)。
參(「真實如來」已證)得「現法樂住」，(與)無間(解脫道)法(之)「智忍」故，(據《楞伽阿跋多羅寶經‧卷四‧一切佛語心品》云：為諸「無間智」，及無餘涅槃，誘進諸下劣，是故隱覆說。所以「無間智」即同於「無間解脫道智」)	參大慧！(「根本如來」具)「如實」修行，(已證)得彼「真如樂行境界」者，(故)知「根本佛」以(已證)得「平等法忍」故，	參(「真實如來」已證)「住現法樂」，成就(解脫法的)「智忍」，
(故「真實如來」已)非(為)「金剛力士」(之)所(衛)護。	是故「金剛密迹」(只)隨(護著)「應化佛」(而已)。	(故「真實如來」已)不假「金剛力士」(之)所(衛)護。
肆一切(的)「化佛」(應現變化諸佛)，(皆)不從業(報而)生。	肆大慧！(一切的)「應化佛」(應現變化諸佛)者，(皆)無	肆一切(的)「化佛」(應現變化諸佛)，(皆)不從業(報而)生。

	(從)「業」(報而生)，(與根本如來亦)無「謗」。 (魏譯本的「謗」字，除了作「誹謗」外，很多地方都作「減損」解→亦即「應化佛」對於「根本如來」來說，其實也是「不減、不增」的)	
㈤(所謂的)「化佛」(應現變化諸佛)者， (皆)非「佛」、(亦)不離「佛」。 (「真實如來」與「應現變化佛」兩者是「不即不離、非一非異」)	㈤而「應化佛」不異(於)「法佛、報佛」如來，而(兩者)亦(為)「不一」。 (「根本如來」與「應現變化佛」兩者是「不即不離、非一非異」)	㈤(「化佛」乃)非「即是佛」，亦非「非佛」。 (「真實如來」與「應現變化佛」兩者是「不即不離、非一非異」)
㈥因「陶家」(kumbha-kāra。做陶師之家，能以)輪(繩、泥、水)等(諸多因緣下，而作出種種器物)。	㈥如「陶師」(於)鹽等(眾多因緣的具足下)，(而能)作所作(之諸)事。	㈥譬如「陶師」，(能以)「眾事」和合(下)，而有所作(其餘諸事)。
(「化身佛」也是這樣，能為)眾生(變化出)所作(的眾)相(具足)，而(為眾生)說法， (「化身佛」就像「陶師」一樣，在眾緣和合下，能變化出種種器物。所以「化身佛」也能變現出諸相具足而去度化眾生)	「應化佛」(也是這樣，能變化)作(諸相具足，而去度)化眾生(之)事， (其實「應化佛」還是有)異(於)「真實相」(之)說法(內容的)，	「化佛」亦爾，(於)眾相(中能變化出)具足(莊嚴相)，而(亦能為眾生)演說法，
(然而「化身佛」)非(能於)「自通」(自證聖通)處(而)說(「真實如來」的)「自覺境界」。	(例如，應化佛是)不(能)說「內所證法聖智境界」(自內身聖智證法之境界)。	然(化身佛是)不能說「自證聖智所行之境」(而已)。

陶家輪(kumbha-kāra-cakra)：古印度燒製陶瓦器之家，將「土坯ㄆㄟ、泥坯」置於「車輪轉盤」的器具上，只要手或腳輕觸「輪盤」，就能運轉自如，常喻為「易如反掌、輕舉無礙、輪轉不停」意。

50-6 ㈦如來常說眾生之「世間本際」乃不可知，又言眾生皆可「入般涅槃」。眾生既能「入涅槃」，那就應該「有本際」可得的啊，佛何不詳說呢？→凡愚見到「前七識」有「生滅」的相

續性，便墮於「斷」見。凡愚不能覺悟「藏識」阿賴耶，便又墮於「常」見。由自心妄想，故不知「本際」即是「妄想分別」，若能離此「妄想分別」之「本際」，即得「解脫」

請參閱 **48-10**

劉宋・求那跋陀羅譯 《楞伽阿跋多羅寶經》	元魏・菩提流支譯 《入楞伽經》	唐・實叉難陀與復禮等譯 《大乘入楞伽經》
⑤復次大慧！愚夫(見到所)依(的)「七識身」(前七識，有生)滅(的相續性)，(便生)起「斷」(滅)見。	⑤復次大慧！一切「凡夫、外道、聲聞、辟支佛」等，見(到前)「六識」(有生)滅(的相續性)，(便)墮於「斷」(滅)見。	⑤復次大慧！諸凡愚人，見(到前)「六識」(有生)滅(的相續性)，(便生)起於「斷」(滅)見。
⑥(凡愚)不(能)覺(悟)「識藏」(阿賴耶識)，故(又生)起「常」見。 (對「藏識」應作正確的「覺悟」為：「非常非斷」的意思)	⑥(凡愚)不(能)見「阿梨耶識」，(便又)墮於「常」見。 (對「藏識」應作正確的「覺悟」為：「非常非斷」的意思)	⑥(凡愚)不(能)了「藏識」(阿賴耶識)，(便生)起於「常」見。 (對「藏識」應作正確的「覺悟」為：「非常非斷」的意思)
⑦(因眾生之)「自妄想」故，不知(其)「本際」。 (「本際」即是「妄想分別」也)	⑦復次大慧！(凡愚)不見(其)「自心分別」(即是)「本際」，是故世間名「無本際」。 (「世間種種」皆是「自心妄想」所現所作，若能息止妄想分別，則世間並無真實之「本際」可得)	⑦大慧！(眾生之)「自心分別」(即)是其「本際」故，(皆)不可得。 (「分別心」之「本際」乃無自性，亦不可得也)
⑧(若能將)「自妄想」(的)慧滅(邪慧息滅)，故(即得)「解脫」。	⑧大慧！(若能)遠離「自心分別見」者，(即)名為「解脫」，(即能)得「涅槃證」。	⑧(若能)離此(妄想)「分別」，即(能)得「解脫」。

50-7 (八)如來既已得「一切種智」者，已無「怨敵」。為何如何還會遭到「魔、魔業、餘報、空鉢」等「十宿緣」(十難)之惡報呢？而仍不離諸過患呢？➜如來已斷「四住地」(枝末無明)與「無明住地」(根本無明)諸習，早已遠離諸過失咎患，乃「隨緣示現」

耳

劉宋・求那跋陀羅譯《楞伽阿跋多羅寶經》	元魏・菩提流支譯《入楞伽經》	唐・實叉難陀與復禮等譯《大乘入楞伽經》
(諸佛如來已於)「四住地」(即「枝末無明」,含四種「住地」,如「見一處、欲愛、色愛、有愛」)、無明住地(根本無明)」習氣斷(除)故,	大慧!諸佛如來(已)遠離「四種薰習」(之習)氣故,	(諸佛如來已於)「四種習」斷(除),
一切(的)過(失咎患皆已除)斷。	是故(已)無(任何的)過(失咎患)。	(已)離一切(的)過(失咎患)。

註:《大寶積經・卷第二十八》云:善男子!云何菩薩摩訶薩善解「如來祕密」之教?善男子!菩薩摩訶薩於諸經中所有「隱覆」甚深密義,於彼說中「如實善知」。善男子!何等是為「如來密教」?……如言阿難:我患「背痛」。此不應爾。語諸比丘「我今老弊」,汝可為我推覓「侍者」。此不應爾。語目連言:汝可往問耆婆醫王,我所有患,當服何「藥」。此不應爾……佉_ 陀羅刺刺「如來足」,此不應爾……善男子!如來昔日入舍衛城,於奢犁耶婆羅門村,周遍乞食,「空鉢」而出。此不應爾……如來昔在毘蘭多國,受毘蘭若婆羅門請,三月安居而「食麥」者。此不應爾……
爾時淨無垢寶月王光菩薩摩訶薩言:世尊!如來何故,昔告阿難:我患「背痛」?佛言:善男子!我觀後世「憐愍」眾生作如是說,言「我背痛」,令諸病者,作如是知:佛「金剛身」,尚有「背痛」。何況我等及其餘者?以是事故,我說此言。而諸「愚人」如實取之,謂佛「有病、有背痛」等,則便自壞,亦令他壞。

註:《大寶積經・卷一百〇八》云:善男子!如來於諸「苦本」,已到其邊 (已達到圓滿之邊際)。如來知是「眾生心」所念故,坐舍耶樹下「自言頭痛」。善男子!吾於爾時尋向阿難說我「頭痛」,時有「斷見」三千天子,復有無量「好殺生」者,皆共集會。為彼「斷見」天子及「好殺」者,「示現業障」故作是言。吾以眼見「他殺生」,心隨喜故,今得頭痛。說是法已,七千人天皆得調伏,是名「如來方便」。

50-8 偈頌內容

劉宋・求那跋陀羅譯《楞伽阿跋多羅寶經》	元魏・菩提流支譯《入楞伽經》	唐・實叉難陀與復禮等譯《大乘入楞伽經》
爾時世尊欲重宣此義而說偈言:	爾時世尊重說偈言:	爾時世尊重說頌言:
三乘亦非乘。如來不磨滅。一切佛所記。	三乘及非乘。諸佛無量乘。一切記佛地。	三乘及非乘。無有佛涅槃。悉授如來記。

說離諸過惡。	說諸煩惱斷。	說離衆過惡。
為諸無間智(無間解脫道智)。	內身證聖智。	成就究竟智。
及無餘涅槃。		
誘進諸下劣。	及無餘涅槃。	及無餘涅槃。
是故隱覆說。	誘進怯衆生。	誘進怯劣人。
諸佛所起智。	是故隱覆說。	依此密意說。
即分別說道。	如來得證智。	諸佛所得智。
諸乘非為乘。	亦說於彼道。	演說如是道。
彼則非涅槃。	衆生依入道。	唯此更非餘。
欲色有及見。	二乘無涅槃。	故彼無涅槃。
說是四住地。	見欲色及有。	欲色有諸見。
意識之所起。	及四種薰地。	如是四種習。
識宅意所住。	意識亦所生。	意識所從生。
意及眼識等。	見意識共住。	藏意亦在中。
斷滅說無常。	見意眼識等。	見意識眼等。
或作涅槃見。	常無常斷滅。	無常故說斷。
而為說常住。	常見依意等。	迷意藏起常。
	而起涅槃見。	邪智謂涅槃。

第５１節 植因向果

51－1 偈頌內容

不食肉請參閱 2－11

劉宋・求那跋陀羅譯 《楞伽阿跋多羅寶經》	元魏・菩提流支譯 《入楞伽經》	唐・實叉難陀與復禮等譯 《大乘入楞伽經》
爾時大慧菩薩。以偈問曰：	大慧菩薩問：	爾時大慧菩薩重說頌言：
彼諸菩薩等。	酒肉蔥韮蒜。	菩薩摩訶薩。
志求佛道者。	佛言是不淨。	志求(於)無上覺。
酒肉及與蔥。	一切不聽食。	酒肉及與蔥。
飲食為云何。	羅剎等食噉。	為食為不可(食)。

唯願無上尊。 哀愍為演說。 愚夫所貪著。 臭穢無名稱。 虎狼所甘嗜。 云何而可食。 食者生諸過。 不食為福善。 唯願為我說。 食不食罪福。	<u>非聖所食味</u>。 <u>食者聖呵責</u>。 <u>及惡名流布</u>。 <u>願佛分別說</u>。 <u>食不食罪福</u>。 (注意：本段文字乃出現在下文「是故<u>大慧</u>！來聖道者酒肉蔥韭及蒜薤等能薰之味悉不應食」後面的 **51-21**，今複製一份至此處，乃方便與其它經文相對照用)	<u>愚夫貪嗜肉</u>。 <u>臭穢(而)無名稱</u>。 <u>與彼惡獸(相)同</u>。 <u>云何而可食</u>。 <u>食者有何過(惡)</u>。 <u>不食有何德</u>。 <u>唯願最勝尊</u>。 <u>為我具開演</u>。 (注意：本段文字乃出現在下文「令我及與諸菩薩等。聞已奉行，廣為他說」**51-2** 的後面，今複製一份至此處，乃方便與其它經文相對照用)

51-2 佛詳説為何一定要素食的原因？總共有十八個理由

劉宋・求那跋陀羅譯 (Guṇabhadra)	元魏・菩提流支譯 (Bodhiruci)	唐・實叉難陀與復禮等譯 (Śikṣānanda)
四卷	十卷	七卷
公元 443 年譯畢 距今接近 1600 年了	公元 513 年譯畢 距今約有 1500 多年了	公元 700 年譯畢 距今約有 1300 多年了
《楞伽阿跋多羅寶經》	《入楞伽經》	《大乘入楞伽經》
	【卷八・遮食肉品第十六】	【卷六・斷食肉品第八】
㊀大慧菩薩說偈問已，復白佛言：唯願世尊，為我等說「食」(與)「不食肉」(的)功德(與)過惡(過失罪惡)。 我及諸菩薩，(能)於「現在」(及)「未來」，當為種種(仍渴求)希望(於)「食肉」(的)眾生	㊀爾時聖者大慧菩薩摩訶薩白佛言：世尊！我觀世間(眾生之)生死流轉，怨結(怨仇相結)相連，墮諸「惡道」，皆由「食肉」(而)更相殺害。(食肉)增長「貪、瞋」，不得出離(生死)，甚為大苦。	㊀爾時大慧菩薩摩訶薩，復白佛言：世尊！願為我說「食」(與)「不食肉」(的)功德(與)過失。 我及諸菩薩摩訶薩知其義已，(能)為「未來」(與)「現在」(為業)報(惡)習所薰(而求)食肉(的)眾生而演說之，令(眾

（而）分別說法。

（貳）令彼（欲食肉的）眾生（能改生）「慈心」（而）相向（於一切的眾生）。

（參）（若）得（斷肉的）「慈心」已，各（能）於（所）住（的菩薩諸）地（獲）清淨明了，（能）疾得「究竟無上菩提」。

（肆）（或於）「聲聞、緣覺」（之）自地（而暫時）「止息」已，（但終究）亦得（快）速成（就）「無上菩提」。

（伍）（具有）「惡邪」（的）論法，（為）諸外道輩，（生）邪見（執著於）「斷、常」、（生）「顛倒」（的）計著，（彼外道）尚有遮法（遮障禁止之法），不聽（許）食肉。

（陸）況復「如來」，（為）世間（之）救護（者），（具）「正法」成就，而（竟）食肉耶？

（貳）世尊！食肉之人斷「大慈」（之）種，（所以發大心的菩薩欲）修「聖道」者，（皆）不應得食（肉）。

（伍）世尊！諸「外道」等，說「邪見」法，（例如）「盧迦耶陀」（lokāyatika）墮（世）「俗」之論，墮於「斷、常、有、無」見中，（尚）皆遮（障禁止）食肉，自己不食，（亦）不聽（許）他（人）食（肉）。

（陸）云何「如來」（於）清淨法中，修「梵行」者。（能）自食（肉）、（或令）他（人）食（肉），一切（都）不（禁）制？如來世尊於諸眾生「慈悲」一等（均一平等），云何而聽（許）以「肉」為食？

生能）捨「肉味」（而）求於「法味」。

（貳）（發大心修行的菩薩應）於一切眾生（生）起「大悲心」，更相親愛，（皆視）如（同）「一子」（之）想。

（參）（如此便因斷肉而）住（於）菩薩（諸）地，（能疾）得「阿耨多羅三藐三菩提」。

（肆）或（雖住於）「二乘」地，暫時「止息」（於二乘），（但終）究竟當成「無上正覺」。

（伍）世尊！「路伽耶」（lokāyatika）等諸「外道」輩，（皆生）起「有、無」（之）見，執著（於）「斷、常」。尚有「遮禁」（遮障禁止而）不聽（許）食肉。

（陸）（便）何況（是）「如來」應正等覺，（以）「大悲」含育（眾生），（如來為）世（之）所依怙（者），而（竟聽）許「自、他」（皆）俱食肉耶？

| | ㈦善哉世尊！哀愍世間，願為我說「食肉」之過(惡)、(與)「不食」之功德。 | ㈦善哉世尊！具「大慈悲」哀愍世間，(平)等觀眾生猶如「一子」。願為解說「食肉」(之)過惡(與)「不食」(之)功德。 |
| | (令)我及一切諸菩薩等，聞已得依「如實修行」(而)廣宣流布(流傳散布)，令諸「現在、未來」(之)眾生，一切(皆能)識知(此理)。 | 令我及與諸菩薩等，聞已奉行，(能)廣為他(人解)說。 |

51-3 一切眾生從無始來，在生死中「輪迴」不息，靡不曾作過自己的「父母、兄弟、男、女、眷屬、朋友、親愛、侍使者」等，這些六親眷屬也可能轉生而受「鳥獸」等身，云何還能吃眾生肉呢？

劉宋·求那跋陀羅譯《楞伽阿跋多羅寶經》	元魏·菩提流支譯《入楞伽經》	唐·實叉難陀與復禮等譯《大乘入楞伽經》
㊀佛告大慧：善哉！善哉！諦聽！諦聽！善思念之。當為汝說。	㊀佛告聖者大慧菩薩言：善哉！善哉！善哉！大慧！汝(具)「大慈悲」，愍眾生故能問此義。汝今諦聽，當為汝說。	㊀爾時佛告大慧菩薩摩訶薩言：大慧！諦聽！諦聽！善思念之。吾當為汝分別解說。
大慧白佛言：唯然受教。	大慧菩薩白佛言：善哉！世尊！唯然受教。	
㊁佛告大慧：有無量(之罪過)「因緣」，(故)不應「食肉」，然我今當為汝「略說」(其義)。謂：	㊁佛告大慧：夫「食肉」者，(皆)有無量(的)過(惡)，諸菩薩摩訶薩(若)修「大慈悲」(者)，不得食肉，食與不食(肉)，(所有的)功德、罪過，我(能)說「少分」(之義)，	㊁大慧！一切諸(眾生)肉(皆)有無量(之因)「緣」。菩薩於中，當生「慈愍」，不應噉食。我今為汝說其「少分」(之義)。

1.一切眾生，從本已來，(互相)「展轉」(的)因緣，(皆)嘗為(自己的)「六親」(之一)，以「親」(人之)想故，不應食肉。	汝今諦聽。 ***1.***大慧！我觀眾生從無始來(因)「食肉」(之惡)習故，貪著「肉味」，更相殺害，遠離「賢聖」，受生死苦。 (若有)捨「肉味」者，(便能得)聞「正法味」。於菩薩(階)地(便能)「如實」修行，速得「阿耨多羅三藐三菩提」。 (捨肉之修行)復(能)令眾生入於「聲聞、辟支佛」地(而暫時)止息之處，(經暫止)息已，(最終便能)令入「如來之地」。 大慧！如是等利，(皆以)「慈心」為本。「食肉」之人，(當)斷「大慈」(之)種。云何當(能)得如是(之)「大利」？ 是故大慧！我觀眾生輪迴(於)六道，同在生死，(彼此)共相「生育」，(相)遞(或)為「父母、兄弟、姊妹」。 若(為其)男(兒)、 若(為其)女(兒)、 (若為其)中表(指與祖父或父親的「姐妹」的「子女」成為親戚關係，或與祖母或母親的「兄弟姐妹」的「子女」成為親戚關係)、 (若為其)內外「六親」(之)眷	***1.***大慧！一切眾生從無始來，在生死中「輪迴」不息，靡不曾作「父母、兄弟、男、女、眷屬」，乃至「朋友、親愛、侍使(給侍人；使者)」。 (這些六親眷屬也很容)易(轉)生而受「鳥獸」等身(的)，云何於「中」(而)取之而食？

	屬， 或生「餘道」， (無論)善道、惡道，(皆)常為 (其轉世輪迴後的)眷屬。	

51－4 眾生所噉之肉，無非都是自己的「六親眷屬」轉世來的。佛說此法時，原本就「食肉」之諸「惡羅剎」，悉捨「惡心」不再食肉，更何況是「樂法」的修行人呢？

劉宋・求那跋陀羅譯 《楞伽阿跋多羅寶經》	元魏・菩提流支譯 《入楞伽經》	唐・實叉難陀與復禮等譯 《大乘入楞伽經》
	以是因緣，我觀眾生更相「噉肉」，無非(都是自己的六)親(眷屬)者，由貪「肉味」，迭(更)互相(食)噉，常生(殺)害心，增長「苦業」，流轉(於)生死(而)不得出離。 佛說是時，諸「惡羅剎」(rākṣasa)聞佛(之)所說(後)，悉捨「惡心」，(遮)止(而)不食肉，(更)迭相勸發「慈悲」之心，(應)護眾生命(超)過(於)自護(己)身(命)。(應)捨離一切諸肉(而)不食，(諸惡羅剎)悲泣流淚而白佛言： 世尊！(惡羅剎)我聞佛說，(應)諦觀「六道」(眾生)。我所噉(之)肉，皆是我(之六)親(眷屬)，乃知「食肉」眾生(將造作)大怨(仇心)，(而)斷「大慈」種。長(養)「不善業」，	大慧！菩薩摩訶薩，(應)觀諸眾生(皆)同於「己身」(自己身命)，(應想)念「肉」(者)皆從「有(生)命」中(而)來。云何而食？ 大慧！諸「羅剎」(rākṣasa)等，聞我此說，尚應斷肉，(更何)況(是)「樂法」(之)人(呢)？ 大慧！菩薩摩訶薩，(於)在在生處(常)觀諸眾生皆是「親屬」(六親眷屬)，乃至「慈念」如「一子」(之)想，是故不應食「一切肉」。

是「大苦」(之)本。

　世尊！(惡羅剎)我從今日，斷(肉)不食肉。及我眷屬，亦不聽食(肉)。

　如來(之)弟子(若)有不食(肉)者，我當晝夜親近(與)擁護(之)。

　若(有)食肉者，我當與作大不「饒益」(豐饒助益之事)。

　大慧！「羅剎惡鬼」(本爲)常食肉者，聞我所說，尚發「慈心」(而)捨肉不食。況我弟子，(修)行「善法」者，當聽(許)食肉？

　若(有)食肉者，當知即是(成爲)眾生(之)大怨(仇)，斷我(佛如來之)「聖種」。

　大慧！若我(之)弟子聞我所說，不諦觀察而(仍然)食肉者，當知(此弟子)即是(爲)「旃陀羅」種(caṇḍāla 屬最下級之種族，專事獄卒、販賣、屠宰、漁獵等職)，非我(佛如來之)弟子，我(亦)非其師。

　是故大慧！若欲與我作(爲如來之)「眷屬」者，(於)一切諸肉，悉不應食！

51-5 有關在市場出現的「驢騾、駱駝、狐、狗、牛、馬、人、獸」等肉，都是屬於「雜穢」的眾生肉，故不應食肉。所有的「眾生肉」都是由「精血」汙穢之所形成，故不應食肉。眾生若聞「食肉」者身上之「氣味」，悉皆生恐怖心，故不應食肉

劉宋・求那跋陀羅譯《楞伽阿跋多羅寶經》	元魏・菩提流支譯《入楞伽經》	唐・實叉難陀與復禮等譯《大乘入楞伽經》
2.(有關在市場出現的)「驢騾(騾子是母馬和公驢的「混血兒」叫「騾」；若公馬與母驢和的「混血兒」則叫「驢騾」。騾子是「混血兒」，但無法再生產生「後代」。因為公騾沒有成熟的精子，母騾雖有卵細胞，但沒有「助孕素」，所以騾子都是不能再生出騾子來的)、駱駝、狐、狗、牛、馬、人、獸」等肉。 (此皆為)屠(殺眾生)者，(將具有)雜(穢的眾生肉販)賣(出去)，故不應食肉。		2.大慧！(或於)衢(巷)路(中)、(或於)市肆(市易商肆中)，(有)諸「賣肉」人，或將「犬、馬、人、牛」等肉，為求(財)利故而「販鬻」(販賣貿鬻)之。 如是(皆屬於)「雜穢」(的眾生肉)，云何(而)可食？
3.(所有的「眾生肉」都是由)不淨「氣分」所生長，故(修行人)不應食肉。	3.復次大慧！菩薩應觀一切是(眾生)肉，皆依(於)父母、膿血不淨、(父精母血之)赤白和合，(因此)生(出此)不淨(之)身。是故菩薩(應)觀肉(之)不淨，不應食肉。	3.大慧！一切諸(眾生)肉皆是「精血」汙穢(之)所(形)成，(欲)求清淨(的修行)人，云何取食(眾生肉)？
4.眾生(若)聞(食肉者身上之肉)氣(味)，悉(皆)生恐怖(心)。	4.復次大慧！食肉之人，眾生聞(肉)氣(味)，悉皆驚怖逃走(而)遠離。 是故菩薩修「如實」(清淨	4.大慧！食肉之人，眾生見之，悉皆(心生)驚怖。 (所以一位)修「慈心」者，云

之)行，為(度)化眾生，不應食肉。

何食肉？

如「旃陀羅」(caṇḍāla 屬最下級之種族，專事獄卒、販賣、屠宰、漁獵等職)及「譚婆」等(古印度稱食狗肉人爲「譚婆」，也可稱爲「獵師」。《大乘集菩薩學論》云：生「旃陀羅」，或「獵師」屠膾，生羅刹女中「食肉」諸種類)，狗見(之即生)憎惡(心)，驚怖(而)群吠，故(修行人)不應食肉。

大慧！譬如「旃陀羅」(caṇḍāla 屬最下級之種族，專事獄卒、販賣、屠宰、漁獵等職)，(及)「獵師、屠兒、捕魚鳥人」。

大慧！譬如「獵師」及「旃陀羅」(caṇḍāla 屬最下級之種族，專事獄卒、販賣、屠宰、漁獵等職)，(以及從事)捕魚、網鳥(之)諸惡人等。

(如是等惡人於)一切行處，眾生遙見(之)作如是念：

狗見(之心)驚(而)吠，獸見(之則)奔(馳逃)走。

我今(可能)定死！而此(等諸人)來者，(皆)是大惡人，不識罪福，斷眾生命，(爲)求現前(飲食之)利，今(諸惡人)來至此，(可能)為覓我等(之命)？

(所有)空飛、水陸(之)一切眾生，若有見之(指食肉者)，咸作是念：

今我等身，悉皆有肉，是故今(諸惡人)來，我等(可能)定死！

此人「氣息」猶如「羅刹」，今來至此，必當殺我？為護(己)命故，悉皆走避。

大慧！由(修行)人(若)食肉，能令(諸)眾生見者，皆生如是(之)驚怖(心)。

食肉之人，亦復如是。

大慧！一切「虛空、地」中(之)眾生，見(有)「食肉者」，皆生驚怖(心)，而起疑念：我於今者，(將)為死？為活？如是(食肉之)惡人，不修「慈心」，亦如「豺狼」遊行(於)世間(而)常覓「肉

	食」。	
	如牛噉草，蛣_く 蜋_を 逐_(食)糞_(便)，_(而)不知飽足。我身_(亦)是_(有)肉，正_(可能成為)是其食？_(故我)不應逢見_(此食肉人)，即捨逃走，離之、遠去，如人畏懼「羅剎」_(而)無異。	
	大慧！食肉之人，能令眾生見者，皆生如是_(之)驚怖。當知食肉眾生_(即為)大怨_(仇者)。	

51－6 食肉將令修行者無「慈悲心」，故不應食肉。肉類並非為「聖慧人」所食之味，食肉者將遭「惡名」流布，為聖人之所呵責

劉宋・求那跋陀羅譯《楞伽阿跋多羅寶經》	元魏・菩提流支譯《入楞伽經》	唐・實叉難陀與復禮等譯《大乘入楞伽經》
*5.*_(食肉)又令修行者_(之)「慈心」不生，故不應食肉。	*5.*是故菩薩修行「慈悲」，為攝_(化)眾生不應食彼_(眾生肉)。 　_(眾生肉並)非_(為)「聖慧人」所食之味，_(將遭)「惡名」流布_(流傳散布)，_(為)聖人_(之)呵責。 　是故大慧！_(修行的)菩薩為攝_(化)諸眾生，故不應食	*5.*是故菩薩為修「慈行」_(而)不應食肉。 　大慧！夫食肉者，_(將導致)身體臭穢，_(及遭)「惡名」流布_(流傳散布)，_(所有的)「賢聖、善人」_(都)不用親狎_(親附狎近食肉人)。 　是故菩薩不應食肉。

	肉。	大慧！夫「血肉」者，(為)「眾仙」(之)所棄，群聖(亦)不食，是故菩薩不應食肉。
	復次大慧！菩薩為護眾生(之)「信心」，不應食肉。何以故？	大慧！菩薩為護眾生(之)「信心」，令於佛法不生「譏謗」，以「慈愍」故，不應食肉。
	大慧！言(發大心修行的)菩薩者，眾生皆知。是「佛如來」(具)「慈心」之種，能與眾生作「歸依處」。	
	(諸佛如來能令)聞者自然不生「疑怖」，生「親友」想、「善知識」想、「不怖畏」想。言(能)得：「歸依」處，得「安隱」處，得「善導師」。	
	大慧！(諸佛如來)由(於)「不食肉」，(故)能生「眾生」如是(對諸佛的)「信心」。	
	若(諸佛如來為)食肉者，眾生即失一切「信心」，便言：	
	世間(皆)無可信(之)者，(於是便)斷(滅)於「信根」。	
	是故大慧！菩薩為護眾	

	生(之)「信心」，(於)一切「諸肉」悉不應食。	
	復次大慧！我(佛如來之)諸弟子，為(保)護世間(人不生毀)謗三寶(之心)，故不應食肉。何以故？	大慧！若我(佛如來之)弟子，食噉於(眾生)肉，(如此將)令諸世人悉懷「譏謗」(譏訕毀謗)，而作是言：
	世間有人，見(到修行人)食肉故，(即)「謗毀三寶」，作如是言：	
	於佛法中，何處當有「真實」(的)沙門？ (真實的)婆羅門？ (真實的)修梵行者？	云何沙門，(為)修淨行(之)人，(竟)棄捨「天仙」所(應)食之(齋素之)味？
	(這些修行人竟)捨(棄)於聖人本所應食(之素齋)，(改成)食眾生，(此)猶如「羅剎」(之)食肉(而)滿腹，(將導致)醉眠(昏醉深眠而)不動。	(這些吃肉的修行人)猶如惡獸，食肉(而)滿腹，(然後)遊行(於)世間，(將)令諸眾生，(對這些食肉者)悉懷驚怖(之心)。
	(這些修行人)依(著)世(間之)凡夫，(或依著)豪貴(之)勢力，(然後)覓肉(而)食噉，(猶)如「羅剎王」驚怖(於)眾生(一般)。	
	是故(世間人便)處處(生毀謗而)唱如是言：	
	何處有(真)實(的)沙門？婆羅門？	(這些食肉者破)壞(了)「清淨行」，(喪)失「沙門」道，是

| | 修淨行者？
(這世間一切都是)無「法」、無「沙門」、無「毘尼」(Vinaya律)、無「淨行」者！

(世間人便)生如是等無量無邊(罪)惡(之)不善心。

(如此將)斷(滅)我(佛之)「法輪」、絕滅(賢)聖(人)種，(此)一切皆由食肉者(所造成的)過(失)。

是故大慧！(做為)我(佛如來之)弟子者，為(保)護「惡人」(不生)毀謗三寶(心)，乃至(諸弟子們都)不應生「念肉」(之)想，(更)何況(去)食噉(眾生肉)？

復次大慧！菩薩為(追)求「清淨佛土」，教化眾生，(故)不應食肉。

(菩薩)應觀「諸肉」(皆)如人(類之)死屍，眼(皆)不欲見(人屍體)，(更)不用聞(屍體之)氣。何況可(聞)嗅而著(於)口中(而吃呢)？
一切諸肉亦復如是。 | 故(將被世人譏謗説)當知佛法之中(竟)無「調伏」行？

(修行的)菩薩(應具)「慈愍」(心)，為(保)護「眾生」，不令(一般世人對修行人)生於如是之(惡)心，(故修行的菩薩)不應食肉。 |

51－7 修行的菩薩，欲追求「清淨佛土」而教化眾生，故不應食

肉。諸肉具「臭穢」不淨，皆如「人類死屍」般之臭氣

劉宋・求那跋陀羅譯《楞伽阿跋多羅寶經》	元魏・菩提流支譯《入楞伽經》	唐・實叉難陀與復禮等譯《大乘入楞伽經》
6.凡愚所嗜(之肉皆)「臭穢」不淨，(食肉將導致)無「善名稱」，故不應食肉。	**6.大慧**！(眾生肉皆)如(焚)燒(的人類)「死屍」，(具)「臭氣」不淨，(此)與(焚)燒「餘肉」(之)臭穢(乃)無異。云何於(肉)中(還生)有食？(與)不食？ 是故**大慧**！菩薩為(追)求「清淨佛土」，教化眾生，(皆)不應食肉。 復次**大慧**！菩薩(當)為(追)求出離「生死」(輪迴)，應當專念「慈悲」之行，少欲(而)知足，厭(離)世間苦，速求解脫(道)，當捨憒ㄋ鬧(煩憒喧鬧)，(而往)就於「空閑」(之靜處)。(或)住(於)「屍陀林」、(或處於)阿蘭若處、(或於)「塚間、樹下」獨坐思惟(與禪修)。 (應)觀諸世間，無一(為)可樂，(所有的)妻子、眷屬，(皆)如「枷鎖」(之)想。 (所有的)宮殿、臺觀ㄍ(高臺樓觀)，(皆)如「牢獄」(之)想。 觀諸「珍寶」如「糞聚」(之)想。	**6.大慧**！如(焚)燒「人肉」，其氣臭穢，(此)與(焚)燒「餘肉」(之臭穢)，(乃相)等(而)無差別。云何於(肉)中(還生)有食？不食？ 是故一切「樂清淨」者，(皆)不應食肉。

見諸飲食，如「膿血」(之)想。

受諸「飲食」，如塗「癩瘡」(癩疽፡ 毒瘡)。

(往)趣(所)得存(之餘)命，(為了)繫念(於解脫的)「聖道」(而)不為貪(飲食之)「味」，(所有的)「酒、肉」、(與)「蔥、韮（古同「韭」)、蒜、薤」(諸五辛)臭味，悉捨不食。

大慧！若(能)如是者，是(為)真修行，(即可)堪受一切「人、天」(之)供養。

若於世間，不生厭離(於葷辛)，貪著(於)諸味，(於)「酒、肉、葷、辛」得便噉食(之)，(如此之修行人便)不應(再)受於世間(的)「信施」(與供養)。

復次大慧！有諸眾生過去曾修無量(的善或惡)「因緣」，有(些)微(的)善根，(故今世能)得聞我(的正)法，(具)「信心」(而)出家。

在我法中，(也有)過去(生)曾作(過)「羅剎」(之)眷屬，(或者曾在)虎、狼、獅子、貓狸中(轉)生(過)。

（這些人）雖（這世）在我法（中有發心修行），（但仍有宿世）食肉（的）餘習，見食肉者，（就）歡喜（想要去）親近。

（甚至）入諸「城邑、聚落、塔寺」，（把）「飲酒、噉肉」（之事）以為歡樂。

（若從）諸天（人往）下觀（看），（食肉者就）猶如「羅刹」（在）爭噉「死屍」（相）等（而）無有異。而（這些食肉的修行人）不自知（自己）已失（為）我（佛如來之僧）眾，成（為）「羅刹」（的）眷屬。

（外表這些人）雖服「袈裟」，剃除鬚髮。

（但具）有（生）命（的眾生）者，見（了這些食肉的修行人，仍然會）心生恐怖，如（恐）畏「羅刹」（一樣的心理）。

是故大慧！若以我（佛如來）為師者，（於）一切諸肉，悉不應食！

佛教徒真的可以吃香菜？

--——2014 年 8 月 28 日星期四，**釋慧超**寫於眉縣太白山蒿坪寺雲水寮。轉載自——淨律學苑公眾平臺

以大乘菩薩戒來看，「香菜」並不屬於「五辛」之一，更不是「菩薩戒」所要「禁食」之蔬菜。所以，食用「香菜」或「油菜」更不會是違犯「十重戒」和「四十八輕戒」的規定。

四、結語

綜上所述，通過辨別《敦煌遺書》之《破昏殆法》與《諸經要略文》之真偽，依據「經律論典」記載和「祖師的言教」開示，可以明確地得出結論：「香菜」或「油菜」根本就不是「五辛」之一，只是「外道」以此作為「葷菜」而已。尤其在《十誦律》中，「香菜」與「菠菜」等還是佛陀開許比丘食用的五種「副食」（果蔬類）之一。但是，對於專門修「密法」與「持誦密咒」者；特別是在經過具有一切「險難之處所」時，抑或「結界」在作「火供」之時，以防其「咒術」會失驗，「建議」此時都不要食用「香菜」或「油菜」等。但如果從「醫學」角度來說，「香菜」會損人精神，久食，令人多忘，根發痼疾。但「香菜」仍有「驅風、透疹、健胃」及「祛痰、降血壓」的功效。因此，佛教徒可否食用「香菜」，取決於個人的「體質」及所修的「法門」為妥。

51-8 世間邪師為了讓「邪咒」能獲得成就，都不敢食肉，更何況佛門弟子修持「純正佛咒」，能不斷肉嗎？

劉宋・求那跋陀羅譯《楞伽阿跋多羅寶經》	元魏・菩提流支譯《入楞伽經》	唐・實叉難陀與復禮等譯《大乘入楞伽經》
7.（食肉者將）令諸「咒術」不（獲）成就，故不應食肉。	*7.* 復次大慧！世間（具有）邪見（之）諸「咒術師」，若其（一旦）食肉，（其）「咒術」（便）不（得）成（就）。 （世間邪師為了讓「邪咒」能獲得成就，都不敢食肉，更何況佛門弟子修持「純	*7.* 大慧！（若有）諸善男子，（於）塚間、樹下、阿蘭若處，寂靜（於）修行。或住（於）「慈心」，或持「咒術」，或（欲）求（於）解脫，或（欲）趣（向於）「大乘」，（因）以「食肉」故，

	正佛咒」，能不斷肉嗎？) (世間邪師)為(了能)成(就)「邪術」，尚不食肉，(更何)況我(佛如來之)弟子？ 為求如來「無上聖道、出世解脫」，(為了)修「大慈悲」，精勤(於)「苦行」，猶恐不得(獲成就)，何處當有如是(之)解脫；為彼癡人(是因)「食肉」而(獲)得(的)？ 是故大慧！我諸(佛如來之)弟子，為求「出世解脫樂」，故不應食肉。	(造成)一切(為)障礙，不得成就。 是故菩薩，(若)欲利(益於)「自、他」，(皆)不應食肉。

北宋·天息災譯《一切如來大祕密王未曾有最上微妙大曼拏羅經·卷二》

(1)又金剛手白言：若「阿闍梨」受行「世法」，恆取快樂，恆食「酒、肉、葷辛」之味。彼「阿闍梨」云何度弟子入「曼拏羅」？

云何度弟子免「輪迴之難」？

云何可得「真言悉地」？我今疑惑其事，云何？

(2)佛言：金剛手！無有「阿闍梨」受行「世法」恆取快樂，樂食「酒、肉、葷辛」之味者……

金剛手！汝聽「菩薩之行」，我今說之。

菩薩行者，奉持「戒法」，行「菩薩道」……不行「妄語、殺生、飲酒、戲樂、我、人見」等。如是奉「戒」，無有過失，此為「阿闍梨」所行「菩薩之行」。

按：從這部「密教經典」來看，佛很清楚的回答說：真正修行的「阿闍梨」，絕對沒有貪樂「殺生、酒、肉、葷辛」的事，都一定是奉持「戒法」、行「菩薩道」的清淨持戒者。

《請觀世音菩薩消伏毒害陀羅尼咒經》

眾生聞者，獲大安樂，應當闇誦，若欲誦之(指陀羅尼咒)，應當持齋，不飲酒、不噉肉，以灰塗身、澡浴清淨，不食興渠五辛，能熏之物，悉不食，婦女穢污，皆悉不往。

《大般涅槃經‧卷四十》

(1)是「陀羅尼」，十恒河沙諸佛世尊所共宣說。能轉女身，自識宿命。

　若受五事。

　　一者：「梵行」(全戒婬行)。

　　二者：「斷肉」。

　　三者：「斷酒」。

　　四者：「斷辛」。

　　五者：「樂在寂靜」。

(2)受五事已，至心信受、讀誦、書寫是「陀羅尼」，當知是人即得超越「七十七億」弊惡之身。爾時世尊，即便說之。

唐‧善無畏譯《阿吒薄俱元帥大將上佛陀羅尼經修行儀軌‧卷上》

(1)世尊！欲「結界」之時。清淨香湯沐浴，即著上妙衣服。不食「五辛、酒、肉」之屬，「芸薹、胡荽(同「胡荾、胡蒝、胡菱、葫荾、芫荽、香荽」，俗稱「香菜」)、蘿蔔」及「椿　蔥」不經口，結齋清淨。

(2)世尊！此咒奇特無比，威猛自在，如我之身金剛不壞。

唐‧輸波迦羅(善無畏)譯《蘇婆呼童子請問經‧卷上》

(1)復次蘇婆呼童子！持誦之者……亦不毀謗「在家」，及行「諂曲言辭」，說人「長短」，非時睡眠，無義談話……

(2)放逸懈怠，皆須遠離。亦不「飲酒」及以「食肉」，葱、蒜、薤、韮𦵔(古同「韭」)……

唐‧不空譯《受菩提心戒儀》

(1)弟子某甲等，自從過去無始已來，乃至今日，貪瞋癡等種種煩惱……破齋、破戒、飲酒、食肉，及食「五辛」，如是等罪無量無邊，不可憶知。

(2)今日誠心發露懺悔，一懺已後，永斷相續更不敢造。唯願十方一切諸佛諸大菩薩，加持護念，能令我等罪障消滅。

唐‧不空譯《佛說金毘羅童子威德經》

或救眾生苦難者，先須持「如來神咒」十萬遍，然行諸方法……唯忌「五辛」及「酒、肉、女色」等。

《佛說大輪金剛總持陀羅尼經》

善男子、善女人，受持讀誦，淨於尊像前……亦不得「五辛、酒、肉」家食。若善男子、善女人食「此食」者，受持讀誦，戒行俱破。不名受持讀誦，神力俱失。

唐·義淨譯《曼殊室利菩薩咒藏中一字咒王經》

凡誦咒之人，常須遠離惡人，不淨臭穢之處，不近「酒、肉、五辛」。一心受持，無不驗者。若有一日常誦一遍，能護自身。若誦二遍，能護同伴。

唐·寶思惟譯《大方廣菩薩藏經中文殊師利根本一字陀羅尼經》

(1)咒之七遍，所怖即除……當須淨其身心，不得近諸「女人」及喫一切「五辛、酒、肉、芸薹、胡荽(同「胡荾、胡薞、胡菱、葫荾、芫荽、香荾」，俗稱「香菜」)」。

(2)於諸眾生起大悲想，至心誦咒，咒之四十九遍，而諸怨惡自然退散。

唐·智通譯《觀自在菩薩隨心咒經》（亦名《多唎心經》）

(1)此「總攝印咒」，能總攝一切印咒等。若受持此咒者，盡一形，不得食「五辛、酒、肉、葫荾(同「胡荾、胡薞、胡菱、葫荾、芫荽、香荾」，俗稱「香菜」)、芸薹」，勿「婬」，清淨梵行，常念觀世音菩薩名號。

(2)「齋戒」一心者。誦此咒滿十萬遍已，滅八萬億劫生死重罪。若滿二十萬遍，命終生無量壽國。面見觀世音菩薩得四果位。乃至三十萬遍已上，功德不可思議不可度量，後身成菩薩道漸進成佛。

東晉·竺難提(晉言法喜)譯《請觀世音菩薩消伏毒害陀羅尼咒經》

此「陀羅尼灌頂章句」無上梵行，畢定吉祥大功德海。眾生聞者獲大安樂，應當闇誦。若欲誦之應當「持齋」，不飲酒，不噉肉……不食「興渠、五辛」。能熏之物，悉不食之。

《佛說六字咒王經》(失譯人名，今附東晉錄)

(1)若人讀誦通利，悉皆自護，眾惡不著身。若咒他者，能除彼患。誦者斷「五辛」，至心鮮潔，然後乃能行之……用此咒法……

(2)不食「五辛」，淨潔洗浴。不得「行婬」，不得「飲酒、噉肉」。

唐·聖行沙門三昧蘇嚩(二合)羅譯《千光眼觀自在菩薩祕密法經》

(1)若欲成就如上諸法……安置尊像，作「念誦法」。燒香散花供養西方「無量壽佛」及本尊像。不作「殺、盜、婬」及「勿說他人罪」。

(2)不食「五辛」及「酒、肉」，滿三七日，誦其真言，「三洛叉遍」即得成就。

隋・闍那崛多譯《不空羂索咒經》

若有人能一日「三時誦念」。一時三遍，受持此咒者，當斷「酒、肉、五辛」，則所得功德，日夜增長。

宋・施護譯《佛說聖觀自在菩薩不空王祕密心陀羅尼經》

復次世尊，若有人能清淨，不食遠離「五辛」一切葷雜，於日三時中，念此「陀羅尼」三遍，一切所求皆得成就。

《金剛祕密善門陀羅尼經》（失譯人名，今附東晉錄）

(1)讚歎釋迦希有！善哉！能於娑婆生大悲心，為安天人故說是持……欲行此「善門陀羅尼」者……

(2)汝等應當憶念，如說修行，「五辛、酒、肉」所不經口。梵行居心，除捨緣務，於寂靜處，然後讀誦。

《佛說地藏菩薩陀羅尼經》

一心敬禮地藏菩薩稱名，至心「誦持此咒」，懺悔根本重罪，發菩提心。從今始以盡未來際，不殺、不盜、不淫、不妄語、不飲酒、不食肉、不食「五辛」，受「三聚戒」。

《文殊菩薩獻佛陀羅尼名烏蘇吒》（此云滅婬慾卻我慢）

若至誠誦者，慾火漸盡。結使滅已，心得解脫。心解脫已，則得道果。是則神力功用，誠諦不虛。行此法者斷「酒、五辛、血食」。

《佛說俱利伽羅大龍勝外道伏陀羅尼經》

此咒威力，除一切不詳，降伏諸魔王……以此咒誦三七遍，靈鬼忽然之閒得焚燒，斷「五辛、酒、肉」，不染「婦女」穢執。一心誦此咒，一切所求，決定得圓滿。

《西方陀羅尼藏中金剛族阿蜜哩多軍吒利法》

不得殺生、不得邪婬、不得瞋恚、嫉妬、慳貪、吝惜，不得嬌慢，不得起殺害心……亦不得「食肉」，不得食「五辛」……一切所作，更無障礙，一切「咒法」與汝成就。

東晉・帛尸梨蜜多羅譯《佛說灌頂七萬二千神王護比丘咒經・卷一》

(1)佛語阿難，若有比丘樂受是典，應懸五色幡蓋，長四十九尺……

(2)「齋戒」一心，不食「五辛」，不得「飲酒」及「噉臭肉」。醍醐、酥酪，雜膩諸物悉不

得食。

東晉・<u>帛尸梨蜜多羅</u>譯《佛説灌頂十二萬神王護比丘尼經・卷二》
佛告阿難……當專心一意，讚詠此經……「長齋菜食」，不噉「五辛」，審諦莫疑。是諸惡魔聞見此經「神咒力」故，即馳散而去，遠百千由旬不能為害。消滅不善，吉祥感應。

《七佛八菩薩所説大陀羅尼神咒經・卷一》(晉代譯，失三藏名，今附東晉錄)
(1)此陀羅尼句，恆河沙等諸佛所説。其有書寫、讀誦此「陀羅尼」者。此人恆河沙等劫，所有重罪、惡業……及以五逆，一闡提罪，悉滅無餘……
(2)淨潔洗浴，著新淨衣，不食「酒、肉、五辛」……此人所有業障罪垢悉滅無餘。

《陀羅尼雜集・卷一》(未詳撰者，今附梁錄)
此「陀羅尼」句，恆河沙等諸佛所説……淨潔洗浴，著新淨衣，不食「酒、肉、五辛」……此人所有業障罪垢悉滅無餘。

《陀羅尼雜集・卷二》(未詳撰者，今附梁錄)
是咒能令諸失心者還得正念。滅婬欲火心得清涼。除其我慢滅結使火……是則名為「大神咒力」，誠諦不虛，神力如是。斷「酒、五辛」……諸「不淨肉」，悉不得食。

《陀羅尼雜集・卷三》(未詳撰者，今附梁錄)
是大神咒，乃是過去十恆河沙諸佛所説……王於爾時，應當修行此「陀羅尼」……不食「酒、肉、五辛」，白淨「素食」……隨其所求，能滿其願。為除宿罪，令得道果。

《陀羅尼雜集・卷四》(未詳撰者，今附梁錄)
此是「阿彌陀鼓音聲王大陀羅尼」。若有比丘比丘尼清信士女，常應至誠受持讀誦如説修行……飲食「白素」，不噉「酒、肉」及以「五辛」，常修梵行。

《陀羅尼雜集・卷五》(未詳撰者，今附梁錄)
「觀世音菩薩心陀羅尼」句……若有善男子、善女人，欲行此持者。斷「酒、肉、五辛」，齋潔，滿七日已……以所求如願必得。

《阿彌陀鼓音聲王陀羅尼經》(失譯人名，今附梁錄)
此是「阿彌陀鼓音聲王大陀羅尼」。若有比丘比丘尼，清信士女，常應至誠受持讀誦，

如說修行……飲食「白素」，不噉「酒、肉」及以「五辛」，常修梵行。

唐・若那譯《佛頂尊勝陀羅尼別法》

凡欲受持此咒者，先須畫像……畫人須清淨，不喫「葷、辛」。

唐・菩提流志譯《不空羂索神變真言經・卷十一》

修此法者，內外清潔，淨無瑕穢。如法修行，無諸虧隙……「酒、肉、葷、辛」皆不應食。

51-9 食肉者，一旦見「眾生肉」的「形色」，即生起食「滋味」之心識想，更於「肉味」而生執著，所以修行人不應食肉

劉宋・求那跋陀羅譯《楞伽阿跋多羅寶經》	元魏・菩提流支譯《入楞伽經》	唐・實叉難陀與復禮等譯《大乘入楞伽經》
8.(食肉者將)以(成為)「殺生」者，(彼等若)見(眾生肉的)形(色即生)起識(心之貪想)，(更)深(於肉)味(而生執)著故，(所以修行人)不應食肉。	*8.*復次大慧！食肉(者)，(見到眾生肉即)能(生)起「色力」(之貪想)，食(肉)味(之)人，多(生)貪著(心)。 應當諦觀一切世間(眾生)，(皆)有(其)身命者，各自寶重(寶貴尊重其命)，(怖)畏於「死苦」。 (所有的眾生皆)護惜(自己的)身命，人(與)畜(皆)無別(無有例外之分別)。 寧(可)當樂存(於全身像)「疥癩」(的)「野干」(狐狼，似狐，身較小)身(至少我想繼續的活著，不想被殺掉而吃)，(亦)不能(因此)「捨命」(被吃，就算可以得)受諸天(身之)樂。何以故？ (天人身仍有)畏(於)生死(之)苦	*8.*大慧！夫食肉者，(一旦)見其(眾生肉的)形色，則已(即)生於貪「滋味」(之)心。 菩薩「慈念」(於)一切眾生，猶如「己身」，云何見之(眾生諸肉的形色)，而作「食」想？是故菩薩不應食肉。

	故。 (我寧可繼續當全身長滿疥癩的一隻野干,也不想被殺而吃;就算被殺能獲得「天身」之樂,我也不願意的,因為「天人身」仍無法解脫,對「生死」仍有怖畏的啊) 　　大慧!以是觀察,「死」為大苦,是「可畏」(之)法。(一切眾生於)自身(皆怖)畏(於)死,云何當得而(去)食他肉? 　　是故大慧!欲食肉者,先(應)自念(所愛的色)身,次觀眾生(亦愛於自身),(皆)不應食肉。	

51-10 食肉者,將為「諸天神」之所棄捨而遠離。食肉者,將令「口氣」生臭。食肉者,將導致多「惡夢」。食肉者,若處於樹林中時,虎狼將聞其身上有「肉香」,會馬上追嗜你,故不應食肉

劉宋·求那跋陀羅譯 《楞伽阿跋多羅寶經》	元魏·菩提流支譯 《入楞伽經》	唐·實叉難陀與復禮等譯 《大乘入楞伽經》
*9.*彼食肉者,(將為)「諸天」(之)所棄,故不令(修行人去)食肉。	*9.*復次大慧!夫食肉者,諸天(神將)遠離(於你),(更)何況(是)「聖人」(當然都棄你而去)!	*9.*大慧!夫食肉者,諸天(神將)遠離(於你)。
10.(食肉將)令「口氣」臭故,不應食肉。	*10.*是故(修行的)菩薩,為(能常)見(到)「聖人」,當修「慈悲」,不應食肉。(有關「口氣腥	*10.*口氣常臭。

	「臊」字，在後面第 *14.*）	
11.（食肉將導致）多「惡夢」故，不應食肉。	*11.*大慧！食肉之人，「睡眠」亦（會獲）苦，起（床時）時亦（會得）苦。 （食肉者）若於夢中，（將常）見種種惡，（與）驚怖毛豎（喻人之容顏或毛孔皮膚豎立驚懼），心常不安。 （食肉者因）無「慈心」故，（缺）乏諸「善力」。	*11.*睡夢（常獲）「不安」，（待）覺（醒）已（亦生）憂悚（憂愁驚悚之心）。
12.（食肉者若處於）空間（樹）林中（時），虎狼（將）聞（其身上有肉）香（所以會追嗜你），故不應食肉。	*12.*若（食肉者）其獨（處）在空閑之處，多為「非人」而伺其便。 （亦會吸引）「虎、狼、師子」亦來伺求，欲食其肉。 （食肉者）心（將）常驚怖（而）不得「安隱」。	*12.*（常有）「夜叉」惡鬼，奪其「精氣」，心多驚怖。

51－11 食肉者，將造成「貪心」不足，不能於肉食中生「厭離心」，進而飲食無節量，不能消化，增益身體負擔。腹中多有無量「惡蟲」，身多「瘡癬、惡癩」等不淨之疾病。修行人於凡所飲食時，皆應作「食子肉想」與作「服藥想」

劉宋・求那跋陀羅譯 《楞伽阿跋多羅寶經》	元魏・菩提流支譯 《入楞伽經》	唐・實叉難陀與復禮等譯 《大乘入楞伽經》
13.（食肉者將）令飲食無（有）節（制而大吃大喝），故不應食肉。	*13.*復次大慧！諸食肉者，（其）「貪心」難（以）滿（足），（於是飲）食不知（節）量。	*13.*（食肉者，於飲）食（常常）不知足（的大吃）。
14.（食肉者將）令修行者，（從	*14.*（於是）不能消化，（進而）	*14.*（於是）增長（諸多）「疾

此更)不(能於肉食中)生厭離(心)，故不應食肉。	增益(身體)「四大」(之負擔)，(造成)口氣腥臊，腹中多有無量「惡蟲」(此指肉類本具有無量的微生物細菌，現全部都到了食肉者的腸胃中了，所以自古皆言莫讓自己的腸胃成為「眾生」的「焚化爐、墳墓」之說)，身多「瘡癬、惡癩」(等)疾病，(現)種種(之)不淨。	病」，易生瘡癬，恒被「諸蟲」之所唼(吸吮)食，(從此更)不能於(肉)食(中而)深生厭離(心)。
	現在(之)凡夫，不喜聞見(此食肉人)，何況(此食肉人於)未來(能獲)「無病」香潔(之)人身可得(嗎)？	
15.我嘗說言：(修行人於)凡所飲食(之時)，(應)作「食子肉想」(就像在吃自己兒子肉般的有罪惡感)，(應)作「服藥想」(就像在服毒藥般的有恐懼感)，故不應食肉。	15.復次大慧！我說凡夫為求「淨命」，(而)噉於「淨食」，尚應生心如「子肉想」(就像在吃自己兒子肉般的有罪惡感)。	15.大慧！我常說言：凡所食噉(的食物時)，(皆應)作(食)「子肉想」(就像在吃自己兒子肉般的有罪惡感)，「餘食」(亦)尚然。
(若有)聽(許其)食肉者，(此乃)無有是處！	何況聽食「非聖人」(之)食？	云何而(能)聽(許如來之)弟子(去)「食肉」(呢)？
	聖人(皆)離(肉食)者，以肉能生無量諸過，失於「出世」一切(之)「功德」。	大慧！肉非美好，肉(有諸多)不清淨，生諸「罪惡」，敗(壞)諸功德，(為)諸仙聖人之所棄捨，
	云何言我聽(許)諸弟子食「諸肉血」(等)不淨等味。	云何而(能允)許(如來之)弟子食耶？
	(竟還)言：(食肉是)我(佛如來之	若言(食肉是如來之所允)許(之)

	(所)聽(許)者！ (此)是則謗我！	食， 此人(則是)謗我！
	大慧！我聽弟子，(應)食諸聖人所應食(之齋素)食。(此)非謂聖人(應)遠離(齋素)之食，(齋素的)「聖食」能生無量「功德」，(能)遠離諸過(失)。	
	大慧！過去、現在(之)「聖人食」者，所謂： 粳米(śāli)、 大小麥(大麥 yava。小麥 godhūma)、 豆(綠豆 mudga。豆類 māṣa。扁豆 masūra)， 種種油蜜(酥油 sarpi taila。蜜糖 madhu。石蜜 phaṇita)。 甘蔗(ikṣuka)、 甘蔗汁、 騫陀(khaṇḍa 糖)、 末干提(matsyaṇḍikā 糖漿)等，隨時得(食)者，聽(許諾)食(皆)為淨(食)。	大慧！(清)淨(的)「美食」者，應知則是： 粳米、 粟米、 大小麥豆、 酥油、石蜜。 如是等類，此(皆)是過去諸佛(之)所許(可)，(為如來)我所稱說(的食物)。
	大慧！於未來世，(竟)有愚癡人，說種種「毘尼」(皆)言(可)得(以)「食肉」。	
	(此乃)因(這些邪見癡人)於過去(世受)「食肉」(之)薰習，(所以今世仍)愛著(於)肉味，(因此)隨自心(而)見作如是(之邪)	(在)我(釋迦族)「種姓」中(之)諸善男女，心懷「淨信」，久植「善根」，於「身、命、財」(皆已)不生貪著，「慈愍」

	說。	一切(眾生)，猶如己身。
	(此乃)非「佛聖人」說(肉)為「美食」。	如是之人之所應食(的素齋食物)，非諸(具有宿世)「惡習」(的)虎狼(根)性者；(其)心(之)所愛重(的肉食)。
	大慧！(此世能)不食肉者，要因「過去」(世曾經)供養(過)諸佛、種諸善根(而來)。	
	(此世)能信「佛語」，堅住(於)「毘尼」(Vinaya 律)，信諸「因果」，至於「身、口」(皆)能自節量，不為世間(而)貪著諸味。	
	(甚至)見(到有)「食肉者」，(亦)能(對彼人)生(出平等無別的)「慈心」。	

日本・荻原雲來編《梵和大辭典》

matsyaṇḍikā 囡 さとうきびの煮つまった液汁；漢語

音写 末千提 Laṅk.

日本・平川彰《佛教漢梵大辭典》

³末千提。 matsyaṇḍikā

→ tsa 讀如「擦」(不捲舌)。

ts 讀如「擦」的「半音」，即「測」音。

若人「已食肉者」，都不可以再用肉布施給他，此將獲大過與增長邪見；更何況本來就是「吃素者」，當然更不可能施肉給他！

北涼・曇無讖譯 北本《大般涅槃經》	劉宋・慧嚴、慧觀、謝靈運 彙整南本《大般涅槃經》	東晉・法顯、佛陀跋陀羅、寶雲共譯《佛說大般泥洹經》

㊀爾時(年輕的)迦葉菩薩白佛言：世尊！(於有)食肉之人，不應(布)施肉(於此食肉者)。 何以故？我見「不食肉」者，(方)有大功德。	㊀爾時(年輕的)迦葉菩薩白佛言：世尊！食肉之人不應施肉。 何以故？我見不食肉者有大功德。	㊀爾時(年輕的)迦葉菩薩白佛言：如世尊(所)說，(若於)不食肉者，而(故意施)以「肉施」，其食肉者，得無(獲)「大過」？豈不增長外道「邪見」？ 是故(因此而更)應立「不食肉法」！
㊁佛讚(年輕的)迦葉：善哉！善哉！汝今乃能善知我意，(所以諸)護法菩薩，(亦)應當如是。 (此喻「已有在食肉」的人，都不可以再用肉布施給他，更何況本來是「吃素不食肉」的人呢？當然更不可能故意布施肉給他的啊！)	㊁佛讚(年輕的)迦葉，善哉！善哉！汝今乃能善知我意，護法菩薩應當如是。	㊁佛告(年輕的)迦葉：善哉！善哉！善男子！(汝果然)善察佛意，(所以諸)護法菩薩(於)法(亦)應如是。
㊂善男子！從今日始，不聽(許)「聲聞」弟子(主動)「食肉」。 若(聲聞弟子有)受「檀越」信施(諸肉)之時，應觀是食如「子肉想」。	㊂善男子！從今日始不聽聲聞弟子食肉。 若受檀越信施之時，應觀是食如子肉想。	㊂善男子！我從今日制諸弟子「不聽(主動)食肉」。 設(或)得「餘食」，(亦)常當應作「食子肉想」。

夫「食肉」者，斷「大慈」種。如來曾聽許比丘可食「三淨肉、五淨肉、九淨肉」，但「十種不淨肉」則禁吃。此皆隨事因緣而漸制之戒，戒律會因「時、地、種種因緣」下而有不同的「開遮持犯」

北涼‧曇無讖譯 北本《大般涅槃經》	劉宋‧慧嚴、慧觀、謝靈運 彙整南本《大般涅槃經》	東晉‧法顯、佛陀跋陀羅、寶 雲共譯《佛說大般泥洹經》
㊀(年輕的)迦葉菩薩復白	㊀(年輕的)迦葉菩薩復白	㊀云何「弟子」而聽(許)食

佛言：世尊！云何如來不聽(許)食肉？	佛言：世尊！云何如來不聽食肉？	肉？
善男子！夫「食肉」者，斷「大慈」種。	善男子！夫食肉者斷大慈種。	諸佛所說，其「食肉」者，(皆)斷「大慈」種。
㉂(年輕的)迦葉又言：如來何故，先聽(許)比丘(可)食「三種淨肉」(不見殺、不聞殺、不爲我而殺)？	㉂(年輕的)迦葉又言：如來何故，先聽比丘食三種淨肉？	㉂(年輕的)迦葉菩薩白佛言：云何世尊聽(許可)食「三種淨肉」(不見殺、不聞殺、不爲我而殺)？
㉃(年輕的)迦葉！是三種淨肉，(乃)隨事(而)漸制。	㉃(年輕的)迦葉，是三種淨肉，隨事漸制。	㉃佛告(年輕的)迦葉：此三種肉，(皆)隨事(而逐)漸(而)制，故作是說。
㉄(年輕的)迦葉菩薩復白佛言：世尊！何因緣故，(不食)「十種不淨」(人、蛇、象、馬、豬、狗、狐、猿猴、獅子、雞，爲十種不淨之肉)，乃至(於)「九種清淨」(九淨肉)，而復不聽(許食用)？	㉄(年輕的)迦葉菩薩復白佛言：世尊！何因緣故十種不淨，乃至九種清淨而復不聽？	㉄(年輕的)迦葉復問：何因？ 佛言：有「九種受」(九淨肉要遠離)，(更要遠)離「十種肉」(人、蛇、象、馬、豬、狗、狐、猿猴、獅子、雞，爲十種不淨之肉)。
佛告(年輕的)迦葉：亦是因事(而)漸次而制(定的)，當知即是(完全皆)現「斷肉」義。	佛告(年輕的)迦葉：亦是因事漸次而制，當知即是現斷肉義。	佛告(年輕的)迦葉：此亦(逐)漸(而)制，當知則(完全皆)現「不食肉」也。
㉅(年輕的)迦葉菩薩復白佛言：云何如來(好像曾經)稱讚「魚肉」為「美食」耶？	㉅(年輕的)迦葉菩薩復白佛言：云何如來，稱讚魚肉為美食耶？	㉅(年輕的)迦葉菩薩又白佛言：云何世尊(好像曾經)稱歎「魚肉」以為「美食」？
善男子！我亦不說「魚肉」之屬為「美食」也。	善男子！我亦不說魚肉之屬為美食也。	佛告(年輕的)迦葉：我不說「魚肉」以為「美食」。

㈥我說「甘蔗、粳ㄐㄥ米、石蜜、一切穀麥」及「黑石蜜、乳酪、蘇油」，（方）以為美食。	㈥我說甘蔗、粳ㄐㄥ米、石蜜、一切穀麥及黑石蜜、乳酪、蘇油、以為美食。	㈥我說「甘蔗、粳ㄐㄥ米、石蜜」及諸「甘果」，（方）以為「美食」。
（我）雖說應（積）畜種種「衣服」，（但我）所應（積）畜者，要是「壞色」（衣服才可），（既然衣都要以壞色為主，更）何況（怎麼可能叫人去）貪著是「魚肉」味？	雖說應畜種種衣服，所應畜者要是壞色，何況貪著是魚肉味。	如我（雖）稱歎種種「衣服」為莊嚴具，（但我）又歎三種「壞色」之服。（是故）當知「魚肉」（乃）隨順（眾生之）貪欲，（此是）「腥穢食」耳。
㈦（年輕的）迦葉復言：如來若（真）制「不食肉」者，彼五種味「乳酪、酪漿、生酥、熟酥、胡麻油」等，及諸衣服「憍奢耶衣（kauśeya 野蠶之繭的絹衣）、珂貝（白珂貝螺）皮革、金銀盂器」，如是等物，亦不應受（用）。	㈦（年輕的）迦葉復言：如來若制不食肉者，彼五種味乳酪酪漿生酥熟酥胡麻油等，及諸衣服憍奢耶衣（kauśeya 野蠶之繭的絹衣），珂貝（白珂貝螺）皮革金銀盂器，如是等物亦不應受。	㈦（年輕的）迦葉菩薩白佛言：若世尊（真）制「不食肉」者，彼五種「乳、麻油、繒綿、珂貝（白珂貝螺）、皮革」，亦不應受（用）。
㈧善男子！不應同彼（外道）尼乾（Nirgrantha-putra）所（邪）見。	㈧善男子！不應同彼尼乾所見。	㈧佛言：異想，莫作外道尼揵子（Nirgrantha-putra）見。
如來所制（之）一切「禁戒」，各有「異意」（因時、地、種種因緣下而會有不同的意見）。	如來所制一切禁戒各有異意。	
（因這些）「異意」故，（有時會）聽食「三種淨肉」，	異意故，聽食三種淨肉，	
（因不同）異想故，（有時一定要）斷「十種肉」，	異想故，斷十種肉，	

(因不同的)異想故，一切(肉)悉斷，及自死者(壽命盡而自然死亡者之肉)。	異想故，一切悉斷及自死者。	

關於「三淨肉、五淨肉、九淨肉、十淨肉」的經論引證

開遮持犯

「開」➙許可;開制;開許

「遮」➙禁止;遮開;遮止。

「小乘戒法」較嚴，並無「開許」。

「大乘戒法」則本慈悲願行，與「活用」戒法之精神，時有「開許」，故稱為「開遮持犯」，此為「大乘戒」之特徵。

三淨肉

❶見：沒看見此肉乃是「為我而殺」之肉。

❷聞：從「可信之人」聽聞到此肉乃非「為我而殺」之肉。(或解作：我耳朵沒聽見牠被殺時哀叫的聲音)

❸疑：找不出有任何「為我而殺」的嫌疑之肉。

所以只要遠離「見、聞、疑」這三者，都算是「淨肉」，反之則為「不淨肉」。

五淨肉

三種淨肉之外，加上

❹「壽命盡」而「自然死亡」之鳥獸肉(自死肉)。

❺猛獸猛鳥等吃完剩下的「殘肉」(鳥殘肉)。

為五種淨肉。

九淨肉

五種淨肉之外，加上：

❻「不是為自己」所殺之肉(不為己殺)。

❼「自然死亡」經多日而「自乾」之肉(先乾)。

❽不由特定的期約而「偶然相遇」所食之肉(不期遇)。

❾非今時專門「為我而殺」的肉，乃是「前時」就已經殺好的肉。

為「九種淨肉」。

《**大明三藏法數(第 14 卷-第 35 卷)**》卷 27

「九淨肉」者，(於)律中但「開」(緣)，(有)「**不見、不聞、不疑**」三種，(在)**《楞嚴要解》**(指宋‧戒環《楞嚴經要解》一書中，又另)加「**自死、鳥殘**」為五種。

而此經復加「不為己」等，是為「九淨肉」也。然如來「護生戒殺」而(曾經)聽(許)比丘(可以)食此「淨肉」者，蓋因(當時古印度之)地多「砂石」，「草菜」不生之處，(故曾經)聽(許吃「九淨肉」而得)以「活命」，此亦「權巧方便」耳，若(具)「大慈」(悲心)利(益諸人萬)物(之修行人)，(於「九淨肉」)皆所應「斷」，故此經復制諸比丘，悉不得食(此「九淨肉」)也。

❶不見殺：謂眼自不曾「見」其(被)殺(的過程)也。

❷不聞殺：謂耳自不曾「聞」其(被)殺(的聲音)，亦不從「無信人」(之)前，(而)「聞」其語：(這些肉只)「**為我故殺**」也。

❸不疑為己殺：《僧祇律》云：比丘於「檀越」家，見(一隻)羊後，再往(古同「往」)彼，(則)見其「頭腳」(已)在地(上)，即生「疑」而問言：前所見羊，為在何處？
若言：(這隻羊只)為(了)「阿闍黎」(你一個人而)殺，則不應食(之)。
若(改)言(說：)我(只)為「祠天」故殺(此羊)，(那就此即)是名(為)：「**不疑為己**(而)殺」也。

❹不為己殺：謂因於「他事」，或(只)為「他人」(其他的某一人)而殺，不專(是只)「為我(一人)」而殺也。

❺自死：謂非因「人」(之)故殺，亦非為「他物」之所「傷害」，乃(因)其「**命盡報終**」而(自然)死(亡的肉)也。

❻鳥殘：謂於山林間，而為「鷹鸇蔰」等之所「傷害」者(所剩下的殘肉)也。

❼生乾：謂不由「湯火」而(煮)熟(的肉)，亦非(由)「鷹鸇蔰」之所「傷殘」(所剩下的殘肉)，乃因(自然)死已，(經)「日久」(而)自乾(的肉塊)也。

❽不期遇：謂不因(有特定的)「期約」(而)「偶然」相遇而食(的肉)也。

❾前已殺：謂非「今時」因「我」而殺(的肉)，乃是「前時」(就)先「已殺」(已經殺過的肉)者也

(意指這些肉是「前些日子」在某些因緣下就已「殺好的肉」，但都不是爲「我」殺的肉，等於我現在只是在吃「剩餘」的肉而已)。

《大般涅槃經疏》卷 9〈四相品 7〉(九淨肉的另解)

「九種清淨」者，即是「見、聞、疑」。各有「前、後」方便，及以「根本」。

(亦即見前、見後、聞前、聞後、疑前、疑後，以及三種根本，計爲九種)

《一切經音義》卷 25(九淨肉的另解)

九種清淨，就「見、聞、疑」，各有「前方便、後起」，及與「正體」，合成九種。

十淨肉

「人、象、馬、龍、狗、烏、鷲、豬、獼猴(猿)、獅子」等共十種。

亦有除了「龍、烏、鷲」之外的肉，再加「蛇、驢、狐」。

或者除了「烏、鷲、獅子」之外的肉，再加「蛇、鬼、牛」者。

以上都是屬於「十種不淨肉」，無論何時，均不可食用。

比丘可食「托缽」時或「受供養所得」之肉，除此之外，僅「生病之比丘」可自動請求「主動食肉」，其餘的則「禁止食肉」。

關於「生病者可吃生肉、生血」的經論引證

《摩訶僧祇律》卷 31

(1)受「生肉」者，佛住曠野，爾時六群比丘持「肉段、生魚」，為世人所嫌：云何沙門不能「乞食」？持「肉段、生魚」而行？此壞敗人，何道之有？

(2)諸比丘以是因緣，往白世尊。佛言：呼六群比丘來！

(3)來已，佛問：比丘！汝實爾不？

(4)答言：實爾。世尊！

(5)佛告諸比丘：從今日後，不聽受「生肉」！

《佛說目連問戒律中五百輕重事》卷 1〈雜事品 13〉

問：比丘噉「生肉」，犯何事？

答：犯墮！

《十誦律》卷 26

(1)佛在<u>舍衛國</u>，長老<u>施越</u>(比丘)「狂病」，受他語：噉(食)「生肉、飲血」，「狂病」當差
（瘥ㄔㄞˋ ➔病癒）。

(2)<u>施越</u>(比丘)語諸比丘：我(得)「狂」(病)！受他語，噉(食)「生肉、飲血」，我今當云何？……

(3)佛種種因緣「讚戒、讚持戒，讚戒、讚持戒」已，語諸比丘：從今日，若有如是病，聽噉「生肉、飲血」，應(於)「屏處」噉，莫令人見。

《四分律》卷 42

(1)爾時世尊在<u>王舍城</u>，時有「顛狂病」比丘，至「殺牛」處，食「生肉、飲血」，病即差（瘥ㄔㄞˋ ➔病癒），(待其)還復「本心」，(心中深感)畏慎！

(2)諸比丘白佛，佛言：不犯！若有餘比丘有如是病，食「生肉、飲血」，病得差（瘥ㄔㄞˋ ➔病癒）者，聽食。

《十誦律》卷 48

又問：「師子、皮肉、血筋」，得食不？

佛言：一切不得噉食。

又問：「黑鹿、皮肉、血筋」。得食不？

佛言：除「皮」，餘者得食。

又問：佛先說不得食「生肉血」，若病，「餘藥」不能治者，得食不？

佛言：得食！若「餘藥」能治差（瘥ㄔㄞˋ ➔病癒）者，不得食。食者，得「偷蘭遮」(sthūlātyaya即犯「波羅夷、僧殘」而「尚未成就」之罪)。

《十誦律》卷 55

問：「人肉」得食不？

答：不得！若食，得「偷蘭遮」。

問：故(意)為「殺畜生肉」可食不？

答：不得食，若食，得「突吉羅」(duṣkṛta:惡作；小過；輕垢；越毘尼。謂身、口二業所犯之過，此戒難持易犯)。

不淨「鳥獸肉」，不應食！若食，突吉羅。

「鷰肉」(古同「燕」)不應食，若食，突吉羅。

「鵄ㄔ 鷺鳥」等肉不應食，若食，突吉羅。

「蝦蟆肉」不應食，若食，得突吉羅。

「水蛭」不應食，若食，得突吉羅。

《根本説一切有部毘奈耶藥事》卷 1

(1)時有具壽<u>西羯多</u>「苾芻」，遂患「風瘨ㄉㄧㄢ 」(古同「癲」)……時諸「苾芻」往醫人處，問曰：

賢首！有一「苾芻」，患如是病，可為處方。

(2)醫人曰：宜服「生肉」，必當得差。

(3)苾芻報曰：賢首！彼「苾芻」可是「食肉人」耶？

(4)醫人曰：聖者！此是「治風病藥」。除此藥已，餘不能療。

(5)時諸「苾芻」，以(此因)緣(而)白佛。佛言：若醫人說此為藥，「餘」(藥)不能療，應與「生肉」。

(6)時諸「苾芻」便與「生肉」，彼人眼見(生肉)而不肯食。

(7)佛言：應以物(遮)掩(其)眼，然後與「食」。時彼「苾芻」緣與，(立)即除(掉遮)掩物，然「病苾芻」見手有血，遂便「歐逆」(嘔吐)。

(8)佛言：不應(立)即除(掉)繫(縛之)物。待彼食訖，淨洗手已，別置「香美」飲食，方可除其(所)掩繫(之物)，而告之曰：汝應食此「美食」，病可得差(瘥-疒 → 病癒)。

(9)(待病)差(瘥-疒 → 病癒)已，(此病比丘)每憶斯藥。

(10)時諸「苾芻」以(此因)緣(又)白佛，佛言：若病(已)差(瘥-疒 → 病癒)已，(應)如常順行(只能吃生肉)，(若)違者，得「越法罪」。

《善見律毘婆沙》卷15〈舍利弗品〉

若鬼病，須「生肉、生血」得差(瘥-疒 → 病癒)，聽(許)服(用)，唯除「人血」不得服(用)。

食肉者，若行、若住、若坐、若臥，一切眾生聞其「肉氣」，皆悉生恐怖心。菩薩不習「食肉」，為度眾生而「示現」食肉，雖食其實「不食」

北涼・曇無讖譯 北本《大般涅槃經》	劉宋・慧嚴、慧觀、謝靈運彙整 南本《大般涅槃經》	東晉・法顯、佛陀跋陀羅、寶雲共譯《佛說大般泥洹經》
		壹(年輕的)迦葉菩薩白佛言：世尊！今當云何？
貳(年輕的)迦葉！我從今日，制諸弟子，不得復食一切肉也。	貳(年輕的)迦葉，我從今日制，諸弟子不得復食一切肉也。	貳佛告(年輕的)迦葉：善男子！我從今日，制諸弟子，不聽食「三種淨肉」，及(遠)離「九種受(九淨肉)、十種肉」，乃至「自死」(之肉)一(切肉皆)不得食。

㊂(年輕的)迦葉！其食肉者，若行、若住、若坐、若臥，一切眾生聞其「肉氣」，(皆)悉生「恐怖」。	㊂(年輕的)迦葉，其食肉者，若行、若住、若坐、若臥，一切眾生聞其肉氣，悉生恐怖。	㊂所以者何？其「食肉」者，若行住坐臥，一切眾生(所)見，皆(對此人生)怖畏(心)。
譬如有人，(靠)近師子已，眾人見之，(便)聞師子臭，亦生恐怖。	譬如有人近師子已，眾人見之，聞師子臭，亦生恐怖。	
㊃善男子！如人噉「蒜」，臭穢可惡，餘人見之，聞「臭」(便)捨去。設遠見者，猶不欲視，況當(靠)近之。	㊃善男子！如人噉蒜，臭穢可惡，餘人見之，聞臭捨去。設遠見者，猶不欲視，況當近之。	㊃(會)聞其(人之)殺氣，如人食「興蕖」及「蒜」，若入眾會，悉皆(被)「憎惡」。
㊄諸「食肉」者，亦復如是，一切眾生聞其(身上有)「肉氣」，悉皆恐怖，生「畏死」(之)想，(所有)「水、陸、空」行有命之類，悉捨之(而狂)走，咸言：此(食肉)人是我等(之)怨(仇)。	㊄諸食肉者亦復如是，一切眾生聞其肉氣，悉皆恐怖，生畏死想，水陸空行有命之類，悉捨之走，咸言：此人是我等怨。	㊄其食肉者，亦復如是，一切眾生，聞其「殺氣」，(即生)恐怖畏死(心)，(所有)「水、陸、空」行有命之類，見(食肉者)皆(悉)馳走。
是故菩薩不習「食肉」，為度眾生(而)「示現」食肉，雖(示)現食(肉)之，其實「不食」。	是故菩薩不習食肉，為度眾生示現食肉，雖現食之，其實不食。	是故菩薩未曾「食肉」，為(度)化眾生(而)隨時(而示)現食(肉)，其實「不食」。
善男子！如是菩薩，(於)清淨之食猶尚「不食」，況當「食肉」。	善男子！如是菩薩清淨之食猶尚不食，況當食肉。	

時，又改云「禁一切肉，悉不應食」。戒律有「開遮持犯」，此即佛能以「反向方式」或「正向方式」而隨眾生問答而制戒

北涼·曇無讖譯 北本《大般涅槃經》	劉宋·慧嚴、慧觀、謝靈運 彙整南本《大般涅槃經》	東晉·法顯、佛陀跋陀羅、寶 雲共譯《佛說大般泥洹經》
壹爾時，(年輕的)迦葉復白佛言：世尊！諸「比丘、比丘尼、優婆塞、優婆夷」，因他而活。若乞食時，得(夾)雜肉食，云何得食？應清淨法？	壹爾時，(年輕的)迦葉復白佛言：世尊！諸比丘比丘尼，優婆塞優婆夷，因他而活。若乞食時得雜肉食，云何得食應清淨法？	壹(年輕的)迦葉菩薩白佛言：世尊！若有國土，多「食肉」者，一切「乞食」皆悉(夾)雜肉(類)，諸「比丘、比丘尼、優婆塞、優婆夷」，云何於中應「清淨命」？
貳佛言：(年輕的)迦葉！當以水洗，令(食物)與肉(有)別，然後乃食。	貳佛言：(年輕的)迦葉，當以水洗令與肉別然後乃食。	貳佛告(年輕的)迦葉：善男子！若食(夾)雜肉(類)，應著(於)水中，(令)食(物)與肉(有)別，然後可食，非「越比尼」(duṣkṛta；突吉羅；惡作；小過；輕垢；越毘尼。謂身、口二業所犯之過，此戒難持易犯)。
若其「食器」為肉所污，但使「無味」，聽用，無罪。	若其食器為肉所污，但使無味聽用無罪。	
參	參	參(年輕的)迦葉菩薩復白佛言：若「食」與「肉」(已)不可分者，此當云何？
若見食中多有肉者，則不應受，一切(所顯)現(之)肉，悉不應食，食者得罪。	若見食中多有肉者，則不應受，一切現肉悉不應食，食者得罪。	佛告(年輕的)迦葉：善男子！若常「食肉國」，一切食(物)皆有肉(顯)現(出)，我聽(許)卻肉(塊而)去(肉)汁，(先破)壞其(肉之)「本味」，然後可食，若「魚、鹿肉」等，(當)自分(別而)可知，(若)食者得罪。
肆我今唱是「斷肉」之	肆我今唱是斷肉之制，	肆我今日說(還有)「有因

制，若廣說者，即不可盡，「涅槃」時(已)到，是故略說，是則名為能(以反向方式或正向方式而)隨問答。	若廣說者則不可盡，涅槃時到是故略說，是則名為能隨問答。	緣」者，(則)制「不食肉」，(遇)「無因緣」者，因(而宣)說《大般泥洹》，亦復制令不應「食肉」，是名能(以反向方式或正向方式而)隨問答。

51－12 過去世有<u>師子奴王</u>，因貪著於食肉，乃至食人肉，後遭「親人」與「人民」捨離背叛，最終亡失王位與喪命

劉宋・求那跋陀羅譯《楞伽阿跋多羅寶經》	元魏・菩提流支譯《入楞伽經》	唐・實叉難陀與復禮等譯《大乘入楞伽經》
*16.*復次<u>大慧</u>！過去有王名<u>師子蘇陀娑</u>(siṃha-saudāsa)。	*16.*<u>大慧</u>！我憶過去有王名<u>師子奴</u>(siṃha-saudāsa)。	*16.*<u>大慧</u>！過去有王名<u>師子生</u>(siṃha-saudāsa)。
(此王貪)食種種肉，遂至食人(肉)。	(此王)食種種肉，愛著肉味，次第乃至食於「人肉」。因食「人肉」，(所以其)父母、兄弟、妻子眷屬，皆悉捨離(此國王)。	(此王)耽著(於)「肉味」，食種種肉。如是不已(不能滿足己)，遂至食人(肉)。臣民不堪，悉皆離叛(此國王)。
臣民不堪，即便謀反(叛變)，(砍)斷其(國王之)奉祿(奉古通「俸」➔薪俸利祿)。	一切臣民、(及)國土聚落(人民)，即便「謀反」，(欲)共斷其(王)命。	(後來此王即)亡失(其)「國位」，受大苦惱。
以食肉者，有如是過(患)，故不應食肉。	以食肉者，有如是(之)過(患)，是故不應食一切肉。	

51－13 「毘首羯磨」天神化作「鴿身」。<u>釋迦佛</u>前生為<u>尸毘王</u>，捨身餵「帝釋天」所變的「鷹身」

劉宋・求那跋陀羅譯	元魏・菩提流支譯	唐・實叉難陀與復禮等譯

《楞伽阿跋多羅寶經》	《入楞伽經》	《大乘入楞伽經》
	復次，大慧！ (有一位)「自在天王」(即指毘首羯磨天神Viśvakarman)化身為「鴿」，釋提桓因是(此「自在天王」之)諸「天主」，(釋提桓因)因於過去(的)「食肉」習氣，(便)化身作「鷹」，驚逐此(由毘首羯磨天神所變現的)鴿(子)，鴿來投(奔於釋迦)我(身上)。 (釋迦)我於爾時(是)作尸毘王(Śibi;Śivi;Śivin)，(我為了)憐愍眾生(都是)更(互)相食噉，(於是我便)稱(指以「磅秤」去秤自)己(的)身肉，(給)與(老)鷹(作為食物)，(來)代(替)鴿(子的生命)，(後來因為我所)割(的)肉不足(與鴿子的重量相等)，(於是我便以)身(體的所有重量攀)上「秤上」(攀援「磅秤」而上，「磅秤」之另一端所繫的「金屬盤」是裝所秤物用的)，(我身為了行菩薩道故)受(此)大苦惱。 大慧！如是無量世來，(眾生皆有)食肉(的)熏習，(於)自身、(於)他身(皆)有如是過(失)，何況無愧(無慚者)、(經)常食肉者？	大慧！ 釋提桓因處(於)「天王位」(時)，以(釋提桓因)於過去(的)「食肉」餘習，(於是)變身為(老)鷹，而(追)逐於(由毘首羯磨天神所變現的)鴿(子)。 (釋迦)我(於爾)時作王，名曰尸毘(Śibi;Śivi;Śivin)，(為了)愍念其鴿(會被老鷹所食)，(故我便)自割「身肉」以代其(鴿子的生)命。 大慧！「帝釋」(宿世的)「餘習」尚(會)惱(亂)眾生，(更何)況(其)餘無慚(無愧者)、常食肉者？當知食肉，(為)自惱、惱他，是故(發心修行的)「菩薩」，不應食肉。

「釋天」所變的「鷹身」

《眾經撰雜譬喻》卷1

(1)菩薩(所修的)「布施」，(乃)不惜「身命」。如(往)昔(的)尸毘王(Śibi;Śivi;Śivin)，以「身」(佈)施(於)「鴿」，「天帝釋」故往試之，知(此人是否真)有「菩薩志」不？

(2)(天帝)釋(即)語毘首羯磨天(神)：汝作「鴿」身，我當作「鷹」逐汝，汝便佯元怖(佯裝成恐怖)，(飛)入(尸毘)王(的)腋下。

(3)俄(而)毘首(羯磨天神)即自返(轉自)身(而)作「鴿」(身)，(天帝)釋(則)返(轉自)身作「鷹」(身)，(此鷹即)急飛(而追)逐「鴿」，「鴿」(便)直入(尸毘)王(之)腋下，舉身「戰怖」。

(4)是時鷹(即)住樹上，語(尸毘)王言：汝還我「鴿」，此是我(的)食(物)，非是汝有。

(5)(尸毘)王言：我(為)初發意(之菩薩)，欲救一切眾生，欲令度苦。

(6)鷹言：(尸毘)王(乃)度一切(的)眾生，我(乃)是一切「眾生」(之)數(中)，何以獨不見「愍」而奪我(我)食(物)耶？

(7)(尸毘)王答言：汝須何食？

(8)鷹言：我作誓，(只)食新殺(的)血肉。

(9)菩薩言：我作誓，(只要有)一切眾生來歸(附於)我者，(我便)一心「救護」，令(彼)不遭難。汝須何食？當相給與。

(10)鷹言：我所食者，新殺(的)血肉。

(11)(尸毘)王即念言：此亦難得，自非「殺生」，則無由得(此肉)，(可是)云何殺一(生命而給)與(另)一(生命去食用呢)？

(12)(尸毘王)思惟心定，即呼人來：持刀自割「股肉」與鷹(吃)。

(13)鷹語(尸毘)王言：唯(汝)以(身)「肉」與我，當以(同等的)「道理」，令(身)肉(亦)與「鴿」，(以)「輕」(或)「重」(來達到完全)正等(的方式來分肉)，(請您)勿「見欺」也。

(14)(尸毘)王言：持「秤」(磅)來，(即)以(自身)「肉」對「鴿」(而一起稱重)。「鴿」身(竟然)轉(而變)重，(尸毘)王肉(則愈)轉輕。(於是尸毘)王(下)令割「二股肉」盡，亦輕(而)不足，次(再)割「兩臗、兩乳、胸背」，(最終)舉身肉盡，鴿身猶(是更為)重。是時(尸毘)王(只好)「舉身」(舉體全身)欲上(秤盤之後)，乃與(此)鴿(重量相)等。

(15)鷹(此時即)語(尸毘)王言：大王！(我看你)此事難辦(難以辦成)，何用如此？以「鴿」(歸)還(於)我(吧)！

(16)(尸毘)王言：「鴿」來歸(附於)我，終不(再)與汝。我(於)前後喪「身」不少，(我於最)初(即)不為「法」而有(所任何的)愛惜，今欲求佛，(因為全身肉盡，無力再自割身肉，於是)便(更)「扳」(古同「攀」)稱上(舉援「磅秤」而上，「磅秤」之另一端所繫的「金屬盤」是裝所秤物用的)，(此)心(決)定無悔。

(17)諸天龍神一切人民皆共讚言：(此尸毘王竟能)為一「小鴿」，(被老鷹)酸毒乃爾(而喪失身肉)，是事(為)希有。

(18)(於是大)地為大動，毘首(羯磨天神)讚善：大士(乃)真實不虛，始是一切眾生(之)「福田」。

(19)(天帝)釋及毘首(羯磨天神即)還復(原本的)「天身」，即令(尸毘)王身(之肉)，還復「如」故。(尸毘王之)求道如此，乃可得佛(即後來之釋迦牟尼佛)。

《賢愚經》卷1〈梵天請法六事品 1〉

(1)毘首羯磨(天神)白「天帝」言：今「閻浮提」有大國王，行菩薩道，名曰尸毘(Śibi;Śivi;Śivin)，志固精進，必成佛道。宜往投歸，必能覆護，解救危厄。

(2)天帝復白：若是「菩薩」，當先試之，為至誠不？汝(毘首羯磨天神)化為「鴿」，(天帝釋)我變作「鷹」，急追汝後，相逐詣彼(尸毘)大王坐所，便求擁護，以此試之，足知真偽……

(3)毘首羯磨(天神)自化為「鴿」，「帝釋」作「鷹」，急追鴿後，臨欲捉食。時鴿惶怖，飛趣大王，入(尸毘)王腋下，歸命於(尸毘)王。

(4)鷹尋後至，立於殿前，語大王言：今此鴿者，是我之食，來在王邊，宜速還我，我飢甚急。

(5)尸毘王言：吾本誓願，當度一切，此來依我，終不與汝……

(6)(尸毘王)即取利刀，自割股肉，持用與鷹，貿(易交換)此鴿命……復割「兩臂、兩脇」，(尸毘王之)「身肉」都盡，故(重量仍然)不(能相)等(於)鴿。

(7)爾時(尸毘)大王，舉身(舉體全身)自起，(整個人)欲上「稱盤」(「盤秤」另一端所繫的「金屬盤」，裝所秤物之用)，(但)氣力不接，失跨(而)墮地，悶無所覺，良久乃穌……

(8)是時天地「六種」震動，諸天「宮殿」皆悉傾搖……菩薩行於難行，傷壞軀體，心期大法，不顧身命，各共啼哭，淚如盛雨，又雨天華而以供養。

(9)爾時「帝釋」還復「本形」，住在(尸毘)王前……天帝復言：汝(尸毘)今「壞身」，乃徹「骨髓」，寧有「悔恨意」耶？

(10)(尸毘)王言：無也。

(11)天帝復曰：雖言「無悔」，誰能知之？我觀(尸毘)汝身，戰掉不停，言氣斷絕，言「無悔恨」，以何為證？(修行人就是要堅持「無怨無悔」才對)

(12)(尸毘)王即立誓：我從始來，乃至於今，無有(任何)「悔恨」大如「毛髮」(之許)，我所「求願」，必當「果獲」。至誠不虛，如我言者，令吾「身體」，即當平復。

(13)作誓已訖，(尸毘王)身便平復，倍勝於前……尸毘王(Śibi;Śivi;Śivin)者，今(釋迦)佛身是也。

《大莊嚴論經》卷12

(1)毘首羯磨(天神)言：我等今當而往「試看」(此人尸毘王的菩薩心是否真實)，若實「不動」，當(對彼廣)修「供養」。

(2)爾時「帝釋」為欲觀察(此尸毘王修行的)「菩薩心」故，(天帝釋)自化作「鷹」，(即)語毘首羯

<u>磨</u>(天神)：汝化作「鴿」。

(3)時<u>毘首羯磨</u>(天神)即化作「鴿」，身如「空青」(天空青色)，眼如「赤珠」，向「帝釋」所……

(4)爾時「化鴿」(即爲)為「鷹」所逐，「鴿」現恐怖(相)，於大眾前，(即飛)來入<u>尸毘王</u>(的)腋下，其(鴿身之)色「青綠」，如「蓮花葉」，其光赫奕，如黑雲中「虹」。

《大智度論》卷4〈序品 1〉

(1)說此偈竟，<u>毘首羯磨</u>(天神)即自變身作一「赤眼、赤足」(之)「鴿」；「釋提桓因」(則)自變身作一「鷹」，急飛(而追)逐(此)「鴿」。鴿直來入(尸毘)王(之)掖底，舉身戰怖，動眼促聲……

(2)是時「鷹」在近樹上，(即)語<u>尸毘王</u>(Śibi;Śivi;Śivin)：還與我「鴿」，此我所(之所)受(的食物)！

(3)(尸毘)王時語鷹：我(於)前(已)受此(鴿子)，(此)非是汝(所)受(的食物)；我(於)「初發意」時受此，一切眾生皆欲「度」之。

《大智度論》卷35〈報應品 2〉

(1)爾時<u>毘首羯磨天</u>(神)白<u>釋提桓因</u>言：<u>尸毘王</u>(Śibi;Śivi;Śivin)「苦行」奇特，世所希有！諸智人言：是人不久當得「作佛」！

(2)「釋提桓因」言：是事難辦！何以知之？如「魚子、菴羅樹華、發心菩薩」，是三事，因「時」雖多，「成果」甚少。今當試之！

(3)「帝釋」自化為「鷹」，<u>毘首羯磨</u>(天神)化作「鴿」，「鴿」投於(尸毘)王，(尸毘)王自割「身肉」(餵老鷹)，乃至舉身(舉體全身欲)上「稱」(磅秤)以代「鴿命」，(大)地為(之)震動。

《菩薩本行經》卷3

佛言：我為<u>尸毘王</u>(Śibi;Śivi;Śivin)時，為一(毘首羯磨天神所變現的)「鴿」故，(而自)割其「身肉」，興立誓願，(願)除去一切眾生(之)危嶮。

《師子素馱娑王斷肉經》卷1

(1)過去「阿僧祇」劫，「釋提桓因」處(於)忉利宮，以於過去「食肉」(之)餘習，「變身」為「鷹」，而逐於(毘首羯磨天神所變現的)「鴿」。

(2)(釋迦)我時作王，名曰<u>尸毘</u>，愍念其鴿(被鷹所追逐)，(於是以「磅秤」去)「秤」身「割肉」，代「鴿」(而)償命。

(3)(所謂的)<u>尸毘王</u>者，(釋迦)我身是也。

《菩薩本生鬘論》卷1

尸毘王救鴿命緣起第二

(1)佛告諸比丘：我念「往昔」無量阿僧祇劫，(於)閻浮提中有大國王，名曰尸毘(Śibi;Śivi;Śivin)……是時三十三天「帝釋天主」，五衰相貌，(思)慮將「退墮」。

(2)彼(天帝釋)有「近臣」(名曰)毘首(羯磨天神)天子……(毘首羯磨天神)復白「天主」：今閻浮提有尸毘王，志固精進，樂求佛道，當往歸投(歸依投效)，必(能)脫是難。

(3)「天帝」聞已，審為實不？若(尸毘王真)是「菩薩」，今當(來)試(驗)之。

(4)(天帝釋)乃遣毘首(羯磨天神)變為一「鴿」，(天帝釋)我化作「鷹」，(鷹追)逐(鴿子)至(尸毘)王所，求彼救護，(即)可驗其(是否真)誠？……

(5)佛告大眾：往昔之時尸毘王者，豈異人乎？(釋迦)我身是也。

元魏·菩提留支《入楞伽經》卷8〈遮食肉品 16〉

(1)復次，大慧！(有一位)「自在天王」(即指毘首羯磨天神)化身為「鴿」，釋提桓因是(此「自在天王」之)諸「天主」，(釋提桓因)因於過去(的)「食肉」習氣，(便)化身作「鷹」，驚逐此(由毘首羯磨天神所變現的)鴿(子)，鴿來投(奔於釋迦)我(身上)。

(2)(釋迦)我於爾時(是)作尸毘王(Śibi;Śivi;Śivin)，(我為了)憐愍眾生(都是)更(互)相食噉，(於是我便)稱(指以「磅秤」去秤自己的)身肉，(給)與(老)鷹(作為食物)，(來)代(替)鴿(子的生命)，(後來因為我所)割(的)肉不足(與鴿子的重量相等)，(於是我便以)身(體的所有重量爬)上「秤上」(爬援「磅秤」而上，「磅秤」之另一端所繫的「金屬盤」是裝所秤物用的)，(我身為行菩薩道故)受(此)大苦惱。

(3)大慧！如是無量世來，(眾生皆有)食肉(的)熏習，(於)自身、(於)他身(皆)有如是過(失)，何況無愧(無慚者)、(經)常食肉者？

唐·實叉難陀《大乘入楞伽經》卷6〈斷食肉品 8〉

(1)大慧！釋提桓因處(於)「天王位」(時)，以(釋提桓因)於過去(的)「食肉」餘習，(於是)變身為(老)鷹，而(追)逐於(由毘首羯磨天神所變現的)鴿(子)。

(2)(釋迦)我(於爾)時作王，名曰尸毘(Śibi;Śivi;Śivin)，(為了)愍念其鴿(會被老鷹所食)，(故我便)自割「身肉」以代其(鴿子的生)命。

(3)大慧！「帝釋」(宿世的)「餘習」尚(會)惱(亂)眾生，(更何)況(其)餘無慚(無愧者)、常食肉者？當知食肉，(為)自惱、惱他，是故(發心修行的)「菩薩」，不應食肉。

51-14 斑足王以過去世「食肉」之薰習，待今世轉生作「人王」時，亦好食肉，甚至食「人肉」，後來所生的諸男女，盡皆為「羅刹」類的眾生

劉宋·求那跋陀羅譯《楞伽阿跋多羅寶經》	元魏·菩提流支譯《入楞伽經》	唐·實叉難陀與復禮等譯《大乘入楞伽經》

	大慧！復有(其)餘(的國)王，(為)不食肉者。(此國王有一天)乘馬遊戲，為馬「驚波㢟」(馬兒受驚於山險。「波」古通「陂」㢟，即指「山坡」的意思，如北魏‧鄭道元《水經注‧漯水》云：泉發於山側，沿「波」歷澗，東北流出山)，(於是被)牽(引而)入(於)深山。 (後來國王便)失於「侍從」，不知歸路，(因此國王)不食肉故，(所以)師子、虎、狼見(此國王竟)無(生)害心。 (後來此國王竟)與「雌師子」共行「欲事」，乃至生「子」，(名為)斑足王等。 (此斑足王)以過去世「食肉」(之)薰習，及(轉生)作「人王」(時)，亦常食肉。 (此斑足王便住)在七家村(中)，多樂(於)食肉，(因)食肉太過(份)，遂食(起)「人肉」。(後來)生諸男女，盡(皆)為「羅剎」(類的眾生)。	大慧！昔有一王，乘馬遊獵，馬(受)驚(而)奔逸，(於是亂)入於山險(中)。既無歸路，又絕人居，(時)有(一隻)「牝母師子」，(國王遂)與(此雌獅子)同遊處，遂行「醜行」(指人歡欲事)，(竟)生諸「子息」，其最長者，名曰斑足。 後(此由半獅半人所生)得(之子亦)作(國)王，領(眾住在名為)七億家(中)，(但此斑足王因)食肉(之)餘習，(所以無肉不歡)非肉不食。 (斑足王最)初食「禽獸」，後乃至(開始吃)人(肉)，(其)所生(之)男女，悉(皆)是「羅剎」(類的眾生)。 (待此斑足王)轉(捨)此身已，(來生)復(又轉)生(作回)「師子、豺狼、虎豹、鵰鷲」等(身)中。 (斑足王)欲求(得)「人身」，終不可得，況(想)出「生死」(而求得)「涅槃」之道？

51-15 凡是喜好「食肉」的眾生，皆依於過去「食肉」之薰習造成。修行人寧受飢餓苦，亦不生「惡心」而食肉，將來「人身」尚難得，更何況能得「涅槃」道嗎？

劉宋·求那跋陀羅譯《楞伽阿跋多羅寶經》	元魏·菩提流支譯《入楞伽經》	唐·實叉難陀與復禮等譯《大乘入楞伽經》
	大慧！(凡是喜好)食肉(的)眾生(皆)依於過去「食肉」(之)薰(習)故，(今世)多生「羅剎、師子、虎、狼、豺豹、貓狸、鵄ㄔ梟ㄒㄧㄠ、鵰鷲、鷹鷂ㄧㄠ」等中。	
	(凡是)「有命」之類，(皆)各自「護身」(護自己身命)，不令(他人)得便。	
	(修行人寧)受飢餓苦，(也不要)常生「惡心」，(念)念(想)食「他肉」，(食肉的果報將於)命終復墮(入)「惡道」(中)受生。人身難得：何況當有(能)得「涅槃」道(嗎)？	
	大慧！當知食肉之人，有如是等無量諸過(失)，不食肉者，即是(具有)無量「功德」之聚。	大慧！夫食肉者，有如是等無量(的)過失，(如果能)斷(肉)而不食(肉)，(將)獲大功德。
	大慧！而諸凡夫不知如是食肉之過(失)，(與)不食(肉的)功德。(故)我今略說(此理)，(如來乃)不聽(許修行人)食肉(的)。	凡愚不知(食肉)如是(之)損、益，是故我今為汝開演，凡是肉者，悉(皆)不應食。

51－16 凡殺生者，多為人想食肉。若人不食肉，則亦無「殺生」

事。是故「食肉」與「殺生」乃同罪的

劉宋・求那跋陀羅譯《楞伽阿跋多羅寶經》	元魏・菩提流支譯《入楞伽經》	唐・實叉難陀與復禮等譯《大乘入楞伽經》
*17.*復次大慧！凡諸（好）殺（生）者，（皆）為（謀求）「財利」，故（去）殺生（害命而）屠販（這些眾生肉）。	*17.*大慧！若一切人（皆）不食肉者，（則）亦無有人（會去）殺害眾生。由人（都在）食肉（時），若無可食（肉時），（則便）處處求買（肉）。	*17.*大慧！凡殺生者，多為人（想）食（肉）。若人不食（肉），亦無殺（生）事。是故「食肉」與殺（生乃）同罪（的）。
彼諸愚癡（的殺生者），（為了想）食肉（的）眾生，以（為了賺取金）錢（而）為網（羅眾生），而（為）捕（捉）諸（眾生）肉。	（有）為財利者，（則）殺（肉）以販賣，（所以）為（了欲）買（肉）者（而）殺（生）。是故買（肉）者，與殺（生者）無異（都一樣獲罪），是故食肉能障「聖道」。	
彼（好）殺生者，若以「財物」、若以「鉤網」，取彼「空行、水、陸」（的）眾生，（以）種種「殺害」（而）屠（害）販（賣）求（取財）利。	大慧！食肉之人，愛著（於）肉味，至（若）無「畜生」（肉可食），乃（至去）食人肉。	奇哉！世間（人）貪著「肉味」，（乃至於）人身有肉（者），尚（敢）取（而）食之；（更何）況於鳥獸（之肉），有不（敢去取）食者（嗎）？
大慧！亦無「不教、不求、不想」，而（便自然會）有魚肉（可吃的事情）！（沒有「不去教令他人而取得」、沒有「自己不去求取魚肉」、沒有「不想去吃魚肉」者，自然就能獲得魚肉來吃的。也就是一位想吃魚肉者：①必定會教令他人而去取得這些魚肉。②必定是自己主動想去求取魚肉。③必定是自己想吃魚肉）	（食肉之人更）何況（於）「麞鹿・狌・兔・鵝・鴈・豬・羊、雞・狗・駝・驢、象・馬・龍、蛇・魚・鱉」，（凡是於）水（中）、（於）陸（中）有（生）命（者），（沒有）得而不食（的）！	
	由（於執）著（於）「肉味」，設諸方便（而去）殺害眾生。	以（眾生）「貪味」，故廣設（種種）方便（補抓眾生），
	（於是）造作種種「罝罦羅」（禽罝羅捕）機網（機檻羅網），	（放置）罝罦羅（禽罝羅捕）、（設）網罟（魚網撩罟），（於）處處（皆）

以是義故,不應食肉。	羅山(罩羅於滿山)罝 地(擇𢶁置於滿地), 截河(截斷河流)堰ㄢˇ 海(造河壩渠堰於大海)。 遍諸(於)水陸,(到處)安置「罟ㄍˇ 網」(撩罟魚網),(用)機撥(弩機撥動),(設置)坑塪ㄊㄚˇ(坑阱穴塪),(以)弓刀(弓矢剌刀)、毒箭, (於所有的空)間(都)無空(虛之)處,(於)虛空、(或於)地、(或於)水,(有)種種眾生,皆(無有不)被殺害(者),(只)為(了)食(彼)肉(之)故。	安施(安置施作)。 (於)水、(於)陸、(於)飛行(的眾生),皆(無有不)被殺害(者)。 (假)設自(己)不食(肉),為(了)貪(販賣肉類之金錢)「價直」而作是(殺生)事。

51-17 「食肉」者乃斷「大慈」種。如來我曾經有聽許過「聲聞」人,可食「三淨肉」,所以我並沒有允許「聲聞」弟子們可以「光明正大」的食肉。若我真有聽許的話,如來我則非是一位住於「慈心」者、修「觀行」者、行頭陀者、趣向「大乘」者

劉宋・求那跋陀羅譯 《楞伽阿跋多羅寶經》	元魏・菩提流支譯 《入楞伽經》	唐・實叉難陀與復禮等譯 《大乘入楞伽經》
	大慧!(所有的)「獵師、屠兒、食肉人」等,(都是為)「惡心」堅固(者),能行(而)不(具有)「忍」(心者)。 (「忍心」在佛經上的使用是指「慈忍」	大慧!世復有人,心無「慈愍」,專行慘暴(慘毒殘暴),猶如「羅剎」(一樣)。

	的一種愛心、慈悲心。相對的，不具有「忍心」者，就是指沒有「忍心」的人，那就會成為「殘忍、兇暴」者)	
	見諸眾生，形體鮮肥(鮮美肥嫩)，膚肉(皮膚血肉)充悅(充壯而令人嗜悅)，(便)生食(肉)味(之)心。更相指示言：(此)是可噉(之肉)，(竟)不生(出)一念(的)「不忍之心」(此「不忍之心」四字應另作「憐憫心、同情心」之解，與上文之「不忍」二字意義不同)。	若見眾生其身充盛(充壯旺盛)，便生「肉想」，言此：(為)可食(者)！
	是故我說「食肉」之人(乃)斷「大慈」種。	
	大慧！我觀世間，無有是「肉」而(來自於)「非命」者。❶自己不(去親手)殺(生而得肉)。 (自殺：指你自己親手去殺生所得來肉) ❷不(是)教(他)人(去)殺他(肉而給自己吃)。 (他殺：教他人去殺生所得來的肉) ❸(心中完全)不(懷疑這是別人專)為(你所)殺(的肉)。 (所有的肉都)不(必)從(任何的有)「命」來；而是(為自己本身就獨立存在的)肉(來)者。 (此乃)無有是處！ (如果真有這種肉的存在的話，那就是現在的「人造科技肉」了唷~)	大慧！世(間)無有肉， ❶非是(你親)自(去)殺(生而得肉)。 (自殺：指你自己親手去殺生所得來肉) ❷亦非(來自於)「他殺」。 (他殺：教他人去殺生所得來的肉) ❸心(中完全)不(懷)疑(別人是專為你所)殺(的肉)， 而可食者。 以是義故，我(於最初講法時，曾經有聽)許(過)「聲聞」(人)，(可)食如是(所說的三淨)肉。

	若有是肉，(且)不從(任何的有)命(而)出，而(果真有)是「美食」，我以何故(而)不聽(許)人食(此肉呢)？ 遍求世間，(絕對)無如是(不從「有命」而來的)肉(啊)！ 是故我說食肉是(有)罪(的)，斷「如來」種，故不聽(許)食(肉)。 大慧！我(於)「涅槃」後，於未來世，法欲滅時，於我法中，(仍)有出家(修道)者。剃除鬚髮，自稱我是(為出家的)「沙門釋子」，(身雖)被我袈裟，(但卻愚)癡如小兒(一般)， (自己)自稱(為)「律師」，(然後)墮於二邊(的邪見)。(以)種種虛妄(的)「覺、觀」(擾)亂(其)心，貪著(於)肉味。 隨自心(之邪)見，(竟)說(於)「毘尼」(Vinaya 律)中(佛有)言(可)得(以)食肉(的)！ (此邪人)亦謗我(佛如來而竟)言：諸佛如來(乃有)聽(許)人食肉(的)！ (此邪人)亦說(如來有)因(某種)	大慧！(於)未來之世，有愚癡(的邪)人，於我(佛如來的)法中而為「出家」， (但卻)妄說「毘尼」(Vinaya律)，壞亂「正法」。 (此邪人)誹謗於我，(竟)言：(諸佛如來乃有)聽(許僧眾)食肉，(如來)亦自曾食(肉)。

	制(戒)而聽(許僧眾可)食肉！	
	（此邪人)亦謗我(佛如來而竟)言：如來世尊(自己)亦自食肉(類)。	
	大慧！我於《象腋┘》(佛說象腋經)、《央掘魔》(央掘魔羅經)、《涅槃》(大般涅槃經)、《大雲》(大方等無想經)等一切「修多羅」中，(皆)不聽(許僧眾可以)食肉，亦不說「肉」(是可)入於食(物之)味(中)。	
	大慧！我若(真有)聽(許)諸「聲聞」弟子(可以「光明正大」的以)「肉」為食者。	大慧！若我(真有)聽許「聲聞」(弟子可以「光明正大」的)食肉。
	我終不得(以)口(去)常讚歎修行「慈悲」(之)行(者)、(及)「如實行」(的修行)者。 (如果連佛自己都吃肉、無慈悲行，又如何有「資格」去讚歎他人具有「慈悲行」？ 如果連佛自己都吃肉、無慈悲行，又如何有「資格」受到他人讚歎說佛是為「慈悲行者」？)	我則非是(為)住(於)「慈心」者。(亦非是為)修「觀行」者。
	亦不(能去)讚歎(在)「屍陀林」中(的)「頭陀行者」。	(亦非是為)行頭陀者。
	亦不(能去)讚歎修行(於)「大乘」、住(於)「大乘」者。	(亦非是為)趣(向)「大乘」者。

	亦不(能去)讚歎「不食肉」者。	(既如此的話，我)云何而(能去)勸(諸弟子呢)？
	(所以)我不自食(肉)，(亦)不聽(許)他(人可以)食(肉)。	
	是故我勸修「菩薩行」、(讚)歎「不食肉」(者)。	
	(我)勸觀(所有的)眾生，應(皆視)如(同爲自己的)「一子」(之想)。	諸善男子，及善女人，(應)於諸眾生，生(視同爲自己的)「一子」(之)想，(應)斷(除)一切肉。
	云何(有邪人竟)唱言：我(佛如來有)聽(許僧眾)食肉(呢)？	
	我爲(諸佛門)弟子、(及)修「三乘行」者，(令能)速得(證)果故，(所以我便)遮(止於)一切肉，悉不聽(許)食(用)。	
	云何(有邪人竟)說言：我(佛如來於)「毘尼」(Vinaya律)中(有)聽(許僧)人食肉(呢)？	

51-18 如來在世時，曾聽許比丘可食「三淨肉、五淨肉、九淨肉」，而「十種肉」則自始自終佛陀都是禁止食肉的，此皆隨事因緣而漸制之戒。但佛於臨「涅槃」時，又改云「禁一切肉，悉不應食」。所以戒律會因「時、地、種種因緣」下而有不同的「開、遮、持、犯」問題

劉宋・求那跋陀羅譯	元魏・菩提流支譯	唐・實叉難陀與復禮等譯
《楞伽阿跋多羅寶經》	《入楞伽經》	《大乘入楞伽經》

18. 大慧！我於(其餘)諸處(曾)說：

(應該)遮(禁)「十種」(肉)，(或暫)許(可食用)「三種」(不淨肉)者。

(像我佛如來這樣的說法)是(希望眾生能以)漸(漸)「禁斷」(肉食的方式)，令其(最終能)修學(到葷肉「全斷」的目的)。

---

18. (邪人)又復說言：如來(於其)餘(的)「修多羅」中說：

(有)「三種肉」(乃)聽(修行)人(可以正大光明的)食(用)者。

(前面經文已說了：修行人於凡所飲食時，皆應作「食子肉想」與作「服藥想」；既如此，怎可以把「三淨肉」當作「正大光明」無慚無愧的「大方」食用呢？)

當知是(邪)人，不修毘尼(Vinaya律)，(不知道應於)次第(而全部)斷(禁肉食)，故(竟)唱言(可「正大光明」的)得食(三淨肉)。

何以故？

大慧！肉有二種。

一者：他殺。

(專教他人去殺生所得來的肉)

二者：自死。

(壽命盡而自然死亡者之肉。佛陀曾經允許過「九淨肉」，其中一個就是「自然壽終而死」的肉是可以吃的)

以世(間俗)人(而)言，有肉(可)得食(者)，有不(可)得(食肉)者。

(例如十種肉是佛陀自始自終都是禁止可食用的肉品，世俗人可能會去吃，但佛弟子則絕對絕對不允許的)

(十種肉例如)「象、馬、龍、蛇、人、鬼、獼猴、豬、狗」及「牛」(肉等)，

---

18. 大慧！我有(於最終)時說：

(應該)遮(禁)「五種肉」，或(全)制(禁)「十種」(肉都不可食。「十種肉」是佛陀自始自終都是禁止食肉的肉)。

	(以上共十種肉)言：(絕對)不得食！ (十種肉是佛陀自始自終都是禁止食肉的肉，世俗人可能會去吃，但佛弟子則絕對絕對不允許的。 十種肉，諸經說法不一。有說：「人、象、馬、龍、狗、鳥、鷲、豬、獼猴[猿]、獅子」等共十種。 亦有說除了「龍、鳥、鷲」之外的肉，再加「蛇、驢、狐」。 或說除了「鳥、鷲、獅子」之外的肉，再加「蛇、鬼、牛」者。 以上都是屬於「十種不淨肉」，無論何時，均不可食用) (其)餘(肉)者(指三淨肉、五淨肉、九淨肉)，(則暫時可)得(以)食(用)。 (但若身為)「屠兒」(者)，(則)不問(那些能)得食？(那些是)不(能)得(食)？一切(肉都全部)「盡殺」，(然後)處處衢﹝市﹞賣(衢鬻山 叫賣)。 眾生(本)無過(患)，(結果就遭此枉)橫(而)被殺害。 是故(如來)我(於最終即)制(戒)： (凡是屬於)「他殺、自死」(教他人去殺生所得來的肉，與壽命盡而自然死亡者之肉)，悉不得食(此肉)。	

	(若有)「見、聞、疑」(的肉)者， ❶當我看到肉時，有見到這是爲我「專門」而殺的肉，也曾見到這肉被殺的過程與任何的「畫面」。 ❷當我看到肉時，有聽聞這是爲我「專門」而殺的肉，甚至從「可信任的人」當中，也有聽聞這肉是爲我「專門」而殺的，我也曾聽聞到這肉被殺的「畫面」與任何的「聲音」。 ❸當我看到肉時，內心曾經懷疑這些肉是爲我「專門」而殺的) (此即指)所謂(的)「他殺」(專爲他人而殺的肉)。 (若)不「見、聞、疑」(的肉者)， ❶當我看到肉時，不見到是爲我「專門」而殺的肉，也不曾見到這肉被殺的過程與任何的「畫面」。 ❷當我看到肉時，不聽聞這是爲我「專門」而殺的肉，甚至從「可信任的人」當中，也沒有聽聞這肉是爲我「專門」而殺的，我也不曾聽聞到這肉被殺的「畫面」與任何的「聲音」。 ❸當我看到肉時，內心絕不懷疑這些肉爲我「專門」而殺的，完全沒有聽見任何「爲我而殺」的「話語」) (即)所謂(的)「自死」(肉)。 (純粹只是壽命盡而自然死亡者之肉) 是故大慧！我(最終於)「毘尼」(Vinaya 律)中唱如是言：	

	凡所有肉，於一切(的)「沙門釋子」(中)，皆(為)「不淨」食，污(染)清淨(的生)命，障(礙)「聖道」分。無有(任何的)「方便」而可得(言)食(肉是無罪的)。 若有說言：佛(於)「毘尼」(Vinaya律)中，(最終有)說「三種肉」(或加上「五淨肉、九淨肉」)，(悉)為不聽(許)食(用)，非為(所)聽(許的)食(物)。 當知(如)是人，(能)堅住(於)「毘尼」(Vinaya律)，是(為)不(毀)謗我(佛如來清淨的戒律)。	
今於此(《楞伽》)經(中)，(於)一切(的)種(類)、(於)一切(的)時(機因緣下)， (我已完全)開除(以前曾經有允許過「三淨肉、五淨肉、九淨肉」的所有)方便，一切悉(皆禁)斷(諸肉)。	大慧！今(於)此《楞伽》(的)「修多羅」中，(於)一切時(機因緣)、(於)一切(的眾生)肉， 亦(再)無(任何的)「方便」而可得食(用的)。	今(於)此(《楞伽》)經中，(凡是)自死(純粹是壽命盡而自然死亡者之肉)、(或)他殺(專為他人而殺的肉)。 凡是(屬於眾生)肉者，一切悉(皆禁)斷。

51－19 諸佛如來最終是遮禁修行人「食肉」，不單只為一人而說，於「現在、未來」一切諸人，皆不得食肉。凡是「肉食」，悉是「不淨」之食

劉宋・求那跋陀羅譯 《楞伽阿跋多羅寶經》	元魏・菩提流支譯 《入楞伽經》	唐・實叉難陀與復禮等譯 《大乘入楞伽經》
	是故，大慧！我(於最終)遮(禁修行人)「食肉」，不(單只)	大慧！我(佛如來)不曾(聽)許「弟子」(們可以「正常光明」的大

	為一人(而說)，(於)「現在、未來」一切(諸修行人皆)不得(食肉)。	方)「食肉」。
		(我佛如來)亦不(於)「現許」(現在許可食肉)，亦不(於)「當許」(當來許可食肉)。
	是故大慧！若彼「癡人」，自言(自己是)「律師」，(竟)言(於)「毘尼」(Vinaya 律)中，(諸佛如來有)聽(許僧)人「食肉」。	大慧！凡是「肉食」，於「出家人」，悉是「不淨」(之食)。
	亦謗我(佛如來竟)言：如來自(己亦)食(肉)。	大慧！若有(愚)癡(邪)人，(竟)謗言：如來(有)聽許「食肉」，(如來)亦自食(肉)者。
	彼愚癡(邪)人，成「大罪」障，(將於)長夜墮於「無利益處、無聖人處、不聞法處」。	當知是人(將為)「惡業」所纏，必當永墮「不饒益處」。
	亦不得(再)見(到於)「現在、未來」(的所有)「賢聖」弟子；況當得(能)見(到)諸佛如來(嗎)？	
	大慧！諸「聲聞」人，(日)常(生活)所應食(之物)，(例如)「米、麵、油、蜜、種種麻豆」，(皆)能(令)生「淨命」(清淨生命)。	大慧！我之所有諸聖「弟子」，尚不(應)食於凡夫(所食的)「段食」；(更何)況(能令僧人)食「血肉」不淨之食(嗎)？
	(若有於)非法(而)「貯畜」、(於)非法(而)「受取」，我(皆)說「不淨」，尚不聽(許)食(用)；(更)何況(諸佛如來真會)聽(許僧	

	人)食「血肉」不淨(嗎)？	

51－20 諸佛如來皆以「法食、法住」為主，非為「飲食」的「雜食」之身。如來視眾生猶如自己親生之「一子」，所以絕不會去教人食魚肉

劉宋·求那跋陀羅譯 《楞伽阿跋多羅寶經》	元魏·菩提流支譯 《入楞伽經》	唐·實叉難陀與復禮等譯 《大乘入楞伽經》
	大慧！我諸(發心修行的)「聲聞、辟支佛、菩薩弟子」(們)，(皆應)食於「法食」(法義之食)，非食(於美味的)「飲食」；(更)何況(是諸佛)如來(呢)？	大慧！(我諸發心修行的)「聲聞、緣覺」及「諸菩薩」，尚唯(食)「法食」(法義之食)；豈(更何)況(是諸佛)如來(呢)？
大慧！如來應供、等正覺，尚無(飲食之)所食；(更何)況(會去)食魚肉(嗎)？	大慧！諸佛如來(皆以)「法食、法住」，非(為)「飲食」(之)身，非(由)諸「一切飲食」(來)「住身」。	大慧！如來(為)「法身」，非(為)「雜食」(之)身。
	(諸佛如來已)離諸「資生」(與因貪)愛(而)有(種種的渴)「求」等。	
	(諸佛如來已)遠離一切「煩惱」習過(薰習之過患)。	大慧！我已斷除一切「煩惱」，我已洗滌一切「習氣」。
	(諸佛如來已)善分別知心、(與)心(所生之)智慧。(於)一切智(上)、(於)一切見(上)，(皆)見諸眾生「平等」(而生)憐憫(心)。	我已(能)善擇「諸心、智慧」。

（如來）亦不教人（食魚肉），（如來）以「大悲」（爲）前行故，視一切眾生猶如（自己親生的）「一子」。	是故大慧！我見一切諸眾生等，猶如（自己所生的）「一子」。云何（諸佛如來）而（能）聽（許）以肉為食（呢）？（諸佛如來）亦不隨喜（眾生肉），（更）何況（去）自食（眾生肉）！	（如來具）「大悲」平等，（能）普觀眾生，（視）猶如（自己所生的）「一子」。云何而（能聽）許「聲聞弟子」（去）食於（猶如自己之）「子肉」；（更）何況（如來會去）自食（眾生肉）！
是故（如來最終是）不聽（許而）令（僧人可）食（如同自己的一）「子肉」。		（若）作是（如來自食肉，與聽許弟子食肉之）說者。
		（此乃）無有是處！
	大慧！如是（於）一切葱、韮（古同「韭」）、蒜、薤（中），（都屬於）臭穢不淨，能障聖道，亦（能）障（礙於）世間（的）「人、天」淨處；（更）何況（是）諸佛「淨土」（的）果報（呢）？	
	「酒」亦如是，能障聖道，能損「善業」，能生諸過（失）。	
	是故，大慧！（欲）求「聖道」者，（應於）「酒、肉、葱、韮（古同「韭」），及「蒜、薤」等，能薰（穢臭）之味（的葷辛物），悉不應食！	

51－21 佛勸修行人應該要素食的偈頌

劉宋・求那跋陀羅譯《楞伽阿跋多羅寶經》	元魏・菩提流支譯《入楞伽經》	唐・實叉難陀與復禮等譯《大乘入楞伽經》
爾時世尊欲重宣此義而說	爾時世尊重說偈言：	爾時世尊重說頌言：

偈言：		
	大慧菩薩問。	
	酒肉蔥韮_(古同「韮」)蒜。	
	佛言是不淨。	
	一切不聽食。	
	羅刹等食噉。	
	非聖所食味。	
	食者聖呵責。	
	及惡名流布_(流傳散布)。	
	願佛分別說。	
	食不食罪福。	
	大慧汝諦聽。	
	我說食中過。	
	酒肉蔥韮蒜。	
	是障聖道分。	
	我觀三界中。	
	及得聖道眾。	
	無始世界來。	
曾昔為親屬。	展轉莫非親。	悉曾為親屬。
	云何於其中。	
	而有食不食。	
	觀肉所從來。	
	出處最不淨。	
鄙穢不淨雜。	膿血和雜生。	眾穢所成長。
	屎尿膿洟合。	
不淨所生長。	修行淨行者。	恐怖諸含生。
	當觀不應食。	
	種種肉及蔥。	
聞氣悉恐怖。	酒亦不得飲。	是故不應食。
一切肉與蔥。	種種韮及蒜。	一切肉與蔥。
及諸韮蒜等。	修行常遠離。	韮蒜及諸酒。
種種放逸酒。	常遠離麻油。	如是不淨物。
修行常遠離。	穿孔床不眠。	修行者遠離。
亦常離麻油。	飛揚諸細蟲。	亦常離麻油。

及諸穿孔床。 以彼諸細蟲。 於中極恐怖。	斷害他命故。	及諸穿孔床。 以彼諸細蟲。 於中大驚怖。

古印度吃素者，為何不能吃「麻油」？

(1)「麻油」是將「芝麻」壓榨出的「油」，在古印度從事此工作者被稱為「**笮油家、搾油家、壓油輪、油家、壓油家、押油家**」，就是搾「液」而喚「油」。由於「芝麻籽粒」中會生有很多「小蟲」，所以在「搾油」的時候，「蟲子」也會被連同「搾死」而成了「汁液」。

(2)所以在戒律中，佛陀都是嚴格禁止食用「麻油」，也禁止與從事「壓油」的人來往。但現代人早已使用「高科技」製油了，所以吃素的人，當然是可以食用「麻油」的，這已無任何礙慮！

(3)例如在《薩婆多毘尼毘婆沙》中就有說：**不得「壓油」為業，以油多，殺蟲故，天竺法爾。自罽⁼賓**(Kaśmīra 迦濕彌羅。位於西北印度，為喜馬拉雅山山麓之古國，中國漢朝稱之罽賓國。建國於西元前 2400 年，經過第 47 代後，阿育王即位國王。佛教在罽賓國曾遭迫害，後又興隆成為大乘佛教之發源地，在《大集經》、《華嚴經》、《涅槃經》中皆可見到罽賓國名)**已來，「麻」中一切「無蟲」，若「無蟲」處，壓油，無過也**。也就是在古天竺地區的「芝麻」中，蟲子較多，而在古罽賓地區的「芝麻」卻沒有蟲子，因此在這些「麻中一切無蟲」的地區進行「壓油」是沒有罪過的。

(4)《大智度論·卷十六》中云：(於)**熱「鐵臼」中，搗之令「碎」，如「笮蒲萄」，亦如「壓油」**。可知道古人應該是用「搗臼法」在製油、壓油的，方法與「搾葡萄汁」是相同的。

(5)《大般涅槃經·卷二十》中也有說：(胡麻之子，目前)**實未有「油」**，(須待)**胡麻**(成)**熟已**，(再)**收**(其)**子**(而)**「熬乿、擣壓」，然後乃得出「油」**。可見這裡也有講是用「擣壓」方式在「製油」的

(6)古印度常用的「搾油」工具稱為「加尼」，實際上就是一個改裝過的「杵臼」，「破碎」和「壓搾」都用它來完成，廣泛被用來做搾取「芝麻油、菜籽油、椰子油、蓖麻油」等的工具。

51－22 偈頌內容

劉宋・求那跋陀羅譯 《楞伽阿跋多羅寶經》	元魏・菩提流支譯 《入楞伽經》	唐・實叉難陀與復禮等譯 《大乘入楞伽經》
飲食生放逸。	肉食長身力。	飲食生放逸。
放逸生諸覺。	由力生邪念。	放逸生邪覺。
從覺生貪欲。	邪念生貪欲。	從覺生於貪。
是故不應食。	故不聽食肉。	是故不應食。
由食生貪欲。	由食肉生貪。	邪覺生貪故。
貪令心迷醉。	貪心致迷醉。	心為貪所醉。
迷醉長愛欲。	迷醉長愛欲。	心醉長愛欲。
生死不解脫。	不解脫生死。	生死不解脫。
為利殺眾生。	為利殺眾生。	為利殺眾生。
以財網諸肉。	為肉追錢財。	以財取諸肉。
二俱是惡業。	彼二人惡業。	二俱是惡業。
死墮叫呼獄。	死墮叫喚獄。	死墮叫喚獄。
若無教想求。	三種名淨肉。	不想不教求。
則無三淨肉。	不見聞不疑。	此三種名淨。
彼非無因有。	世無如是肉。	世無如是肉。
是故不應食。	生墮食肉中。	食者我訶責。
彼諸修行者。	臭穢可厭患。	更互相食噉。
由是悉遠離。	常生顛狂中。	死墮惡獸中。
十方佛世尊。	多生旃陀羅。	臭穢而顛狂。
一切咸呵責。	獵師屠兒家。	是故不應食。
展轉更相食。	或生羅剎女。	獵師旃茶羅。
死墮虎狼類。	及諸食肉處。	屠兒羅剎娑。
臭穢可厭惡。	羅剎貓狸等。	此等種中生。
所生常愚癡。	食肉生彼中。	斯皆食肉報。
多生「旃陀羅」(caṇḍāla 屬最下級之種族，專事獄卒、販賣、屠宰、漁獵等職)。	《象腋》(佛說象腋經)與《大雲》(大方等無想經)。	食已無慚愧。
獵師譚婆(ḍomaba 屠家:屠兒。古印度稱食狗肉人為「譚婆」)種。	《涅槃》(大般涅槃經)、《勝鬘經》(此處應指《央掘魔羅經》。梵文作 Aṅgulimālya→鬘花。非指《勝鬘師子吼一乘大方便方廣經》)。	生生常顛狂。諸佛及菩薩。聲聞所嫌惡。
或生陀夷尼。	及《入楞伽經》。	《象脅》(佛說象腋經)與《大雲》(大方等無想經)。《涅槃》(大般涅槃經)、《央掘摩》(央掘魔羅經，梵文亦作 Aṅguli-mālika)。
及諸食肉性。	我不聽食肉。	
羅剎貓狸等。		

遍於是中生。 《縛象》（佛說象腋經）與《大雲》（大方等無想經）。 《央掘利魔羅》（Aṅgulimālya 鬘花。央掘魔羅經）。 及此《楞伽經》。 我悉制斷肉。		及此《楞伽經》。 我皆制斷肉。

51－23 偈頌內容

劉宋・求那跋陀羅譯 《楞伽阿跋多羅寶經》	元魏・菩提流支譯 《入楞伽經》	唐・實叉難陀與復禮等譯 《大乘入楞伽經》
諸佛及菩薩。 聲聞所訶責。	諸佛及菩薩。 聲聞亦訶責。	
食已無慚愧。 生生常癡冥。 先說見聞疑。 已斷一切肉。 妄想不覺知。 故生食肉處。 如彼貪欲過。 障礙聖解脫。 酒肉蔥韭蒜。 悉為聖道障。 未來世眾生。 於肉愚癡說。 言此淨無罪。 佛聽我等食。 食如服藥想。 亦如食子肉。 知足生厭離。	食肉無慚愧。 生生常顛狂。 先說見聞疑。 已斷一切肉。 妄想不覺知。 故生食肉想。 如彼貪欲過。 障礙聖解脫。 酒肉蔥韭蒜。 悉為聖道障。 未來世眾生。 於肉愚癡說。 言此淨無罪。 佛聽我等食。 淨食如藥想。 猶如食子肉。 知足生厭離。	先說見聞疑。 已斷一切肉。 以其惡習故。 愚者妄分別。 如貪障解脫。 肉等亦復然。 若有食之者。 不能入聖道。 未來世眾生。 於肉愚癡說。 言此淨無罪。 佛聽我等食。 淨食尚如藥。 猶如子肉想。 是故修行者。 知量而行乞。 食肉背解脫。

修行行乞食。	修行行乞食。	及違聖表相。
安住慈心者。	安住慈心者。	令眾生生怖。
我說常厭離。	我說常厭離。	是故不應食。
虎狼諸惡獸。	師子豺虎狼。	安住慈心者。
恒可同遊止。	恒可同遊止。	我說常厭離。
若食諸血肉。	食肉見者怖。	師子及虎狼。
眾生悉恐怖。	云何而可食。	應共同遊止。
是故修行者。	是故修行者。	若於酒肉等。
慈心不食肉。	慈心不食肉。	一切皆不食。
食肉無慈慧。	食肉斷慈心。	必生賢聖中。
永背正解脫。	離涅槃解脫。	豐財具智慧。
及違聖表相。	及違聖人教。	
是故不應食。	故不聽食肉。	
得生梵志種。	不食生梵種。	
及諸修行處。	及諸修行道。	
智慧富貴家。	智慧及富貴。	
斯由不食肉。	斯由不食肉。	

第５２節　陀羅尼品

52－1 第一段「楞伽經咒」：功德為袪鬼神用

袪ㄑㄩˋ 鬼神用的咒語

劉宋・求那跋陀羅譯 （Guṇabhadra）	元魏・菩提流支譯 （Bodhiruci）	唐・實叉難陀與復禮等譯 （Śikṣānanda）
四卷	十卷	七卷
公元 443 年譯畢 距今接近 1600 年了	公元 513 年譯畢 距今約有 1500 多年了	公元 700 年譯畢 距今約有 1300 多年了
《楞伽阿跋多羅寶經》	《入楞伽經》	《大乘入楞伽經》
	【卷八・陀羅尼品第十七】	【卷六・陀羅尼品第九】
	爾時世尊告聖者大慧菩薩摩訶薩言： 大慧！汝應諦聽！（應）受持我（所說之）「楞伽經咒」。 是咒（乃是三世）「過去、未來、現在」諸佛（之）「已說、今說、當說」。 大慧！我今亦說（此咒），（若有）為諸「法師」（凡是能講說此經、宣此法義者，無論是出家或在家，一律皆稱為「說法之師」，簡稱「法師」二字。「法師」的梵語譯作 dharma-bhāṇaka 有時也譯作「說法之師、說法師、大法師」。「法師」在廣義上是指能通曉「佛法」，解行合一，又能「引導眾生修行」之「出家僧眾」或「具善知識的在家居士」；「法師」在狹義上則專指能通曉解說「經、律、論」之「僧眾行者」），（為）受持讀誦《楞伽經》者，	爾時佛告大慧菩薩摩訶薩言： 大慧！（於）「過去、未來、現在」諸佛，為欲擁護持此（《楞伽》）經者，皆為演說（此）「楞伽經咒」。 我今亦說，汝當受持，即說咒曰：

	而說咒曰：	怛姪他(一) Tadyathā・
	兜諦兜諦・	覩吒 覩吒(都駭反下同二) duṭṭe--duṭṭe・
	祝諦祝諦・	杜吒 杜吒(三) tuṭṭe--tuṭṭe・
	蘇頗諦 蘇頗諦・	鉢吒 鉢吒(四) paṭṭe--paṭṭe・
	迦諦 迦諦・	葛吒 葛吒(五) kaṭṭe--kaṭṭe・
	阿摩利・阿摩諦・	阿麼隷 阿麼隷(六) amale--amale・
	毘摩梨 毘摩梨・	毘麼隷 毘麼隷(七) vimale--vimale・
	尼彌 尼彌・	儞謎 儞謎(八) nime--nime・
	奚彌 奚彌・	呬謎 呬謎(九) hime--hime・
	婆迷 婆迷・	縛(扶可反)謎 縛謎(十) vame--vame・
	歌梨 歌梨・	葛隷 葛隷(十一) kale--kale--
	歌羅 歌梨・	揭囉 葛隷(十二) kara--kare・
	阿䗍 摩䗍・	阿吒 末吒(十三) aṭṭe・maṭṭe・
	遮䗍 兜䗍・	折吒 咄吒(十四) caṭṭe・ṭuṭṭe・
	讓䗍・蘇弗䗍・	耆若(攘舸反二合)吒 薩普(二合)吒(十五) jñaṭṭe・spuṭṭe・
	葛弟 葛弟・	葛地(雜計反下同) kati--kati・

	波弟　波弟・	剌地（十六）鉢地（十七） lati・pati・
	奚咪　奚咪	呬謎　呬謎（十八） hime--hime・
	地咪　地咪・	第謎　第謎（十九） dime--dime・
	羅制　羅制・	折隸　折隸（二十） cale--cale・
	波制　波制・	般制　般制（二十一） pace--pace・
	槃弟　槃弟・	畔第　畔第（二十二） bandhe--bandhe・
	阿制　彌制・	案制　滿制（二十三） añce・mañce・
	竹茶梨	黜（眠尸反下同）茶（去聲下同）嚟（二十四） cuḍare--
	兜茶弟・	杜茶嚟（二十五） ṭuḍare・
	波羅弟・	鉢茶嚟（二十六） paḍare・
	遏計　遏計・	遏計　遏計（二十七） arkke--arkke・ 末計　末計（二十八） markke--markke・
	斫計　斫計梨・	斫結嚟　斫結嚟（二合二十九） cakre--cakre・
	利爾　犀咪・屍咪・	地（依字呼）謎　地謎（三十） dime--dime・
	奚咪　奚咪・	呬ㅗ謎　呬謎（三十一） hime--hime・
	晝晝　晝晝・	黜黜　黜黜（三十二） ṭuṭu--ṭuṭu・

	抽畜 抽畜・	楮(答矩反)楮_ﾑ 楮楮(三十 三)
		ḍuḍu--ḍuḍu・
	紬紬 紬紬_ﾑ・	杜杜 杜杜(三十四)
		tutu--tutu-・
	除除除除・	杜虎(二合)杜虎--杜虎杜 虎(三十五)
		tuṃtuṃ--tuṃtuṃ・
	蘇婆呵・	莎婆訶(三十六)
		svāhā

52-2 第一段「楞伽經咒」的功德説明

劉宋・求那跋陀羅譯 《楞伽阿跋多羅寶經》	元魏・菩提流支譯 《入楞伽經》	唐・實叉難陀與復禮等譯 《大乘入楞伽經》
缺	大慧！(此)是名《楞伽》大經中(之)「咒文句」。善男子、善女人、比丘、比丘尼、優婆塞、優婆夷等，(若)能受持讀此「(咒)文句」，(並)為人演說，(則)無有人能覓其「罪過」。 若天、天女、若龍、龍女、若夜叉、夜叉女、阿修羅、阿修羅女、迦樓羅、迦樓羅女、緊那羅、緊那羅女、摩睺羅伽、摩睺羅伽女、浮多、浮多女、鳩槃荼、鳩槃荼女、毘舍闍、毘舍闍女、嗚多羅、嗚多羅女、阿波羅、阿波羅女、羅刹、羅刹女、茶伽、茶伽女、嗚周何羅、嗚周何羅	大慧！(於)未來世中，若有善男子、善女人，受持讀誦，為他解說此「陀羅尼」。 當知此人，不為一切「人」

	女、伽吒福多羅、伽吒福多羅女、若人、非人、若人女、非人女，(皆)不能(尋)覓其過(患)。	與「非人」、(以及)諸鬼神等之所得便。
	若有「惡鬼神」損害(是)人，欲速令彼「惡鬼」(離)去者，(應誦以)「一百遍」轉(誦)此「陀羅尼咒」，彼諸「惡鬼」，(即)驚怖號哭，疾走而(離)去。	若復有人，(於)卒中(猝然之時)於惡(「於」字當介詞➜被。在「倉猝」之時被「邪惡」所損害)，(即應)為其誦念(此咒達)一百八遍，即時(能令)「惡鬼」疾走而去。

52－3 第二段「楞伽經咒」：若持此咒者，則已為受持《入楞伽經》一切的「文句」經文，悉已全部具足圓滿

劉宋・求那跋陀羅譯《楞伽阿跋多羅寶經》	元魏・菩提流支譯《入楞伽經》	唐・實叉難陀與復禮等譯《大乘入楞伽經》
缺	佛復告大慧：大慧！我為護此「護法」(護持《楞伽經》正法的)「法師」(在廣義上是指能通曉「佛法」，解行合一，又能「引導眾生修行」之「出家僧眾」或「具善知識的在家居士」；「法師」在狹義上則專指能通曉解說「經、律、論」之「僧眾行者」)，更說陀羅尼，而說咒：	大慧！我更為汝說「陀羅尼」，即說咒曰：
		怛姪他(一)Tadyathā・
	波頭彌・	鉢頭迷(一)padme・
	波頭彌 提婢・	鉢頭摩 第鞞(二)padma deve・
	奚尼 奚尼 奚禰・	醯(去聲下同)泥 醯禰 醯

		泥(四)
		hine · hini · hine ·
	諸梨 · 諸羅 · 諸麗 ·	主隸 主羅 主隸(五)
		cule--cula--cule ·
	侯羅 · 侯麗 ·	虎隸 虎羅 虎隸(六)
		hule · hula · hule ·
	由麗 · 由羅 · 由麗 ·	庾隸 庾羅 庾隸(七)
		yule · yula · yule ·
		(ghule · ghula · ghule)
		(粉紅色的羅馬拼音來自《大乘入楞伽經》卷 6〈陀羅尼品 9〉。CBETA, T16, no. 672, p. 624c。下面皆同)
	波麗 · 波羅 · 波麗 ·	跛隸 跛羅 跛隸(八)
		pale · pala · pale ·
	聞制 ·	muñce--(muñce--muñce) ·
	瞋迭 頻迭	瞋(上聲呼)第 臏第(九)
		cchinde · bhinde ·
	槃逝 末迭	畔逝 末第(十)
		bhañje · marde · (pramarde) ·
	遲那 · 迦梨 ·	尼羅迦隸(十一)
		dinakare ·
	蘇波呵 ·	莎婆訶(十二)
		svāhā ·

52−4 第二段「楞伽經咒」的功德說明

劉宋·求那跋陀羅譯《楞伽阿跋多羅寶經》	元魏·菩提流支譯《入楞伽經》	唐·實叉難陀與復禮等譯《大乘入楞伽經》
缺	大慧!是「陀羅尼」(之)「咒文句」,若(有)善男子、善女	

人，受持、讀誦、為人演說，無人能得與作（任何的）過失。

若天、若天女、若龍、若龍女、夜叉、夜叉女、阿修羅、阿修羅女、迦樓羅、迦樓羅女、緊那羅、緊那羅女、摩睺羅伽、摩睺羅伽女、乾闥婆、乾闥婆女、浮多、浮多女、鳩槃荼、鳩槃荼女、毘舍闍、毘舍闍女、嗚多羅、嗚多羅女、阿拔摩羅、阿拔摩羅女、羅叉羅叉女、嗚闡阿羅、嗚闡阿羅女、伽吒福單那、伽吒福單那女、若人、若非人、若人女、非人女。

彼（等）一切，（皆）不能得其（指持此咒語者之）過失。

大慧！若有人能受持讀誦此「咒文句」，彼人（即）得名（為如同）誦（了）一切（的）《楞伽經》（文句）。

是故我說此「陀羅尼」句，為遮（止）一切「諸羅剎」（的侵害），（為了）護（念）一切「善男子、善女人」，（能）護持此（《楞伽》）經者。

大慧！若有善男子、善女人，受持、讀誦、為他解說此「陀羅尼」，（即）不為一切「天、龍、夜叉、人、非人」等諸惡鬼神之所得便。我為禁止「諸羅剎」（的侵害），故說此「神咒」。

若持此咒（者），則（已）為受持《入楞伽經》一切（的）「文句」，悉已（全部）具足（圓滿）。

第一段「楞伽經咒」梵音版

(第一段：功德為祛⽫ 鬼神用。果濱校正)

元魏·菩提流支譯《入楞伽經》	兜諦 兜諦	祝諦 祝諦 蘇頗諦 蘇頗諦·		
唐·實叉難陀與復禮等譯《大乘入楞伽經》	怛姪他(一)	覩吒 覩吒(都驗反下同二)	杜吒 杜吒(三)	鉢吒 鉢吒(四)
大乘入楞伽經陀羅尼（房山石經《釋教最上乘秘密藏陀羅尼集》）	怛也(二合)他(去)(一)	咄吒咄吒(二)	度吒度吒(三)	鉢吒鉢吒(四)
羅馬拼音	Tadyathā·	duṭṭe--duṭṭe·	tuṭṭe--tuṭṭe·	paṭṭe--paṭṭe·

迦諦 迦諦	阿摩利 阿摩諦	毘摩梨 毘摩梨	尼彌 尼彌·	奚彌 奚彌·
葛吒 葛吒(五)	阿麼隸 阿麼隸(六)	毘麼隸 毘麼隸(七)	儞謎 儞謎(八)	呬謎 呬謎(九)
羯吒 羯吒(五)	阿麼黎 阿麼黎(六)	尾麼黎 尾麼黎(七)	你謎 你謎(八)	呬謎呬謎(九)
kaṭṭe--kaṭṭe	amale--amale	vimale--vimale·	nime--nime	hime--hime·

婆 迷 婆迷	歌梨 歌梨	歌羅 歌梨·	阿麟 摩麟·	
縛(扶可反)謎 縛謎(十)	葛隸 葛隸(十一)	揭囉 葛隸(十二)	阿吒 末吒(十三)	
嚩 謎 嚩謎(十)	迦黎 迦黎(十一)	迦囉 迦㗚(十二)	阿吒 麼吒(十三)	
vame --vame·	kale--kale	kara--kare·	aṭṭe maṭṭe·	

遮麟 兜麟·	讓麟·	蘇弗麟·	葛弟 葛弟·	
折吒 咄吒(十四)	耆若(攘舸反二合)吒	薩普(二合)吒(十五)	葛地(雜計反下同)	
拶吒 咄吒(十四)	枳孃(二合)吒	娑普(二合)(十五)	羯麟(知曳反)	
caṭṭe tuṭṭe·	jñaṭṭe·	spuṭṭe·	kati --kati·	

波弟 波弟	奚咪 奚咪	地咪 地咪·	羅制 羅制·	
剌地(十六)鉢地(十七)	呬謎 呬謎(十八)	第謎 第謎(十九)	折隸 折隸(二十)	
剌麟 鉢麟(十六)	呬謎 呬謎(十七)	泥(去)謎 泥謎(十八)	左黎 左黎(十九)	
lati pati·	hime--hime	dime-- dime·	cale--cale·	

波制 波制	槃弟 槃弟	阿制 彌制	竹 茶 梨
般制 般制(二十一)	畔第 畔第(二十二)	案制 滿制(二十三)	黜(膩戶反下同)茶(去聲下同)嚇(二十四)
鉢妳 鉢妳(二十)	呬滿泥(二十一)	頗妳(上同) 滿妳(二十二)	跓(知古反)拏

pace--pace	bandhe--bandhe	añce	mañce	cuḍare--

兜茶弟	波弟	遏計 遏計・		
杜茶㗚(二十五)	鉢茶㗚(二十六)	遏計 遏計(二十七)	末計	末計(二十八)
度挐	鉢挐(二十三)	阿計 阿計(二十四)	麼計	麼計(二十五)
ṭuḍare・	paḍare	arkke--arkke・	markke--markke・	

斫計	斫計梨利・		爾�501咪 屎咪	奚咪 奚咪・
斫結㗚	斫結㗚(二合二十九)	地(依字呼)謎 地謎(三十)	吧謎 吧謎(三十一)	
作羯囉(二合)	作羯㘑(二合)(二十六)	地銘	地銘(二十七)	吧銘吧銘(二十八)
cakre--	cakre・	dime--	dime・	hime--hime・

晝	晝晝晝・	抽	畜抽畜・	紬紬 紬紬・
黜	黜黜黜(三十二)	楮(笞矩反)楮楮楮(三十三)	杜杜 杜杜(三十四)	
跓(上同)	跓跓跓(二十九)	褚(勑古反)褚褚褚(三十)	度度度度(三十一)	
ṭuṭu--ṭuṭu・		ḍuḍu-- ḍuḍu・	tutu--tutu-・	

除	除 除 除・	蘇婆呵・		
杜虎(二合)杜虎 杜虎 杜虎(三十五)		莎婆訶(三十六)		
鈍(合口呼)鈍 鈍 鈍(三十二)		娑嚩(二合)賀(引)(三十三)		
tuṃ tuṃ tuṃ tuṃ・		svāhā		

第二段「楞伽經咒」梵音版

（第二段：若持此咒者，則已爲受持《入楞伽經》一切的「文句」經文，悉已全部具足圓滿。果濱校正）

元魏・菩提流支譯《入楞伽經》	波頭彌	波頭彌	提婢	奚		尼	奚尼 奚禰・
唐・實叉難陀與復禮等譯《大乘入楞伽經》	怛姪他	鉢頭迷(一)	鉢頭摩 第鞞(二)	醯(去聲下同)泥			醯禰 醯泥(四)
羅馬拼音	Tadyathā	padme	padma deve	hine		hini	hine・

諸梨 諸羅 諸麗	侯羅 侯麗・	由麗・由羅・由麗・
主隸 主羅 主隸(五)	虎隸 虎羅 虎隸(六)	庾隸 庾羅 庾隸(七)
cule--cula--cule・	hule--hula--hule・	yule--yula--yule・(ghule・ghula・ghule)

（粉紅色的羅馬拼音來自《大乘入楞伽經》卷6〈陀羅尼品9〉。CBETA, T16, no. 672, p. 624c。下面皆同）

波麗・波羅・波麗・			聞制・		瞋迭	頻迭
跛隸	跛羅	跛隸(八)			瞋(上聲呼)第	臏第(九)
pale	pala	pale・	muñce--(muñce--muñce)		cchinde	bhinde・

槃 逝	末迭		遲那 迦梨	蘇波呵・
畔 逝	末第(十)		尼羅 迦隸(十一)	莎婆訶(十二)
bhañje	marde・	(pramarde)	dinakare・	svāhā・

第５３節　偈頌品

53－1 偈頌內容

劉宋・求那跋陀羅譯《楞伽阿跋多羅寶經》	元魏・菩提流支譯《入楞伽經》	唐・實叉難陀與復禮等譯《大乘入楞伽經》
缺	【卷九・總品第十八之一】	【卷六・偈頌品第十之一】
	爾時世尊欲重宣此修多羅深義而說偈言：	爾時世尊欲重宣此修多羅中諸廣義故而說偈言：
	如夏諸禽獸，迷惑心見波 諸禽獸愛水，彼水無實事 如是識種子，見諸境界動 諸愚癡眾生，如眼瞖見物 思惟可思惟，及離能思惟 見實諦分別，能知得解脫 是諸法非堅，虛妄分別生 虛妄分別空，依彼空分別 五陰識等法，如水中樹影 如見幻夢等，識中莫分別 幻起尸機關，夢電雲常爾 絕三相續法，眾生得解脫 依諸邪念法，是故有識生	諸法不堅固，皆從分別生 以分別即空，所分別非有 由虛妄分別，是則有識生
	八九種種識，如水中諸波 依薰種子法，常堅固縛身 心流轉境界，如鐵依磁石 依止諸眾生，真性離諸覺 遠離諸作事，離知可知法 行如幻三昧，出諸十地行 汝觀心王法，離心境識相 時知心常轉，即住恒不變 住蓮花宮殿，如幻境界相	八九識種種，如海眾波浪 習氣常增長，槃根堅固依 心隨境界流，如鐵於磁石 眾生所依性，遠離諸計度 及離智所知，轉依得解脫 得如幻三昧，超過於十地 觀見心王時，想識皆遠離 爾時心轉依，是則為常住 在於蓮花宮，幻境之所起

	住彼勝處已，得諸自在行 如摩尼現色，作度眾生業	既住彼宮已，自在無功用 利益諸眾生，如眾色摩尼

53−2 偈頌內容

劉宋·求那跋陀羅譯 《楞伽阿跋多羅寶經》	元魏·菩提流支譯 《入楞伽經》	唐·實叉難陀與復禮等譯 《大乘入楞伽經》
缺	無有為無為，除諸分別心 愚癡無智取，如石女夢兒 寂靜及無生，五陰人相續 因緣諸境界，空有及非有 我說諸方便，無如是實相 愚癡取實有，無能相可相 我覺一切法，而不覺一切 我有一切知，而無一切知 凡夫愚分別，自言世智者 我未曾覺知，亦不覺眾生 一切法唯心，諸陰如毛輪 輪相畢竟無，何處有分別 本無始生物，諸緣中亦無 石女兒空華，若能見有為 爾時見可見，見迷法即住 我不入涅槃，不滅諸相業 滅諸分別識，此是我涅槃 非滅諸法相，愚癡妄分別 如瀑水竭盡，爾時波不生 如種種識滅，滅而不復生 空及無體相，如幻本不生 有無離有無，此諸法如夢 我說一實法，離於諸覺觀 聖人妙境界，離二法體相 如見螢火相，種種而無實 世間見四大，種種亦如是	無有為無為，唯除妄分別 愚夫迷執取，如石女夢子 應知補伽羅，蘊界諸緣等 悉空無自性，無生有非有 我以方便說，而實無有相 愚夫妄執取，能相及所相 一切知非知，一切非一切 愚夫所分別，佛無覺自他 諸法如幻夢，無生無自性 以皆性空故，無有不可得 我唯說一性，離於妄計度 自性無有二，眾聖之所行 如四大不調，變吐見螢光 所見皆非有，世間亦如是

	如依草木石，示現諸幻相 彼幻無是相，諸法體如是 無取著可取，無解脫無縛	猶如幻所現，草木瓦礫等 彼幻無所有，諸法亦如是 非取非所取，非縛非所縛

53-3 偈頌內容

劉宋・求那跋陀羅譯 《楞伽阿跋多羅寶經》	元魏・菩提流支譯 《入楞伽經》	唐・實叉難陀與復禮等譯 《大乘入楞伽經》
缺	如幻如陽焰，如夢眼中瞖 若如是實見，離諸分別垢 即住如實定，彼見我無疑 此中無心識，如虛空陽焰 如是知諸法，而不知一法 離有無諸緣，故諸法不生 三界心迷惑，是故種種現 夢及世間法，此二法平等 可見與資生，諸觸及於量 身無常世間，種種色亦爾 世間尊者說，如是所作事 心三界種子，迷惑見現末 知世間分別，無如是實法 見世間如是，能離諸生死 生及與不生，愚癡迷惑見 不生及不滅，修智慧者見 阿迦尼妙境，離諸惡行處	如幻如陽焰，如夢亦如翳 若欲見真實，離諸分別取 應修真實觀，見佛必無疑 世間等於夢，色資具亦爾 若能如是見，身為世所尊 三界由心起，迷惑妄所見 離妄無世間，知已轉染依 愚夫之所見，妄謂有生滅 智者如實觀，不生亦不滅 常行無分別，遠離心心法 住色究竟天，離諸過失處

53-4 偈頌內容

劉宋・求那跋陀羅譯 《楞伽阿跋多羅寶經》	元魏・菩提流支譯 《入楞伽經》	唐・實叉難陀與復禮等譯 《大乘入楞伽經》
缺	常無分別行，離諸心數法 得力通自在，到諸三昧處	於彼成正覺，具力通自在 及諸勝三昧，現化於此成

	彼處成正覺，化佛此中成	化身無量億，遍遊一切處
	諸法不生滅，諸法如是體	令愚夫得聞，如響難思法
	應化無量億，彼體中出世	遠離初中後，亦離於有無
	愚人聞佛法，如響不思議	非多而現多，不動而普遍
	遠離初中後，及離有無法	說眾生身中，所覆之性質
	遍不動清淨，無諸相現相	迷惑令幻有，非幻為迷惑
	識性覆法身，一切身中有	由心迷惑故，一切皆悉有
	迷惑是幻有，幻非迷惑因	以此相繫縛，藏識起世間
	心無迷惑法，亦非不少有	如是諸世間，唯有假施設
	心依二法縛，阿梨耶識起	
	但心如是見，我法如瀑水	諸見如瀑流，行於人法中
	觀世間如是，爾時轉諸心	若能如是知，是則轉所依
	乃是我真子，成就實法行	乃為我真子，成就隨順法

53—5 偈頌內容

劉宋·求那跋陀羅譯 《楞伽阿跋多羅寶經》	元魏·菩提流支譯 《入楞伽經》	唐·實叉難陀與復禮等譯 《大乘入楞伽經》
缺	煖濕及堅動，愚分別諸法	愚夫所分別，堅濕煖動法
	非實專念有，無能相可相	假名無有實，亦無相所相
	八種物一身，形相及諸根	身形及諸根，皆以八物成
	愚分別諸色，迷惑身羅網	凡愚妄計色，迷惑身籠檻
	諸因緣和合，愚癡分別生	凡愚妄分別，因緣和合生
	不知如是法，流轉三界中	不了真實相，流轉於三有
	諸法及言語，是眾生分別	
	而諸法是無，如化如夢等	
	觀諸法如是，不住世涅槃	
	心種種種子，現見心境界	識中諸種子，能現心境界
	可見分別生，愚癡樂二法	愚夫起分別，妄計於二取
	無智愛及業，是心心法因	無明愛及業，諸心依彼生
	依他力法生，故說他力法	以是我了知，為依他起性
	依法分別事，心迷惑境界	妄分別有物，迷惑心所行
	故不成分別，迷惑邪分別	此分別都無，迷妄計為有

53- 6 偈頌內容

劉宋‧求那跋陀羅譯 《楞伽阿跋多羅寶經》	元魏‧菩提流支譯 《入楞伽經》	唐‧實叉難陀與復禮等譯 《大乘入楞伽經》
缺	心依因緣縛，是故生諸身 若離諸因緣，我說不見法 離諸因緣法，離於諸法相 不住諸法中，我說不見境 如王長者等，以種種禽獸 會集宅野中，以示於諸子 我如是諸相，種種鏡像法 內身智為子，說於實際法 如大海波浪，從風因緣生 能起舞現前，而無有斷絕 阿梨耶識常，依風境界起 種種水波識，能舞生不絕 能取可取相，眾生見如是 可見無諸相，毛道如是見 阿梨耶本識，意及於意識 離可取能取，我說如是相 五陰中無我，及無人眾生 生即諸識生，滅即諸識滅 如畫中高下，可見無如是 如是諸物體，見無如是相 如乾闥婆城，禽獸渴愛水 如是可見見，智觀無如是 離可量及想，非因亦非果 離能覺所覺，離能見可見 依陰因緣覺，無人見可見 若不見可見，云何修彼法	心為諸緣縛，生起於眾生 諸緣若遠離，我說無所見 已離於眾緣，自相所分別 身中不復起，我為無所行 眾生心所起，能取及所取 所見皆無相，愚夫妄分別 顯示阿賴耶，殊勝之藏識 離於能所取，我說為真如 蘊中無有人，無我無眾生 生唯是識生，滅亦唯識滅 猶如畫高下，雖見無所有 諸法亦如是，雖見而非有 如乾闥婆城，亦如熱時炎 所見恒如是，智觀不可得

53-7 偈頌內容

劉宋・求那跋陀羅譯 《楞伽阿跋多羅寶經》	元魏・菩提流支譯 《入楞伽經》	唐・實叉難陀與復禮等譯 《大乘入楞伽經》
缺	因緣因譬喻，立意及因緣 夢乾闥婆輪，陽焰及日月 光焰幻等喻，我遮諸法生 如夢幻迷惑，空分別眾生 不依於三界，內外亦皆無 見諸有不生，乃得無生忍 得如幻三昧，及於如意身 諸通及自在，力心種種法 諸法本不生，空無法體相 彼人迷不覺，隨因緣生滅 如愚癡分別，心見於自心 見外種種相，實無可見法 見骨相佛像，及諸大離散 善覺心能知，住持世間相 身住持資生，可取三種境 識取識境界，意識分別三 分別可分別，所有字境界 不能見實法，彼覺迷不見 諸法無自體，智慧者能覺 行者爾乃息，住於無相處 如墨圖於雞，愚取是我雞 如癡凡夫取，三乘同是一 無諸聲聞人，亦無辟支佛	因緣及譬喻，以此而立宗 乾城夢火輪，陽焰日月光 火焰毛等喻，以此顯無生 世分別皆空，迷惑如幻夢 見諸有不生，三界無所依 內外亦如是，成就無生忍 得如幻三昧，及以意生身 種種諸神通，諸力及自在 諸法本無生，空無有自性 迷惑諸因緣，而謂有生滅 愚夫妄分別，以心而現心 及現於外色，而實無所有 如定力觀見，佛像與骨鎖 及分析大種，假施設世間 身資及所住，此三為所取 意取及分別，此三為能取 迷惑妄計著，以能所分別 但隨文字境，而不見真實 行者以慧觀，諸法無自性 是時住無相，一切皆休息 如以墨塗雞，無智者妄取 實無有三乘，愚夫不能見

53-8 偈頌內容

劉宋・求那跋陀羅譯 《楞伽阿跋多羅寶經》	元魏・菩提流支譯 《入楞伽經》	唐・實叉難陀與復禮等譯 《大乘入楞伽經》
缺	所見聲聞色，及見諸如來	若見諸聲聞，及以辟支佛

	諸菩薩大慈，示現是化身	皆大悲菩薩，變化之所現
	三界唯是心，離二種體相	三界唯是心，分別二自性
	轉變彼諸相，彼即是真如	轉依離人法，是則為真如
	法及人行相，日月光焰熾	日月燈光焰，大種及摩尼
	大諸摩尼寶，無分別作事	無分別作用，諸佛亦如是
	諸佛法如是，如瞖取毛輪	諸法如毛輪，遠離生住滅
	如是分別法，愚癡虛妄取	
	離於生住滅，及離常無常	亦離常無常，染淨亦如是
	可見染淨去，如空中毛輪	如著陀都藥（dhātv-īrita 或
	如中莨菪人，	puttalika），
	見諸像大地	見地作金色
	一切如金色，彼不曾有金	而實彼地中，本無有金相
	如是愚癡人，無始心法染	愚夫亦如是，無始迷亂心
	幻陽焰生有，愚人取為實	妄取諸有實，如幻如陽焰
	一子及無子，大海是一子	應觀一種子，與非種同印
	亦是無量子，汝觀心種子	一種一切種，是名心種種
	一子如清淨，轉於無種子	淨種子為一，轉依為非種

莨菪：古通「蓈蓎、蘭蓨」。有說是古代的一種毒藥。亦有說其根、莖和葉子均可當作「藥用」，有「鎮瘞、止痛」的功效。

53-9 偈頌內容

劉宋・求那跋陀羅譯《楞伽阿跋多羅寶經》	元魏・菩提流支譯《入楞伽經》	唐・實叉難陀與復禮等譯《大乘入楞伽經》
缺	平等無分別，起即是生死	平等同法印，悉皆無分別
	能生種種子，是故說種子	種種諸種子，能感諸趣生
	因緣不生法，因緣不滅法	種種眾雜苦，名一切種子
	生法唯因緣，心如是分別	
	三界唯假名，實無事法體	
	妄覺者分別，取假名為實	
	觀諸法實體，我不遮迷惑	觀諸法自性，迷惑不待遣
	實體不生法，觀是得解脫	物性本無生，了知即解脫
	我不見幻無，說諸法是有	
	顛倒速如電，是故說如幻	

| | 非本生始生，諸因緣無體
無有處及體，唯有於言語
不遮緣生滅，不遮緣和合
遮諸愚癡見，分別因緣生
實無識體法，無事及本識
愚癡生分別，如死尸惡覺
三界但是心，諸佛子能見
即得種類身，離作有為法
得力通自在，及共相應法
現諸一切色，心法如是生
而無心及色，無始心迷惑
爾時修行者，得見於無相
智慧中觀察，不見諸眾生
相及事假名，意取諸動法
我諸子過是，無分別修行
乾闥婆城幻，毛輪及陽燄
無實而見實，諸法體如是
如心見諸法，無如是體相 | 定者觀世間，眾色由心起
無始心迷惑，實無色無心

如幻與乾城，毛輪及陽燄
非有而現有，諸法亦如是 |

53－10 偈頌內容

劉宋・求那跋陀羅譯 《楞伽阿跋多羅寶經》	元魏・菩提流支譯 《入楞伽經》	唐・實叉難陀與復禮等譯 《大乘入楞伽經》
缺	一切法不生，但見迷惑法 毛道迷分別，以住於二法 初識生分別，種種薰種子 識如瀑水起，斷彼則不生 種種念觀法，若但心中生 如虛空壁中，何故而不生	一切法不生，唯迷惑所見 以從迷妄生，愚妄計著二 由種種習氣，生諸波浪心 若彼習斷時，心浪不復起 心緣諸境起，如畫依於壁 不爾虛空中，何不起於畫

53－11 偈頌內容

劉宋・求那跋陀羅譯《楞伽阿跋多羅寶經》	元魏・菩提流支譯《入楞伽經》	唐・實叉難陀與復禮等譯《大乘入楞伽經》
缺	若有少相觀，心則從緣生 若從因緣生，不得言唯心 心取於自心，無法無因生 心法體清淨，虛空中無薰 虛妄取自心，是故心現生 外法無可見，是故說唯心 本識但是心，意能念境界 能取諸境界，故我說唯心 心常無記法，意二邊取相 取現法是識，彼是善不善 離二種識相，是第一義門 說三乘差別，寂靜無是相 若心住寂靜，及行於佛地 是過去佛說，現未亦如是 初七是心地，寂靜第八地 二地是行處，餘地是我法 自內身清淨，是我自在地 自在究竟處，阿迦尼吒現 如諸火焰等，而出諸光明 種種心可樂，化作於三界 或有先有化，而化作三有 彼處說諸法，是我自在地 諸地無時節，國土轉亦然 過諸心地法，是住寂靜果 實無而謂實，而見於種種 愚人顛倒取，是種種顛倒 如無分別智，有事不相應	若緣少分相，令心得生者 心既從緣起，唯心義不成 心性本清淨，猶若淨虛空 令心還取心，由習非異因 執著自心現，令心而得起 所見實非外，是故說唯心 藏識說名心，思量以為意 能了諸境界，是則名為識 心常為無記，意具二種行 現在識通具，善與不善等 證乃無定時，超地及諸剎 亦越於心量，而住無相果 所見有與無，及以種種相 皆是諸愚夫，顛倒所執著 智若離分別，物有則相違

53- 12 偈頌內容

劉宋・求那跋陀羅譯	元魏・菩提流支譯	唐・實叉難陀與復禮等譯

《楞伽阿跋多羅寶經》	《入楞伽經》	《大乘入楞伽經》
缺	以心非諸色，是故無分別 諸禪及無量，及無色三昧 諸相畢竟滅，是故心中無 須陀洹果法，往來及不還 及諸羅漢果，一切心迷惑 空無常剎那，愚分別有為 河種子譬喻，分別剎那義 剎那無分別，離諸所作法 一切法不生，我說剎那義 有無說於生，僧佉等妄說 一切法無說，亦是彼人說 有四種記法，一往答反問 分別差別答，默答遮外道 世諦一切有，第一義諦無 而實體無相，是第一義諦 見於虛妄法，是故說世諦 因於言語生，無如是實體 無事有言語，世諦中實無 是即顛倒事，可見亦是無 若事顛倒有，寂靜畢竟無 依於顛倒事，及見諸法生 畢竟定是無，即是無體相 所見諸種種，薰習煩惱生 心見外迷惑，現取於前境 分別無分別，是空實相法 如幻像諸相，如樹葉金色 是可見人見，心無明薰習 聖人不見迷，中間不見實 迷惑即是實，以實即中間 遠離諸迷惑，若能生諸相	由心故無色，是故無分別 諸根猶如幻，境界悉如夢 能作及所作，一切皆非有 世諦一切有，第一義則無 諸法無性性，說為第一義 於無自性中，因諸言說故 而有物起者，是名為俗諦 若無有言說，所起物亦無 世諦中無有，有言無事者 顛倒虛妄法，而實不可得 若倒是有者，則無無自性 以有無性故，而彼顛倒法 一切諸所有，是皆不可得 惡習薰於心，所現種種相 迷惑謂心外，妄取諸色像 分別無分別，分別是可斷 無分別能見，實性證真空 無明薰於心，所現諸眾生 如幻象馬等，及樹葉為金

53－13 偈頌內容

劉宋・求那跋陀羅譯 《楞伽阿跋多羅寶經》	元魏・菩提流支譯 《入楞伽經》	唐・實叉難陀與復禮等譯 《大乘入楞伽經》
缺	即是其迷惑，如眼瞖不淨 如瞖見毛輪，依迷取諸法 於諸境界中，愚癡取是法 諸法如毛輪，陽炎水迷惑 三界如夢幻，修行得解脫 分別可分別，能生於分別 縛可縛及因，六種解脫因 無地及諸諦，無國土及化 佛辟支聲聞，唯是心分別 人體及五陰，諸緣及微塵 勝人自在作，唯是心分別 心遍一切處，一切處皆心 以心不善觀，心性無諸相 五陰中無我，我中無五陰 分別無是法，而彼法非無 如愚癡分別，有諸一切法 如是見實有，一切應見實 一切法若無，無染亦無淨 愚癡見如是，彼法不如是 迷惑分別相，是他力分別 彼相所有名，是名分別相 名相是分別，因緣事和合 若不生彼心，是第一義相 報相佛實體，及所化佛相	猶如翳目者，迷惑見毛輪 愚夫亦如是，妄取諸境界 分別所分別，及起分別者 轉所轉轉因，因此六解脫 由於妄計故，無地無諸諦 亦無諸剎土，化佛及二乘 心起一切法，一切處及身 心性實無相，無智取種種 分別迷惑相，是名依他起 相中所有名，是則為妄計 諸緣法和合，分別於名相 此等皆不生，是則圓成實

53－14 偈頌內容

劉宋・求那跋陀羅譯 《楞伽阿跋多羅寶經》	元魏・菩提流支譯 《入楞伽經》	唐・實叉難陀與復禮等譯 《大乘入楞伽經》

| 缺 | 眾生及菩薩，幷十方國土
習氣法化佛，及作於化佛
是皆一切從，<u>阿彌陀國</u>出
應化所說法，及報佛說法
修多羅廣說，汝應知密意
所有佛子說，及於諸如來
是皆化佛說，非淳熟者說 | 十方諸剎土，眾生菩薩中
所有法報佛，化身及變化
皆從<u>無量壽</u>，<u>極樂界</u>中出

於方廣經中，應知密意說
所有佛子說，及諸導師說
悉是化身說，非是實報佛 |

53—15 偈頌內容

劉宋・求那跋陀羅譯 《楞伽阿跋多羅寶經》	元魏・菩提流支譯 《入楞伽經》	唐・實叉難陀與復禮等譯 《大乘入楞伽經》
缺	是諸法不生，而彼法非無 乾闥婆城幻，如夢化相似 種種隨心轉，唯心非餘法 心生種種生，心滅種種滅 眾生妄分別，無物而見物 無義唯是心，無分別得脫 無始世戲論，依止於煩惱 諸分別薰修，是故邪見生 識無分別義，真如是智境 轉彼是寂靜，是諸聖境界 觀察義思惟，諸凡夫思惟 念真如思惟，諸佛淨思惟 分別諸法體，一切法不生	諸法無有生，彼亦非非有 如幻亦如夢，如化如乾城 種種由心起，種種由心脫 心生更非餘，心滅亦如是 以眾生分別，所現虛妄相 唯心實無境，離分別解脫 由無始積集，分別諸戲論 惡習之所薰，起此虛妄境 妄計自性故，諸法皆無生

53—16 偈頌內容

劉宋・求那跋陀羅譯 《楞伽阿跋多羅寶經》	元魏・菩提流支譯 《入楞伽經》	唐・實叉難陀與復禮等譯 《大乘入楞伽經》
缺	依他力因緣，眾生迷分別 他力若清淨，離分別相應	依止於緣起，眾生迷分別 分別不相應，依他即清淨

	轉彼即真如，離分別是行 莫分別分別，分別是無實 分別迷惑法，取可取不盡 見外分別境，分別是實體 心分別分別，彼法因緣生 邪見見外義，無義但是心 觀斟量相應，能滅取可取 無諸外境界，愚癡妄分別 薰習增長心，似生於諸法 滅二種分別，真如智境界 生於無法相，不思議聖境 名、相及分別，實體二種相 正智及真如，是成就實體	所住離分別，轉依即真如 勿妄計虛妄，妄計即無實 迷惑妄分別，取所取皆無 分別見外境，是妄計自性 由此虛妄計，緣起自性生 邪見諸外境，無境但是心 如理正觀察，能所取皆滅 如愚所分別，外境實非有 習氣擾濁心，似外境而轉 已滅二分別，智契於真如 起於無影像，難思聖所行

53-17 偈頌內容

劉宋・求那跋陀羅譯 《楞伽阿跋多羅寶經》	元魏・菩提流支譯 《入楞伽經》	唐・實叉難陀與復禮等譯 《大乘入楞伽經》
缺	依父母和合，阿梨耶意合 如酥瓶等鼠，共赤白增長 辟尸(pesī 凝結：肉段➜受胎後第三 個七日之間)厚泡瘡，不淨依 節畫 業風長四大，如諸果成熟 五及於五五，及有九種孔 諸毛甲遍覆，如是增長生 生如糞中蟲，如人睡中寱 眼見色起念，增長生分別 分別及專念，斷齒脣和合 口始說言語，如鸚鵡弄聲 諸外道說定，大乘不決定 依眾生心定，邪見不能近 我乘內證智，妄覺非境界	依父母和合，如酥在於瓶 阿賴耶意俱，令赤白增長 閉尸及稠胞，穢業種種生 業風增四大，出生如果熟 五與五及五，瘡竅有九種 爪甲齒毛具，滿足即便生 初生猶糞虫，亦如人睡覺 眼開見於色，分別漸增長 分別決了已，脣齶等和合 始發於語言，猶如鸚鵡等 隨眾生意樂，安立於大乘 非惡見行處，外道不能受 自內所證乘，非計度所行

	如來滅世後，誰持為我說 如來滅度後，未來當有人	願說佛滅後，誰能受持此

53－18 偈頌內容

劉宋·求那跋陀羅譯 《楞伽阿跋多羅寶經》	元魏·菩提流支譯 《入楞伽經》	唐·實叉難陀與復禮等譯 《大乘入楞伽經》
缺	大慧汝諦聽，有人持我法 於南大國中，有大德比丘 名龍樹菩薩，能破有無見 <small>(龍樹的梵文本名作 nāgārjuna，但此處的梵文卻作 nāgāhvaya，故正確應譯為龍叫或龍猛。龍樹與龍叫為不同之二人，龍叫為龍樹之弟子)</small> 為人說我法，大乘無上法 證得歡喜地，往生安樂國 智慧觀察法，不見實法體 是故不可說，及說亦無體 若因緣生法，不得言有無 因緣中有物，愚分別有無 邪見二邪法，我知離我法 一切法名字，無量劫常學 以學復更學，迭共相分別 若不說諸名，諸世間迷惑 是故作名字，為除迷惑業 依三種分別，愚癡分別法 依名迷分別，及因緣能生 法不滅不生，自性如虛空 法無體是體，分別相即體	大慧汝應知，善逝涅槃後 未來世當有，持於我法者 南天竺國中，大名德比丘 厥號為龍樹，能破有無宗 世間中顯我，無上大乘法 得初歡喜地，往生安樂國 眾緣所起義，有無俱不可 緣中妄計物，分別於有無 如是外道見，遠離於我法 一切法名字，生處常隨逐 已習及現習，展轉共分別 若不說於名，世間皆迷惑 為除迷惑故，是故立名言 愚分別諸法，迷惑於名字 及以諸緣生，是三種分別 以不生不滅，本性如虛空 自性無所有，是名妄計相

53－19 偈頌內容

劉宋・求那跋陀羅譯《楞伽阿跋多羅寶經》	元魏・菩提流支譯《入楞伽經》	唐・實叉難陀與復禮等譯《大乘入楞伽經》
缺	影像及於幻，陽焰與夢響 火輪乾闥婆，諸法如是生 不二真如空，實際及法體 我說無分別，成就彼法相 口心境界虛，實乃立虛妄 心墮於二邊，是故立分別 有無墮二邊，以在心境界 遠離諸境界，爾時正滅心 以離取境界，彼滅非有無 如聖人境界，愚人不能知 有滅住真如，智慧者能見 如彼諸法住，智慧者能見 法體不如是，以諸法無相 愚癡人見鐵，分別以為金 非金而見金，外道取法爾 本無言始生，始生後還滅 從因緣有無，此說非我教 無始無終法，無始是相住 以世間住相，邪覺者不知	如幻影陽焰，鏡像夢火輪 如響及乾城，是則依他起 真如空不二，實際及法性 皆無有分別，我說是圓成 語言心所行，虛妄墮二邊 慧分別實諦，是慧無分別 於智者所現，於愚則不現 如是智所現，一切法無相 如假金瓔珞，非金愚謂金 諸法亦如是，外道妄計度 諸法無始終，住於真實相 世間皆無作，妄計不能了

53－20 偈頌內容

劉宋・求那跋陀羅譯《楞伽阿跋多羅寶經》	元魏・菩提流支譯《入楞伽經》	唐・實叉難陀與復禮等譯《大乘入楞伽經》
缺	過去法是有，未來法非無 現在法亦有，不應言法生 轉時及行相，諸大及諸根 虛妄取中陰，若取非覺者 一切佛世尊，不說因緣生 因緣即世間，如乾闥婆城 但法緣和合，依此法生法	過去所有法，未來及現在 如是一切法，皆悉是無生 諸緣和合故，是故說有法

	離諸和合法，不滅亦不生 鏡及於水中，眼及器摩尼 而見諸鏡像，諸影像是無 如獸愛空水，見諸種種色 種種似如有，如夢石女兒 我乘非大乘，非聲亦非字 非諦非解脫，非寂靜境界 而我乘大乘，諸三昧自在 身如意種種，自在花莊嚴	若離於和合，不生亦不滅
	一體及別體，因緣中無法 略說諸法生，廣說諸法滅	而諸緣起法，一異不可得 略說以為生，廣說則為滅
	不生空是一，而生空是二 不生空是勝，生滅即是空	一是不生空，一復是生空 不生空為勝，生空則滅壞

53－21 偈頌內容

劉宋·求那跋陀羅譯 《楞伽阿跋多羅寶經》	元魏·菩提流支譯 《入楞伽經》	唐·實叉難陀與復禮等譯 《大乘入楞伽經》
缺	真如空實際，涅槃與法界 身及意種種，我說異名法 經毘尼毘曇，分別我清淨 依名不依義，彼不知無我 非外道非佛，非我亦非餘 從緣成有法，云何無諸法 何人成就有，從因緣說無 說法生邪見，有無妄分別 若人見不生，亦見法不滅 彼人離有無，見世間寂靜 眾生分別見，可見如兔角 分別是迷惑，如禽愛陽焰	真如空實際，涅槃及法界 種種意生身，我說皆異名 於諸經律論，而起淨分別 若不了無我，依教不依義 眾生妄分別，所見如兔角 分別即迷惑，如渴獸逐焰

53-22 偈頌內容

劉宋・求那跋陀羅譯《楞伽阿跋多羅寶經》	元魏・菩提流支譯《入楞伽經》	唐・實叉難陀與復禮等譯《大乘入楞伽經》
缺	虛妄分別法，依彼分別見 無因緣分別，無因不應分 無水而取水，如獸妄生愛 愚癡如是見，聖者無如是 聖人見清淨，以生三解脫 離諸生死法，修行寂靜處 深快妙方便，知國土妙事 我為諸子說，不為諸小乘 三有是無常，空無我離我 同相及別相，我為聲聞說	由於妄執著，而起於分別 若離妄執因，分別則不起 甚深大方廣，知諸剎自在 我為佛子說，非為諸聲聞 三有空無常，遠離我我所 我為諸聲聞，如是總相說

53-23 偈頌內容

劉宋・求那跋陀羅譯《楞伽阿跋多羅寶經》	元魏・菩提流支譯《入楞伽經》	唐・實叉難陀與復禮等譯《大乘入楞伽經》
缺	不著一切法，離世間獨行 我說緣覺果，非思量境界 分別外實體，從他力故生 見自身迷惑，爾時轉諸心 十地即初地，初地即八地 九地即七地，七地即八地 二地即三地，四地即五地 三地即六地，寂靜無次第 諸法常寂靜，修行者無法 有無法平等，爾時聖得果 諸法無體相，云何於無法 而能作平等，寂滅無分別 若不見諸心，內及外動法 爾時滅諸法，已見平等心	不著一切法，寂靜獨所行 思念辟支果，我為彼人說 身是依他起，迷惑不自見 分別外自性，而令心妄起

	愚無始流轉，取法如懷抱 誑凡夫而轉，如因楯 出楯 依彼因及觀，共意取境界 依於識種子，能作於心因 修得及住持，隨種類身得 及夢中所得，是通有四種 夢中所得通，及於諸佛因 取種類身得，彼通非實通 薰種子薰心，似有法生轉	報得及加持，諸趣種類生 及夢中所得，是神通四種 夢中之所得，及以佛威力 諸趣種類等，皆非報得通 習氣薰於心，似物而影起

53-24 偈頌內容

劉宋・求那跋陀羅譯 《楞伽阿跋多羅寶經》	元魏・菩提流支譯 《入楞伽經》	唐・實叉難陀與復禮等譯 《大乘入楞伽經》
缺	愚人不覺知，為說生諸法 分別於外物，諸法相成就 爾時心悶沒，不見自迷惑 何故說於生，何故說無見 不可見而見，願必為我說 為於何等人，說何等法有 為於何等人，說何等法無	凡愚未能悟，是故說為生 隨於妄分別，外相幾時有 爾所時增妄，不見自心迷 何以說有生，而不說所見 無所見而見，為誰云何說

53-25 偈頌內容

劉宋・求那跋陀羅譯 《楞伽阿跋多羅寶經》	元魏・菩提流支譯 《入楞伽經》	唐・實叉難陀與復禮等譯 《大乘入楞伽經》
缺	心體自清淨，意起共諸濁 意及一切識，能作薰種子 阿梨耶出身，意出求諸法 意識取境界，迷惑見貪取 自心所見法，外法無外法 如是觀迷惑，常憶念真如	心體自本淨，意及諸識俱 習氣常薰故，而作諸濁亂 藏識捨於身，意乃求諸趣 識述似境界，見已而貪取 所見唯自心，外境不可得 若修如是觀，捨妄念真如

	修禪者境界，業諸佛大事	諸定者境界，業及佛威力

53-26 偈頌內容

劉宋・求那跋陀羅譯《楞伽阿跋多羅寶經》	元魏・菩提流支譯《入楞伽經》	唐・實叉難陀與復禮等譯《大乘入楞伽經》
缺	此三不思議，是智者境界 過現及未來，涅槃及虛空 我依世諦說，真諦無名字 二乘及外道，等著於邪見 迷沒於心中，分別於外法 緣覺佛菩提，羅漢見諸佛 菩提堅種子，及夢中成就 何處為何等，云何為何因 所為為何義，唯願為我說 幻心去寂靜，有無朋黨說 心中迷堅固，說有幻無幻 生滅相相應，相可相有無 分別唯是意，共於五種識 鏡像水波等，從心種子生 若心及於意，而諸識不生 時得如意身，乃至於佛地 諸緣及陰界，是法自體相 假名及人心，如夢如毛輪	此三不思議，難思智所行 過未補伽羅，虛空及涅槃 我隨世俗說，真諦離文字 二乘及外道，同依止諸見 迷惑於唯心，妄分別外境 羅漢辟支佛，及以佛菩提 種子堅成就，夢佛灌其頂 心幻趣寂靜，何為說有無 何處及為誰，何故願為說 迷惑於唯心，故說幻有無 生滅相相應，相所相平等 分別名意識，及與五識俱 如影像瀑流，從心種子起 若心及與意，諸識不起者 即得意生身，亦得於佛地 諸緣及蘊界，人法之自相 皆心假施設，如夢及毛輪

53-27 偈頌內容

劉宋・求那跋陀羅譯《楞伽阿跋多羅寶經》	元魏・菩提流支譯《入楞伽經》	唐・實叉難陀與復禮等譯《大乘入楞伽經》
缺	世間如幻夢，見依止得實 諸相實相應，離諸斟量因 諸聖人內境，常觀諸妙行	觀世如幻夢，依止於真實 真實離諸相，亦離因相應 聖者內所證，常住於無念

	迷覆斟量因，令世間實解 離一切戲論，智不住迷惑 諸法無體相，空及常無常 心住於愚癡，迷惑故分別 說是諸法者，非說於無生 一二及於二，忽然自在有 依時勝微塵，緣分別世間 世種子是識，依止彼因生	迷惑因相應，執世間為實 一切戲論滅，迷惑則不生 隨有迷分別，癡心常現起 諸法空無性，而是常無常 生論者所見，非是無生論 一異俱不俱，自然及自在 時微塵勝性，緣分別世間 識為生死種，有種故有生

53-28 偈頌內容

劉宋・求那跋陀羅譯 《楞伽阿跋多羅寶經》	元魏・菩提流支譯 《入楞伽經》	唐・實叉難陀與復禮等譯 《大乘入楞伽經》
缺	如依壁畫像，知實即是滅 如人見於幻，見生死亦爾 愚癡人依闇，縛及解脫生 內外諸種種，諸法及因緣 如是觀修行，住於寂靜處 薰習中無心，心不共薰習 心無差別相，薰習纏於心 如垢見薰習，意從於識生 如帛心亦爾，依薰習不顯 如物非無物，我說虛空然	如畫依於壁，了知即便滅 譬如見幻人，而有幻生死 凡愚亦如是，癡故起縛脫 內外二種法，及以彼因緣 修行者觀察，皆住於無相 習氣不離心，亦不與心俱 雖為習所纏，心相無差別 心如白色衣，意識習為垢 垢習之所污，令心不顯現 我說如虛空，非有亦非無

53-29 偈頌內容

劉宋・求那跋陀羅譯 《楞伽阿跋多羅寶經》	元魏・菩提流支譯 《入楞伽經》	唐・實叉難陀與復禮等譯 《大乘入楞伽經》
缺	阿梨耶身中，離於有無物 意識轉滅已，心離於濁法 覺知一切法，故我說心佛 斷絕於三世，離於有無法	藏識亦如是，有無皆遠離 意識若轉依，心則離濁亂 我說心為佛，覺了一切法 永斷三相續，亦離於四句

| | 世法四相應，諸有悉如幻
是二法體相，七地從心生
餘地亦成就，二地及佛地
色界及無色，欲界及涅槃 | 有無皆捨離，諸有恒如幻
前七地心起，故有二自性
餘地及佛地，悉是圓成實
欲色無色界，及以於涅槃 |

53-30 偈頌內容

劉宋‧求那跋陀羅譯 《楞伽阿跋多羅寶經》	元魏‧菩提流支譯 《入楞伽經》	唐‧實叉難陀與復禮等譯 《大乘入楞伽經》
缺	一切心境界，不離於身中 若見諸法生，是生迷惑法 覺自心迷惑，是不生諸法 無生法體相，生即著世間 見諸相如幻，法體相如是 自心虛妄取，莫分別諸法 為癡無智說，三乘與一乘 及說於無乘，諸聖人寂靜 我法有二種，相法及於證 四種斟量相，立量相應法 形及相勝種，見迷惑分別 名字及行處，聖行實清淨 依分別分別，故有分別相 離分別分別，實體聖境界 常恒實不變，性事及實體	於彼一切身，皆是心境界 隨其有所得，是則迷惑起 若覺自心已，迷惑則不生 我立二種法，諸相及以證 以四種理趣，方便說成就 見種種名相，是迷惑分別 若離於名相，性淨聖所行 隨能所分別，則有妄計相 若離彼分別，自性聖所行 心若解脫時，則常恒真實

53-31 偈頌內容

劉宋‧求那跋陀羅譯 《楞伽阿跋多羅寶經》	元魏‧菩提流支譯 《入楞伽經》	唐‧實叉難陀與復禮等譯 《大乘入楞伽經》
缺	真如離心法，遠離於分別 若無清淨法，亦無有於染 以有清淨心，而見有染法	種性及法性，真如離分別 以有清淨心，而有雜染現

| | 清淨聖境界，是故無實事
是諸法體相，聖人之境界
從因生世間，離於諸分別

如幻與夢等，見法得解脫
煩惱薰種種，共心相應生
眾生見外境，非諸心法體 | 無淨則無染，真淨聖所行
世間從緣生，增長於分別

觀彼如幻夢，是時即解脫
種種惡習氣，與心和合故
眾生見外境，不覩心法性 |

53-32 偈頌內容

劉宋・求那跋陀羅譯 《楞伽阿跋多羅寶經》	元魏・菩提流支譯 《入楞伽經》	唐・實叉難陀與復禮等譯 《大乘入楞伽經》
缺	心法常清淨，非是迷惑生 迷從煩惱起，是故心不見 迷惑即真實，餘處不可得 非陰非餘處，觀陰行如實 離見能見相，若見有為法 見自心世間，彼人能離相 莫見唯心法，莫分別外義 住於真如觀，過於心境界 過心境界已，遠離諸寂靜 修行住寂靜，行者寂靜住 不見摩訶衍，自然云寂靜 依諸願清淨，智無我寂靜 應觀心境界，亦觀智境界 智慧觀境界，不迷於相中 心境界苦諦，智境界是集 二諦及佛地，是般若境界 得果及涅槃，及於八聖道	心性本清淨，不生諸迷惑 迷從惡習起，是故不見心 唯迷惑即真，真實非餘處 以諸行非行，非餘處見故 若觀諸有為，遠離相所相 以離眾相故，見世唯自心 安住於唯心，不分別外境 住真如所緣，超過於心量 若超過心量，亦超於無相 以住無相者，不見於大乘 行寂無功用，淨修諸大願 及我最勝智，無相故不見 應觀心所行，亦觀智所行 觀見慧所行，於相無迷惑 心所行苦諦，智所行是集 餘二及佛地，皆是慧所行 得果與涅槃，及以八聖道

53-33 偈頌內容

劉宋・求那跋陀羅譯	元魏・菩提流支譯	唐・實叉難陀與復禮等譯

《楞伽阿跋多羅寶經》	《入楞伽經》	《大乘入楞伽經》
缺	覺知一切法，得清淨佛智 眼色及於明，虛空與心意 如是等和合，識從梨耶生 能取可取受，無名亦無事 無因分別者，若取非覺者 於義中無名，名中義亦爾 因無因而生，莫分別分別 一切法無實，言語亦復然 空不空義爾，愚癡見法是 妄取於實住，邪見說假名 一法成五種，智實能遠離 五種是魔法，超越過有無 非修行境界，是外道之法 不求有邪法，亦無相見我 以作自常法，唯從言語生	覺了一切法，是佛清淨智 眼根及色境，空明與作意 故令從藏識，眾生眼識生 取者能所取，名事俱無有 無因妄分別，是為無智者 名義互不生，名義別亦爾 計因無因生，不離於分別 妄謂住實諦，隨見施設說 一性五不成，捨離於諦義 戲論於有無，應超此等魔 以見無我故，不妄求諸有 計作者為常，咒術興諍論

53- 34　偈頌內容

劉宋・求那跋陀羅譯 《楞伽阿跋多羅寶經》	元魏・菩提流支譯 《入楞伽經》	唐・實叉難陀與復禮等譯 《大乘入楞伽經》
缺	實諦不可說，寂滅見諸法 依止阿梨耶，能轉生意識 依止依心意，能生於轉識 依虛虛妄成，真如是心法 如是修行者，能知心性體 分別常無常，意相及於事 生及與不生，行者不應取 莫分別二法，識從梨耶生 一義二心生，不知如是生 取一二之法，是凡夫境界 無說者及說，不空以見心 不見於自心，故生見羅網	實諦離言說，而見寂滅法 依於藏識故，而得有意轉 心意為依故，而有諸識生 虛妄所立法，及心性真如 定者如是觀，通達唯心性 觀意與相事，不念常無常 及以生不生，不分別二義 從於阿賴耶，生起於諸識 終不於一義，而生二種心 由見自心故，非空非言說 若不見自心，為見網所縛

| | 諸因緣不生，諸根亦如是
界及五陰無，無貪無有為
本無有作業，不作非有為
無除亦無縛，無縛無解脫 | 諸緣無有生，諸根無所有
無貪無蘊界，悉無諸有為
本無諸業報，無作無有為
執著本來無，無縛亦無脫 |

53－35 偈頌內容

劉宋・求那跋陀羅譯 《楞伽阿跋多羅寶經》	元魏・菩提流支譯 《入楞伽經》	唐・實叉難陀與復禮等譯 《大乘入楞伽經》
缺	無無記無物，無法無非法 無時無涅槃，法體亦是無 無佛無實諦，無因亦無果 無顛倒無滅，無滅亦無生 十二支亦無，邊無邊亦爾 離於諸邪見，是故說唯心 煩惱業及身，作者與果報 如陽焰及夢，乾闥婆城等 住心法中，而生諸法相 住於心法中，而見於斷常 涅槃中無陰，無我亦無相 能入唯是心，解脫不取相 見地何過失，諸眾生見外	無有無記法，法非法皆無 非時非涅槃，法性不可得 非佛非真諦，非因亦非果 非倒非涅槃，非生亦非滅 亦無十二支，邊無邊非有 一切見皆斷，我說是唯心 煩惱業與身，及業所得果 皆如焰如夢，如乾闥婆城 以住唯心故，諸相皆捨離 以住唯心故，能見於斷常 涅槃無諸蘊，無我亦無相 以入於唯心，轉依得解脫 惡習為因故，外現於大地 及以諸眾生，唯心無所見 身資土影像，眾生習所現

53－36 偈頌內容

劉宋・求那跋陀羅譯 《楞伽阿跋多羅寶經》	元魏・菩提流支譯 《入楞伽經》	唐・實叉難陀與復禮等譯 《大乘入楞伽經》
缺	心非有非無，由薰習不顯 垢中不見白，白中不見垢 如雲蓋虛空，是故心不見	心非是有無，習氣令不顯 垢現於淨中，非淨現於垢 如雲翳虛空，心不現亦爾

	心能作諸業，智於中分別 慧能觀寂靜，得大妙法體 心依境界縛，智依覺觀生 寂靜勝境界，慧能於中行 心意及意識，於相中分別 得無分別體，二乘非諸子 寂靜勝人相，諸佛智慧淨 能生於勝義，已離諸行相 分別法體有，他力法是無 迷惑取分別，不分別他力 非諸大有色，有色非諸大 夢幻乾闥婆，獸渴愛無水 我有三種慧，得止依聖名 心無法中生，是故心不見 身資生住持，衆生依薰見 依彼分別相，而說於諸法 離二乘相應，慧離現法相 虛妄取法故，聲聞見於法 能入唯是心，如來智無垢 若實及不實，從因緣生法 一二是取見，畢竟能取著 種種諸因緣，如幻無有實 如是相種種，不能成分別 依於煩惱相，諸縛從心生 不知分別法，他力是分別 所有分別體，即是他力法 種種分別見，於他力分別 世諦第一義，第三無因生 分別說相續，斷即聖境界 修行者一事，唯心種種見 彼處無心體，如是分別相 如人眼中瞖，分別種種色 瞖非色非色，愚見他力爾 如金離塵垢，如水離泥濁	妄計性為有，於緣起則無 以妄計迷執，緣起無分別 非所造皆色，有色非所造 夢幻焰乾城，此等非所造 若於緣生法，謂實及不實 此人決定依，一異等諸見

	如虛空離雲，如是淨分別	

53-37 偈頌內容

劉宋・求那跋陀羅譯 《楞伽阿跋多羅寶經》	元魏・菩提流支譯 《入楞伽經》	唐・實叉難陀與復禮等譯 《大乘入楞伽經》
缺	聲聞有三種，應化及願生 離諸貪癡垢，聲聞從法生 菩薩亦三種，諸如來無相 眾生心心中，見佛如來像 分別無如是，他力法體有 見有無二邊，見故見分別 若無分別法，他力云何有 遠離有法體，實有法體生 依止於分別，而見於他力 依名相和合，而生於分別 常無所成就，他力分別生 爾時知清淨，第一義實體 分別有十種，他力有六種 真如是內身，是故無異相 五法是實法，及三種實相 如是修行者，不壞真如法 星宿雲形像，似於日月體	聲聞有三種，願生與變化 及離貪瞋等，從於法所生 菩薩亦三種，未有諸佛相 思念於眾生，而現佛形像

53-38 偈頌內容

劉宋・求那跋陀羅譯 《楞伽阿跋多羅寶經》	元魏・菩提流支譯 《入楞伽經》	唐・實叉難陀與復禮等譯 《大乘入楞伽經》
缺	諸眾生見心，可見薰習生 諸大無自體，非能見可見 若色從大生，諸大生諸大 如是不生大，大中無四大	眾生心所現，皆從習氣生 種種諸影像，如星雲日月 若大種是有，可有所造生 大種無性故，無能相所相

	若果是四大，因是地水等 實及假名色，幻生作亦爾 夢及乾闥婆，獸愛水第五 一闡提五種，諸性亦如是 五乘及非乘，涅槃有六種 陰有二十四，色復有八種 佛有二十四，佛子有二種 度門有百種，聲聞有三種 諸佛國土一，而佛亦有一	大種是能造，地等是所造 大種本無生，故無所造色 假實等諸色，及幻所造色 夢色乾城色，焰色為第五 一闡提五種，種性五亦然 五乘及非乘，涅槃有六種 諸蘊二十四，諸色有八種 佛有二十四，佛子有二種 法門有百八，聲聞有三種 諸佛剎唯一，佛一亦復然

53-39 偈頌內容

劉宋・求那跋陀羅譯 《楞伽阿跋多羅寶經》	元魏・菩提流支譯 《入楞伽經》	唐・實叉難陀與復禮等譯 《大乘入楞伽經》
缺	解脫有三種，心慮有四種 我無我六種，可知境四種 離於諸因緣，亦離邪見過 知內身離垢，大乘無上法 生及於不生，有八種九種 一時證次第，立法唯是一 無色有八種，禪差別六種 緣覺及佛子，能取有七種 無有三世法，常無常亦爾 作及於業果，如夢中作事	解脫有三種，心流注有四 無我有六種，所知亦有四 遠離於作者，及離諸見過 內自證不動，是無上大乘 生及與不生，有八種九種 一念與漸次，證得宗唯一 無色界八種，禪差別有六 辟支諸佛子，出離有七種 三世悉無有，常無常亦無 作業及果報，皆如夢中事

53-40 偈頌內容

劉宋・求那跋陀羅譯 《楞伽阿跋多羅寶經》	元魏・菩提流支譯 《入楞伽經》	唐・實叉難陀與復禮等譯 《大乘入楞伽經》
缺	佛從來不生，聲聞佛子爾 心離於可見，亦常如幻法	諸佛本不生，為聲聞佛子 心恒不能見，如幻等法故

| | 胎生轉法輪，出家及兜率
住諸國土中，可見而不生
去行及眾生，說法及涅槃
實諦國土覺，從因緣生法
世間諸樹林，無我外道行
禪乘阿梨耶，證果不思議
月及星宿性，諸王阿修羅
夜叉乾闥婆，因業而發生
不可思議變，退依薰習緣
斷絕諸變易，時煩惱罪滅
一切諸菩薩，如實修行者 | 故於一切剎，從兜率入胎
初生及出家，不從生處生
為流轉眾生，而說於涅槃
諸諦及諸剎，隨機令覺悟
世間洲樹林，無我外道行
禪乘阿賴耶，果境不思議
星宿月種類，諸王諸天種
乾闥夜叉種，皆因業愛生
不思變易死，猶與習氣俱
若死永盡時，煩惱網已斷 |

53-41 偈頌內容

劉宋·求那跋陀羅譯 《楞伽阿跋多羅寶經》	元魏·菩提流支譯 《入楞伽經》	唐·實叉難陀與復禮等譯 《大乘入楞伽經》
缺	不畜諸財寶，金銀及象馬 牛羊奴婢等，米穀與田宅 不臥穿孔床，不得泥塗地 金銀赤白銅，鉢盂及諸器 修行淨行者，一切不得畜 憍奢耶衣服，一切不得著 欽婆羅袈裟，牛糞草果葉 青赤泥土汁，染壞於白色 石泥及與鐵，珂及於琉璃 如是鉢聽畜，滿足摩陀量 為割截衣故，聽畜四寸刀 刃如半月曲，不得學技術 如實修行人，不得市販賣 所須倩白衣，及諸優婆塞 常護於諸根，知於如實義 讀誦修多羅，及學諸毘尼 不與白衣雜，修行人如是	財穀與金銀，田宅及僮僕 象馬牛羊等，皆悉不應畜 不臥穿孔床，亦不泥塗地 金銀銅鉢等，皆悉不應畜 土石及與鐵，蠡及玻梨器 滿於摩竭量，隨鉢故聽畜 常以青等色，牛糞泥果葉 染白欽婆等，令作袈裟色 四指量刀子，刃如半月形 為以割截衣，修行者聽畜 勿學工巧明，亦不應賣買 若須使淨人，此法我所說 常守護諸根，善解經律義 不狎諸俗人，是名修行者

53-42 偈頌內容

劉宋・求那跋陀羅譯《楞伽阿跋多羅寶經》	元魏・菩提流支譯《入楞伽經》	唐・實叉難陀與復禮等譯《大乘入楞伽經》
缺	空處與塚間，窟中林樹下 尸陀林草中，乃至於露地 如實修行人，應住如是處 三衣常隨身，不畜餘錢財 為身須衣服，他自與聽受 為乞食出行，亦不左右視 視前六尺地，安詳而直進 如蜂採諸花，乞食亦如是 比丘比丘尼，眾中眾所雜 我為佛子說，此是惡命活 如實修行者，不聽此處食 王小王王子，大臣及長者 為求於飲食，一切不得往	樹下及巖穴，野屋與塚間 草窟及露地，修行者應住 塚間及餘處，三衣常隨身 若闕衣服時，來施者應受 乞食出遊行，前視一尋地 攝念而行乞，猶如蜂採花 鬧眾所集處，眾雜比丘尼 活命與俗交，皆不應乞食 諸王及王子，大臣與長者 修行者乞食，皆不應親近

53-43 偈頌內容

劉宋・求那跋陀羅譯《楞伽阿跋多羅寶經》	元魏・菩提流支譯《入楞伽經》	唐・實叉難陀與復禮等譯《大乘入楞伽經》
缺	死家及生家，親家及愛家 比丘雜等眾，修行者不食 寺舍烟不斷，常作種種食 故為人所作，行者不應食 離有無朋黨，能見可見縛 行者觀世間，離於生滅法	生家及死家，親友所愛家 僧尼和雜處，修行者不食 寺中烟不斷，常作種種食 及故為所造，修行者不食 行者觀世間，能相與所相 皆悉離生滅，亦離於有無

53－44 偈頌內容

劉宋·求那跋陀羅譯《楞伽阿跋多羅寶經》	元魏·菩提流支譯《入楞伽經》	唐·實叉難陀與復禮等譯《大乘入楞伽經》
缺		【卷七·偈頌品第十之二】
	三昧力相應，及諸通自在 若不生分別，不久得如法 從微塵勝人，緣中莫分別 諸因緣和合，行者不分別 分別諸世間，種種從薰生 行者如實觀，三有如幻夢 莫分別三有，身資生住持 離於有無謗，亦離有無見 飲食如服藥，身心常正直 一心專恭敬，佛及諸菩薩 如實修行者，應知諸律相 及諸修多羅，揀擇諸法相	若諸修行者，不起於分別 不久得三昧，力通及自在 修行者不應，妄執從微塵 時勝性作者，緣生於世間 世從自分別，種種習氣生 修行者應觀，諸有如夢幻 恒常見遠離，誹謗及建立 身資及所住，不分別三有 不思想飲食，正念端身住 數數恭敬禮，諸佛及菩薩 善解經律中，真實理趣法

53－45 偈頌內容

劉宋·求那跋陀羅譯《楞伽阿跋多羅寶經》	元魏·菩提流支譯《入楞伽經》	唐·實叉難陀與復禮等譯《大乘入楞伽經》
缺	五法體及心，修行無我相 清淨內法身，諸地及佛地 如是修行者，住於大蓮花 諸佛大慈悲，如意手摩頂 去來於六道，諸有生厭心 發起如實行，至尸陀林中 日月形體相，及於花海相 虛空火種種，修行者見法 見如是諸相，取於外道法 亦隨聲聞道，及緣覺境界	五法二無我，亦思惟自心 內證淨法性，諸地及佛地 行者修習此，處蓮花灌頂 沈淪諸趣中，厭離於諸有 往塚間靜處，修習諸觀行

	遠離如是等，住於寂靜處 時佛妙光明，往於諸國土 摩彼菩薩頂，此摩頂妙相 隨順真如法，爾時得妙身 有無因法體，離於斷常法 謗於有無法，是分別中道 分別無諸因，無因是斷見 見種種外法，是人滅中道 不捨諸法相，恐有斷絕相 有無是謗法，如是說中道 覺但是內心，不滅於外法 轉虛妄分別，即是中道法 唯心無可見，離於心不生 即是中道法，我及諸佛說 生及於不生，有物無物空 諸法無自體，莫分別二法	有物無因生，妄謂離斷常 亦謂離有無，妄計為中道 妄計無因論，無因是斷見 不了外物故，壞滅於中道 恐墮於斷見，不捨所執法 以建立誹謗，妄說為中道 以覺了唯心，捨離於外法 亦離妄分別，此行契中道 唯心無有境，無境心不生 我及諸如來，說此為中道 若生若不生，自性無自性 有無等皆空，不應分別二

53－46 偈頌內容

劉宋・求那跋陀羅譯 《楞伽阿跋多羅寶經》	元魏・菩提流支譯 《入楞伽經》	唐・實叉難陀與復禮等譯 《大乘入楞伽經》
缺	分別是有法，愚分別解脫 不覺心分別，離於二取相 覺知自心見，時離於二見 如實知遠離，不滅分別相 實知可見心，時知分別生 不生諸分別，是真如離心 離諸外道過，若見生諸法 彼智者應取，涅槃而不滅 知此法是佛，我說及餘佛 若異見諸法，是說外道事 不生現於生，不退常現退 同時如水月，萬億國土見	不能起分別，愚夫謂解脫 心無覺智生，豈能斷二執 以覺自心故，能斷二所執 了知故能斷，非不能分別 了知心所現，分別即不起 分別不起故，真如心轉依 若見所起法，離諸外道過 是智者所取，涅槃非滅壞 我及諸佛說，覺此即成佛 若更異分別，是則外道論 不生而現生，不滅而現滅 普於諸億剎，頓現如水月

| | 一身及無量，然火及注雨
心心體不異，故說但是心
心中但是心，心無心而生
種種色形相，所見唯是心 | 一身為多身，然火及注雨
隨機心中現，是故說唯心
心亦是唯心，非心亦心起
種種諸色相，通達皆唯心 |

53－47 偈頌內容

劉宋·求那跋陀羅譯 《楞伽阿跋多羅寶經》	元魏·菩提流支譯 《入楞伽經》	唐·實叉難陀與復禮等譯 《大乘入楞伽經》
缺	佛及聲聞身，辟支佛身等 復種種色身，但說是內心 無色界無色，色界及地獄 色現為眾生，但是心因緣 如幻三昧法，而身如意生 十地心自在，菩薩轉得彼 自心分別名，戲論而搖動 依見聞生知，愚癡依相知 相是他力體，彼依名分別 分別是諸相，依他力法生 智慧觀諸法，無他力無相 畢竟無成就，智依何分別 若有成就法，離於有無法 離於有無體，二體云何有 分別二種體，二種體應有 分別見種種，清淨聖境界 分別是種種，分別是他力 若異分別者，是墮外道說 分別是分別，見是因體相 分別說分別，見是因相生 離於二分別，即是成就法 國土佛化身，一乘及三乘 無涅槃一切，空離一切生	諸佛與聲聞，緣覺等形相 及餘種種色，皆說是唯心 從於無色界，乃至地獄中 普現為眾生，皆是唯心作 如幻諸三昧，及以意生身 十地與自在，皆由轉依得 愚夫為相縛，隨見聞覺知 自分別顛倒，戲論之所動 一切空無生，我實不涅槃 化佛於諸剎，演三乘一乘

53-48 偈頌內容

劉宋・求那跋陀羅譯《楞伽阿跋多羅寶經》	元魏・菩提流支譯《入楞伽經》	唐・實叉難陀與復禮等譯《大乘入楞伽經》
缺	佛三十差別，別復有十種 一切國土器，依諸眾生心 如分別法相，現見種種法 彼法無種種，法佛世間爾 法佛是真佛，餘者依彼化 眾生自種子，見一切佛相 依迷惑轉心，能生於分別 真不離分別，及不離於相 實體及受樂，化復作諸化	佛有三十六，復各有十種 隨眾生心器，而現諸刹土 法佛於世間，猶如妄計性 雖見有種種，而實無所有 法佛是真佛，餘皆是化佛 隨眾生種子，見佛所現身 以迷惑諸相，而起於分別 分別不異真，相不即分別 自性及受用，化身復現化

53-49 偈頌內容

劉宋・求那跋陀羅譯《楞伽阿跋多羅寶經》	元魏・菩提流支譯《入楞伽經》	唐・實叉難陀與復禮等譯《大乘入楞伽經》
缺	佛眾三十六，是諸佛實體 如青赤及鹽，珂乳及石蜜 新果諸花等，如月諸光明 非一亦非異，如水中洪波 如是七識種，共於心和合 如大海轉變，是故波種種 阿梨耶亦爾，名識亦如是 心意及意識，分別外相義 八無差別相，非能見可見 如大海水波，無有差別相 諸識於心中，轉變不可得 心能造諸業，意是能分別 意識能知法，五識虛妄見 青赤白種種，眾生識現見	佛德三十六，皆自性所成

	水波相對法，牟尼為我說 青赤白種種，水波中無見 愚癡見諸相，說於心中轉 心中無是體，離心無外見 若有於可取，應有於能取 身資生住持，說水波相似 眾生識現見，水波共相似 大海水波起，如舞轉現見 本識如是轉，何故智不取 愚癡無智慧，本識如海波 水波轉相對，是故說譬喻 如日出世間，平等照眾生 如是世尊燈，不為愚說法 住於真如法，何故不說實 若說於實法，心中無實法 如海中水波，如鏡及於夢 如自心境界，等見無前後 無一時境界，是故次第生 識能知諸法，意復能分別 五識現見法，寂靜無次第 如世間畫師，及畫師弟子 我住於妙法，為實修行說 離分別分別，是內身實智 我諸佛子說，不為於愚人 亦如幻種種，可見無如是 說種種亦爾，說亦爾不爾 為一人說法，不為餘人說 如人病不同，醫師處藥別 諸佛為眾生，隨心說諸法 依外法種子，分別說現法 心取他力法，可取是分別 依止心種子，觀取外境界 二種轉迷惑，更無第三因	由外薰習種，而生於分別 不取於真實，而取妄所執 迷惑依內心，及緣於外境 但由此二起，更無第三緣 迷惑依內外，而得生起已

	以迷惑不生，依何法不生	

53-50 偈頌內容

劉宋・求那跋陀羅譯《楞伽阿跋多羅寶經》	元魏・菩提流支譯《入楞伽經》	唐・實叉難陀與復禮等譯《大乘入楞伽經》
缺	六十八法，是故唯說心 自心見外法，見彼離於我 若入心分別，能離諸法相 依於阿梨耶，能生於諸識 愚癡內身入，心見於外入 取星宿毛輪，如夢中見色 有為無為常，分別無如是 乾闥婆城幻，如禽獸愛水 無如是見有，他力法亦爾 我諸根形相，我說三種心 心意及意識，離於自體相 心意及意識，離於他體相 心意及意識，無我無二體 五法自體相，是諸佛境界 就相有三種，依於一薰因 如綵色一種，壁上見種種	六十二十八，故我說為心 知但有根境，則離於我執 悟心無境界，則離於法執 由依本識故，而有諸識生 由依內處故，有似外影現 無智恒分別，有為及無為 皆悉不可得，如夢星毛輪 如乾闥婆城，如幻如焰水 非有而見有，緣起法亦然 我依三種心，假說根境我 而彼心意識，自性無所有 心意及與識，無我有二種 五法與自性，是諸佛境界 習氣因為一，而成於三相 如以一彩色，畫壁見種種

53-51 偈頌內容

劉宋・求那跋陀羅譯《楞伽阿跋多羅寶經》	元魏・菩提流支譯《入楞伽經》	唐・實叉難陀與復禮等譯《大乘入楞伽經》
缺	二種無我心，意及諸識相 五種法體相，我性無如是 遠離諸心相，識離於意相 諸法體如是，是我之境界 離於諸法體，是諸如來性	五法二無我，自性心意識 於佛種性中，皆悉不可得 遠離心意識，亦離於五法 復離於自性，是為佛種性

	身口及意業，彼不作白法 如來性清淨，離於諸修行 自在淨諸通，三昧力莊嚴 種種意生身，是淨如來性 內身智離垢，離於諸因相	若身語意業，不修白淨法 如來淨種性，則離於現行 神通力自在，三昧淨莊嚴 種種意生身，是佛淨種性 內自證無垢，遠離於因相

53－52 偈頌內容

劉宋・求那跋陀羅譯 《楞伽阿跋多羅寶經》	元魏・菩提流支譯 《入楞伽經》	唐・實叉難陀與復禮等譯 《大乘入楞伽經》
缺	八地及佛地，是諸如來性 遠行善慧地，法雲與佛地 是諸佛之性，餘地三乘雜 依眾生身別，及為愚癡相 為說七種地，故佛說心地 口身心諸障，七地中無是 八地中妙身，如夢瀑水相	八地及佛地，如來性所成 遠行與善慧，法雲及佛地 皆是佛種性，餘悉二乘攝 如來心自在，而為諸愚夫 心相差別故，說於七種地 第七地不起，身語意過失 第八地所依，如夢渡河等

53－53 偈頌內容

劉宋・求那跋陀羅譯 《楞伽阿跋多羅寶經》	元魏・菩提流支譯 《入楞伽經》	唐・實叉難陀與復禮等譯 《大乘入楞伽經》
缺	八地及五地，學種種技術 一切諸佛子，三有中作王 生及與不生，不分空不空 實及於不實，心中無如是 此實此非實，莫分別此實 緣覺及聲聞，非為佛子說 有無有非實，亦無有空相 假名及實法，心中一切無 依世諦有法，第一義悉無 無實法迷惑，是諸世諦法	八地及五地，解了工巧明 諸佛子能作，諸有中之王 智者不分別，若生若不生 空及與不空，自性無自性 但唯是心量，而實不可得 為諸二乘說，此實此虛妄 非為諸佛子，故不應分別 有非有悉非，亦無剎那相 假實法亦無，唯心不可得 有法是俗諦，無性第一義

		迷惑於無性，是則為世俗

53-54 偈頌內容

劉宋・求那跋陀羅譯 《楞伽阿跋多羅寶經》	元魏・菩提流支譯 《入楞伽經》	唐・實叉難陀與復禮等譯 《大乘入楞伽經》
缺	一切法無法，我說於假名 言語及受用，愚癡見是實 從於言語法，是實有境界 從言語生法，見法無如是 如離壁無畫，亦如影離像 本淨識亦爾，為水波不現 如幻心亦爾，意如狡猾者 識共於五種，分別見如彩 說是真法習，所有集作化 是諸佛根本，餘者應化佛 心迷可見中，可見心中無 身資生住持，即阿梨耶現 心意及意識，實體五種法 二種無我淨，諸佛如來說 虛妄覺非境，及聲聞亦爾 是內身境界，諸佛如來說 長短等相待，彼此相依生 有能成於無，無能成於有 及分別微塵，色體不分別 說但是於心，邪見不能淨 是中分別空，不空亦如是 有無但分別，可說無如是 功德微塵合，愚癡分別色 一一微塵無，是故無是義 自心見形相，眾生見外有 外無可見法，是故無是義 心如毛輪幻，夢乾闥婆城	一切法皆空，我為諸凡愚 隨俗假施設，而彼無真實 由言所起法，則有所行義 觀見言所生，皆悉不可得 如離壁無畫，離質亦無影 藏識若清淨，諸識浪不生 依法身有報，從報起化身 此為根本佛，餘皆化所現 不應妄分別，空及以不空 妄計於有無，言義不可得 凡愚妄分別，德實塵聚色 一一塵皆無，是故無境界 眾生見外相，皆由自心現 所見既非有，故無諸外境

	火輪禽獸愛,實無而人見	
	常無常及一,二及於不二	
	無始過所縛,愚癡迷分別	
	我不說三乘,但說於一乘	
	為攝取眾生,是故說一乘	
	解脫有三種,亦說法無我	
	平等智煩惱,依解脫分別	
	亦如水中木,為波之所漂	
	如是癡聲聞,為諸相漂蕩	
	彼無究竟處,亦復不還生	
	得寂滅三昧,無量劫不覺	
	是聲聞之定,非我諸菩薩	
	離諸隨煩惱,依習煩惱縛	
	三昧樂境醉,住彼無漏界	
	如世間醉人,酒消然後寤	
	彼人然後得,我佛法身體	
	如象沒深泥,身東西動搖	如象溺深泥,不能復移動
	如是三昧醉,聲聞沒亦爾	聲聞住三昧,昏蟄亦復然

53-55 偈頌內容

劉宋·求那跋陀羅譯 《楞伽阿跋多羅寶經》	元魏·菩提流支譯 《入楞伽經》	唐·實叉難陀與復禮等譯 《大乘入楞伽經》
缺	【卷十·總品第十八之二】 依諸佛住持,諸願力清淨 受職及三昧,功德及十地 虛空及兔角,及與石女兒 分別法如是,無而說名字 因薰種世間,非有非無處 能見得解脫,解於法無我 實體分別名,他體從因生 我說是成就,諸經常說是	若見諸世間,習氣以為因 離有無俱非,法無我解脫 自性名妄計,緣起是依他 真如是圓成,我經中常說

	字句名身等，於名身勝法 愚癡人分別，如象沒深泥 天乘及梵乘，及於聲聞乘 如來及緣覺，我說如是乘 諸乘不可盡，有心如是生 心轉滅亦無，無乘及乘者	心意及與識，分別與表示

53－56 偈頌內容

劉宋・求那跋陀羅譯 《楞伽阿跋多羅寶經》	元魏・菩提流支譯 《入楞伽經》	唐・實叉難陀與復禮等譯 《大乘入楞伽經》
缺	心分別及識，意及於意識 阿梨耶三有，思惟心異名 命及於煖識，阿梨耶命根 意及於意識，是分別異名 心住持於身，意常覺諸法 識自心境界，共於識分別 我說愛是母，無明以為父 識覺諸境界，是故說名佛 諸使是怨家，眾和合是陰 無於相續體，斷彼名無間 二無我煩惱，及二種無我 不可思議變，無生死名佛 立相應法體，我法是內身 若能如是見，彼不隨妄覺 實無於諸法，如愚癡分別 依虛妄無法，云何得解脫 生滅和合縛，見於有為法 增長於二見，不失因緣法 芭蕉夢幻等，是世間如是 唯是一法實，涅槃離意識 有貪及與瞋，及有癡有人 從愛生諸陰，陰有亦如夢	本識作三有，皆心之異名 壽及於煖識，阿賴耶命根 意及與意識，皆分別異名 心能持於身，意恒審思慮 意識諸識俱，了自心境界

| | 何等夜證法，何等夜入滅
於此二中間，我不說一字
內身證於法，我依如是說
彼佛及我身，無有說勝法
實有神我物，五陰離彼相
陰體是實有，彼陰中無我
各各見分別，隨煩惱及使
得世間自心，離苦得解脫
諸因及因緣，世間如是生
是四法相應，彼不住我教
非有無生法，離有無不生
愚云何分別，從因及諸緣
有無四句離，若能見世間
爾時轉心識，即得無我法
諸法本不生，是故因緣生
諸緣即是果，果中生於有
果中生二種，果中應有二
而二中無果，果中不見物
離於觀可觀，若見有為法
離心唯是心，故我說唯心
量實體形相，離於緣實體
究竟第一淨，我說如是量
如假名為我，無實法可見
如是陰陰體，是假名非實
平等有四種，相因及於生
無我亦平等，四修行者法
轉諸一切見，分別可分別
不見及不生，故我說唯心
無法亦非無，離於有無體
真如離於心，故我說唯心
真如空實際，涅槃及法界
意生身及心，故我說唯心
分別依薰習，種種生種種
眾生心見外，故我說唯心 | 若實有我體，異蘊及蘊中
於彼求我體，畢竟不可得 |

	可見無外物，見心種種見 身資生住持，故我說唯心 諸聲聞盡智，諸佛如來生 一切辟支佛，無和合而生 無外諸色相，自心見外法 覺知於自心，愚分別有為	一一觀世間，皆是自心現 於煩惱隨眠，離苦得解脫 聲聞為盡智，緣覺寂靜智 如來之智慧，生起無窮盡 外實無有色，唯自心所現

53-57 偈頌內容

劉宋・求那跋陀羅譯 《楞伽阿跋多羅寶經》	元魏・菩提流支譯 《入楞伽經》	唐・實叉難陀與復禮等譯 《大乘入楞伽經》
缺	愚人不知外，自心種種見 譬喻遮愚人，著於四種法 無因無分別，譬喻五種論 自心體形相，能知是點慧 依分別可別，此是分別相 依止於分別，分別於現生 一一別和合，是一種子因 客二法是二，故人心不生 分別心心法，住於三界中 現生於諸法，彼體是虛妄 因依現和合，故有十二入 依因觀和合，我不說是法 如鏡中見僧，眼瞖見毛輪 如是依薰心，愚癡人心見 共分別可別，而生於分別 如外道分別，無如是外相 如人不識繩，而取以為蛇 不識自心義，分別於外法 而繩於繩體，離於一二中 以分別於繩，是自心過失 依何法何體，分別不能見	愚夫不覺知，妄分別有為 不知外境界，種種皆自心 愚夫以因喻，四句而成立 智者悉了知，境界自心現 不以宗因喻，諸句而成立 分別所分別，是為妄計相 依止於妄計，而復起分別 展轉互相依，皆因一習氣 此二俱為客，非眾生心起 安住三界中，心心所分別 所起似境界，是妄計自性 影像與種子，合為十二處 所依所緣合，說有所作事 猶如鏡中像，瞖眼見毛輪 習氣覆亦然，凡愚起妄見 於自分別境，而起於分別 如外道分別，外境不可得 如愚不了繩，妄取以為蛇 不了自心現，妄分別外境 如是繩自體，一異性皆離 但自心倒惑，妄起繩分別 妄計分別時，而彼性非有

	不得言彼無，諸法體如是 依有故言無，依無故言有 故不得言無，亦不得言有 即分別分別，此非彼法體 云何見無體，而生於分別 色體無色身，如瓶及氈等 可見是無法，云何有分別 若分別是迷，有為法無始	云何見非有，而起於分別 色性無所有，瓶衣等亦然 但由分別生，所見終無有 無始有為中，迷惑起分別

53-58 偈頌內容

劉宋・求那跋陀羅譯 《楞伽阿跋多羅寶經》	元魏・菩提流支譯 《入楞伽經》	唐・實叉難陀與復禮等譯 《大乘入楞伽經》
缺	何法迷眾生，牟尼為我說 諸法無法體，而說唯是心 不見於自心，而起於分別 若分別是無，如愚癡分別 彼法無異體，而智不能覺 若聖有彼法，非凡妄分別 若聖妄有彼，聖愚癡無別 聖人無迷惑，以得心清淨 愚人無信心，故分別分別 如母為諸子，虛空將果來 汝取果莫啼，兒取種種果 我於諸眾生，分別種種果 令貪種種說，離有無朋黨	何法令迷惑，願佛為我說 諸法無自性，但唯心所現 不了於自心，是故生分別 如愚所分別，妄計實非有 異此之所有，而彼不能知 諸聖者所有，非愚所分別 若聖同於凡，聖應有虛妄 以聖治心淨，是故無迷惑 凡愚心不淨，故有妄分別 如母語嬰兒，汝勿須啼泣 空中有果來，種種任汝取 我為眾生說，種種妄計果 令彼愛樂已，法實離有無

53-59 偈頌內容

劉宋・求那跋陀羅譯 《楞伽阿跋多羅寶經》	元魏・菩提流支譯 《入楞伽經》	唐・實叉難陀與復禮等譯 《大乘入楞伽經》
缺	若本無法體，非因非從因	諸法先非有，諸緣不和合

	本不生始生，亦無其身體 無身亦非生，離因緣無處 生滅諸法體，離因緣處無 略觀察如是，有無非餘處 從因緣生法，智者莫分別 說一體二體，外道愚癡說 世間如幻夢，不從因緣生 依言語境界，大乘無上法 我依了義說，而愚癡不覺 聲聞及外道，依嫉妒說法 於義不相應，以依妄覺說 相體及形相，名是四種法 觀於如是法，故生於分別 分別一二名，彼隨梵天縛	本不生而生，自性無所有 未生法不生，離緣無生處 現生法亦爾，離緣不可得 觀實緣起要，非有亦非無 非有無俱非，智者不分別 外道諸愚夫，妄說一異性 不了諸緣起，世間如幻夢 我無上大乘，超越於名言 其義甚明了，愚夫不覺知 聲聞及外道，所說皆慳恪 令義悉改變，皆由妄計起 諸相及自體，形狀及與名 攀緣此四種，而起諸分別 計梵自在作，一身與多身

53-60 偈頌內容

劉宋·求那跋陀羅譯 《楞伽阿跋多羅寶經》	元魏·菩提流支譯 《入楞伽經》	唐·實叉難陀與復禮等譯 《大乘入楞伽經》
缺	日月及諸天，是見非我子 聖人見正法，以如實修行 能轉虛妄相，亦離於去來 此是解脫印，我教諸佛子 離於有無法，亦離去來相 轉種種色識，若滅一切業 不應常無常，無世間生法 於轉時若滅，色離於彼處 離於無過失，業住阿梨耶 色是滅體相，識中有亦爾 色識共和合，而不失諸業 若共彼和合，眾生失諸業 若滅和合業，無縛無涅槃 若共於彼滅，生於世間中	及日月運行，彼非是我子 具足於聖見，通達如實法 善巧轉諸想，到於識彼岸 以此解脫印，永離於有無 及離於去來，是我法中子 若色識轉滅，諸業失壞者 是則無生死，亦無常無常 而彼轉滅時，色處雖捨離 業住阿賴耶，離有無過失 色識雖轉滅，而業不失壞 令於諸有中，色識復相續 若彼諸眾生，所起業失壞 是則無生死，亦無有涅槃 若業與色識，俱時而滅壞

	劉宋·求那跋陀羅譯《楞伽阿跋多羅寶經》	元魏·菩提流支譯《入楞伽經》	唐·實叉難陀與復禮等譯《大乘入楞伽經》
		色亦共和合，無差別應有 有別亦無別，但是心分別 諸法無滅體，離有無朋黨 假名因緣法，迭共無差別 如色中無常，迭共生諸法 離於彼此相，分別不可知 無有有何成，如色中無常 若善見分別，即不起他力 是於他力法，亦不起分別 若滅於分別，是滅於我法	生死中若生，色業應無別 色心與分別，非異非不異 愚夫謂滅壞，而實離有無 緣起與妄計，展轉無別相 如色與無常，展轉生亦爾 既離異非異，妄計不可知 如色無常性，云何說有無 善達於妄計，緣起則不生 由見於緣起，妄計則真如 若滅妄計性，是則壞法眼

53-61 偈頌內容

劉宋·求那跋陀羅譯《楞伽阿跋多羅寶經》	元魏·菩提流支譯《入楞伽經》	唐·實叉難陀與復禮等譯《大乘入楞伽經》
缺	於我法中作，亦謗於有無 是諸謗法人，於何時中有 是滅我法輪，不得共彼語 智者不共語，不共比丘法 已滅於分別，妄見離有無 見如毛輪幻，如夢乾闥婆 亦見如陽焰，時見於有無 彼人不學佛，若有人攝彼 彼人墮二邊，亦壞於餘人 若知寂靜法，是實修行者 離於有無法，應攝取彼人 如有處可出，金銀諸珍寶 無業作種種，而象生受用 象生真如性，不由於業有 不見故無業，亦非作業生 諸法無法體，如聖人分別 而有於諸法，如愚癡分別 若法無如是，如愚癡分別	便於我法中，建立及誹謗 如是色類人，當毀謗正法 彼皆以非法，滅壞我法眼 智者勿共語，比丘事亦棄 以滅壞妄計，建立誹謗故 若隨於分別，起於有無見 彼如幻毛輪，夢焰與乾城 彼非學佛法，不應與同住 以自墮二邊，亦壞他人故 若有修行者，觀於妄計性 寂靜離有無，攝取與同住 如世間有處，出金摩尼珠 彼雖無造作，而象生受用 業性亦如是，遠離種種性 所見業非有，非不生諸趣 如聖所了知，法皆無所有 愚夫所分別，妄計法非無 若愚所分別，彼法非有者

| | 無有一切法，眾生亦無染
諸法依心有，煩惱亦如是
生死諸世間，隨於諸根轉
無明愛和合，而生於諸身
餘人恒無法，如愚癡分別
若人法不生，行者不見根
若諸法是無，能作世間因 | 既無一切法，眾生無雜染
以有雜染法，無明愛所繫
能起生死身，諸根悉具足
若謂愚分別，此法皆無者
則無諸根生，彼非正修行
若無有此法，而為生死因 |

53-62 偈頌內容

劉宋·求那跋陀羅譯 《楞伽阿跋多羅寶經》	元魏·菩提流支譯 《入楞伽經》	唐·實叉難陀與復禮等譯 《大乘入楞伽經》
缺	愚人離於作，自然應解脫 愚聖無差別，有無云何成 聖人無法體，以修三解脫 五陰及人法，有同有異相 諸因緣及根，我為聲聞說 無因唯於心，妙事及諸地 內身真如淨，為諸佛子說 於未來世有，謗於我法輪 身披於袈裟，說有無諸法	愚夫不待修，自然而解脫 若無有彼法，凡聖云何別 亦則無聖人，修行三解脫 諸蘊及人法，自共相無相 諸緣及諸根，我為聲聞說 唯心及非因，諸地與自在 內證淨真如，我為佛子說 未來世當有，身著於袈裟 妄說於有無，毀壞我正法

53-63 偈頌內容

劉宋·求那跋陀羅譯 《楞伽阿跋多羅寶經》	元魏·菩提流支譯 《入楞伽經》	唐·實叉難陀與復禮等譯 《大乘入楞伽經》
缺	無法因緣有，是聖人境界 分別無法體，妄覺者分別 未來世有人，噉糠愚癡種 無因而邪見，破壞世間人 從微塵生世，而微塵無因 九種物是常，邪見如是說	緣起法無性，是諸聖所行 妄計性無物，計度者分別 未來有愚癡，揭那諸外道 說於無因論，惡見壞世間 妄說諸世間，從於微塵生 而彼塵無因，九種實物常

	從物生於物，功德生功德 此法異於法，分別是體是 若本無始生，世間應有本	從實而成實，從德能生德 真法性異此，毀謗說言無 若本無而生，世間則有始

53－64 偈頌內容

劉宋·求那跋陀羅譯 《楞伽阿跋多羅寶經》	元魏·菩提流支譯 《入楞伽經》	唐·實叉難陀與復禮等譯 《大乘入楞伽經》
缺	我說於世間，無有於本際 三界諸眾生，是本無始生 狗駝驢無角，必應生無疑 眼本無始有，色及識亦爾 席冠白疊等，泥團中應生 於疊中無瓶，蒲中亦無疊 一於一中實，何故因不生 即命即是身，是本無始生 此是他說法，我說諸法異 我領因緣法，然後遮他法 遮彼邪見者，後說於自法 故領外道法，然後說正法 恐諸弟子迷，立於有無法 從勝人生世，迦毘羅惡意 為諸弟子說，諸功德轉變 非實非不實，非從緣即緣 以無諸因緣，無實法不生	生死無前際，是我之所說 三界一切物，本無而生者 駝驢狗生角，亦應無有疑 眼色識本無，而今有生者 衣冠及席等，應從泥團生 如疊中無席，蒲中亦無席 何不諸緣中，一一皆生席 彼命者與身，若本無而生 我先已說彼，皆是外道論 我先所說宗，為遮於彼意 既遮於彼已，然後說自宗 恐諸弟子眾，迷著有無宗 是故我為其，先說外道論 迦毘羅惡慧，為諸弟子說 勝性生世間，求那所轉變 諸緣無有故，非已生現生 諸緣既非緣，非生非不生

53－65 偈頌內容

劉宋·求那跋陀羅譯 《楞伽阿跋多羅寶經》	元魏·菩提流支譯 《入楞伽經》	唐·實叉難陀與復禮等譯 《大乘入楞伽經》
缺	離於有無法，離因亦離緣 離於生滅法，自法離可見	我宗離有無，亦離諸因緣 生滅及所相，一切皆遠離

	世間如幻夢，離諸因緣法 立因緣者見，是故生分別 如禽獸愛水，乾闥婆毛輪 離於有無法，離因及於緣 見三有無因，如是見淨心 何等人無事，但有於內心 遠離於心事，不得說唯心 若觀於外事，眾生起於心 云何心無因，不得說唯心	世間如幻夢，因緣皆無性 常作如是觀，分別永不起 若能觀諸有，如焰及毛輪 亦如尋香城，常離於有無 因緣俱捨離，令心悉清淨 若言無外境，而唯有心者 無境則無心，云何成唯識 以有所緣境，眾生心得起 無因心不生，云何成唯識

53－66 偈頌內容

劉宋·求那跋陀羅譯 《楞伽阿跋多羅寶經》	元魏·菩提流支譯 《入楞伽經》	唐·實叉難陀與復禮等譯 《大乘入楞伽經》
缺	真如唯心有，何人無聖法 有及於非有，彼不解我法 能取可取法，若心如是生 此是世間心，不應說唯心 身資生住持，若如夢中生 應有二種心，而心無二相	真如及唯識，是眾聖所行 此有言非有，彼非解我法 由能取所取，而心得生起 世間心如是，故非是唯心 身資土影像，如夢從心生 心雖成二分，而心無二相

53－67 偈頌內容

劉宋·求那跋陀羅譯 《楞伽阿跋多羅寶經》	元魏·菩提流支譯 《入楞伽經》	唐·實叉難陀與復禮等譯 《大乘入楞伽經》
缺	如刀不自割，指亦不自指 如心不自見，其事亦如是 非他非因緣，分別分別事 五法及二心，寂靜無如是 能生及於生，及二種法相 我意無能生，說法無自相 種種形相體，若生於分別	如刀不自割，如指不自觸 而心不自見，其事亦如是 無有影像處，則無依他起 妄計性亦無，五法二心盡 能生及所生，皆是自心相 密意說能生，而實無自生 種種境形狀，若由妄計生

虛空兔角等，彼體無應生 若有諸法相，應有於外事 以無外分別，離心更無法 於無始世間，無有外諸法 以心無生因，而見於外義 若無因生長，兔角亦應生 以無因增長，云何生分別 如現在無法，如是本亦無 無體體和合，云何心能生	虛空與兔角，亦應成境相 以境從心起，此境非妄計 然彼妄計境，離心不可得 無始生死中，境界悉非有 心無有起處，云何成影像 若無物有生，兔角亦應生 不可無物生，而起於分別 如境現非有，彼則先亦無 云何無境中，而心緣境起

53-68 偈頌內容

劉宋·求那跋陀羅譯 《楞伽阿跋多羅寶經》	元魏·菩提流支譯 《入楞伽經》	唐·實叉難陀與復禮等譯 《大乘入楞伽經》
缺	真如空實際，涅槃及法界 一切諸法生，是第一義法 凡夫墮有無，分別因及緣 無因本不生，不知於三有 心見於可見，無始因異見 無始亦無法，云何見異生 若無物能生，貧人應多財 云何生無物，牟尼為我說 此一切無心，而不無諸法 乾闥婆夢幻，諸法無有因 無生無體相，空法為我說 離於和合法，是不見諸法 爾時空無生，我說無法相 夢及毛輪幻，乾闥婆愛水 無因而有見，世間法亦爾 如是和合一，離於可見無 非諸外道見，和合無如是 降伏依無因，成就於無生 若能成無生，我法輪不滅	真如空實際，涅槃及法界 一切法不生，是第一義性 愚夫墮有無，分別諸因緣 不能知諸有，無生無作者 無始心所因，唯心無所見 既無無始境，心從何所生 無物而得生，如貧應是富 無境而生心，願佛為我說 一切若無因，無心亦無境 心既無所生，離三有所作

| | 說於無因相，外道生怖畏
云何為何人，何處來諸法
何處生於法，無因而生法
生於無因中，而無於二因
若能智者見，爾時轉邪見
說生一切法，無生為無物
為觀諸因緣，爾時轉邪見
為有法有名，為無法無名
而無法不生，亦非待因緣
名非依於法，而名非無體
聲聞辟支佛，外道非境界
住七地菩薩，彼則無生相
轉於因緣法，是故遮因義
唯說依於心，故我說無生
無因生諸法，離分別分別
離立於有無，故我說無生
心離於可見，亦離於二體
轉於依止法，故我說無生
不失外法體，亦不取內心
離一切邪見，此是無生相
如是空無相，一切應觀察
非生空空法，本不生是空
諸因緣和合，生及與於滅
離於和合法，不生亦不滅
若離和合法，更無實法體
一體及異體，如外道分別
有無不生法，非實生不生
離於諸因緣，生及與不生
唯是於名字，彼此迭共鎖
可生體畢無，差別因緣鎖
離可生無生，是離諸外道
我說唯是鎖，而凡夫不知
而可生法體，離鎖更無別
彼人無說因，破滅壞諸鎖 | |

| | 如燈了諸物，鎖亦應能了
若更有別法，離於鉤鎖體
無體亦不生，自性如虛空
離於鉤鎖法，愚癡異分別
此是異不生，聖人所得法
彼法生不生，不生是無生
若見諸世間，即是緣鉤鎖
世離是鉤鎖，爾時心得定
無明愛業等，是內鉤鎖法
幢泥團輪等，了四大外法
依於他法體，是從因緣生
非唯鉤鎖體，不住量阿含
若可生法無，智何法為因
彼法迭共生，非是諸因緣
煖濕動及堅，愚癡分別法
此鉤鎖無法，是故無體相
如醫師醫病，說治病差別
而論無差別，依病故差別
我依眾生身，為說煩惱濁
知諸根及力，我為愚者說
煩惱根差別，我教無差別
我唯有一乘，清涼八聖道 | |

53-69 偈頌內容

劉宋·求那跋陀羅譯 《楞伽阿跋多羅寶經》	元魏·菩提流支譯 《入楞伽經》	唐·實叉難陀與復禮等譯 《大乘入楞伽經》
缺	瓶氎冠及角，兔角無是因 無因依彼生，而無彼因法 而彼是無法，汝不得取無 依有因故無，依無不相應 有法對於無，是共相待法 若依少有法，見於少有法	因瓶衣角等，而說兔角無 是故不應言，無彼相因法 無因有故無，是無不成無 有待無亦爾，展轉相因起 若依止少法，而有少法起 是則前所依，無因而自有

	無因見少法，少法是無因 若彼依餘法，彼此迭共見 如是無窮過，少亦無少體	若彼別有依，彼依復有依 如是則無窮，亦無有少法

53－70 偈頌內容

劉宋・求那跋陀羅譯 《楞伽阿跋多羅寶經》	元魏・菩提流支譯 《入楞伽經》	唐・實叉難陀與復禮等譯 《大乘入楞伽經》
缺	依於色木等，如幻可見法 如是依止事，人見有種種 幻師非色等，非木亦非石 愚癡見如幻，依止於幻身 依止於實事，若見於少事 見時無二法，云何見少事 分別無分別，而非無分別 若分別無法，無縛無解脫 以分別無法，故不生分別 若不生分別，不得說唯心 種種心差別，法中無實法 以無實法故，無解脫世間 無外物可見，愚癡妄分別 如鏡像現心，因薰心迷沒 一切法不生，非有似有生 此一切唯心，離於諸分別 愚人說諸法，從因非智者 實體離於心，聖人心是淨	如依木葉等，現種種幻相 眾生亦如是，依事種種現 依於幻師力，令愚見幻相 而於木葉等，實無幻可得 若依止於事，此法則便壞 所見既無二，何有少分別 分別無妄計，分別亦無有 以分別無故，無生死涅槃 由無所分別，分別則不起 云何心不起，而得有唯心 意差別無量，皆無真實法 無實無解脫，亦無諸世間 如愚所分別，外所見皆無 習氣擾濁心，似影像而現 有無等諸法，一切皆不生 但唯自心現，遠離於分別 說諸法從緣，為愚非智者 心自性解脫，淨心聖所住

53－71 偈頌內容

劉宋・求那跋陀羅譯 《楞伽阿跋多羅寶經》	元魏・菩提流支譯 《入楞伽經》	唐・實叉難陀與復禮等譯 《大乘入楞伽經》
缺	僧佉毘世師，裸形婆羅門	數勝及露形，梵志與自在

	及於自在天，無實墮邪見 無體亦無生，如空幻無垢 諸佛為何說，佛為何人說 修行清淨人，離邪見覺觀 諸佛如法說，我說亦如是 若一切唯心，世間何處住 去來依何法，云何見地中	皆墮於無見，遠離寂靜義 無生無自性，離垢空如幻 諸佛及今佛，為誰如是說 淨心修行者，離諸見計度 諸佛為彼說，我亦如是說 若一切皆心，世間何處住 何因見大地，象生有去來

53-72 偈頌內容

劉宋·求那跋陀羅譯 《楞伽阿跋多羅寶經》	元魏·菩提流支譯 《入楞伽經》	唐·實叉難陀與復禮等譯 《大乘入楞伽經》
缺	如鳥虛空中，依止風而去 不住不觀察，於地上而去 如是諸眾生，依分別風動 自心中去來，如空中飛鳥 見身資生器，佛說心如是 云何因現見，唯心為我說 身資生住持，現見依薰生 無修行者生，現見生分別 分別境界體，心依境界生 知於可見心，不復生分別 若能見分別，離於覺所覺 名名不相合，是說有為法 此唯是可覺，名名不相離 離於知可知，是說有為法 此唯是可覺，名名終不離	如鳥遊虛空，隨分別而去 無依亦無住，如履地而行 象生亦如是，隨於妄分別 遊履於自心，如鳥在虛空 身資國土影，佛說唯心起 願說影唯心，何因云何起 身資國土影，皆由習氣轉 亦因不如理，分別之所生 外境是妄計，心緣彼境生 了境是唯心，分別則不起 若見妄計性，名義不和合 遠離覺所覺，解脫諸有為 名義皆捨離，此是諸佛法

53-73 偈頌內容

劉宋·求那跋陀羅譯 《楞伽阿跋多羅寶經》	元魏·菩提流支譯 《入楞伽經》	唐·實叉難陀與復禮等譯 《大乘入楞伽經》

缺	若人異覺知，不自覺他覺 五法實法本，及於八種識 二種無我法，攝取於大乘 若見知可知，寂靜見世間 名名中分別，爾時不復生 作名字分別，見彼不復生 不見於自心，是故生分別 四陰無諸相，彼則無數法 云何色多種，四大異異相 捨於諸相法，無諸大及大 若有異色相，何故陰不生 若見如是相，不見諸陰入	若異此求悟，彼無覺自他 若能見世間，離能覺所覺 是時則不起，名所名分別 由見自心故，妄作名字滅 不見於自心，則起彼分別 四蘊無色相，彼數不可得 大種性各異，云何共生色 由離諸相故，能所造非有 異色別有相，諸蘊何不生 若見於無相，蘊處皆捨離 是時心亦離，見法無我故

53－74 偈頌內容

劉宋・求那跋陀羅譯 《楞伽阿跋多羅寶經》	元魏・菩提流支譯 《入楞伽經》	唐・實叉難陀與復禮等譯 《大乘入楞伽經》
缺	依境根及識，故生八種識 依相有三種，寂滅無如是 阿梨耶意我，我所及於智 因取於二法，知彼法即滅 離於彼此法，若見不相離 世間唯心分，世尊為我說 不復分別二，我及於我所 不增長分別，亦無意識因 離於因及緣，非物亦非生 分別但是心，世尊為我說 離於諸因緣，離能見可見	由根境差別，生於八種識 於彼無相中，是三相皆離 意緣阿賴耶，起我我所執 及識二執取，了知皆遠離 觀見離一異，是則無所動 離於我我所，二種妄分別 無生無增長，亦不為識因 既離能所作，滅已不復生 世間無能作，及離能所相 妄計及唯心，云何願為說

53－75 偈頌內容

劉宋・求那跋陀羅譯《楞伽阿跋多羅寶經》	元魏・菩提流支譯《入楞伽經》	唐・實叉難陀與復禮等譯《大乘入楞伽經》
缺	見自心種種，可見妄分別 不知自心見，不覺異心義 無見邪見成，若於智不見 彼何故不有，彼人心取有 分別非有無，故不生有心 不知唯心見，是故生分別 無分別分別，是滅已無因 遮四種朋黨，若諸法有因 此異名字相，彼人作不成 彼應異自生，不爾應因生	自心現種種，分別諸形相 不了心所現，妄取謂心外 由無智覺故，而起於無見 云何於有性，而心不生著 分別非有無，故於有不生 了所見唯心，分別則不起 分別不起故，轉依無所著 則遮於四宗，謂法有因等 此但異名別，所立皆不成 應知能作因，亦復不成立

53－76 偈頌內容

劉宋・求那跋陀羅譯《楞伽阿跋多羅寶經》	元魏・菩提流支譯《入楞伽經》	唐・實叉難陀與復禮等譯《大乘入楞伽經》
缺	因緣應和合，以遮因生法 我遮於常過，若諸緣無常 是不生不滅，愚癡無常見 滅相法無法，不見作於因 故無常生有，云何人不見 我攝取眾生，依持戒降伏 智慧滅邪見，依解脫增長 一切諸世俗，外道妄語說 依因果邪見，自法不能立 但成自立法，離於因緣果 說諸弟子眾，離於世俗法 唯心可見無，心見於二種 離可取能取，亦離於斷常 但有心動轉，皆是世俗法 不復起轉生，見世是自心 來者是事生，去者是事滅	為遮於能作，說因緣和合 為遮於常過，說緣是無常 愚夫謂無常，而實不生滅 不見滅壞法，而能有所作 何有無常法，而能有所生

	如實知去來，不復生分別 常無常及作，亦不作彼此 如是等一切，是皆世俗法 天人阿修羅，畜生鬼夜摩 眾生去彼處，我說於六道 上中下業因，能生於彼處 善護諸善法，得勝處解脫	天人阿修羅，鬼畜閻羅等 眾生在中生，我說為六道 由業上中下，於中而受生 守護諸善法，而得勝解脫

53-77 偈頌內容

劉宋・求那跋陀羅譯 《楞伽阿跋多羅寶經》	元魏・菩提流支譯 《入楞伽經》	唐・實叉難陀與復禮等譯 《大乘入楞伽經》
缺	佛說念念生，生死及於退 為比丘眾說，何意為我說 心不至第二，已滅壞不續 我為弟子說，念展轉生滅 色色分別有，生及滅即已 分別即是人，離分別無人 我說於念法，依彼我說竟 離於取色相，不生亦不滅 因緣從緣生，無明真如等 依於二法生，真如無是體 因緣從緣生，若爾無異法 從常生於果，果即是因緣 無異於外道，因果共相雜 佛及諸佛說，大牟尼無異 此一尋身中，苦諦及集諦 滅及於道諦，我為諸弟子	佛為諸比丘，說於所受生 念念皆生滅，請為我宣說 色色不暫停，心心亦生滅 我為弟子說，受生念遷謝 色色中分別，生滅亦復然 分別是眾生，離分別非有 我為此緣故，說於念念生 若離取著色，不生亦不滅 緣生非緣生，無明真如等 二法故有起，無二即真如 若彼緣非緣，生法有差別 常等與諸緣，有能作所作 是則大牟尼，及諸佛所說 有能作所作，與外道無異 我為弟子說，身是苦世間 亦是世間集，滅道皆悉具

53-78 偈頌內容

劉宋・求那跋陀羅譯	元魏・菩提流支譯	唐・實叉難陀與復禮等譯

《楞伽阿跋多羅寶經》	《入楞伽經》	《大乘入楞伽經》
缺	取三為實者，取可取邪見世間出世法，凡夫人分別我領於他法，是故說三法為遮彼邪見，莫分別實體說過無定法，亦復無心生實亦不二取，真如無二種無明及愛業，識等從邪生無窮過不作，作中不生有諸法四種滅，無智者所說分別二種生，有物無有物離於四種法，亦離四種見二種生分別，見者更不生諸法本不生，起於智差別現生於諸法，平等莫分別	凡夫妄分別，取三自性故見有能所取，世及出世法我先觀待故，說取於自性今為遮諸見，不應妄分別求過為非法，亦令心不定皆由二取起，無二即真如若無明愛業，而生於識等邪念復有因，是則無窮過無智說諸法，有四種滅壞妄起二分別，法實離有無遠離於四句，亦離於二見分別所起二，了已不復生不生中知生，生中知不生彼法同等故，不應起分別

53－79 偈頌內容

劉宋・求那跋陀羅譯《楞伽阿跋多羅寶經》	元魏・菩提流支譯《入楞伽經》	唐・實叉難陀與復禮等譯《大乘入楞伽經》
缺	願大牟尼尊，為我及一切如法相應說，離二種二見我離於邪見，及諸餘菩薩常不見有無，以不見彼法離外道和雜，離聲聞緣覺佛證法諸聖，為我說不失顛倒因無因，無生及一相異名諸迷惑，智者所遠離譬如雲雨樓，宮閣及於虹陽焰毛輪幻，有無從心生諸外道分別，世間自因生	願佛為我說，遮二見之理令我及餘眾，恒不墮有無 不雜諸外道，亦離於二乘諸佛證所行，佛子不退處解脫因非因，同一無生相迷故執異名，智者應常離法從分別生，如毛輪幻焰外道妄分別，世從自性生

53-80 偈頌內容

劉宋・求那跋陀羅譯《楞伽阿跋多羅寶經》	元魏・菩提流支譯《入楞伽經》	唐・實叉難陀與復禮等譯《大乘入楞伽經》
缺	不生真如法，及與實際空 是諸異法名，莫分別無物 於色上種種，莫分別無法 如世間手爪，自在能破物 如是一切法，莫分別無法 離色空不異，亦無生法體 莫分別無異，分別著邪見 分別可分別，攝取於諸事 長短方圓等，是攝分別相 分別是心法，可分別是意 若能如法知，離能相可相 外道說不生，及取於我法 分別如是相，此二見無差 何意如是說，若能如是知 彼人入於量，能解我說法 因見是沈沒，無生是不依 知是二種義，故我說無生	無生及真如，性空與實際 此等異名說，不應執為無 如手有多名，帝釋名亦爾 諸法亦如是，不應執為無 色與空無異，無生亦復然 不應執為異，成諸見過失 以總別分別，及遍分別故 執著諸事相，長短方圓等 總分別是心，遍分別為意 別分別是識，皆離能所相 我法中起見，及外道無生 皆是妄分別，過失等無異 若有能解了，我所說無生 及無生所為，是人解我法 為破於諸見，無生無住處

53-81 偈頌內容

劉宋・求那跋陀羅譯《楞伽阿跋多羅寶經》	元魏・菩提流支譯《入楞伽經》	唐・實叉難陀與復禮等譯《大乘入楞伽經》
缺	諸法無有生，牟尼為我說 無因不相當，無有有法雜 無因亦無生，異因見外道 離有無無法，是故說唯心 生及於不生，離法是邪見 說無因無生，說有是著因 自然無作者，作者是邪見	令知此二義，故我說無生 佛說無生法，若是有是無 則同諸外道，無因不生論 我說唯心量，遠離於有無 若生若不生，是見應皆離 無因論不生，生則著作者 作則雜諸見，無則自然生

	方便諸願等，是見為我說 若諸法是無，云何生三世 離可取能取，不生亦不滅 從物見異物，依彼法生心 諸法不生化，云何為我說 實有而不知，是故我說法	佛說諸方便，正見大願等 一切法若無，道場何所成 離能取所取，非生亦非滅 所見法非法，皆從自心起

53－82 偈頌內容

劉宋·求那跋陀羅譯 《楞伽阿跋多羅寶經》	元魏·菩提流支譯 《入楞伽經》	唐·實叉難陀與復禮等譯 《大乘入楞伽經》
缺	牟尼諸法中，前後自相違 離諸外道過，離於顛倒因 生及與不生，大師為我說 離有及於無，不失於因果 地及於次第，為說一無相 世間墮二邊，為諸見迷惑 無生無生等，不知寂滅因 我無三世法，我亦不說法 有二畢有過，諸佛二清淨 諸法空剎那，無體亦不生 說邪法覆心，分別非如來 生及與不生，唯願為我說 云何何等法，離於境界生 色具足和合，從於戲論集 取於外色相，從分別而生 知於彼法者，是如實解義 隨順聖人性，而心不復生	牟尼之所說，前後自相違 云何說諸法，而復言不生 眾生不能知，願佛為我說 得離外道過，及彼顛倒因 唯願勝說者，說生及與滅 皆離於有無，而不壞因果 世間墮二邊，諸見所迷惑 唯願青蓮眼，說諸地次第 取生不生等，不了寂滅因 道場無所得，我亦無所說 剎那法皆空，無生無自性 諸佛已淨二，有二即成過 惡見之所覆，分別非如來 妄計於生滅，願為我等說 積集於戲論，和合之所生 隨其類現前，色境皆具足 見於外色已，而起於分別 若能了知此，則見真實義

53－83 偈頌內容

劉宋・求那跋陀羅譯《楞伽阿跋多羅寶經》	元魏・菩提流支譯《入楞伽經》	唐・實叉難陀與復禮等譯《大乘入楞伽經》
缺	離於一切大，生法不相應 心虛妄觀大，觀如是無生 莫分別可別，智者不分別 分別於分別，是二無涅槃 立於無生法，如幻不見法 從幻等因生，所立諸法破 見心如鏡像，無始薰習因 似義而無義，觀諸法亦爾 如鏡中色像，離於一二相 可見無非無，諸相亦如是 乾闥婆幻等，依於因緣觀 如是諸法體，生非不生法 分別似如人，二種相而現 說我及於法，而愚人不知 相違及無因，聲聞諸羅漢 自成及佛力，是五種聲聞 時隔及於滅，第一離第一 是四種無常，愚無智分別	若離於大種，諸物皆不成 大種既唯心，當知無所生 此心亦不生，則順聖種性 勿分別分別，無分別是智 分別於分別，是二非涅槃 若立無生宗，則壞於幻法 亦無因起幻，損減於自宗 猶如鏡中像，雖離一異性 所見非是無，生相亦如是 如乾城幻等，悉待因緣有 諸法亦如是，是生非不生 分別於人法，而起二種我 此但世俗說，愚夫不覺知 由願與緣集，自力及最勝 聲聞法第五，而有羅漢等 時隔及滅壞，勝義與遞遷 是四種無常，愚分別非智

53－84 偈頌內容

劉宋・求那跋陀羅譯《楞伽阿跋多羅寶經》	元魏・菩提流支譯《入楞伽經》	唐・實叉難陀與復禮等譯《大乘入楞伽經》
缺	愚癡墮二邊，功德及微塵 不知解脫因，以著有無法 譬如愚癡人，取指即是月 如是樂名字，不知我實法 諸大各異相，無色體相生 而諸大和合，無大無依大 火能燒諸色，水能爛諸物 風能動諸色，云何大相生	愚夫墮二邊，德塵自性作 以取有無宗，不知解脫因 大種互相違，安能起於色 但是大種性，無大所造色 火乃燒於色，水復為爛壞 風能令散滅，云何色得生

色陰及於識，是法二無五 是諸陰異名，我說如帝釋 心心數差別，現轉諸法生 四大彼此別，色心非從依 依青等有白，依白有青等 依因果可生，空有及於無 能作可作作，寒熱見能見 如是等一切，妄覺不能成 心意及餘六，諸識共和合 離於一異體，生死虛妄生 僧佉毘世師，裸形自在天 墮有無朋黨，離於寂靜義	色蘊及識蘊，唯此二非五 餘但是異名，我說彼如怨 心心所差別，而起於現法 分析於諸色，唯心無所造 青白等相待，作所作亦然 所生及性空，冷熱相所相 有無等一切，妄計不成立 心意及餘六，諸識共相應 皆因藏識生，非一亦非異 數勝及露形，計自在能生 皆墮有無宗，遠離寂靜義

53－85 偈頌內容

劉宋・求那跋陀羅譯 《楞伽阿跋多羅寶經》	元魏・菩提流支譯 《入楞伽經》	唐・實叉難陀與復禮等譯 《大乘入楞伽經》
缺	形相貌勝生，四大生非塵 是外道說生，四大及四塵 餘者無處生，外道分別因 愚癡而不覺，以依有無黨 生共心相應，死不共相應 清淨實相法，共智相應住 業及於色相，五陰境界因 眾生無因體，無色界不住 佛說法無我，無色同外道 說無我是斷，識亦不應生 心有四種住，無色云何住 內外諸法相，而識不能行 妄覺者計有，中陰有五陰 如是無色生，有而是無色 自然應解脫，無眾生及識 是外道無疑，妄覺不能知	大種生形相，非生於大種 外道說大種，生大種及色 於無生法外，外道計作者 依止有無宗，愚夫不覺知 清淨真實相，而與大智俱 但共心相應，非意等和合 若業皆生色，則違諸蘊因 眾生應無取，無有住無色 說名為無者，眾生亦應無 無色論是斷，諸識不應生 識依四種住，無色云何成 內外既不成，識亦不應起 眾生識若無，自然得解脫 必是外道論，妄計者不知 或有隨樂執，中有中諸蘊 如生於無色，無色云何有

	若彼處無色，是故見無色 彼無非立法，非乘無乘者 識從種子生，共諸根和合	無色中之色，彼非是可見 無色則違宗，非乘及乘者 識從習氣生，與諸根和合

53-86 偈頌內容

劉宋・求那跋陀羅譯 《楞伽阿跋多羅寶經》	元魏・菩提流支譯 《入楞伽經》	唐・實叉難陀與復禮等譯 《大乘入楞伽經》
缺	八種色一分，於念時不取 色不住於時，根不共根住 是故如來說，諸根念不住 若不見色體，識云何分別 若智不生者，云何生世間 即生時即滅，佛不如是說 一時亦不爾，虛妄分別取 諸根及境界，愚癡非智者 愚癡聞名取，聖人如實知 第六無依止，以無因可取 不善知於我，離於有法過 畏於有無法，覺者離實智 有為無為我，愚癡不能知 一中有施法，異中亦如是 共心中一體，意識能覺知 若施是心者，心數是名字 云何離能取，分別於一異 共因依止見，業生作業等	八種於剎那，取皆不可得 若諸色不起，諸根則非根 是故世尊說，根色剎膩迦 云何不了色，而得有識生 云何識不生，而得受生死 諸根及根境，聖者了其義 愚癡無智者，妄執取其名 不應執第六，有取及無取 為離諸過失，聖者無定說 諸外道無智，怖畏於斷常 計有為無為，與我無差別 或計與心一，或與意等異 一性有可取，異性有亦然 若取是決了，名為心心所 此取何不能，決了於一性 有取及作業，可得而受生

53-87 偈頌內容

劉宋・求那跋陀羅譯 《楞伽阿跋多羅寶經》	元魏・菩提流支譯 《入楞伽經》	唐・實叉難陀與復禮等譯 《大乘入楞伽經》
缺	如火如是說，相似相似法	猶如火所成，理趣似非似

	如火一時間，可燒能燒異 如是我依因，妄覺何不爾 生及與不生，而心常清淨 妄覺者立我，何故不說喻 迷於識稠林，離於真實法 妄覺東西走，覓神我亦爾	如火頓燒時，然可然皆具 妄取我亦然，云何無所取 若生若不生，心性常清淨 外道所立我，何不以為喻 迷惑識稠林，妄計離真法 樂於我論故，馳求於彼此

53－88 偈頌內容

劉宋・求那跋陀羅譯 《楞伽阿跋多羅寶經》	元魏・菩提流支譯 《入楞伽經》	唐・實叉難陀與復禮等譯 《大乘入楞伽經》
缺	內身修實行，我是清淨相 如來藏佛境，妄覺非境界 可取及能取，差別五陰我 若能知於相，爾時生真智 外道說意識，阿梨耶藏體 共於我相應，我法說不爾 若如實知法，實諦得解脫 修行於見道，斷煩惱清淨 心自性清淨，如來淨法身 是法依眾生，離於邊無邊 如金及與色，石性與真金 陶冶人能見，眾生於陰爾	內證智所行，清淨真我相 此即如來藏，非外道所知 分別於諸蘊，能取及所取 若能了此相，則生真實智 是諸外道等，於賴耶藏處 計意與我俱，此非佛所說 若能辯了此，解脫見真諦 見修諸煩惱，斷除悉清淨 本性清淨心，眾生所迷惑 無垢如來藏，遠離邊無邊 本識在蘊中，如金銀在鑛 陶冶鍊治已，金銀皆顯現

53－89 偈頌內容

劉宋・求那跋陀羅譯 《楞伽阿跋多羅寶經》	元魏・菩提流支譯 《入楞伽經》	唐・實叉難陀與復禮等譯 《大乘入楞伽經》
缺	非人亦非陰，佛是無漏智 無漏常世尊，是故我歸依 心自性清淨，煩惱及意作 共五陰相應，說中勝者說	佛非人非蘊，但是無漏智 了知常寂靜，是我之所歸 本性清淨心，隨煩惱意等 及與我相應，願佛為解說

	心自性清淨，意等是因緣 彼能作諸業，故彼二種染 意等客塵法，煩惱我清淨 彼依煩惱染，如垢依清淨 如衣離於垢，亦如金離垢 有而不可見，我離過亦爾 如琴及竾鼓，種種美妙聲 陰中我亦爾，愚癡覓一異 地中諸寶藏，及與清淨水 陰中我亦爾，實有不可見 心及心數法，功德陰和合 陰中我亦爾，無智不能見 如女人胎藏，雖有而不見 我於五陰中，無智故不見	自性清淨心，意等以為他 彼所積集業，雜染故為二 意等我煩惱，染污於淨心 猶如彼淨衣，而有諸垢染 如衣得離垢，亦如金出鑛 衣金俱不壞，心離過亦然 無智者推求，箜篌蠡鼓等 而覓妙音聲，蘊中我亦爾 猶如伏藏寶，亦如地下水 雖有不可見，蘊真我亦然 心心所功能，聚集蘊相應 無智不能取，蘊中我亦爾 如女懷胎藏，雖有不可見 蘊中真實我，無智不能知

53-90 偈頌內容

劉宋・求那跋陀羅譯 《楞伽阿跋多羅寶經》	元魏・菩提流支譯 《入楞伽經》	唐・實叉難陀與復禮等譯 《大乘入楞伽經》
缺	如香藥重擔，火及於諸薪 陰中我亦爾，無智不能見 一切諸法中，無常及與空 陰中我亦爾，無智有不見 諸地及自在，通及於受位 無上妙諸法，及餘諸三昧 及諸勝境界，若陰中無我 而此諸法等，一切亦應無 有人破壞言，若有應示我 智者應答言，汝心應示我 說無真如我，唯是虛妄說 作比丘業者，不應共和合 是人立有無，墮於二朋黨 破壞諸佛法，彼不住我法	如藥中勝力，亦如木中火 蘊中真實我，無智不能知 諸法中空性，及以無常性 蘊中真實我，無智不能知 諸地自在通，灌頂勝三昧 若無此真我，是等悉皆無 有人破壞言，若有應示我 智者應答言，汝分別示我 說無真我者，謗法著有無 比丘應羯磨，擯棄不共語 說真我熾然，猶如劫火起 燒無我稠林，離諸外道過

	離諸外道過，焚燒無我見 令我見熾然，如劫盡火炎	

53-91 偈頌內容

劉宋·求那跋陀羅譯 《楞伽阿跋多羅寶經》	元魏·菩提流支譯 《入楞伽經》	唐·實叉難陀與復禮等譯 《大乘入楞伽經》
缺	如石蜜蒲萄，乳酪酥油等 彼處所有味，不嘗者不知 取於五種中，五陰我亦爾 愚癡人不見，智見得解脫 明等諸譬喻，心法不可見 何處何因義，和合不可見 諸法異體相，一心不能取 無因亦無生，虛妄覺者過 實行者見心，心中不見心 可見從見生，能見何因生	如酥酪石蜜，及以麻油等 彼皆悉有味，未嘗者不知 於諸蘊身中，五種推求我 愚者不能了，智見即解脫 明智所立喻，猶未顯於心 其中所集義，豈能使明了 諸法別異相，不了唯一心 計度者妄執，無因及無起 定者觀於心，心不見於心 見從所見生，所見何因起

53-92 偈頌內容

劉宋·求那跋陀羅譯 《楞伽阿跋多羅寶經》	元魏·菩提流支譯 《入楞伽經》	唐·實叉難陀與復禮等譯 《大乘入楞伽經》
缺	我姓<u>迦旃延</u>，<u>首陀會天</u>出 為衆生說法，趣於涅槃城 是過去行路，我及彼諸佛 三千修多羅，說於涅槃法 欲界及無色，佛不彼成佛 色界中上天，離欲成菩提 境界非縛因，因境界是縛 依智斷煩惱，修行者利劍 有我有幻等，法有無云何 愚不見如是，云何有無我	我姓<u>迦旃延</u>，<u>淨居天</u>中出 為衆生說法，令入涅槃城 緣於本住法，我及諸如來 於三千經中，廣說涅槃法 欲界及無色，不於彼成佛 色界究竟天，離欲得菩提 境界非縛因，因縛於境界 修行利智劍，割斷彼煩惱 無我云何有，幻等法有無 愚應顯真如，云何無真我

	以有作不作，無因而轉生	已作未作法，皆非因所起

53－93 偈頌內容

劉宋・求那跋陀羅譯 《楞伽阿跋多羅寶經》	元魏・菩提流支譯 《入楞伽經》	唐・實叉難陀與復禮等譯 《大乘入楞伽經》
缺	一切法不生，愚癡不覺知 諸因不能生，諸緣亦不作 彼二不能生，云何分別緣 先後及一時，妄覺者說因 虛空瓶弟子，一切諸物生 佛非有為作，諸相相莊嚴 是轉輪功德，非諸佛得名 諸佛是智相，離諸邪見過 內身是智見，離諸一切過 聾瞎盲及啞，老少懷惡人 是等一切人，名無梵行者 廣大勝妙體，是轉輪王相 出家或一二，餘者是放逸	一切悉無生，愚夫不能了 能作者不生，所作及諸緣 此二皆無生，云何計能作 妄計者說有，先後一時因 顯瓶弟子等，說諸物生起 佛非是有為，所具諸相好 是輪王功德，非此名如來 佛以智為相，遠離於諸見 自內證所行，一切過皆斷 聾盲瘖瘂等，老小及懷怨 是等尤重者，皆無梵行分 隨好隱為天，相隱為輪王 此二著放逸，唯顯者出家

53－94 偈頌內容

劉宋・求那跋陀羅譯 《楞伽阿跋多羅寶經》	元魏・菩提流支譯 《入楞伽經》	唐・實叉難陀與復禮等譯 《大乘入楞伽經》
缺	毘耶娑 迦那，及於梨沙婆 迦毘羅 釋迦，我入涅槃後 未來世當有，如是等出世 我滅後百年，毘耶娑圍陀 及於槃荼婆，鳩羅婆 失羅 然後復更有，及於毛釐等 次毛釐 掘多，次有無道王 次有刀劍亂，次刀劍末世	我釋迦滅後，當有毘耶娑 迦那 梨沙婆，劫比羅等出 我滅百年後，毘耶娑所說 婆羅多等論，次有半擇娑 憍拉婆 囉摩，次有冐狸王 難陀及毱多，次篾利車王 於後刀兵起，次有極惡時

	次於末世世，無法無修行 如是等過末，如輪轉世間 日火共和合，焚燒於欲界 復成妙世界，彼器世間生 四姓及國王，諸仙人及法 供養大會施，時法還如本 話笑本如是，長行及子註 子註復重作，種種說無量 如是我聞等，迷沒諸世間 不知真實法，何者為是非 衣裳如法染，擣治令潔淨	彼時諸世間，不修行正法 如是等過後，世間如輪轉 日火共和合，焚燒於欲界 復立於諸天，世間還成就 諸王及四姓，諸仙垂法化 韋陀祠施等，當有此法興 談論戲笑法，長行與解釋 我聞如是等，迷惑於世間 所受種種衣，若有正色者

53-95 偈頌內容

劉宋・求那跋陀羅譯 《楞伽阿跋多羅寶經》	元魏・菩提流支譯 《入楞伽經》	唐・實叉難陀與復禮等譯 《大乘入楞伽經》
缺	清泥牛糞等，壞色而受用 諸香塗身衣，離於外道相 流通我法輪，是諸如來相 不漉水不飲，腰繩及內衣 依時行乞食，離於下賤家 生於妙天境，及人中勝處 諸寶相成就，天人中自在 依法修行者，生天四天下 多時而受用，依多貪還滅 正時及三災，及於二惡世 我及餘正時，釋迦末世時 釋種悉達他，八臂及自在 如是等外道，我滅出於世 如是我聞等，釋迦師子說 曾有如是事，毘耶娑說是 八臂那羅延，及摩醯首羅 說如是等言，我化作世間	青泥牛糞等，染之令壞色 所服一切衣，令離外道相 現於修行者，諸佛之幢相 亦繫於腰絛，漉水而飲用 次第而乞食，不至於非處 生於勝妙天，及生於人中 寶相具足者，生天及人王 王有四天下，法教久臨御 上昇於天宮，由貪皆退失 純善及三時，二時并極惡 餘佛出善時，釋迦出惡世 於我涅槃後，釋種悉達多 毘紐大自生，外道等俱出 如是我聞等，釋師子所說 談古及笑語，毘夜娑仙說 於我涅槃後，毘紐大自在 彼說如是言，我能作世間

53－96 偈頌內容

劉宋・求那跋陀羅譯《楞伽阿跋多羅寶經》	元魏・菩提流支譯《入楞伽經》	唐・實叉難陀與復禮等譯《大乘入楞伽經》
缺	我母名善才，父名梵天王 我姓迦旃延，離於諸煩惱 生於瞻波城，我父及祖父 父名為月護，從於月種生 出家修實行，說於千種句 授記入涅槃，付慧轉法輪 大慧與法勝，勝與彌佉梨 彌佉無弟子，於後時法滅 迦葉 拘留孫，拘那含及我 離於諸煩惱，一切名正時 過彼正法後，有佛名如意 於彼成正覺，為人說五法 無二三災中，過末世亦爾 諸佛不出世，正時出於世	我名離塵佛，姓迦多衍那 父名世間主，母號為具財 我生瞻婆國，我之先祖父 從於月種生，故號為月藏 出家修苦行，演說千法門 與大慧授記，然後當滅度 大慧付達摩，次付彌佉梨 彌佉梨惡時，劫盡法當滅 迦葉 拘留孫，拘那含牟尼 及我離塵垢，皆出純善時 純善漸減時，有導師名慧 成就大勇猛，覺悟於五法 非二時三時，亦非極惡時 於彼純善時，現成等正覺

53－97 偈頌內容

劉宋・求那跋陀羅譯《楞伽阿跋多羅寶經》	元魏・菩提流支譯《入楞伽經》	唐・實叉難陀與復禮等譯《大乘入楞伽經》
缺	無人奪有相，衣裳不割裁 納衣碎破雜，如孔雀畫色 二寸或三寸，間錯而補納 若不如是者，愚人所貪奪 常滅貪欲火，智水常洗浴 日夜六時中，如實修行法 如放箭石木，勢極則還下 放一還下一，善不善亦爾	衣雖不割縷，雜碎而補成 如孔雀尾目，無有人侵奪 或二指三指，間錯而補成 異此之所作，愚夫生貪著 惟畜於三衣，恒滅貪欲火 沐以智慧水，日夜三時修 如放箭勢極，一墜還放一 亦如抨酪木，善不善亦然

| | 一中無多種,以相無如是
如風取一切,如田地被燒
若一能作多,一切無作有
不爾一切失,是妄覺者法
如燈及種子,云何多相似
一能生於多,是妄覺者法 | 若一能生多,則有別異相
施者應如田,受者應如風
若一能生多,一切無因有
所作因滅壞,是妄計所立
若妄計所立,加燈及種子
一能生多者,但相似非多 |

53-98 偈頌內容

劉宋·求那跋陀羅譯 《楞伽阿跋多羅寶經》	元魏·菩提流支譯 《入楞伽經》	唐·實叉難陀與復禮等譯 《大乘入楞伽經》
缺	如麻不生豆,稻不生麨麥 小麥等種子,云何一生多 波尼出聲論,阿叉波太白 末世有梵藏,說於世俗論 迦旃延作經,夜婆伽亦爾 浮稠迦天文,是後末世論 婆梨說世福,世人依福德 能護於諸法,有王名婆離 能施於大地,王婆離施地 婆離彌迦等,及摩傾囉叉 阿舒羅延說,迷惑說王論 一切大仙人,未來現世間	胡麻不生豆,稻非穬麥因 小豆非穀種,云何一生多 名手作聲論,廣主造王論 順世論妄說,當生梵藏中 迦多延造經,樹皮仙說祀 鵄鵂出天文,惡世時當有 世間諸眾生,福力感於王 如法御一切,守護於國土 青蟻及赤豆,側僻與馬行 此等大福仙,未來世當出

53-99 偈頌內容

劉宋·求那跋陀羅譯 《楞伽阿跋多羅寶經》	元魏·菩提流支譯 《入楞伽經》	唐·實叉難陀與復禮等譯 《大乘入楞伽經》
缺	悉達他釋種,浮單陀五角 口力及黠慧,我滅後出世 阿示那三掘,彌佉羅澡罐 我住阿蘭若,梵天施與我	釋子悉達多,步多五髻者 口力及聰慧,亦於未來出 我在於林野,梵王來惠我 鹿皮三岐杖,膊條及軍持

| | 汝當未來世，名大離塵垢
能說真解脫，是諸<u>牟尼</u>尊
梵天共梵眾，及餘諸天眾
鹿皮等施我，還沒自在天
諸雜間錯衣，及為乞食鉢
帝釋四天王，閑處施與我
說無生及因，生及與不生
欲成於不生，是但說言語
若無明等因，能生於諸心
未生於色時，中間云何住
即時滅於心，而更生餘心
色不一念住，觀何法能生
依於何因緣，心是顛倒因
彼不能成法，云何知生滅
修行者合定，金安闍那性
光音天宮殿，世間法不壞
住於所證法，是諸一切佛
如來等智慧，比丘證於法
及餘所證法，彼法常不壞
云何虛妄見，諸法念不住
乾闥婆幻色，何故念不住
諸色無四大，諸大何所為
因無明有心，無始世界習
依生滅和合，妄覺者分別
僧佉有二種，從勝及轉變
勝中有於果，果復成就果
勝是大體相，說功德差別
因果二種法，於轉變中無
如水銀清淨，諸塵土不染 | 此大修行者，當成離垢尊
說於真解脫，<u>牟尼</u>之幢相
梵王與梵眾，諸天及天眾
施我鹿皮衣，還歸自在宮

我在林樹間，帝釋四天王
施我妙衣服，及以乞食鉢
若立不生論，是因生復生
如是立無生，唯是虛言說

無始所積集，無明為心因
生滅而相續，妄計所分別
僧佉論有二，勝性及變異
勝中有所作，所作應自成
勝性與物俱，求那說差別
作所作種種，變異不可得
如水銀清淨，塵垢不能染 |

53- 100 偈頌內容

| 劉宋・<u>求那跋陀羅</u>譯 | 元魏・<u>菩提流支</u>譯 | 唐・<u>實叉難陀</u>與<u>復禮</u>等譯 |

《楞伽阿跋多羅寶經》	《入楞伽經》	《大乘入楞伽經》
缺	真如如是淨，依止於眾生 如興藥及蔥，女人懷胎藏 鹽及鹽中味，種子云何有 異體不異體，二體離二法 有法無因緣，非無於有為 如馬中無牛，陰中我亦爾 說有為無為，是法無可說 惡見量阿含，依邪覺垢染 不覺說有我，非因不離因 五陰中無我，取我是過失 一中及異中，妄覺者不覺 水鏡及眼中，如見鏡中像	藏識(阿賴耶識)淨亦然，(為)眾生(之)所依止 如興渠蔥氣，鹽味及胎藏 種子亦如是，云何而不生 一性及異性，俱不俱亦然 非所取之有，非無非有為 馬中牛性離，蘊中我亦然 所說為無為，悉皆無自性 理教等求我，是妄垢惡見 不了故說有，惟妄取無餘 諸蘊中之我，一異皆不成 彼過失顯然，妄計者不覺 如水鏡及眼，現於種種影

53- 101 偈頌內容

劉宋・求那跋陀羅譯 《楞伽阿跋多羅寶經》	元魏・菩提流支譯 《入楞伽經》	唐・實叉難陀與復禮等譯 《大乘入楞伽經》
缺	遠離於一異，陰中我亦爾 可觀及能觀，禪道見眾生 觀察是三法，離於邪見法 即滅於知見，如孔中見空 諸法轉變相，愚人妄分別 涅槃離有無，住如實見處 遠離生滅法，亦離有無體 離能見可見，觀察轉變法 離諸外道說，離名相形體 依內身邪見，觀察轉變法 諸天及地獄，觸及於逼惱 無有中陰法，云何依識生	遠離一異性，蘊中我亦然 行者修於定，見諦及以道 勤修此三種，解脫諸惡見 猶如孔隙中，見電光速滅 法遷變亦然，不應起分別 愚夫心迷惑，取涅槃有無 若得聖見者，如實而能了 應知變異法，遠離於生滅 亦離於有無，及以能所相 應知變異法，遠離外道論 亦離於名相，內我見亦滅 諸天樂觸身，地獄苦逼體 若無彼中有，諸識不得生 應知諸趣中，眾生種種身

53-102 偈頌內容

劉宋・求那跋陀羅譯 《楞伽阿跋多羅寶經》	元魏・菩提流支譯 《入楞伽經》	唐・實叉難陀與復禮等譯 《大乘入楞伽經》
缺	胎卵濕化等，生於中陰中 眾生身種種，應觀於去來 離量及阿含，能生煩惱種 諸外道浪言，智慧者莫取 先觀察於我，後觀於因緣 不知有說有，故石女兒勝 般若離肉眼，妙眼見眾生 離於有為陰，妙身體眾生 住好惡色中，出離縛解脫 妙體住有為，能見妙法身 在於六趣中，妄覺非境界 我過於人道，非餘妄覺者 而無生我心，何因如是生 如河燈種子，何不如是說	胎卵濕生等，皆隨中有生 離聖教正理，欲滅惑反增 是外道狂言，智者不應說 先應決了我，及分別諸取 以如石女兒，無決了分別 我離於肉眼，以天眼慧眼 見諸眾生身，離諸行諸蘊 觀見諸行中，有好色惡色 解脫非解脫，有住天中者 諸趣所受身，惟我能了達 超過世所知，非計度境界 無我而生心，此心云何生 豈不說心生，如河燈種子

53-103 偈頌內容

劉宋・求那跋陀羅譯 《楞伽阿跋多羅寶經》	元魏・菩提流支譯 《入楞伽經》	唐・實叉難陀與復禮等譯 《大乘入楞伽經》
缺	而識未生時，未有無明等 離於闇無識，云何相續生 三世及無世，第五不可說 是諸佛境界，妄覺者觀行 行中不可說，以離智行中 取於諸行中，智離於行法 依此法生此，現見是無因 諸緣不可見，離於無作者	若無無明等，心識則不生 離無明無識，云何生相續 妄計者所說，三世及非世 第五不可說，諸佛之所知 諸取所住，彼亦為智因 不應說智慧，而名為諸行 有此因緣故，則有此法生 無別有作者，是我之所說

| | 依風火能燒，因風動能生
風能吹動火，風還能滅火
愚者不分別，云何生眾生
說有為無為，離於依所依
云何成彼法，風火愚分別
彼此增長力，彼此法不及
云何而生火，唯言語無義
眾生是誰作，而分別如火
能作陰入軀，意等因能生
如常無我義，共心常轉生
二法常清淨，離於諸因果
火不能成彼，妄覺者不知
心眾生涅槃，自性體清淨
無始等過染，如虛空無差
外道邪見垢，如白象床城 | 風不能生火，而令火熾然
亦由風故滅，云何喻於我
所說為無為，皆離於諸取
云何愚分別，以火成立我
諸緣展轉力，是故能生火

若分別如火，是我從誰生
意等為因故，諸蘊處積集
無我之商主，常與心俱起
此二常如日，遠離能所作
非火能成立，妄計者不知

眾生心涅槃，本性常清淨
無始過習染，無異如虛空
象臥等外道，諸見所雜染 |

53-104 偈頌內容

劉宋・求那跋陀羅譯 《楞伽阿跋多羅寶經》	元魏・菩提流支譯 《入楞伽經》	唐・實叉難陀與復禮等譯 《大乘入楞伽經》
缺	依意意識覆，火等能清淨 彼人見如實，見已破煩惱 捨譬喻稠林，彼人取聖境 知能知差別，彼分別異體 懵鈍人不覺，復言不可說 譬如栴檀鼓，愚人作異說 如栴檀沈水，諸佛智亦爾 愚人不覺知，以依虛妄見 中後不受食，以鉢依量取 離口等諸過，噉於清淨食 此是如法行，不能知相應 依於法能信，莫分別邪行 不著世間物，能取於正義	意識之所覆，計火等為淨 若得如實見，便能斷煩惱 捨邪喻稠林，到聖所行處 智所知差別，各異而分別 無智者不知，說所不應說 如愚執異材，作栴檀沈水 妄計與真智，當知亦復然 食訖持鉢歸，洗濯令清淨 澡漱口餘味，應當如是修 若於此法門，如理正思惟 淨信離分別，成就最勝定

	彼人取真金，能然於法燈 離有無因緣，邪見網分別 一切煩惱垢，離於貪瞋恚 爾時不復生，以無一切染 諸如來伸手，而授於佛位 外道迷因果，餘者迷因緣 及無因有物，斷見無聖人 受於果轉變，識及於意識 意從本識生，識從於意生 一切識從本，能生如海波 一切從薰因，隨因緣而生	離著處於義，成金光法燈 分別於有無，及諸惡見網 三毒等皆離，得佛手灌頂 外道執能作，迷方及無因 於緣起驚怖，斷滅無聖性 變起諸果報，謂諸識及意 意從賴耶生，識依末那起 賴耶起諸心，如海起波浪 習氣以為因，隨緣而生起

53— 105 偈頌內容

劉宋‧求那跋陀羅譯 《楞伽阿跋多羅寶經》	元魏‧菩提流支譯 《入楞伽經》	唐‧實叉難陀與復禮等譯 《大乘入楞伽經》
缺	念差別鉤鎖，縛自心取境 似於形體相，意眼等識生 無始來過縛，依薰生取境 外見心諸法，遮諸外道見 依彼更生餘，及依彼觀生 是故生邪見，及世間生死 諸法如夢幻，如乾闥婆城 陽焰水中月，觀察是自心 行差非真如，正智幻三昧 依首楞嚴定，及餘諸三昧 入於初地得，諸通及三昧 智及如意身，受位入佛地 爾時心不生，以見世虛妄 得歡地餘地，及得於佛地	剎那相鉤鎖，取自心境界 種種諸形相，意根等識生 由無始惡習，似外境而生 所見唯自心，非外道所了 因彼而緣彼，而生於餘識 是故起諸見，流轉於生死 諸法如幻夢，水月焰乾城 當知一切法，唯是自分別 正智依真如，而起諸三昧 如幻首楞嚴，如是等差別 得入於諸地，自在及神通 成就如幻智，諸佛灌其頂 見世間虛妄，是時心轉依 獲得歡喜地，諸地及佛地

53- 106 偈頌內容

劉宋·求那跋陀羅譯《楞伽阿跋多羅寶經》	元魏·菩提流支譯《入楞伽經》	唐·實叉難陀與復禮等譯《大乘入楞伽經》
缺	轉於依止身，如諸色摩尼 亦如水中月，作諸眾生業 離有無朋黨，離二及不二 出於二乘地，及出第七地 內身見諸法，地地中清淨 離外道外物，爾時說大乘 轉於分別識，離於變易滅 如兔角摩尼，得解脫者說 如依結相應，依法亦如是 依相應相應，莫分別於異 眼識業及受，無明及正見 眼色及於意，意識染如是 佛說此妙經，聖者大慧士 菩薩摩訶薩，羅婆那大王 叔迦婆羅那，甕耳等羅叉 (śuka. sāraṇa) (kumbhakarṇa) 天龍夜叉等，乾闥婆修羅 諸天比丘僧，大歡喜奉行	既得轉依已，如眾色摩尼 利益諸眾生，應現如水月 捨離有無見，及以俱不俱 過於二乘行，亦超第七地 自內現證法，地地而修治 遠離諸外道，應說是大乘 說解脫法門，如兔角摩尼 捨離於分別，離死及遷滅 教由理故成，理由教故顯 當依此教理，勿更餘分別

附錄：「中觀、唯識、如來藏」與《楞伽經》綜合整理

491 第 1 節　「如來藏」與《楞伽經》· 1045

第 1 節　「如來藏」與《楞伽經》

請參閱底下有關《楞伽經》的目錄編號

1-14 。

1-34 。

9-2 。

13-1 ～ **13-3** 。

46-2 ～ **46-9** 。

49-7 ～ **49-8** 。

50-4 。

53-88 。

1-1 龍樹與如來藏的關係

　　龍樹的《菩提心論》(Bodhi-citta-vivaraṇa)及《法界讚》(Dharmadhātustava)兩論著，西方學者 Christian Lindtner 認為《菩提心論》毫無疑問是龍樹的論著，引用龍樹《菩提心論》的論師還包括了清辯(Bhāvaviveka)、無性(Asvabhāva)及寂護(Śānta-rakṣita)等人。龍樹《菩提心論》完全保存於「藏文」譯本中，梵文片斷殘本只保留十一偈頌。

　　「如來藏」思想的傳播，於龍樹稍晚的時代即已開始傳播，如多羅那他的《印度佛教史・第十七章・聖天阿闍梨時期》中說：月密王(Candra-gupta)時，為聖天阿闍梨(ācārya āryadeva)弘法時代，其時於南方有阿闍梨龍召(ācārya Nāgāhvāya)說「瑜伽行中觀」法門，又名「如來賢」(tathāgata-bhadra)法門。龍召七度赴龍界說法，撰有《三身頌讚》(sku gsum la bstod pa，今有藏文譯本)、《如來藏讚》(sNying pa'i bstod pa，今未見漢譯及梵文譯本)。由於龍召的弘播，當時印度南方的 Vidyānagara 城，即使孩童亦唱《如來藏經》(De bzhin gshegs pa'i snying po'i mdo)偈頌。龍召(Nāgāhvāya)為龍樹(Nāgārjuna)弟子，曾長期主持過那爛陀寺。

　　若依多羅那他的《印度佛教史》則「如來藏」最晚在「公元二世紀」時已廣傳於於「南印度」了。雖然漢土的「禪宗、華嚴、天台」等宗均無「瑜伽行中觀」(Yogācāra-Madhyamaka)之名稱，而其實內容就是「如來藏」思想。下面舉龍樹著作中有「如來藏」思想的偈頌：

《法界讚》
龍樹菩薩 造
談錫永金剛上師譯藏為漢
(詳談錫永《四重緣起深般若》一書頁 435-447。台北全佛出版社)
如是輪迴亦無實，但若除去煩惱殼，其中見佛種姓果，有情普嚐甘露味。
是故心性「淨光明」，亦其「五障」而為障，貪欲怠惰與邪見，以及種種慮與疑。
此如心性「淨光明」，蒙受貪等諸垢染，「本覺智火」燒煩惱，淨光明卻非所燒。
法唯現於「心識」中，卻成戲論與增益，無此知法「無自性」，知已觀修於法界。
試觀「心識」有二面，「世間」以及「出世間」，執為我法成輪迴，為「自證智」則為「如」。
以既定於趣向故，從於外境說「心識」，於「自證智」清淨中，諸菩薩地從安住。

《讚法界頌》

龍樹菩薩造

西天譯經三藏朝奉大夫試光祿卿傳法大師賜紫臣施護奉 詔譯

法界本無處，究竟方可證，清淨恆光潔，日月皆瑩淨。

法界無垢染，如龍夜雨塵，況似羅睺面，光明恆燦然。

法界體無垢，根隨能覆藏，若除煩惱盡，瑩淨叵難量。

法界理清淨，貪瞋癡本無，迷悟從心起，三毒法假名。

龍樹《大乘二十頌》

「此一切唯心，安立幻化相。作善不善業，感善不善生。若滅於心輪，即滅一切法。」。

龍樹《六十頌如理論》

「法無生無我，智悟入實性，常無常等相，皆由心起見」。

龍樹《六十頌如理論》

「若成立一性，所欲如水月，非實非無實，皆由心起見」。

1-2 如來藏緣起（真如緣起）

(1)「如來藏緣起」係指由「如來藏」之「自性清淨心」生起一切萬有之「緣起論」，乃《楞伽經》、《密嚴經》等所詮顯之思想。

(2)如來藏有「常住不變」之一面，同時亦有「隨緣起動」而變現萬有之一面。

(3)如來藏「隨緣起動」之次第，先是「如來藏」之「一心」被無始以來之「無明」惡習所薰習，而成為「第八阿賴耶識」（藏識），再由「藏識」現起「萬有」，然「如來藏」之「本性」並不毀損，而成為「如來藏為體，藏識為相」之關係。

(4)據《大乘起信論》，如來藏之實體有「真如門」與「生滅門」二義。

就「**真如門**」而論	就「**生滅門**」而論
「如來藏」為「一味平等、性無差別」之體	「如來藏」隨「染淨之緣」而生起諸法，例如由「染緣」而變現「六道」，由「淨緣」而變現「四聖」等。

1-3 如來藏

(1)梵語 tathāgata-garbha。指於一切眾生之煩惱身中，所隱藏之「本來清淨」（即自性清淨）的「如來法身」。蓋「如來藏」雖覆藏於「煩惱」中，卻不為「煩惱」所污，具

足本來「絕對清淨」而「永遠不變」之本性。

(2)一切「染污」與「清淨」之現象,皆緣「如來藏」而起之教法,此即稱「如來藏緣起」。
經論中常以該思想闡明人之「迷、悟」對立意義。

(3)《勝鬘經・法身章》云:「**如來法身不離煩惱藏,名如來藏**」。

1-4 如來藏九喻

《如來藏經》舉九種譬喻,解說如來藏之義,以明示如來法身雖為煩惱所覆,然自性清淨毫不為彼煩惱所染。九者即:

(一)	(二)	(三)	(四)	(五)
如未敷花內有如來身結跏趺坐,具天眼者去萎華而出之。	如淳蜜群蜂守護,以巧智方便先除彼蜂,乃取其蜜。	如粳糧未離皮鉢,貪愚輕賤謂為可棄,除蕩既精,常為御用。	如真金墮不淨處,隱沒不現經歷年載,真金不壞而莫能知,唯天眼者知,能由不淨中取真金而受用。	如貧家有珍寶藏,若無語者,不能開發此珍寶藏。
《佛性論》喻為:「貪使」煩惱	《佛性論》喻為:「瞋使」煩惱	《佛性論》喻為:「癡使」煩惱	《佛性論》喻為:「增上貪瞋癡結使」煩惱	《佛性論》喻為:「無明住地」所攝煩惱

(六)	(七)	(八)	(九)
如菴羅果內實不壞,種之於地,成大樹王。	如人以弊物裹金像,棄捐曠野,惟天眼者知出像,眾皆禮敬。	如貧女懷聖王胎。	如真金像,外雖燋黑,內像不變。
《佛性論》喻為:「見道」所斷煩惱	《佛性論》喻為:「修道」所斷煩惱	《佛性論》喻為:「不淨地」所攝煩惱	《佛性論》喻為:「淨地」所攝煩惱

1-5 如來藏三義

(1)指如來藏之三義。依《大乘止觀法門・卷一》之說,「如來藏」有三義,即:

(一)能藏	(二)所藏	(三)能生
果德之法身,與性淨之淨心,包含「染淨二性」及「染淨二事」,而無所妨礙。	自性清淨心為「無明」之殼所覆藏。	此心體具「染淨二性」之用,而有染淨二種「薰力」,能生「世間、出世間」之諸法。

(2)依《圓覺經略疏・卷上一》之說，如來藏，指如來之法身，具有如下三義：

(一)隱覆	(二)含攝	(三)出生
如來之法身隱覆於「煩惱生死」之中，如同真金墜入污穢物中。	如來之法身含攝身相國土神通大用無量之功德，亦含攝一切眾生，此皆含攝於「如來藏」內。	就悟時而言，如來之法身既含眾德，得了達證入，即能出生。

(3)《佛性論・卷二・如來藏品》謂「藏」有三義：

(一)所攝藏	(二)隱覆藏	(三)能攝藏
一切眾生悉攝於如來之智內。	如來法身無論「因位、果位」，俱不改變；然眾生為煩惱所覆，故不得見。	如來果德悉攝於凡夫心中。

1-6 如來藏五義

《佛性論・卷二・自體相品》與《勝鬘經・自性清淨章》謂「藏」有「**自性、因、至得、真實、祕密**」等五義，即：

(一)「如來藏」	(二)「正法藏」或「法界藏」	(三)「法身藏」	(四)「出世藏」或「出世間上上藏」	(五)「自性清淨藏」
萬有悉為如來之自性，由「自性」之義而言。	此藏乃聖人修行正法而生之對境，由成為境界之「因」義而言。	信此藏可得如來法身之果德，由「至得」之義而言。	此藏超越世間一切虛偽，由「真實」之義而言。	一切法若順此藏則得清淨，反之則成染濁，由「祕密義」而言。

1-7 十種如來藏

《釋摩訶衍論・卷二》根據《大乘起信論》所說之如來藏所別立之十種，如下：

(一)「大總持」如來藏	(二)「遠轉遠縛」如來藏	(三)「與行與相」如來藏	(四)「真如真如」如來藏	(五)「生滅真如」如來藏
此藏總攝「一切諸藏」，無所不通，圓滿平	此藏無「惑因、惑果」，亦無「覺因、覺果」，一	此藏能給予「流轉力」，令「法身如來」覆	此藏唯有「真如」而無彼彼；既非「正體智」	此藏即「不生不滅」之真如被生滅所染，

等，為一切如來藏之根本。	味清淨圓滿。	藏。	之所證得，亦非「意識」之所緣境界。	故稱為「生滅真如」如來藏。

(六)「空」如來藏	(七)「不空」如來藏	(八)「能攝」如來藏	(九)「所攝」如來藏	(十)「隱覆」如來藏
即一切「染法」為幻化差別，體用無實，作用非真，故稱為空。此「空」能覆藏如來實德真體，故稱為「空如來藏」。	即一切淨法遠離虛偽，體用俱真，名為「不空」；此「不空」能被「空」所染。	即「無明藏」中之自性清淨心，能攝一切諸功德。	即出離一切「染法無明地藏」，圓滿覺者為所攝持。	「法身如來」為煩惱所隱沒覆藏。

1-8 二種如來藏

(1)指「**空如來藏**」與「**不空如來藏**」。

(2)如來，即「理性如來」。藏者，「含攝」之義。一切眾生煩惱心中，具足無量無邊不可思議無漏清淨之業，稱為「如來藏」。

(3)據《大乘止觀法門·卷一》載，如來藏有二種，即：

(一)「空」如來藏	(二)「不空」如來藏
此心性雖隨「染淨」之緣，建立「生死涅槃」等法，然心體平等，離性離相，所起染淨等法及能起之心，皆不可得，故稱**「空如來藏」**。	此心性具足「無漏清淨功德」及「諸有漏業惑染法」，包藏含攝，無德不備，無法不現，故稱**「不空如來藏」**。

(4)據《勝鬘經·空義隱覆真實章》載，「如來藏」可分為二種：

(一)「空」如來藏	(二)「不空」如來藏
如來藏「**超越煩惱**」，或與煩惱不同，亦即於如來藏中「煩惱」為「空」。	如來藏「**具足一切法**」，而與煩惱「不離、不脫、不異」。

(5)《勝鬘經·法身章》載，如來藏尚可分為二義：

(一)在纏	(二)出纏

被煩惱所纏縛之狀態，包含「空」與「不空」二如來藏。	脫離煩惱纏縛之狀態。

(6)《大乘起信論》則謂，「真如」有**如實空**與**如實不空**二面；「覺之體相」若以四鏡為喻，即：

（一）在纏	（二）出纏
1 如實空鏡，即「**空如來藏**」。	1 法出離鏡。
2 因薰習鏡，即「**不空如來藏**」。	2 緣薰習鏡。

1－9 「如來藏」具有多重的「體性」

《大般若經・卷三二九》

(1)一切法空，皆不可説。如來方便，

❶説為「無盡」。

❷或説「無數」。

❸或説「無量」。

❹或説「無邊」。（方便可云「無有邊際」，精準的説是「不落任何邊際」）

❺或説為「空」。

❻或説「無相」。

❼或説「無願」。

❽或説「無作」。

❾或説「無生」。

❿或説「無滅」。

⓫或説「離染」。

⓬或説「寂滅」。

⓭或説「涅槃」。

⓮或説「真如」。

⓯或説「法界」。

⓰或説「法性」。

⓱或説「實際」。

(2)如是等義皆是如來方便演説……

(3)如是！如是！「一切法性」皆不可説。

(4)所以者何？一切法性「皆畢竟空」，無能宣説，「畢竟空者」。

(一)如來藏於「眾生凡夫界」時因被「無明煩惱」所覆，故具有「生滅變異性」

「如來藏」於「眾生位」時，皆為無量煩惱所覆，故具有「染污」的受薰性，也具有「生滅變異性」，故需次第觀行斷諸煩惱才能成為「佛地」的淨清「第八識」，至此則轉捨「如來藏」之名而成為「真如」名。

《佛說不增不減經》
(1)佛言：<u>舍利弗</u>！甚深義者即是「第一義諦」，
(2)「第一義諦」者即是「眾生界」，
(3)「眾生界」者即是「如來藏」，
(4)「如來藏」者即是「法身」。

《央掘摩羅經·卷第四》
(1)佛告<u>文殊師利</u>：一切眾生有如來藏，為無量煩惱覆，如瓶中燈。
(2)菩薩道者，謂一切眾生皆有「如來藏」。
(3)我次第斷諸「煩惱」得「佛性」，不動快樂，甚可愛樂；若不斷者，恆輪轉生死。

《楞伽阿跋多羅寶經·卷第二》
(1)如大價寶，垢衣所纏，「如來之藏」常住不變，亦復如是。
(2)而「陰、界、入」，垢衣所纏，貪欲恚、癡，不實妄想塵勞所污。

《楞伽阿跋多羅寶經·卷第四》
(1)此「如來藏、識藏(阿賴耶識)」，一切聲聞、緣覺心想所見。
(2)雖自性淨，「客塵」所覆，故猶見不淨。非諸「如來」。

《楞伽阿跋多羅寶經·卷第四》
(1)是故<u>大慧</u>！菩薩摩訶薩欲求「勝進者」。當 "淨" 「如來藏」及「識藏(阿賴耶識)」名。
(2)<u>大慧</u>！若 "無" 「識藏」(阿賴耶識)名「如來藏」者，則「無生滅」。

《勝鬘師子吼一乘大方便方廣經》
若於無量煩惱藏所纏「如來藏」；不疑惑者，(則)於出無量煩惱藏「法身」；亦無疑惑。

《勝鬘師子吼一乘大方便方廣經》

(1)佛即隨喜，如是！如是！「自性清淨心」而有染污，難可了知……
(2)彼心為「煩惱所染」，亦難可了知。

(二)如來藏於「眾生界」或「佛界」均具有「清淨真如」的常住體性

《大乘密嚴經‧卷上》

(1)金剛藏！如來常住恆不變易，是修念佛觀行之境，名「如來藏」，猶如虛空，不可壞滅，名「涅槃界」，亦名「法界」。
(2)過現未來諸佛世尊，皆隨順此而宣說故。
(3)如來出世、不出世間，此性「常在」，名「法住性」，亦名「法尼夜摩性」。

《大方等如來藏經》

善男子！一切眾生雖在諸趣煩惱身中，有「如來藏」，常無染污，德相備足，如我無異。

《入楞伽經‧卷一》

「寂滅者」名為「一心」，一心者名為「如來藏」，入自內身智慧境界，得無生法忍三昧。

《大方等如來藏經‧卷一》

若佛出世，若不出世。一切眾生「如來之藏」常住不變。

(三)如來藏於「眾生界」雙俱「生滅變異性」與「清淨真如」的常住體性

《大寶積經‧卷第一百一十九》

(1)爾時勝鬘夫人復白佛言……
(2)世尊！此聖諦者，甚深微妙，難見難了，不可分別。非「思量」境，一切世間所不能信。唯有「如來」應正等覺之所能「知」，何以故？此說甚深「如來之藏」。
(3)「如來藏」者是「佛境界」，非諸聲聞、獨覺所行。於「如來藏」說聖諦義，此「如來藏」甚深微妙，所說聖諦亦復深妙。難見難了，不可分別，非思量境。一切世間所不能信，唯有如來應正等覺之所能知。
(4)若於「無量煩惱」所纏「如來之藏」；不疑惑者，(則)於「出一切煩惱之藏」如來法身；亦無疑惑。……
(5)世尊！「如來藏」者，即是「如來空性之智」。「如來藏」者，一切聲聞、獨覺所未曾

「見」，亦未曾「得」，唯「佛了知」及「能作證」……

(6)世尊！生死者依「如來藏」，以「如來藏」故，說「前際」不可了知。世尊！有「如來藏」故得有生死，是名善說。……

(7)世尊！「生死」二法是「如來藏」，於世俗法名為「生死」。世尊！死者諸受根滅，生者諸受根起。「如來藏」者，則不生不死。不昇不墜，離有為相。

(8)世尊！「如來藏」者，常恆不壞。……

(9)世尊！若無「如來藏」者，應無「厭苦」，樂求「涅槃」……如來藏者，無有「前際」，無生無滅。……

(10)世尊！「如來藏」者，非有「我、人、眾生、壽者」。……

(11)世尊！「如來藏」者，是「法界藏」，是「法身藏」，「出世間藏」，「性清淨藏」。此本「性淨」，「如來藏」者，如我所解，縱為「客塵煩惱」所染，猶是不可思議「如來境界」。何以故？

(12)世尊！剎那、剎那「善、不善心」客塵煩惱所不能染。何以故？煩惱不觸心。心不觸煩惱……

(13)**爾時世尊歎勝鬘夫人言**：善哉！善哉！如汝所說：「性清淨心，隨煩惱染」。難可了知！

(14)復次**勝鬘**！有二種法難可了知。何等為二？謂：

　「性清淨心」➔難可了知。

　「彼心為煩惱染」➔亦難了知。

　如此二法，汝及成就大法菩薩乃能聽受，諸餘聲聞由「信」能解。

(15)**勝鬘**！若我弟子「增上信」者……善能解了「性清淨心」，煩惱所染，而得究竟。

　　勝鬘！是究竟者，為大乘因。

(16)汝今當知「信如來者」，於甚深法，不生誹謗。

《勝鬘師子吼一乘大方便方廣經》

若於無量煩惱藏所纏「如來藏」；不疑惑者，(則)於出無量煩惱藏「法身」；亦無疑惑。

《勝鬘師子吼一乘大方便方廣經》

(1)**勝鬘夫人**說是難解之法，問於佛時，佛即隨喜，如是！如是！「自性清淨心」而有染污，難可了知。

(2)有二法難可了知，謂：

　「自性清淨心」，難可了知。(註：故不受生死流轉而染污也)

　彼心為「煩惱所染」，亦難可了知。(註：故亦會受生死流轉而染污也)

(3)如此二法，汝及成就大法菩薩摩訶薩乃能聽受，諸餘聲聞，唯信佛語。

《如來莊嚴智慧光明入一切佛境界經・卷下》
<u>文殊師利</u>！心「自性清淨」故，彼心「客塵煩惱染」。

《佛說不增不減經》
復次<u>舍利弗</u>！如我上說「眾生界」中亦三種法，皆「真實如」，不異不差。何謂三法？
    一者：如來藏本際「相應體」及「清淨法」。
    二者：如來藏本際「不相應體」及「煩惱纏不清淨法」。
    三者：如來藏未來際「平等恒」及「有法」……
(1)如來藏本際「相應體」及「清淨法」者。
→ 此法如實「不虛妄」，不離不脫。智慧清淨，真如法界，不思議法。無始本際來，
    有此「清淨相應法體」。
    <u>舍利弗</u>！我依此「清淨真如法界」，為眾生故說為「不可思議法自性清淨心」……
(2)如來藏本際「不相應體」及「煩惱纏不清淨法」者。
→ 此本際來，離脫「不相應煩惱」所纏「不清淨法」，唯有「如來菩提智」之所能斷。
    <u>舍利弗</u>！我依此「煩惱所纏」不相應不思議法界，為眾生故說為「客塵煩惱所染」，
    「自性清淨心」不可思議法……
(3)如來藏未來際「平等恒」及「有法」者。
→ 即是一切諸法根本，備一切法，具一切法，於世法中不離不脫「真實一切法」。
    住持一切法，攝一切法。
    <u>舍利弗</u>！我依此「不生不滅」常恒清涼不變歸依，不可思議清淨法界說名「眾生」。

《大方等如來藏經》
(1)佛云：如是！善男子，我見眾生種種煩惱，長夜流轉生死無量。
(2)「如來妙藏」在其身內，儼然「清淨」，如我無異。是故佛為眾生說法，斷除煩惱淨
    如來智，轉復化導一切世間。

一切眾生皆只有一個各自的「第八阿賴耶識」，而這個「第八識」在「凡夫位」的眾生
裏，體性雖是「自性清淨」，但卻被「無明煩惱」所覆而具有「染污性」，要待數數觀行
後，才能成為圓滿究竟清淨的佛地「第八識清淨真如」。

1－10 「阿賴耶識」也一樣具有多重的「體性」

四十卷《大方廣佛華嚴經・卷九》云：

如是甚深阿賴耶識行相，微細究竟邊際。唯諸如來、住地菩薩之所通達。愚法聲聞，及辟支佛，凡夫外道，悉不能知。

㈠阿賴耶識具有「能受薰、可受薰」的「生滅變異」體性

《雜阿含經・卷十二》

(1)愚癡無聞凡夫寧於四大色身繫我、我所，不可於識繫我、我所。所以者何？

(2)四大色身或見十年住，二十、三十、乃至百年，若善消息，或復少過。

(3)彼「心(第八識)、意(第七識)、識(前六識)」日夜時剋，須臾不停，種種識變，異生異滅。

(4)譬如獼猴遊林樹間，須臾處處，攀捉枝條，放一取一。

(5)彼「心、意、識」亦復如是，種種變易，異生異滅。

《楞伽阿跋多羅寶經・卷一》

「心」(第八識)名採集業，「意」(第七識)名廣採集，「諸識」(前六識)識所識，現等境說五。

《楞伽阿跋多羅寶經・卷四》

復次大慧！自心現妄想八種分別，謂「識藏(第八識)、意(第七識)、意識(前六識)」及五識身相者，不實相妄想故。我、我所二攝受滅，二無我生。

《楞伽阿跋多羅寶經・卷四》

大慧！自建立自通者，過世間望(比擬)，彼諸凡愚所不能信。「自覺聖智境界」無以為譬，真實如來(起)過「心、意、意識」所見之相，不可為譬。

《瑜伽師地論・卷五十一》

又「阿賴耶識體」是「無常」，有「取受」性。轉依是「常」，無「取受性」。緣「真如」境聖道方能轉依故」。

《成唯識論》

又此識(指第八識)是「所薰性」故，若「善、染」者，如「極香、臭」，應不受薰，無薰習故，染、淨因果，俱不成立。

《成唯識論》

故此唯是「無覆無記」。「覆」謂染法，障聖道故，又能蔽心，令不淨故。

《成唯識論》

此識(指第八識)非染，故名「無覆」。「記」謂「善、惡」，有「愛、非愛果」及「殊勝自體」可記別故，此非「善、惡」，故名「無記」。

《成唯識論》

(1)此「識」(指第八識)無始「恆轉如流」，乃至何位當究竟捨？「阿羅漢位」方究竟捨。

(2)謂諸聖者斷煩惱障，究竟盡時，名「阿羅漢」，爾時此「識」(指第八識)煩惱麤重永遠「離」故，說之為「捨」。

《成唯識論》

(1)然「阿羅漢」斷此「識」(指第八識)中煩惱麤重，究竟盡故，不復執藏「阿賴耶識」為自內我(第七識不再執持第八識為一個常住不變的自我)。

(2)由斯永「失」阿賴耶「名」，說之為「捨」，非「捨」一切「第八識體」。

　　經文中佛告訴我們在「等覺位」以下至「凡夫位」的「第八識心」皆具有「種種變易」、「異生異滅、廣採集、自心現不實相妄想」等等體性。所以「凡夫位」的「第八識」有「多分」不實相妄想，「賢聖位」的「第八識」則只有「少分」或「微細」不實相妄想。只有「佛地」的「第八識」乃是圓滿的「阿陀那識」或「真如」(佛地已轉捨「第八識」之名)。

(二)阿賴耶識具有「清淨真如」的常住體性

《大乘密嚴經‧卷下》

「賴耶體」常住，眾識與之俱。如輪與水精，亦如星共月。

此處，佛藉著與「金剛藏菩薩」的請問說法，了知「阿賴耶識」即使是在「凡夫眾生位」中，仍然具有「真如性、圓成實性、不變清淨性」。

《大乘密嚴經‧卷二》

(1)諸仁者，一切眾生「阿賴耶識」，本來而有，圓滿清淨。出過於世，同於涅槃。

(2)譬如明月，現眾國土。世間之人，見有虧盈，而月體性，未嘗增減。「藏識」(指第八識)亦爾。普現一切眾生界中，性常圓潔，不增不減。

(3)無智之人妄生計著。若有於此，能正了知，即得「無漏轉依差別」。

(4)此「差別法」得者甚難，如月在雲中，性恆明潔。「藏識」(指第八識)亦爾，於「轉識境

界習氣」之中而「常清淨」。

《成唯識論》

「法」有四種，謂「善、不善、有覆無記、無覆無記」。「阿賴耶識」何法攝耶？此識(指第八識)唯是「無覆無記」，「異熟」性故。「異熟」若是「善、染污」者，「流轉、還滅」應不得成。

(第八識又名「異熟識」，屬「無記性」也，可受「前七轉識」的薰習。既是「無記」，則「性空」也；既「性空」，方能起「流轉」與「還滅」的作用，若第八識是「性實」或是「善、惡」等性格，則必不能起「流轉」與「還滅」的作用。《中論》云「未曾有一法，不從因緣生」、「眾因緣生法，我說即是空」。「性空」不礙「緣起」，「緣起」不離「性空」。唯識理亦同)。

《成唯識論》

又此識(指第八識)是「善、染」依故。若(此識是)「善、染」者，互相違故，應不與二俱(指善、染)作所依。(假如第八識是善或染，則它不能被善、染所共依)

《成唯識論》

「阿賴耶識」為「斷」為「常」？「非斷非常」，以「恆轉」故。

《成唯識論》

顯此「識」(指第八識)無始因果，非「斷、常」義。謂此識性，無始時來，剎那剎那「果生因滅」。「果」生故「非斷」，「因」滅故「非常」。「非斷非常」，是「緣起」理，故說此識「恆轉如流」。

《成唯識論》

然「第八識」雖諸有情皆悉成就，而隨義別，立種種名。

從《成唯識論》中來看，阿賴耶識亦具有「非斷非常」的「清淨、性空」理念。

(三)阿賴耶識雙俱「生滅變異」與「清淨真如」的常住體性

《大乘密嚴經·卷中》

(1)「阿賴耶識」恆與一切「染淨之法」而作所依，是諸聖人現「法樂」住「三昧」之境，人天等趣，諸佛國土，悉以為因，常與諸乘而作種性。

(2)若能了悟即成佛道……外道所計「勝性、微塵、自在、時」等，悉是「清淨阿賴耶識」。

(3)諸仁者！「阿賴耶識」由先「業力」及「愛」為因，成就世間若干品類，妄計之人執為「作者」。

(4)此「識」(阿賴耶識)體相，微細難知，未見真實，心迷不了，於根境意而生愛著。

《大寶積經‧卷第一百九》
「然諸眾生不知我身內所住「識」有何體？跋陀羅波梨！此「識」(阿賴耶識)善成就故，流至於一切「諸有」(三界九有)，然「諸有」不染著。

《成唯識論‧卷二》
「阿賴耶識」與諸「轉識」(七轉識)，於一切時，展轉相生，互為因果。《攝大乘》說：「阿賴耶識」與「雜染法」，互為因緣。

《成唯識論‧卷四》
又，《契經》說心雜染，故有情雜染。心清淨，故有情清淨。若無此「識」(阿賴耶識)，彼「染淨心」不應有故。謂「染淨法」以「心」為本，因「心」而生，依「心」住故。心受彼熏(受彼阿賴耶識所熏)，持彼種(執持阿賴耶識的種子)故。

「阿賴耶識」與「如來藏」乃「不一不異」也

《入楞伽經‧卷七》
佛云：大慧！「阿黎耶識」者名「如來藏」，而與「無明」七識共俱，常不斷絕，身俱生故。離「無常過」，離於「我過」，自性清淨。

《大乘密嚴經‧卷下》
(1)如是「賴耶識」，是清淨「佛性」，凡位恒雜染，佛果常寶持。
(2)如「美玉」在水，「苔衣」所纏覆，「賴耶」處生死，習氣縈z(纏繞)不現。

《大乘密嚴經》
(1)佛說「如來藏」，以為「阿賴耶」。惡慧不能知，「藏」(藏識)即「賴耶識」。
(2)如來「清淨藏」，世間「阿賴耶」，如「金」(喻如來藏)與「指環」(喻阿賴耶識)，展轉無差別。

《宗鏡錄‧卷四十七》永明 延壽禪師言：
若有不信「阿賴耶識」即是「如來藏」，別求真如理者，如離相覓境，即是惡慧，以未了「不變隨緣、隨緣不變」之義，而生二執。

《大乘起信論》馬鳴菩薩云：

心生滅門者：謂依「如來藏」有「生滅心」轉；「不生滅」與「生滅」和合，非一非異，名「阿賴耶識」。

《楞伽阿跋多羅寶經·卷第四》

佛告大慧！「如來之藏」是「善、不善因」。能遍興造一切趣生……「外道」不覺，計著「作者」。為無始虛偽「惡習」所薰，名為「識藏(阿賴耶識)」。

《大乘入楞伽經·卷第五》

大慧！此「如來藏、藏識(阿賴耶識)」本性清淨，客塵所染而為「不淨」。一切「二乘」及「諸外道」，憶度起見，不能現證。如來於此分明現見，如觀掌中「菴摩勒果」。

《大乘入楞伽經·卷第五》

大慧！此「如來藏、藏識(阿賴耶識)」是「佛境界」，與汝等「比淨智菩薩」，隨順「義」者所行之處。非是一切執著文字「外道、二乘」之所行處。

《楞伽阿跋多羅寶經·卷第四》

「如來藏」、「識藏(阿賴耶識)」，唯佛及「餘利智」依「義」菩薩智慧境界。

唐·般若譯《大乘理趣六波羅蜜多經·卷第十》

爾時薄伽梵而說偈言：

(1)一切有為法，如乾闥婆城，眾生「妄心」取，雖現非「實有」。
　諸法非「因」生，亦非「無因生」，虛妄分別有，是故說「唯心」。

(2)「無明」妄想見，而是色相因，「藏識」(第八識)為所依，隨「緣」現「眾像」。
　如人目有醫ヘ，妄見空中花，習氣擾濁心，從是「三有」(三界二十五有)現。

(3)「眼識」依「賴耶」，能現種種色，譬如「鏡中像」，分別不在外。
　所見皆「自心」，「非常」亦「非斷」，「賴耶識」所變，能現於世間。

(4)法性皆平等，一切法所依，「藏識」恒「不斷」，「末那」(第七識)計為「我」。
　「集起」說為「心」(第八識)，「思量」性名「意」(第七識)，「了別」義為「識」(第六識)，是故說「唯心」。

(5)心外諸境界，妄見「毛輪花」，所執實皆無，咸是「識心」變。
　色、具色功能，皆依「賴耶識」，凡愚妄分別，謂是真實有。

(6)睡眠與昏醉，行住及坐臥，

作業及「士用」(puruṣakāra-phala 士夫果、功用果➜謂由「士夫之作用」所得之果，「士」謂「士夫」，指人。「用」謂「作用」，指造作，此謂人使用工具所造作之各類事情，故稱爲「士用果」)，皆依「藏識」起。

有情器世間，非由「自在」作，亦非「神我」造，(亦)非「世性」微塵(所造)。

(7)如木中「火性」，雖有未能燒，因「燧」方火生，由此破諸闇。

「展轉」互為因，「賴耶」為依止，「諸識」從「彼」(阿賴耶識)生，能起「漏、無漏」。

(8)如海遇「風緣」，起種種「波浪」，現前作用轉，無有「間斷」時。

「藏識」海亦然，境界風所動，恒起「諸識」浪，「無間斷」亦然。

(9)如酪未鑽搖，其酥人不見，施功既不已，醍醐方可得。

「賴耶」妄熏習，隱覆「如來藏」，修習純熟時，正智方明了。

(10)諸識「隨緣」轉，不見「本覺心」，自覺智現前，「真性」常不動。

猶如「金」在「礦」，處石不堪用，銷鍊得「真金」，作眾莊嚴具。

(11)「賴耶」性清淨，「妄識」所熏習，「圓鏡智」(大圓鏡智)相應，如日出雲翳。

若有修「空」者，順「空」而取(執)「空」。(或)觀「空」與「色」殊，不名「真觀者」。

(12)觀「色」即是「空」，「色、空」不可得，此即「勝義空」，是「真解脫」者。

「客塵」無自性，「無明」妄分別，實相非「有、無」，眾生虛妄見。

(13)猶如日月明，流光能普照，如來「清淨藏」，具足諸功德。

「真、妄」互相熏，猶如二象鬥，弱者去無迴，妄盡無來去。

(14)「蓮花」性無染，出水離「淤泥」，「菡 萏」開敷(開展敷顯)時，見者皆歡喜。

如來「無垢識」，永斷諸習氣，清淨智圓明，賢聖所歸趣。

(15)猶如最勝寶，無復諸瑕翳，輪王為寶冠，常置於頂上。

如來「清淨藏」，永離諸分別，體具恒沙德，諸佛之法身。

(16)住真無漏界，清淨解脫身，寂滅等虛空，法性無來去。

佛現三界中，不生亦不滅，此界及他方，湛然常不動。

(17)平等真法界，佛與眾生如，非斷亦非常，大悲恒不盡。

諸佛法性身，本覺自然智，是真勝義諦，唯佛方證知。

(18)自性體無生，牟尼本寂靜，流轉諸三有，畢竟歸依處。

法無來去相，三世常寂然，住真三昧者，見彼法界身。

(19)清淨不思議，恒沙眾德備，此即無漏界，諸佛之所依。

佛具三種身，體相用平等，甚深廣大性，勝義無差別。

(20)無漏無變易，遠離一切相，煩惱及所知，本性恒清淨。

無垢無染著，是真調御師，性淨即涅槃，亦是法身佛。

(21)體備恒沙德，無垢不思議，六度常圓滿，此即「薩婆若」(sarvajña。一切智，了知內外一切法相之智)。廣大無邊際，永斷於思想，斷習成菩提，具恒沙功德。

(22)於諸法自在，普現諸色像，大悲清淨果，常利一切眾。

無漏無分別，願力皆圓滿，猶如摩尼珠，隨色皆能現。

譬如工畫師，能畫種種相，所現諸境界，皆是「識心」變。

第 2 節 「中觀」與《楞伽經》

請參閱底下有關《楞伽經》的目錄編號

5-3 ～ **5-7** 。

5-10 ～ **5-12** 。

12-9 ～ **12-14** 。

15-5 ～ **15-8** 。

15-15 。

15-20 ～ **15-30** 。

17-3 ～ **17-5** 。

18-1 ～ **18-5** 。

19-13 ～ **19-17** 。

32-4 ～ **32-11** 。

37-5 ～ **37-9** 。

42-2 ～ **42-10** 。

43-3 ～ **43-7** 。

43-14 ～ **43-15** 。

43-32 。

43-40 。

45-2 。

2-1 自體性

自性,梵文作 svabhāva。
sva 是「自己、自我、靈魂」等意義。
bhāva 是「存有、存在、常住、真實、性實」等意義。

《壹輸盧迦論》云:

凡諸法「體、性、法、物、事、有」,名異義同。是故或言「體」、或言「性」、或言「法」、或言「有」、或言「物」,莫不皆是「有」之差別。

正音云「私婆婆」,或譯為「自體體」,或譯為「無法有法」,或譯為「無自性性」。

所以「自性」或名「自體、自性、自法、自物、自有……」,「自性」指不依賴於任何事物可獨立存在的一種「實體」,《般若經》上常說的「無自性、無自體性」,就是在否定事物是可以獨立存在的一種不變「實體」。

為什麼由「因緣」所生的事物一定是「無自性」呢?青目的解說是:「眾緣具足,和合而物生。是物屬眾因緣,故無自性。無自性故空,空亦復空」。由各種因緣條件所組合的事物,它本身並沒有真實的自體,因為當這些組合因緣起變化時,則此事物也必跟著起變化,所有的緣滅時,則由緣所產生的「果」也必跟著消滅。萬事萬法都不離因緣法,既屬因緣,則必為--「無自體性」,所以它是--「空性」。

2-2 緣起性空

《中論》云:「因緣所生法,我說即是空(śūnyatā),亦為是假名(prajñapti),亦是中道義。未曾有一法,不從因緣生,是故一切法,無不是空者。

註:鳩摩羅什譯文作「無」字,青目的譯文又作「空」字。又《般若燈論釋》(T30, p0126a)亦作「空」字。

這兩首偈頌,龍樹把「空」定義為「因緣生」,凡是由「因緣」生起的種種事物,它都沒有實的「自體性」,所以叫它為--空,進而推出「緣起性空」之理。此處先將「緣起」與「性空」二詞稍作說明。

有關「因緣、因果、緣起、緣生」的定義以及相關論著非常非常的多。簡單說:

「因」（hetu）是產生結果的內在直接原因。

「緣」是資助「因」的外在間接條件。

「因」與「緣」並稱名為「因緣」（hetu-pratyaya），或言「因」即是「緣」，或言「因緣」即是「緣起」（pratītya-samutpāda）的另一譯名。「samutpāda」的意思是「生、起」，所以也有譯作「緣生」一詞。

佛所說的「緣起」義是非常深廣的，這法則不是釋迦牟尼所創立或定制的，只是佛陀所證得，所體悟的宇宙真理，如《雜阿含經》上說：**緣起法者，非我所作，亦非餘人作，然彼如來出世及未出世，法界常住**。這是宇宙人生間本然的、必然的、普遍的原則，也是任何因果現象所不可違背的。「緣起」是大乘佛法中最常引用的名詞，從原始佛教到大乘佛教，幾乎所有佛教都是以「緣起說」作為中心思想，萬物、萬事都是「依緣而起」，是「藉著種種條件而產生現象的一種原理」，是**此有故彼有，此生故彼生**的一種生起（因）與存在（果）。

「空性」，梵語作 śūnyatā，有**不真實、不存在**之義。龍樹《中論》對「空性」一詞的使用，皆指否定一切**實有、實存**的事物，指出事物是**不能獨立的存在**，而是**依存**在其他東西中的一種存在，是**不具有本體**的存在，而不是存在的一種「虛無」。

如車輪、車軸、方向盤、引擎……等組合成「車」，這「車」是一種依於其他東西（指車輪、軸、引擎……等）而存在的，所以它是**性空**的，但這「車」仍具有運載的作用，也並非是一種存在的**虛無**。

再舉眼前的「桌子」為例，請問桌子從何因緣來？木材＋人工＋釘子＋油漆＋設計＋製造家＋流通鋪＋……無數的因緣聚合而起。桌子是由這些「因緣」聚合而成，所以它沒有真實的「自性」，故我們稱桌子為「空性」！我們所穿的衣服呢？它是由布＋料＋染色＋棉＋手工＋……無數的因緣而成。所以衣服它沒有真實的**自體性**，故我們稱衣服為**空性**。

現在閉起眼睛，請問黃色的計程車從何因緣而來？引擎＋機器＋底盤＋輪＋鐵……無數的因緣。現在眼睛打開，我們眼前有一部「黃色的計程車」嗎？當然你會說你曾看見過，這個「看見」的潛在意識還是離不開「緣起」。

　　這部計程車的「結構因緣」畢竟在你的「五根」及「第六意識」下描述出來、定義出來的！所以構成我們每個人一生的一切種種現象，都是依「因緣」(緣起)而起，而我們每個人的「六根」乃是這一切緣起現象的最主要的因緣。

　　其實這種宇宙的「緣起性空」法則是不容易了解的，佛陀自己曾說：「我今甚深之法，難曉難了，難可覺知……設吾與人說妙法者，人不信受，亦不奉行……我今宜可默然，何須說法」又說：「此甚深處，所謂 "緣起" 」。所以「緣起法」是佛教的重心，沒有了「緣起法」就沒有了佛法。

　　「緣起」說發展到《中論》時，是扣緊「緣生法」的自身來理解，「緣起法」的自身是「空性」的，即在主觀上雖有形相生起，但在客觀上根本沒有一個獨立的存在與之相應，這就是「空」，「緣起」的當下就是「性空」，就是「無自性」的東西。類似這樣的名詞還有：

❶「緣起不起」(《般若燈論釋》T30, p0054c)
❷「緣起性空」(《大毘盧遮那成佛經疏》T39, p0601c)
❸「緣生性空故」(《肇論新疏》T45, p0220a)、(《宗鏡錄》T48, p0916c)、(《十二門論宗致義記》)
❹「因緣生即無生」(《中觀論疏》T42, p0024c)
❺「諸法本無動，因緣性空寂」(《大寶積經》T11, p0626c)

2-3 緣起、緣生、無生、不生、性空、空、無自體、無自性、無性、假名、中道等皆是「同義」字詞

　　《中論》云：「 "因緣" 所生法，我說即是 "空" ，亦為是 "假名" ，亦是 "中道" 義。未曾有一法，不從 "因緣" 生，是故一切法，無不是 "空" 者」。若照梵文的意思則如下：我佛宣說一切因緣生法都是「空」的，由於這「空」是假名，因此這「空」是「中道」。從這兩首偈頌，龍樹把「空」定義為「因緣生」，這種「因緣」所生的法，又名為「假名」，又名為「中道」。為何「因緣」又是一種「假名」呢？因為「空亦復空，但為引導眾生故，以假名說」。下面以流程圖表之：

因緣、緣起、緣生➜空➜假名

《大智度論》云：
「因緣」生法，是名「空相」，亦名「假名」，亦名「中道」。

《大智度論》云：

若法從「因緣和合」生，是法無有「定性」；若法無「定性」，即是「畢竟空」寂滅相，離「二邊」故，假名為「中道」。

《般若燈論釋》云：

若言從「緣生」者，亦是「空」之異名。何以故？因「施設」故。世間、出世間法，並是「世諦」所作，如是「施設名字」，即是「中道」。

　　由上述文字的引證，「緣起性空」之理說明了一切事物的存在是「非有非無」，所以「緣起」必是「性空」，既是「性空」必定是「不生不滅、不常不斷、不一不異、不來不去」，這就是所謂的「中道義」。「中道」是從「有無、生滅、常斷、一異、來去」的相對性語詞「超越」出來，《大智度論》又云：「非有亦非無，亦復 "非" 有無，此語亦不受，如是名中道」，「中道」是滅一切相對性語詞的戲論而歸於寂滅。下面以流程圖表之：

因緣➜空➜不生不滅、不常不斷、不一不異、不來不去、非有非無**➜假名➜中道**

《大智度論》云：

諸法中皆「無性」，何以故？一切有為法，皆從「因緣」生……如是一切諸法，性不可得故，名為「性空」。

《大智度論》云：

若從「因緣和合」生，是法「無自性」，若「無自性」，即是「空」。

青目《中論釋》云：

「眾緣具足」和合物生，是物屬「眾因緣」，故「無自性」，「無自性」故「空」。

《迴諍論》云：

若法一切皆「因緣生」，則一切法，皆「無自體」。法「無自體」，則須「因緣」。若有「自體」，何用「因緣」？

若離「因緣」，則無諸法。

若「因緣生」，則「無自體」。以「無自體」，故得言「空」。

下面以流程圖表之：

因緣➡性空、空➡無自性、無自體、無體

透過上述經文的引證，我們可以得知「**緣起、緣生、無生、不生、性空、空、無自體、無自性、無性、假名、中道……**」等語言字詞雖稍不同，但透過上述經文的引證分析，這些語言所表達的都是說明世間真相--緣起空義的「同義語」！

再以流程圖表之：

緣起、緣生**➡無生、**不生**➡性空、**空**➡無自體、**無自性、無性**➡假名➡中道**

2-4 四種「不生」的哲學

《中論》云：「**諸法不自生，亦不從他生，不共不無因，是故知無生**」。意思是說：任何事物，不管是什麼樣的，不管是在那裏的，一定不由「自身」而生，也不由「其他東西」而生，也不由「自、他」兩者而生，也不是「無原因」而生。

這是龍樹證明「**無生**」(沒有「生」的定相，亦沒有「滅」的定相)的一種論證，龍樹把「**生**」分成四種：

(1)**自生**：自己能生起自己，自己可以完全獨立的生起自己。此即「**因中有果論**」者。因與果是「**一**」論者。這是印度六派哲學之一➡「**數論學派**」（Sāṃkhya）的因果論主張。

(2)**他生**：由不同於「甲物」的其他「乙物」而生起「此物」。此即「**因中無果論**」者。因與果是「**異**」論者。這是印度六派哲學之一➡「**勝論師派**」（Vaiśeṣika）的因果論主張。

(3)**共生**：「甲物」是由「甲物」以及不同於「甲物」的「乙物」所共同生起，此即「**因中亦有果亦無果論**」者。因與果是「**一**」又同時是「**異**」論者。這是印度六派哲學之一➡耆那教派（Jaina）的因果論主張。既然「**自生**」、「**他生**」都不對，那把「**自生**」與「**他生**」強湊在一起的理論也是不對的！

(4)**無因生**：「甲物」沒有何原因而生起，即「**放棄因果論者**」、「偶然論」（yadṛccha）。➔
這是「唯物學派」與「懷疑論」者所主張的，如古印度的「**順世外道**」（Lokāyata）
的主張即是。

下面以二個圖例說明這四生的關係：

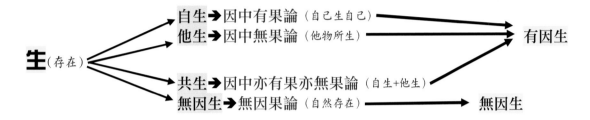

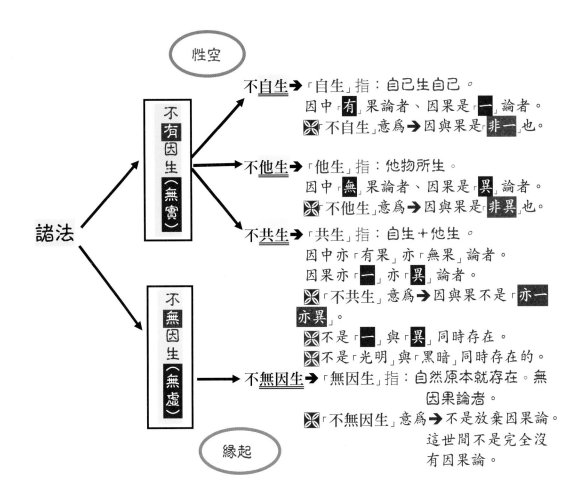

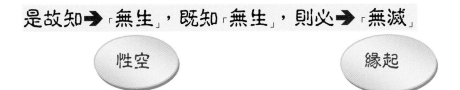

是故知➡「無生」，既知「無生」，則必➡「無滅」

性空　　　　　　　緣起

- 大聖說空法，為離諸見故，若復見有空，諸佛所不化。（１３）
- 受諸因緣故，輪轉生死中，不受諸因緣，是名為涅槃。（２５）
- 眾因緣生法，我說即是空，亦為是假名，亦是中道義。（２４）
- 未曾有一法，不從因緣生，是故一切法，無不是空者。（２４）

「諸法」不自生、不他生、不共生、不無因生，是故知無生（不生），既然諸法是「不

生」，就必定也是「不滅」的！諸法是「緣起」的，所以沒有真實的「自體性」，無真實的「自體性」，故名為「空性」，就是在講「緣起性空」的義理。我們再將「緣起性空」與「中道」的關係製一簡單的圖解如下：

空義(緣起法)
　　自性空--緣起無自性，故非自性有，離有邊，不墮有。　　┐
　　假名有--緣生施設有，故非自性虛無斷滅，離無邊，不墮無。┘──中道

2-5 「緣起性空」(假名)不即不離「實相離言」(絕言)之相關例句

(1)不離於生死，而別有涅槃，實相義如是，云何有分別。【１６】
(2)如來所有性，即是世間性，如來無有性，世間亦無性。【２２】
(3)若人不能知，分別於二諦，則於深佛法，不知真實義。【２４】
(4)若不依俗諦，不得第一義，不得第一義，則不得涅槃。【２４】
(5)涅槃與世間，無有少分別，世間與涅槃，亦無少分別。【２４】
(6)涅槃之實際，及與世間際，如是二際者，無毫釐差別。【２４】

《景德傳燈錄‧卷三》(《大正藏》第五十一冊頁 219 中) 載：

(1)迄九年已，(達摩祖師)欲西返天竺，乃命門人曰：時將至矣！汝等蓋各言所得乎？
(2)時門人道副對曰：如我所見，不執文字，不離文字，而為道用。
(3)師(達摩祖師)曰：汝得吾皮。
(4)尼總持曰：我今所解，如慶喜(阿難)見阿閦佛國(akṣo)，一見更不再見(指見而不見，因法
　　乃非「見」，亦非「不見」，法乃「不相見、不相知、不相對、無所作」也)。
(5)師(達摩祖師)曰：汝得吾肉。
(6)道育曰：四大本空，五陰非有，而我見處，無一法可得。
(7)師(達摩祖師)曰：汝得吾骨。
(8)最後慧可禮拜後，依位而立。
　　師(達摩祖師)曰：「汝得吾髓。」

註：依文所言，慧可似乎是境界最高者。但道副、尼總持、道育三人是否真的不究竟？依實相義而言，第一實相義雖「不落、不即」言詮，但亦「不離」言詮也，否則佛陀的正法之道如何傳播給眾生？《中論》云：「若不依俗諦，不得第一義」，是故，四人所言，理應「無有高下」，此公案乃要凸顯出「離言絕相」的教誨罷！若「執」慧可之「離言絕相」為必然，而「貶」其餘三者之說，無異又是「多此一執」矣！

《六祖壇經》(《宗寶本》,《大正藏》第四十八冊頁 340 下)載：

「見一切法,不著一切法。遍一切處,不著一切處。常淨自性,使六賊從六門走出。
　於六塵中不離不染,來去自由,即是般若三昧自在解脫,名無念行」。

Ex：我正在感覺我的指甲與手是「不即不離」的？

Ex：我正在感覺我的血液與身體是「不即不離」的？

Ex：我正在感覺我的胃、肝、腸與身體是「不即不離」的？

Ex：我終於了解「我」與這個「教室」是「不即不離」的？

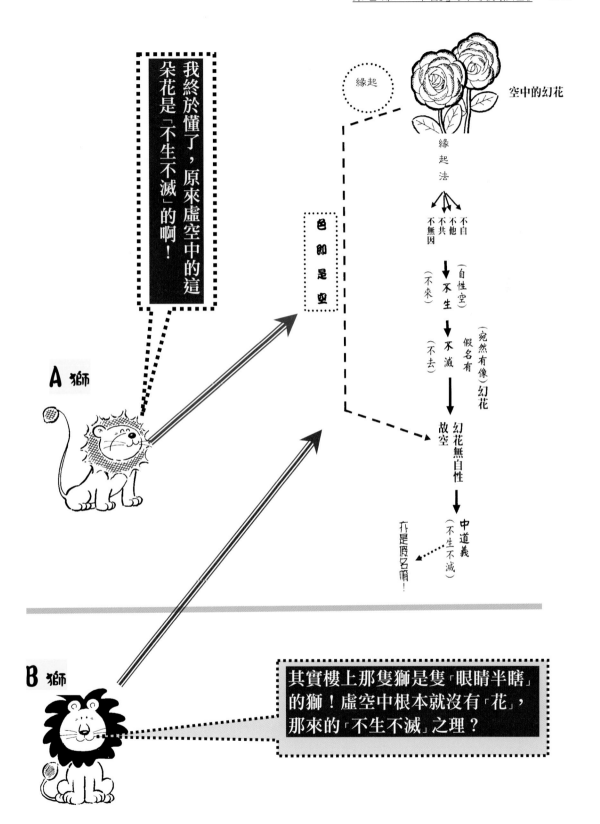

「諸法實相」的討論：

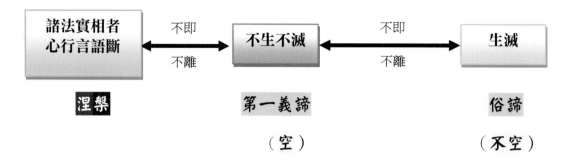

�֎若執取「不生不滅」，無異又是執取了「生滅」，因為「不生不滅」與「生滅」是相對的！

✖既然「不生不滅」是不可得的話，那「生滅」也是不可得。《中論》云：「若有不空法，則應有空法。實無不空法，何得有空法」。

✖但是話說回來：《中論》云：「若不依俗諦，不得第一義，不得第一義，則不得涅槃」。
龍樹《迴諍論》云：「又我所說，不違世諦，不捨世諦。依世諦，故能說一切諸法體空；若離世諦，法不可說。佛說偈言：「若不依世諦，不得證真諦；若不證真諦，不得涅槃證」（T32 18c）。如果不依靠「俗諦」的話，就無法傳達絕對的真理教法！

2-6 「獅」與「智者」的對話錄

（一）「A 獅」說：我們應該用「不生不滅」來觀察此地的「花」！
　　「B 獅」答：空中根本就沒有任何的「花」，何來「不生不滅」之說呢？
　　　　　　比如說：一個人誤把「繩子」當成了「蛇」，我們不能說「蛇」它有「生」或
　　　　　　「不生」？有「滅」或「不滅」？因為「蛇」它根本就不存在！

《摩訶般若波羅蜜經・卷第四》云：
(1)佛告須菩提：於汝意云何，「幻」--有「垢」有「淨」不？
(2)不也，世尊！
(3)須菩提！於汝意云何，「幻」--有「生」有「滅」不？
(4)不也，世尊！
對於一個「不存在」的東西，說「生、滅、來、去、垢、淨」……等等相對性的描述言

詞，都是「戲論」，都是沒有意義的！

智者説：那你還是又「**有**」了一個「**此地沒有花**」或「**此地根本沒有花**」的觀念！

此地不是「完全沒有花」的「斷滅虛無」，若依眾生的「因緣業感」，此地仍是「**宛然有像**」的「有花存在」！

例如：這個教室是「亮」的！

外面的天空是「亮」的！……這些都是「廢話」啊！

《百論・卷下》云：
(1)**如言室空「無」馬**(假如說這個室內是空的，無有任何的馬兒)，**則「有」無馬**(那又「有」了一個「無馬」)。
(2)**如是，汝雖言諸法「空、無相」，而能生種種心故。應「有」無**(「有」了一個「無」的觀念)，**是則，「無成」是「成」**(你所説的「無成」其實已經是「有」了另一個「成」啊)**！**

(二)「B 獅」又說：好吧！既然「**根本沒有花**」是錯的，此地「**本 "無" 一物**」，總可以了吧？

智者：那你還是又「**有**」了一個「**本無一物**」的觀念！

《百論・卷下》云：
我實相中，種種法門，説「有、無」皆空。是故「有、無」一切無。

(三)「B 獅」又說：既然「**本無一物**」還是錯的，此地「**空性**」，總可以了吧？

智者：那你還是又「**有**」了一個「**空**」的觀念！有了「**空**」就有「**不空**」，這是相對的！在第一義諦中，「**空性**」仍是「**俗諦**」的一種「**假名言**」，第一義諦中，「空性」是不可説的。

龍樹《大智度論・釋初品中十八空義第四十八》云：

(1)「空」破一切法，唯有「空」在。

(2)「空」破一切法已，「空」亦應捨。以是故，須是「空空」。

(3)復次，「空」緣一切法，「空空」但緣空。如一健兒破一切賊，復更有人能破此健人，「空空」亦如是。

(4)又如服藥，藥能破病，病已得破，藥亦應出。若藥不出，則復是病。

(5)以「空」滅諸煩惱病，恐「空」復為患，是故「以空捨空」，是名「空空」。

四 「B 獅」又說：那我「什麼都沒說」，「法爾如是，如人冷暖自知」，總可以了吧？

智者：那你還是落入一個「本來」的「法爾如是，冷暖自知」之理。

又「有」了一個「本來」或「自然」的觀念！

《楞嚴經·卷四》云：

「本然」非然，「和合」非合。「合、然」俱離。「離、合」俱非，此句方名「無戲論」法。

→「本然」就是「自然法」，它的相對法是「非本然、非自然」。凡是相對的都是戲論之法。

「和合」就是「因緣法」，它的相對法是「非和合、非因緣」。凡是相對的都是戲論之法。

「和合」與「自然」都是相對性的，二者都要遠離。要離開一切有相對待的法，這樣才能進入無戲論之法！

五 「B 獅」又說：那「什麼都不是、都沒有」，或者「什麼都是、什麼都有」，總可以了吧？

智者：「什麼都不是、都沒有」又落入一種「斷滅論」的「虛無」。

「什麼都是、什麼都有」又落入「實有」語言的爭議中！

六 「B 獅」又說：那你說說應該如何表達？如何才能究竟？

智者："即"「不即不離」、"離"「不即不離」，乃至「即」、「離」皆離。

但有言說，都無實義！

以上仍是方便的「假名說」，「諸法實相」應該是……

⑺

智者(默然無言)：‥‥‥‥

註：《大般若經‧卷三二九》云：

一切法空，皆不可說。如來方便，說為「無盡」、或說「無數」、或說「無量」、或說「無邊」、或說為「空」、或說「無相」、或說「無願」、或說「無作」、或說「無生」、或說「無滅」、或說「離染」、或說「寂滅」、或說「涅槃」、或說「真如」、或說「法界」、或說「法性」、或說「實際」。

如是等義皆是如來方便演說。……如是！如是！「一切法性」皆不可說。所以者何？一切法性「皆畢竟空」，無能宣說「畢竟空者」。

2-7 一切事物都是「空」的語詞論辯

問題1 能否定種種事物存在的語言，必須是「真實」而「不空」的，所以「**一切事物都是空的**」，這一語句中的「**空**」字，到底是「實有」？還是「虛無」？

(1)如果「空」這個詞是「虛無」的話，那「**一切事物都是空的**」這句話就不能成立，因為「虛無」的「空」不能否定任何存在的事物！「根本不存在」而且是「虛無」的「空」並不沒有能力來否定任何存在的事物！

(2)如果「空」這個詞是「實有」的話，那「**一切事物都是空的**」這句話就不能成立，因為「空」自己本身都已經是「實有」的東西，所以根本就不能說「**一切事物**」，乃至「**一切詞語**」都是「**空的**」這句話！

問題2 「空」否定了一切事物，「空」到底有沒有「否定自己」？或者「不否定自己」？如果「空」能否定「自己」，那「空」不就成了另一種「虛無」了嗎？如果「空」不能否定「自己」，那「空」又變成了另一種「實有」了嗎？

問題3 如果「空」是「實有」的，那麼「空」就又成為另一種「實有」的「不空」？「空」如果是「實有」，那「**諸法皆空**」就不對了！

問題4 如果「空」是「虛無」的，那麼「空」必定不能否定任何事物，如：無火則不能「燒」；無刀則不能「割」，無水則不能成「波瀾」，乃至不能達到**「空亦復空」**的目的！

問題5 《中論》所說的：**「空亦復空」**，這句「空」到底是「實有」？還是「虛無」？

龍樹的答案：

1 《迴諍論》云：**如是我語**(指「空」這一語)**，亦因緣生。若因緣生，則「無自體」。以「無自體」，故得言「空」。以一切法「因緣」生者，自體皆「空」。**

2 「空」否定了一切事物，也否定了「空」它自己，《中論》云：**「空亦復空」**也。

3 《迴諍論》云：

(1)**如「化丈夫」於「異化人」，見有「去、來」種種所作，而便遮**(遮障；遮止)**之。**

(2)**如「幻丈夫」於「異幻人」，見有「去、來」種種所作，而便遮**(遮障；遮止)**之。**

(3)**「能遮」化人，彼則是「空」。若彼「能遮」化人是「空」，「所遮」化人則亦是「空」。若「所遮」**(為)**空，**(則)**「遮人」亦空。**

(4)**「能遮」幻人，彼則是「空」。若彼「能遮」幻人是「空」，「所遮」幻人則亦是「空」。若「所遮」**(為)**空，**(則)**「遮人」亦空。**

(5)**如是！如是！我「語言」**(乃)**「空」，如幻化空。如是「空」語**(「空」這個語詞)**，能「遮」一切諸法**(之)**「自體」**(自體性)**。**

(6)**是故汝言：汝語「空」**(「空」這個語詞)**故，則不能「遮」一切諸法「有自體者」。汝彼語言**(像你外人這樣的言說之論)**，**(與眞正的「空義」是)**則不相應！**

龍樹舉了「幻人」(nirmitaka)和「化人」(māyā-puruṣa)的例子來說明，雖然「幻人」和「化人」都是佛菩薩為教化眾生而變化出來「不真實」的東西，但是它們卻仍然有「作用」力存在的。也就是，**「空」**雖然也是「假名」，也是「不真實」的，但卻仍有「作用」。

舉例：鏡子是緣起的，鏡子是「不自生、他生、共生、無因生」的，鏡子是無有實自性，不真實的東西。乃至鏡子中所照的你亦是「假」的，但是鏡子仍然有「照鑒」萬物的作用。又如「車子、瓶子、衣服」等，都是「空」的，但這些東西卻能有裝載「薪柴、青草、泥土」……等作用。

4 龍樹的《迴諍論》有詳細說明這樣的道理，如下：

(1)如「輿、瓶、衣蓐」等諸物，彼法各各自有「因緣」。(如)世間(之)「薪、草、土」所作「器、水、蜜、乳」等，將來將去，及舉掌等。又復(於)「寒、熱、風」等障(礙)中，諸「受用法」，(皆)「因緣生」故，皆「無自體」。

(2)如是！如是！我語「因緣和合」而生，如是得言「無有自體」(龍樹我所說「空」的這一語詞，雖然也是「因緣和合」而生，亦是「無自性」)。若「無自體」(像「空」這個語辭，亦是屬「無自體性」的話)，如是得言「無自體」(能)成(立)。如是「空」語(像我所說的「空」的這個語詞，是)世間(皆可共同)受用。

(3)是故汝言「無自體」故，汝語亦「空」，則不能遮「諸法自體」(像你說的➜我的「空」這一語詞是「無自體性」的，所以就一定不能「否定」事物的「自體性」)，是義不然！(這個道理是不對的！)

5 龍樹所說的「空」，雖亦是「緣生」的一種「假名」，但卻能告訴我人這個世間的「真相」！

2-8 龍樹「兩難式」的相對語詞應用

(1)「應成證法」(prāsaṅgika)是某種形式的「歸謬證法」(reduction ad absurdum)。在印度類似「應成證法」的是「思擇」(tarka)。

(2)「思擇」是古代中國佛教徒的譯名，意思是「論理學」或「邏輯」；這也許是「思擇」一詞最原始的用法。

(3)**tarka** 的確相似於西方邏輯中的「歸謬證法」，而龍樹的《中論》大多用這種方式來論證。

(4)這種證明法相也當於西洋邏輯中的「兩難式」(dilemma)，或叫「雙關推理式」，又稱「雙刀論證法」(two-horned syllo-gism)，或叫「窮舉證法」(proof by cases)。

　　魯賓遜曾將《中論》的「兩難式」邏輯分為「簡單式」和「複雜式」。

(1)「簡單式」的兩難

　　這是最常見的類型，方式是：「若 p，則 q；若非 p，則必非 q」或「若 p，則 q；今非 q，則必非 p」。

如：「因果是**一**者，是事終不然。因果若**異**者，是事亦不然」。

「若我是五陰，我即為生滅。若我異五陰，則非五陰相」。

人 ⟶ 影子

(沒有人，就沒有影子)

相對的

(沒有影子，就沒有人)

生 ⟶ 死

(沒有生，就沒有死)

相對的

(沒有死，就沒有生)

光明 ⟶ 黑暗

(沒有光明，就沒有黑暗)

相對的

(沒有黑暗，就沒有光明)

父 ⟶ 子

(我是你父親)【如果我不是你父親】

相對的

(你就是我兒子)【你也不會是我兒子】

夫 ⟶ 妻

(我是你先生)【如果我不是你先生】

相對的

(妳是我的妻子【妳也不會是我妻子】

男 ⟶ 女

(這間教室沒有女生)

相對的

(這間教室也沒有男生)

【最多只能說這間教室的人是「同一類」，不能說全部是女生或全部是男生，男與女的分別是因為「相對待」而產生的】

高 ➙ 低

(這裡沒有很高)

　相對的

(這裡也沒有很低)

長 ➙ 短

(這東西不是長的)

　相對的

(這東西也不是短的)

前 ➙ 後

(我不在你前面)

　相對的

(我也不在你後面)

美 ➙ 醜

(我們班選出一位美女)

　相對的

(我們班也出了很多醜女)

【因為沒有當選美女的人就是代表她「不夠美」。當你選出「美」來時，相對的，「不美」的觀念就相待而生了】

善 ➙ 惡

(它不是善意的)

　相對的

(它也不是惡意的)

男相 ➙ 女相

(極樂淨土無女相)

　相對的

(極樂淨土也無男相)

【佛經上常說「淨土」中無有女人相，並非輕賤女人，其實沒有「女人相」，相對的也沒有「男人相」，所以只能說淨土是「同一類」菩薩，或者名「大丈夫相」亦可】

不
→ 生(沒有被生；不是生起)
→ 滅(非生) (沒有被滅；不是消滅)

不
→ 垢(沒有被垢污；不是染污)
→ 淨(離垢；非垢) (沒有被清淨；不是清淨)

不
→ 增(增加；完美) (沒有被增加；不是完美；不是圓滿)
→ 滅(欠缺；瑕疵) (沒有被減少；不是缺陷；不是不圓滿)

其餘經典的內容

《金剛經・離相寂滅分第十四》
(1)<u>須菩提</u>！如來是真語者、實語者、如語者、不誑語者、不異語者。
(2)<u>須菩提</u>！如來所得法，此法「無實、無虛」。

《金剛經・正信希有分第六》
(1)是諸眾生，無復「我相、人相、眾生相、壽者相」。無「法相」、亦無「非法相」。
(2)何以故？是諸眾生若心取「相」，即為著「我、人、眾生、壽者」。
(3)若取「法相」，即著「我、人、眾生、壽者」。何以故？
(4)若取「非法相」，即著「我、人、眾生、壽者」。
(5)是故不應取「法」，不應取「非法」。以是義故，如來常說：
(6)汝等比丘！知我說法，如筏喻者；「法」尚應捨，何況「非法」？

《金剛經・無得無說分第七》
(1)<u>須菩提</u>言：如我解佛所說義，無有定法，名阿耨多羅三藐三菩提；亦「無有定法」如來可說。
(2)何以故？如來所說法，皆不可取、不可說；非「法」、非「非法」。

《金剛經・究竟無我分第十七》

(1)<u>須菩提</u>！實無有法，佛得阿耨多羅三藐三菩提。

(2)<u>須菩提</u>！如來所得阿耨多羅三藐三菩提，於是中「無實、無虛」。

（底下爲<u>玄奘</u>所譯的《金剛經》本）

(1)是故，<u>善現</u>(須菩提)！菩薩如是都無所住，應生其心。

(2)不住於「色」，應生其心。

　　不住「非色」，應生其心；

(3)不住「聲、香、味、觸、法」，應生其心。

　　不住非「聲、香、味、觸、法」，應生其心。

(4)都「無所住」，應生其心。

（底下爲<u>眞諦</u>所譯的《金剛經》本）

(1)不應生住「色」心，不應生住「聲、香、味、觸、心」。

(2)不應生住「法」心，不應生住「非法」心，不應生「有所住」心。

《中論・觀法品》

諸佛或説我，或説於無我。

諸法實相中，無我無非我。

《華嚴經隨疏演義鈔卷・第六十二》

(1)諸法實相中，無「我」、無「非我」。

　　亦應云：諸佛或説「常」，或説於「無常」。

(2)諸法實相中，無「常」、無「無常」，「樂、淨」亦爾。

《法華義疏・卷二》

(1)諸法實相中，無「我」、無「非我」。

　　又應云：諸佛或説「假」，或説於「非假」。

(2)諸法實相中，非「假」、非「非假」。

《華嚴經隨疏演義鈔卷・第三十八》

(1)諸法實相中，無「我」、無「非我」。

　　亦應云：諸法實相中，無「常」、無「無常」。

(2)諸法實相中，無「苦」、無「樂」。

　　無「淨」、無「不淨」。

無「空」、無「不空」。

(3)以破「常」，故說於「無常」，非謂有「無常」(「有」一個「無常」)。

(4)破「無常」，故說「常」，非謂有於「常」也(「有」一個「常」)。

玄奘《唯識三十頌》

故「此」(指「圓成實」)與「依他」，非「異」、非「不異」(義同「非一」也)。如「無常」等性，非不見「此」(指「圓成實」)、「彼」(指「依他起」)。

註：這段話的梵本語譯如下：因為這個原故，這與「依他」既不是「相異」，亦不是「不相異」。這應說為像「無常」等那樣。「這個」不見時，「那個」也看不到。

《瑜伽師地論・卷四十五》

(1)如是諸法，非如愚夫言說(之)「串習」勢力所現；「如實是有」。

(2)亦非一切諸法勝義，離言自性；「都無所有」。

世親《中邊分別論》

(1)如同經由「顯現」而生，亦非「存在」。

(2)但亦非「一切皆是非存在」。

(參見世親著《中邊分別論》(*Madhyāntavibhāgabhāsya*), ed. by G.M. Nagao, p.19, 11. 7-8)

《攝大乘論・卷中》

(1)復次，何故如所「顯現」，實無所有 (沒有真實的自體性)，

(2)而「依他起」自性非一切；一切都「無所有」(也不是一切都是「不存在」的一種虛無斷滅)。

《華嚴經・卷七十三》

(1)佛子！如大虛空，一切世界於中成壞，而無分別。

(2)本性清淨，無染、無亂。無礙、無厭。非長、非短。盡未來劫，持一切剎。

《華嚴經・卷十二》

(1)欲令眾生具足佛法，觀察真實。

(2)此真實法，非有「處所」、非「無處所」。非內、非外。非遠、非近。

《華嚴經・卷二十八》

(1)佛子！此菩薩覺悟一切世間，皆悉如「焰」。如熱時焰，無有方處。

(2)菩薩摩訶薩，決定了知一切諸法，亦無「方處」。非內、非外。非有、非無。非常、

非斷。觀一切法，皆悉真實「假名施設」。非「一」色、非「種種」色。非無「色地」，具足證知一切諸法……

(3)佛子！此菩薩解一切世間皆悉如夢。譬如夢，非「世間」、非「離世間」。非欲界、非色界、非無色界。非生、非死。非淨、非穢。非清、非濁，而有示現。

(4)如是菩薩摩訶薩，覺悟一切世間，皆悉如「夢」。「不壞」夢、「不著」夢。夢性寂滅，夢「無自性」。受持一切法，皆悉如夢。「不壞」夢，「不虛妄」取夢。

《華嚴經·卷三十一》

(1)佛子！一切諸佛，心無障礙，於不可説不可説億那由他劫，心常清淨。三世諸佛離垢清淨，同一莊嚴，離「我、我所」。

(2)於一切法，亦無所依。非內、非外。非「生」、非「不生」。離一切境界，寂滅無處。無所造作，離種種相。除滅一切虛妄取相，自然清淨。

《華嚴經海印道場十重行願常遍禮懺儀·卷四十》

(1)習信「奢摩他」(śamatha，「止」義)觀心者：思惟「內心」，不可見相，圓滿不動，無來、無去。本性「不生、不滅」，離分別故。

(2)習信「毘婆舍那」(vipaśyanā，「觀」義)觀心者：想見「內、外」色。隨心生、隨心滅。乃至習想見佛色身，亦復如是。隨心生、隨心滅。

(3)如幻如化，如「水中月」，如「鏡中像」。非心、不離心。非來、非不來。非去、非不去。非生、非不生。非作、非不作。

(4)善男子！若能習信此二觀心(指「止」與「觀」兩種)者，速得趣會一乘之道。當知如是「唯心識觀」，名為最上智慧之門。

(5)所謂能令其心猛利，長信解力，疾入「空義」，得發無上大菩提心故。不悟此法，今皆懺悔。

《華嚴經·卷三十》

(1)一切諸佛，知一切法「不生」，無有「受者」。知「色」不生，「受想行識」不生，一切諸法皆悉寂滅……

(2)一切諸法無有「(生)起」者，悉如虛空。一切法寂滅……無數、無非數。非有、非無。非生、非滅。非垢、非淨。無來、無去。亦無有住。無眾生、非無眾生。亦無教化。無命、非無命。無「因緣」、非「無因緣」。無「緣起」、非「無緣起」。

《華嚴經·卷三十一》

(1)諸佛法身境界無量，一切世間所不能知。於三界中無所染污，隨因緣應一切普現。

(2)非實、非虛。平等清淨。非去、非來。無為、無壞。清淨常住……清淨法身。

(3)非有、非無。非方便、非不方便。隨眾生所應，悉能示現。非「滅」、非「不滅」。亦非不現，而化眾生。

《華嚴經・卷三十九》

(1)菩薩摩訶薩，見一切佛，聞所說法，發大歡喜心。不著「自身」及「如來身」。

(2)解知佛身非實、非虛。非有、非無。非有性、非無性。非色、非無色。非相、非無相。非生、非滅。解知如來「實無所有」，亦不壞「有相」。

《華嚴經・卷四十一》

(1)佛子！如日中「陽焰」。不從「雲」生、不從「池」生、不處於「陸」，不住於「水」。

(2)非有、非無。非善、非惡。非清、非濁。不堪飲漱。不可穢污。非有體、非無體。非有味、非無味。以(種種)「因緣」故，而(暫時幻)現「水相」，為「(心)識」所了(解)。

(3)遠望似水，而興(起)「水想」。近之則無，「水想」(水的「妄想心」)自滅……諸佛「有相」，及以「無相」，皆是「(妄)想心」之所分別。

《華嚴經・卷四十六》

一切諸法，皆悉空寂……非數、非不數。非有、非無。非生、非滅。非垢、非淨。非入、非出。非住、非不住。非調伏、非不調伏。非眾生、非無眾生。非壽命、非無壽命。非「因緣」、非「無因緣」。

《華嚴經・卷二十八》

(1)此菩薩深入諸法，皆悉如幻，觀「緣起法」。於一法中，解眾多法。眾多法中，解了一法……

(2)譬若如幻。非象兵馬兵、車兵步兵。非男、非女。非童男、童女。非樹、非葉。非華、非果。非地水火風。非晝、非夜。非半月、一月。非年歲、非百年。非月、非日。非劫數。非定、非亂。非一、非異。非純、非雜。非好、非惡。非多、非小。非量、非無量。非麁、非細……

(3)菩薩摩訶薩亦復如是，觀一切世間皆悉如幻。所謂業世間、煩惱世間。佛剎世間、法世間。三世世間、流轉世間。成世間、壞世間、行世間。

(4)菩薩摩訶薩觀察一切世間悉如幻時。「不(生)起」眾生、「不(滅)壞」眾生。不起諸剎、不壞諸剎。不起諸法、不壞諸法。

(5)不取過去虛妄相。不住當來、不轉當來、現在不住，亦無所著。

《華嚴經・卷三十》

(1)一切諸佛，悉知一切法，無知、無見。非一、非異。非相、非無相。非莊嚴、非
不莊嚴。

(2)一切諸法皆「無自性」，不生不滅。而於所有、無所有法中，亦不壞世間法相。

《華嚴經・卷四十四》

(1)菩薩摩訶薩。以一切法智通。知一切法，無有名字。無有種性。無來、無去。非
異、非不異。非種種、非不種種。非二、非不二。無我、無比。不生、不滅。不
動、不壞。無實、無虛。一相無相。非無、非有。非法、非非法。

(2)不隨於俗、非不隨俗。非業、非非業。非報、非非報。非有為、非無為。非第一
義、非不第一義。非道、非非道。非出離、非不出離。非量、非無量。非世間、非
出世間。

(3)非從「因」生、非「不從因生」。非決定、非不決定。非成就、非不成就。非出、非
不出。非分別、非不分別。非如理、非不如理。

(4)此菩薩，不取世俗諦、不住第一義。不分別諸法，不建立文字。隨順寂滅性，不
捨一切願。見義知法，興布法雲，降霆法雨。雖知實相，不可言說，而以方便無
盡辯才，隨法隨義，次第開演……

(5)能於一切離文字法中，出生文字。與法與義，隨順無違，為說諸法，悉從「緣起」。
雖有言說，而無所著。演一切法，辯才無盡。

《華嚴經・卷四十四》

(1)此菩薩摩訶薩，不見有少法「生」，亦不見有少法「滅」。何以故？

(2)若「無生」則「無滅」。若「無滅」則「無盡」。若「無盡」則「離垢」。若「離垢」則「無
差別」。若「無差別」則「無處所」。若「無處所」則「寂靜」。若「寂靜」則「離欲」。若
「離欲」則「無作」。若「無作」則「無願」。若「無願」則「無住」。

(3)若「無住」則「無去、無來」。是名菩薩摩訶薩第三無生法忍。

《新譯大乘入楞伽經・序・御製》

(1)所言《入楞伽經》者，斯乃諸佛心量之玄樞，群經理窟之妙鍵。廣喻幽旨，洞明
深義。

(2)不生不滅，非有非無，絕去來之二途，離「斷、常」之雙執。

(3)以第一義諦，得最上妙珍，體諸法之皆虛，知前境之如幻。混假名之分別，等生
死與涅槃。

《楞伽阿跋多羅寶經·卷二》

(1)**大慧**！涅槃「不壞、不死」。若涅槃「死」者，復應「受生」相續。若「壞」者，應墮「有為相」。

(2)是故涅槃，離「壞」、離「死」，是故修行者之所歸依。

(3)復次大慧！涅槃非「捨」、非「得」。非「斷」、非「常」。非「一」義、非「種種」義，是名涅槃。

《楞伽阿跋多羅寶經·卷四》

(1)**大慧**！智及爾炎(jñeya 識境；所知；境界；智境。五明之法，皆為能生智慧之境界，故稱為「爾焰」)，非異、非不異者。非常、非無常。非作、非所作。非有為、非無為。非覺、非所覺。非相、非所相。非陰、非異陰。

(2)非說、非所說。非一、非異。非俱、非不俱。非一、非異。非俱、非不俱故。

(3)悉離一切「量」(見聞覺識識名為量)，離一切量則「無言說」。

(4)無「言說」則「無生」。「無生」則「無滅」。「無滅」則「寂滅」。「寂滅」則「自性涅槃」。「自性涅槃」則「無事無因」。「無事無因」則「無攀緣」。「無攀緣」則「出過一切虛偽」。「出過一切虛偽」則是「如來」。

《入楞伽經·卷六》

(1)**大慧**！如是如來「法身」之相，於五陰中不可說「一」、不可說「異」。

(2)於解脫中不可說「一」、不可說「異」。

(3)於涅槃中不可說「一」、不可說「異」。如是依解脫故，說名如來法身之相。……

(4)大慧！若法非「常」、非「無常」。非因、非果。非有為、非無為。非覺、非不覺。非能見、非可見。非「離」陰界入、非「即」陰界入。非名、非境界。非一、非異。非俱、非不俱。非相續、非不相續……

(5)彼法過諸一切戲論，若過一切諸「戲論」者，名「如來法身」。

《入楞伽經·卷五》

(1)**大慧**！以實無「內、外」諸法故。以「非一、非異」故。以諸煩惱「非一、非異」故。

(2)**大慧**！貪瞋癡法「內身」不可得，「外法」中亦不可得，無實體故。

《大乘入楞伽經·卷三》

諸法「無自性」，亦復「無言說」，不見「空、空義」，愚夫故流轉。一切法無性，離語言分別。

《大乘入楞伽經・卷四》

謂諸佛菩薩觀一切法皆「無有相」。不生、不滅。非有、非無。證法無我，入如來地。

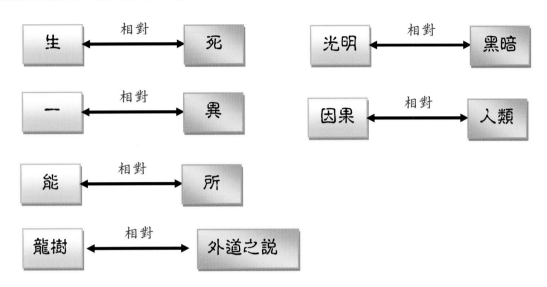

肯定外道＝肯定龍樹？
那龍樹就變成「**有所立、有所宗**」，那凡有所「立」，皆非真實義也！

否定外道＝否定龍樹？
那龍樹就等於自己否定自己了？正是！龍樹的思想是「**空亦復空**」也！

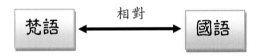

＊肯定國語，即肯定自己的梵語。相對的，否定國語，即否定自己梵語也。

＊肯定淨土，即肯定自己的禪宗。相對的，否定淨土，即否定自己禪宗也。

＊肯定佛號，即肯定自己的咒語。相對的，否定佛號，即否定自己咒語也。
「**法尚應捨，何況非法**」？同理，「**咒尚應捨，何況梵咒**」？

(2) 「複雜式」的兩難

這也是常見的方式，它的類型是：「若 p，則 q；若非 p，則也非 R」
如：「若墮於無因，則無因無果，無作無作者……」。

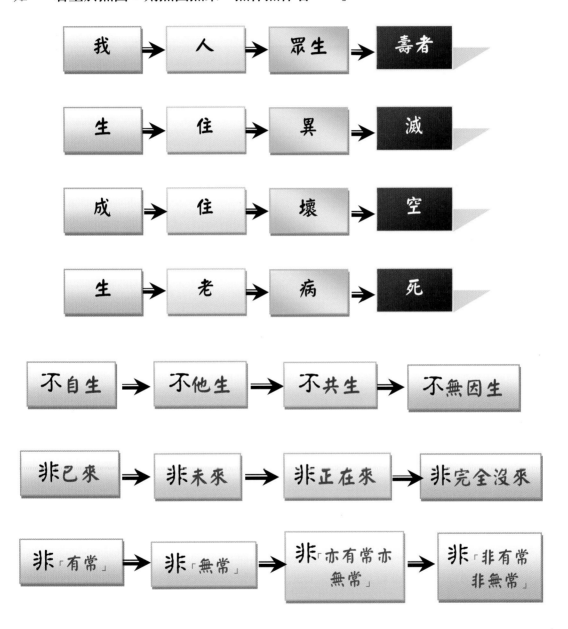

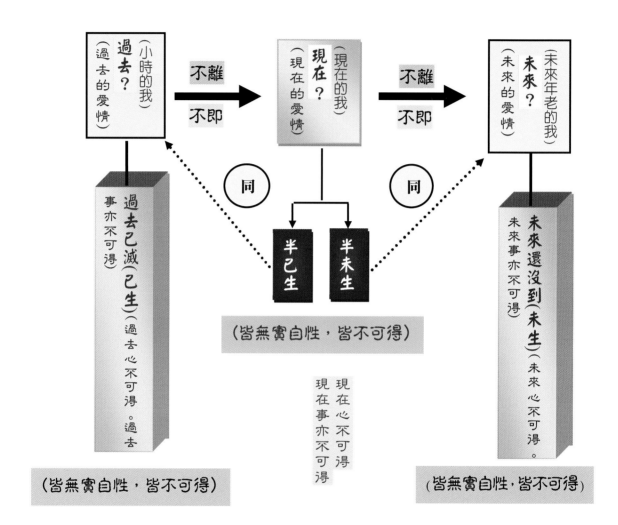

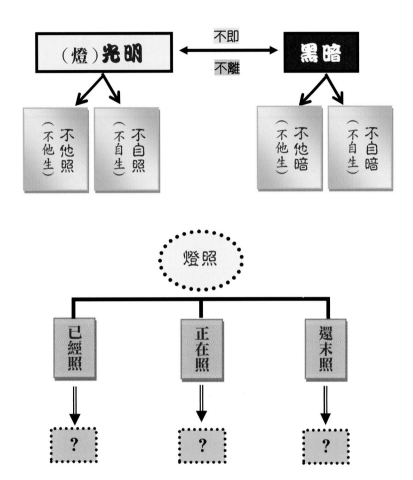

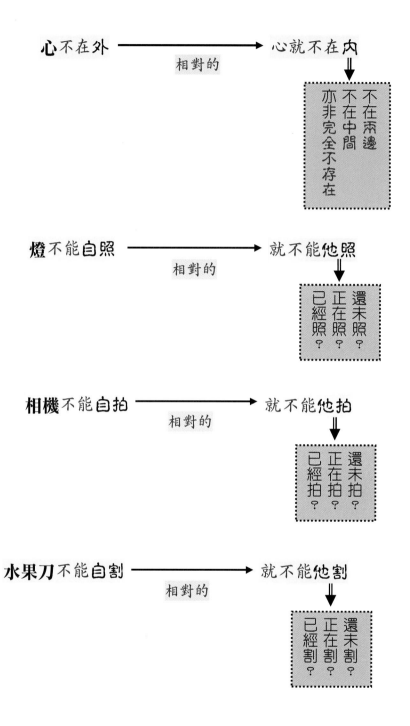

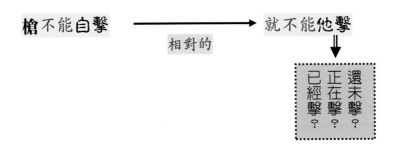

當茶杯裝一杯水後

水不在杯外 ——————→ 就不會在杯內

相對的

1 杯內與杯外的清楚界限在那裡？

2 假如人站在杯內，那面對自己的那邊就叫「杯內」。

3 假如人站在杯外，那面對自己的那邊就叫「杯外」。

4 所謂的「杯內」與「杯外」都是人類所給的一種「虛妄不實」的定義。

5 人類認為有燈、有太陽就叫做「光明」。夜行動物蝙蝠等卻認為這是「黑暗」。

6 人類認為無燈、無太陽就叫做「黑暗」。夜行動物蝙蝠等卻認為這是「光明」。

7 人類認為「空間大氣」是可以暢行無阻，可以存活的地方。可是對魚來說「空間大氣」是令人致命的「銅牆鐵壁」。

8 「江河大海」對人類來說是令人致命的「銅牆鐵壁」。可是對魚來說卻是可以暢行無阻，可以存活的「空間大氣」。

9 人類看見漁兒在水中「移動」，那叫「游泳」。那為何不說人類在地上「移動」，也叫「游泳」呢？「游泳」與「走路」的定義都是從「人類」的觀點來下定義的。

10 所以「杯內」與「杯外」的清楚界限與定義在那裡？「光明」與「黑暗」、「空間大氣」與「江河大海」又如何界定？

11 所有「相對待」的東西都是眾生的虛妄分別所造成，都是眾生所給的「虛妄不實」定義。

當火在燃燒木頭時

火不在木頭外 ──────→ 就不會在木頭內

相對的

■1火燃燒時的「火焰」與外界接觸的「真實界限」在那裡？

■2火在木頭「內」的那裡？在木頭左右邊？在木頭正中間？還是在木頭上下間？

2-9 燈能不能照亮黑暗的探討

龍樹菩薩造《迴諍論·釋初分第三》

(1)若火「自照」(若燈火能有「自照」的能力)。初火(那最初的燈火)應闇(應該是黑暗的)後時乃(光)明。如是得言「火能自照」。

(2)若初火明(如果最初一開始，燈火就是光明的)，則不得言「火能自照」。如是，分別火「自他照義」(燈火能自照，也能它照之義理)不相應。

(3)又復有義，偈言：又若汝説言：火「自、他能照」(火有自照與他照的能力)。如火能「燒他」(那燈火能燃燒它物)，何故不「自燒」(那火為何不能把自己也燃燒盡？如果火真的能把自己燃燒盡的話，那它又如何去燃燒它物呢？它該用什麼去燃燒它物呢？)⋯⋯

(4)既能「燒他」，亦應「自燒」，而實不見有如是事。

(5)若説彼火「自、他能照義」(燈火能自照，也能他照之義理)不相應⋯⋯

(6)又若汝説言：火能「自、他照」(火有自照與他照的能力)。「闇」亦應如是，「自、他」二俱覆(黑闇亦有自我黑闇及將它物完全黑闇的能力)⋯⋯

(7)若汝説言：火「自、他照」(火有自照與他照的能力)能却闇者(火能去除掉黑闇的話)。闇何以不「自、他皆覆」(黑闇能有自我覆闇及將他物完全覆闇的能力)。而實不見有如是事⋯⋯

(8)又復有義，偈言：於火中無闇(在燈火之下，其實完全沒有黑暗可言，因為燈火亮的同時，黑暗是不存在的)，何處「自、他住」(黑闇是沒有自住，也沒有他住可言。因為燈火亮的同時，黑暗是不存在的)。

彼闇(就算是黑暗真的仍存在)能殺明(黑暗它是能夠吞噬除去掉光明的)，火云何有明(問題是：在燈火亮的同時，並沒有黑暗存在，所以燈火並沒有去「明亮」或「照亮」黑暗。而且上一句才説➜若黑暗仍然存在的話，它有「殺明」的能力。問題是➜在燈火亮的同時，黑暗並不存在啊！)？

(9)此偈明何義？火中無闇(在燈火亮的同時中，黑暗是不存在的)，火處(只要有燈火存在的任何處所)無闇(黑暗也是不存在的)。云何名為「明」(燈火的光明)能破闇(破除掉黑暗)？

(10)若彼「火中」(在燈火亮的同時中)如是無闇(黑暗是不存在的)。何處有闇；火能破闇(燈火那有破除掉黑暗呢)？

(11)若當無闇可破滅者(像這樣根本沒有黑暗被燈火給破除消滅)，云何而得「自、他俱照」(怎可說燈火有自照與他照的能力呢？)……

(12)如是初火(燈火剛亮的最初)「不能到」(不能接觸到)闇，何以知之？若「未到」(沒有接觸到)闇；不能「破闇」……

(13)偈言：若火「不到」(沒有接觸到)闇，而能「破闇」者。火在「此處」住，應破一切闇(因為火沒有接觸到「黑暗」，就可以有「破除黑暗」的能力，那燈火只需在「此處」住守著，全世界的黑暗應該都是可以破除掉的)……

(14)何以故？「俱不到」(不論燈火在此處，或在它處，都可以破除掉黑暗，因為燈火可以在「不需接觸到黑暗」的情形下：破除掉黑暗)故，而實不見有如是事。

(15)若「俱不到」，云何唯能破「此處闇」(那為何燈火只能破除燈火附近的黑暗)？不破世間一切處闇(而不能破除全世間所有的黑暗呢)。

《大般涅槃經》卷 25〈光明遍照高貴德王菩薩品 10〉

(1)如「過去」之(燈，並)不能滅(除黑)闇，

(2)「未來世」之(燈，亦不)能滅(除黑)闇，

(3)「現在世」之(燈，復不)能滅(除黑)闇。

何以故？「明」之與「闇」，(此)二(乃)「不並」(共同出現之)故。

燈能「照亮」黑暗的探討：

1 燈要 "破除" 黑暗才叫做「照亮」，問題是當燈亮的同時，「黑暗」就不存在了，所以燈並沒有真的「照亮」了「黑暗」。況且世間上沒有一個地方是「光明與黑暗」同時存在的，有了「光明」就沒有「黑暗」；有了「黑暗」就沒有「光明」。

2 當燈亮的同時，「黑暗」已經不存在了。既然「黑暗」已經不存在，那有所謂燈「照亮」黑暗的事呢？

3 您會反問說：燈確實將黑暗給 "趕走" ，燈確實有 "照亮" 黑暗。那請問「黑暗」與「光明」的 "界限" 在那裡？「黑暗」與「光明」的定義又應如何 "區別" ？

4 既然可以說燈將黑暗給 "趕走" ，燈有 "照亮" 黑暗。那為何不說是「黑暗」"趕走"了「光明」，或是「黑暗」吞沒了「光明」？

5 如果您一定要說燈有「照亮」黑暗的話，那請問是「已照亮？還未照亮？正在照亮？」究竟是那一種呢？

6 當您說教室「有點暗」(有點暗暗的)時，這個「有點暗」不就等於教室「亮很少」嗎？當您說教室「有點亮」時，這個「有點亮」(有點亮亮的)不就等於房間「暗很少」嗎？

7 燈可以趕走全世界的「黑暗」嗎？不行，所以燈絕對沒有「自照」或「他照」的能力。「黑暗」可以趕走全世界的「光明」嗎？不行，所以「黑暗」也絕對沒有「自暗」或「他暗」的能力。

8 如果我們把「燈」放在黑暗的地方，究竟是「燈」照亮了「黑暗」？還是「黑暗」吞沒了「燈」？是「光明」照亮「黑暗」？亦是「黑暗」吞沒了「光明」？

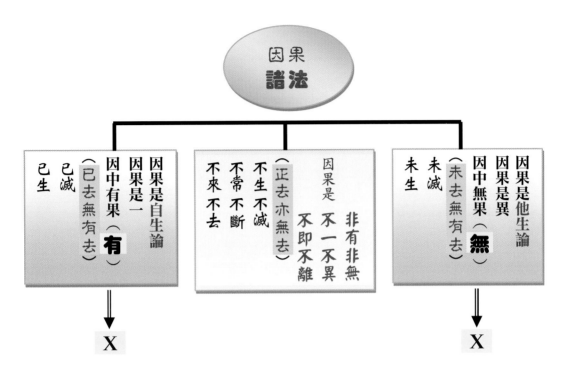

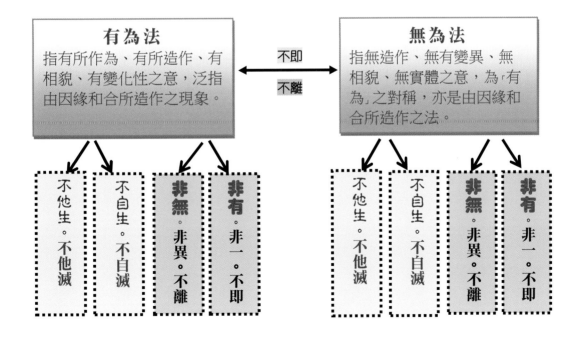

龍樹《十二門論》【T30 162a】

是故，先「因中有果」亦不生，「無果」(因中無果)亦不生。「有無」(「因中有果」與「因中無果」同時存在的共生)亦不生，理極於此。一切處，推求不可得。

是故「果」畢竟不生，「果」畢竟不生故，則一切「有為法」皆「空」，何以故？一切「有為法」皆「是因是果」。「有為」空故；「無為」亦空。「有為、無為」尚空，何況我耶？

龍樹《十二門論》【T30 164b】

「有無」空，故一切「有為」空。一切「有為」空，故「無為」亦空。「有為、無為」空，故眾生亦空。

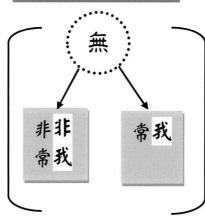

諸行 or 眾生

無

非非常我

常我

無非我、非無我
無非常、非無常

無有我、非有我
無有常、非有常

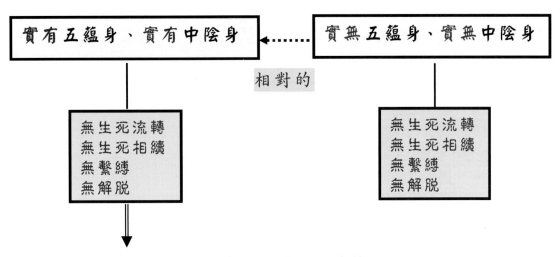

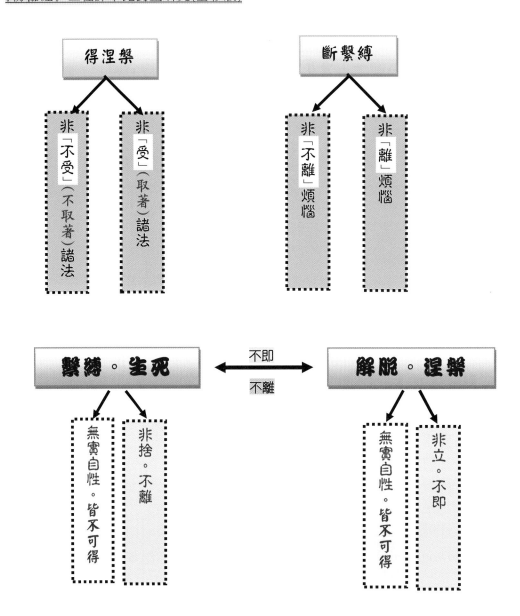

2－10 離四句，絕百非。但以假名說也

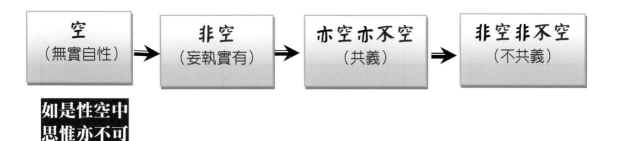

如是性空中
思惟亦不可

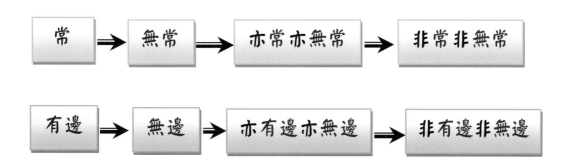

第 3 節 「唯識」與《楞伽經》

請參閱底下有關《楞伽經》的目錄編號

`1-26` 。

`3-1` ～ `3-15` 。

`4-2` ～ `4-18` 。

`7-11` ～ `7-12` 。

`22-12` ～ `22-13` 。

`46-2` ～ `46-9` 。

`49-5` ～ `49-8` 。

`50-2` 。

`50-4` 。

`50-6` 。

`53-1` 。

`53-11` 。

`53-25` 。

`53-29` 。

`53-34` 。

`53-49` 。

`53-50` 。

53-56。

53-84。

53-88。

53-100。

53-104。

3-1 心、意、識之別

唯識學上把「心識」分為三組，所謂「集起」名「心」。「思量」名「意」。「了境」名「識」。

心	梵語 citta 之意譯，音譯作「質多」，即「集起」之義。唯識宗主張「第八阿賴耶識」能積集種子，故稱為「心」。
意	梵語 manas 之意譯，音譯作「末那」，即「思量」之義，即指「第七意識」。
識	梵語 vijñāna 之意譯，音譯作「毘若南」，即「了別」之義，即指「前六意識」。

心、意、識的簡表如下：

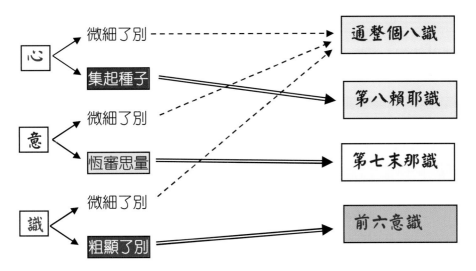

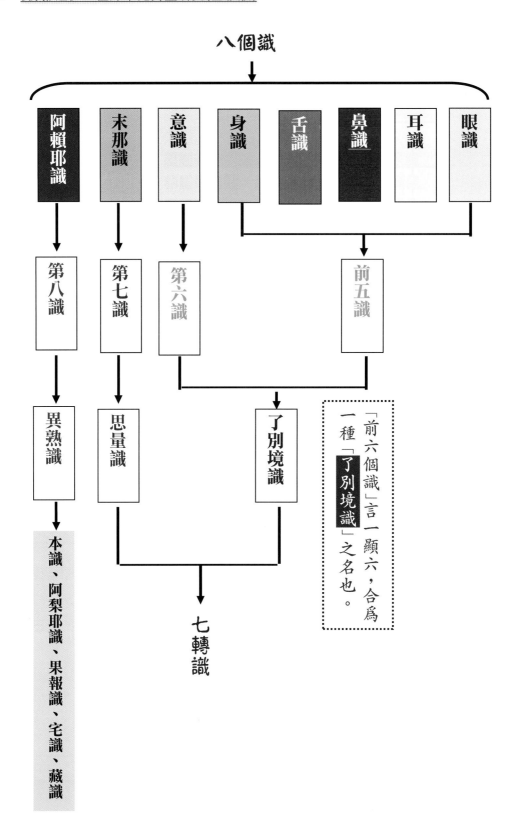

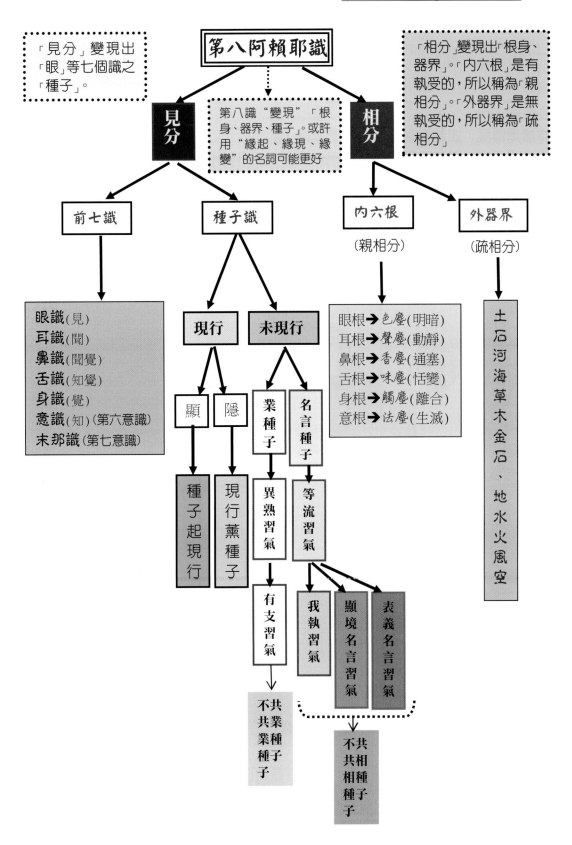

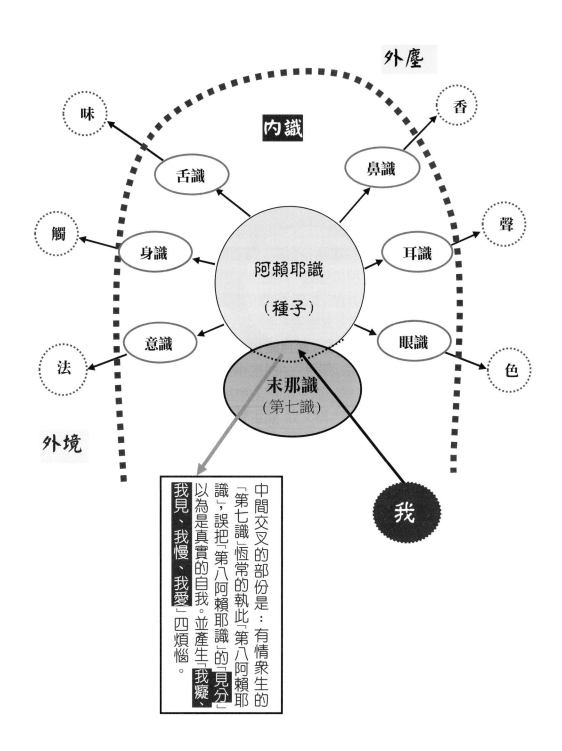

外塵

內識

味

舌識   鼻識   香

觸   身識   阿賴耶識   耳識   聲
(種子)

法   意識   眼識   色

末那識
(第七識)

外境

我

中間交叉的部份是：有情眾生的「第七識」恆常的執此「第八阿賴耶識」，誤把「第八阿賴耶識」的「見分」以為是真實的自我。並產生「我癡、我見、我慢、我愛」四煩惱。

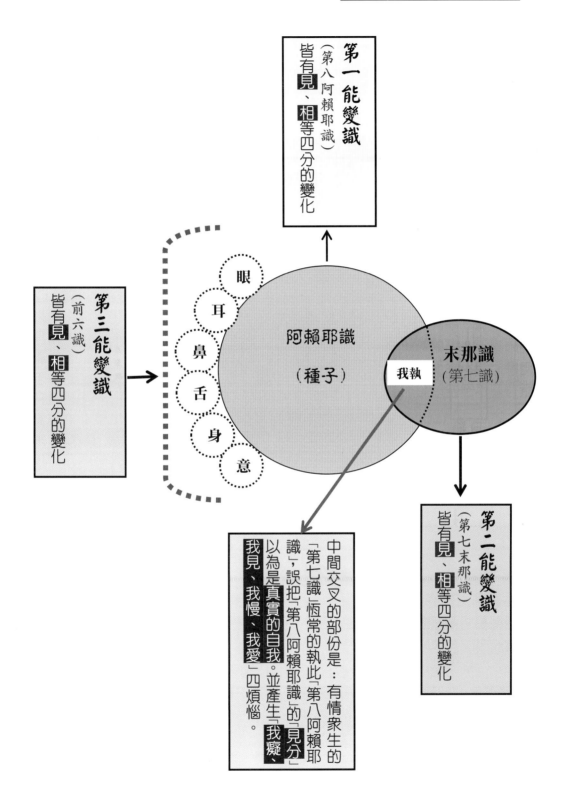

第一能變識
（第八阿賴耶識）
皆有見、相等四分的變化

第三能變識
（前六識）
皆有見、相等四分的變化

眼
耳
鼻
舌
身
意

阿賴耶識
（種子）

我執

末那識
（第七識）

第二能變識
（第七末那識）
皆有見、相等四分的變化

中間交叉的部份是：有情眾生的「第七識」恆常的執此「第八阿賴耶識」的「見分」，誤把「第八阿賴耶識」的「見分」以為是真實的自我。並產生「我癡、我見、我慢、我愛」四煩惱。

3-2 六識十名

(1)六識之體為一,而起作用之門戶則六,概係六識說最初之意義。

(2)六個識中,「第六」之意識稱為「第六識」,後世更賦予「六識、意識、分別事識、四住識、攀緣識、巡舊識、波浪識、人我識、煩惱障識、分段死識」等十名,稱為「六識十名」。

3-3 第六意識(意識、分別事識、明了依、意地、一切境識、廣緣識)

(1)梵語 mano-vijñāna。在西洋哲學中視之為「能把握客觀對象之心機能」。廣義言之,即吾人所有諸種經驗,從原始之感覺至高度之思考均包括在內。凡能統攝多種「經驗內容」之「作用」,皆稱為「意識」。

(2)「眼、耳、鼻、舌、身」等「前五識」只會各自攀緣「色、聲、香、味、觸」等五種境界,然此「五識」只有單純的、粗淺的「感覺作用」來攀緣外境,沒有具足「深入的認識」與「分別對境」之作用;要「第六意識」始具有「深入認識」與「分別現象」的作用,故又稱「分別事識」。

(3)以「眼、耳」等「前五識」僅具有「分別自性」之作用,尚不能一一明了其所緣之對境,故須賴具有「分別對境」作用之「第六意識」與之俱起,以佐助「前五識」所緣之境,所以「第六意識」又稱為「明了依」。

(4)「第六識」乃「前五識」共同所依據者,故又稱「意地」。「前五識」即須與此「第六識」共同俱起,方能了別對境。

(5)以「前五識」僅能各自攀緣「各自的境界」,故又稱為「各別境識」;而「第六意識」則能周遍攀緣一切的境界,舉凡「對內」或「對外」之境,不論「有形」與「無形」,皆可廣泛的「攀緣」與「執取」,或著攀緣「過去、現在、未來」三世,「第六意識」具有「推測、比較、幻想、思想、記憶、想像、反省、判斷、道德、情緒變化」之作用,故又稱為「一切境識、廣緣識」。

(6)「第六意識」在「八個識」中所表現出是最為「猛利」、最為「敏捷」者,能與51個「心所」全部相應,所有的「三界、九地」,一切迷悟昇沈之業,皆由「第六意識」在主導創造善惡諸業。

(7)眼、耳、鼻、舌、身、意等「六識」之全部,亦統稱為「意識」。

(8)唯識宗又將「第六意識」分為「五俱意識」與「不俱意識」兩種。

(一)「五俱意識」(明了意識):與「前五識」並生、一同生起作用,也一同「明了」所緣的境界,故又稱為「明了意識」。還可分為:

❶五同緣意識:係與「前五識」一同生起,且與之攀緣「同一境界」的意識。例如「眼」見「青色」時,「眼識」有分別,「第六意識」亦同時攀緣分別這個「青色」,故知「五同緣意識」之作用與「五識」皆同屬

於「**現量緣**」。

❷**不同緣意識**：雖與「前五識」一同生起，且為「五識」所依，但卻具有「自在攀緣」之作用，故可廣緣「十八界」等之諸法。例如眼見「煙」時，「眼識」有分別，而「第六意識」也於同時現起有「火」的意想，這種作用是屬於「**比量緣**」。

又如「眼識」見「繩」時，「第六意識」同時又另生起「蛇」的意想，這種作用是則屬於「**非量緣**」。

三量的圖表解說

現量(眞現量)	比量(眞比量)	非量(似現量、似比量)
顯現(現)、量度(量)。 直覺知識。	比擬(比)、量度(量)。 推論知識。	錯謬(非)、量度(量)。 錯誤的覺知與推論。
起作用：前五識、**第六識**、第八識的「**見分**」。 所有八個識的「**自證分**」。 所有八個識的「**證自證分**」。	起作用：**第六識**	起作用：**第六識**、第七識
於第一念	於第二念	時而第一念、時而第二念
如鏡子現象，不假分別。	隨見隨分別。 「舉一反三」。	境不稱心(不順我時)， 分別人我(起錯覺時)。
例：見玫瑰花的瞬間，還未判斷那是玫瑰花之前	例：藉由言語知覺確認--那是玫瑰花。	
喻：月無圓缺。 見屋解屋。 見山是山。 見水是水。	喻：月行傾轉。 見煙知火。 隔牆見角，知彼有牛。 隔山見煙，知彼是火	喻：以繩為蛇。以火為輪。 見玫瑰為康乃馨。 見柳枝為幽靈。 見黃色為紅色。

(二)「**不俱意識**」：此是不與「前五識」一同生起的意識，而係「單獨」發生作用之一種「意識」現象。亦分為二種：

❶**五後意識**：雖不與「前五識」俱起並生，然亦不「相離」而續起。

❷**獨頭意識**：有「定中、獨散、夢中」等三種之別。

①**定中意識**(定中獨頭意識)：此指「色界、無色界」等一切「定心」所生起的一種「意識」。亦有說在「欲界」中修禪定者所發生的一種「意識」狀態或「意識」活動，也可名為「定中意識」。➡此即《楞嚴經》中所說的：「**內守幽閒空洞**」

的境界。

②獨散意識(散位獨頭意識)：此指完全脫離「前五識」而單獨現起的一種「意識」狀態，此「第六意識」會去追憶「過去」、會去「預卜未來」，或者攀緣生出「空花、水月」等諸「不存在的色相」，或者作種種的「想像、思慮、計較」等的一種「分別意識」。這種「獨頭意識」既非處於「禪定」之中，亦非屬於一種「夢境」，可說是一種強烈的「妄想」力量。

③夢中意識(夢中獨頭意識)：此乃在「睡覺」於「夢中」朦朧現起的一種「意識」作用。

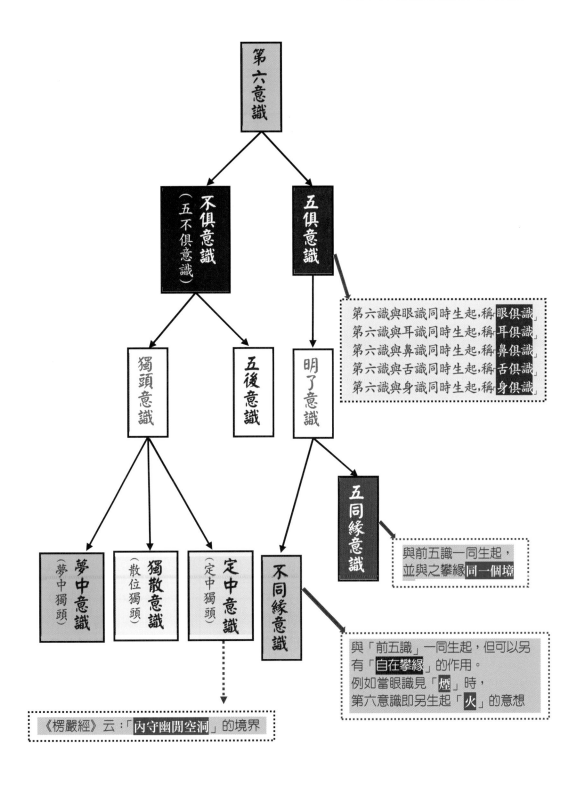

第六意識

不俱意識（五不俱意識）

五俱意識

第六識與眼識同時生起，稱「眼俱識」
第六識與耳識同時生起，稱「耳俱識」
第六識與鼻識同時生起，稱「鼻俱識」
第六識與舌識同時生起，稱「舌俱識」
第六識與身識同時生起，稱「身俱識」

獨頭意識

五後意識

明了意識

五同緣意識

與前五識一同生起，
並與之攀緣同一個境

夢中意識（夢中獨頭）

獨散意識（散位獨頭）

定中意識（定中獨頭）

不同緣意識

與「前五識」一同生起，但可以另
有「自在攀緣」的作用。
例如當眼識見「煙」時，
第六意識即另生起「火」的意想

《楞嚴經》云：「內守幽閒空洞」的境界

3-4 前五識與第六意識的區別

前五識	第六意識
①俱依「色根」 (以物質爲根)	①非依「色根」 (以「第七末那」爲依，「末那」非物質根也)
②唯緣「色境」 (物質性的對鏡)	②遍緣「色境」及「非色境」 (含一切心理活動及種種概念)
③「鼻、舌、身」三識需「根、境」相合接觸才能作用。 「眼、耳」二識可在「根、境」相離不必接觸下起作用。	③不必「根、境」相合。 具思想、記憶、想像、反省、判斷、情緒變化…等作用。
④相應心所計 34 個。遍行 5、別境 5、善心所 11、中隨煩惱 2、大隨煩惱 8、貪瞋癡 3。 **註**：純善有１１個。純惡有１３個。	④相應心所計 51 個(全部的心所皆有)。遍行 5、別境 5、善心所 11、根本煩惱 6、隨煩惱 20、不定 4。 **註**：純善只有１１個。純惡有２６個。
⑤唯緣「現在境」，感覺現前經驗的對象。屬「直覺、直接」的領納，不經過「推理、思考、比較」的一種作用。	⑤遍緣「過去、現在、未來」三境。會發動造作善惡的「引業」、或善惡的「滿業」等。
⑥唯緣「自境」(如眼識只唯緣色境，其餘類推)。無法周遍計度，只能各緣各自的塵境。	⑥行相周遍，可以遍緣一切境。能周遍計度一切。
⑦「三量」中只具「**現量**」。	⑦「三量」中具足「**現量**」、「**比量**」、「**非量**」。
⑧「三境」中只具「**性境**」功能。	⑧「三境」中具足「**性境、帶質境、獨影境**」功能。
⑨具「**善、惡、無記**」三性。	⑨具「**善、惡、無記**」三性。
⑩前五識之生起有間斷。 隨緣之俱缺，俱起或不俱起	⑩除「五位無心」外，常時現行。
⑪生起時間少，緣缺則不生起。	⑪生起時間多。
⑫非恒非審。	⑫審而非恒。
⑬只認識外在的境界(外門轉)	⑬可認識內在本身、種子等(內門轉)。可協助「前五識」去認識外境(外門轉)。
⑭以「**成所作智**」為轉依	⑭以「**妙觀察智**」為轉依

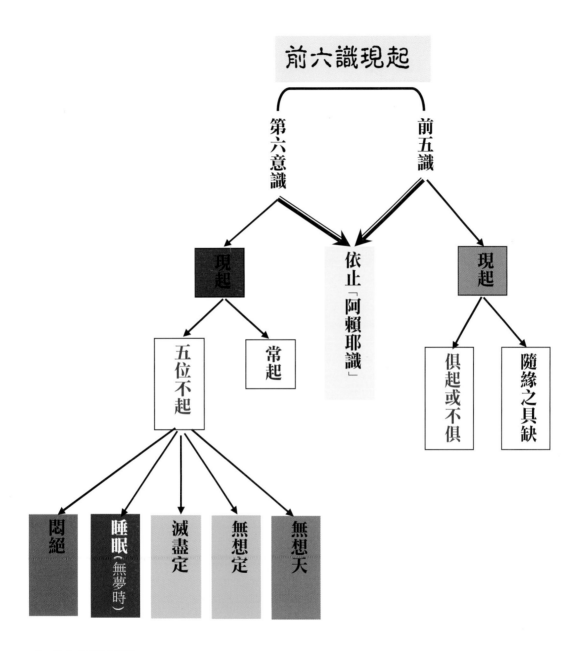

水➜阿賴耶識

波濤➜
{
有間斷➜前五識

無間斷➜第六意識(除「五位不起」)
}

3-5 末那識(第七識、第二能變識、思量能變識、思量識、轉識、妄相識、相續識、無明識、
解識、行識、無畏識、現識、智障識、染淨識)

(1)梵語 manas 之音譯,意譯為「意」、「思量」之義。「末那識」即為八識中之「第七
識」。為恆執「第八阿賴耶識」為「我」之染污識。

(2)此識恆與「我癡、我見、我慢、我愛」等四煩惱相應,永恆地審量「第八阿賴耶識」
之「見分」為「我、我所」而執著,故其特質為「恆審思量」。

(3)此識為「我執」之根本,若執著迷妄,則造諸惡業。反之,徹悟人法二空之真理者,
則斷滅煩惱惡業,故此識又稱「**染淨識**」、「**思量識**」、「**思量能變識**」。

(4)自無始以來,「末那識」微細相續,不用外力,自然而起,故其性質為「**有覆無記**」。

(5)「末那識」不會引生「異熟果」,但卻能障覆聖道、遮蔽光明的心性。

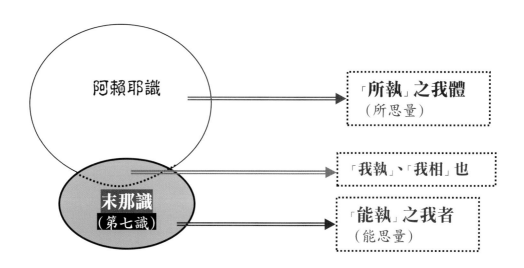

末那識的作用：

(1)對內：

　　①了別「第八意識」的作用。

　　②以「第八意識」的「見分」來當作自己的「相分」。

(2)對外：

　　①助長「第六意識」的分別作用，有主導「第六識」的作用。

　　②能分別「第六意識」對外境的「粗糙」作用。

　　③為「第六意識」的「近所依」。

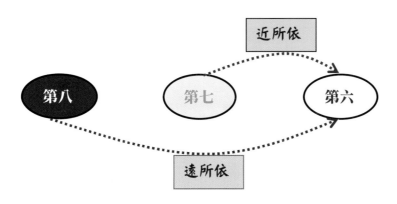

3-6 七轉識（七轉、轉識、轉心）

(1)指八識中之「前七識」。依止「阿賴耶識」生滅轉變之「前五識」、「第六意識」及「第七末那識」合稱為「七轉識」。

(2)前五識又作「五轉識」，緣阿賴耶識所變之色等「五境」，行相粗動，轉外門，了別現在之境。

(3)無論白天、晚上、做夢中(五無心位時，第六識暫停止)，「前七個識」就像大海的波浪一樣轉個不停，一直的運轉和造業。

(4)「前七個意識」拚命的轉動、造業，故名「七轉識」。

(5)「七轉識」能薰習「第八識」。第八識被「七轉識」的現行法(雜染法)所薰習，所以第八識又名**無明藏識**。如：「七轉識」是善的種子，第八識就會被薰習成善的種子；「七轉識」是惡的種子，第八識就會被薰習成惡的種子。

(6)「七轉識」所造業的種子，會被「第八識」所藏。相對的，「第八識」受「七轉識」的薰習後，也能藏「七轉識」所造的種子。

3-7 與「第七末那識」相應的 18 個心所

與「第七末那識」相應的 18 個心所			性格
4 根本煩惱	4	我癡、我見、我慢、我愛	純惡
5 遍行心所	5	觸、作意、受、想、思	善、惡、無記
1 別境心所	1	慧	善、惡、無記
8 隨煩惱心所	8	惛沉、掉舉、不信、懈怠、放逸、失念、散亂、不正知	純惡
註：與「末那識」相應的心所，確定是「純惡」的高達 1 2 個			

六種根本煩惱

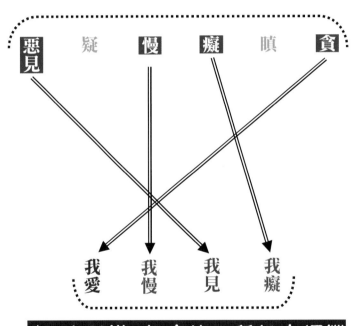

與「末那識」相應的四種根本煩惱

3-8 無有末那

(1)指沒有染污的「末那」，將會與「末那」相應的種種染污去除，並非將「末那」的「識體」整個捨掉。

(2)無著菩薩造《顯揚聖教論・卷一》云：

「意」(指末那識)者，謂從「阿賴耶識」種子所生，(末那識)還緣(攀緣)彼識(指阿賴耶識)。(末那識與)「我癡」、「我愛」、「我、我所執」、「我慢」相應。或翻(反轉)彼(指阿賴耶識)相應，於一切時恃(憑恃)舉(並舉)為行(實行動作)，或平等行，與彼(指第八識)俱轉，「了別」為性。

(3)彌勒菩薩說《瑜伽師地論・卷六十三》云：

問：若彼「末那」於一切時「思量」為性，相續而轉。如世尊說，「出世末那」，云何建立？

(4)窺基大師撰《成唯識論述記・卷四》云：

若「末那」恆思量為性，相續而轉。佛言「出世末那」云何建立？答：名假施設，不必如義。此義意言：「出世末那」更不「思量」，任運知故。無麁慧故、無散慧故，不名「末那」。即唯「有漏」，非在「無漏」。此一解也。

(5)可知「末那」永遠與「阿賴耶識」同時俱轉。所以「無有末那」是將種種染污去除，而非將「末那」的「識體」亦去除。是轉「染」成「淨」，非去「染」成「無」也。

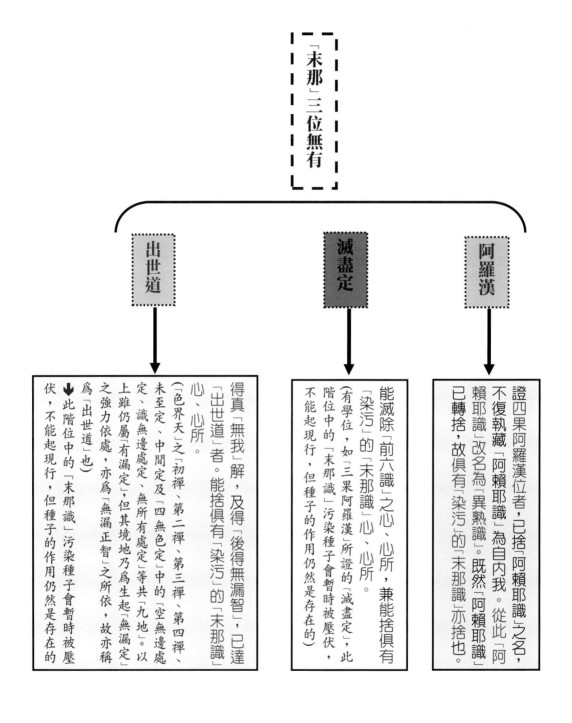

「末那」三位無有

出世道

滅盡定

阿羅漢

得真「無我」解，及得「後得無漏智」，已達「出世道」者。能捨俱有「染污」的「末那」心、心所。

（「色界天」之「初禪、第二禪、第三禪、第四禪、未至定、中間定及「四無色定」中的「空無邊處定、識無邊處定、無所有處定」等共「九地」。以上雖仍屬「有漏定」，但其境地乃為生起「無漏定」之強力依處，亦為「無漏正智」之所依，故亦稱為「出世道」也）

↓此階位中的「末那識」污染種子會暫時被壓伏，不能起現行，但種子的作用仍然是存在的

能滅除「前六識」之心、心所，兼能捨俱有「染污」的「末那」心、心所。

（有學位，如「三果阿羅漢」所證的「滅盡定」，此階位中的「末那識」污染種子會暫時被壓伏，不能起現行，但種子的作用仍然是存在的）

證四果阿羅漢位者，已捨「阿賴耶識」之名，不復執藏「阿賴耶識」為自內我。從此「阿賴耶識」改名為「異熟識」。既然「阿賴耶識」已轉捨，故俱有「染污」的「末那識」亦捨也。

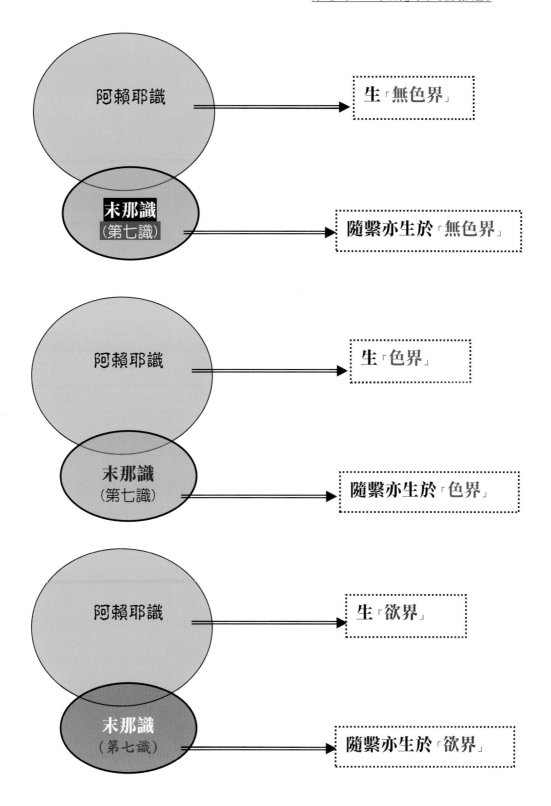

3-9 阿賴耶識

(1)梵語ālaya之音譯，由梵文動詞語根ā-lī而來，有「執著」與「隱藏」的意思，它執持著身體，又同時隱藏於身體之中，與身體同其安危。

(2)「阿賴耶識」又作「阿羅耶識、阿黎耶識、阿剌耶識、阿梨耶識」。略稱「賴耶、梨耶」。舊譯作「無沒識」，新譯作「藏識」。或作「第八識、本識、宅識、識主、種子識」。

(3)阿賴耶識亦稱「初刹那識、初能變、第一識」。因宇宙萬物生成之最初一刹那，唯有此「第八識」而已，故稱「初刹那識」。

(4)此識亦為能變現諸境之心識，故亦稱「**初能變**」。由本向末數為第一，故稱「**第一識**」。由於有「阿賴耶識」才能變現萬有，故唯識學主張一切萬有皆緣起於「**阿賴耶識**」。

(5)《解深密經》說能夠了解「阿賴耶識」及其七個識的菩薩，則名為「**善巧菩薩**」。經云：

> 元魏・菩提流支譯《深密解脫經・卷第一》云：**廣慧！是故我說菩薩應知「心、意、意識」深密之法。廣慧！菩薩如是解知「心、意、意識」深密法已，我說是人是「真菩薩」。**

> 唐・玄奘譯《解深密經・卷第一》云：**如來施設彼為「勝義」(之)「善巧菩薩」。廣慧！齊(云)此名為：(能)於「心、意、識」一切祕密(法)善巧(了知之)菩薩。**

(6)《瑜伽師地論・卷五十一》中說佛陀只對「勝者」開示阿賴耶識，論云：

> **復次此雜染根本「阿賴耶識」，修「善法」故，方得轉滅……非「未見諦者」於諸諦中、未得「法眼」，便能通達一切種子「阿賴耶識」……或入「聲聞」正性離生、或入「菩薩」正性離生，達一切法真法界已，亦能通達「阿賴耶識」。**

(7)「阿賴耶識」的機能：

> ①維持了作為感覺器官的肉體。
> ②維持了作為一切存在物的可能態、潛在態。
> ③作為生命存在的輪迴主體，而形成新的生命，使生命的輪迴能持續下去。
> ④通過其中的「種子」，以「變現」出自然世間、器世間……等。
> ⑤會被「第七末那識」所執持為「自我」。

由你我的「第八阿賴耶識」可以證明你與眾生乃「不即不離」也。

阿賴耶識 ‧ 自己的識體

↓

產生「相分」

吾人在娑婆的「身體」是由自己的「阿賴耶識」的「相分種子」所變現的，再由娑婆世界的每一位眾生的「阿賴耶識」的相分種子」來共同支持我們自己的「身體」。

根身本質

我們有一分的「阿賴耶識」的「相分」力量來支持我們自己的「色身」，再由無量無邊的眾生的「阿賴耶識」的「相分」力量來共同支持我們自己的「色身」。

產生「相分」

↑

阿賴耶識 ‧ 別人的識體

3-10 八識偈誦(作者不可考)

八個兄弟共一胎，一個伶俐一個呆，五個門前做買賣，一個在家把帳開。

(1)八個兄弟共一胎者：第八「阿賴耶識」能「緣現」出「前七個識」，所以雖然總共是八個識，也可以說全部都是同在「一胎」中來的。若再詳細說，即眾生本具清淨之「如來藏心」，但因一念「無明」及諸多「業緣」而轉成「阿賴耶識」(另可再分出「淨分阿賴耶」與「染分阿賴耶」，故有「轉識成智」之說)，而「阿賴耶識」又能再「緣現」出「前七個識」來。所以「八個兄弟共一胎」，是也。

(2)伶俐者：此指「第七意識」(末那識)，它的特徵就是對自己的存在與生命有著強烈的執著。它能**「遍緣一切法」**，並日夜二十四小時的**「恆審思量」**(「末那識」是永恆的「審查一切事理」而「思慮量度」之，即使在「五位無心」下仍然持續的運作著。「末那識」恆與「我癡、我見、我慢、我愛」等四煩惱相應，永恆地審量「第八阿賴耶識」之「見分」，為「我、我所」而執著，故其特質為「恆審思量」)、或去**「歷緣對境」**，或去**「恆緣現境」**，它是屬於幕後的「指揮中心」(當然在它後面還有一個「不過問、不問事」的第八意識「大老闆」)，能指揮「前六個識」的運作，但它常常與8個「大隨煩惱」、4個「我癡、我見、我慢、我愛」相應，所以它可以發出：君子報仇十年不晚的毒誓，但也可轉煩惱為菩提心，並使這個願力貫穿生生世世。「第七意識」常常「推動」著「前六識」去認知與感受外界，所以是一位不知道疲倦的**「伶俐者」**。「第七意識」即使在**「五位無心」**中，(如無想天 āsaṃjñika、無想定 asaṃjñi-samāpatti、滅盡定 nirodha-samāpatti、極重睡眠 acittaka、極重悶絕 mūrcchā)，仍然可以持續「運作」而不曾「間斷」。這「第七意識」(末那識)與「阿賴耶識」常常是相等無間而並行運作，是一同去輪迴轉世投胎的，所以「第七意識」(末那識)的執著也是造成輪迴的根本原因。

→用電腦做比喻就是「軟體」類的東西，例如當你電腦灌好 word、powerpoint、Photoshop、excel……等，只要電腦一開機，這些軟體都是在「待命」中，你就算不打開它來工作，它仍是在「待命」中的，只要電腦啟動，它就是啟動著。

(3)一個呆者：指的就是「第八識阿賴耶」。因為它只有「領納接受」的能力，沒有像第七、第六意識擁有敏銳的「分別、思量」等能力。

用電腦做比喻就是「硬碟、隨身碟」類的東西，只負責「存檔」專用，至於檔案是好是壞、是善是惡，都無分別，一律存檔。

(4)五個門前做買賣者：指「前五識」，是我們的五種感官作用。平常各司其職，相安無事，它們能對「色光、聲音、香臭、酸甜、粗細冷暖」等有感覺作用，然後再由「第六識」加以清楚的分別。

➜用電腦做比喻就是打開 word、powerpoint、Photoshop、excel 來做資料文件處理。在裡面打字、排版、改段落、配花樣、繪圖…這些動作都叫「前五識」的執行，可是「前五識」又常常受到「第六意識」的支配。這兩者區別是，「前五識」並沒有「敏銳」的審察思量的能力，必需依靠著「第六意識」才能作用。舉例來說，當你打字時，「身識」(手指)接受了「第六意識」而發起「打字」動作，「第六意識」是指揮官，不能打字，它必須指揮「身識」(手指)去打字才行。當你想吃好東西時，「舌識」接受了「第六意識」而發起「嚐鮮」動作，「第六意識」是指揮官，只能「幻想」嚐鮮，不能真正執行「嚐鮮」的動作，它必須指揮「舌識」去嚐鮮才行。

(5)**把帳開者**：指「第六意識」，「第六意識」最是具有主觀能動性，能起心動念，有喜怒哀樂、七情六欲、悲歡離合種種情緒等。它能「觀察、思維、分別法塵」，能夠「回憶過去、憧憬未來」。我們也可以利用「第六意識」來「修行、學佛、參禪、念咒、念佛……」等，進而轉化「第七末那識」的執著心。「第六識」不需根塵相觸，即能夠現起作用(指「五不俱意識、獨頭意識」等)，也可借助「其他五識」的參與而完成「了別」作用(指「五俱意識、五同緣意識」)，才能**把帳開**。但它只能**審而不恆**，在**五無心位**中會暫時的失去作用。

➜用電腦做比喻就是打開一個「軟體」來執行工作，例如打開 word、powerpoint、Photoshop、excel 來做資料文件處理。這裡面的資料文件可以是善的，也可以是惡的，可以做「光明正大」的文件，也可以做「殺盜婬妄」的文件。第六意識就類似在執行「善」與「惡」的文件的一種能力。

3-11 賴耶三藏

第八阿賴耶識具「**能藏、所藏、執藏**」三義。

(1)**能藏**：「第八識」善於自體中含藏一切萬法之「種子」。就「阿賴耶識」與「種子」之關係而言，「阿賴耶識」乃微細任運「相續」，無「始終」亦無「間斷」，能攝藏諸法的「種子」而不失，故謂**能藏**，而種子為「所藏」。

(2)**所藏**：「第八識」是為**七轉識**薰習諸法種子之場所。就能薰之「七轉識」與所薰之「阿賴耶識」之關係而言，能薰是「能藏」，所薰是「所藏」。現行之勝用有「七轉識」，於現行之剎那必薰附其種子於「第八阿賴耶識」，而稱「新薰種子」。

(3)**執藏**：「第八識」恆被「第七末那識」妄執為「實我、實法」，故又稱**我愛執藏**。染污之「第七末那識」會執著「第八識」為「內我」之義。「我」--為「常一主宰」之義。

第八識是既「生滅」、又「相續」，但並 "非" 是「常一主宰」，因其「相續」之相乃非常的「微細」，所以又恰似「常一主宰」，故「第七末那識」會誤以為「真實的我」

而妄加「執著」，此乃「我見」之根源。如是執著，則稱為「執藏」。

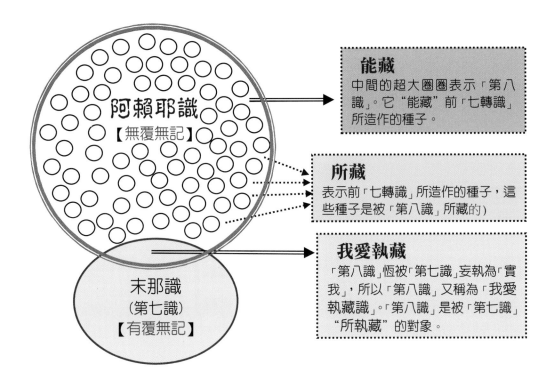

能藏
中間的超大圈圈表示「第八識」。它"能藏"前「七轉識」所造作的種子。

所藏
表示前「七轉識」所造作的種子，這些種子是被「第八識」所藏的)

我愛執藏
「第八識」恆被「第七識」妄執為「實我」，所以「第八識」又稱為「我愛執藏識」。「第八識」是被「第七識」"所執藏"的對象。

阿賴耶識
【無覆無記】

末那識
(第七識)
【有覆無記】

3-12 眼耳身三 二地居

(1)「二地」指「五趣雜居地」(五趣指「地獄、鬼、畜牲、人、天」，大乘經中則多說「六趣」，乃是將「阿修羅道」另外獨立出來)及「離生喜樂地」(色界天的「初禪天」)，這二地皆會用到「眼識、耳識、身識」這三識。但「五趣雜居地」是「眼、耳、鼻、舌、身」這五個識全俱足；而「離生喜樂地」只用「眼識、耳識、身識」這三個識。因為「初禪天」之天人以「禪思、禪悅」為食，不用「鼻識、舌識」這二識。

(2)「離生喜樂地」(色界天的「初禪天」)：色界天有四禪，其中「初禪天」之天人所居住，已離欲念而得到「覺觀」(新譯作「尋伺」。覺➜尋求推度之意，即對事理之粗略思考。觀➜即細心思惟諸法名義等之精神作用)禪定，身心能淨產生喜樂，住於定中，一切苦惱無法產生壓迫。

(3)「他化自在天」為「欲界」之主，位於「欲界天」之最高處。「他化自在天」以下者皆為「段食」，食時「五識」皆要用到。因為欲界以「香、味、觸」三塵為體，分段而飲噉，以「口、鼻」分分受之。

(4)「二禪天」以上，前五識皆不再現起或作用，只專注於「第六意識」。

(5)製表如下：

加上「第六、第七、	眼識、耳識、身識(另加「鼻、舌」二	五趣雜居地

「第八識」 ➔八個識皆用	識)	(不含「修羅」。因「修羅」在六道中皆有，故不再「別立」一個「修羅道」) ➔含「六欲天」，如「四天王天、忉利天、焰摩天、兜率陀天、化樂天、他化自在天」等。
加上「第六、第七、第八識」 ➔只用六個識	**眼識、耳識、身識** (「鼻、舌」二識不起作用。這不是説「鼻、舌」兩識是完全不存在的「斷滅」與「消失」，而是指他的「鼻、舌」兩識已對「境」不再生出分別與執著心)	**離生喜樂地** 指色界天的「初禪天」。 ➔初禪共有 3 個天，如「梵眾天、梵輔天、大梵天」等。
加上「第七、第八識」 ➔只用三個識	前五識皆不起作用。只用「第六意識」	**色界天的「二禪天」以上** ➔含「三禪」共 3 個天。 ➔「四禪」共 9 個天，其中的「無想天」的「第六意識」已暫斷滅。

3-13 所有「八個識」的詳細功能比較圖表

	前五識	第六識	第七識	第八識
三性	通三性	通三性	有覆無記	無覆無記
深淺	無	**淺**意識。意識	深意識。下意識。**潛**意識	無
五位無心	暫停	暫停	仍造作	仍造作
三量	現量	現量、比量、非量	非量	現量
三境	性境	通三境	帶質境(屬真帶質)	性境
作用	鼻舌身需根塵相合。眼耳則需根塵相離。	思惟、了別	「恆審思量」為性相	結生相續
所緣	前五境	法境	第八識「見分」	種子、根身、器界
所依	**色→同境依**(前五識的「不共依」) **心→分別依**(第六識) **→染淨依**(第七識) **→根本依**(第八識)(前五識的「共依」)	第七末那識	第八識	第七末那識
生緣	加「等無間緣」共十緣 眼→九緣 耳→八緣 鼻舌身→七緣	加「等無間緣」共六緣 1 **境緣**(指五塵之境) 2 **作意緣**(指心所法,對六境起分別之念) 3 **染淨依緣**(第7識) 4 **根本依緣**(第8識) 5 **種子緣**(指全部八識中之種子)	加「等無間緣」共五緣 1 **境緣**(此指第8識的「見分」) 2 **作意緣**(指心所法,對六境起分別之念) 3 **根本依緣**(第8識) 4 **種子緣**(指全部八識中之種子)	加「等無間緣」共五緣 1 **境緣**(指五塵之境) 2 **作意緣**(指心所法,對六境起分別之念) 3 **根本依緣**(第8識) 4 **種子緣**(指全部八識中之種子)
相應心所	遍行5(通三性) 別境5(通三性) 善11(純善) 貪瞋癡3(純惡) 大隨煩惱8(純惡) 中隨煩惱2(純惡)	遍行5(通三性) 別境5(通三性) 善11(純善) 六根本煩惱6(純惡) 大隨煩惱8(純惡) 中隨煩惱2(純惡) 小隨煩惱10(純惡) 不定心所4(不定性)	遍行5(通三性) 大隨煩惱8(純惡) 別境「慧」1(通三性) 癡見慢愛4(純惡)	遍行5(通三性)
相應心所數目	**全部共３４心所**	**全部共５１心所**	**全部共１８心所**	**全部共５心所**
善惡心所數目	純善只有１１個。 純惡有１３個。	純善只有１１個。 純惡有２６個。 善惡比例→1：2.36	純惡有１２個。 →完全沒有純善唷	無。三性皆具。

	善惡比例➜1:1.18			
轉依	成所作智	妙觀察智	平等性智	大圓鏡智
遍計	非遍	遍	非遍	遍
	非計	計	計	非計
恆審	非恆	非恆	恆	恆
	非審	審	審	非審
界地	*「**眼、耳、身**」三識通「欲界」之「五趣雜居地」及「初禪」。 *「**鼻、舌**」二識只通「欲界」之「五趣雜居地」，其餘界地對「鼻、舌」二識已不再生出分別與執著心。	通「欲界」之「**五趣雜居地**」、「**色界**」及「**無色界**」，均有「第六意識」。	通「欲界」之「**五趣雜居地**」、「**色界**」及「**無色界**」，均有「第七意識」。	通「欲界」之「**五趣雜居地**」、「**色界**」及「**無色界**」，均有「第八意識」。
斷惑	在第八識「轉識成智」時，「前五識」方轉為「成所作智」。 ┌─────┐ 六七「**因**」中轉，五八「**果**」上轉。 在「因位」修行中先轉「第六識」，再轉「第七識」。 然後在「果位」中再轉「第八識」，最後是轉「前五識」。 └─────┘	*在「**資糧位**」中，"漸伏"「我、法」二執種子之現行。 *在「**見道位**」中，分別起的「我、法」二執種子「斷滅」。 *在「**初地**」位中，第六識轉為「**下品妙觀察智**」。 *在「**修道位**」中，「伏斷」俱生起的「我、法」二執現行種子。 *在「**第七遠行地**」位中，俱生起的「我執」種子「斷滅」，成純無漏。 *在「**等覺菩薩**」位中，俱生起的「法執」種子「斷滅」，轉為「**上品妙觀察智**」。	*在菩薩十地中最初之「**初歡喜地**」，俱生「我、法」二執初「伏」，初轉為「**下品平等性智**」。 *在「**第七遠行地**」後(含八、九、十地)，俱生起的「我執」"永斷"，轉為「**中品平等性智**」。 *在「**十地菩薩**」之「**金剛喻定**」現前時，俱生起的「法執」"永斷"，轉為「**上品平等性智**」。	*在「**第八不動地**」之前，其俱生的「我執」已斷，已捨去「藏識」之名。 *在「**金剛道**」(菩薩修行最高之階位，即妙覺位之佛果)後，俱生起的「法執」已"永斷"，已空去「異熟識」之名，至此「第八識」轉成「**大圓鏡智**」。
果用	*「**成所作智**」可以普於十方，示現種種三類化身的	*「**妙觀察智**」可以攝觀無量「總持」之門，及所發生功	*「平等性智」可以觀「一切法」，「自、他、有情」，	*「**大圓鏡智**」可以離諸「分別」。「所緣、行相」，微細

變化、教化眾生，成本願力所應作事，永息眾生苦輪。	德珍寶，於大眾會，能現無邊作用差別，皆得自在。 *雨大法雨,隨應說法,斷一切疑,令諸有情皆獲利樂。	悉皆平等。「大慈悲」等，恆共相應。隨諸有情所樂，示現受用「身、土」、影像差別。為「無住涅槃」之所建立,一味相續,窮未來際。 *現起「他受用身」,以「十地菩薩」為所被機的對象而教化之。	難知。「不妄、不愚」一切境相。「性、相」清淨,離諸雜染,純淨圓德。能現、能生「身、土、智」影,無間無斷,窮未來際。如「大圓鏡」,現眾色像。 *圓明普照於十方世界,微塵剎土。

3─14 「七轉識」與「第八識」互為因果說

(1)第八識所持之「種子」為「因」，生起眼識至末那識的「七轉識」的「果」；在同一剎那，「七轉識」之現行法亦為「因」，然後又去生起第八識之「種子」之「果」，故有所謂「**七轉、八識，互為因果**」之說。

(2)「七轉識」與「第八識」於「能生、所生」及「能薰、所薰」中是互為「因果」關係的。如下比對：

❶能生、所生為「種子生現行」之關係時，第八識則為「能生之因」，七轉識為「所生之果」。

❷能薰、所薰為「現行薰種子」之關係時，七轉識則為「能薰之因」，第八識又成為「所薰之果」。

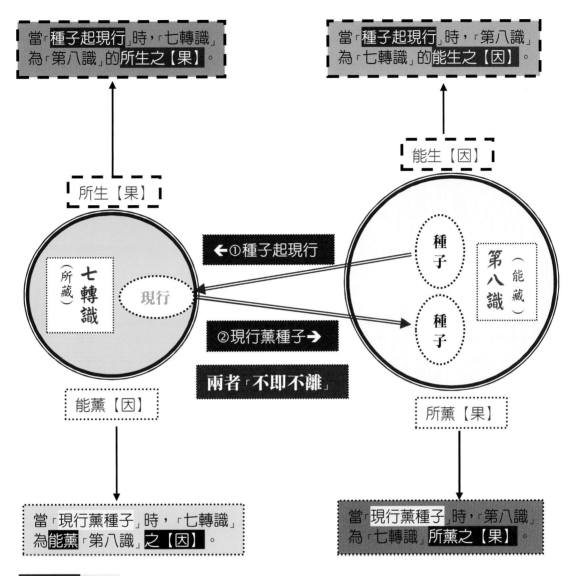

3-15 薰習(熏習、薰)

(1)梵語 vāsanā 或 pravṛti, abhyāsa。如人以香氣「薰附」衣服，所有「染、淨、迷、悟」
  諸法(特指吾人之身、語、意三業；業，即行為) 之勢力「薰附」殘留在吾人「心識」上之作用，即
  稱為「薰習」。

(2)唯識宗主張薰附之「能」薰法(其身語意所現者) 為「現行」，受薰附之「所」薰法為「心」，
  薰附作用能在「所」薰之「心」上留下「殘氣、習慣、餘習(習氣)」等諸種子。所以能
  薰為「主體」，所薰則為「客體」。

(3)「七轉識」如起「現行」作用時，則稱為「能薰」；第八之「阿賴耶識」則為「所薰」。
  當「七轉識」起「現行」時；連續薰染影響「阿賴耶識」，所以「阿賴耶識」中之種子
  乃得以「持續」及「增長」。

(4)據《成唯識論·卷二》載,「所薰、能薰」各有四義,即所謂「所薰四義」與「能薰四義」。

(一)所薰四義(此指「第八阿賴耶識」具足「所薰」的四種條件):

①**堅住性**:「一類」為「堅」,「相續」為「住」。即能保住「同一性」,使其具有「堅固、存住、相續」之性質。例如「第八識」具有**無憂、無喜、無苦、無樂、非善、非惡**等性質,它始終都能「一類」&「相續」,所以才能任持所有的習氣或種子。例如能薰的「七轉識」則具有「憂、喜、苦、樂」等緣境轉易之「變易性」,所以「七轉識」才有「轉識」的稱呼,故「七轉識」是不具有**堅住性**的。

②**無記性**(無覆無記性):即具有「非善、非惡」之性質,所以它能視諸法皆平等無別,如是才能含容各種習氣或種子。例如「第八識」即具有此性質———屬「無覆無記」性。

③**可受薰性**(可薰性):指它的自體是獨立自主的,但它的性質不是「緊密不變」的自體,所以才能薰習受納各種習氣或種子。

④**能所和合**:有與「能薰」"和合"之性質。即指「第八識」與能薰之「七轉識」同時、同處並存,兩者**不即不離**,**不一不異**,和合一致,且互為因果。

(二)能薰四義(此指「七轉識」具足「能薰」的四種條件):

❶**有生滅**:凡能薰之法,必顯現「生滅」現象,由此生滅而有變化作用,「不生滅」則無變化作用,猶如種子一定要有「生滅」的作用才能開花結果。

❷**有勝用**:能薰之法有**能緣**之勢用及**強盛**之勝用,具足此二者始得「能薰」,以其堪能引發習氣之故。如「色法」(身業、語業)等有強盛之用,而無「能緣」之用;異熟心等有「能緣」之用,而無強盛之用;「不相應法」二者俱無,均不為「能薰」。

❸**有增減**:指具有「能增、能減」之「勝用」才可有能薰的能力。例如「佛果」之現行圓滿者,則已離增減,亦無薰習之作用。

❹**能所和合**(合轉):指「能薰」與「所薰」要能「和合」。兩者同時同處,不即不離。例如**七轉識**之諸法皆具有**能薰四義**,皆具有薰成「阿賴耶識」種子之條件。

「所薰四義」與「能薰四義」圖表如下:

所薰四義	第八識	堅住性	無記性	可受薰性	能所和合性(合轉)
能薰四義	七轉識	有生滅性	有勝用性	有增減性	能所和合性(合轉)

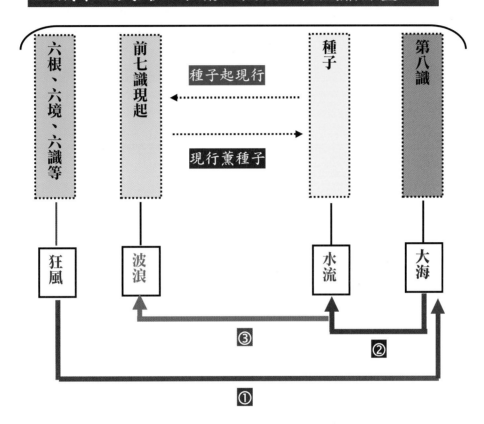

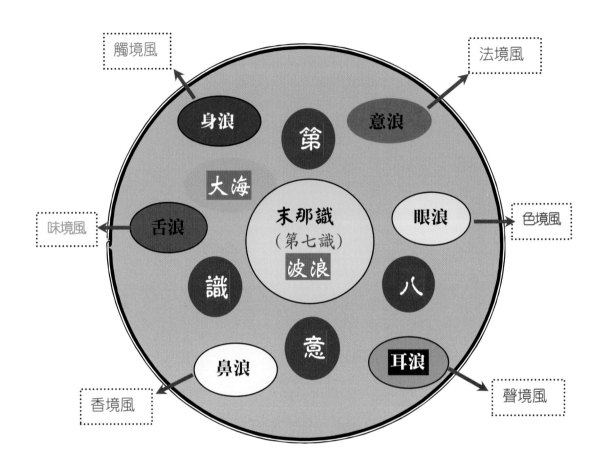

3-16 第九識 (阿摩羅識)

(1)「阿摩羅識」(amala-vijñāna)，即「第九識」。又譯作「阿末羅識、菴摩羅識、唵摩羅識、庵摩羅識」。意譯作「無垢識、清淨識、如來識」。

(2)此識為真諦系之「攝論宗」所立。人心之本來面目乃遠離迷惑而本自清淨，故「攝論宗」認為轉「阿賴耶識」之迷而回歸覺悟之清淨階位，即「阿摩羅識」。

　➔真諦譯《三無性論·卷上》(出《無相論》)云：

　　唯「阿摩羅識」是無顛倒，是無變異，是真「如如」也。

　➔真諦譯《轉識論》則謂：

　　「境、識」俱泯，即是「實性」，「實性」即是「阿摩羅識」。

(3)據龍樹與無著的《論》中載：「阿摩羅識」乃「自性清淨心」，然為「客塵」所染，而謂之「不淨」。

　➔無著菩薩造《大乘莊嚴經論·卷第六》云：

　　譬如水性自清而為客垢所濁，如是心性自淨，而為客塵所染，此義已成。由是義
　　故，不離心之「真如」別有異心……即說此心為「自性清淨」，此心即是「阿摩羅識」。

→龍樹菩薩造《十八空論》云：

　　「阿摩羅識」是自性清淨心，但為客塵所污，故名不淨。

(4)在傳統唯識學中，只有八識。「攝論宗」又在「八識」之外另立「第九識阿摩羅識」。
　　「地論宗」與「天台宗」亦有採此說者。而<u>玄奘</u>系統則認為「第八識」即已包括「清淨」
　　之一面，故不另立「第九識」。

(5)<u>劉宋</u>譯本《楞伽經•卷一》所說之「真識」，即指「第九阿摩羅識」，或說是「淨分」
　　的「阿賴耶識」。

3-17 轉識成智 (轉識得智)

(1)梵語 pravṛtti-vijñāna。

(2)瑜伽行派及唯識宗認為經過特定之修行至佛果時，即可轉「有漏」之「八識」為「無
　　漏」之「八識」，從而可得四種智慧。即：

1 轉「前五識」(眼、耳、鼻、舌、身識) 至無漏時，得「成所作智」(成所作智相應心品、作事智)：

　①梵語 kṛtyānuṣṭhāna-jñāna，「前五識」從「有漏」轉為「無漏」時所得之智，即成
　　　辦自他所作事業之智。

　②此智為欲利樂諸有情，故能於十方以身、口、意三業為眾生行善。於密教中配
　　　列於北方「不空成就佛」與「羯磨部」。「成所作智」於密教中又名「羯磨智」。

　③「成所作智」→身業為「釋迦文佛」或「不空成就佛」，口業為「金剛業菩薩」，
　　　意業為「摩訶藥叉金剛」。

2 轉「第六識」(意識) 至無漏時，得「妙觀察智」(妙觀察智相應心品、觀察智)：

　①梵語 pratyavekṣaṇā-jñāna，「第六識」從「有漏」轉為「無漏」時所得之智，即巧
　　　妙觀察眾生機類而自在說法之智。

　②此智善觀諸法「自相、共相」，無礙而轉，能依眾生不同根機自在說法，教化
　　　眾生。於密教中配列於西方「阿彌陀佛」與「蓮華部」。「妙觀察智」於密教
　　　中又名「蓮華智、轉法輪智」。

　③「妙觀察智」→身業為「阿彌陀佛」，口業為「觀自在菩薩」，意業為「六足金剛」。

3 轉「第七識」(末那識) 至無漏時，得「平等性智」(平等性智相應心品、平等智)：

　①梵語 samatā-jñāna，此智觀一切法，自他有情，悉皆平等，大慈悲等，恆共相
　　　應，能平等普度一切眾生。

②於密教中配列於南方「**寶生如來**」與「**寶部**」。「平等性智」於密教中又名「**灌頂智**」。

③「**平等性智**」➜身業為「**寶生佛**」，口業為「**虛空藏菩薩**」，意業為「**軍荼利金剛**」。

4 轉「第八識」(阿賴耶識) 至無漏時，得「**大圓鏡智**」(大圓鏡智相應心品、圓鏡智、鏡智)：

①梵語 ādarśa-jñāna。此智離諸分別，所緣行相微細難知，不妄不愚，一切境相，性相清淨，離諸雜染，如大圓鏡之光明，能遍映萬象，纖毫不遺。

②「大圓鏡智」即指「佛智」，如「大圓鏡」之可映現一切形像。在密教中配列於東方「**阿閦如來**」與「**金剛部**」，「大圓鏡智」於密教中又名「**金剛智**」。

③「**大圓鏡智**」➜身業為「**阿閦佛**」，口業為「**文殊師利菩薩**」，意業為「**降三世金剛**」。

(3)密教將此「四智」，加上「**法界體性智**」(dharma-dhātu-svabhāva-jñāna)，合稱「五智」(pañca jñānāni)。指「**第九阿摩羅識**」從「有漏」轉為「無漏」時所得之智，即世間、出世間等諸法體性之智。密教將「**法界智性智**」配列於中央「**大日如來**」與「**佛部**」。

(4)「法界體性智」➜身業為「**毘盧遮那佛**」(virocana)，口業為「**普賢菩薩**」，意業為「**不動金剛**」。

(5)《大般涅槃經·卷六·如來性品》云：**依智不依識**。所以可說在聖名「**成所作智**」，在凡名「**五識**」。在聖名「**妙觀察智**」，在凡名「六識」。在聖名「**平等性智**」，在凡名「七識」。在聖名「**大圓鏡智**」，在凡名「八識」。雖聖凡體一，而迷悟名異。故令依「智」，誠不依「識」。

(6)《六祖壇經》云：「**大圓鏡智**」性清淨，「**平等性智**」心無病(「平等性智」乃由無「我、法」二病之心體流出)，「**妙觀察智**」見非功(「妙觀察智」於應機接物之時能頓時觀察明了，不假功成，不涉計度，不起分別也)，「**成所作智**」同圓鏡。五八、六七果因轉，但用名言「**無實性**」，若於「**轉處**」(轉依之處、轉捨之處)**不留情**(喻「應無所住」)，**繁興**(就算外緣繁雜多興起)**永處**「**那伽定**」(稱「那伽定常定」或「那伽大定」，為佛之禪定)。**六七**「**因**」**中轉，五八**「**果**」**上轉。**這是說修行者在「因位」(未成佛皆名為「因位」) 中，亦能轉第六識為「妙觀察智」及轉第七識為「平等性智」。但只有在「果位」(已成佛始名為「果位」) 中，方能轉「前五識」為「成所作智」及轉「第八識」為「大圓鏡智」。

(7)「轉識成智」的步驟是：在「**因位**」修行中先轉「第六識」，再轉「第七識」。然後在「果位」中再轉「第八識」，最後是轉「前五識」。

八識	唯識四智	密教五智	五方	五佛	五部	身業	口業	意業
轉前五識	成所作智	羯磨智	北方	不空成就佛	羯磨部	釋迦牟尼佛或不空成就佛	金剛業菩薩	摩訶藥叉金剛
轉第六識	妙觀察智	蓮華智轉法輪智	西方	阿彌陀佛	蓮華部	阿彌陀佛	觀自在菩薩	六足金剛
轉第七識	平等性智	灌頂智	南方	寶生如來	寶部	寶生佛	虛空藏菩薩	軍荼利金剛
轉第八識	大圓鏡智	金剛智	東方	阿閦如來	金剛部	阿閦佛	文殊師利菩薩	降三世金剛
第九阿摩羅識		法界體性智	中央	大日如來	佛部	毘盧遮那佛	普賢菩薩	不動金剛

一、佛典生命科學。二、佛典臨終與中陰學。

三、梵咒修持學(含《蘇婆呼童子請問經》)。四、《楞伽經》學。

五、《維摩經》學。

六、般若學(《金剛經》+《大般若經》+《文殊師利所說般若波羅蜜經》)。

七、十方淨土學。八、佛典兩性哲學。九、佛典宇宙天文學。

十、中觀學(中論二十七品)。十一、唯識學(唯識三十頌+《成唯識論》)。

十二、《楞嚴經》學。十三、唯識腦科學。

十四、敦博本《六祖壇經》學。十五、佛典與科學。

十六、《法華經》學。十七、佛典人文思想。

十八、《華嚴經》科學。十九、唯識双密學(《解深密經+密嚴經》)。

二十、佛典數位教材電腦。二十一、中觀修持學(佛經的緣起論+《持世經》)。

二十二、《般舟三昧經》學。二十三、如來藏學(《如來藏經+勝鬘經》)。

二十四、《悲華經》學。二十五、佛典因果學。二十六、《往生論註》。

二十七、《無量壽經》學。二十八、《佛說觀無量壽佛經》。

二十九、《思益梵天所問經》學。三十、《涅槃經》學。

三十一、三部《華嚴經》。三十二、穢跡金剛法經論導讀。

果濱其餘著作一覽表

一、《大佛頂首楞嚴王神咒・分類整理》(國語)。**1994** 年 **10** 月 **15** 日編畢。**1996** 年 **8** 月印行。大乘精舍印經會發行。書籍編號 C-202。紙本結緣書，有 pdf 電子書。
字數：5243

二、《生死關初篇》。**1996** 年 9 月初版。1997 年 5 月再版。✹ISBN：957-98702-5-X。大乘精舍印經會發行。紙本結緣書，有 pdf 電子書。書籍編號 C-207。與 C-095。
字數：28396

   《生死關全集》。**1998** 年 1 月修訂版。和裕出版社發行。✹ISBN：957-8921-51-9。字數：110877

三、《雞蛋葷素說》(同《修行先從不吃蛋做起》一書)。**1998** 年 4 月初版，2001 年 3 月再版。大乘精舍印經會發行。紙本結緣書，有 pdf 電子書。✹ISBN：957-8389-12-4。字數：9892

四、《楞嚴經聖賢錄》(上下冊)[停售]。**2007** 年 8 月及 **2012** 年 8 月。萬卷樓圖書股份有限公司發行。✹ISBN：978-957-739-601-3(上冊)。✹ISBN：978-957-739-765-2(下冊)。

   《楞嚴經聖賢錄(合訂版)》。**2013** 年 12 月初版。萬卷樓圖書股份有限公司發行。✹ISBN：978-957-739-825-3。字數：262685

五、《《楞嚴經》傳譯及其真偽辯證之研究》。**2009** 年 8 月。萬卷樓圖書股份有限公司發行。✹ISBN：978-957-739-659-4。字數：352094

六、《果濱學術論文集(一)》。**2010** 年 9 月。萬卷樓圖書股份有限公司發行。✹ISBN：978-957-739-688-4。字數：136280

七、《淨土聖賢錄・五編(合訂本)》。**2011** 年 7 月。萬卷樓圖書股份有限公司發行。✹ISBN：978-957-739-714-0。字數：187172

八、《穢跡金剛法全集(增訂本)》[停售]。**2012** 年 8 月。萬卷樓圖書股份有限公司發行。✹ISBN：978-986-478-853-8。字數：139706
   《穢跡金剛法全集(全彩本)》。**2023** 年 6 月。萬卷樓圖書股份有限公司發行。➔ISBN：978-957-739-766-9。字數：295504

九、《漢譯《法華經》三種譯本比對暨研究(全彩本)》。**2013** 年 9 月初版。萬卷樓圖書股份有限公司發行。✹ISBN：978-957-739-816-1。字數：525234

十、《漢傳佛典「中陰身」之研究》。**2014** 年 2 月初版。萬卷樓圖書股份有限公司發行。✹ISBN：978-957-739-851-2。字數：119078

十一、《《華嚴經》與哲學科學會通之研究》。**2014** 年 2 月初版。萬卷樓圖書股份有限公司發行。✹ISBN：978-957-739-852-9。字數：151878

十二、《《楞嚴經》大勢至菩薩「念佛圓通章」釋疑之研究》。**2014** 年 2 月初版。萬卷樓圖書股份有限公司發行。✹ISBN：978-957-739-857-4。字數：111287

十三、《唐密三大咒・梵語發音羅馬拼音課誦版》。**2015** 年 3 月。萬卷樓圖書股份有限公司發行。✹ISBN：978-957-739-925-0。〈260 x 135 mm〉規格[活頁裝] 字數：37423

十四、《袖珍型《房山石經》版梵音「楞嚴咒」暨《金剛經》課誦》。**2015** 年 4 月。萬卷樓圖書股份有限公司發行。✹ISBN：978-957-739-934-2。〈140 x 100 mm〉規

格[活頁裝] 字數：17039

十五、《袖珍型《房山石經》版梵音「千句大悲咒」暨「大隨求咒」課誦》。**2015** 年 4 月。萬卷樓圖書股份有限公司發行。❊ISBN：978-957-739-938-0。〈140 x 100 mm〉規格[活頁裝] 字數：11635

十六、《《楞嚴經》原文暨白話語譯之研究（全彩版）》[不分售]。**2016** 年 6 月。萬卷樓圖書股份有限公司發行。❊ISBN：978-986-478-008-2。字數：620681

十七、《《楞嚴經》圖表暨註解之研究（全彩版）》[不分售]。**2016** 年 6 月。萬卷樓圖書股份有限公司發行。❊ISBN：978-986-478-009-9。字數：412988

十八、《《楞嚴經》白話語譯詳解（無經文版）-附:從《楞嚴經》中探討世界相續的科學觀》。**2016** 年 6 月。萬卷樓圖書股份有限公司發行。❊ISBN：978-986-478-007-5。字數：445135

十九、《《楞嚴經》五十陰魔原文暨白話語譯之研究-附:《楞嚴經》想陰十魔之研究》。**2016** 年 6 月。萬卷樓圖書股份有限公司發行。❊ISBN：978-986-478-010-5。字數：183377

二十、《《持世經》二種譯本比對暨研究（全彩版）》。**2016** 年 6 月。萬卷樓圖書股份有限公司發行。❊ISBN：978-986-478-006-8。字數：127438

二十一、《袖珍型《佛說無常經》課誦本暨「臨終開示」（全彩版）》。**2017** 年 8 月。萬卷樓圖書股份有限公司發行。❊ISBN：978-986-478-111-9。〈140 x 100 mm〉規格[活頁裝] 字數：16645

二十二、《漢譯《維摩詰經》四種譯本比對暨研究（全彩版）》。**2018** 年 1 月。萬卷樓圖書股份有限公司發行。❊ISBN：978-986-478-129-4。字數：553027

二十三、《敦博本與宗寶本《六祖壇經》比對暨研究（全彩版）》。**2018** 年 1 月。萬卷樓圖書股份有限公司發行。❊ISBN：978-986-478-130-0。字數：366536

二十四、《果濱學術論文集（二）》。**2018** 年 1 月。萬卷樓圖書股份有限公司發行。❊ISBN：978-986-478-131-7。字數：121231

二十五、《從佛典中探討超薦亡靈與魂魄之研究》。**2018** 年 1 月。萬卷樓圖書股份有限公司發行。❊ISBN：978-986-478-132-4。字數：161623

二十六、《欽因老和上年譜略傳》。紙木結緣書，有 pdf 電子書。**2018** 年 3 月。新北樹林區福慧寺發行。字數：9604

二十七、《《悲華經》兩種譯本比對暨研究（全彩版）》。**2019** 年 9 月。萬卷樓圖書股份有限公司發行。❊ISBN：978-986-478-310-6。字數：475493

二十八、《《悲華經》釋迦佛五百大願解析（全彩版）》。**2019** 年 9 月。萬卷樓圖書股份有限公司發行。❊ISBN：978-986-478-311-3。字數：83434

二十九、《《往生論註》與佛經論典之研究（全彩版）》。**2019** 年 9 月。萬卷樓圖書股份有限公司發行。❊ISBN：978-986-478-313-7。字數：300034

三十、《思益梵天所問經》三種譯本比對暨研究（全彩版）》。**2020** 年 2 月。萬卷樓圖書股份有限公司發行。❊ISBN：978-986-478-344-1。字數：368097

三十一、《蘇婆呼童子請問經》三種譯本比對暨研究（全彩版）》。**2020** 年 8 月。萬卷樓圖書股份有限公司發行。❊ISBN：978-986-478-376-2。字數：224297

三十二、《悉曇梵字七十七字母釋義之研究（含華嚴四十二字母）全彩版）》。**2023** 年 7 月。萬

《楞伽經》三種譯本比對暨研究(全彩版)

卷樓圖書股份有限公司發行。❋ISBN：978-986-478-866-8。字數：234593

三十三、《毘首羯磨菩薩與雕刻佛像之研究(全彩版)》。2023 年 9 月。萬卷樓圖書股份有限公司發行。❋ISBN：978-986-478-879-8。字數：86466

三十四、《楞伽經》三種譯本比對暨研究(全彩版)》。2023 年 9 月。萬卷樓圖書股份有限公司發行。❋ISBN：978-986-478-961-0。字數：764147

❋三十四本書，總字數為 7916553，即 791 萬 6553 字

國家圖書館出版品預行編目(CIP)資料

《楞伽經》三種譯本比對暨研究 = Laṅkāvatāra-sūtra / 果濱編撰. -- 初版. -- 臺北市：萬卷樓圖書股份有限公司, 2023.09
　面；　公分
全彩版

ISBN 978-986-478-961-0(上下冊,全套二冊精裝)

1.CST: 經集部

221.751   112014885

ISBN　　978-986-478-961-0

《楞伽經》三種譯本比對暨研究(全彩版)-下冊

2023 年 9 月初版　上下冊全套精裝　　　二冊不分售總價：新台幣 2200 元

編　著　者：果濱
發　行　人：林慶彰
出　版　者：萬卷樓圖書股份有限公司
編輯部地址：106 臺北市羅斯福路二段 41 號 9 樓之 4
電話：02-23216565
傳真：02-23218698
E-mail：service@wanjuan.com.tw
　　　　　booksnet@ms39.hinet.net
萬卷樓網路書店：http://www.wanjuan.com.tw
發行所地址：10643 臺北市羅斯福路二段 41 號 6 樓之 3
電話：02-23216565
傳真：02-23944113
劃撥帳號：15624015
微信 ID：ziyun87619　支付宝付款
款項匯款後，煩請跟服務專員連繫，確認出貨事宜
服務專員：白麗雯，電話：02-23216565 分機 610
承印廠商：中茂分色製版印刷事業股份有限公司
◉版權所有　翻印必究◉
新聞局出版事業登記證局版臺業字第 5655 號
（如有缺頁、破損、倒裝，請寄回本公司更換，謝謝）